毛泽东年谱

第二卷

中共中央党史和文献研究院 编

主　编 逄先知

副主编 冯蕙 姚旭 赵福亭 吴正裕

中央文献出版社

参加本卷编写的有：

冯　蕙　刘益涛　高　风　姜国珍

目　　录

1937 年（7 月—12 月） …………………………………………………… (1)
1938 年 ………………………………………………………………………… (46)
1939 年 ……………………………………………………………………… (104)
1940 年 ……………………………………………………………………… (158)
1941 年 ……………………………………………………………………… (254)
1942 年 ……………………………………………………………………… (355)
1943 年 ……………………………………………………………………… (423)
1944 年 ……………………………………………………………………… (491)
1945 年（1 月—8 月） ……………………………………………………… (573)

1937年　四十四岁

7月7日　夜，日本侵略军向卢沟桥一带的中国军队发动进攻，并炮轰宛平城。驻守卢沟桥附近的国民党军第二十九军第三十七师第一一〇旅在旅长何基沣指挥下奋起抵抗。卢沟桥事变爆发，全国抗日战争开始。

7月8日　中共中央向全国发出通电，呼吁全国同胞、政府和军队团结起来，筑成民族统一战线的坚固长城，抵抗日本的侵略，国共两党合作抵抗日本的新进攻。

同日　红军将领毛泽东、朱德、彭德怀等致电蒋介石，要求实行全国总动员，保卫平津，保卫华北，收复失地，表示红军将士愿为国效命，以达保土卫国之目的。本日，又致电北平宋哲元〔1〕，天津张自忠〔2〕，张家口刘汝明〔3〕，保定冯治安〔4〕，请他们策励全军，为保卫平津、保卫华北而战。

---

〔1〕宋哲元，当时任国民党军第29军军长。1937年8月任国民党军第一战区第1集团军总司令兼第59军军长。

〔2〕张自忠，当时任国民党军第29军第38师师长。1937年10月任国民党军第一战区第1集团军第59军副军长。

〔3〕刘汝明，当时任国民党军第29军副军长兼第143师师长。1937年8月任国民党军第一战区第1集团军第68军军长兼第143师师长。

〔4〕冯治安，当时任国民党军第29军第37师师长。1937年8月任国民党军第一战区第1集团军第77军军长兼第37师师长。

同日 致电南汉宸[1]，要他立即以毛泽东及红军代表的名义，与华北当局及各界领袖协商团结抗日的具体办法。

7月9日 收到叶剑英[2]关于西安救国团体向中共提出四项建议的来电后，和张闻天[3]复电叶剑英：请答复救国会及各方，我们同意他们的各项要求，并且正在做。请他们努力与政府、国民党党部及各界领袖协商，迅速组成对付大事变的统一战线。

同日 和张闻天电示上海、太原、广西、西安中共负责人：请根据党的宣言及红军通电，与当地政府、国民党党部及各界领袖协商，迅速组成统一对外之阵容，才能应付大事变。

7月13日 七月七日卢沟桥事变后，本日写一题词："保卫平津、保卫华北、保卫全国，同日本帝国主义坚决打到底，这是今日对日作战的总方针。各方面的动员努力，这是达到此总方针的方法。一切动摇游移和消极不努力都是要不得的。"

同日 出席延安市共产党员与机关工作人员紧急会议，号召每一个共产党员与抗日的革命者，应该沉着地完成一切必需准备，随时出动到抗日前线。

同日 致电叶剑英：积极同国民党中央军、第十七路军及冯钦哉[4]等接洽，协商对日坚决抗战之总方针及办法。我们拟先派四千人赴华北，主力改编后出发，正向蒋介石提出要求。红军

---

〔1〕 南汉宸，当时在天津开展中共统一战线工作。

〔2〕 叶剑英，当时任中革军委副总参谋长，受中共中央派遣，在西安进行东北军、西北军和整个西北地区的统一战线工作。1937年8月任八路军参谋长。

〔3〕 张闻天，当时任中共中央政治局常委、中央书记处书记兼中央宣传部部长，在党内负总责。

〔4〕 冯钦哉，当时任国民党军第7军军长。1937年8月任国民党军第一战区第2集团军第14军团军团长。

大学增加抗日课程，准备陆续派出。

7月14日 和朱德发布关于红军在十天内准备完毕，待命开赴抗日前线的命令。

同日 和朱德等致电叶剑英，让他通过西安行营转告蒋介石：红军主力准备随时出动抗日，已令各军十天内准备完毕，待命出动。同意担任平绥线国防。惟红军特长在运动战，防守非其所长，最特长于同防守之友军配合作战，并愿以一部深入敌后方，打其后方。

同日 关于广西、四川等地方当局对全国抗战应采取的方针问题，致电张云逸〔1〕，指出："为坚蒋氏抗日决心，各方应表示诚意拥护蒋氏及南京的抗日政策，不可有牵制之意。""此时各方任务，在一面促成蒋氏建立全国抗战之最后决心（此点恐尚有问题）；一面自己真正地准备一切抗日救亡步骤，并同南京一道做去。此种方针甚关重要，请与李总司令〔2〕及川代表张斯可先生恳商决定。盖此时是全国存亡关头，又是蒋及国民党彻底转变政策之关头，故我们及各方做法必须适合于上述之总方针。"

同日 致电王稼祥〔3〕："你在上海写的信收到了。闻你已到目的地，不胜欢慰。身体如何？"日军大举进攻华北，"红军准备开动，赴前线协同作战。八号我党发布宣言，主张坚决抗战，保卫平津，红军将领亦有通电，大得各方欢迎。华北、上海及各地救亡运动正大起来，我们正令各地组织统一战线机关。恩来、博

---

〔1〕 张云逸，当时任中革军委副总参谋长，受中共中央派遣在华南进行统一战线工作。

〔2〕 指李宗仁，当时任国民党政府军事委员会广西绥靖公署主任、国民党军第4集团军总司令。1937年9月任国民党军第五战区司令长官。

〔3〕 王稼祥，当时任红军总政治部主任。1937年初离开延安去苏联治病。同年11月任中共驻共产国际代表。

古、伯渠[1]已到庐山数日，谈判抗战方针与亲密合作。”

7月15日　致电中国工农红军前敌总指挥部总指挥彭德怀、总政治委员任弼时、政治部主任杨尚昆、副主任邓小平：红军政治工作决定依目前情况须加修改，为着直接对日抗战的政治工作，望迅即重新起草。根据这一电报精神，中共中央革命军事委员会总政治部于一九三七年八月一日作出《关于新阶段的部队政治工作的决定》。决定指出：由于国内和平的实现，更由于华北事件加速了对日抗战的爆发，使红军进入了一个新的阶段。在这一新阶段中，部队政治工作的基本任务是：第一，一切工作为着积蓄与加强抗战的力量，保证抗战的胜利；第二，保证党在红军中的绝对领导，依靠于党的领导的加强，保持红军的光荣传统，巩固与提高部队的战斗力；第三，提高部队的军事技术和战术，提高指战员的政治文化水平，迅速走上正规化的道路，并造就大批新的干部，使之适应于对日作战的需要。

同日　致信阎锡山[2]：“关于坚决抗战之方针及达到任务之方法问题，红军开赴前线协同作战问题，特派周小舟[3]同志晋谒，乞予接见并赐指示是祷。”

7月16日　关于红军准备参战及编制问题，和朱德致电彭

〔1〕恩来、博古、伯渠，即周恩来、秦邦宪、林伯渠。秦邦宪、林伯渠当时受中共中央委派协助周恩来同国民党进行谈判。

〔2〕阎锡山，字百川，当时任国民党政府军事委员会副委员长兼太原绥靖公署主任。1937年8月又任国民党军第二战区司令长官。

〔3〕周小舟，当时任毛泽东的秘书，受中共中央派遣在山西进行统一战线工作。

德怀、任弼时并告叶剑英、刘伯承、张浩（林育英）〔1〕。电报指出：在国民党政府“许可主力红军参战条件下，拟以原一、二、四方面军出动，即以方面军编为师，军编为旅，师编为团。而以二十七军、二十八军、二十九军、三十军、三十一军五部共五千人，连同地方武装，准备编为第四师，留置后方，保卫苏区根据地”。在国民党政府“不许可主力参战，但许可部分参战条件下，则以二十七军、二十八军、三十二军及骑兵团共三千余人，编成一游击师派去，活动于热、察、冀间，而多派红大干部随去，扩大义勇军运动”。

7月17日 致信阎锡山：“关于红军协同作战，昨派周小舟趋谒，现令彭雨峰〔2〕速返太原，再求指示。日寇大举，全华北危险万状，动员全力抗战到底，发动民众与扶助义军工作，实属刻不容缓。兹有敝方指导华北工作者数人拟在太原驻止，祈先生予以方便。”

同日 蒋介石在庐山发表谈话，宣布准备实行对日抗战。

7月18日 出席延安市抗日救国会召开的延安市援助平津抗战将士市民大会，报告卢沟桥事变的经过及最近情况。

7月23日 写《反对日本进攻的方针、办法和前途》一文。文中指出抗战存在着两种方针、两套办法和两个前途。两种方针，一种是坚决抗战的方针，另一种是妥协退让的方针。两套办法，一套是动员全国人民、全国军队，争取广泛外援的办法，具体地说就是要实现八大纲领，另一套是与此相反、不实现八大纲

---

〔1〕 刘伯承、张浩，当时分别任中国工农红军援西军司令员、政治委员。1937年8月分别任八路军第129师师长、政训处主任（10月恢复政治委员制度后任政治委员）。

〔2〕 彭雨峰，即彭雪枫，当时受中共中央派遣在山西等地进行统一战线工作。

领的办法。两个前途，一个是驱逐日本帝国主义、实现中国自由解放的前途，一个是日本帝国主义占领全中国、中国人民都做牛马奴隶的前途。文章号召一切爱国的国民党员和共产党员团结起来，全国的爱国同胞、爱国军队、爱国党派团结起来，坚决地实行第一种方针，采取第一套办法，争取第一个前途。这篇文章编入《毛泽东选集》。

7月24日　致电朱德、彭德怀、任弼时："（甲）恩来已到沪，不日回陕。事情还没有弄妥，改编事待周回后再定。（乙）华北事已妥协，仗暂时打不起来。党已发宣言反对妥协，红军暂时不发电为宜，待周回后再说。"

7月25日　致电周恩来、秦邦宪、林伯渠："红军各首长已集云阳（朱总亦去）讨论改编，现令他们等你们回来讨论决定。""蒋对红军办法不能接受，只有拖之一招。"

7月28日　关于红军改编问题，和张闻天致电周恩来、秦邦宪、林伯渠："（甲）请你们即去云阳商定改编。（乙）由云阳回西安后，以根据朱、彭、林、贺、萧、刘、张、徐〔1〕诸将领意见告蒋鼎文〔2〕以下之各点，请其转达蒋介石：（一）八月十五号前编好，二十日出动抗日。（二）三个师以上必须设总指挥部，朱正彭副，并设政治部，任弼时为主任，邓小平为副主任（不要康泽〔3〕），以便指挥作战。（三）三个师四万五千人，另地方一

〔1〕朱、彭、林、贺、萧、刘、张、徐，指朱德、彭德怀、林彪、贺龙、萧劲光、刘伯承、张浩、徐向前。

〔2〕蒋鼎文，当时任国民党军西北"剿匪"总司令部前敌总司令。1937年8月、11月先后任国民党军第四战区第4集团军总司令、国民党政府军事委员会西安行营主任。

〔3〕康泽，当时任国民党政府汉口禁烟缉私处主任，蒋介石拟派他担任八路军政治部副主任。

万人，设保安正副司令，高岗[1]为正，萧劲光为副，军饷照给。（四）主力出动后集中作战，不得分散。（五）担任绥远方面之一线。（六）刺刀、工具、子弹、手榴弹等之补充。”

7月29日 北平失陷。三十日天津失陷。

7月 写《辩证法唯物论（讲授提纲）》第二章第十一节“实践论”，并以此为讲稿在抗大作过讲演。这一节后来单独成篇，以原题为篇名编入《毛泽东选集》。《实践论》是为着用马克思主义的认识论观点去揭露中国共产党内的主观主义特别是教条主义的错误而写的。这篇文章以认识和实践的辩证关系为核心，全面地阐明实践作为认识的来源、动力、标准对于认识的基础地位和主导作用，指出：人的认识一点也不能离开社会实践，实践是认识的来源，是推动认识发展的动力，是检验认识的真理性的标准，“实践的观点是辩证唯物论的认识论之第一的和基本的观点”。文章论述了基于实践的关于认识的发展过程，即从实践中产生感性认识，从感性认识上升到理性认识，从理性认识又回到实践。“实践、认识、再实践、再认识，这种形式，循环往复以至无穷，而实践和认识之每一循环的内容，都比较地进到了高一级的程度。”文章论述了绝对真理和相对真理的相互关系，指出：在绝对真理的长河中，人们对于在各个一定发展阶段上的具体过程的认识只具有相对的真理性。无数相对的真理之总和，就是绝对的真理。客观现实世界的变化运动永远没有完结，人们在实践中对于真理的认识也就永远没有完结。马克思列宁主义并没有结束真理，而是在实践中不断地开辟认识真理的道路。文章对教条主义和经验主义的表现形式及特征作了分析，指明教条主义者不

---

〔1〕 高岗，当时任中共陕甘省委少数民族工作委员会书记。1937年8月又任陕甘宁边区保安司令部司令员。

承认认识依赖于实践，他们的思想超过客观过程的一定发展阶段，离开了当前大多数人的实践，离开了当前的现实性；经验主义者不承认革命理论对革命实践的指导作用，他们尊重经验而看轻理论，因而不能通观客观过程的全体，缺乏明确的方针，没有远大的前途，沾沾自喜于一得之功和一孔之见。文章从哲学的高度，指出教条主义和经验主义的本质，都是以主观和客观相分裂，以认识和实践相脱离为特征的。《实践论》同本年八月写出的《矛盾论》，都是毛泽东最重要的哲学著作，为形成中国共产党人的思想路线和思想方法提供了重要的理论依据。

同月　为抗大第二期毕业证书题词："勇敢、坚定、沉着。向斗争中学习。为民族解放事业随时准备牺牲自己的一切！"

8月1日　出席在延安召开的陕甘宁边区第一届抗战动员体育运动大会，并发表演说，指出此次平津失陷，是由于华北当局动摇不定，没有抗战决心和压制民众的爱国抗日运动所致，我们现在只有一个方针，就是坚决打日本。号召同志们准备出发到河北去，到抗日的最前线去，把我们这里的方针与办法带到全国各地去，把我们的决心带到抗日最前线去。六日，抗战动员体育运动大会闭幕，毛泽东在闭幕词中提出，要努力学习军事体育来武装我们的手足，学习政治来武装我们的头脑。

同日　和张闻天致电周恩来、秦邦宪、林伯渠，认为依当前敌我情况，红军作战必须坚持以下两条原则："（甲）在整个战略方针下执行独立自主的分散作战的游击战争，而不是阵地战，也不是集中作战，因此不能在战役战术上受束缚。只有如此才能发挥红军特长，给日寇以相当打击。（乙）依上述原则，在开始阶段，红军以出三分之一的兵力为适宜，兵力过大，不能发挥游击战，而易受敌人的集中打击。其余兵力依战争发展，逐渐使用之。"并说，以上原则，请与各同志商定，并准备携告国民党。

同日　和张闻天致电朱德、周恩来转彭德怀、任弼时：红军抗日出动的路线、兵力和作战方针，不应请蒋介石决定颁发，只能待适当时机，由我们提出与之商定。

同日　在收到张冲[1]关于蒋介石密邀毛泽东、朱德、周恩来即飞南京共商国防问题的急电后，和张闻天致电周恩来等："拟复以朱、周、叶[2]三人赴京，如何盼复。"

8月3日　和张闻天致电周恩来、秦邦宪并告叶剑英："此次赴宁，须求得下列问题一同解决：（一）发表宣言。（二）确定政治纲领。（三）决定国防计划。（四）发表红军指挥系统及确定初步补充数量。（五）红军作战方针。"

同日　收到朱德、周恩来草拟的中共方面准备向南京国防会议提出的提议案，共十九项。

8月4日　下午，在延安凤凰山住处同张闻天商讨对国防问题的意见。当天，和张闻天致电周恩来、朱德、叶剑英，提出在同蒋介石谈判时中共方面对国防问题的意见："总的战略方针暂时是攻势防御，应给进攻之敌以歼灭的反攻，决不能是单纯防御。将来准备转变到战略进攻，收复失地。""正规战与游击战相配合。游击战以红军与其他适宜部队及人民武装担任之，在整个战略部署下，给与独立自主的指挥权。""担任游击战之部队，依地形条件及战况之发展，适当使用其兵力。为适应游击战性质，原则上应分开使用，而不是集中使用。""依现时情况，红军应出三分之一兵力，依冀、察、晋、绥四省交界地区为中心，向着沿平绥路西进及沿平汉路南进之敌，执行侧面的游击战；另以一部

〔1〕张冲，当时任国民党中央执行委员，是参加国共两党谈判的国民党代表之一。

〔2〕叶，指叶剑英。

向热冀察边区活动，威胁敌后方（兵力不超过一个团）。红军应给与必要的补充。”“发动人民的武装自卫战，是保证军队作战胜利的中心一环。对此方针游移是必败之道。”

同日 致电叶剑英、彭德怀、任弼时，指出红军闽粤边区部队被国民党军阴谋缴械事件〔1〕，是极严重的教训，红军各部都应引为深戒。

同日 收到朱德、周恩来等的来电，来电提出关于对日抗战和红军主力出动抗战的意见，准备作为同蒋介石谈判的意见。

8月5日 关于红军参战等问题，和张闻天复电朱德、周恩来、秦邦宪、林伯渠、彭德怀、任弼时，指出：关于担任一方面作战任务问题，红军担负以独立自主的游击运动战，钳制敌人大部，消灭敌人一部的任务。这是在一定地区内协助正面友军作战，而不是“独当一面”。我们事实上只宜作侧面战，不宜作正面战，故不宜以独当一面的语意提出。关于使用兵力问题，应提出按情况使用兵力的原则，在此原则下，承认开拔主力。但须估计战争的长期性与残酷性，以及陕、甘是我们的唯一可靠后方（蒋介石在陕、甘则尚有十个师）等问题。

同日 复电彭德怀、任弼时，指出红军出动抗日，主力仍以在韩城、宜川渡河为有利。

同日 和张闻天复电朱德、周恩来、秦邦宪等：“我们以为

---

〔1〕 中共闽粤边特委所属闽南抗日独立大队大队长何鸣，对国民党利用谈判改编之机消灭独立大队的阴谋丧失警惕，致使近千人的部队在1937年7月16日被国民党军第157师包围缴械。这一事件称何鸣事件。

朱德同志以即去南京一行为有利。"〔1〕

8月7日 写完《辩证法唯物论（讲授提纲）》第三章第一节"矛盾统一法则"，并以此为讲稿在抗大作过讲演。这一节后来经作者作了部分补充、删节和修改，以《矛盾论》为篇名收入《毛泽东选集》。《矛盾论》是作者继《实践论》之后，为了同一的目的，即为了克服存在于中国共产党内的严重的教条主义思想而写的。文章指出，事物的矛盾法则，即对立统一的法则，是唯物辩证法的最根本的法则。事物发展的根本原因，不是在事物的外部而是在事物的内部，在于事物内部的矛盾性，一事物和他事物的互相联系和互相影响则是事物发展的第二位的原因。"外因是变化的条件，内因是变化的根据，外因通过内因而起作用"。文章论述了矛盾的普遍性和特殊性，而特别着力地分析了矛盾的特殊性问题。文章说：矛盾的普遍性是指矛盾存在于一切事物的发展过程中，每一事物的发展过程中存在着自始至终的矛盾运动；矛盾的特殊性是指一事物区别于他事物的及每一物质的运动形式所具有的特殊的本质。研究矛盾的特殊性，不能带主观随意性，必须对它们实行具体的分析。不同质的矛盾，只有用不同质的方法才能解决。教条主义者不懂得必须研究矛盾的特殊性，拒绝对于具体事物做任何艰苦的研究工作，不用脑筋具体地分析任何事物。他们不了解诸种革命情况的区别，因而也不了解应当用不同的方法去解决不同的矛盾，而只是千篇一律地使用一种自以为不可改变的公式到处硬套。文章论述了主要矛盾和矛盾的主要

---

〔1〕 朱德、周恩来、秦邦宪1937年8月5日致电张闻天、毛泽东，说他们反复考虑朱德目前去南京同国民党谈判问题，意见不完全一致，朱德本人认为他目前去南京较以后去有利。6日，朱德、周恩来从云阳镇抵达西安，于9日与叶剑英一起飞抵南京，参加国防问题讨论会，并同国民党谈判。

方面，指出：在复杂的事物的发展过程中，有许多的矛盾存在，其中必有一种是主要矛盾。主要矛盾起着领导的、决定的作用，其他的矛盾则处于次要的和服从的地位。捉住了这个主要矛盾，一切问题就迎刃而解了。矛盾着的两方面中，必有一方面是主要的，他方面是次要的。事物的性质，主要地是由取得支配地位的矛盾的主要方面所规定的。矛盾的主要和非主要的方面互相转化着，事物的性质也就随着起变化。文章说，对于主要的矛盾和非主要的矛盾、矛盾的主要方面和非主要方面的研究，是革命政党正确地决定其政治上和军事上的战略战术方针的重要方法之一。文章论述了矛盾的同一性和斗争性。矛盾的同一性包含两种情形：第一，事物发展过程中的每一种矛盾的两个方面，各以同它对立着的方面为自己存在的前提，双方共处于一个统一体中；第二，矛盾着的双方，依据一定的条件，各向着其相反的方面转化。矛盾的斗争性是指两个矛盾方面的互相排斥、互相斗争。矛盾的斗争贯串于过程的始终，并使一过程向着他过程转化。对抗是矛盾斗争的一种形式，而不是矛盾斗争的一切形式。对抗性矛盾和非对抗性矛盾在一定条件下可以互相转化。斗争性寓于同一性之中，在同一性中存在着斗争性。有条件的相对的同一性和无条件的绝对的斗争性相结合，构成了一切事物的矛盾运动。

8月8日　和张闻天致电彭德怀、任弼时：拟在红军开动时开一次政治局会议，同时讨论作战问题，地点在洛川。

同日　为红军主力出动抗日事，致电彭德怀、任弼时：三个方面军宜靠拢前进，凡事以谨慎为宜。

8月9日　出席中共中央召集的有各单位负责人参加的会议。在讲话中指出：卢沟桥事变是中国大规模全国性抗日战争的开始。国民党转变已大进一步，但离彻底转变还远。目前还存在着严重的危机，即统治者怕群众起来。蒋介石的抗战决心是日本逼起来的，应战主义是危险的，在华北实际是节节退却。在谈到红军时说：红军今日以前是准备调动，今日以后是实行开动。红军应当实行独立自主的指挥与分散的游击战争。必须保持独立自主的指挥，才能发挥红军的长处，集团的作战是不行的。同时还要估计到特别的情形，防人之心不可无，应有戒心，保障红军之发展扩大。他还对此前的八条抗日救国纲领提出补充意见，成为十条。

同日 致电红军前方总指挥部，强调红军开动必须走韩城。

8月10日 致电彭雪枫，指出：同各方接洽，在积极推动抗战的总方针下，要有谦逊的态度，要向他们请教各方面的情况，不可自夸红军的长处，不可隐瞒红军若干不应该隐瞒的缺点。应向各方着重说明红军“只宜于在总的战略下进行独立自主的指挥，不宜于以战役战术上的集中指挥去束缚它，致失去其长处”。与阎锡山交涉红军出动路线问题，请他同意红军由韩城渡河，经蒲县、孝义、汾县开赴抗日前线。立即开设太原公开办事处，以你为主任。

8月12日 电告朱德、周恩来：阎锡山已答应红军由韩城渡河，经同蒲路输送。

8月13日 再次会见美国记者韦尔斯，给她一份中共中央提出的抗日救国十大纲领草案。毛泽东说：如果有国民党政府的合作，这个十大纲领就能实现，我们就能打倒日本帝国主义。

同日 日军进攻上海。

8月14日 和张闻天复朱德、周恩来、叶剑英十三日关于《中共中央为公布国共合作宣言》修改等问题的建议的来电，指出：宣言可以修改，但决不能照康泽提案[1]，我们的修改案即告。

同日　致电彭雪枫：红军本可迅速出动，因南京对于宣言、纲领、指挥部、参谋长等问题诸多留难，以致尚须待朱德、周恩来此次在南京谈判结束才能确定出动日期。此点可向阎锡山说明。

8月17日　为红军抗日的出动路线问题，分别致电朱德、周恩来、叶剑英和秦邦宪、林伯渠、彭德怀、任弼时，强调指出："红军为安全计，为荫蔽计，为满足晋绥渴望计，决走韩城渡河，在侯马上车，到大同集中，再转至怀来、蔚县，决不走平汉路。"在给朱、周、叶的电报中还指出，红军"在独立自主的指挥与游击战山地战原则下受阎百川节制，速通知阎"。

8月18日　中共中央发出给朱德、周恩来、叶剑英关于与国民党谈判的十项条件的训令，指出："两党合作须建立在一定原则上，目前最重要问题，须使党与红军放在合法地位。因此要求国民党迅即实现下列各项，以便红军早日开赴前线杀敌。"要求实现的各项是：（一）发表我党宣言，同时蒋介石发表谈话；（二）发表边区组织；（三）发表指挥部；（四）发给平等待遇之经费；（五）发给平等待遇之补充器物；（六）红军充任战略的游击支队；（七）在总的战略方针下，执行独立自主的游击战争，发挥红军特长；（八）为适应游击战原则，须依情况出兵与使用兵力；（九）不分割使用；（十）第一批出动红军的使用区域，在平汉线以西、平绥线以南地区，并受阎百川节制。

---

〔1〕朱德、周恩来1937年8月12日同张冲、邵力子、康泽商谈《中共中央为公布国共合作宣言》的内容，康泽提出宣言中不提民主，取消对民族、民权、民生3条的解释，不提同国民党获得谅解共赴国难。

同日 和张闻天复电周恩来、叶剑英，指出：黄白案[1]将红军分割出动，其中包含着极大阴谋，坚决不能同意。在根本问题解决后，我军主力（不是全部）决由韩城渡河，决不走陇海线和平汉线。

同日 和张闻天致电秦邦宪、林伯渠、彭德怀、任弼时：“甲、国民党阴谋已表现得很明显，它的企图是：（一）将红军全部送上前线。（二）分路出动，使不集中，强使听命。（三）红军受命出动后即变为蒋之属下，彼以命令行之，彼时党的问题与边区问题，由彼解决，甚至将不许发表宣言并取消苏区。乙、我们对策见中央给周、叶训令。丙、此事关系重大，须在洛川会议中慎重讨论。”

8月20日 从延安出发去洛川参加中共中央政治局扩大会议。

8月22日—25日 出席在洛川冯家村召开的中共中央政治局扩大会议，通称洛川会议。会议议程为：（一）政治任务问题；（二）军事问题；（三）国共两党关系问题。毛泽东在会上作军事问题和国共两党关系问题的报告，并作结论。在报告中分析了抗日战争的形势、任务及国共两党关系，指出抗日战争的持久性，提出红军的基本任务和战略方针，强调共产党在统一战线中的独立自主原则。他说：中国抗战存在着两种政策和两个前途，即我们的全面的全民族抗战的政策和国民党的单纯政府抗战的政策，坚持抗战到胜利的前途和大分裂、大叛变的前途。我们的任务是

---

〔1〕黄白案，指国民党政府军事委员会第一部部长黄绍竑和国民党政府军事委员会副参谋总长白崇禧提出的八路军出动方案。具体内容是：八路军以两个师由渭南上车，经风陵渡、同蒲路至代县附近下车，到蔚县一带集中。另一师沿陇海路转平汉路，在徐水下车，到冀东玉田、遵化一带，开展游击战争。

动员一切力量争取抗战胜利，最基本的方针是持久战。红军的基本任务是：创造根据地；钳制和相机消灭敌人；配合友军作战（战略支援任务）；保存和扩大红军；争取民族革命战争领导权。红军的战略方针是独立自主的山地游击战，包括在有利条件下消灭敌人兵团和在平原发展游击战争。在统一战线下是相对的独立自主，但一定要争取战略方针的共同商量；游击战争的作战原则是分散以发动群众，集中以消灭敌人，打得赢就打，打不赢就走；山地战要达到建立根据地，发展游击战争，小游击队可到平原地区发展。要坚持抗日民族统一战线，要巩固和扩大抗日民族统一战线，共产党在统一战线中必须坚持独立自主的原则，对国民党要保持高度的阶级警觉性。红军主力全部出动要依情况决定，要留一部分保卫陕甘宁边区。会议通过了《中央关于目前形势与党的任务的决定》、《中国共产党抗日救国十大纲领》和毛泽东为中共中央宣传部门起草的宣传鼓动提纲《为动员一切力量争取抗战胜利而斗争》。抗日救国十大纲领主要内容是：（一）打倒日本帝国主义；（二）全国军事的总动员；（三）全国人民的总动员；（四）改革政治机构；（五）抗日的外交政策；（六）战时的财政经济政策；（七）改良人民生活；（八）抗日的教育政策；（九）肃清汉奸卖国贼亲日派，巩固后方；（十）抗日的民族团结。宣传提纲指出：卢沟桥中国军队的抗战，是中国全国性抗战的开始。为了挽救祖国的危亡，全国人民必须坚固地团结起来，为保卫祖国而作战到底。今后的任务是“动员一切力量争取抗战胜利”，这里的关键是国民党政策的全部的和彻底的转变，特别是在发动民众和改革政治等问题上。会议决定中共中央革命军事委员会成员增为十一人，毛泽东为书记（实际称主席），朱德、周恩来为副书记（实际称副主席）。会议对所讨论的问题基本取得一致意见，对于八路军的作战原则存在一些不同认识，由于时间紧迫，来不及充分讨论。《为动员一切力量争取抗战胜利而斗争》（一九三七年八月二十五日）这个宣传提纲编入《毛泽东选集》。

8月22日 国民党政府军事委员会委员长蒋介石委任朱德、彭德怀为国民革命军第八路军总指挥、副总指挥。

8月25日 中共中央革命军事委员会主席毛泽东和副主席朱德、周恩来发出关于红军改编为国民革命军第八路军[1]的命令。红军前敌总指挥部改为第八路军总指挥部，朱德任总指挥，彭德怀任副总指挥，叶剑英任参谋长，左权任副参谋长，任弼时任政治部主任，邓小平任副主任。下辖三个师：第一一五师，林彪任师长，聂荣臻任副师长，周昆任参谋长，罗荣桓任政训处主任，萧华任政训处副主任；第一二〇师，贺龙任师长，萧克任副师长，周士第任参谋长，关向应任政训处主任，甘泗淇任政训处副主任；第一二九师，刘伯承任师长，徐向前任副师长，倪志亮任参谋长，张浩任政训处主任，宋任穷任政训处副主任。命令指出："各师改编为国民革命军后，必须加强党的领导，保持和发挥十年斗争的光荣传统，坚决执行党中央与军委会的命令，保证红军在改编后，成为共产党的党军，为党的路线及政策而斗争，完成中国革命之伟大使命。"

8月27日 出席中共中央政治局常委在洛川召开的座谈会，在会上说：无产阶级的政治和组织的程度比资产阶级高，所以统一战线由无产阶级提出。在联合抗日的情况下，要把民族革命与社会革命贯通起来。在统一战线的长期过程中，国民党有计划地

---

〔1〕 1937年9月11日，八路军按战斗序列改称第18集团军，八路军总指挥部改称第18集团军总司令部，八路军总指挥、副总指挥改称第18集团军总司令、副总司令。

从各方面影响和吸引共产党及红军，我们要提高政治警觉性。要使农民和小资产阶级跟随我党走。国民党内有些人动摇于国共两党之间，这对我们吸引国民党是有利的，共产党吸引国民党的条件是存在着的。两党之间互相吸引的问题，要在斗争中解决。他指出：统一战线建立后，主要危险是右倾机会主义，要注意在党内加强教育。

8月30日　由洛川回到延安。当夜，复叶剑英二十九日来电，指出拒绝康泽所提丁惟汾〔1〕为陕甘宁边区政府主任，必须以林伯渠为边区政府长官，张国焘为副长官。

8月31日　致电周恩来、秦邦宪、林伯渠：周恩来宜即赴太原、大同晤阎锡山，商量好八路军入山西后各事，即活动地区、作战原则、指挥关系、补充计划等。九月五日，周恩来到达太原。

同日　电告八路军驻上海办事处主任潘汉年：国民党对红军实行种种限制，每月只给军饷五十万元并非百万元，并无枪炮等之补充，仅有衣物及少数弹药之补充，宣言拖延不发，陕甘宁边区要以丁惟汾为主任，要向红军派政治部副主任及参谋长。我们坚持原则，与之斗争。

9月1日　致电周恩来等，提出对付康泽等人的进攻应采取的对策：陕甘宁边区设长官，不设主任，任林伯渠、张国焘为正、副长官；委任任弼时、邓小平为八路军政治部正、副主任；拒绝国民党向八路军派遣高级参谋。电报还指出：第一一五师、第一二〇师及八路军总部接连出发，第一二九师非待国共间各主要问题解决后决不出动，这种部署是完全正确的。八路军主力接蒋介石第一次命令即由甘肃出发并无丝毫延迟，国民党一切无理

---

〔1〕　丁惟汾，当时任国民党中央常委。

的拖延与限制则层出不穷，表示其没有必要的诚意。

同日 在中央一级积极分子会议上作关于中日战争爆发后的形势和任务的报告。报告指出，全国性抗战已经开始，但还是单纯的政府抗战，压制人民的积极性，必须动员一切力量，实现全面的，全民族的抗战，才能争取胜利。抗日战争是持久战。八路军的主要任务，是开展独立自主的山地游击战争，组织义勇军，建立抗日根据地，由“壮气军”地位到实力领导地位。报告提出是“资产阶级追随无产阶级，还是无产阶级追随资产阶级（国民党吸引共产党，还是共产党吸引国民党）”的问题，指出必须反对即将成为全党主要危险的右倾机会主义即投降主义。

9月3日 致电周恩来等，告知八路军第一一五师、第一二〇师约在九月二十五日前后可以展开于北平、石家庄、太原、大同、张家口之间。请周恩来、彭德怀到太原与阎锡山交涉，明确规定红军活动区域。

9月4日 致电彭雪枫转周恩来，指出：冀、察、晋、绥四省军政人物的做法“完全脱离民众，挫败之后失去胜心，整个华北战线酝酿着极大危机，利用红军新到壮其气而相当改变其做法，是一极好时机”。请周恩来考虑同他们会面，详细交谈。

9月7日 为八路军活动区域问题，再致电周恩来等，指出汤恩伯、卫立煌、刘汝明〔1〕三部六万余人已将蔚县、涞源、广灵、灵丘四县及其东北地区占据，上述地区已无八路军活动余地。阎锡山有将八路军开赴阳原、大同之意。现时对八路军有利

〔1〕 汤恩伯，当时任国民党军第二战区第7集团军前敌总指挥兼第13军军长。卫立煌，当时任国民党军第一战区第14集团军总司令。刘汝明，当时任国民党军第二战区第7集团军副总司令兼第68军军长。

地区是阜平、唐县、曲阳、行唐、灵寿、平山、繁峙、浑源、五台、盂县及涞源、灵丘两县之南部地区，望向阎锡山力争规定上述地区为八路军活动区域。

同日 写《反对自由主义》一文。文章说："我们主张积极的思想斗争，因为它是达到党内和革命团体内的团结使之利于战斗的武器。每个共产党员和革命分子，应该拿起这个武器。""但是自由主义取消思想斗争，主张无原则的和平"。文中列举自由主义十一种主要表现，指出它是一种严重的恶劣倾向，对革命十分有害，强调提出反对和克服自由主义是思想战线的任务之一。这篇文章编入《毛泽东选集》。

9月10日 出席中共中央政治局常委会议，会议讨论宣传教育工作。毛泽东就教材和教学法等问题发表意见，强调教学要理论联系实际，军事理论应讲授战略思想、战略原则。并指出：有的高级军事干部，对战略问题毫无兴趣，上不联系战略，下不联系红军实际，变成外国教条主义；教学法要研究，旧的考试方法要改变，现在的教学法多是注入式，要注意启发式。

同日 关于对待托派分子的原则问题，和张闻天致电林伯渠，全文如下："请告罗汉我们对待托派分子的下列原则：（甲）我们不拒绝同过去犯过错误而现在真心悔悟、愿意抗日的人联合，而且竭诚欢迎他们的转变。（乙）在陈独秀等托派分子能够实现下列三条件时，我们亦愿与之联合抗日。（一）公开放弃并坚决反对托派全部理论与行动，并公开声明同托派组织脱离关系，承认自己过去加入托派的错误。（二）公开表示拥护抗日民族统一战线政策。（三）在实际行动中表示这种拥护的诚意。

（丙）至于其他关系，则在上述三条件实现之后，可以再行考虑。”〔1〕

9月12日 关于独立自主的山地游击战争的基本原则，致电彭德怀：“甲、同意你偕恩来去南京一行。乙、在晋、在冀、在京，均着重解释我军‘独立自主的山地游击战争’这个基本原则，取得他们的彻底了解与同意。丙、此原则中包含：（一）依照情况使用兵力的自由。现在蒋鼎文还在说刘师应速上前线，彼等用意或者不明白使用大兵团于一个狭小地域实不便于进行游击战争，如果是这样，可见我们对此原则并未向他们有过彻底坚持的说明；或者他们含有恶意即企图迫使红军打硬仗。（二）红军有发动群众、创造根据地、组织义勇军之自由，地方政权与邻近友军不得干涉。如不弄清这一点，必将发生无穷纠葛，而红军之伟大作用决不能发挥。（三）南京只作战略规定，红军有执行此战略之一切自由。（四）坚持依傍山地与不打硬仗的原则。丁、你未回军以前属我直接指挥，通知朱、任、林、贺。”

9月13日 日军占领大同。

9月14日 就驳斥蒋鼎文的无理态度问题，致电林伯渠等，指出：“游击战争与按照情况使用兵力，是朱、周在京与蒋、何、

---

〔1〕1937年8月下旬陈独秀出狱，罗汉在南京会见叶剑英，说陈独秀愿回到党的领导下工作。经叶剑英介绍，罗汉到西安。9月5日，林伯渠自西安致电张闻天，说罗汉、李侠公要见张闻天，要求恢复组织关系。9月8日，张闻天、毛泽东复电林伯渠，同意罗汉、李侠公去延安一谈。后因大雨受阻，罗汉未去延安，于9月9日致电中共中央，提出5点建议和要求。其中提到请中央劝陈独秀、彭述之、郑超麟（陈、彭、郑3人，均于1929年被开除党籍）回党工作。9月10日，毛泽东和张闻天发出此电，说明中共中央对待托派分子的原则。后来陈独秀始终拒绝回答中共中央提出的3项条件。

白、黄[1]决定之战略方针与指挥原则。红军主力已上前线，多兵堆于狭地不合游击战使用，因此一二九师留驻待机是完全正当的。蒋鼎文身为军人不懂军事，还应加意学习我们的兵法，依照他的无知妄想是要打败仗的。”

同日 鉴于湘鄂赣边区游击队负责人在谈判改编时接受国民党提出的由武汉行营派副职人员的要求等错误，和张闻天致电秦邦宪、叶剑英、周恩来等，提出在“统一战线中，地方党容易陷入右倾机会主义，这已成为党的主要危险，请严密注意”。

9月16日 关于八路军三个师的部署问题，复电朱德、任弼时。电报指出：“日寇分两路进攻广灵、灵丘，晋军已放弃大同，绥远全境实际已失，以五台为中心之晋东北日寇将以重兵进据，并继进攻取太原。在此情况下，我三个师已无集中晋东北一处之可能，更无此必要。”“拟以百十五师位于晋东北，以五台为活动重心，暂时在灵丘、涞源，不利时逐渐南移，改以太行山脉为活动地区。以百二十师位于晋西北，以管涔山脉及吕梁山脉之北部为活动地区。以百二十九师位于晋南，以太岳山脉为活动地区。”

同日 为阎锡山拟集中十四个团并要八路军第一一五师参加与日军决战事，致电林彪：我军应坚持既定方针，用游击战配合友军作战。此方针在南京与蒋介石、何应钦决定，周恩来、彭德怀又在山西与阎锡山当面决定，基本不应动摇此方针。

9月17日 致电朱德、彭德怀、任弼时，林彪、聂荣臻，贺龙、关向应，刘伯承、徐向前，指出：根据华北日军进攻的形

---

〔1〕 蒋、何、白、黄，指蒋介石、何应钦、白崇禧、黄绍竑。何应钦，当时任国民党军第四战区司令长官。1938年1月又任国民党政府军事委员会参谋总长。

势，恒山山脉成为敌军夺取冀、察、晋三省的战略中枢，敌军向这里出动主力，阎锡山指挥的各军已失锐气，节节败退。在此情况下，过去决定八路军全部在恒山山脉创造游击根据地的计划已根本上不适用了，如果仍按原计划全部进到晋东北恒山山脉，必将使自己处于敌人大迂回中，完全陷于被动地位。因此应改变原来的部署，以达到在战略上展开于主动地位，即展开于敌之侧翼，钳制敌之进攻太原与继续南下，援助晋绥军使之不过于损失力量，真正执行独立自主的山地游击战，广泛发动群众，组织义勇军，创造根据地，支援华北游击战争和扩大自己本身。还指出：八路军此时是支队性质，不起决战的决定作用，但如果部署得当，能在华北，主要在山西，起支持游击战争的决定作用。

9月19日 致电彭德怀："敌于太原，志在必得，此时部署应远看一步。""贺龙部应位于晋西北，处于大同、太原之外翼，向绥远与大同游击，方能给敌南进太原以相当有效的钳制作用"。"因此，贺师应速赴晋西北占先着。"

9月21日 致电彭德怀，进一步阐明八路军的战略方针，指出："今日红军在决战问题上不起任何决定作用，而有一种自己的拿手好戏，在这种拿手戏中一定能起决定作用，这就是真正独立自主的山地游击战（不是运动战）。要实行这样的方针，就要战略上有有力部队处于敌之翼侧，就要以创造根据地发动群众为主，就要分散兵力，而不是以集中打仗为主。集中打仗则不能做群众工作，做群众工作则不能集中打仗，二者不能并举。然而，只有分散做群众工作，才是决定地制胜敌人、援助友军的唯一无二的办法，集中打仗在目前是毫无结果可言的。目前情况与过去国内战争根本不同，不能回想过去的味道，还要在目前照样再做。我完全同意你十八日电中'使敌虽深入山西，还处在我们游击战争的四面包围中'这个观点。请你坚持这个观点，从远处大处着想，对于个别同志不妥当的观点给与深刻的解释，使战略方针归于一致。”

同日　八路军总部令第一一五师在晋东北地区活动，第一二〇师挺进晋西北抗日前线，第一二九师准备开赴晋东南地区。

9月22日　国民党中央通讯社发表中共七月提交国民党的《中共中央为公布国共合作宣言》。二十三日，蒋介石在庐山发表谈话，表示团结御侮的必要，承认中国共产党的合法地位。共产党的宣言和蒋介石的谈话，宣布了国共两党合作的成立。

同日　和张闻天致电秦邦宪、叶剑英，指出：“宣言既已发表，目前谈判须解决者，应着重下列三事：（一）发布共同纲领。（二）解决边区问题。（三）解放报〔1〕在全国发行。”

9月23日　复电彭雪枫并告周恩来、朱德、彭德怀、任弼时等，提出在山西进行游击战争的意见：“游击战争主要应处于敌之翼侧及后方，在山西应分为晋西北、晋东北、晋东南、晋西南四区，向着进入中心城市及要道之敌人，取四面包围袭击之姿势，不宜集中于五台山脉一区，集中一区是难以立足的。”五台山脉应使之成为重要的游击区域之一，现在就应加紧准备，不宜迟缓。同时应该充分注意晋西北管涔山脉地区的部署与准备。太行、太岳山脉之晋东南与吕梁山脉之晋西南，亦不可不于此时作适当之部署。“游击战争除军事部署以外，最主要的是紧密依靠乡村广大人民群众，只有如此，才能取得最后胜利。”

9月24日　关于山西地方党的工作问题，致电周恩来、朱德等：山西地方党目前应以全力布置恒山、五台、管涔三大山脉之游击战争，而重点在五台山脉，该处应设置军政委员会一类的领导机关，立即开始普遍地组织地方支队和群众组织，在半个月

〔1〕　指中共中央在延安出版的《解放》周刊，1937年4月创刊。

内应全部布置完毕。一切工作应在敌占太原的设想下作布置的出发点。

9月25日 出席中共中央政治局常委会议，会议讨论共产党参加政府问题。毛泽东发言说：目前时局需要有一个抗日民族统一战线的政府，我们要明确提出参加这样的政府，不是提出参加国民党政府。在日本占领区域，我们可以建立许多小块政权，南方各地也有小块苏区政权，在这些地方，要以共产党为主体参加政权。在战区的地方政府，如果能够实行抗日纲领，同时国民党政府又不反对，在这种特殊情况下，共产党员可以去参加。

同日 关于华北工作问题致电周恩来、刘少奇、杨尚昆〔1〕等，指出："整个华北工作，应以游击战争为唯一方向。一切工作，例如民运、统一战线等等，应环绕于游击战争。华北正规战如失败，我们不负责任。但游击战争如失败，我们需负严重的责任。"应"发动全华北党（包括山东在内）动员群众，收编散兵散枪，普遍地但是有计划地组成游击队"。"为此目的，应着重于高级干部之分配及独立领导的党政军集体机关之组织。要设想在敌整个占领华北后，我们能坚持广泛有力的游击战争。要告诉全党，今后没有别的工作，唯一的就是游击战争。"

同日 致电朱德、彭德怀、任弼时、周恩来并告林彪，提出关于华北八路军作战的战略意见，指出：拟使用第一一五师配合国民党军一部，待日军在华北相当深入后，收复灵丘、涞源、广灵、蔚县四县，然后向着大同、张家口、北平线，大同、太原线，北平、石家庄线举行大规模的侧后袭击战，在灵、涞、广、蔚四县建立根据地。如若成功，还可用相当一部进出热河方向，

〔1〕 杨尚昆，当时任中共中央北方局负责人。1937年12月任中共中央北方局副书记。

如此或能造成华北战争的新局面，支持相当时期的持久战。蒋介石、阎锡山关于保定决战、晋北固守的方针，完全是处在被动挨打的姿式下，如无上述部队袭入敌后，决难持久，只有实行上述计划才能变被动为主动。现仅剩下此一着活棋，应向蒋、阎极力建议。

同日　和张闻天电告周恩来，同阎锡山谈话请根据下列各点："我们宣言及蒋谈话宣布了统一战线的成功，建立了两党团结救国的必要基础。""蒋谈话指出了团结救国的深切意义，确定了共产党在全国合法地位，发出了'与全国人民彻底更始'的诺言。但还表现着自大主义精神，缺乏自我批评，未免遗憾。今后问题是彻底实现三民主义及与三民主义相符合的中共提出的十大纲领。"

同日　八路军第一一五师主力在平型关东北公路两侧山地，伏击日军精锐坂垣师团第二十一旅团一部，歼灭日军一千多人，取得了全国抗战以来第一个歼灭战的胜利，也是八路军开赴抗日前线后首战告捷。十月一日，毛泽东致电在南京与国民党谈判的中共中央代表秦邦宪、叶剑英和潘汉年，通报平型关战役的战果，并指出："是役已将敌攻平型关计划破坏，但敌还从雁门关一带进攻。我游击支队正活动于灵丘、涞源、蔚县之间，颇有缴获。敌用大兵团对付我游击队，还不知道红军游击战法。我们捷报发至全国，连日各省祝捷电甚多"。

9月26日　致电朱德、彭德怀，庆祝八路军取得的第一个胜利。同时指出：向恒山山脉及其东、西、北三方向突击，展开敌人侧面游击战争的计划，暂时尚无执行的条件，要待敌人更深入、后方更空虚时才能执行。

9月28日　致电刘伯承、徐向前、张浩并告朱德、彭德怀，贺龙："保定、沧州、献县均失，国军溃乱不堪，卫立煌退石家庄。”“我一二九师（缺一个团）接电立即出动，经临晋渡河到侯马上车，在太原补充衣、弹，速开正太路南北地区。”

9月29日 致电周恩来、朱德、彭德怀、任弼时，进一步阐述八路军在山西作战的战略意见，指出：华北大局非常危险，河北、山东不久将失陷，中国阵地将变为扼守黄河、运河两线。这一形势将影响到上海战线发生某些变化，南京将被大轰炸，国民党如不妥协必将迁都。山西将成为华北的特殊局面，这根本的是因为有八路军，其次是阎锡山与我们合作。由于这两个力量的结合，将造成数百万人民的游击战争。根本方针是争取群众，组织群众游击队，在这个总方针下，实行有条件的集中作战。关于使用第一一五师配合国民党二三个师，待日军相当深入后，向灵丘、涞源、广灵、蔚县四县及其以北突破找其空虚后方的计划，请你们着重研究一番。如实行这一计划，可能在一个时期内开展一个新局面，有利于在山西全省创立我们的根据地。

同日 写《国共两党统一战线成立后中国革命的迫切任务》一文。文章指出：九月二十二日发表的《中共中央为公布国共合作宣言》和二十三日蒋介石发表的承认中共合法地位的谈话，宣布了两党合作的成立。“抗日需要一个充实的统一战线，这就要把全国人民都动员起来加入到统一战线中去。抗日需要一个坚固的统一战线，这就需要一个共同纲领。共同纲领是这个统一战线的行动方针，同时也就是这个统一战线的一种约束”。“共同纲领是什么呢？这就是孙中山先生的三民主义和共产党在八月二十五日提出的抗日救国十大纲领。”“然而要实行三民主义和十大纲领，需要实行的工具，这就提出了改造政府和改造军队的问题。”加强国共两党的团结，加强一切不愿当亡国奴的同胞的团结，实行一切必要的改革来战胜一切困难，这是今日中国革命的迫切任务。这篇文章编入《毛泽东选集》时，题为《国共合作成立后的迫切任务》。

9月30日　和张闻天致电秦邦宪、叶剑英，提出关于南方红军游击队的改编原则：以集中五分之三、留下五分之二于原地改为保安队为原则，反对国民党提出的全部集中的要求；保安队均须进行政治上的整理，反对投降主义，反对国民党派遣任何人；集中五分之三为一个军，以叶挺为军长，项英为副军长，陈毅〔1〕或刘英〔2〕为参谋长，反对国民党插入任何人；任何游击队区域，均须中共中央派人亲去传达改编指示，然后集中。

10月2日　致电秦邦宪、叶剑英，令项英来中央讨论南方游击队改编问题，指出“南方游击队万不宜集中，项在江西的做法上了国民党的当〔3〕”。

10月3日　和张闻天致电张文彬〔4〕：“国民党企图集中南方各游击队，我们决不可中其计，速派人传达党的正确的方针。”

10月4日　关于对待交八路军指挥的国民党军队的方针问题，致电朱德、彭德怀、任弼时并告八路军各师负责人，指出：“我们对于国民党交给我们指挥之部队，应采取爱护协助态度，不使他们担任最危险的任务，不使他们给养物资缺乏。对作战应使他们主要打几个小胜仗，对动员民众应详告以政策、方法，对

---

〔1〕 陈毅，1934年10月中共中央机关和中央红军撤离中央苏区时，被任命为中共苏区中央分局委员、中华苏维埃临时中央政府南方办事处主任，留在中央苏区坚持斗争。

〔2〕 刘英，当时任中共闽浙边临时省委书记、闽浙边临时省军区政治委员。

〔3〕 1937年9月，项英在南昌同国民党谈判南方红军游击队改编问题期间，曾在国民党江西省党部纪念周上发表演说，表示一切服从国民党。项英的这个演说，被国民党利用，给党造成损失。

〔4〕 张文彬，当时奉中共中央的指示，到广东组织和领导广东人民进行抗日战争。1937年10月任中共中央南方工作委员会书记。

他们多取商量，表示殷勤爱护之意，力戒轻视、忽视、讥笑、漠不关心及把他们置于危险地位等错误态度。经过上述方针，争取他们与红军团结一致，使他们真心愿意围绕于红军周围。为达上述目的，除作战指挥由上级负责外，对他们应取态度及方法须向全军指战员进行教育，使此方针能全体彻底执行之。”

10月5日 致电周恩来、朱德、彭德怀，同意周恩来与阎锡山、程潜〔1〕商定的作战计划，并对八路军作出具体部署。

同日 致电周小舟〔2〕，指出：“你在工作中的政治方向是没有错的，工作中表现了积极与努力，一般说来是有成绩的。”“但在工作中还表现了一些缺点，这就是存在着某种程度上的轻躁、粗率与骄傲的作风”。“改变的方向是用谨慎、周密与谦逊的态度去观察问题，去处理工作，去待人接物，特别在统一战线工作中须严格采这样的态度。”

10月6日 致电周恩来、朱德、彭德怀，并告林彪、聂荣臻，提出华北作战的战略补充意见，指出：“敌占石家庄后，将向西面进攻，故龙泉关、娘子关两点须集结重兵，实行坚守，以使主力在太原以北取得胜利。”“山西军已处最后关头，将不得不打一仗。”“此战役之关键在于下列三点：（一）娘子关、龙泉关之坚守。（二）正面忻口地区之守备与出击（出击是主要的）。（三）敌后方之破坏。”为达上述目的，必须：（一）要求南京速加派主力军三四个师位于娘子关。（二）要求卫立煌军四个师担任正面出击兵团之主力，晋军以两个师协助出击，余任守备。（三）八路军第一一五、第一二〇两师主力，担任从东西两面破

〔1〕程潜，当时任国民党政府军事委员会参谋总长。1937年10月25日又任国民党军第一战区代理司令长官。

〔2〕周小舟，当时正奉命以中革军委联络员身份前往新疆执行任务。

坏敌人侧后纵深地区。另要求南京派主力军两个师从涞源、蔚县行动。

同日 写《农村调查》序言一。序言说："从一九二七年北伐战争期间起，到一九三四年离开中央苏区为止，我亲手从农村中收集的材料，现在仅剩下下列各部分：（一）寻乌调查；（二）兴国调查；（三）东塘等处调查；（四）木口村调查；（五）赣西南土地分配情形；（六）分青和出租问题；（七）江西土地斗争中的错误；（八）分田后的富农问题；（九）两个初期的土地法；（十）长冈乡调查；（十一）才溪乡调查。""这里存下来的，都是中央苏区的材料，前九部分是属于初期的土地革命，后两部分是属于深入了的土地革命。虽不完全，亦可见其一斑。"

10月9日 致电朱德、彭德怀、任弼时：在敌人后方地区及迫近敌人地区，必须执行没收大地主政策，因为大地主多属汉奸，不没收大地主不能迅速发动群众，不没收大地主八路军给养难于解决。请通令各部实行。十一日，朱德、彭德怀、任弼时复电说："我们考虑结果，认为在上述地区，目前以没收当汉奸之地主为妥"。十五日，和张闻天复电朱德、彭德怀、任弼时："十一日电悉。没收大地主，指没收汉奸政策的主要阶级内容，大地主而未为汉奸者，当然不在没收之列。在一切汉奸分子中，首先应坚决没收大地主，而对中层分子之为汉奸者，在未得民众同意以前，不应急于没收。工农中有被迫为汉奸者，应取宽大政策，以说服教育为主。这是统一战线中的阶级路线，有向全体明确说明的必要。"

10月10日 和谭政电告任弼时、邓小平等，中共中央军委总政治部已成立，即日开始办公，任弼时为主任（毛泽东代理），谭政为副主任。

同日 关于判处黄克功死刑问题〔1〕，写信给陕甘宁边区高等法院院长雷经天。信中说：黄克功犯了不容赦免的大罪，他“失掉党的立场的，失掉革命立场的，失掉人的立场的行为，如为赦免，便无以教育党，无以教育红军，无以教育革命者，并无以教育做一个普通的人。因此中央与军委便不得不根据他的罪恶行为，根据党与红军的纪律，处他以极刑。”“共产党与红军，对于自己的党员与红军成员不能不执行比较一般平民更加严格的纪律。”

10月12日 国民政府军事委员会宣布南方的红军和游击队改编为国民革命军陆军新编第四军（简称新四军）。在此之前，国民政府军事委员会任命叶挺为新四军军长。

10月13日 致电周恩来、朱德、彭德怀、秦邦宪、叶剑英，指出：“须知华北战局重点并不在太原，而在娘子关、龙泉关一带之太行山脉。如太行山脉及正太路在我手，敌进太原如处瓮中，我军是还能有所作为的，请你们深刻考虑此点。”

同日 再致电周恩来、朱德、彭德怀、秦邦宪、叶剑英，提出太原失守后的战略部署意见，请他们考虑向国民党提出。电报指出：“太原即使失守，亦无关大局，因大同、太原线两侧均有我军向该线袭击，敌在我四面包围中，华北大局之枢纽，现乃在恒山山脉及正太路。该地区如失，则华北战局立即转为局部战，敌已达到控制全华北枢纽之目的。”电报并提出，为确保太行山脉、正太铁路于我手中，准备向大同、张家口、北平线作战略反攻，支持华北持久战，用以消耗敌人，保卫中原各省之目的，而

---

〔1〕 1937年10月5日，抗日军政大学第6队队长黄克功，对陕北公学女学生刘茜逼婚未遂，开枪把刘茜打死。1937年10月11日，经陕甘宁边区高等法院审判，黄克功被处以死刑。

应实行的具体部署。

同日 和张闻天致电潘汉年、刘晓[1]等，提出反对对国民党的投降主义倾向，指出："民族资产阶级的影响，在部分左倾领袖及党员中是在增长，主要表现是在对国民党的投降，只知对国民党统一，处处迁就它的要求，而不知同它的错误政策做斗争。""民族统一战线，不但不取消对于国民党的错误政策进行批评与斗争，而且只有在这一基础上才能使统一战线充实巩固起来，使之继续前进。"我们应不失时机对国民党的错误政策进行批评与斗争，主要方向，首先是改组国民党，然后改组政府与改造军队。这不是使国共合作分裂，而是使之更进一步发展。

10月17日 致电朱德、彭德怀并告周恩来，同意彭德怀意见，由周电蒋介石调主力军入晋，以调川军为宜。电报还指出："我军各部胜利之后，易生骄志，易启轻敌观念，而敌在失败之后，对我必增加愤恨之心理，发生谨慎之心理，因此，请你们告戒各部首长，仍一本谨慎沉着精神使之与勇猛奋发精神相配合，争取与日寇之持久战。"

同日 和张闻天致电朱德、彭德怀、任弼时并告周恩来："军分会十月八日指示文件[2]，有原则错误，望停止传达。"

10月19日 和张闻天致电周恩来、朱德等：在山西须坚持与阎锡山合作，不参加任何倒阎阴谋，但原则问题决不让步。

---

〔1〕 刘晓，当时在上海从事恢复、重建中共上海地下组织的工作。1937年11月任中共浙江省委书记。

〔2〕 1937年8月下旬，中共中央决定成立中央军委前方军分会（后称华北军分会），以朱德为书记，彭德怀为副书记。"军分会十月八日指示文件"，指华北军分会发出的《目前华北战争形势与我军任务的指示》。

同日　在陕北公学纪念鲁迅逝世一周年的会上作《论鲁迅》演讲，指出：我们纪念鲁迅，不仅是因为他是一位伟大的文学家，而且因为他是一个民族解放的急先锋。鲁迅具有政治远见、斗争精神和牺牲精神，这三个特点形成了伟大的“鲁迅精神”。这种精神使鲁迅成为艺术上了不起的作家，革命队伍中优秀成熟的先锋分子。我们纪念鲁迅，就要学习鲁迅精神，把它带到全国各地的抗战队伍中去，为中华民族的解放而奋斗。

10月20日　关于准备在日军占领太原后八路军的作战部署问题，致电周恩来、朱德、彭德怀、任弼时，指出：敌人占领太原后，在太原以北的国民党抗战部队将溃乱无序，八路军第一一五师、第一二九师和八路军总部的联系可能被隔断。为此拟定部署意见如下：留杨成武团〔1〕在恒山、五台山地区坚持游击战争；第一一五师主力准备转移于汾河以西吕梁山脉；第一二九师在正太路以南之现地区坚持游击战争；总部准备转移至孝义、灵石地区；第一二〇师坚持晋西北之游击战争。

10月22日　出席中共中央政治局常委会议，会议讨论陇东特委的工作。毛泽东在发言中批评陇东这一时期工作中对国民党的迁就倾向。

同日　和张闻天复电朱德、彭德怀、任弼时、邓小平并告周恩来，指出：“关于恢复政治委员和政治机关原有制度，我们完全同意，请即速令执行。惟党代表名义不妥，仍应名为政治委员。”

---

〔1〕 指杨成武任团长的八路军第115师独立团。

同日 和张闻天致电周恩来、朱德、彭德怀等："恩来长电[1]，对大局分析及我党政策完全正确，我们完全同意。""请恩来拟具建议书，即去南京代表我党严重与正式地向国民党建议，并推动各界促进时局之转变。党的宣言，俟恩来南京谈判后再行决定，目前以解放报论文为号召。"

10月23日 为陕北公学成立题词："要造就一大批人，这些人是革命的先锋队。这些人具有政治远见。这些人充满着斗争精神和牺牲精神。这些人是胸怀坦白的，忠诚的，积极的，与正直的。这些人不谋私利，唯一的为着民族与社会的解放。这些人不怕困难，在困难面前总是坚定的，勇敢向前的。这些人不是狂妄分子，也不是风头主义者，而是脚踏实地富于实际精神的人们。中国要有一大群这样的先锋分子，中国革命的任务就能够顺利的解决。"

10月25日 致电朱德、彭德怀，指出目前决定的战斗在正太路，并提出相应的兵力部署意见。

同日 为八路军第一二九师第七七一团被日军袭击事，致电八路军各级负责人："小胜之后，必生骄气，轻视敌人，以为自己了不得。七七一团七亘村受袭击，是这种胜利冲昏头脑的结果。你们宜发通令于全军，一直传达到连队战士，说明对日本帝

〔1〕 周恩来1937年10月19日致电毛泽东、朱德、彭德怀等，说鉴于日军集结全力猛攻山西并企图夺取上海，国民党政府对持久抗战发生动摇，国内妥协和平空气抬头，中国抗战出现新的危机，提出以下建议：（一）中共公开发表宣言，反对和平妥协，坚持抗战到底；（二）向国民党政府提出抗战紧急方案；（三）向阎锡山、黄绍竑、卫立煌提出华北的进一步的计划；（四）要求国民党政府增派军队到华北支持抗战；（五）八路军在华北积极行动，直接配合友军作战并扩大发展游击战争，等等。

国主义的战争，是一个艰苦奋战的长过程。凡那种自称天下第一、骄气洋溢、目无余子的干部，须以深切的话告诉他们，必须把勇敢精神与谨慎精神联系起来，反对军队中的片面观点与机械主义。”

同日 会见英国记者贝特兰，同他进行长时间谈话。毛泽东说：“中国的抗战不但为了自救，且在全世界反法西斯阵线中尽了它的伟大责任。”抗战中的教训是由于中国在政治上和军事上存在的弱点，即：只实行政府和军队的抗战，不许广大人民群众起来参战；军事上采取单纯防御，打的大半是被动的仗，造成许多土地的丧失和许多军队的失利。因此，政治和军事都需要改革。他还说：“现在八路军采用的战法，我们名之为独立自主的游击战和运动战。”“军事上的第一要义是保存自己消灭敌人，而要达到此目的，必须采用独立自主的游击战和运动战，避免一切被动呆板的战法。如果大量军队采用运动战，而八路军则用游击战以辅助之，则胜利之券，必操我手。”毛泽东在谈话中，首次提出人民军队政治工作的三个基本原则：第一，官兵一致；第二，军民一致；第三，瓦解敌军和宽待俘虏。这个谈话编入《毛泽东选集》。

10月26日 出席中共中央政治局常委会议，会议讨论绥德、米脂、清涧、佳县、吴堡五县警备区的工作问题。毛泽东在发言中提出对当地统治阶级的策略是：联合左翼分子，争取中立分子，孤立豪绅与法西斯分子。

同日 正太路要隘娘子关失守，山西抗战形势急转直下。

10月30日 出席中共中央政治局常委会议，会议讨论西路军失败的教训。陈昌浩[1]作检讨报告。毛泽东发言指出，张国焘路线的实质是逃跑主义、军阀主义与反党反中央的路线。

同日　致电王兆相[2]等并告八路军总部、第一二〇师："十分注意部队的纪律，无论如何困难，不得乱拿工农一草一木，每天出发训话一次。"

10月　写目前抗战形势与党的任务报告提纲。提纲分析了中日战争的现状和国际形势，指出中国抗战现时的失利是暂时的与局部的失利，不是最后的与全部的失败，最后胜负要在持久战中去解决。提纲提出了争取抗战胜利的七项任务。

同月　写信给艾思奇[3]谈哲学问题。对艾思奇《哲学与生活》一书中关于差别与矛盾关系的论点提出不同看法，认为"一切差别的东西在一定条件下都是矛盾"，"差别是世上一切事物，在一定条件下都是矛盾，故差别就是矛盾"。

11月1日　在陕北公学开学典礼上作关于目前时局的讲话，指出：现在的形势是很紧张的。民族投降主义是目前新的危险。坚决打到底，是目前时局下应采取的根本方针。在军事上要用八路军的打法，就是要"活打"，不要"死打"。要用抗日救国十大纲领动员全国人民参加抗战，组织他们，武装他们。要做到军民一致，官兵一致，加强军队中的政治工作。要造就大批的有革命理论，富于牺牲精神的民族革命干部，他们是革命的先锋队。

11月2日　和张闻天复电林伯渠并告周恩来、秦邦宪等：我们决坚持山西抗战，即使太原失守，日军也不能安枕，国民党

---

〔1〕陈昌浩，原任中国工农红军西路军军政委员会主席、西路军政治委员。当时在中共中央宣传部工作。

〔2〕王兆相，当时任八路军第120师直属工兵营营长，驻防神府地区。

〔3〕艾思奇，哲学家。1937年10月到延安，在抗日军政大学任主任教员。

各军也不得不和我军一道作战，不至轻易退回黄河以南。

11月4日 和张闻天、张国焘[1]致电秦邦宪、叶剑英：向国民党提出并力争解决特区的范围和目前急需的经费等问题。

11月6日 关于新四军的编制和领导人选问题，致电秦邦宪：叶挺已到延安，项英明日可到。新四军拟以项英为副军长，陈毅为政治部主任，周子昆为参谋长。

11月8日 太原失陷。

同日 致电周恩来、朱德、彭德怀、任弼时并告八路军各师主要负责人，指出："太原失后，华北正规战争阶段基本结束，游击战争阶段开始。这一阶段，游击战争将以八路军为主体，其他则附于八路军，这是华北总的形势。"国民党在华北各军残部将大量溃散，"八路军将成为全山西游击战争之主体。应该在统一战线之原则下，放手发动群众，扩大自己，征集给养，收编散兵，应照每师扩大三个团之方针，不靠国民党发饷，而自己筹集供给之"。吕梁山是八路军的主要根据地，但其工作尚未展开，第一一五师的第三四四旅、第三四三旅应立即迅速转移至吕梁山地区；第一二九师全部在晋东南，第一二〇师在晋西北，准备坚持长期游击战争。

同日 出席中共中央政治局常委会议，会议讨论特区选举与

---

〔1〕张国焘，当时任中共中央政治局常委、中央书记处书记、陕甘宁边区政府副主席（代理主席）。

财政问题。毛泽东发言指出，特区[1]政府应坚持实行独立自主原则，过去一个时期有些同志改行立法、行政、司法三权分立是不好的。

11月9日 致电朱德、彭德怀、任弼时并告周恩来等，指出：在华北正规战争业已结束，游击战争转入主要地位的形势下，日军不久即将转移主力向着内地各县之要点进攻。在华北的国民党各军大溃，阎锡山亦无主。八路军“应在统一战线基本原则下，放手发动人民，废除苛杂，减租减息，收编溃军，购买枪支，筹集军饷，实行自给，扩大部队，打击汉奸，谅纳左翼，进一步发挥独立自主精神，如此作去，期于一个月内收得显著成绩，以便准备充分力量对付敌向内地各县之进攻。”

11月11日 在秦邦宪、叶剑英八日关于国共两党关系有趋恶化之势的来电上批注：“国民党自大主义依然十足，国危至此，还是统制政策不变，我们唯有坚持原则立场，逐步前进，最后冲破国民党的统制。”

11月12日 上海失陷。

同日 在延安党的活动分子会议上作报告，分析上海、太原失陷后的形势和强调提出反对投降主义。报告指出：在中国抗战中存在着国民党的片面抗战主张同中国共产党的全面抗战主张的原则分歧。目前处在从片面抗战到全面抗战的过渡期中，片面抗战已经无力持久，全面抗战还没有来到。这是一个青黄不接危机

---

〔1〕 毛泽东在1937年11月4日给秦邦宪、叶剑英的电报中说：陕甘宁边区的名称须叫特别区，“边区”二字对外不好。在这次会议的发言中又说，陕甘宁边区应称为特别区，即“特区”。11月10日，边区政府发出通令，规定陕甘宁边区政府“俟后统称为陕甘宁特区政府，不再称陕甘宁边区政府”。1938年1月，特区政府又通令恢复陕甘宁边区政府的名称。

严重的过渡期。争取实现全面抗战是全国人民共同的迫切任务。卢沟桥事变以后，中国共产党内的主要危险倾向是右倾机会主义即投降主义，在党内反对阶级投降主义，坚持统一战线中的独立自主原则，是把抗日战争引向胜利之途的中心一环。在全国要反对民族投降主义，这种倾向发生在抗日民族统一战线的右翼集团中，它使中国变为日本帝国主义的殖民地。阶级投降主义实际上是民族投降主义的后备军，是援助右翼营垒而使战争失败的最恶劣的倾向。这个报告编入《毛泽东选集》时，题为《上海太原失陷以后抗日战争的形势和任务》。

同日 和张闻天致电秦邦宪、潘汉年、刘晓，部署上海失陷后的救亡运动和党的秘密工作。

11月13日 致电八路军总部及周恩来、刘少奇、杨尚昆并告八路军各师负责人，指出：山西国民党各军大溃，“正规战争结束，剩下的只是红军为主的游击战争了”。“红军任务在于发挥进一步的独立自主原则，坚持华北游击战争，同日寇力争山西全省的大多数乡村，使之化为游击根据地，发动民众，收编溃军，扩大自己，自给自足，不靠别人，多打小胜仗，兴奋士气，用以影响全国，促成改造国民党，改造政府，改造军队，克服危机，实现全面抗战之新局面。”

11月15日 关于目前山西工作原则，复电周恩来并告朱德、彭德怀、任弼时，指出：“目前山西工作原则是‘在统一战线中进一步执行独立自主’。因为国民党及阎、黄、卫〔1〕在日寇打击之下，已基本上丧失在山西继续支持的精神与能力。我们须自己作主，减少对于他们的希望与依靠，故‘独立自主’之实行，须比较过去‘进一步’，这是完全必要的。但仍然是在统一

〔1〕 阎、黄、卫，指阎锡山、黄绍竑、卫立煌。

战线中的独立自主，不是绝对的独立自主。在大的方面仍应与国民党及阎、黄、卫商量，例如周电所述各条[1]及朱、彭要求补充等是完全对的。仅仅不要希望与依靠他们，因为他们答应的东西很多不能兑现。我们计划要放在他们不答应、不兑现、不可靠时我们还是能够干下去这样一个基点上。”

11月16日　和张闻天、萧劲光致电高岗，为了联合内蒙边境各旗开展抗日游击战争，任命他为八路军骑兵司令，率骑兵团及蒙汉支队向内蒙出动，活动于陕北的靖边、定边、安边以北及沙漠以南地区。

11月17日　致电叶剑英并告林伯渠：“八路军仍在长城南北及同蒲以东至平汉线作战，前锋迫近北平、保定、张家口，并无一个人退回陕北，但中央军则确有一部分退过黄河以西。”

11月23日　关于坚持山西游击战争的方针问题，和张闻天致电刘少奇、杨尚昆并告朱德、周恩来、彭德怀、任弼时：“（甲）坚持山西游击战争的方针，是中央已定下的方针，谁也不应该对此方针发生动摇。（乙）坚决执行这一方针，决不能束缚红军主力的适当的使用与适当的转移，这两者不能混为一谈。（丙）红军主力的使用决定于今后全国抗战形势的发展，不决定于山西一省的形势，你们不要仅看局部，而且要看到全国。（丁）应该及时预防红军主力需要转移时，在同志中丧失坚持山西游击战的自信心。（戊）组织问题待恩来、胡服[2]、德怀来开会决定。”

---

〔1〕指周恩来1937年11月13日在给毛泽东等的电报中所说的他当天与卫立煌、黄绍竑谈判的问题。这些问题主要是：（一）部队改造，（二）政治工作建立，（三）政权开放，（四）民运开放，（五）战略战术改变，（六）后方补给。

〔2〕胡服，即刘少奇。

11月27日 写信给表兄文运昌，告他不宜来延安工作，因为无法解决他的家庭经济负担。信中说："我们这里仅有衣穿饭吃，上自总司令下至火夫，待遇相同，因为我们的党专为国家民族劳苦民众做事，牺牲个人私利，故人人平等，并无薪水。""我为全社会出一些力，是把我十分敬爱的外家及我家乡一切穷苦人包括在内的，我十分眷念我外家诸兄弟子侄，及一切穷苦同乡，但我只能用这种方法帮助你们，大概你们也是已经了解了的。"

同日 和彭德怀致电朱德、任弼时，指出为防备日军进攻晋察冀边区和晋西北地区，在八路军占领区域立即进行以下三项准备工作：加强新部队的政治教育与党的工作，这是巩固部队工作的核心；加强必要的军事与游击动作的训练；动员地方民众。

11月29日 到延安机场迎接受共产国际派遣从苏联回国的中共驻共产国际代表陈绍禹、康生和同机到达的中共驻新疆代表陈云。

12月2日 和周恩来、彭德怀致电朱德、任弼时、邓小平等，指出："山西仍须着重巩固统一战线，尤其是与阎的关系，特别在日寇缓进阎留山西的条件下，我们更应避免与其作不必要的磨擦。"

12月5日 和彭德怀致电朱德、任弼时，指出对进攻晋察冀边区之日军的作战，应注意："（一）避免正面抵抗，袭击敌之后尾部队。（二）在敌之远近后方活动，使敌进一步仍在我包围中。（三）同蒲、正太路必须积极活动，予以有力的配合。（四）注意在敌后方破坏伪组织、伪军。（五）加紧瓦解敌军工作。（六）在确有胜利条件下，集结适当力量给敌以部分的歼灭和有力打击，增加敌恐怖与进攻困难是必要的，但须详细审慎。"

12月6日 和周恩来、彭德怀致电朱德、任弼时、邓小平等，指出："日寇正在进攻我军，企图引诱阎锡山及国民党之中右派分裂抗日阵线，我们无论在友军区域及敌人后方，均应执行民族统一战线的策略为基本方针，破坏敌人阴谋。”在内部，要加强统战教育，并切实检查。

12月9日—14日 出席中共中央政治局会议。陈绍禹在会上作题为《如何继续全国抗战与争取抗战胜利呢?》的报告，提出右倾投降主义的主张，批评洛川会议以来中央采取的正确方针和政策。他认为过去太强调解决民主、民生问题，不赞成提改造国民党政府的口号；反对关于国民党内有左、中、右三种势力的提法，认为只有抗日、亲日之分；否认统一战线中的独立自主原则，主张“一切经过统一战线”；反对提国民党和共产党谁吸引谁的问题，主张共同负责共同领导。毛泽东十一日、十二日在会上作了两次发言，重申并坚持洛川会议确定的方针和政策。他说：统一战线的总方针要适合于团结御侮。在统一战线中，“和”与“争”是对立的统一。八路军与游击队是全国军队的一部分，但是要在政治工作上、官兵团结上、纪律上、战场上起模范作用。过去我们反对国民党派大官来是必要的，因为西安事变后国民党要派大批人来侮辱和破坏红军，应该拒绝。国民党与共产党谁吸引谁这个问题是存在的，不是说要将国民党吸引到共产党，而是要国民党接受共产党的政治影响。如果没有共产党的独立性，便会使共产党降低到国民党方面去。我们所谓独立自主是对日本作战的独立自主。战役战术是独立自主的。抗日战争总的战略方针是持久战。红军的战略方针是独立自主的山地游击战，在有利条件下打运动战，集中优势兵力消灭敌人一部。独立自主，对敌军来说我是主动而不是被动的，对友军来说我是相对的集中指挥，对自己来说是给下级以机动。总的一句话：相对集中指挥的独立自主的山地游击战。洛川会议决定的战略方针是对的。由于毛泽东等的抵制，陈绍禹的错误意见没有形成会议决议。会议决定：

成立中国共产党第七次全国代表大会筹备委员会，毛泽东任主席；增补陈绍禹、陈云、康生为中央书记处书记；由周恩来、陈绍禹、秦邦宪、叶剑英组成中共代表团，负责同国民党谈判；由项英、周恩来、秦邦宪、董必武组成中共中央长江局，领导南方各省党的工作。

12月13日 南京失陷。

12月14日 和项英复电叶挺，指出：新四军原则上可以按照何应钦提议作进一步磋商。其他条件如前所商，尤其不要何应钦派人。如暂时说不通，可稍延缓，但不要破裂。项英即来武汉。

12月16日 和彭德怀致电朱德、任弼时，提出拟趁敌人空虚，派两个支队到平汉路以东地区游击。一个支队由第一二九师的一部组成，另一个支队由聂荣臻部的一部组成。其任务是：侦察情况；扩大抗日统一战线，发动民众与组织游击队；破坏伪组织；收集遗散武器，扩大自己。“该两支队出去须十分谨慎、周密、灵活，根据情况灵活地决定自己行动”。

12月19日 致电朱德、任弼时：“卡尔逊〔1〕既坚欲去五台，不便拦阻，但须：（一）除写信给美使馆外，需写一信交总统府说明：如遇危险，中国中央政府及八路军无责任。（二）派可靠队伍送他，严密保护。”

---

〔1〕 卡尔逊，当时是美国海军陆战队的情报观察员。卡尔逊在去前线以前，给美国驻中国大使詹森写了一封信，信中说：“我很快要到前方去”。“这是我自己要求并且是在朱德总司令劝我不要去的情况下前往的，如果我阵亡或者受伤，我希望明确说明，八路军或中国政府方面没有任何责任。”

12月24日　和萧劲光、谭政[1]指示绥德等五县警备区，延长、延川河防司令部和边区各部队的军政负责人，强调在友军区域内应坚持统一战线原则。

12月25日　新四军军部在汉口成立。二十八日，毛泽东复电项英，同意新四军编四个支队。一九三八年初编成的四个支队是：第一支队，陈毅任司令员，傅秋涛任副司令员；第二支队，张鼎丞任司令员，粟裕任副司令员；第三支队，张云逸任司令员，谭震林任副司令员；第四支队，高敬亭任司令员。

12月30日　和张闻天、康生、陈云连发两电给陈绍禹、周恩来、项英、秦邦宪、叶剑英。一电是关于长江南北作战部署的意见，提出为使日军进攻武汉时处于中国军队之战略包围中，必须建立两个主要军区及几个辅助军区[2]。另电是关于日军进攻的形势与我之战略部署，电报在分析了日军作战步骤后，具体提出在华北、西北的设防意见。两电中均说，所提意见请考虑后向蒋介石提出。

12月下旬　在延安会见李先念、李卓然、李天焕、郭天民、

---

〔1〕萧劲光，当时任中共中央军委参谋长、八路军后方留守处主任兼政治委员（1937年12月改称八路军留守兵团，任司令员兼政治委员）。谭政，当时任中共中央军委总政治部副主任。

〔2〕两个主要军区是：（一）苏浙皖赣边军区，以皖南为重心，攻击并准备攻击南京、芜湖、杭州、浙赣路与湖口之日军。（二）鄂豫皖军区，以舒城、桐城、黄梅、广济、商城、固始为中心，攻击并准备攻击占领津浦、平汉、淮南三条铁路及沿江之日军。辅助军区是浙南军区、鄂赣军区、汉水军区、豫西军区等。

程世才[1]等，谈四方面军和西路军等问题。毛泽东说：西路军的失败，主要是张国焘不执行党中央的正确路线。西路军是失败了，但这不是说西路军广大的干部和战士没有努力，他们是英勇的、顽强的。

冬 贺子珍为治伤离开延安到西安。后经兰州、迪化（今乌鲁木齐市）去苏联。

---

〔1〕 李先念，原任中国工农红军西路军第30军政治委员。李卓然，原任中国工农红军西路军总政治部主任。李天焕，原任中国工农红军西路军第30军政治部主任。郭天民，原任中国工农红军西路军司令部一局局长。程世才，原任中国工农红军西路军第30军代理军长。

1938年 四十五岁

1月4日 出席中共中央政治局常委会议，在讨论党校工作时指出，中国革命问题课程，党校高级班和低级班都从辛亥革命讲起。在会上还提出建立军委总政治部工作的问题，要求首先建立组织部和宣传部的工作，宣传部的工作第一步是编印士兵教科书和干部读本。

同日 和张闻天致电邓发〔1〕，告以延安拟发展电影事业，请他设法募集全副摄影机和放映机，并配足底片五万尺和苏联新制影片的一些拷贝。

1月10日 为解决部队给养困难问题，和陈云等致电朱德、彭德怀、任弼时，提出前方部队目前不足的给养，主要应依靠民众的自愿援助来求得解决。这种捐助，仍应在有钱出钱、有粮出粮、拥护抗日军队战胜日军的口号下进行，应该从统一战线的开展中去解决。

1月11日 《解放》周刊第二十八期发表以陈伯钧〔2〕署名的《论抗日游击战争的基本战术——袭击》一文。这篇文章，是陈伯钧一九三七年十二月节录毛泽东一九三四年所著《游击战

---

〔1〕 邓发，当时任中共中央政治局候补委员、中共驻新疆代表、八路军驻新疆办事处主任。1939年底任中共中央党校校长。

〔2〕 陈伯钧，当时任八路军第120师第359旅旅长。1937年10月入中共中央党校学习。1938年4月任中国人民抗日军事政治大学训练部部长。

争》小册子中论游击战术的部分。节录稿经毛泽东审阅修改后，分为三个部分：一、袭击是游击战争的基本作战形式，二、袭击战术的要领，三、袭击行动之敌。第一部分是毛泽东审阅时新加写的，第二、三两部分毛泽东审阅时根据抗日战争的情况作了较大的增删。在第三部分末尾，毛泽东加写："以上十八条都是袭击行动敌人的方法，抗日游击部队应该加以研究。"全篇文末，毛泽东加写的一段话是："但一切战术都以适合情况为原则，文字条文仅能作为实战的参考，不能死板应用。抗日战争中一定有许多新的可贵的经验，胜过过去文字条文的东西，希望大家共勉，战胜日本帝国主义。"

1月12日 致信艾思奇，信中说：军事问题我在开始研究，但写文章暂时还不可能。哲学书多研究一会再写还更好些，似不急在眼前几天。梁漱溟[1]到此，他的乡村建设理论有许多怪议论，可去找他谈谈。

1月13日 在陕北公学作关于时局中几个问题的讲话，主要讲两个问题。第一，当前和今后的困难是什么？他说，现在的困难是中国打了几个败仗，失掉一些地方，形成军事上暂时失利，引起国内一部分人主和。将来还会有物质上的困难。中国抵抗日本侵略的办法，应以运动战为主，游击战、阵地战为辅。应该普遍地发展游击战，游击战使敌人灭亡不了中国。和是没有出路的。第二，中国能不能克服这些困难，中国能不能进步？他指出，只要了解困难，不怕困难，有牺牲精神，困难总是可以克服的。困难虽然多得很，但进步是会到来的，因为战争能够改变一切，改变人，改变全国不良状况。世界上没有比战争更大的能够

〔1〕 梁漱溟，20世纪30年代在山东、四川等地进行过有利于地主阶级的"乡村建设"实验。

改变人的力量。

1月14日 和张闻天致电朱德、彭德怀、任弼时，指出：共产国际指示我党在此时不应参加国民党政府。参加华北政权机关，当然也不相宜。

1月17日 开始读李达《社会学大纲》[1]，全书共五篇。

1月24日 为陕北公学第三、第四、第五队毕业纪念题词："勇敢向前、稳着脚步，驱逐日本帝国主义！"

1月28日 出席中共中央政治局常委会议，报告陕甘宁边区保安队情况，指出今后保安部队应受保安司令部统一指挥。并提议成立残废总院。

同日 和谭政致电八路军总部并转各师及政治部：八路军前后方和南方各游击区部队的政治工作，统归军委政治部领导。为统一对外名义，军委政治部以八路军政治部名义出现。

同日 抗大举行一二八运动大会，进行军事、政治、体育和文化娱乐方面的竞赛。毛泽东为大会题词，并在闭幕式上讲话。

1月29日 致电邓发转在苏联的王稼祥[2]：红军大学[3]缺战略教本，请搜集战略书，并找人翻印，先后寄回。

---

〔1〕 李达，哲学家。所著《社会学大纲》于1935年以国立北平大学法商学院讲义印行。1937年5月由上海笔耕堂书店出版。

〔2〕 王稼祥，当时任中国共产党驻共产国际代表。

〔3〕 红军大学，1937年1月改名中国人民抗日军事政治大学，简称"抗大"。

1月 一天，在延安会见梁漱溟[1]，就抗战前途问题进行长时间谈话。毛泽东很肯定地说：中国的前途大可不必悲观，应该非常乐观，最终中国必胜，日本必败，只能是这个结局，别的可能性不存在。他阐述的“中国必胜，日本必败”的观点，使梁漱溟十分信服。这次谈话从晚六时至第二天凌晨。

同月 又一次会见梁漱溟，谈话的内容是如何建设一个新的中国。毛泽东指出，梁漱溟在《乡村建设理论》一书中提出的解决中国问题的政治主张，是走改良主义的道路，不是革命的道路。改良主义解决不了中国的问题，中国的社会需要彻底的革命。梁漱溟认为中国社会阶级分化和阶级对立不明显、不强烈、不固定，不同意搞阶级斗争。毛泽东同他就阶级和阶级斗争问题发生了相持不下的争论。这次谈话从晚六时一直继续到第二天天明。

2月1日 从本日起继续写中断了二十年的日记，毛泽东说这是“为了督促自己研究一点学问”。

同日 应武汉《自由中国》创办人杨朔的请求，为该刊创刊题词：“一切爱国人民团结起来为自由的中国而斗争”。

2月4日 致电朱德、彭德怀、任弼时及陈绍禹、周恩来、

〔1〕 梁漱溟写的《我的努力是什么》和《再忆初访延安》两文，记述了他1938年1月访问延安的情况。文中说：“在延安谈话最多的是毛泽东先生。前后共谈八次。有两次不重要，一是他设宴招待的一次，又一次是临走之前，他来送行。其余六次，每次时间多半很长，至少亦两个钟头。最长者，就是通宵达旦。——这样有两次。”又说：“在临别时，毛主席说：我对你说一句要紧的话，要贡献你一句要紧的话。恩格斯写了一本书，叫《反杜林论》。你要读读《反杜林论》。”

叶剑英，请朱、彭、任即行电告秘密准备执行雾灵山计划[1]的各种条件，主要是干部配备。请陈、周、叶向蒋介石交涉派五千人去冀东所需要的半年经费和装备。

2月8日 出席中共中央政治局常委会议，报告目前军事问题，指出：日本帝国主义决定战略方针由速战速决改变为长期进攻，目前总的目标是进攻武汉。现在日本要求中国妥协的道路还存在，如果英国出来主和，国民党便会发生和平妥协的危险。要估计到武汉、广州等地失陷以后中国将发生的新的变化，要估计到国际不能帮助时也能自力更生地干，要鼓励国民党在极端困难环境之下也要继续坚持抗战。热河、河北两省交界的雾灵山一带，派杨成武[2]去发展新的游击区域。这是敌人的远后方，东面策应东北抗日联军，南面策应晋察冀，北面与蒙古接近，西面与绥远联系，在天下有变的时候，这个地区可以首先得到国际的援助。会议决定由毛泽东起草发展雾灵山游击战争的电报给前方。

2月9日 关于开展雾灵山区游击战争问题，致电八路军总部、长江局并告北方局，指出：以雾灵山为中心的区域有广大发展前途，那是独立作战区域，应派精干部队去，派去的军政党领导人员须有独立应付新环境的能力。

2月11日 在延安反侵略大会上作讲演，说：现在世界的侵略者结成一条侵略阵线，世界的反侵略者则团结世界上大多数人民保卫世界的和平，这两个相反方向的阵线在全世界斗争着。现在有三个反侵略的统一战线，即中国的统一战线，世界的统一

---

〔1〕 雾灵山，在河北省兴隆县。1938年5月，挺进冀东的八路军第4纵队，以主力的一部开辟以雾灵山为中心的抗日根据地。

〔2〕 杨成武，当时任八路军晋察冀军区第1军分区司令员兼政治委员。

战线，日本人民的统一战线。反侵略是今天世界政治的总方向。在世界人民和日本人民的援助下，中国一定能战胜日本侵略者，悲观主义是没有根据的。

2月15日 关于新四军的行动原则问题，复电项英、陈毅，指出："力争集中苏浙皖边发展游击战，但在目前最有利于发展地区还在江苏境内的茅山山脉，即以溧阳、溧水地区为中心，向着南京、镇江、丹阳、金坛、宜兴、长兴、广德线上之敌作战，必能建立根据地，扩大四军基础。如有两个支队，则至少以一个在茅山山脉，另一个则位于吴兴、广德、宣城之线以西策应。"

同日 和滕代远〔1〕致电朱德、彭德怀，林彪、左权并告周恩来、叶剑英，提出在河北、山东、江苏北部日军力量空虚，山西、察哈尔、绥远的日军一时无力南进的情况下，第一一五师第一步进入河北、第二步进入山东、第三步进入安徽境内，开展游击战争的战略行动的设想。指出这一战略行动在国内国际的政治作用是很明显的，从抗日军事战略来说也是必要的和有利的。电报征询朱德等对这一战略行动是否可行的意见。

同日 复信范长江〔2〕，指出：中国迫切需要一个国共两党及全国各界关于从共同抗战到共同建国的共同纲领。有了这个纲领，来信中提出的关于用实际行动帮助国民党健全的问题，以及所担心的两党军队会成为两党互信障碍的问题，都可以解决。复信借鉴大革命失败的历史教训，指出："今后症结不但在于要有一个纲领而且要保证永不许任何一方撕毁这个纲领，这是一件最中心的事。"

2月18日 出席中共中央政治局常委会议，会议听取任弼

〔1〕 滕代远，当时任中共中央军委参谋长。

〔2〕 范长江，当时是《大公报》记者。1939年5月加入中国共产党。

时关于八路军情况的报告。毛泽东发言说：目前要派出军队进行各县作战。政治工作组织条例，要组织一个委员会讨论，然后交中央批准。

2月19日 出席中共中央政治局常委会议，会议听取王观澜[1]关于绥、米等五县警备区工作的报告。毛泽东提出，在紧紧掌握抗日的总方针下可以考虑解决土地问题，实行减租。在扩兵、粮饷等问题上，要注意到统一战线各方面的关系。

2月22日 为陕北公学第六、七、八、九、十队毕业题词："为战胜日本解放中国而奋斗到底"。

2月23日 关于敌情判断和中国军队的战略部署意见，和任弼时致电八路军总部及各师，北方局和长江局。电报指出：日军为夺取陇海、平汉两路直取西安、武汉，决胜点必在潼关、武胜关，而潼关的得失又是武胜关能否守住的关键条件。应向蒋介石、阎锡山提出以下战略计划：为保卫潼关，须将兵力分为两部分，一部固守郑州、洛阳、潼关一线，阻敌过黄河，一部坚持晋南晋西战局。在潼关确保不失的情况下，以正面阵地战配合二十万左右兵力的两翼运动战，保卫武胜关和武汉。八路军将依战局发展情况配合友军作战。"我们认为必须告诉国民党，如果近百万军队均退至黄河以南平汉以西之内线，而陇海、平汉尽为敌占，则将形成极大困难。故总的方针，在敌深入进攻条件下，必须部署足够力量于外线，方能配合内线主力作战，增加敌人困难，减少自己困难，造成有利于持久战之军事政治形势。"

---

〔1〕 王观澜，当时任中共中央组织部组织科科长。1938年5月任中共陕甘宁边区委员会副书记兼统战部部长。

2月25日 复信何长工[1]，提出废止残废院名称，拟改称教导院。要求力改过去的错误方针，把这件事当作训练干部积极地办好。

同日 复电朱德并告彭德怀：必须使用全力歼灭府城西进之日军。请预告阎锡山、卫立煌，“即使该敌冲入临汾，亦决不可动摇整个战局。该敌甚少，可用一部包围之，其余全军均应决心在敌后打不要后路之运动战，如此必能最后制敌”。

2月27日—3月1日 出席中共中央政治局会议，会议主要讨论抗战形势、国共两党关系和抗日军事问题。二十七日，陈绍禹作政治报告，坚持他在去年十二月政治局会议上提出的右倾主张，附和国民党“只要一个军队”和“统一军令”的叫喊，强调在军事上要服从国民党的统一领导。二十八日，毛泽东就抗日军事问题作了发言，指出：中国抗战最后是必然胜利的，但必须经过许多困难。国民党的腐败与共产党力量的不足，日本的兵力不足与野蛮政策，再加上复杂的国际条件，造成了中国抗战的长期性，即持久战。中国抗战应有战略退却，前一段没有大踏步的进退，只是硬拼，这是错误的。应该知道保存实力到最后便能取得最后的胜利。日军的继续进攻，将使中国被割断为许多块，因此在原则上应分割指挥，以便于发展。将来战争的具体形势，是内线外线作战互相交错，日军包围我们，我们在战役上也包围日军。中国抗战要争取外援，但主要是靠自己，强调自力更生。他在发言中还提出要大大发展中共党员，只有大党才能选拔大批的干部，建议中央对这个问题作出新的决议[2]。这次会议决定派

---

〔1〕何长工，当时任八路军两延（延长、延川）河防司令部司令员兼政治委员。毛泽东在信中任命他为荣军教导院院长兼政治科科长。

〔2〕1938年3月15日中共中央作出关于大量发展党员的决议。

任弼时立即去莫斯科，向共产国际说明中国抗战情况和国共两党关系等。

2月下旬 一天晚上，会见从国民党统治区和香港来延安访问的舒湮[1]等五位青年记者，回答了他们提出的以下问题：抗日民族统一战线、建设国防工业、国际援助、中共第七次全国代表大会和游击战术。谈话进行了两小时。

2月 在延安会见美国合众社记者王公达，回答了他提出的问题。毛泽东说，自己对中国抗战的前途完全是乐观的，因为中国抗战的过程必然是先败后胜、转弱为强，这已是确定的方向。又说：我们从来主张运动战、阵地战、游击战三者的配合。游击战对于战斗方式来说，始终是辅助的。但在半殖民地的民族解放战争中，特别是地域广大的国家，游击战无疑在战略上占着重大的地位。八路军现在四个区域[2]进行着广大的游击战争，这是将来举行反攻收复失地的有力基础之一。他还说，国共两党现在和将来合作的目的是共同抗日与共同建国，但必须是有纲领有原则的合作，这种合作才能是长久的。

同月 和周恩来领衔发出鲁迅艺术学院《创立缘起》。文中说：艺术是宣传、发动与组织群众的最有力的武器，培养抗战的艺术工作干部已是不容稍缓的工作，因此决定创立鲁迅艺术学院，要沿着鲁迅开辟的道路前进。

3月2日 鉴于日军在山西军渡、碛口猛攻河防，绥德、延

---

〔1〕 舒湮，当时任《星粤日报》编辑，以邹韬奋编辑的《抗战》三日刊的特约通讯员身份访问延安。

〔2〕 这4个区域是：一、平汉、平绥、正太、同蒲4条铁路之间及其以东以北的地区；二、平绥铁路以南、同蒲铁路北段以西和黄河以东的晋西北地区；三、平汉、正太、同蒲3条铁路之间的晋东南、冀西南地区；四、晋西南地区。

安紧急，威胁河东整个军队的归路，经中央政治局会议同意，致电朱德、彭德怀并八路军三个师的负责人，要他们部署兵力，巩固河防，并阻滞日军向潼关的进攻。

3月3日 和张闻天、任弼时致电朱德、彭德怀，指出：八路军主力留在山西攻击日军后路，必须是在黄河、汾河不被隔断的条件下，否则对于整个抗战及国共关系是非常不利的。对八路军总部的转移以及第一一五师第三四四旅与第一二九师主力的部署，务望本此方针考虑切实妥善办法。

同日 下午，对陕北公学第六、七、八、九、十队毕业学员作临别赠言。他说：中国长期抗战的前途是先败后胜，转弱为强，是在艰苦困难的轨道上前进。即使日军占领了我国大部分土地，我们还有两个致敌人于死命的区域——内线和外线两个作战区域。内线是云、贵、川、湘，外线是日本占领的大片土地。日军得到了城市、大路的速决战，同时得到了乡村、小路的持久战，城市速决战它胜利，乡村持久战是我们胜利。你们在陕北公学学到了政治方向和工作作风，要按统一战线的方针去做。无论在前方后方，内线外线，去创造无数大大小小的抗日根据地，去建立全中国的五台山，争取抗战的最后胜利。

3月5日 为抗大同学会成立题词："坚定不移的政治方向，艰苦奋斗的工作作风，加上机动灵活的战略战术，便一定能够驱逐日本帝国主义，建立自由解放的新中国。"

3月6日 致电朱瑞〔1〕并告八路军总部及中共中央北方局：晋豫边很重要，望有计划地部署沁水、翼城、曲沃、垣曲、济源、博爱、晋城地区的游击战争，配合主力在西北两面之行动。

〔1〕 朱瑞，当时任中共中央北方局军委书记。

同日 复电彭雪枫[1]："目前根据地仍应坚持陕甘边，但准备转移时，最好是在鄂豫皖边，望以大力发展该区工作。"

同日 致电朱德、彭德怀，贺龙等，指出：日军分五路包围第一二〇师及傅作义[2]部，企图压迫我军渡过黄河。第一二〇师应同傅作义部协力各个击破敌人。目前重点在坚决击破正向静乐、方山、五寨三点前进之日军，必须击破此三路中之一路或二路，方能破坏日军之包围计划，巩固晋西北根据地，策应其他区域之作战。

3月8日 关于中共中央军委指导问题，致电朱德、彭德怀，八路军各师及晋察冀军区，电文如下："(甲) 军委指导只提出大的方针，由朱、彭根据此方针及当前情况作具体部署。军委有时提出具体作战意见，但是建议性质，是否切合情况，须由朱、彭按当前敌情情形加以确定，军委不加干涉。(乙) 关于敌我位置、作战情况等，除总部随时向军委报告外，各师给总部报告之电报应同时发给军委一份，使军委充分明了情况。"

同日 出席陕甘宁边区妇女联合会第一次代表大会举行的纪念三八妇女节晚会，并讲话。

3月9日 关于中共中央政治局决定的战略方针，致电朱德、彭德怀，指出："政治局决定之战略方针，包括现时在华北及将来转移至陕西、河南两个阶段，不是单指目前而言。"目前阶段，八路军在不被日军根本隔断条件下，应在敌后配合友军坚

---

〔1〕 彭雪枫1938年3月1日致电毛泽东等，认为在豫西、陕南、湖北这一纵横千里的广大区域内建立和发展抗日根据地是大有希望的，提出"以目前山西战局及陕北三边形势看，我军有以陕南、豫西及通南巴这一地域作大后方的绝对必要"。

〔2〕 傅作义，当时任国民党军第二战区北路军前敌总司令、第7集团军总司令兼第35军军长。

决作战，有效地消灭与削弱敌军，只要没有被敌军隔断的危险决不应过早渡过河来。但同时应准备下一阶段情况迅速变化时的转移，为了保障将来转移便利，必须巩固吕梁山脉的转移枢纽，并布置太岳山、王屋山工作。如果八路军全部被限制于华北敌军的包围圈中，根本不能转移至陕甘豫边区，则对整个抗战及全国政治关系都是不利的，这是政治局战略决定的基本精神。

3月10日 在陕北公学出版的《半岁的陕北公学》小册子上题词："陕北公学是属于中华民族的，因为他为着抗日救亡而设，因为他收纳了全国乃至海外华侨的优秀儿女。维持这个学校的责任，我认为也应是全国乃至海外华侨一切爱国人士的，因为这个学校并无任何公私财政基础。教员学生们都只吃小米饭，而且不能经常吃。"

3月12日 出席延安各界举行的纪念孙中山逝世十三周年和追悼抗日阵亡将士大会，并发表讲话。他说：孙中山的伟大在于他的三民主义的纲领，统一战线的政策，艰苦奋斗的精神。在孙中山的一生中，他是坚持自己的主义的，三民主义只有发展而无弃置；对统一战线也是不但坚持了而且发展了；他经过了许多艰难曲折，然而总是愈挫愈奋，不屈不挠，再接再厉。这三项是留给中国人民的最中心、最本质、最伟大的遗产，应当继承并发扬光大。他又说：我们真诚地追悼抗日阵亡将士，表示永远纪念他们。中华民族是富于民族自尊心与人类正义心的伟大民族，为了反对侵略，维护民族自尊与人类正义，我们的方法就是战争与牺牲。

3月13日 和张闻天致电陈绍禹、周恩来、秦邦宪、叶剑英：决定派袁国平任新四军政治部主任、邓子恢任副主任。十八日，毛泽东又将上述任命电告项英。

3月15日 出席在中央礼堂举行的抗大第三期三大队毕业

典礼，并讲话。他就抗大同学毕业后的工作方法问题，讲了三点意见。一、尊重对象。在对付环境、处理工作时，要尊重对象，不管是敌人还是友人，都应当认真地考察和研究，而不应当忽视。二、了解对象。工作无成就的最大原因便是不求甚解，马马虎虎，在形式上大体上望一望便要解决问题，这是错误的。了解应当是在当时当地的具体环境中去了解，了解应当是多方面的，表面、里面、侧面都看到，不是片面的。社会是学校，一切在工作中学习。学习的书有两种：有字的讲义是书，社会上的一切也是书——“无字天书”。三、继续下去，不要畏难，不要被环境被工作征服和统制，要反过来征服和统制环境。

同日 为陕甘宁边区妇女联合会第一次代表大会题词在《新中华报》发表。题词是：“妇女在抗战中担负了重大的责任，必须把妇女群众组织起来，必须有大批的妇女干部领导妇女工作。”

3月16日 读完李达《社会学大纲》全书。在阅读此书过程中，写了一些批注。在该书讲到“唯物辩证法，是在哲学斗争的过程中锻炼起来的”处，毛泽东批注：“斗争就是辩证”。在该书讲到在两种实在可能性中进行选择时，所选择的一种实在的可能性应是事物发展过程的链条中的特殊的一环，是促进或延缓过程的发展的枢纽处，毛泽东批注：“西安事变时抓住两党合作，七七事变后抓住游击战争。”在该书讲到认识过程“第一要阐明由物质到意识的推移的辩证法，第二要阐明由感觉到思维的推移的辩证法”处，毛泽东批注：“第三要阐明由思维到物质的推移的辩证法，即检验与再认识。”

3月17日 致电周恩来、叶剑英，朱德、彭德怀，指出：同蒋介石及国民党高级将领谈军事问题时，请注意分现在与将来两个阶段，说明现在以大军留在华北作战是需要的，也是可能的，但将来军事情况的变化将使我军活动范围缩小和补给困难，那时只能留若干较小的兵团即若干个游击兵团于华北，各军主力须在敌未将黄河各渡口封锁以前渡过河来。在敌人后方创设许多抗日根据地是完全可能和十分必要的，国共两党均须用极大努力去干。

3月18日 开始读克劳塞维茨《战争论》。二十日、二十一日、二十三日、二十八日、三十一日和四月一日，继续阅读。

同日 在辜俊英纪念手册上题词："全体华侨同志应该好好团结起来，援助祖国，战胜日寇。共产党是关心海外侨胞的，愿意与全体侨胞建立抗日统一战线。"

3月19日 在抗大第四期第五大队开学典礼上讲话，指出：在抗大要学习打仗，也要学习政治，更着重于军事。政治是管着军事的，二者又要统一地配合起来。在抗大要学到正确的政治方向、艰苦奋斗的革命作风和灵活的战略战术。

3月20日 对抗大第三期第三大队讲话，进一步阐述政治方向、工作作风和战略战术问题。他说：中国是半殖民地半封建的社会，这是最本质的规律，我们要用这个规律去观察一切事物。三民主义的第一个口号是民族独立，第二个口号是民权自由，马克思主义与三民主义结合的地方就在这里。所以说今天中国的马克思主义者就是三民主义者。

3月21日 再次对抗大第三期第三大队讲话，讲团结问题、调查工作和战地工作。关于调查工作，他说：调查应当是客观的、全面的、历史的、联系的、本质的。工农是最有知识的人，他们的知识比我们丰富得多，实际得多。你们出去，不要先当"老师"，应该先当"学生"，了解情况，调查明白，再说话，再定方针。

3月22日 和刘少奇致电八路军总部、各师和北方局等并转各省委、特委，指出：在华北对瓦解敌军的宣传工作异常不够，许多地区看不见一句向敌军进行宣传的标语口号。为在政治上瓦解敌军，教育群众，影响友军，各部队、各地党部及群众团体应用中、蒙、日三种文字大量书写对日军及伪蒙军进行宣传的标语口号和材料。

3月23日 出席中共中央政治局常委会议，会议讨论华北工作问题。毛泽东指出：对日本应有正确的估计，日本是一个强大、精明的帝国主义，日本民族是强悍的，武器是先进的。日军的进攻在占领西安、武汉、广州后将要告一段落，将在华北修路筑堡，使游击队不能有大部队的活动，抗日根据地可能缩小，但能支持。坚持抗战必须有广泛的民主，抗日与民主不可分。将来在日军占领区的后方要建立抗日根据地。八路军主力移动后的部署，现在就要准备，应在各区域建立游击兵团。毛泽东建议刘少奇留在中央指导华北工作。

3月24日 和刘少奇致电八路军总部、各师、朱瑞并各省委、程子华、杨尚昆，提出组织游击兵团的任务，指出：由于战争形势的发展，八路军主力或许在不久的将来有转移地区作战的必要。为了在八路军主力转移至其他地区后，我党仍能在统一战线中有力地坚持与领导华北抗战，必须立即组织以八路军名义出现的下列游击兵团。在晋西北，除宋时轮支队〔1〕外，再组织四个支队；在晋西南，组织三个支队；在晋东南，组织七个支队；在平汉路以东，组织若干支队。上述各支队至少各有一千人左右，各以八路军有战斗经验的主力一二个连作基础，由地方游击队及新兵编成。

同日 和张闻天、刘少奇致电朱瑞并朱德、彭德怀等，指出，“摆在冀晋豫全区面前的中心任务，是以最快的速度创造冀

---

〔1〕 宋时轮支队，指宋时轮任支队长兼政治委员的八路军第120师雁北支队。宋时轮于1938年5月任八路军第4纵队司令员。

晋豫边区成为坚持抗战的巩固根据地”。因此，该区共产党与八路军的任务是：建立完全在党领导下的有战斗力的若干游击兵团及地方游击队；广泛组织不脱离生产的自卫军；争取使友军，特别是准备永久留华北打游击的友军，成为坚强进步的抗日军；逐渐改造政权机关，使之成为广泛人民阶层的抗日民主政权；逐渐求得军事、政治的统一指挥与领导，采取必要过渡办法，以准备将来召集冀晋豫边区政府代表大会，成立边区临时政府；在统一战线方针下，坚决执行动员武装群众及肃清汉奸的政策；设法召集全边区或若干县联合的群众团体的代表会议，以动员群众参战及建立真正有广大群众的团体，在抗日的大前提下，满足人民一些迫切要求；大大发展党，建立与健全各级党的领导机关。电报还指出，朱瑞准备留在冀晋豫边区负总责。

同日 晚上，会见记者邓静溪〔1〕，回答了他提出的中国抗战前途、目前抗日民族统一战线的发展、八路军的情形等问题。关于八路军，毛泽东说，每月由国民党政府拨给几十万元的经费，枪支装备都是由日本的“义务输送队”给我们送来，现在差不多有一师人的装备都完全像日本军队了，只有臂章不同。

3月25日 和刘少奇致电朱德、彭德怀、朱瑞等，指出冀鲁豫地区工作十分重要，目前急需建立军事、政治的统一指挥与领导，除建立武装外，并应建立与改造地方政权，组织民众，但

〔1〕 邓静溪在毛泽东会见他的第二天（1938年3月25日），写了《毛泽东先生会见记》。其中说：晚上“九点半钟的时候，记者被一位科长引进毛先生住的那间窑洞似的屋子”。“他的外表，很像朴实的农夫，但他的举止，却似文雅的书生”。“他谈起话来，老是那样的不慌不忙，沉着持重，随时带着征询对方意见的语调。用语很通俗，听起来似乎觉得‘平淡无奇’，过后想起来，却又‘隽永有味’”。谈话结束，“他持着洋烛送我出门”。

武装以精干为原则。由朱瑞负责组织冀鲁豫边区省委，管辖平汉路以东、沧石路以南、黄河以北及鲁西鲁北地区工作。

同日 开始读潘梓年[1]寄来的新著《逻辑与逻辑学》。毛泽东在读书日记中写道：本日看到九十三页，“颇为新鲜”。二十六日继续阅读，二十七日读完全书。

3月29日 对陕北公学第十一至第二十队演讲时说：有了人民、国民党和共产党的进步这三个条件，中国不会亡国。有人说地方太小了，好的地方已被敌人占去，即使抗战也不行。然而我是顽固党的最后胜利派，仍旧主张我们会胜利。王羲之说“大块假我以文章”，岂只大块地方可以做文章吗？小块也行。有人说中国亡了，我说不是全亡，城市亡了，乡村未亡；大路亡了，小路未亡；白天亡了，夜里未亡。抗日不仅需要大大发展共产党，而且需要非党布尔什维克，例如鲁迅就是非党布尔什维克。

同日 关于刘伯承师、徐海东旅的位置问题，致电朱德、彭德怀，指出：依此时敌情，河南、安徽、潼关、西安乃至武汉有很快发生严重变化的可能，同时日军确有进攻陕北在政治上打击共产党的计划，因此刘师、徐旅两部宜位于同蒲路东侧，依太岳山脉为根据，发动群众，袭击同蒲路，配合林彪、贺龙两师，打击晋西之敌，并便于向西转移为合宜。

同日 和滕代远电询贺龙、萧克、关向应：能否沿大青山脉创造一个游牧性质的骑兵支队？

3月30日 对抗大干部讲话，强调办学校是组织和增大抗日力量的有效方法，希望他们下决心在抗大做教学工作。他说：没有共产党是不能战胜日本的，没有干部也是不行的。我们希望抗大四个月办一期。每期三千人，加上陕北公学和党校，每年训

---

〔1〕 潘梓年，当时任重庆新华日报社社长。

练三万人。以后抗大要上战略课，讲大局大兵团的战略。只有了解大局的人才能合理而恰当地处置小的问题。即使是当排长的也应该有个全局的图画，这样才有大的发展。

3月底 一天晚上，十一时开始会见来中国帮助八路军抗战的加拿大共产党员诺尔曼·白求恩大夫，同他进行长时间的亲切谈话，谈到西班牙人民进行的反法西斯战争和中国抗战的有关问题。在讨论建立八路军战地医疗队问题时，白求恩说如果有战地医疗队，前线的重伤员百分之七十可以救治，毛泽东对这一点十分关注，热烈支持建立战地医疗队的提议。谈话一直进行到次日凌晨二时。

4月1日 在陕北公学第二期开学典礼上讲话。他说共产党之所以被人们信仰，是由于它的政治方向代表了全中国绝大多数人的意愿，它的工作作风继承了中华民族的光荣传统。他送给陕公同学两件礼物，第一件是坚定不移的政治方向，第二件是艰苦奋斗的工作作风。

4月2日 和张闻天、刘少奇致电陈光、罗荣桓〔1〕并杨尚昆，部署第一一五师建立吕梁山为中心的晋西南抗日根据地和发展抗日民族统一战线事宜。

同日 对即将从延安迁到瓦窑堡的抗大第四期第一大队作临行讲话，说抗日军人必须具备三个条件：一要开展，就是在政治方面知大局，顾大体，因此在军事方面要讲点战略问题、兵团以上的问题。二要积极，就是要有政治热情和政治积极性，有了这种积极性就可以战胜工作中的困难。三要有朝气，就是要有蓬蓬

〔1〕 陈光，当时任八路军第115师代理师长。罗荣桓，当时任八路军第115师政治部主任，主持全师工作。1938年12月任八路军第115师政治委员。

勃勃向上发展之气。

4月5日 在陕北公学作关于国共两党合作问题的讲演。对两党为什么能够第二次合作、巩固与扩大抗日民族统一战线、统一战线需要一个共同纲领和国共两党应当互相尊重等问题作了说明。驳斥有的人借口“统一”而要取消共产党的谬论，阐明共产党的存在是有它的阶级基础的，中国现在有地主、资本家、工人、农民等，因此有国民党和共产党的存在，目前谁也不能吞并谁，国民党要取消共产党是不可能的。指出两个不同的政党要统一起来就要有一个桥梁，组织一个共同的委员会，或者是另外组织一个党，国共两党都参加进去，作为统一战线的上层组织。

同日 电告周恩来、叶剑英：山东省委书记黎玉到延安，那边游击战争大可发展，鲁南第四支队三个月内由七十人发展至一千二百人、八百支枪。除决定罗炳辉〔1〕去负军事总责外，正选派政治部主任一人及中级以下军事及政治工作干部二三十人前去。

4月9日 在抗大第四期第三大队开学典礼上讲话。要求学员们在抗大期间学到抗日救国这样一个宗旨。他说：为了实现这一宗旨，第一，要学到正确坚定的政治方向，艰苦奋斗的工作作风，灵活的战略战术，这样便能够最后战胜日本帝国主义；第二，要学做干部，干部要把成千成万的广大人民变为有组织的队伍，没有这样的队伍要战胜日本帝国主义是不可能的；第三，要有不怕任何艰苦，不怕牺牲，向前迈进的决心，革命的过程，像在波涛汹涌的江河中行船，懦弱的人常常会动摇起来，不知所措。

4月10日 出席鲁迅艺术学院成立大会，并讲话。他说：在十年内战时期，革命的文艺可以分为“亭子间”和“山上”两

---

〔1〕 罗炳辉，抗日战争开始后在八路军驻武汉办事处以八路军副参谋长身份进行统战工作。1939年1月任新四军第1支队副司令员。

种方式。亭子间的人弄出来的东西有时不大好吃，山顶上的人弄出来的东西有时不大好看。既然是艺术，就要又好看又好吃，不切实、不好吃是不好的，这不是功利主义而是现实主义。抗日战争使这两部分人汇合了，彼此都应当去掉自大主义。要在民族解放的大时代去发展广大的艺术运动，在抗日民族统一战线方针指导下，实现文学艺术在今天中国的使命和作用。

4月上旬 从三月下旬开始的台儿庄战役至此结束，中国军队取得重大胜利。

4月11日 在陕甘宁边区国防教育会成立会上讲话，指出：战争规定一切和改变一切，目前的战争是打日本，教育的方针也是打日本，教育方针是根据政治方针而转变的。国防教育的任务是教育和训练全国人民参加抗战，求得民族解放。

4月15日 出席中共中央政治局常委会议，会议听取贾拓夫[1]关于陕西省委工作的汇报和张闻天关于国民党临时全国代表大会及五届四中全会的说明。毛泽东在发言中提出可以派一批陕西学生和进步分子到陕公、抗大、中央党校学习，培养大批干部，并指出国民党这次临时全国代表大会在继续抗战与民主两点上有进步。

同日 为西北青年救国联合会成立一周年纪念题词在《新中华报》发表。题词是："青年是抗日战争的生力军，目前青年团体的任务是团结全国一切阶层的青年男女，大批地走上抗日战争的战场去，充实正规军的战斗力，发展广泛的游击战争。在后方的青年人，也是一切为着战争胜利而工作。中国的解放主要依靠青年人。"

4月16日 和张闻天、康生、陈云、刘少奇发电报给中共

---

〔1〕贾拓夫，当时任中共陕西省委书记。

中央长江局转张国焘，希望他翻然悔悟，早日归来[1]。

4月17日 上午，会见途经延安的国民党政府第二战区副司令长官卫立煌。在交谈中，毛泽东分析了日军的动向，指出目前山西抗战很重要，拖住了日军的“尾巴”；还说明国共合作的重要性及反对投降主义问题。谈话后毛泽东设午宴款待卫立煌。晚上，陪同卫立煌出席延安各界举行的欢迎晚会，并致欢迎词。十八日，卫立煌离开延安。

4月18日 和滕代远致电贺龙、关向应、萧克：平绥线以北广大地区，能否建立游击根据地，请你们调查见告，并请转告宋时轮调查见告。

4月20日 关于巩固与发展晋察冀根据地问题，和张闻天、刘少奇致电彭真、聂荣臻[2]并告朱德、彭德怀，秦邦宪，指出晋察冀根据地已大体建立，目前中心任务是巩固和继续发展。电报并对巩固和发展根据地应当进行的工作和采取的政策，提出意见。

同日 出席陕甘宁边区第一次工人代表大会举行的晚会，作题为“结团体，打日本”的讲话。他说，中国有一个大团体，叫做抗日民族统一战线，全世界也有一个大团体，就是世界反法西斯统一战线，只有团结，才能打倒日本帝国主义。

---

〔1〕 1938年4月4日张国焘乘到陕西省中部县（今黄陵县）祭黄帝陵之机，私自逃离，随后在国民党军政要人的庇护下经西安到达武汉。驻武汉的中共中央长江局负责人曾多次与张国焘谈话，中央亦从延安发电报给张国焘，劝其改正错误回党工作。张拒绝对他的挽救，于4月17日声明脱离共产党，公开投靠国民党。中共中央于4月18日作出开除张国焘党籍的决定。

〔2〕 彭真，当时任中共中央北方局组织部部长，以北方局代表身份协同聂荣臻指导晋察冀、平汉路东及平津党的工作。1938年11月任中共中央晋察冀分局书记。聂荣臻，当时任八路军晋察冀军区司令员兼政治委员。

4月21日 关于在河北、山东平原地区大力发展游击战争问题，和张闻天、刘少奇致电朱德、彭德怀，刘伯承、徐向前、邓小平[1]等，指出：在目前全国坚持抗战和群众工作正在深入这两个条件下，河北、山东平原地区广大地发展与坚持游击战争是可能的。党和八路军在河北、山东平原地区，应坚决采取尽量广大发展游击战争的方针，尽量发动最广大的群众走上公开的武装抗日斗争。因此，应即在河北、山东平原划分若干游击军区，并在各区域成立游击司令部，有计划地系统地普遍发展游击战争，并广泛组织不脱离生产的自卫军。要发展党员，建立党的各级组织。在收复的地区应即建立政府。

4月24日 复电项英："主力开泾县、南陵一带，先派支队去溧水一带侦察甚妥，惟须派电台及一有军事知识之人随去。"

4月28日 在鲁迅艺术学院作题为"怎样做艺术家"的讲演。他说：现在艺术上也要搞统一战线，不管是写实主义派、浪漫主义派或其他什么派，都应当团结抗日。艺术作品要有内容，要适合时代的要求、大众的要求。鲁迅艺术学院要造就具有远大的理想、丰富的斗争经验和良好的艺术技巧的一派艺术工作者，这三个条件缺少任何一个便不能成为伟大的艺术家。青年艺术工作者应到大千世界中去，到实际斗争中去，使艺术作品具有充实的内容。浪漫主义原来的主要精神是不满意现状，用一种革命的热情憧憬将来，这种思潮在历史上发生过伟大的积极作用。一种艺术作品只是流水账式地记述现状，而没有对将来的理想是不好的。在现状中看出缺点，同时看出将来的光明和希望，才是马克思主义的精神。

4月30日 在抗大第三期第二大队毕业典礼上讲话。他说：八路军都应当成为全国的模范。模范作用不在于口头上说，而在

---

[1] 邓小平，当时任八路军第129师政治委员。

于事实上做；不在于两只手举起来赞成马克思主义，主要的在于实际中去实行马克思主义。他要求大家学习愚公挖山的精神，把帝国主义、封建主义和资本主义三座山统统移掉。

5月3日 在抗大第三期第二大队作关于共产党对三民主义的态度问题的讲话。他说：去年九月二十二日发表的《中共中央为公布国共合作宣言》，表明了中共对三民主义的态度，即“孙中山先生的三民主义为今日中国之必需，本党愿为其彻底的实现而奋斗”。中共提出的抗日救国十大纲领本质上是三民主义的。中共愿同国民党一道，在统一战线、抗日第一的原则下实行三民主义。三民主义是实现社会主义和共产主义的必经之路。

5月4日 关于新四军如何开展游击战争问题，复电项英，指出：在敌后进行游击战争虽有困难，但只要有广大群众活动地区，充分注意指挥的机动灵活，就能够克服这种困难。这是河北及山东方面的游击战争已经证明了的。新四军主力部队在广德、苏州、镇江、南京、芜湖之间广大地区组织民众武装，发展新的游击队，创造根据地是完全有希望的。在茅山根据地大体建立起来之后，还应准备分兵一部进入苏州、镇江、吴淞三角地区去，再分一部渡江进入江北地区。在一定条件下，平原也是能发展游击战争的，现在条件与内战时候有很大不同。当然无论何时应有谨慎的态度，具体的作战行动应在具体情况许可之下进行。

同日 下午，在抗大第四期第一大队成立大会上作关于国共合作问题和开除张国焘党籍问题的讲话。他说：国共两党合则两利，分则两伤，这是过去历史已经证明了的。合作的条件是反帝反封建。张国焘对共产党路线发生动摇，私自跑到国民党那里去，并声明脱离共产党，因此开除他的党籍。

同日 出席延安青年纪念“五四”晚会，并发表讲话，号召青年们打倒日本帝国主义，为建立独立、自由、幸福的新中国奋斗。

5月5日 晚上，会见卡尔逊，谈话继续到次日凌晨。谈话内容包括抗日战争，欧洲和美国的政治形势，各个时代政治思想的发展，宗教对社会的影响等。关于抗日战争，毛泽东说：只要人民有志气忍受困难，有决心继续抵抗，中国就不会垮台。中国像一个容量一加仑的细颈瓶，而日本灌进了半品脱水。它的部队进占一地方，我们转向另一地方；他们追击，我们就后退。日本兵力不足，无法占领全部中国，只要人民决心继续抵抗，它就无法用政治手段控制。他说：有几种围困。日本在五台山包围我们，围困我们。但我们有另一种围困，比如日本在太原驻守，太原的东北是聂荣臻的部队，西北是贺龙的部队，林彪的部队在西南，朱德的部队在东南。日军在山西一出动就会撞上我们的巡逻队。正像山西是华北的战略锁钥一样，五台地区也是山西的锁钥，我们占领五台，日本人就不能控制山西。另一种围困应是美国、苏联同中国一道围困日本，这将是一种国际的围困。卡尔逊认为德国侵略捷克斯洛伐克，英国就会参战。毛泽东认为英国不会为捷克斯洛伐克而打仗。

5月7日 对陕北公学即将毕业的第二期学员讲话，讲关于张国焘叛党及被开除党籍问题。讲话中他列举了张国焘所犯过的“左”、右倾机会主义错误和分裂党的错误，指出张国焘一贯是两面派，这次叛党是被资产阶级引诱。他最后说，张国焘叛党在全党可引为教训，我们每个同志都应当坚定革命的旗帜，不怕困难，坚决奋斗。

5月8日 对来延安参观的平汉铁路工人破坏大队讲话。他说，现在全国团结抗日，工农是其中的大多数，担负着艰苦的工作，责任很大。现在的缺点是工农还没有普遍组织起来，对自己的使命认识不够。希望工农迅速组织起来，工人要在抗日中做先锋。讲话前，他还会见这个大队的领队，询问了该队的情况。

5月9日 出席中共中央军委直属队“五一”运动大会总结会，并讲话，祝贺他们在军事、政治、文化、体育各方面取得了很好的成绩。

5月10日 出席中共中央政治局常委会议，作关于中日战争形势的报告。他说：现在蒋介石与我们的估计都认为抗日战争是持久战。最近《大公报》两篇社论态度变化，认为鲁南战争是准决战〔1〕，否认中日战争是持久战。我们对于中日战争的估计，过去也有两种意见。我一贯估计中日战争是持久战，因为中国是大国，日本不能完全吞并中国，同时中国又是弱国，须要持久战争才能取得胜利。会议听取关于国民党“蚕食”陕甘宁边区的政策的报告，毛泽东指出对资产阶级要有警觉性，并提出为对付国民党顽固派破坏陕甘宁边区的反动活动应当采取的一些具体措施，包括由边区政府出一布告，以表示政府的力量。

同日 电贺第一二〇师在同蒲路北段袭敌取得的胜利。

5月11日 会见国民党老党员施方白，对他提出的九个问题作了回答。关于抗战胜利的把握如何的问题，毛泽东说：抗战的必胜是确有把握的。关于中国是不是需要进行社会革命，是不是要在资本主义发展以后才进行社会革命的问题，毛泽东说：中国将来是要实现社会主义的，但不一定要经过如同西方各国那样的资本主义发展阶段，也不一定需要如同十月革命那样的流血革命，中国可能和平地走到社会主义。关于是不是在抗战胜利后就进行社会革命的问题，毛泽东说：不是，条件还不具备，需要经过一个相当长的时期。抗战胜利后，中国的政治当然会有很大的进步，

---

〔1〕 1938年四、五月间进行的鲁南战役（即徐州战役）是徐州会战的第3阶段，同年4月25日《大公报》社评说：“现时的时局，就是抗战前途的重要关头，我们在这一战胜利了，其有形无形的影响，就可以得到准决胜的功效”。“全军将士注意！现在就是准决战”。4月26日《大公报》社评又说：“这一战当然不是最后决战，但不失为准决战。因为在日本军阀，这一战，就是他们最后的挣扎”。

但不是立即实行社会主义，而是彻底完成资产阶级民主革命。十二日，为施方白题写赠言："中国目前阶段一定要完成民族民主革命，即彻底战胜日寇与建立新的民主共和国。中国将来阶段一定要完成社会主义革命，即实现更进步的更完满的社会主义共和国。完成这两个革命都要坚持统一战线政策，只有好好团结一切革命势力于统一战线里面，才能达到目的。"十三日，赠送一张自己签名的照片给施方白。

5月12日 关于三民主义青年团的性质和对三青团的方针问题，和张闻天、康生、陈云、刘少奇复电陈绍禹、周恩来等[1]，指出：我们首先应承认，三民主义青年团为国民党青年团，为国民党候补党员性质的组织。我们的目的是，一、使三民主义青年团实质上成为各阶级、各党派广大革命青年的民族联合；二、经过三民主义青年团去改造国民党，一方面以青年团的力量推动国民党进步，另一方面经过它使大批革命青年加入国民党，发展与巩固国民党内部的革命力量。复电中提出的目的后来没有实现，三青团成为欺骗和控制青年的反动组织。

同日 在修改《抗日游击战争的战略问题》稿的过程中，本日告中共中央军委编译处处长郭化若："校对须注意，你自己至少校一次"，"注意标点符号，不使弄错一个"。

5月13日 就《大公报》宣传"准决战"问题，致电陈绍禹、周恩来、秦邦宪、何凯丰[2]："《大公报》否认持久战，提

〔1〕1938年3月底至4月初召开的国民党临时全国代表大会，决定成立三民主义青年团，同年4月6日召开的国民党五届四中全会，通过《三民主义青年团组织要旨》。同年5月6日，陈绍禹、周恩来等致电中共中央书记处，说三青团问题日渐具体化，对这个问题不能长期缄默，更不宜无条件赞助。

〔2〕何凯丰，当时任中共中央长江局宣传部部长。

倡准决战的论调，我们认为是不对的。徐州决战只应该是某种程度的战役决战，而决不应该看作战略决战，必须准备在徐州决战失败后仍有充足力量为保卫武汉而战。”

5月14日　和张闻天、刘少奇致电八路军第一二〇师并总部，北方局等，指出：目前山西日军被击退，阎锡山的旧势力极力想恢复他们的统治，在晋西北、晋东南均极力向八路军及新兴抗日势力进攻。为巩固统一战线，改善我们与阎的关系，并继续发展抗日力量起见，请朱德、彭德怀及贺龙、萧克、关向应〔1〕在集合更多、更大、更忍无可忍的材料之后，用适当的措词公开致电有关方面抗议，将各种破坏八路军的谣言、电文印送各有关方面，并请阎对这类破坏行为加以制止。

同日　致电朱德、彭德怀，贺龙、萧克、关向应：“在平绥路以北沿大青山脉建立游击根据地甚关重要，请你们迅即考虑此事。”

同日　就林彪五月二日在抗大所作《抗大的教育方针》讲话的记录稿，晚上写信给林彪，信中说：“已经看过，很好。但有些不适合的地方，已为改了，请你再看。‘无条件的进攻’一语不妥〔2〕，进攻也是有条件的，但进攻是主要的，基本的，中心的。”

5月15日　起草的《陕甘宁边区政府、第八路军后方留守处布告》，本日发布。布告揭露国民党顽固分子破坏陕甘宁边区人民利益、破坏统一战线的阴谋活动，坚定表示为增强抗日力量，巩固抗日后方，保护人民利益，对进行破坏活动的分子将严惩不贷。这个布告纠正了当时党内一部分同志对这种破坏活动采

---

〔1〕关向应，当时任八路军第120师政治委员。

〔2〕林彪1938年5月2日在中国人民抗日军事政治大学讲话中就进攻战法问题说：“我们要无条件的进攻，有条件的防守”。毛泽东在林彪讲话记录稿上改为：“我们作战要以进攻为主，防守为辅”。

取的软弱退让态度。这个布告编入《毛泽东选集》。

5月19日 徐州失陷。

5月20日 致电朱德、彭德怀，刘伯承、徐向前、邓小平，指出：徐州失守后，河南将很快落入敌手，武汉危急。那时蒋介石将同意我军南进在豫、皖、苏、鲁四省深入敌人后方活动，第一二九、第一一五两师将相应地作整个新的部署。未到适当时机，不应向蒋介石等提出这一点，只是自己预作准备。山东方面已发展广大游击战争，已派张经武、郭洪涛〔1〕率党、政、军干部去。

5月21日 出席抗大对第三期教学进行总结的干部会议，并讲话，讲安心当教员、编教材和军队的民主等问题。他说教员是教育干部的干部，下决心当教员，办好抗大，十分重要。他强调要编游击战、战略、战术、政治工作等教材，并说游击战争教材由他负责，战略教材他负担一部分。他说：十年来的战争经验我们在军事上形成了路线，但见之于文字的却不多。过去对战略比较忽略，现在我们提倡写书，提高战略空气，中央组织部因此也发起抗日战争研究会。军队在军事指挥上应强调单一的指挥，强调服从，而官兵政治上平等，生活上同艰苦，这就是民主。

5月24日 出席抗大第四期开学典礼，并讲话。他再次强调抗日战争是艰苦的长期的。要把日本帝国主义赶出中国，就要增加抗日力量。办学校，办抗大，是增加抗日力量的一个办法。

5月26日—6月3日 在延安抗日战争研究会作《论持久战》讲演。他全面分析了中日战争所处的时代和中日双方的基本

---

〔1〕 张经武，原任八路军驻武汉办事处高级参谋，1938年10月到山东参加组织和领导抗日武装斗争。同年12月，任八路军山东纵队指挥。郭洪涛，原任中共绥德特委书记、八路军留守兵团绥德警备区司令部政治委员。1938年5月到山东开展抗日游击战争，任中共山东省委书记兼军事部部长。

特点，阐述了中国抗日战争的持久战总方针，批驳了亡国论和速胜论。他指出："中日战争不是任何别的战争，乃是半殖民地半封建的中国和帝国主义的日本之间在二十世纪三十年代进行的一个决死的战争。"战争的双方存在互相矛盾的许多特点，基本的特点是"日本的军力、经济力和政治组织力是强的，但其战争是退步的、野蛮的，人力、物力又不充足，国际形势又处于不利。中国反是，军力、经济力和政治组织力是比较地弱的，然而正处于进步的时代，其战争是进步的和正义的，又有大国这个条件足以支持持久战，世界的多数国家是会要援助中国的"。"这些特点，规定了和规定着双方一切政治上的政策和军事上的战略战术，规定了和规定着战争的持久性和最后胜利属于中国而不属于日本。"亡国论者只看到敌强我弱这一个特点，速胜论者则根本忘记敌强我弱这一特点。他根据敌我双方互相矛盾着的各种因素以及这些因素在战争过程中的发展变化，预见了中国持久抗战将经历的三个阶段："第一个阶段，是敌之战略进攻、我之战略防御的时期。第二个阶段，是敌之战略保守、我之准备反攻的时期。第三个阶段，是我之战略反攻、敌之战略退却的时期。"他着重分析了争取战略相持阶段到来的条件和相持阶段中敌我斗争的形势，指出："这个第二阶段是整个战争的过渡阶段，也将是最困难的时期，然而它是转变的枢纽。中国将变为独立国，还是沦为殖民地，不决定于第一阶段大城市之是否丧失，而决定于第二阶段全民族努力的程度。如能坚持抗战，坚持统一战线和坚持持久战，中国将在此阶段中获得转弱为强的力量。"他还阐明能动性在战争中的作用，战争和政治的关系，实行持久战总方针所应采取的具体作战方针、作战原则和作战形式等。他指出："在第一和第二阶段即敌之进攻和保守阶段中，应该是战略防御中的战役和战斗的进攻战，战略持久中的战役和战斗的速决战，战略内线中的战役和战斗的外线作战。在第三阶段中，应该是战略的反攻战。”他进一步明确八路军的战略方针是：“基本的是游击战，但不放松有利条件下的运动战。”他提出“兵民是胜利之本”，阐明人民战争思想，说：“武器是战争的重要的因素，但不是决定的因素，决定的因素是人不是物。力量对比不但是军力和经济力的对比，而且是人力和人心的对比。军力和经济力是要人去掌握的。”“战争的伟力之最深厚的根源，存在于民众之中。”他再次强调人民军队政治工作的三大原则：第一是官兵一致，第二是军民一致，第三是瓦解敌军。他的讲演最后说：“抗日战争是持久战，最后胜利是中国的——这就是我们的结论。”《论持久战》是毛泽东继《中国革命战争的战略问题》之后的又一篇最重要的军事著作，这篇著作进一步坚定了中国人民持久抗战的胜利信心，为夺取抗日战争的胜利指明了正确方向和具体道路。这篇著作编入《毛泽东选集》。

5月26日 致电八路军总部及各师、晋察冀边区、新四军军部、山东省委，指出：“甲、徐州失守后，判断敌将以进攻武汉为作战计划之中心。乙、以为敌置武汉抗日的重心于不顾，而将主力立即转向华北及西北打击游击队及切断中苏交通的估计，是不适当的，这一步骤的到来将在稍后。丙、如果欧洲发生战争或重大危机，敌将迅速进攻广东。丁、我们的口号是：保卫武汉，保卫广州，保卫西北，坚持华北游击战争。戊、在上述情况下，华北游击战争还是广泛开展的有利时机，目前应加重注意山东、热河及大青山脉”。

同日 复信毛宇居[1]。信中说：“五月十日信收读。谭季

〔1〕 毛宇居，毛泽东的房兄和私塾老师。1915年参加过护国战争。大革命时期曾参加韶山农民运动。抗日战争期间，曾协助韶山党组织照顾毛泽东的侄儿毛楚雄。

余[1]以不来为上。楚雄[2]等已寄微款，尔后可略接济一点，请督其刻苦节省。周先生[3]留居韶山甚好，应看成一家人，不分彼此。”

5月28日　在主持编写《抗日战争丛书》过程中，答复郭化若说：“抗日战争当然没有什么战略进攻，只有战役反攻及战略反攻，是整个战略防御中积极的部分，靠此部分战胜日本，通俗地说，谓之进攻当然也是可以的。”

同日　收到孙雪韦（即刘雪苇）转来胡风赠送的《七月》半月刊第三集第一期后，本日复信孙雪韦：“我已看了‘座谈会记录’[4]，很喜欢。如有新的，请续寄我。”

5月30日　所著《抗日游击战争的战略问题》一文，在本日出版的《解放》周刊第四十期发表。文章指出：由于中国这个大而弱的国家被一个小而强的国家所攻击，由于中国有共产党领导的坚强的军队和广大的人民群众，所以抗日游击战争主要地不是在内线近距离地直接地配合正规军的战役作战，而是在外线单独作战，不是小规模的而是大规模的，这样在整个抗日战争中虽然仍处于辅助地位的抗日游击战争，就必须放在战略观点上加以考察。文章分析了抗日游击战争的六个具体战略问题。《抗日游击战争的战略问题》一文，对统一和提高全党全军对抗日游击战争战略地位的认识，促进抗日游击战争的迅猛发展，起了重要作

---

〔1〕谭季余，毛宇居的亲戚。1938年曾写信给毛泽东，要求去延安。

〔2〕楚雄，即毛楚雄，毛泽覃的儿子。当时他随外祖母在韶山冲居住。1945年去延安。1946年8月牺牲。

〔3〕周先生，指毛楚雄的舅父周颂年。当时住在韶山冲毛泽东旧居。

〔4〕指刊载在《七月》半月刊第3集第1期题为《宣传、文学、旧形式的利用》的座谈会记录。这次座谈会在1938年4月26日举行，参加的人有胡风、聂绀弩、吴组缃、欧阳凡海、鹿地亘、艾青、吴奚如、池田幸子。《七月》半月刊为胡风主编，当时在汉口出版。

用。这篇文章，曾收入解放社一九三九年出版的由毛泽东题签的《抗日游击战争的一般问题》一书，作为该书第七章。这篇文章编入《毛泽东选集》。

6月2日 复电项英，指出："地区扩大，已不患无回旋余地。望根据战争的实际经验，凡敌后一切无友军地区，我军均可派队活动。不但太湖以北吴淞江以西广大地区，即长江以北，到将来力能顾及时，亦应准备派出一小支队。""敌之总目标在进攻武汉，你们可放手在敌后活动。"

6月6日 和刘少奇致电郭洪涛，同意他关于山东四支队恢复用八路军番号的建议。电报指出：你们的基干部队可恢复八路军游击部队番号，并组织支队司令部，但不可太多，全山东有四五个八路军支队即可。其余在我们领导下的游击队，可以各种名义出现，但抗日联军名义不好。

同日 在邱琮〔1〕的来信上批示："这是邱琮先生的善意的建议书，其中颇多可采，应抄交各有关同志，希着重注意此建议。"

6月7日 和张闻天、刘少奇致电邓小平并朱瑞，刘伯承，聂荣臻、彭真，指出：目前我们在河北应加强武装部队、临时政权及民众组织，并巩固它们在群众中的信仰。这样，对于一切都好应付，可使国民党所委派的人不得不同我们合作。如果他们拒绝与我们合作并从各方面来公开反对我们，就应在团结抗日的口号下，公开批评他们破坏团结，在群众中孤立他们。

6月8日 致电周恩来、朱德、彭德怀：在不致引起国民党

---

〔1〕邱琮，国民党抗日人士。1938年2月以广州中山大学理学院地质系教授的身份到延安。毛泽东曾在延安会见他。同年5月邱琮离开延安到西安。在西安他根据自己在延安的观感，从根本策略、统一战线、教育、文化、军事、对敌军政治工作、检查行旅、招待外来人员、生产建设9个方面提出批评意见和建议，整理成《管窥谨献》，寄给毛泽东等。

误会与磨擦的原则下，河北、山东等处凡属我们独立领导、已得广大民众拥护和受邻近的友党友军欢迎的游击队，以用八路军名义为合宜。

同日 《新华日报》刊载由毛泽东、朱德、陈绍禹、周恩来、张闻天等联名代表中共中央给美国共产党第十次全国代表大会，美共中央主席福斯特、总书记白劳德的复电〔1〕，感谢美国共产党和美国人民对中国民族解放战争的同情和帮助。

6月9日 和张闻天复电陈绍禹、周恩来、秦邦宪、叶剑英并告项英：同意关于组织新四军委员会的提议〔2〕，以项英、叶挺、陈毅、张云逸、周子昆〔3〕、袁国平为委员，项为主任，叶为副主任。

6月11日 关于开创绥远大青山抗日根据地问题，复电朱德、彭德怀并贺龙、萧克、关向应，同意朱、彭十日来电中关于派骑兵或步兵开创大青山抗日根据地的考虑，强调派去的部队须选精干的，领导人必须在政治上、军事上都能胜任，并且机警耐苦和有在该地创立根据地的决心。次日，收到朱德和彭德怀来电，说决定派李井泉〔4〕率部队开创大青山抗日根据地。

6月12日 和谭政致电八路军总部及各师，晋察冀边区，

---

〔1〕《新华日报》1938年6月4日刊载美国共产党第十次全国代表大会和美共中央主席福斯特、总书记白劳德给中共中央毛泽东的电报，电报祝贺中国军队在台儿庄战役取得的重大胜利，并表示将尽一切力量援助中国的抗日战争。

〔2〕陈绍禹、周恩来、秦邦宪、叶剑英1938年6月7日致电毛泽东、张闻天，说叶挺要求在新四军组织一个委员会，以便共同商议处理一切军政问题。

〔3〕张云逸、周子昆，当时分别任新四军参谋长兼第3支队司令员、副参谋长。

〔4〕李井泉，当时任八路军第120师第358旅政治委员。1938年7月任八路军第120师大青山支队司令员兼政治委员。

新四军军部，对国民党中央监察委员会恢复毛泽东、周恩来等国民党党籍[1]一事作了说明。电报指出：“国民党监委会恢复毛、周等党籍的举动，表示国民党在徐州失守武汉紧急的时候，进一步联合我党坚持抗日，将来趋势有恢复十三年办法[2]之可能。但监委会此举尚须执委会通过，并须先征求我们的意见”。

6月14日 晚上，会见平民教育会派来延安参观的诸述初，谈话两小时，毛泽东的秘书周小舟参加。毛泽东从平民教育工作谈到政治问题，说：政治是最基本的、最主要的。平教工作的大规模发展，必须有为平民的政治，一切推行的方法，还在其次。政治的问题主要是对人民的态度，看你是想和老百姓做朋友还是要站在老百姓的头上压迫他们。只要和他们接近，和他们打成一片，他们自然相信你。关于农民，毛泽东说：农民的性格有两方面。一是黑暗的，如自私自利、愚蠢守旧等，鲁迅的《阿Q正传》，就是专写那黑暗面的作品。一是光明的，如急公好义、勇敢牺牲等。他们一身就具备了这两种矛盾的性格。政治的作用，便在发动他们这光明面的积极性，逐渐克服他们的黑暗面，实现民主的政治。现在边区所实行的，就是这种民主政治。在抗战期中我们发动了广大农民的积极性，那何愁没有人上前线，何愁没有钱抗战！

6月15日 写信给在《解放》周刊编辑部工作的吴亮平，信中说：“接了美国一位同情者的信，我想请你起草一封回信。信内除感谢她外，并说及八路抗战情形，请她转告美国兄弟姊妹们多给我们援助，我们和他们是站在一起的。”

---

〔1〕1938年6月3日，国民党中央监察委员会第14次常委会通过恢复陈独秀等26人的国民党党籍的决议，其中包括周恩来、林伯渠、吴玉章、毛泽东、董必武、邓颖超、叶剑英7人。

〔2〕指1924年建立的第一次国共合作具有共同的政治纲领和确定的组织形式。

同日 和张闻天复电林伯渠[1]："甲、国民党进步中某些顽固分子的反动行为，并不足怪，亦不必惊惶。乙、应该在各地利用机会动员群众，给顽固分子以相当打击，指出他们违反中央意志，违反抗战建国纲领，使之孤立。丙、边区最近采取的一些办法，不过为了自卫，并非有意与之对立。目前无让步的必要。"

同日 鉴于日军又向晋西北进攻，和刘少奇致电第一二〇师负责人并告朱德、彭德怀，请他们考虑：目前是否可以向傅作义及其他军政首长提议，召集晋西北及绥东各部队首长（连游击队在内）、各政府与民众团体的领袖开一个会议，讨论如何打退日军进攻、保卫晋西北的作战计划，并相机提出建立根据地的某些重要问题。电报指出，只要情况允许，这个会议召集成功，是可能解决许多问题、推进统一战线的。

同日 对周恩来六月十五日来电中提出的八路军集结较大兵力于一些较大城市附近，以调动日军和打击它的增援部队，并夺取附近城市的建议，致电朱德、彭德怀，周恩来，指出："敌之主要进攻方向在武汉，对华北、西北则均暂时无法多顾，反给我以放手发展游击战争并争取部分运动战的机会。我上月二十六日电已大体指出，目前为配合中央作战，为缩小华北敌之占领地，为创造并巩固华北根据地，都有大举袭敌之必要。周电提议是正确的，惟具体作战须全依敌我当前实际条件而定，不因人家议论而自乱步骤，这也应该注意。"

6月16日 毛泽东、秦邦宪、陈绍禹、董必武、林伯渠、

---

〔1〕 林伯渠1938年6月13日发电报给毛泽东、张闻天等，报告西安一些国民党顽固分子以反共代替抗日，企图造成对日妥协局面，他建议党似应在陕甘宁边区的某些小问题上作可能的让步，以阻止对日妥协局面的出现。

吴玉章、邓颖超被国民党政府聘请为国民参政会参政员。

6月27日 在陕北公学作关于时事问题的讲演，讲持久战和保卫武汉问题。

同日 校完《论持久战》第一、第二部分清样。告出版科《论持久战》拟出单行本，是否可用一次排版印出。

6月30日 在抗战一周年和中国共产党建立十七周年前夕，《新中华报》发表毛泽东的题词："共产党员，应与各党各派各界人民一道坚持抗战，为驱逐日寇建设新中国而奋斗，并在斗争中起模范作用，不达目的，决不停止！"

6月 为抗大毕业证书题词："坚定不移的政治方向，艰苦奋斗的工作作风，机动灵活的战略战术，用以驱逐日本帝国主义，建设新中国。"

同月 为《边区儿童》题词："儿童们起来，学习做一个自由解放的中国国民，学习从日本帝国主义压迫下争取自由解放的方法，把自己变成新时代的主人翁。"

7月1日 出席中共中央召集的欢迎世界学联代表团的干部会议。在致欢迎词中说：中共中央以万分诚意欢迎世界学联派遣代表团来华考察，感谢世界学联对中国的衷心援助。抗战虽然要自力更生，但外援也有重大意义，我们需要国际援助，希望代表团把中国人民的这一愿望带给将要开幕的世界青年大会和全世界人民。

同日 本日出版的《解放》周刊第四十三、第四十四期合刊的《抗战一周年中国共产党十七周年纪念专刊》刊登毛泽东的题词："坚持抗战，坚持统一战线，坚持持久战，最后胜利必然是中国的。"

7月2日 会见世界学联代表团柯乐满、雅德、傅路德、雷克难，回答他们提出的问题。在回答关于边区在中国的意义和作用时说：边区是一个民主的抗日根据地，它把抗日战争与民主制度结合起来，以民主制度的普遍实行去争取抗日战争的胜利。边区的意义和作用，在于做出一个榜样给全国人民看，使他们懂得这种制度是最有利于抗日救国的，是抗日救国唯一正确的道路。在回答关于目前中共在全中国的作用时说：坚持抗战，坚持统一战线，坚持持久战，是目前中共的基本主张，它在全国的作用和意义也在这里。在回答关于有什么条件可以缩短持久战的时间时说：必须加强三个条件，一是中国的统一战线更加巩固和扩大，这是基本的；二是日本国内人民的援助；三是世界各国的帮助。在回答关于抗战胜利后中共的主要任务时说：抗战获得最后胜利后中共的主要任务，一句话，是建立一个自由平等的民主国家。这是中国的历史任务。建立这样的一个国家，不是把日本赶到鸭绿江之后的第二天才开始的，抗战过程中的各种工作，就都与建立这样的国家有关联。不过许多重要工作是要在抗战胜利之后才能完成，例如基本的经济建设等。

7月3日 关于在河南发动敌后游击战争问题，和张闻天、刘少奇复电彭雪枫、朱理治〔1〕，指出：一般同意你们对游击战争的布置，但游击战争的发动一般不应过早，需在敌人后方比较空虚的地区发动，对伏牛山脉须即去建立党与群众的工作基础。

7月5日 电贺将于七月六日开幕的第一届国民参政会第一次大会，电报说："寇深祸极，神州有陆沉之忧，然民意发抒，大难有转旋之望。转旋之术多端，窃谓以三言为最切：一曰坚持抗战，二曰坚持统一战线，三曰坚持持久战。诚能循是猛进，勿馁勿懈，则胜利属我乃决然无疑。"

---

〔1〕 彭雪枫，当时任八路军总部参谋处处长、中共河南省委军事部部长兼统战工作委员会主任。朱理治，当时任中共河南省委书记。

7月7日　出席延安各界举行的追悼抗日阵亡将士及死难同胞大会，并献挽词："抗战到底，浩气长存"。在大雨中领导进行抗日阵亡将士纪念碑奠基典礼，在哀乐声中为死难者敬献花圈。

7月8日　和刘少奇致电聂荣臻、彭真。电报根据天津来电转告日军对冀东游击队的进攻计划后，提出对冀东地区的工作要求：冀东我军须用更敏捷行动向迁安、遵化、卢龙地区扩大活动，因该地区敌人力量较弱，党的力量较大，且能呼应南部暴动冲破敌人包围线。对敌军的交通，必须多派小部队破坏。要在长城口外建立根据地，必须要将长城各口放在我们内外控制之下，同时冀东根据地亦开始能确立，敌人的聚歼计划才不能实现。

同日　和林彪、罗瑞卿电告西安、武汉、河南、南昌、香港、新四军等处中共负责人：抗大第五期需及时招收大批学生，主要从河南、湖北、陕西、四川、湖南、江西六省招收，不限名额，多多益善，不分男女、年龄、学历、出身，来者不拒。其他各省来者亦不拒。

7月9日　在抗大纪念"七一"、"七七"及突击运动〔1〕总结大会上讲话，指出：突击队员是有名英雄，还有许多无名英雄，有名英雄是从无名英雄中产生出来的，二者不能分离。军队与人民、官长与士兵、领袖与群众的关系，也是如此。

同日　复电朱德、彭德怀〔2〕，认为集中兵力攻正太路是否适当还须考虑，目前不必急于集中，看一看情形再决定为宜。

---

〔1〕1938年6月，抗大在全校掀起迎接"七七"抗战1周年创造抗战突击队员的革命竞赛运动，提出"向学习突击，向工作突击，向生活突击"等口号。运动历时1个月，涌现出520名模范突击队员和一批先进单位。

〔2〕朱德、彭德怀1938年7月3日致电毛泽东等，提出准备于8月中旬集中10团以上兵力，消灭正太路沿线敌人。

7月10日 和张闻天等致电陈绍禹、周恩来等，请他们考虑在向参政会提出的保卫西北各项条件之中，把要求承认陕甘宁边区，保持边区已有的民主制度及民众已得到的土地、牲畜、房屋，确定疆界，要求经济帮助等，作为重要的一项。

7月16日 对八路军留守兵团负责干部讲话。在讲到抗战的战略方针时说：在全国是以运动战为主，游击战为辅。但在部分的时间、地点和军队，如在抗战第一阶段华北的八路军，是以游击战为主，运动战为辅。这个方针去年八月中央政治局会议便提出来，“基本上的游击战，但不放松有利条件下的运动战”。一年来证明，去年八月政治局会议的决定是正确的。在讲到领导方法时说：部队高级干部是发命令的，同时又要团结干部。人有积极的和消极的两个方面，领导主要应当注意和发扬干部和群众的积极方面，消极的批评和斗争少一点。发扬人家的长处，不要夸大坏处。这一点，陈云同志是值得我们学习的。

7月17日 为巩固吕梁山地区问题，致电朱德、彭德怀并周恩来、叶剑英，指出：“陈长捷〔1〕军万余人，此次作战大部逃跑，仅余数千毫无战斗力，王靖国〔2〕军大体相同，要这些军队巩固吕梁山脉各县，完全无望。卫〔3〕部在乡宁者，亦朝不保夕。我一一五师陈旅〔4〕顾此失彼东西奔波，亦未打一个好仗。”“请你们立即考虑徐旅〔5〕西移归还建制，并朱、彭以一个人西移指挥该师问题，我以为应向蒋、白、阎、卫建议，要巩固吕梁山脉

---

〔1〕 陈长捷，当时任国民党军第二战区第7集团军第61军军长。

〔2〕 王靖国，当时任国民党军第二战区第2路军司令官兼第19军军长。

〔3〕 卫，指卫立煌。

〔4〕 陈旅，指八路军第115师第343旅。陈光原任旅长。1938年3月李天佑任代理旅长。

〔5〕 徐旅，指徐海东任旅长的八路军第115师第344旅。

于我手中，保障某些渡口，非徐旅西移及朱、彭以一人去指挥，好好打几个胜仗，不能解决问题，否则将贻误大局。”

7月18日 和朱德致电巴黎法国《人道报》转国际和平大会，请求大会号召和组织各国人民，给正在英勇反抗法西斯侵略的中国人民和西班牙人民，以更大的同情和更有力的援助！

7月22日 和刘少奇复电郭洪涛并告朱德、彭德怀等，指出："对石友三〔1〕应继续采取争取的方针，表示接受其指挥，并表示援助他统一鲁南各游击队的指挥，同时要求他划出一定防地给我们作根据地与后方。""省委或八路军支队应派负责代表和石友三恳切谈一次，说明中共与八路军对他的希望并竭诚援助他，同时向他说明并吞各游击队的方针不对，必然要引起许多内部磨擦，除与日本勾结的土匪部队应肃清外，对各抗日游击队应采取容纳与争取的方针。"

7月26日 复周恩来关于同蒋介石、何应钦谈判扩大八路军的情况的来电〔2〕，指出："加编三个师如不可能，以第二方案发表四五个司令部并规定适合现况之部队数目与经费数目为适宜。"

7月31日 和谭政致电八路军总部及各师，晋察冀军区，新四军军部等，下达解决干部家庭困难的决定。决定指出：依据目前的财力，关于干部家庭困难的解决，只能作消极的应付，不作积极的调剂与抚恤。救济的意义在于表示党的共产主义同情和

〔1〕 石友三，当时任国民党军第一战区鲁中游击部队第69军军长。

〔2〕 周恩来1938年7月26日致电毛泽东、朱德、彭德怀：日前同林伯渠见蒋介石、何应钦，他们借口200个师已满额，不愿给师的番号。我以为可提两个方案：一、仍请编3军6个师或3师9个旅27个团；二、请委五台聂荣臻，冀热宋时轮、邓华，津浦徐向前、陈再道，河防萧劲光以司令名义，并请发司令部及其所属部队经费。

关怀，减除某些干部对家庭问题的顾虑，借以提高其积极性。

7月 在听取抗大副校长罗瑞卿、政治部主任张际春关于抗大一些学员自由主义和极端民主化的倾向比较突出，少数干部对待这些倾向工作方法简单等的汇报后，特对抗大全校教职员和学员作关于抗大民主问题的报告。着重指出，抗大是中国共产党领导下的军事性质的学校，不是什么统一战线的组织。抗大有思想的自由、政治的民主，这并不妨碍抗大的军事性质。报告对于民主与集中的关系，如何正确地运用民主等问题，作了阐述。报告还指出，应取消斗争会这种粗暴的方式，大家有什么意见尽管投到意见箱里去，保证大家的意见能到学校最高当局。

8月1日 出席抗大第四期第一大队、第二大队、第六大队的毕业典礼，作关于继续努力，以求贯彻的讲话。他说：我们要全国民众团结起来，用团结的力量去打倒日本帝国主义，用团结的力量去建立一个新中国。然而这不是一件短时期的工作，所以我们必须继续努力，以求贯彻。

8月2日 对抗大第四期第一大队、第二大队、第六大队毕业学员讲话。首先讲"战争第一"问题，说：中国是半殖民地半封建的国家，对外不独立，对内不民主。根据这一特点中国革命便是战争第一，军事第一，这早被鸦片战争以来的中国历史所证明了的。枪杆子里出农会、出工会、出政权、出共产党，枪杆子里出一切，这是真理。我们说枪杆子第一，是在革命的政治前提下，枪杆子必须服从革命的政治。其次讲"老老实实"问题，说：中国历朝以来政治路线和组织路线有两条，一条是正当的，一条是不正当的，明君用人在贤，昏君用人在亲，所以用干部要注意。世界上的事情都是老老实实的，所以要讲究老实，有多少讲多少。既反对自大，认为自己盖世无双，又反对自卑，把自己看得太渺小。

8月3日 出席中共中央政治局常委会议，会议听取林伯渠关于国民参政会会议经过的报告。会议决定九月召开中共中央政治局扩大会议等事项。

同日 复电朱德、彭德怀，指出："集中南面兵力攻正太路有如下缺点：一、不能必胜；二、敌有由道清[1]攻洛阳，由临汾攻潼关之势，我军向北不便策应南边，因此仍以现时部署不大变动为宜。""稼祥同志已回，担任军委工作及总政治部主任，兼代八路军政治部主任，机关设延安，在前方者改为野战政治部。"

8月5日 对抗大第四期毕业学员作关于出去后怎样工作的讲话。他说：抗大的同学毕业出去后，作什么呢？第一，当学生。在学校学的仅仅才开了一道门，还要在学校外面去学。一切客观存在的东西，不管是人是物，都是研究的对象，都是先生。马克思主义也是没有完的，马克思主义是空前而不绝后，要学习一辈子。第二，当教员。全国四万万五千万人都是学生，要团结他们，组织他们，向他们学习，同时又教育他们。第三，当指挥官。现在在抗战，"游击战争"四个字，是制敌的一个锦囊妙计，要下决心到敌人后方去进行游击战争，你们大多数人要到前线当军事指挥官或政治指挥官。

8月6日 致电陈绍禹、何凯丰："致参政会贺电，《新华日报》改易了一些文句，与我发致该会的及在解放报发表的不符，对外显示了一点分歧，似不甚妥。尔后诸兄如有意见请先告后方，以便发时一致。"

同日 关于保卫武汉和坚持抗战总方针等问题，和张闻天、陈云、康生、王稼祥、刘少奇致电陈绍禹、周恩来、秦邦宪、何凯丰、叶剑英，指出："保卫武汉重在发动民众，军事则重在袭

---

〔1〕 道清，即道清路，指河南滑县道口镇到博爱县清化镇的一段铁路。

击敌人之侧后，迟滞敌进，争取时间，务须避免不利的决战，至事实上不可守时，不惜断然放弃之。”“在抗战过程中巩固蒋之地位，坚持抗战，坚决打击投降派，应是我们的总方针。而军队力量之保存，是执行此方针之基础。”

8月8日 关于目前冀南工作的意见，和刘少奇致电徐向前、邓小平、宋任穷〔1〕转晋冀豫省委等，指出：“我们一般方针应积极参加与掌握河北地方行政机关，不应放松。目前我们要加紧建立与强固各县政府，推选或委派最得力同志去任县长，并可派定临时专员，造成既成事实，再与鹿〔2〕商讨交涉。为此，有请杨秀林〔3〕去路东并带干部暂时主持冀南政府工作的必要，请迅速决定行动。”

8月9日 出席中共中央政治局常委会议，会议听取中央青年工作委员会副书记冯文彬关于青年工作的报告。

8月10日 和张闻天、陈云、康生、刘少奇、王稼祥致电陈绍禹、周恩来、秦邦宪、何凯丰：我们提议在政治局扩大会议后，召集中央青委扩大会议或中央青年工作会议，讨论全国青年工作问题，要各地青年工作负责人参加。

8月12日 和王稼祥复电贺龙、关向应：“根据井泉真〔4〕电及你们来电，去大青山行动以暂缓执行为宜。”

8月13日 和王稼祥、刘少奇复电聂荣臻、彭真，指出：

---

〔1〕 宋任穷，当时任中共冀南区委员会战时动员部部长、八路军第129师东进纵队政治委员。1938年8月14日任冀南行政主任公署副主任。

〔2〕 鹿，指鹿钟麟，当时任国民党政府河北省主席。

〔3〕 杨秀林，即杨秀峰，当时任冀西游击总队司令员。1938年8月14日又任冀南行政主任公署主任。

〔4〕 真，即11日。

“宋邓纵队[1]主力在现地区平谷、蓟县、密云一带加紧工作，站稳脚跟，再逐渐向东南发展的方针是好的。但宋、邓有立即派遣一营左右之兵力并带干部东出玉田、丰润、滦县，配合当地暴动起来的游击队行动，并给那些游击队以各种帮助的必要。”

8月15日 出席陕甘宁边区教育厅主办的暑期小学教员国防教育研究班毕业典礼，作关于教育与战争的演讲。

8月16日 和张闻天复林伯渠十二日来电[2]，指出：在谈判中请坚持所提三个条件，一、陕甘宁边区区域为二十三个县；二、人员由国民政府正式委任；三、每月津贴十万元。谈判中心是区域问题，各县都须是完全的。此电并发武汉陈绍禹、周恩来、秦邦宪。

8月17日 和张闻天、王稼祥、刘少奇致电聂荣臻、彭真并告朱德、彭德怀，提出边区货币政策的原则：“一、边区应有比较稳定的货币，以备同日寇作持久的斗争。二、边区的纸币数目，不应超过边区市场上的需要数量。这里应该估计到边区之扩大和缩小之可能。三、边区的纸币应该有准备金：第一货物，特别是工业品；第二伪币；第三法币。四、日寇占领城市及铁路线，我据有农村。边区工业品之来源是日寇占领地，边区农业产品之出卖地，亦在日寇占领区域。因此边区应该有适当的对外贸易政策，以作货币政策之后盾。五、边区军费浩大，财政货币政策应着眼于将来军费之来源。六、在抗战最后胜利之前，法币一

---

[1] 宋邓纵队，指宋时轮任司令员、邓华任政治委员的八路军第4纵队。第4纵队由宋时轮率领的雁北支队和邓华支队于1938年5月合编而成。

[2] 林伯渠1938年8月12日在西安致电毛泽东、张闻天、陈绍禹、周恩来、秦邦宪：蒋鼎文今日早上说，行政院认为陕甘宁边区问题可由陕西省就近解决，边区至多只能划17个县。我拟根据原来所提的3项条件交涉。

定继续跌价，法币有逐渐在华北灭迹之可能。杂币会更跌落，伪币亦会有一定程度的跌落。边区纸币如数量过多，亦会跌落。问题中心在于边区纸币应维持不低于伪币之比价。”电报还对晋察冀边区发行纸币提出一些具体办法。

8月18日 关于同鹿钟麟谈判晋察冀、冀中、冀南抗日根据地问题时应坚持的原则，和张闻天、王稼祥、刘少奇致电聂荣臻、彭真，徐向前、邓小平、宋任穷等，指出："与鹿谈判原则为要求鹿对一切维持现状，承认既成事实，不妨害华北抗战，军事行政照既定方针进展。”

8月20日 和张闻天、王稼祥、刘少奇致电徐向前、邓小平、宋任穷等，指出："冀南新政府[1]成立，须即实行几件善政：（一）救济各地广大饥饿的群众（粮款向富人筹集及提出一部地方公款）。（二）组织秋收运动。（三）规定二五减租办法。（四）发布在敌人进攻时人民自卫与避难办法及空舍清野办法。（五）发布人民防匪自卫办法。（六）组织廉洁政府，规定各级政府人员生活费及公费。”强调冀南新政府要“以完全新的姿态在人民面前出现”。

同日 和王稼祥电告八路军总部及各师等，鉴于日军有庞大的特务机关，对抗日军队尤其八路军不断地进行破坏阴谋活动，而我八路军锄奸工作的机关反而零碎不全，中央和军委特决定在八路军总部、各师、各旅及军区成立锄奸局，团设特派员。锄奸局的工作在各级军政首长领导之下进行，组织上保持独立系统。

同日 和王稼祥、刘少奇致电聂荣臻、彭真，徐向前、邓小平等，要求迅速建立与巩固在中共领导下的河北的统一军事行政系统，使鹿钟麟来后不致容易被他拆散。如果在河北形成几个军

〔1〕 指冀南行政主任公署。

事行政系统，那将来的困难与磨擦将会更多。

8月22日 在中共中央党校讲话，进一步阐述当学生、当先生、当战争领导者三个问题。他强调说：学校以外是一个大学校，那里的东西多得很，学之不尽，取之不竭。孙中山关于民族民主革命的一套，不是从学校里来的，而是在大学校里学的。马克思的马克思主义，也不是从学校里来的，而是在大学校里学的。列宁也是在学校外面创造了列宁主义。学校学习是第一章，出去以后是大规模的学习，要不断地学下去，活到老，学到老。在党校学得了一个方法，出了学校还是学习，在实际斗争中，在工作中，尤其要老老实实当学生。

8月24日 出席中共中央政治局常委会议，介绍准备在政治局会议〔1〕上作报告的大纲，题目是《抗日战争与民族战线的新阶段新形势与党的任务》。

夏秋 在毛泽东倡议下，延安新哲学会成立。会务工作由艾思奇、何思敬〔2〕负责主持。

9月7日 关于和石友三共同建立山东抗日根据地问题，和张闻天、刘少奇致电郭洪涛，指出：山东各党派军队与我们的关系进一步好转，已使我们有可能开始在黄河以东建立大块抗日根据地。希望你们根据党的抗日救国十大纲领及敌后工作的基本原则与山东实际情况，和石友三议定共同建立山东抗日根据地的纲领。建立根据地的各方面工作可由石友三公开出面来做。

同日 和朱德、王稼祥、刘少奇致电聂荣臻，对张荫梧〔3〕

---

〔1〕 指1938年9月14日至27日召开的中共中央政治局会议。毛泽东在这次会议上作了长篇发言。

〔2〕 何思敬，当时在中国人民抗日军事政治大学任教员。

〔3〕 张荫梧，当时任国民党政府冀察战区河北民团总指挥。

企图侵占晋察冀抗日根据地正太路以北地区的平山、行唐、阜平等县的计划，提出对策意见。

9月10日 复信国民党政府行政院院长孔祥熙〔1〕，信中说："目前寇患虽深，诚能群策群力，抗战到底，则最后胜利，自属于我。惟战争进至新阶段，困难因之增多。克服困难，鄙意似宜实施新的战时政策，使人力物力能获得广大之发动，则持久作战，庶有巩固之基础"。

9月10日前后 到延安城南门欢迎从武汉归来准备参加中共中央会议的陈绍禹、周恩来、秦邦宪和徐特立。

9月14日—27日 出席中共中央政治局会议。王稼祥在十四日会议上传达共产国际的指示和共产国际执行委员会总书记季米特洛夫的意见：中共一年来建立了抗日民族统一战线，政治路线是正确的，中共在复杂的环境和困难的条件下真正运用了马列主义。中共中央领导机关要以毛泽东为首解决统一领导问题，领导机关要有亲密团结的空气。毛泽东在二十四日会议上作长篇发言，讲了五个问题：一、这次会议的意义，二、共产国际的指示，三、抗战经验总结问题，四、抗日战争与抗日统一战线的新形势，五、今后任务。他指出，共产国际的指示是这次政治局会议成功的保证，同时又是中共六届六中全会和第七次全国代表大会的指导原则，指示的最主要点是强调党内团结。他分析了武汉即将失陷后的形势，指出抗日战争将开始进入一个新的阶段——相持阶段，抗日民族统一战线也将进入一个新的发展阶段。他论述了统一战线中统一与斗争的辩证关系，由于国共合作是对立阶

〔1〕 1938年8月国民党政府中央赈济委员会派曹仲植、郝瑞珍等到陕甘宁边区赈济灾民。郝瑞珍到延安时带来孔祥熙给毛泽东的一封信。毛泽东的这封复信也是托郝瑞珍转交孔祥熙。

级的政党的合作，所以斗争是严重的不可避免的，具体表现是国民党顽固分子的磨擦和共产党的反磨擦。统一战线中统一是基本的原则，要贯彻到一切地方一切工作中，任何时候任何地方不能忘记统一；同时不能不辅助之以斗争的原则，因为斗争正是为了统一，没有斗争不能巩固与发展统一战线。在二十七日最后一天会议上毛泽东再次发言，说这次政治局会议取得了伟大的成功，从而可以保证六届六中全会的成功，并建议在六中全会通过一个中央工作规则。这次政治局会议通过了扩大的六届六中全会的议程，决定由毛泽东代表中央向全会作政治报告。

9月26日 和朱德、彭德怀、刘少奇致电聂荣臻转宋时轮、邓华和冀东特委，指出：根据各种条件，“创造冀热察边区根据地，创造相当大的军队，是有可能的。但环境是严重的，工作是困难的，必须以高度的布尔什维克的精神克服斗争中的一切困难，坚持统一战线的原则，建立坚决持久抗战胜利的信心，克服起义的新军中不可免的复杂的严重现象。”目前应以主要力量在白河以东、以部分力量在白河以西创造根据地。“在整顿军队方面，目前应注意培养基干兵团与基干游击队，使之成为战斗的纪律的模范，成为领导斗争的核心。”

9月29日—11月6日 扩大的中共六届六中全会在延安举行。

9月29日 扩大的中共六届六中全会开幕。毛泽东被推为全会主席团成员，并在会上宣布全会的议程。

同日 扩大的中共六届六中全会主席团决定，以毛泽东名义写信给蒋介石。毛泽东起草的信中说：“此次敝党中央六次全会，一致认为抗战形势有渐次进入一新阶段之趋势。此阶段之特点，将是一方面更加困难，然又一方面必更加进步，而其任务在于团结全民，巩固与扩大抗日阵线，坚持持久战争，动员新生力量，克服困难，准备反攻。”并说因武汉紧张特让周恩来立即返回武汉，向蒋介石转达中共中央的意见，商议一切。毛泽东的这封信，由周恩来在十月四日当面交给蒋介石。

10月2日　和朱德、彭德怀等致电聂荣臻，宋时轮、邓华，中共冀热区委：“在冀热边区创造抗日根据地有极重要的战略意义，宋邓纵队与冀热边区全体同志应为达成这个任务而坚决斗争。”

10月12日　下午，代表中共中央政治局在扩大的中共六届六中全会作政治报告，题目是《抗日民族战争与抗日民族统一战线发展的新阶段》。十三日下午，十四日下午和晚上，继续作报告。报告共八个部分：一、五中全会到六中全会；二、抗战十五个月的总结；三、抗日民族战争与抗日民族统一战线发展的新阶段；四、全民族的当前紧急任务；五、长期战争与长期合作；六、中国的反侵略战争与世界的反法西斯运动；七、中国共产党在民族战争中的地位；八、召集党的七次代表大会。报告指出，在将来武汉不守的情况之下，抗日战争的形势将出现许多新的情况，过渡到一个新阶段——战略相持阶段。在抗日战争的新阶段中，抗日民族统一战线必须以一种新的姿态出现，这种新姿态就是统一战线的广大的发展与高度的巩固。报告强调全党要普遍地深入地学习和研究马克思列宁主义理论，把马克思列宁主义同中国的具体特点相结合，反对教条主义。他说：“使马克思主义在中国具体化〔1〕，使之在其每一表现中带着必须有的中国的特性，即是说，按照中国的特点去应用它，成为全党亟待了解并亟须解

〔1〕这里的“使马克思主义在中国具体化”，在1938年11月发表的《论新阶段》中，是“马克思主义的中国化”。这个修改，是毛泽东在编辑《毛泽东选集》时改的。

决的问题。”毛泽东的这个报告，在一九三八年十一月二十五日出版的《解放》周刊第五十七期发表，题为《论新阶段》。其中第七部分《中国共产党在民族战争中的地位》，编入《毛泽东选集》。

10月15日 和朱德等致电中共冀热区委并告宋时轮、邓华，再次指示他们应坚持冀热察边的艰苦斗争，创造根据地，培养基干部队，准备持久斗争。

10月16日 和张闻天、陈云、王稼祥、朱德、彭德怀致电周恩来：为着直接有力地配合支持武汉以及武汉失守后滞阻敌人继续前进，以八路军一部进至鄂豫皖地区活动为有利。在朱德到武汉见蒋介石之前，请向陈诚〔1〕、白崇禧透露此意，让蒋知道。

10月21日 广州失陷。

10月24日 关于建立大青山抗日根据地的任务和政策，和王稼祥、贺龙等致电周士第、甘泗淇〔2〕转李井泉，指出：在大青山建立晋察冀式的根据地在今天不可能，但坚持长期游击战争，建立游击根据地完全可能，而且是中心任务。因此，那里一切政策应以长期游击战争性质为出发点。要处处照顾到同傅作义的统一战线。要团结蒙汉人民联合抗日，以我们正确的少数民族政策来改变中国过去的传统的错误政策，以我们的模范作用来推动影响国民党首先是傅作义的转变。要尊重蒙族风俗习惯、宗教信仰并发扬其文化，吸收蒙族知识分子，培养蒙族干部。

10月27日 武汉失陷。

同日 和王稼祥、刘少奇等致电朱瑞，徐向前、宋任穷：对鹿钟麟，要坚持冀南行政主任公署的设置。要向他极力解说，广

---

〔1〕 陈诚，当时任国民党政府军事委员会政治部部长、国民党军第九战区司令长官兼武汉卫戍司令部总司令。

〔2〕 周士第、甘泗淇，当时分别任八路军第120师参谋长、政治部副主任。

州、武汉失陷，目前形势严重，各方只有依靠已得成绩加紧工作，才能支持难局。

10月30日 复柳夷[1]八月关于他申请入党遇到困难的来信。复信说："如果陕公抗大党的同志所说，你的表现够上入党资格仅仅过去加入与脱离国民党一点无人证明，是确实的，而你在延又有九月之久，并无其他不能入党的问题存在，我以为是可以入党的。"信中并告诉他，可持此信请抗大三大队负责同志或抗大政治部主任张际春考虑解决他的入党问题。

11月5日 下午，在扩大的中共六届六中全会作结论报告。六日下午，继续作结论报告。结论讲了五个问题。第一，六中全会的成功。毛泽东说：这次会议总结了抗日战争与抗日民族统一战线的全部经验，科学地分析和估计了抗日战争的形势，规定了党的方针和任务。这次会议是一个好的会议，是党的历史上少有的，讨论的问题多，经验丰富，态度认真。我们党奋斗了十七年，空前地进步了，党已经能够更灵活地运用马克思列宁主义于中国革命的具体实践。第二，广州、武汉失守后的形势。毛泽东说：在敌强我弱形势没有发生决定性变化的条件下，广州、武汉的放弃是正确的。这种战略退却虽一时表现了有利于敌不利于我，但从整个形势看表现了有利于我不利于敌，我们保存了实力，敌人的兵力更分散了。日军占领上海等地时是一鼓作气，占领武汉后它的力量就再而衰，其战略进攻接近了顶点，这是相持局面快要到来的象征。在相持阶段中，我方作战形式以游击战为主，运动战为辅。敌后游击战争应分为两大区域，在已经大大发展了游击战争的区域，应大力加以巩固；在没有充分发展或正在发展游击战争的区域，应迅速地广大地发展游击战争。所以，应

[1] 柳夷，当时在中国人民抗日军事政治大学任干事。

当巩固华北，发展华中和华南。第三，民族统一战线的长期性。毛泽东针对陈绍禹的右倾投降主义，对民族斗争与阶级斗争的关系、共产党在统一战线中的独立自主原则作了论述。他说："总之，我们一定不要破裂统一战线，但又决不可自己束缚自己的手脚，因此不应提出'一切经过统一战线'的口号。'一切服从统一战线'，如果解释为'一切服从'蒋介石和阎锡山，那也是错误的。我们的方针是统一战线中的独立自主，既统一，又独立。"这个问题的论述编入《毛泽东选集》时，题为《统一战线中的独立自主问题》。第四，战争与战略问题。毛泽东强调指出在半殖民地半封建的中国，革命的特点是武装的革命反对武装的反革命，主要的斗争形式是战争，主要的组织形式是军队；论述了国内战争和民族战争中党的军事战略的转变和抗日游击战争的战略地位等问题。这个问题的论述编入《毛泽东选集》时，题为《战争和战略问题》。第五，其他问题。毛泽东讲到过去干部政策上的错误，新老党员的关系，三民主义与共产主义的关系，边区工作等。

11月6日　扩大的中共六届六中全会，根据毛泽东所作的《抗日民族战争与抗日民族统一战线发展的新阶段》报告，通过了《抗日民族自卫战争与抗日民族统一战线发展的新阶段》政治决议案。全会重申党的独立自主地放手组织人民抗日武装斗争的方针，确定把党的主要工作放在战区和敌后。会议决定撤销长江局，设立中原局和南方局。本日，全会闭幕。这次全会批准了以毛泽东为代表的中央政治局的路线，推动了党的各项工作的迅速发展。

11月8日　将在扩大的中共六届六中全会所作的政治报告《论新阶段》第一部分的修改稿交给《解放》周刊编辑部负责人徐冰，附信告诉整个政治报告须三四天工夫才能修改完毕，第一部分先付排，请他们校第一、第二遍，他自己校第三、第四遍。

11月10日 和王稼祥、刘少奇致电项英并转周恩来、叶剑英："白崇禧已允新四军张云逸同志率一个营到长江以北安徽境内活动，已否派去？""现在安徽中部最便利我军活动，新四军可否派二个至三个营交张云逸同志率领过江。"

11月13日 出席抗大女生大队（第八大队）成立典礼，并作讲演，指出：妇女同胞所受帝国主义和封建势力压迫尤甚，我们反对一切对于妇女的压迫，尤其是仇恨日本帝国主义对于妇女的侮辱。我们抗日，不仅为求得民族平等，而且要求得妇女的地位平等。只有中华民族解放，才能有妇女的解放。

11月20日 日机轰炸延安。当晚毛泽东的住处由延安市内凤凰山麓迁至延安城外杨家岭。二十一日和十二月十二日，日机又轰炸延安。三次轰炸，造成一部分军民伤亡，一些房屋被毁。

11月24日 和王稼祥致电八路军总部、晋察冀军区和第一二〇师，指出：估计到今后华北形势的发展，冀中区域的中心任务是巩固现有武装部队，依靠群众力量，坚持长期游击战争。为此，决定派程子华带一部分干部去冀中，任吕正操纵队（八路军第三纵队）政治委员，加强该部队的正规化是目前中心任务；贺龙、关向应率第一二〇师一部去冀中，争取扩大第一二〇师。

同日 关于山东聊城地区抗日领导人范筑先牺牲事，和王稼祥、杨尚昆、滕代远致电朱德、彭德怀、左权，刘伯承，徐向前、朱瑞：应用一切办法团结与巩固范筑先领导的抗日部队，并实际帮助鲁西北地区抗战。

11月25日 和王稼祥、杨尚昆致电朱德、彭德怀，聂荣臻并转宋时轮、邓华，指出：宋邓支队深入冀东，苦战数月，配合并促成地方党所领导的冀东起义，建立了冀东游击区，取得了成绩。但是由于没有尽可能地保持和发展这一胜利，以致退出原地区，军队及群众武装受到相当大的损失。为了在冀热察地区坚持抗日游击战争和创造根据地，决定成立八路军冀热察挺进军，派萧克前去工作，并成立军政委员会，统一领导军队及地方党和政权工作。

同日 和王稼祥、滕代远致电彭德怀，征求他对以下部署的意见：拟派陈光、罗荣桓率第一一五师师部及第三四三旅两个主力团去山东、淮北，由陈士榘[1]率第三四三旅的补充团等在晋西南地区坚持抗日战争。二十八日，彭德怀复电表示同意，并提出拟让第三四三旅的第六八五团先由山西长治出动。

11月30日 出席中共中央书记处会议。在会上提议：（一）关于抗大、陕公、党校等各学校教育工作应进行一次专门讨论，规定教育行政、教材、教员、经费各方面的统一方针。（二）延安各机关各部门工作须进行一次彻底的检查和整理。会议对上述建议作出决定：下一次书记处会议讨论学校教育工作；由书记处发一检查工作的通知，召集干部会议进行检查工作的动员，军事系统的干部会议由毛泽东、王稼祥负责召集。

11月 在西北青年救国联合会第二次代表大会作关于抗战形势和统一战线问题的讲话。他说：武汉失守后，抗日战争要进到一个新阶段，即敌我相持的阶段，但现在还没有进到相持阶段。在半殖民地的中国，我们长期作战就依据乡村，乡村同城市作战有一定的困难，这也是中国采取持久战的道理。讲话估计蒋介石和国民党的大多数不会同日本讲和，国民党是有进步的，磨擦是局部现象，是可以改变的，我们必须看到全局。

同月 与江青结婚。

---

〔1〕 陈士榘，当时任八路军第115师第343旅参谋长。1938年12月14日任八路军第115师晋西独立支队支队长。

12月1日 和王稼祥电告朱德、彭德怀，聂荣臻：吸收革命知识分子加以教育成为我们的干部，意义实大。武汉失守，西北受日军威胁，钱粮两缺，因此中央决定在晋东南和晋察冀设立抗大两个分校，由抗大本校分出干部和学员开赴上述两地。延安抗大本校改为培养八路军比较高级干部的学校。

12月4日 电告秦邦宪〔1〕、叶剑英，朱德、杨尚昆，林伯渠等，要八路军总部和驻重庆办事处、驻西安办事处，迅即设法打消蒋介石调高桂滋部队到陕北的企图〔2〕。

12月5日 致信国民党军第二十一军团军团长、晋陕绥边区总司令邓宝珊，信中说："敌攻西北之计划是要来的，因之准备不可或疏"。特嘱八路军留守兵团绥德警备区司令员陈奇涵前去报告防务，并送去中共六届六中全会的报告、决议、宣言等。

12月7日 出席中共中央书记处会议。会议讨论学校教育方针等问题，决定组织抗日战争研究委员会，毛泽东为主任，王稼祥为副主任。

12月8日 在后方军事系统干部会上作关于贯彻六届六中全会的指示进行检查工作的动员报告。他说：六中全会指出日军还在进攻，我们有许多困难，我们的力量还不够，但我们能停止日军的进攻。后方工作在六中全会总的指示之下，要克服困难，要增加力量。检查工作，要在五个方面进行检查，即工作、学习、生产、统一战线和党的生活。生产，即生产运动。我们现在

---

〔1〕 秦邦宪，当时任中共中央政治局常委、中央书记处书记、南方局委员兼组织部部长。

〔2〕 高桂滋，当时任国民党军第二战区南路军第17军军长兼第84师师长。在此以前，高桂滋曾派他的秘书到延安见毛泽东，试探中共对他的部队调陕北一事的态度，毛泽东当即表示不许可任何部队借名进驻实行破坏陕甘宁边区的企图。

钱虽少但还有，饭不好但有小米饭，要想到有一天没有钱、没有饭吃，那该怎么办？无非三种办法，第一饿死；第二解散；第三不饿死也不解散，就得要生产。我们来一个动员，我们几万人下一个决心，自己弄饭吃，自己搞衣服穿，衣、食、住、行统统由自己解决，我看有这种可能。

12月10日　收到彭雪枫〔1〕关于他率新四军游击支队在河南渡过新黄河〔2〕进至鹿邑等地后部队扩大情况和当地缺少干部等的电报后，本日和王稼祥、刘少奇致电朱德、周恩来、叶剑英，提议即派八路军的一部并多带干部到陇海路以南新黄河以北津浦路以西地区活动。

12月12日　在抗大干部晚会上作报告。他说：现在抗大有一万人，陕公有三千人，青训班有二千人，还有鲁迅艺术学院、马列学院、党校，共约两万人。我们办了许多学校，训练了许多干部，这个政策是对的。怎样才能使全盘的工作真正推动起来、开展起来，这就是要有干部。我们训练大批干部到前线去，领导游击队，领导军队，组织群众，发展统一战线，等等，这就是教育工作的意义。在工作方面，六中全会一共说了十五条，其中一条就是关于物质的保证。以后我们要自己解决物质上的供给，要自己种地，自己动手。他还宣布中共中央书记处关于抗大成立两个分校的决定。

12月13日　和王稼祥致电八路军总部，晋察冀军区等，说明中央决定抗大成立两个分校，是为了准备对付日军进攻西北，

---

〔1〕彭雪枫，当时任新四军游击支队（1940年2月改称第6支队）司令员兼政治委员。

〔2〕蒋介石1938年6月9日命令国民党军队炸开郑州以北花园口黄河大堤，企图以黄河水患阻止日军西犯，致使黄河改道向东南流入贾鲁河，再流入安徽颍河，在正阳关一带注入淮河。黄河的这一段河道称新黄河。

减少陕甘宁边区财政粮食的困难，扩大抗大学员人数和加强理论同实际的联系。开往晋东南分校人数五千左右，工作人员杂务人员在内，开往晋察冀分校人数二千左右。准备以陈伯钧、邵式平为晋察冀分校正副校长，以何长工、周纯全为晋东南分校正副校长。

同日 出席中共中央组织部召开的延安党政军机关及各群众团体检查工作的干部晚会，代表中央书记处作报告。他号召各机关在抗战新阶段的形势下，克服当前一切困难，增加新的力量，停止敌人的进攻，以便准备实施我们的反攻。要求后方各工作部门，以战斗的精神深入检查工作，以担负起本部门的工作任务。

12月14日 出席中共中央书记处会议，会议讨论生产运动的准备问题。

12月15日 对抗大即将分配工作的八大队（女生大队）学员作关于政治上的持久战的讲话。他说：抗日的持久战需要的时间很长，要经过很多变化，我们打日本必须要有一个政治上的持久战。所以，每个革命者在政治上要有持久性，要准备应付各种曲折，准备克服困难。世界上无论什么事情都是走曲路，而不是走直线。这个问题也就是走“之”字路还是走“一”字路。无论什么事情都是走“之”字路，而不是走“一”字路，走“之”字路是世界上任何事情发展的原则。我们抗日战争要经过防御、相持和反攻三个阶段，这也是走“之”字路。

12月21日 出席中共中央书记处会议，会议讨论妇女工作等问题，决定成立妇女工作委员会，李富春任主任。毛泽东提议，陕甘宁边区今后须注重经济建设和文化建设，准备收集材料作报告并讨论一次工作。

12月22日 日本首相近卫文麿发表第三次对华声明，提出实行中日“善邻友好”、共同防共和“经济合作”三项原则，对国民党政府进行诱降。

12月28日 出席中共中央书记处会议，会议讨论国民党顽固派对陕甘宁边区搞磨擦问题。毛泽东在会上发言说：国民党顽固派侵吞边区的办法有十二种：一、政府，二、税收，三、邮政，四、军队，五、教育，六、党部，七、缩紧、“蚕食”，八、医务，九、保甲，十、实业，十一、农贷，十二、土匪。现在他们又向我们进攻，我们必须采取强硬政策予以抵制。对何绍南〔1〕要采用较强硬的政策，对其他方面要采用较温和的政策。检查站要重新建立起来。

12月29日 潜逃到越南的国民党副总裁汪精卫在河内发表通电（艳电），要求国民党政府承认近卫声明提出的三原则，对日妥协。

12月30日 和王稼祥、滕代远、谭政电告八路军总部、各师、陈再道〔2〕支队、吕正操纵队、山东部队等：中央和军委为了更深刻了解各部队现状、作战经过和执行六中全会决议情形，决定各部队派人到延安来报告工作。

同日 和王稼祥致电彭雪枫，肯定他在皖豫苏地区发展游击战争，创立根据地的计划是很对的，“已开始获得成绩，望放手做去，必收大效”。并告：刘少奇、朱理治、郭述申〔3〕带六中全会文件及干部、电台等，已去竹沟布置中原局工作。决调第一一五师主力东向，拟分布于胶济路南北、津浦路东西、陇海路南北，朱、彭〔4〕已在布置中。

---

〔1〕 何绍南，当时任国民党政府绥德地区专员。

〔2〕 陈再道，当时任八路军第129师东进纵队司令员。

〔3〕 郭述申，当时任中共中央中原局委员、新四军第4支队政治委员。

〔4〕 朱，指朱德。彭，指彭德怀。

1939年　四十六岁

1月2日　为八路军总政治部主办的《八路军军政杂志》创刊写发刊词。发刊词指出：八路军在一年半抗战中，执行了“基本的游击战，但不放松有利条件下的运动战”的正确的战略方针，坚持了与发展了华北的游击战争，创立了许多敌后抗日根据地，缩小了敌人的占领地，钳制了大量的敌军，配合了正面主力军的抗战，延缓了敌人进攻西北的行动，兴奋了全国的人心，打破了民族失败主义者与悲观主义者的错误观点。“增强技术装备，深研战略战术，正确地运用统一战线政策，广泛地进行争取敌伪军工作，由军队自身参加生产运动，这是八路军在新阶段中应该加重注意的重要问题”。一月十五日出版的《八路军军政杂志》创刊号，还刊载毛泽东题词：“停止敌人的进攻，准备我们的反攻！”

1月5日　出席中共中央书记处会议，会议讨论汪精卫叛国投敌问题。毛泽东发言指出：日本帝国主义目前主要目的，第一是消灭国民党的军队与政权，第二是消灭共产党的军队与政权。蒋介石最近在军事上、外交上及反汪行动上都表现是进步的，但在进步中又要限制我们。蒋的政策是联共又反共，所以最近反映出来各地磨擦增加。我党对目前事件的方针是拥蒋反汪，须发出一个指示电。会议决定由张闻天起草指示电。会议还决定将华南及西南各省合并成立一中央局，建议改名为西南局（一月十三日接受周恩来的提议，仍定名为南方局），以周恩来为书记。

1月12日 出席中共中央书记处会议。讨论陕甘宁边区参议会问题时，发言指出：六中全会后边区工作要有一个推动，要从边区议会做起，使边区能应付困难环境，造成对外有好的影响。因此边区议会要开，国民党攻击我们立异，我们为实行民主制度必须立异，否则不能表示我们的进步。议会名称仍用参议会好。〔1〕边区问题解决必须坚持下列原则：（一）边区事情由我们办；（二）保证民主制度。关于磨擦问题，发言指出，我们的原则是：人不犯我，我不犯人；人若犯我，我必犯人。

1月13日 就八路军今后发展主要方向问题，和王稼祥复电周恩来、秦邦宪、何凯丰并告朱德、彭德怀，指出："我们必须坚持与争取向鲁、皖及华中开展，但在目前磨擦很多、军委会严令禁止八路军入中原的时候，我正规部队可暂缓去华中。"

1月17日 在陕甘宁边区第一届参议会开幕会上讲话，指出：抗战一定要有民权主义与民生主义。孙中山先生的三民主义——民族、民权、民生是互相配合的。没有民权主义、民生主义就不能实现民族主义，抗战就不会胜利。边区的进步主要表现在民主，而这民主又是苏维埃在现阶段的发展物，现在各阶级、工农商学兵各界都可参加参议会。一九三九年边区的施政方针是：大大发展国防经济，发展农业手工业，改良人民生活；发展国防教育，办初级的、中级的、高级的学校，开展识字运动，使边区人民大大提高文化水准；大大发展国防的民众运动，加强军事训练。

同日 复信何干之〔2〕。信中说："看了你的信，很高兴的。

---

〔1〕陕甘宁边区政府主席林伯渠在会上说，重庆国民党方面来电，提出边区参议会是否改为准备会，并不向外宣传。

〔2〕何干之，当时任陕北公学的教授、中国问题教研室主任。

我们同志中有研究中国史的兴趣及决心的还不多，延安有陈伯达[1]同志在作这方面的研究，你又在想作民族史，这是很好的，盼望你切实地做去。我则有志未逮，我想搜集中国战争史的材料，亦至今没有着手。我的工具不够，今年还只能作工具的研究，即研究哲学，经济学，列宁主义，而以哲学为主，将来拟研究近代史，盼你多多指教。”“你的研究民族史的三个态度，我以为是对的，尤其第二个态度。如能在你的书中证明民族抵抗与民族投降两条路线的谁对谁错，而把南北朝，南宋，明末，清末一班民族投降主义者痛斥一番，把那些民族抵抗主义者赞扬一番，对于当前抗日战争是有帮助的。只有一点，对于那些‘兼弱攻昧’、‘好大喜功’的侵略政策（这在中国历史上是有过的）应采取不赞同态度，不使和积极抵抗政策混同起来。为抵抗而进攻，不在侵略范围之内，如东汉班超的事业等。”

1月18日　下午，在陕甘宁边区第一届参议会作关于目前政治形势的报告，指出：武汉失守了，但还没有进到敌我相持的新阶段，而是敌攻我守与敌我相持两个阶段中间的过渡时期。完成这个过渡需要三个条件：中国坚持持久抗战并增强抗日力量；日本的困难增长；国际上给中国更多的援助。目前军事、经济、国内矛盾、国际环境都使日本更加困难，这就逼使日本不得不在一定时间停止其进攻。中国的抗战，一方面更加困难，一方面更加进步，而进步一定压倒困难。近几个月来的国际形势也对中国有利。报告最后指出：共产党的任务，是要坚持抗战，强固与扩大统一战线。八路军、新四军的任务，主要是在敌后拖牛尾巴，配合国民党军队的正面作战。陕甘宁边区要成为抗战的堡垒，民

〔1〕陈伯达，当时任中共中央宣传委员会委员、中央文化工作委员会委员，在中央宣传部工作。

主的模范。

1月20日 为《论持久战》英译本写序言，题为《抗战与外援的关系》。序言说："上海的朋友在将我的《论持久战》翻成英文本，我听了当然是高兴的，因为伟大的中国抗战，不但是中国的事，东方的事，也是世界的事。""我的这本小书，是一九三八年五月间作的，因为它是论整个中日战争过程的东西，所以它的时间性是长的。至于书中论点是否正确，有过去全部抗战经验为之证实，今后经验也将为之证实。""在伟大抗战中，基本的依靠中国自力胜敌，中国的力量也正在发动，不但将成为不可战胜的力量，且将压倒敌人而驱除之，这是没有疑义的。但同时，需要外援的配合，我们的敌人是世界性的敌人，中国的抗战是世界性的抗战，孤立战争的观点历史已指明其不正确了。""因此我希望此书能在英语各国间唤起若干的同情，为了中国利益，也为了世界利益。"

1月21日—30日 国民党五届五中全会在重庆举行。会议声言仍要"坚持抗战到底"，但按蒋介石的解释，这个"底"就是恢复七七事变以前的状态。会议确定"溶共"、"防共"、"限共"、"反共"的方针，原则通过《防制异党活动办法》，决定设置防共委员会，严密限制共产党和一切进步力量的言论和行动。

1月21日 出席中共中央书记处会议。会议讨论周恩来本日来电〔1〕，决定复蒋介石一电，说明取消共产党和马列主义绝对不可能，打断蒋介石企图取消共产党的念头。

1月22日 中共中央复电周恩来，拒绝蒋介石提出的国共

〔1〕 周恩来1938年1月21日致电中共中央："蒋昨晚约我问延安有无意见，并又提统一两党事，我告以不可能，彼仍要我电中央请示，希望在全会中得回电"。

两党合并为一个大党的主张，并要周恩来将中央复蒋介石电转交蒋。中央复蒋电中说："两党为反对共同敌人与实现共同纲领而进行抗战建国之合作为一事，所谓两党合并则纯为另一事。前者为现代中国之必然，后者则为根本原则所不许。"

同日 为修改《陕甘宁边区实录》一书初稿，写信给周扬〔1〕。信中说："此稿李六如、和培元〔2〕各写一半，我全未看。因关系边区对外宣传甚大，不应轻率出版，必须内容形式都弄妥当方能出版。现请你全权负责修正此书，如你觉须全般改造，则全般改造之。虽甚劳你，意义是大的。最好二月十五日前完稿，二月底能出书。"后来，毛泽东为《陕甘宁边区实录》题写书名并题词，题词是："边区是民主的抗日根据地，是实施三民主义最彻底的地方。"

1月25日 出席在延安举办的陕甘宁边区农产品展览会开幕式并讲话，指出：这个展览会的意义很大。前方努力打仗，后方努力生产，一定能打垮日本帝国主义。在边区，不仅老百姓要如此做，其他如学校、党政机关、军队都要参加生产运动。

1月26日 出席中共中央书记处会议，会议讨论生产运动与东北抗日联军问题。关于生产运动，毛泽东发言指出：一、准备工作。现在到春耕还有两个月，要雷厉风行地不失时机地进行准备工作。二、进行生产动员。在二月一、二、三日进行生产动员，分配生产任务，并使各单位有余利以提高其兴味。各机关学校等单位组织生产委员会。三、总的生产运动委员会，以林伯渠为主任，李富春为副主任。四、生产运动的意义，是在长期抗战

〔1〕 周扬，当时任中共中央文化工作委员会委员、陕甘宁边区政府教育厅厅长。

〔2〕 李六如、和培元，当时分别任毛泽东办公室秘书长、秘书。

中实行自给自足等。在听取关于东北抗日联军的报告后，毛泽东发言指出：东北义勇军抗战最久，有七年的历史，现在虽只有一万人，但成为很好的基础。现在的问题是使中央同东北抗日联军建立联系，首先派交通员并设法派电台去。东北抗日联军，如果有好的领导，在有山村及反对民族敌人等条件下有发展的可能，否则也有削弱的可能。

1月27日 关于驳斥国民党诬蔑新四军作战不力的谰言，和王稼祥致电周子昆、赖传珠〔1〕、袁国平，指出："你们应将新四军一年余作战经过、胜利及艰苦奋斗的材料，整理电告重庆及此间，以便发表，并痛驳四军作战不力之说。"本日，又同王稼祥致电周恩来、秦邦宪、何凯丰、董必武，指出：国民党对新四军的诬蔑，"这是对新四军之可能的新的压迫之准备，望将新四军作战经过及胜利材料广为公布，并痛斥新四军游击不得力之说"。

1月28日 在八路军延安总兵站检查工作会议总结时发表讲话，指出：检查工作会议是一种领导方法，是最具体地学习领导方法。通过检查工作会议，团结了干部，发扬了优点，克服了缺点。在讲到学习问题时说：有了学问，好比站在山上，可以看到很远很多东西。没有学问，如在暗沟里走路，摸索不着，那会苦煞人。学习的方法是"挤"和"钻"。

2月1日 出席中共中央书记处会议。会上，林伯渠希望中央对出席一届三次国民参政会有具体的指示。毛泽东说：关于八路军、新四军与陕甘宁边区问题，我们不能让步，我们必须坚持一定的立场，这一点请林老告知周恩来、秦邦宪、何凯丰等。军事区域，根据现在情况决不能答应向北发展，向华中发展问题不

---

〔1〕 赖传珠，当时任新四军司令部参谋处处长。

放弃，但暂不提。陕甘宁边区至少坚持二十二个县，边区政府主席不许派人来担任。

同日　关于陈伯达写的《墨子哲学思想》一文，致信陈伯达。信中说："《墨子哲学思想》看了，这是你的一大功劳，在中国找出赫拉克利特来了。有几点个别的意见，写在另纸，用供参考"。毛泽东的意见，主要有：事物的"质与属性不可分，但有区别的，一物的某些属性可以除去，而其物不变，由于所以为其物的质尚存"。"说因果性的一段，似乎可以说同时即是必然性与偶然性的关系。'物之所以然'是必然性，这必然性的表现形态则是偶然性。必然性的一切表现形态都是偶然性，都用偶然性表现。"关于中庸问题，"墨家的'欲正权利，恶正权害'、'两而无偏'、'正而不可摇'，与儒家的'执两用中'、'择乎中庸服膺勿失'、'中立不倚'、'至死不变'是一个意思，都是肯定质的安定性，为此质的安定性而作两条战线斗争，反对过与不及。"

2月2日　在延安党政军生产动员大会上讲话〔1〕。他说：今天开生产动员大会，意义是很大的。要继续抗战，就需要动员全中国的人力物力。要发动人力，就要实行民权主义；要动员物力，就要实行民生主义。今天的生产动员大会，也就是实行民生主义的大会。陕甘宁边区有二百万居民，还有四万脱离生产的工作人员，要解决这二百零四万人的穿衣吃饭问题，就要进行生产运动。生产运动还包含一个新的工农商学兵团结起来的意义。这二百零四万人中，有学生、军人、老百姓等，今年都要种田、种

〔1〕毛泽东1942年12月在《经济问题与财政问题》中说，1939年，"我们在干部动员大会上曾经这样提出问题，饿死呢？解散呢？还是自己动手呢？饿死是没有一个人赞成的，解散也是没有一个人赞成的，还是自己动手吧——这就是我们的回答"。

菜、喂猪，这是农；要办工厂，织袜做鞋等，这是工；要办合作社，这是商；全体都要学习，老百姓要开展识字运动，这是学；最后是军，八路军自然是军，学生要受军训，老百姓要组织自卫军。这样，工农商学兵都有了，聚集在每一个人身上，叫作工农商学兵团结起来，也叫作知识与劳动团结起来，消灭了过去劳心与劳力分裂的现象。

同日 为抗大第五期学员杨海泉题词："与民众在一道，一刻也不脱离民众，中国革命就一定能够胜利。"

2月4日 在陕甘宁边区第一届参议会闭幕会上讲话，批评国民党五届五中全会所确定的反共、溶共方针，指出：为国为民的共产党是绝对不应当溶化的，应当溶化的是那些发国难财、吃磨擦饭的顽固分子和其他的坏东西。国民党鼓吹的"一个主义"、"一个党"的谬论应该取消。讲话还指出，对付国民党的"磨擦"，用"人不犯我，我不犯人；人若犯我，我必犯人"的原则。

2月5日 在中共中央党校作题为《反对投降主义》的讲话，指出：要达到抗战必胜、建国必成的目的，中心的任务就是要巩固和扩大抗日民族统一战线。要巩固统一战线，就要进行两条战线的斗争，反对关门主义与投降主义。统一与斗争是统一战线的原则问题，统一是统一战线的第一个的基本的原则；斗争是统一战线的不可缺少的原则，这是不能也不应当忘记的。现在国民党采取防共政策，要从政治上组织上瓦解共产党。我们的原则是：人不犯我，我不犯人；人若犯我，我必犯人。要记取陈独秀投降主义使大革命遭受失败的教训，反对政治上的软弱症，使自己的力量增强起来，才能巩固与扩大抗日民族统一战线，战胜日本帝国主义。

2月6日 鉴于国民党五届五中全会确定反共的方针，中共中央书记处电示南方局："对此次参政会我们应宜采取较冷淡态度，以促蒋及国民党反省”。十二日，毛泽东、陈绍禹致电国民参政会秘书处：“因事不能出席本届参政会，特电请假。”

2月上旬 会见美国合众社记者罗伯特·马丁。毛泽东说：中国需要民主才能坚持抗战，不单需要一个民选的议会，并且需要一个民选的政府。日本现在有骑虎难下之势，准备继续进攻西安等地。抗战第一阶段将结束在西安的失守〔1〕，第二阶段是日军困驻于城镇的时期，第三阶段是驱逐日军出中国的时期。共产党今日的纲领与三民主义没有基本上的冲突，但有不同点。废除私有财产制，是国共两党纲领的基本异点。到中国走上社会主义，如果那时英、美、法等国仍然是资本主义国家，如果这些国家不来打中国的话，那末，中国政府将对外来投资及外人在中国财产给以保障（付以代价）。中共在中国实行的纲领，是根据中国的需要，而不是共产国际对中共的统治。

2月7日 出席延安职工纪念二七罢工十六周年大会，并讲话。讲话的主要内容是：一、中国无产阶级有伟大的斗争历史；二、中国无产阶级有伟大的历史任务，在目前就是抗日救国；三、中国无产阶级有光明的前途——社会主义。

2月8日 出席中共中央书记处会议，会议听取王稼祥关于华北华中磨擦问题的报告。毛泽东发言指出：国民党对我们的磨擦是取消我们已有的力量。现在我们党内许多党员对国共两党的区别存在模糊认识，不懂得我党力量增强才能巩固统一战线。要国民党进步没有斗争是不行的。今天对党内教育，必须注重斗争是不可少的，要教育党员如何团结同盟者及如何与同盟者斗争。

---

〔1〕 毛泽东当时认为：武汉失守后，抗日战争的相持阶段还没有到来，还处于防御阶段与相持阶段之间的过渡时期，日军占领武汉后还会向西安进攻。

毛泽东还提议设立干部教育部，管理各学校的教育方针、教学工作、招生工作等，以张闻天为部长，李维汉为副部长〔1〕。会议决定党的七大延期召开。

2月11日 为冯福新题词："坚定的政治方向，艰苦的工作作风，二者不可缺一。"

2月14日 出席为印度援华医疗队到达延安举行的欢迎晚会。医疗队是受印度国民大会派遣来华的，于二月十二日到达延安。

2月16日 应苏联《真理报》之约，为苏联红军建立二十一周年纪念写《中国军队应当学习苏联红军》一文。文中指出："苏联红军经过二十一年的锻炼，它的陆军、空军，还加上海军，已经成为不可战胜的力量了"。"中国军队有许多长处"，但"至今还保存着许多缺点，重要的是政治素质不完善，新式技术不足，近代化的军事素养不足，尤其是政治工作之不足与缺乏正确方针，这些都是要向苏联红军学习的"。

2月18日 和王稼祥、谭政致电八路军新四军各部等，指出：今后在战斗中俘获的日军俘虏，应尽量释放，多加宣传优待，严禁枪杀及其他侮辱行为，借此降低日军之作战决心而动摇其军心，以利于粉碎敌之进攻。

同日 农历除夕。约原湘赣苏区负责人王首道、张启龙、谭余保到住处谈话，同他们谈过去湘赣苏区的问题。毛泽东说，在六届六中全会上，忘了把张启龙等人的问题讲一下，过去湘赣省委对你们的处分是错误的。凡是过去搞错了杀错了的，都应平反昭雪，恢复名誉，你们提出一个名单来。谈话后，留王首道等一

---

〔1〕 1939年2月17日，中共中央书记处发出关于成立干部教育部的通知，张闻天任部长，李维汉任副部长。

起吃午饭。

2月20日 致信张闻天，对陈伯达写的《孔子的哲学思想》一文提出商榷意见，主要有：一、"'名不正则言不顺，言不顺则事不成……'，作为哲学的整个纲领来说是观念论，伯达的指出是对的；但如果作为哲学的部分，即作为实践论来说则是对的，这和'没有正确理论就没有正确实践'的意思差不多。""孔子的体系是观念论；但作为片面真理则是对的，一切观念论都有其片面真理，孔子也是一样。""又观念论哲学有一个长处，就是强调主观能动性，孔子正是这样，所以能引起人的注意与拥护。机械唯物论不能克服观念论，重要原因之一就在于它忽视主观能动性。我们对孔子的这方面的长处应该说到。"二、关于中庸问题，"伯达的解释是对的，但是不足的。'过犹不及'是两条战线斗争的方法，是重要思想方法之一。一切哲学，一切思想，一切日常生活，都要作两条战线斗争，去肯定事物与概念的相对安定的质。""'过'的即是'左'的东西，'不及'的即是右的东西。"孔子的中庸观念，包含着从量上去找出与确定质而反对"左"右倾的思想。"这个思想的确如伯达所说是孔子的一大发现，一大功绩，是哲学的重要范畴，值得很好地解释一番。"三、关于孔子的道德论，"应给以唯物论的观察，加以更多的批判，以便与国民党的道德观（国民党在这方面最喜引孔子）有原则的区别。""'仁'这个东西在孔子以后几千年来，为观念论的昏乱思想家所利用，闹得一塌糊涂，真是害人不浅。我觉孔子的这类道德范畴，应给以历史的唯物论的批判，将其放在恰当的位置。"

2月中旬 出席中共中央书记处会议，会议听取陈绍禹关于国民党五届五中全会的报告。毛泽东发言指出：现在日本的企图是在政治上拉拢国民党，建立傀儡政府，在军事上截断国际交通。蒋介石所谓抗战到底是只要恢复七七事变以前状态，这实际上是承认割让东北。现在国际上和平阵线尚未形成，民主国家与法西斯谋妥协，这是很大的国际形势变动。会议还听取李富春关于妇委工作的报告，毛泽东说：过去党内一贯忽视妇女工作，主要由于没有一些经常做妇女工作的干部，今后要负责同志经常注意妇女工作。会议决定中央妇委设立常委，建立机关进行工作。

2月25日 出席延安召开的第一次技术人员晚会，并讲话，指出：今天开会，就是说明技术人员在政治上的地位，在政治上的重要性。我们是以政治管理技术，但是没有技术的政治是空的。一些人轻视技术人员和技术工作，一些技术人员自己也轻视自己的工作，都是不正确的。没有技术人员和技术工作，就不能战胜日本帝国主义，也不能建设新中国。

2月28日 出席中共中央书记处会议，作关于目前形势的报告，共讲四个部分。（一）和战问题。我们所了解的战争的长期性，包含了不战不和的情况。目前和战问题上战是主要的，因为日本进攻中国是坚决的。战争的发展是曲线的。日本提出的建立“东亚新秩序”，是一个大帝国主义的幻想。最近江浙资产阶级主和，国民党也有一些人赞成“东亚新秩序”。在和战问题上存在着两面性，但战是主要的。（二）军事问题。日本执行建立“东亚新秩序”的方针，对中国一方面是政治诱降，另一方面是军事进攻，用军事行动来达到政治目的。日本所占领的中国的地区都是军事要点，以压迫中国投降。最近日本扫荡华北，是为肃清共产党的力量，作进攻西北的准备。（三）政治问题——统一战线。在战争条件下中国是一定要进步的，但这种进步是错综曲折的、不平衡的，表现出进步与不进步的两面性。国民党的妥协倾向与磨擦倾向也是错综曲折的，不是直线的。国民党中主张联共同时又防共的占多数，我们要增加左翼，争取中间派。要阻止妥协、磨擦危险倾向的发展，我们的主要方针是争取国民党的大多数，争取中央军，发展八路军、游击队，要我们有力量造成抗战的局面，逼迫蒋介石不得不继续抗战。（四）结论：还是六中全会后的方针，援助蒋介石团结全民族，同时发展自己的力量，防止他们的动摇。只有斗争才能达到抗战到底的目的，妥协反共危险是可能克服与阻止的。我们的口号是打到鸭绿江，收复一切失地。执行巩固华北的方针，现在敌人要巩固华北，我们也要巩固华北，这是一个大的斗争。目前中心任务仍要宣传六中全会，对内加紧教育。

3月2日 为聂荣臻写的《抗日模范根据地晋察冀边区》一书作序言。序言说："晋察冀边区是华北抗战的堡垒，那里实行了坚持抗战的民族主义，那里实行了民主自由的民权主义，那里也开始实行了改良民生的民生主义，总之一句话，那里实行了互相联结不可分离的三民主义。""唤起民众就是要实行民权民生主义，否则无从唤起，尤其是民权主义，真如大旱望云，一刻不可或缓。""聂荣臻同志的这个小册子，有凭有据地述说了该区一年半如何实行三民主义与如何坚持游击战争的经验，不但足以击破汉奸及其应声虫们的胡说，而且足以为各地如何实行三民主义，如何唤起民众以密切配合抗战的模范。"十八日，毛泽东写信给聂荣臻，说："你著的书及送我的一本照片，还有你的信，均收到。这些都是十分宝贵的东西。书准备在延安重庆两处出版（我与王主任〔1〕各作一序），照片正传观各同志。望努力奋斗，加深研究，写出更多的新作品。"

3月4日 出席中共中央书记处会议，会议讨论陕北公学和职工学校的教育方针。毛泽东发言指出：陕北公学是统一战线性质的学校，像过去的上海大学。职工学校同样要有严肃的政治纪

〔1〕 指王稼祥。

律，防止工人中的帮口观念。职工识字少的要进行文化教育。会议决定调陈伯达到毛泽东处工作。

3月6日 关于抗大分校的教育计划问题，和王稼祥、滕代远、罗瑞卿致电朱德、彭德怀、左权、傅钟[1]并告一分校校长何长工、副校长周纯全，指出：原则同意抗大分校应当加强军事教育，以培养初级军事干部为目的的教育计划。同时指出："虽以培养军事干部为目的，但政治教育仍占重要地位，至少亦应与军事教育列于同等地位。""为了教育深入，必须坚持学校教育方法上少而精的传统"。"最好能给学生到部队中去实习的机会"。

3月8日 出席在延安北门外广场举行的三八妇女节纪念大会，并讲话，指出：纪念三八妇女节开大会，就是要妇女结团体，争取妇女的自由与平等。妇女解放与社会解放是密切联系的，要真正求得社会解放，就必须发动广大的妇女参加；同样，要真正求得妇女自身的解放，妇女就一定要参加社会解放的斗争。

3月12日 出席延安纪念马克思、孙中山晚会，并讲话。他说：现在马克思主义与三民主义联系起来，在唤起民众和联合世界上以平等待我之民族以求达到中国之自由平等上基本上是相同的，国共应该很好地团结，长期合作。

3月15日 在凤凰山住处会见印度援华医疗队的爱德华、卓克华、柯棣华、巴苏华、木克华五位大夫。毛泽东首先代表中国人民感谢印度国民大会和印度人民对中国人民的抗日战争所给予的同情和支持；并回顾了具有悠久历史的中印传统友谊，指出这种友谊在目前团结反帝的斗争中达到了新的高峰，医疗队来到

---

〔1〕 傅钟，当时任中共中央军委总政治部副主任、八路军野战政治部主任。

中国，就传布了人民团结反帝的精神。在谈到甘地时，毛泽东表示他不赞成甘地的“非暴力抵抗”思想，并以中国历史为例，强调以革命暴力反对反革命暴力的必要性。谈话后，宾主共进午餐。进餐时，毛泽东说：我们吃的是小米，拿的是步枪，却满怀信心要战胜日本强大的武装。

3月18日 出席在陕北公学大礼堂举行的延安纪念三一八惨案、巴黎公社和慰劳保卫工作人员的晚会，在讲话中指出：我们要消灭敌人，有两种战争：一种是公开的战争，一种是隐蔽的战争。隐蔽的战争有战略的进攻，打入敌人内心；也有战略的防御，保卫自己。要打败敌人，须内外夹攻，所以两者都有同样重要的意义。每个保卫工作人员应认识这一工作的重要性与光荣性。

同日 和王稼祥、谭政、萧劲光致电八路军、新四军各政治机关：“在抗战中，从我们八路军、新四军的干部与战士中涌现出许多民族英雄。表扬这些英雄及其英勇行为，对外宣传与对内教育均有重大意义，各政治机关应注意收集这些英雄的事迹，除在各部队报纸上发表外，择其最重要者电告此间及广播。军政杂志今后专设八路军、新四军抗战英雄一栏，望各级政治部供给材料。”

3月19日 就目前战略部署、生产运动和在职干部学习等问题，复电彭德怀，指出：尽一切可能扩军是很对的。“巩固着重于华北”，“发展则应着重鲁、苏、皖、豫、鄂五省，目前请特别注意鲁省，该省我们已有基础”。“苏北亦应责成鲁南去发展。至于发展皖、豫、鄂三省，特别河南是我们全国长期抗战的枢纽地带，目前虽尚无大发展可能，但应极力准备之。”边区正发展生产运动，以备最困难时能自给自足。“前方注意银行、税收是很对的，但根本之计在生产，请考虑在某些较稳固区域不但发动民众增加生产，而且发动机关、学校、部队（在不妨碍工作、学习及战斗下）亦自己动手从事生产”。在职干部的学习是重要的，在不妨碍工作与战斗前提下应成为运动，中央已设立干部教育部。

3月22日 出席中共中央书记处扩大会议，会议听取张稼夫[1]关于晋西南工作的报告和林伯渠关于一届三次国民参政会的报告。林伯渠说：蒋介石提出的国民精神总动员，不少内容是对付共产党的，企图在理论上与我党斗争。毛泽东的《论新阶段》在上海印了十二万份，共产党的各种书籍在外面销售很快，国民党表示害怕。

3月29日 出席中共中央书记处会议，会议听取李维汉关于鲁迅艺术学院工作的报告。毛泽东发言指出：鲁艺过去培养了一批干部，建立了学校的基础，领导者虽努力，但工作做得不好，主要是中央领导没有抓紧，没有确定正确的方向。现在必须确定明确的方向与制度。鲁艺的创作去年上半年较有朝气，后来差了，有许多非现实的非艺术的作品。

4月1日 关于收集敌占区材料，致电八路军总部等，指出：“关于敌人在占领区的掠夺资财，攫取原料，经营工业，发行纸币，强征壮丁，以充其军实及队伍，其收效的具体程度究竟如何？请收集材料概略电告。并请此后党政军机关尽量注意此项材料，随时供给，以便参考。”

4月5日 出席中共中央书记处会议，会议听取罗瑞卿关于抗大工作检查的报告。毛泽东就几个问题发表了意见：（一）道德教育问题。今后教育要注意人格的教育与人格的陶冶，人格的教育即思想意识的锻炼。（二）新老干部问题。过去在干部中主

---

〔1〕 张稼夫，当时任中共晋西南区委员会宣传部部长。

要反对骄傲自大，这是当时的情形。现在新干部人数多了，要注意教育新干部。新老干部要结合起来，老干部是骨干，有经验，有办法，同时要欢迎新干部，帮助新干部。（三）抗大的工作。过去对于抗大的招生工作没有很好地组织，今后归干部教育部执行。抗大要组建图书馆，进行捐钱捐书。

4月8日 和王稼祥复电朱德、彭德怀：同意规定部队干部的等级，后方已设委员会研究此问题，惟规定每个干部之等级必须慎重估计其斗争历史及职务，否则会引起不满与纠纷。

同日 下午，在抗大检查工作总结大会上作时事报告，指出：现在日本宣言要建立“东亚新秩序”，就是要在亚洲东部建立新的国际关系——独霸东亚，以代替旧的国际关系——门户开放。有些人说日本已经没有力量向中国进攻了，这是不正确的。在目前敌人停顿期间，速胜论又在发展起来。有些人以为这场战争很快会结束，不需要长期合作了，所以又跟共产党多搞磨擦，这对夺取抗战胜利是不利的。必须认清中国现在还处在劣势地位，日本还要继续进攻我们，抗战是长期的，长期抗战需要长期合作。我们全国大多数人民的抗战到底的“底”是在鸭绿江。抗大要有坚定的政治方针，艰苦的工作作风，灵活的战略战术。

4月12日 出席中共中央书记处会议，会议听取刘少奇关于华中工作的报告。毛泽东发言指出：六中全会决议发展华中的方针是正确的，现有两万党员，将近两万军队，这是大的成绩，比华北的发展更大。现在敌人准备大举进攻华北，派大臣及大将到华北部署大的进攻，将来趋势我们经济将更困难，部队也将缩小，地区也将缩小。现在全国共产党与游击战争的主要发展方向是华中。

4月19日 出席中共中央书记处会议，会议听取关于陕西省委工作的报告和关于中央组织部工作的报告。毛泽东发言指出：自长征时组织部工作是重新建立的。过去组织部工作缺乏长期历史的传统，一年多来组织部工作是有成绩的。今后组织部积累经验是重要的，仍要注意过去的经验，使党有一条正确的组织路线。要使延安的工作走向全国性的工作，过去组织部的工作主要是放在延安，现在各部门的工作都在积累全国性的经验，方法是找人来和派人去。

同日 和王稼祥、谭政、吴溉之[1]致电八路军总部、三个师及有关的纵队、军区等，指出：日本特务机关正在华北各地大肆活动，开始打入八路军部队，进行收买并组织叛变。只有大批培养锄奸干部，健全和加强各级锄奸部门的领导，才能对付敌人的阴谋破坏。因此，决定在延安继续开办训练班培养较高级的锄奸干部。电报还对各单位应选送学员的数目与标准作了规定。

同日 《新中华报》刊登毛泽东题词："为消灭文盲而斗争"。

4月21日 中共中央书记处发出关于发展华中武装力量的指示，指出："我在华中之游击战争及武装力量有很大发展前途"，"华中是我党发展武装力量的主要地域，并在战略上华中亦为联系华北华南之枢纽，关系整个抗战前途甚大"。"新四军在江北指挥部应成为华中我武装力量之领导中心，除指挥我原有武装外，更有建立及发展新的队伍之任务"。

4月下旬 写《五四运动》一文。文中说："二十年前的五四运动，表现中国反帝反封建的资产阶级民主革命已经发展到了一个新阶段。"文中首次提出以下论断："革命的或不革命的或反革命的知识分子的最后的分界，看其是否愿意并且实行和工农民众相结合。"这篇文章编入《毛泽东选集》。

---

〔1〕 吴溉之，当时任中共中央军委总政治部锄奸部部长。

4月24日　在抗大生产运动初步总结大会上讲话。他说：抗大同别的机关一样，生产的第一阶段的任务已完成了，这证明中共中央所决定的计划是可以实现的。历史上几千年来做官的不耕田，读书人也不耕田，假使全国党政军学，办党的，做官的，大家干起来，那还不是一个新的中国吗？你们将工农商学兵结合起来了。你们读书叫学，开荒是农，打窑洞做鞋子是工，办合作社是商，你们又是军，你们是工农商学兵结合在一个人身上，文武配合，知识与劳动结合起来，可算是天下第一。最近我写了一篇文章，讲区分革命的、不革命的和反革命的知识分子的标准只有一个，就是看他是不是同工农相结合。我们不但能组织工农，训练工农，并且自己也做工农，这样我们就更加革命化了。

4月26日　出席中共中央书记处会议，会议讨论国民党提出的国民精神总动员问题。毛泽东发言说：要用国民党提出的国民精神总动员在陕甘宁边区发动一个大的运动，反对纷歧错杂的思想与贪生怕死等，说明只要国民党抗日，我们就能服从。中央书记处作出一个提纲，从五月一日到三十日进行边区的大动员，动员反对反共，反对不民主，反对妥协，最重要一点是强调反对反共。利用他们的东西来反对他们，压倒他们。会议决定毛泽东在五月一日延安动员大会上讲话。

4月29日　在延安党的活动分子会议上作关于国民精神总动员问题的报告，指出：中国需要全国总动员，政治的、经济的、军事的、文化的等等，这样才能支持长期抗战。共产党是历来号召全国总动员的，就是要动员一切力量，争取抗战胜利。国民精神总动员的纲领与办法，有它的积极意义，有它的好的方面；同时也有消极意义的方面，这一方面是对付共产党的。我们的任务，是发扬它的积极方面，防止和阻止它的消极方面，使它向正确的方向发展。谁是真正信仰三民主义的，要看他实行不实行三民主义，马克思主义者衡量一切东西的尺子，就是实践。

同日 在中共中央组织部所在地同本日到达延安的邓发、邓小平、萧三[1]相遇，邀他们到自己住处杨家岭共进晚餐。晚餐后同萧三谈话。

5月1日 出席在延安南门外广场举行的延安各界为实行国民精神总动员及纪念五一劳动节大会，发表题为《国民精神总动员的政治方向》的讲话，指出：国民精神总动员，就是要全国人民团结起来，振奋抗战到底的精神，打到鸭绿江边，争取最后胜利。为了争取最后胜利，就要改造全国国民的精神，把一切不好的东西统统去掉，例如自私自利、贪生怕死、贪污腐化、萎靡不振等，提倡和发扬中华民族的艰苦奋斗精神；还要纠正一切不利于抗战的错误思想，例如反国家反民族的汉奸思想、反对抗日民族统一战线的思想等，坚持坚定正确的政治方向。

同日 出席陕甘宁边区工业展览会开幕式，并讲话。他说：现在全国的工作是什么？是打日本，建设新中国，所以叫“抗战建国”。要打倒日本帝国主义，必须有政治、军事、经济、文化各方面的新的建设。陕甘宁边区的政治建设、军事建设、经济建设、文化建设都搞得很好。这次工业展览中，有重工业、轻工业，有大工业、小工业，在边区这样困难的条件下做出这些成绩来，是非常有意义的。

5月4日 出席中共中央书记处会议，会议讨论晋西北工作和河北磨擦问题。毛泽东发言指出：我们在河北的根本方针要达到以八路军为主，使八路军力量扩大，主任公署和县政权无论如何不取消。又说：对最近国民党在瓦窑堡的磨擦，我们采取强硬

---

〔1〕 萧三，原新民学会会员，作家。1939年从苏联经新疆回到延安。

态度已取得胜利。现在磨擦的中心区在庆阳，已发生武装冲突，庆阳附近五县我们坚持不让，如果打起来了，我们便提出与国民党谈判。

同日 出席在抗大第五大队坪场举行的延安青年纪念五四运动二十周年大会，作关于青年运动的政治方向的讲话。他说：现在规定五月四日为中国青年节，这是很对的。中国革命现在的目的就是打倒帝国主义和封建主义，建立一个人民民主主义的共和国。中国反帝反封建的资产阶级民主革命，正规地说是从孙中山开始的。孙中山开始的革命，几十年来没有取得胜利的主要原因，是占全国人口百分之九十的工农群众还没有动员起来。在中国革命中，知识分子起了先锋作用、带头作用，但主力军是工农大众，没有工农大众的动员起来和组织起来，中国革命要取得胜利是不可能的。目前的抗日战争是中国革命的最伟大、最活跃、最生动的一个新阶段，这次抗日战争是一定要胜利的。演讲重申，看一个青年是不是革命的，“只有一个标准，这就是看他愿意不愿意、并且实行不实行和广大的工农群众结合在一块”。毛泽东讲演完毕，接受延安青年献旗，旗上书写“新中国的火炬”几个字。这个讲话编入《毛泽东选集》时，题为《青年运动的方向》。

5月5日 在八路军留守兵团军事会议上讲话。他说：这次会议是讨论军事问题，军事要在政治方针指导之下，我就讲讲后方军事工作的政治方针。贯彻六中全会的政治方针，现在是尽一切力量争取相持阶段的到来，在游击战争中发展我们的力量，准备反攻。留守兵团的任务，一方面是准备对日作战，一方面是保卫陕甘宁边区。国民党中的顽固分子，现在对陕甘宁边区确定了一个方针，叫作“四面包围，中间破坏”，就是在边区四周搞军事进攻，在边区内部派奸细搞破坏。保卫边区，主要靠武装力量——留守兵团与保安队。中国的事，历来是有枪为大。我们要干革命，没有枪是不行的，只有民众运动没有枪，就要垮台。我们巩固陕甘宁边区，有一个方针、两条原则，一个方针就是“一步不让”，两条原则就是“人不犯我，我不犯人”和“人若犯我，我必犯人”。讲话谴责最近国民党顽固派在瓦窑堡、陇东、旬邑等地制造磨擦，指出这次会议对磨擦问题要深刻地讨论清楚，这是一个大问题。

同日 傍晚，到鲁迅艺术学院访萧三，谈文学问题。毛泽东说：《聊斋志异》是封建主义的一种温情主义，作者蒲松龄反对强迫婚姻，主张自由恋爱，反对贪官污吏，但是不反对一夫多妻，他的这种主张在封建社会不能明讲，乃借鬼狐说教。《聊斋志异》其实是一部社会小说。鲁迅把它归入“怪异小说”，是他在接受马克思主义以前的看法，是不正确的。谈话后，同萧三一起去中共中央组织部大礼堂参加纪念马克思诞辰和马列学院成立一周年的晚会。

5月10日 出席在中共中央组织部大礼堂举行的鲁迅艺术学院成立一周年纪念大会，并讲话。毛泽东还为鲁艺成立一周年题词：“抗日的现实主义，革命的浪漫主义。”

5月11日 出席中共中央书记处会议，会议听取和讨论王世英〔1〕关于山西阎锡山部情况的报告。王世英说阎锡山最近召开的晋绥军政民高级干部会议（即秋林会议）基本上是右倾的，阎的报告中批评军队的政治工作，撤换进步分子等。毛泽东发言指出：阎锡山态度的变化，除整个磨擦趋势增大外，还有日本的挑拨离间，山西旧派的不满，国民党中央的压力等。我们对阎锡山仍应有条件地拥护，可以对他进行必要的批评。会议还决定鲁迅艺术学院改为鲁迅艺术文学院，文学系扩大招生。

---

〔1〕 王世英，当时任八路军驻山西办事处处长。

同日 出席冼星海指挥演出的《黄河大合唱》音乐会。《黄河大合唱》由光未然作词，冼星海作曲。冼星海在当天的日记中写道：“今天是个空前的音乐会，毛主席还叫三声好。”

5月12日 傍晚，萧三如约来访。毛泽东同他谈鲁迅艺术文学院的工作，并告昨天中共中央开会决定他在鲁艺做编辑部的工作。萧三将自己写的一个诗本（手抄本）留下请毛泽东看。

5月17日 出席中共中央书记处会议，会议听取和讨论张闻天关于中央宣传部工作的报告。毛泽东发言指出：中央专门讨论各部门的工作是重要的，今后要两三个月讨论一次。党的大政方针要由宣传部组织具体的宣传工作，宣传部要注意宣传工作的组织与领导，要有领导的艺术。要注意全国各地的刊物，经常收集材料。要注意组织地方党组织的对外宣传，要指示各地方党组织首先建立对外宣传机关，这甚至比建立党部还重要。还要注意国民教育的方针和方法，现在国民教育的方针是民主主义的。过去中央苏区国民教育方针是共产主义的，文艺政策是共产主义的，都不对。王稼祥在会上提出，现在国民党有许多怪论，我们应当答复。会议决定要注意回答国民党宣传中提出的问题，由毛泽东撰文答复坚持抗战三阶段问题、主流与逆流问题。

5月20日 在中共中央干部教育部召开的学习运动动员大会上讲话。他说：我们党根据历来的经验和目前的环境，在最近发起了两个运动，一个是生产运动，一个是学习运动，这两个运动都有普遍的和永久的意义。六中全会关于学习问题的决议，是非常重要的。共产党要领导几千万几万万人的革命，假使没有学问，是不成的。学习的方法是“挤”和“钻”，工作忙就要挤时间，看不懂就要钻进去。中国本来把读书就叫攻书，读不懂的东西要当仇人一样攻之。在延安已经组织有哲学小组、读书小组等，已经见了功效。我们这个干部教育制度很好，是一个新发明的大学制度，是一所无期大学。自古以来真正有学问的人，都不是从学堂里学来的。进学校只是进一个门，要求得更进一步的学问，一定要在学校外边学习，要长期研究。学习的最大敌人是不学到底，懂一点就满足了，满足是学习的最大顽敌。大家都要学到底，把全党办成一个大学校。

5月24日 致信印度国民大会领袖尼赫鲁，感谢印度人民和印度国民大会给予的医疗和物质援助，并告知印度医疗队已经在此开始工作，受到八路军全体指战员非常热烈的欢迎。七月十一日，尼赫鲁复信毛泽东，说他可能在今年八月或九月来中国作短期勾留，届时希望能和毛泽东见面。

5月25日 本日出版的陕甘宁边区文化协会主办的《文艺突击》新一卷第一期发表毛泽东为战地文化资料展览会的题词手迹："发展抗战文艺，振奋军民，争取最后胜利。"

5月26日 写《抗大三周年纪念》一文，指出："抗大为什么全国闻名、全世界闻名，就是因为它比较其他的军事学校最革命最进步，最能为民族解放与社会解放而斗争"。"一部分人是反对抗大的，就是投降派与顽固派。""投降派顽固派人们之起劲地反对抗大，证明抗大的革命性进步性，增加了抗大的光荣。""抗大的教育方针是：坚定正确的政治方向，艰苦奋斗的工作作风，灵活机动的战略战术。这三者，是造成一个抗日的革命的军人所不可缺一的"。

5月30日 出席西北青年救国会举行的模范青年授奖大会，作题为"永久奋斗"的讲话。他说：中国青年运动有很好的革命传统，这就是"永久的奋斗"，模范青年应是永久奋斗的模范。讲话后他给模范青年授奖章。

5月31日 出席中共中央书记处会议，会议讨论共产国际的指示。指示指出，现在有新的慕尼黑协定和国民党反共投降的主要危险，国民党反共就是投降的准备。毛泽东发言指出，国民党的借口很多，我们为了保卫自己的力量不要怕国民党的借口，我们无论如何要坚持自卫的原则。

6月1日 出席在延安南门外体育场举行的抗大成立三周年纪念大会，作关于抗大的政治方针的讲话，指出：三年来，抗大造就了很多的抗日干部，在前线打日本有很大的功劳。抗大的目的，就是要打倒日本帝国主义。反对投降，抗战到底，这就是抗大的政治方针。大会向中共中央和毛泽东等献旗致敬。

同日 为英国援华委员会举行“中国周”写《中英两国人民站在一条战线上！》一文。文章向在国际反侵略阵线中和我们站在一起的英国人民表示感谢并致热烈的敬礼。指出英国人民抑制远东强盗并且同时援助中国的最有效的办法，是对他们的政府施以断然的压力，要它立即实施对日制裁。

同日 本日出版的《中国妇女》创刊号刊载毛泽东的题词：“妇女解放，突起异军，两万万众，奋发为雄。男女并驾，如日方东，以此制敌，何敌不倾？到之之法，艰苦斗争，世无难事，有志竟成。有妇人焉，如旱望云，此编之作，伫看风行。”

6月7日 出席中共中央书记处会议，会议讨论河防问题。萧劲光报告说，日军约一个师团以上的兵力于六月六日进攻山西西部黄河渡口军渡，有进攻陕甘宁边区的可能。毛泽东发言指出：蒋介石有借口对付日军而占领陕甘宁边区的企图。河防必须坚守。对国民党的态度，须准备在对方态度急转直下时我们的应付，在某些方面可采用较温和的态度。庆阳方面必须守住，那是我们的生命线。延安应召开干部会议，延安机关学校实行必要的军事布置。

6月8日 出席中共中央书记处会议，在会上介绍准备在延安党的高级干部会议上作报告的内容。会议同意毛泽东报告的内容。

6月10日 在延安党的高级干部会议上作反对投降问题的报告，报告讲三个问题。（一）目前形势的特点。“目前形势的特点在于：国民党投降的可能已经成为最大的危险，而其反共活动则是准备投降的步骤。”“目前的这种形势，是由于三方面因素造成的，即是：（甲）日本的诱降政策；（乙）国际的压力；（丙）中国地主资产阶级的动摇。”“三种原因中以中国地主资产阶级的动摇为主要原因”。（二）抗战的前途。“抗战是一定要坚持下去的，抗日民族统一战线与国共合作，是一定要使之巩固发展的”。国民党存在投降与继续抗战的两种可能性，无论是哪一种可能性，中国革命都是长期的曲折的。“我们从来也没有设想过抗战应该是速胜论、直线论（一字论），而历来主张长期论与曲线论（之字论）”。正如六中全会指出的，相持阶段必是“更加困难，同时更加进步”的阶段。（三）当前的任务。要从坏的可能性作准备，“全党努力从思想上组织上准备自己，并准备舆论，准备群众，随时可以对付事变——各种意料之外的袭击，各种大小事变。”要吸取一九二七年大革命失败的教训，“那时，精神上没有准备，是失败的主要原因”。“不论何种情况，党的基本任务是巩固扩大抗日民族统一战线，坚持国共合作与三民主义”。“积极帮助蒋与督促蒋向好一边走，仍然是我们的方针。”国民党五中全会后，在河北、山东，特别是在陕甘宁边区所进行的磨擦，是必须给以坚决抵抗的，但必须严格站在自卫立场上，绝不能过此限度。“统一不忘斗争，斗争不忘统一，二者不可偏废，但以统一为主，‘磨而不裂’。”高级干部会议对这个报告进行了讨论。

6月13日 在延安党的高级干部会议上作结论，指出：日本帝国主义正在组织两支新的战略同盟军，一支是国际投降主义者，一支是中国投降主义者，前者用以包围中国外部，后者用以迂回中国内部。我们的努力方向，就是要动员国际的国内的反投降势力，打退这两支敌人的同盟军。目前要极力争取的，用党的全力去争取的，是克服投降可能，争取多数抗日，拥护并帮助并监督并批评国民党与蒋介石，使之能够从反汪精卫斗争中从今后发展中克服投降倾向，这是目前的中心任务。因此，应强调团结，强调统一，强调国共长期合作，而不是强调其他东西。要加强群众运动，只有正确地开展阶级斗争，以与统一战线相配合，才能克服投降，单有统一而无斗争是非常危险的。群众是我们的最后依靠，也是抗战的最后依靠。

6月14日 出席中共中央书记处会议，会议讨论党的第七次全国代表大会和华北问题。

6月17日 写信给萧三："（一）大作[1]看了，感觉在战斗，现在需要战斗的作品，现在的生活也全部是战斗，盼望你更多作些。（二）高尔基晚会如无故障当来参加，惟这几天较忙一些。（三）马，待查问一下看，这事倒不很容易。如你在边区范围内行动，那我可以拿我的马给你用一下；如往外边，就得另想法了。"

6月24日 和王稼祥、谭政、吴溉之对八路军新四军各部发出关于锄奸工作的训令，指出："在目前形势下敌探奸细与反共分子对我军的破坏工作一定积极化，并且他们可能相互结合。因此锄奸工作的重要性大为增加，我们必须用新的注意力对付新的阴谋破坏，从认识上、组织上以至技术上，改变到适合新的情况，这是当前锄奸工作的总方向。"

6月30日 为纪念抗战两周年写《当前时局的最大危机》一文。在文章的开头，毛泽东写道："我手边收集了不少材料，

---

〔1〕 指萧三1939年5月12日交给毛泽东看的那个手抄诗本。

撰写一篇纪念抗战两周年的论文，借以答复自《论持久战》和《论新阶段》出版以来从某些方面发出的责难、挑战和质疑，名之曰《再论持久战》。这里只能简略地说一说当前时局的危机问题。”文章指出：半年以来，“所谓和战问题竟闹得甚嚣尘上，投降的可能就成了当前政治形势中的主要危险；而反共，即分裂国共合作，分裂抗日团结，就成了那班投降派准备投降的首要步骤”。“中华民族的历史任务是团结抗战以求解放”。“反对投降和分裂——这就是全国一切爱国党派、一切爱国同胞的当前紧急任务。”这篇文章编入《毛泽东选集》时，题为《反对投降活动》，并将开头一段话略去。

同日 国民党政府颁布《防制异党活动办法》，限制共产党人和一切进步分子的思想、言论和行动。

7月3日 出席中共中央政治局会议，会议讨论中共中央为纪念抗战两周年对时局宣言和致国民党书等文件。毛泽东发言指出：这些文件指出反共、防共、限共问题。我认为防共、限共是国民党的防御口号，要强调反对内战危险，指出反共危险便是内战。这些文件中，都要强调反对内战。宣言中的文字要简洁些，纲领每条只要一两句话。周恩来发言说，我们要指出支持长期抗战是坚持敌后游击战争，请毛泽东作《再论持久战》，答复如何继续支持抗战的办法。

7月6日 出席中共中央政治局会议。会议继续讨论中共中央为纪念抗战两周年对时局宣言，决定由毛泽东、秦邦宪负责修改，七月七日发出。

7月7日 《中国共产党中央委员会为抗战两周年纪念对时局宣言》发表。宣言指出当前政治形势的重要的特点和可能的趋向，是存在着对日中途妥协与分裂国共合作这两种最大的危险。只有认清这个特点，克服这个趋向，才能使抗战获得胜利而避免悲惨的命运。宣言明确提出："坚持抗战到底——反对中途妥协！""巩固国内团结——反对内部分裂！""力求全国进步——反对向后倒退！"

7月9日 向陕北公学开赴华北抗日前线的同学讲话。他说：送给同学们三个法宝。第一个法宝是统一战线。现在时局的特点是妥协投降分子要闹分裂，我们就以抗战的进步、全国的团结、坚持统一战线来对付。一定要坚持抗日民族统一战线，坚持国共长期合作，凡是可以多留一天的，我们就留他一天，能够争取他半天一夜都是好的，甚至留他吃了早饭再去也是好的。抗日民族统一战线是战略的，又是策略的。从规定革命力量的相当布置计划，决定无产阶级的主要打击方向这一点来说，抗日民族统一战线是战略的，它规定战略任务，调动同盟军。第二个法宝是游击战争。你们不要看轻这"游击战争"四个字，这是我们十八年艰苦奋斗中得来的法宝。斯大林说，武装的革命反对武装的反革命，这是中国革命的特点之一，也是中国革命的优点之一。中国现在的革命，要把日本打出去，没有武装斗争，其他就没有办法。第三个法宝是革命中心的团结。这是指共产党要与共产党的同情者好好地团结起来。没有革命中心的团结，别的法宝就不能使用。

7月12日 在陕甘宁边区县长、区长联席会议讲话，指出：创造边区是你们第一个功劳，现在保卫边区也一样要你们来建立丰功。我们反磨擦的目的在于讲和，为了把统一战线搞得更好，巩固团结，反磨擦是达到讲和的最好办法。边区的县长、区长、乡长，各级政府的工作人员，都要提高文化程度、政治水平和办事能力。我们的口号是：工作！学习！生产！一面工作，一面学习，一面又要生产。

7月20日 出席在延安中央大礼堂举行的中国女子大学开

学典礼，并讲话。他说：创办中国女子大学，是革命的需要，目前抗战的需要，妇女自求解放的需要。女大叫我题字，我就写了下面几个字："全国妇女起来之日，就是抗战胜利之时"。只有全国妇女都起来了，革命才能得到成功。

7月24日 日本外相有田八郎与英国驻日大使克莱琪在东京签订协定，称《有田—克莱琪协定》。协定的主要内容是：英国承认日本在中国进行大规模战争时，日军有权"铲除任何妨碍日军或有利于敌人之行为和因素"，"英国政府无意赞助有碍于日军达成上述目的之任何行为"。这一协定是英国牺牲中国主权与日本妥协的产物，是"东方慕尼黑"阴谋的重要组成部分。

7月29日 中共中央书记处发出《关于反对东方慕尼黑阴谋的指示》，指出：在英日谈判中英国对日本已作了重大的原则的让步，造成"东方慕尼黑"的可能的严重局势。党必须用最大的力量，推动各方共同起来，在舆论上行动上反对任何形式的"东方慕尼黑"阴谋。

7月 为受国联防疫团派遣在延安作防疫工作的蒋灿题词："精神一到，何事不成。抗日战争中，人人努力，个个奋进，打上十年八年，没有不能胜利的道理。"

8月1日 出席在延安南门外体育场举行的延安各界人士追悼平江惨案〔1〕死难烈士大会，发表题为《用国法制裁反动分子》的演说。演说谴责中国反动派杀害新四军平江通讯处负责人涂正坤、罗梓铭等，指出："杀抗日的人，这是什么意思？这就是说：中国的反动派执行了日本帝国主义和汪精卫的命令，准备投降"。

---

〔1〕 1939年6月12日，根据蒋介石的秘密命令，国民党军第九战区第27集团军派兵包围新四军驻湖南平江嘉义镇的通讯处，惨杀新四军上校参议涂正坤、八路军少校副官罗梓铭等6人，称为"平江惨案"。

还指出："中国应该统一，不统一就不能胜利"。但是什么叫统一呢？"第一个，统一于抗战"；"第二个，统一于团结"；"第三个，统一于进步"。"现在国内流行一种秘密办法，叫做什么《限制异党活动办法》〔1〕，其内容全部是反动的，是帮助日本帝国主义的，是不利于抗战，不利于团结，不利于进步的。"演说强烈要求严惩制造平江惨案的反动派，取消反动的《防制异党活动办法》。这个演说编入《毛泽东选集》时，题为《必须制裁反动派》。

8月2日 出席中共中央政治局会议，会议讨论对一届四次国民参政会的态度问题。毛泽东发言指出：对此次参政会采取积极方针是对的，因为现在是处在和战问题的重要关头。对上次参政会采取消极态度也是必要的。参加国民参政会的目的，在于暴露坏分子的阴谋，暴露汪精卫派等的阴谋。要注意反对暗藏的汪精卫派及准备投降的某些银行家及军人派，使国民党政府抗战的基础转到中产阶级方面来继续抗战，现在有分化大资本家的可能。对党派问题及团结问题，我认为在国民参政会上要提出来，不提出反易于处于防御地位。保障民权、保证团结、保证在敌后的发展、保障财政问题、反对投降分子等提案都是必要的。会议还讨论对英外交政策问题，决定反对英日共同声明〔2〕，反对张伯伦的妥协政策。

8月4日—15日 在这期间出席四日、六日、九日、十日、十一日、十三日、十四日、十五日召开的中共中央政治局会议，会议连续听取周恩来作长篇报告。报告以近一年来的材料，特别是中共六届六中全会以后的材料，阐述了抗战两年的总结、目前

---

〔1〕《限制异党活动办法》，即《防制异党活动办法》。

〔2〕指《有田—克莱琪协定》。

时局的关键、统一战线诸问题等。

8月13日 出席陕甘宁边区学生救国联合会第一次代表大会，并讲话。讲话强调民主的重要性，指出没有民主要打倒日本帝国主义取得最后胜利是不可能的。

8月16日 出席中共中央政治局会议，会议讨论党的第七次全国代表大会、党的工作路线、陕甘宁边区等问题。会议决定七大代表一九四〇年一月十五日到达延安，由毛泽东在七大作政治报告，周恩来作副报告（统一战线工作）。关于党的工作路线，毛泽东说，以浙江、广东、四川等省为好，原来的老苏区等区域党的工作路线转变较差，必须彻底转变。

8月18日、19日 出席中共中央政治局会议，会议听取秦邦宪关于南方党的工作报告。

8月21日、22日 出席中共中央政治局会议，会议听取张鼎丞〔1〕关于新四军与东南党的工作报告。

8月21日 和王稼祥致电朱德、彭德怀、杨尚昆，指出：王震〔2〕旅以调两个充实团到陕北为宜，其余可后调。一二〇师师部暂在平西，准备将来必要时转移到晋西北。

8月22日 和张闻天、王稼祥、刘少奇致电彭德怀、贺龙、程子华〔3〕、杨尚昆等，指示对阎锡山企图取消或改变山西战委会所应采取之对策。

8月23日 苏德签订互不侵犯条约。

8月23日、24日 出席中共中央政治局会议，会议讨论周

---

〔1〕 张鼎丞，当时任新四军第2支队司令员。1939年6月到延安，入中央党校学习。

〔2〕 王震，当时任八路军第120师第359旅旅长兼政治委员。

〔3〕 程子华，当时任八路军第3纵队政治委员兼冀中军区政治委员。

恩来的报告和秦邦宪的报告。毛泽东在二十四日会议上发言，指出：一、南方工作，是广大的地方工作与统战工作，工作做得好，各省工作有成绩，这是在周恩来领导下取得的成绩。南方工作的弱点是：党不巩固，群众运动不深入，统一战线中没有中层阶级更大的发展。二、孙中山的三民主义是小资产阶级性的三民主义，资产阶级民主革命阶段主要政纲与我党相同，但整个革命全部政纲与我党纲领则不相同。中国共产党对三民主义的态度，一是理论上承认它，承认三民主义为中国今日之必需，是抗日统一战线的政治基础。二是实践上实行它，八路军、新四军、边区和党的工作，都是执行三民主义这一共同纲领。要公开号召、宣传解释三民主义，否则不能扶持左派与争取群众。一切策略的出发点不要脱离国民党的大多数。三民主义本身不能发展到社会主义，叶青〔1〕的三民主义和平转变论是错误的。是否要公开宣传三民主义与共产主义的相同点和不同点，我认为是必要的。在国民党退步、妨碍统一战线开展时的危险，是怕反磨擦破坏统一战线，不知道反磨擦的必要，忘记了区别性；在磨擦到尖锐时的危险，可能最容易忘记同一性，忘记三民主义与统战策略。

8月26日 写信给在苏联学习的儿子毛岸英、毛岸青。信中说："你们近来好否？有进步否？""我还好，也看了一点书，但不多，心里觉得很不满足，不如你们是专门学习的时候。""为你们及所有小同志，托林伯渠老同志买了一批书，寄给你们，不知收到否？"

8月27日 致电已到重庆对中国进行访问的尼赫鲁，邀请

---

〔1〕 叶青，原名任卓宣，1920年赴法勤工俭学。旅欧期间，加入中国共产党。1927年大革命失败后叛变革命。1938年参加国民党，长期从事反共理论宣传活动。

他到延安访问，并感谢印度国民大会派遣的援华医疗队对八路军的援助。后因第二次世界大战全面爆发，尼赫鲁于九月五日提前回国，未能到延安访问。他九月二日曾复电毛泽东，对不能访问延安表示遗憾，并向毛泽东和英勇的八路军致敬。

8月29日 在陕甘宁边区小学教员暑期训练班毕业典礼上讲话，指出：目前全中华民族的任务是，第一要坚持抗战，反对投降；第二要坚持团结，反对分裂；第三要坚持进步，反对倒退。抗战教育在抗战中占着一个重要的地位。抗战教育，一是办学校，办小学、中学、大学；二是社会教育，设立夜校，推行识字运动等。教员应当在工作中学习，应当向学生学习，向老百姓学习。在抗战教育中，知行合一是一件大事。陶行知〔1〕主张知行合一，提倡生活教育，把教的、学的、做的统一起来，这在马克思主义说来，就是理论与实践的统一。现在我们的教科书中还缺少一部分，就是生活教育。

8月31日 出席中共中央政治局会议，会议讨论《苏德互不侵犯条约》签订后的国际形势。会议决定最近召集两次干部大会，由毛泽东报告《苏德互不侵犯条约》与国际形势。

9月1日 关于目前国际形势和中国抗战问题，对《新华日报》记者发表谈话，指出：《苏德互不侵犯条约》的签订，“打破了张伯伦、达拉第〔2〕等国际反动资产阶级挑动苏德战争的阴谋，打破了德意日反共集团对于苏联的包围”。英、法的反动资产阶级对德、意、日法西斯的侵略奉行所谓“不干涉”政策，目的在

〔1〕 陶行知，教育家、爱国民主人士。

〔2〕 张伯伦，英国保守党领袖，当时任英国首相。达拉第，法国激进社会党领袖，当时任法国政府总理。在任期内，他们推行纵容德、意、日法西斯发动侵略战争的绥靖政策。

于企图从中取利。“张伯伦以损人的目的开始，以害己的结果告终。这将是一切反动政策的发展规律。”“日本对中国正面大规模军事进攻的可能性，或者不很大了；但是，它将更厉害地进行其‘以华制华’的政治进攻和‘以战养战’的经济侵略，而在其占领地则将继续疯狂的军事‘扫荡’；并想经过英国压迫中国投降。”中国抗战的战略相持阶段已经到来，“从现时起，全国应以‘准备反攻’为抗战的总任务。”这个谈话编入《毛泽东选集》时，题为《关于国际新形势对新华日报记者的谈话》。

同日 德军向波兰发动进攻。九月三日，英、法对德宣战，第二次世界大战全面爆发。

9月7日 《新华日报》发表毛泽东写的社论，题为《国际新形势与我国抗战》。社论指出：早已开始的第二次帝国主义战争的范围，现在是更加扩大了。帝国主义战争扩大这一新的国际形势，可能对中国抗战产生有利的和不利的影响。“然而，最主要的，是中国本身的问题。只要我们能始终坚持抗战到底国策，坚持内部团结，尤其是国共合作的方针，坚持力争全国进步的方针，那末，在有利的国际形势下，我们可以缩短时间，减少牺牲，而取得抗战的胜利，就是在更困难的形势下，我们同样可以而且一定能够克服一时困难，进而取得抗战的胜利。”

9月8日 出席中共中央政治局会议，会议讨论德波战争爆发后的国际形势。会议决定由毛泽东在干部大会上对这个问题作一次报告。

同日 和陈绍禹、秦邦宪、林伯渠、吴玉章、董必武、邓颖超发出《对于过去参政会工作和目前时局的意见》，指出：一年来，国民参政会已集会三次，对抗战建国的各种问题曾有提案三百余件。“值得惋惜的是，政府对参政会之决议，绝大多数尚不能确切与有效地见诸实施，以致减少了参政会工作应有之成效，同时也就不能满足全国同胞对参政会之急切希望。”在目前急剧变化的国内外形势下，全中国人民的严重任务，就是“坚持抗战到底国策，反对中途妥协危险，力求全国团结加强，反对各种分裂阴谋，力求全国向前进步，反对一切反动倒退现象”。

9月10日 到陕甘宁边区政府招待处拜访昨日率全国慰劳总会北路慰劳团到达延安的南北总团长张继〔1〕、北路团长贺衷寒〔2〕等，并设宴招待。随后，又陪同到中央大礼堂出席延安各界举行的欢迎会，并致欢迎词。

9月12日 和陈绍禹、秦邦宪、林伯渠、吴玉章、董必武、邓颖超致函为反对汪精卫派汉奸而举行罢工的香港工人，向他们表示慰问，并捐款三百五十元。

9月14日 在延安干部大会上作关于第二次帝国主义战争的讲演，指出：从英、法等帝国主义国家参加战争的现在开始，第二次帝国主义战争进入第二阶段，即已是帝国主义的世界大战。一切直接间接参加战争的帝国主义国家，不论是德、意、日，不论是英、美、法，都是为了重新瓜分殖民地半殖民地和势力范围，为了掠夺世界人民。所以，第二次帝国主义战争是非正义的掠夺的战争。第二次帝国主义世界大战是持久的战争，其规模将比第一次世界大战大得多。社会主义国家苏联将在这个战争中起维护人类利益、干涉帝国主义的伟大作用。中国、苏联、各国人民解放运动、各国民族解放运动，应该组成坚固的革命的统一战线，用以对抗反革命的统一战线。世界的前途是光明的，中

---

〔1〕张继，国民党元老。当时任国民党中央监察委员兼党史史料编纂委员会主任委员、国民政府委员。

〔2〕贺衷寒，当时任国民党中央执行委员、国民党政府军事委员会政治部秘书长。

国的前途也是光明的，一个自由独立的新中国将会出现。

9月16日 会见随北路慰劳团来延安的中央社记者刘尊棋、《扫荡报》记者耿坚白和《新民报》记者张西洛，回答了他们提出的问题。谈话的内容，主要是三个方面。（一）抗战的相持阶段是否已经到来。毛泽东说："我以为，相持阶段是有条件地到来了。就是说，在国际新形势之下，在日本更加困难和中国绝不妥协的条件之下，可以说已经到来了。""至于新阶段的具体内容，就是准备反攻，一切都可以包括在这一概念之中。"（二）关于磨擦问题。毛泽东说：我们已向蒋介石和国民政府提出，"要求取消那个秘密流行成为各地磨擦根源的所谓《限制异党活动办法》"。"现在汪精卫有三个口号：反蒋、反共、亲日。"我们的口号一定要与汪精卫的口号对立起来，而绝不能混同。共产党不是国民党的敌人，国民党也不是共产党的敌人，不应该互相反对，互相限制，而应该互相团结，互相协助。（三）国共两党是否有分裂的可能。毛泽东说："如果只说到可能性的话，那末，团结和分裂两种可能性都有"。"我们不但希望长期合作，而且努力争取这种合作"。"但是要给长期合作找到政治保证，分裂的可能性才能彻底避免，这就是坚持抗战到底和实行民主政治。"这个谈话编入《毛泽东选集》时，题为《和中央社、扫荡报、新民报三记者的谈话》。

9月18日 出席在中央大礼堂举行的延安各机关、学校、团体纪念"九一八"八周年大会，并讲话。他说："九一八"到今天已有八年了，卢沟桥抗战也打了两年了，可是，现在中国还是在两条道路上徘徊着：一条是妥协、投降、分裂、倒退的道路，这就是亡国的道路；一条是坚持抗战、反对投降，坚持团结、反对分裂，坚持进步、反对倒退的道路，这就是复兴的道路。我们的口号只有一个，就是"打到鸭绿江边，收复一切失地”。

9月22日 出席延安文化界、青年团体、各报纸杂志社同北路慰劳团等举行的座谈会，并讲话。

9月24日 会见再次访问延安的美国记者斯诺，回答他提出的问题。关于陕甘宁边区问题，毛泽东指出：陕甘宁边区，这是在一九三六年西安事变时以及一九三七年的春天和夏天，蒋介石几次当着共产党代表周恩来的面亲口承认了的。一九三七年的冬天又经国民党政府行政院会议正式通过，到现在还没有发表。关于抗日与民主问题，毛泽东指出：现在的中国，是一个不民主的国家。自抗战开始以来，国民党政府在民主民生政策方面，至今还没有什么变化。抗日而没有民主，是不能胜利的，抗日与民主是一件事的两方面。关于国民党政府的阶级基础问题，毛泽东指出：现在的国民党政府，主要的还是地主与资本家的代表。作为抗战的政府，它的基础主要地应该放在、也将不得不放在中等阶级与广大的农民之上。关于中国革命问题，毛泽东指出：中国革命有两篇文章，上篇和下篇。无产阶级同资产阶级一道进行民族民主革命，这是上篇；无产阶级领导农民进行社会主义革命，这是下篇。关于欧洲战争对日本等国的影响问题，毛泽东指出：日本要利用欧战来达到他的两个目的，即灭亡中国与进攻南洋。日本想在世界大战中发一笔大横财。罗斯福〔1〕也想在世界大战中发一笔大财，他想在资本主义世界中争取领导权。

9月25日 在陕甘宁边区机关、学校、部队秋收动员大会上讲话，指出：今年四万人生产了三万担粮食，自己解决了一年所需的一半，这不是小事。这次生产运动证明了什么呢？第一，思想是可以变成物质的。一种思想，只要是有根据的，是符合事

〔1〕罗斯福，当时任美国总统。

实的，具备了一定的条件，就可以变成物质。第二，看不起劳动是不对的。世界上最有学问的人第一是工人农民，“万般皆下品，唯有读书高”的观点是不对的，应当改为“万般皆下品，唯有劳动高”。第三，团结可以战胜一切。消灭坏事物，靠人民的团结；发展好事物，也靠人民的团结。

9月28日 应中苏文化协会之约，为纪念苏联十月社会主义革命二十二周年，写《苏联利益和人类利益的一致》一文。文章批驳了认为这次世界大战的爆发是由于苏联不同英、法订立互助条约而同德国订立互不侵犯条约所促成的，以及苏联红军似乎即将参加德国帝国主义的战线等说法。这篇文章编入《毛泽东选集》。

9月下旬 设宴欢迎国民党军骑兵第二军军长何柱国、美国记者斯诺和苏联朋友等。宴会后，陪同他们出席延安各界在中央大礼堂举行的欢迎晚会。在欢迎晚会上发表讲话，说：今天开这样盛大的晚会，热烈欢迎中国的、外国的许多朋友和来宾。国内的团结，再加上国际的团结，日本帝国主义一定会打倒的。

9月 为陕北国民党辖区绥德、榆林一带发生旱灾，捐款一万元，赈济灾民。

同月 为筹建中的陕甘宁边区医院图书馆捐款一百元。

10月1日 为延安时事问题研究会编辑、解放社即将出版的时事问题丛书第二集《日本帝国主义在中国沦陷区》一书，写题为《研究沦陷区》的序言。序言指出：中国沦陷区问题，“成了抗战第二阶段——敌我相持阶段的极端严重的问题”。“敌我相持阶段，在敌人，是确保占领地并准备进一步灭亡全中国的阶段；在中国，是确保未失地并准备收复沦陷区的阶段”。对于“在沦陷区中敌人干了些什么并将要怎样干这个问题方面，抗战干部中没有研究或没有系统研究的，乃是十人而九”。延安组织了一个时事问题研究会，系统地研究时事问题，并着手编辑时事问题丛书，为一切抗战干部们供给材料。“‘瞎子摸鱼’，闭起眼睛瞎说一顿，这种作风，是应该废弃的了。‘没有调查就没有发言权’，或者说，‘研究时事问题须先详细占有材料’，这是科学方法论的起码一点，并不是什么‘狭隘经验论’。”序言最后指出：这一类时事问题丛书，仅仅是材料，是重要的材料。“要解决问题就须要研究，须要从材料中引出结论，这是另外一种工作”。

10月4日 为将于十月二十日创刊的党内刊物《共产党人》写《发刊词》，指出：“统一战线问题，武装斗争问题，党的建设问题，是我们党在中国革命中的三个基本问题。正确地理解了这三个问题及其相互关系，就等于正确地领导了全部中国革命。”“十八年的经验，已使我们懂得：统一战线，武装斗争，党的建设，是中国共产党在中国革命中战胜敌人的三个法宝，三个主要的法宝。”“十八年的经验告诉我们，统一战线和武装斗争，是战胜敌人的两个基本武器。统一战线，是实行武装斗争的统一战线。而党的组织，则是掌握统一战线和武装斗争这两个武器以实行对敌冲锋陷阵的英勇战士。这就是三者的相互关系。”“根据马克思列宁主义的理论和中国革命的实践之统一的理解，集中十八年的经验和当前的新鲜经验传达到全党，使党铁一样地巩固起来，而避免历史上曾经犯过的错误——这就是我们的任务。”这篇发刊词编入《毛泽东选集》。

10月5日 为安吴青训班二周年纪念题词：“带着新鲜血液与朝气加入革命队伍的青年们，无论他们是共产党员或非党员，都是可宝贵的，没有他们，革命队伍就不能发展，革命就不能胜利。但青年同志的自然的缺点是缺乏经验，而革命经验是必要亲身参加革命斗争，最下层工作做起，切实地不带一点虚伪地经过若干年之后，经验就属于没有经验的人们了！”

10月7日　复信国民党政府参军长吕超。信中说：“王右瑜[1]先生到延安，接谈甚快。奉读大示，向往尤深。先生翊赞中枢，功高望重，下风引领，敢不拜嘉。国难当前，团结为第一义，此物此志，当与先生同之也。”

10月10日　起草《中共中央关于目前形势与党的任务的决定》。决定指出：“日本帝国主义在国际新形势下的政策是专力进攻中国，企图解决中国问题，以准备将来扩大其对国际的冒险行动。”“抗日统一战线中的投降危险、分裂危险和倒退危险仍然是当前时局中的最大危险，目前的反共现象和倒退现象仍然是大地主大资产阶级准备投降的步骤。我们的任务，仍然是协同全国一切爱国分子，动员群众，切实执行我党《七七宣言》中‘坚持抗战、反对投降’，‘坚持团结、反对分裂’，‘坚持进步、反对倒退’三大政治口号，以准备反攻力量。”这个决定编入《毛泽东选集》时，题为《目前形势和党的任务》。

10月15日　出席八路军留守兵团、陕甘宁边区保安部队政治工作会议开幕式，并讲话，对今后工作作了指示。

10月17日　和王稼祥复电朱德、彭德怀并告贺龙、关向应：“一二〇师如何部署，由你们依情况决定。两个月前我们谓该师师部将来准备移晋西北，系指国民党反共之时，现未到此时候，故不应来晋西北”。

11月1日　出席中共中央政治局会议。在讨论召开中共陕甘宁边区第二次代表大会问题时，发言指出：陕甘宁边区在日军

---

〔1〕王右瑜，当时任国民党政府参军处参军。1939年9月，担任全国慰劳总会北路慰劳团副团长，与慰劳团一同到达延安，并带来参军处参军长吕超致毛泽东、朱德的信。

进攻的威胁之下，在国民党的四面包围之中，要反对太平观念，要努力做好对内对外的工作，争取全国与国际的援助。要注意发展农业生产。要注意吸收外来的技术干部，发展国营工业。要培养掌握马列主义的干部，边区党委有义务输送一批干部到外面去。凡属对外关系方面的大问题，须经过中央批准。在讨论《中央关于深入群众工作的决定》草案时，发言指出：党有很大的发展，党与群众有好的联系，但党内也有脱离群众的现象。许多共产党员不知道脱离群众是一种罪恶。这个决定必须阐明：一、党要进一步地依靠群众，当前克服投降危险更需要发动群众。二、党在国民党统治区的群众工作，要与国民党左派人士联合，要有步骤并要有长期深远的计划。要以群众工作的好坏作为判断党的工作好坏的主要条件。三、在八路军、新四军活动区域的群众工作，要实行减租减息减税，废除高利贷；群众团体要坚持照顾最大多数及发扬民主的原则；军队的政治委员和政治机关要帮助地方群众工作。四、群众工作是克服投降危险的决定性条件，同时是巩固党的重要条件，经过群众斗争锻炼的党才是巩固的。

同日 和朱德、王稼祥复电陈毅，同意来电提出的对盐务局、电报局及学校等的方针，指出："凡不积极反共之国党、国府、省府人员及地方绅士，均应采取协作政策，望通知部队及地方党实行。"

11月2日 出席中共中央统战部为欢送印度援华医疗队赴八路军抗日前线工作而举行的宴会。在宴会上，毛泽东兴致勃勃地谈起中国古代的许多奇闻轶事。

11月3日 和王稼祥、滕代远复电李井泉、姚喆〔1〕，指出：

---

〔1〕 李井泉、姚喆，当时分别任八路军第120师大青山骑兵支队司令员兼政治委员、参谋长。

“在欧战爆发，波兰亡国，德、英、法等继续战下去和假如中国抗战到底不中途投降的条件下，中国便已进入抗战第二阶段”。“绥东专员已逃，你们应乘机用大力建立当地抗日政权的工作”。

11月5日 给在湖南省立第一师范学校读书时的同学林若虚复信。信中说：“顷接八月一日大示，如见故人！前信未到，非敢慢也。寄奉百元，聊佐薪水，为数甚微，将意而已。尚祈努力奋斗，为乡里启新知，为抗战培实力，不胜祷企。”

11月14日 在中共陕甘宁边区第二次代表大会上讲话，指出：中国缺少两样东西，一是独立，一是民主。而要独立又必须首先要民主，离开民主就不能独立。陕甘宁边区应该成为全国的一个民主的样本。中国多了两样东西，一是帝国主义势力，一是封建势力。现在陕甘宁边区存在着四种矛盾。外部的有两种，一是同日本帝国主义的矛盾，二是同国民党地主资产阶级的矛盾。内部的也有两种，一是资本主义的生长，二是封建残余的存在。这四种矛盾内外相通，以外部为主。

11月中旬 出席中共中央政治局会议，会议听取陈绍禹关于国民参政会一届四次会议的报告。毛泽东发言指出：目前时局可能好，可能坏，现在看好的可能更大，抗战两年后要投降是困难的。国民党还没有下最后决心坚决反共，即所谓“反共好，反不了”。中产阶级活跃起来，现在敢于讲话。在目前时局下，我们的统战工作要有新姿态，提议对统战工作发一指示。要告诉全党克服投降是可能的，不要等待投降的到来。文化界与外界要加强联系，中央文委扩大，由张闻天兼任书记，并出版《中国文化》。最近召开文化界代表大会。提议组织一个招生委员会，大批吸收知识分子。关于宪政问题，我们要研究。

11月22日 出席中共中央政治局会议。会议决定：举行追悼白求恩[1]大会，并由中共中央、八路军和追悼大会向其家属发慰问电。关于宪政问题的指示，照张闻天提出的草案修改通过。吴玉章为鲁迅艺术文学院院长，周扬为副院长。

11月24日 和陈绍禹、林伯渠、吴玉章等发起成立延安各界宪政促进会，本日召开发起人会议，不久将举行成立大会。

同日 和王稼祥、滕代远就日军中将阿部规秀在河北省涞源县黄土岭被八路军击毙一事，致电八路军总部，新四军军部，晋察冀军区，中共驻重庆、西安、桂林办事处，指出："此消息总部应向各方公布，广为宣传。""重庆及各方应在报纸上作文，鼓吹八路军游击战争的威力，粉碎游而不击之诬言。"

11月下旬 出席中共中央政治局会议，会议听取彭德怀关于华北工作的报告。毛泽东发言指出：华北党的工作，在朱德、彭德怀领导下是有成绩的，是我们党的政权的军队的工作基础。华北有六十万党员、二十余万军队，是全党中最大的部分。目前的中心问题是组织中产阶级，因大资产阶级已处于动摇麻痹状态中，联共又反共，联苏又反苏。中产阶级包括一部分资产阶级，如穆藕初[2]等。要组织中产阶级，组织工农民众，组织武装力量和政权，这是我们克服投降危险的内部条件。现在我们要大用知识分子，过去十年内战时期对知识分子的态度是不正确的。扩编军队问题，如蒋介石承认八路军扩编为三个军九个师，我们应争取二十二万人的经费。

12月1日 起草《中共中央关于吸收知识分子的决定》。决定针对党内和军内存在着的不重视知识分子，不愿意大量吸收知

---

〔1〕 白求恩于1939年11月12日在河北省唐县去世。

〔2〕 穆藕初，即穆湘玥，字藕初，纺织实业家。当时任国民党政府行政院农产促进委员会主任委员，致力于抗战增产运动。

识分子的思想，指出："在长期的和残酷的民族解放战争中，在建立新中国的伟大斗争中，共产党必须善于吸收知识分子，才能组织伟大的抗战力量，组织千百万农民群众，发展革命的文化运动和发展革命的统一战线。没有知识分子的参加，革命的胜利是不可能的。""全党同志必须认识，对于知识分子的正确的政策，是革命胜利的重要条件之一。我们党在土地革命时期，许多地方许多军队对于知识分子的不正确态度，今后决不应重复；而无产阶级自己的知识分子的造成，也决不能离开利用社会原有知识分子的帮助。"这个决定编入《毛泽东选集》时，题为《大量吸收知识分子》。

同日　延安各界举行追悼白求恩大会。毛泽东题写的挽词是："学习白求恩同志的国际精神，学习他的牺牲精神、责任心与工作热忱。"

12月3日　阎锡山的晋绥军进攻驻晋西南地区的山西青年抗日决死队第二纵队和八路军第一一五师晋西独立支队，破坏永和、石楼、洪洞、蒲县等县的抗日民主政权和"牺盟会"〔1〕等抗日群众团体，杀害抗日干部和八路军伤病员，制造"十二月事变"（即"晋西事变"）。第一次反共高潮开始。

12月初　约鲁迅艺术文学院戏剧系主任张庚谈话，提出在延安也可以上演一点国民党统治区作家写的作品，比如曹禺的《日出》就可以上演，应当集中延安一些好的演员来排演。

12月5日　出席中共中央政治局会议，会议讨论财政、经济和生产问题。毛泽东发言指出：现在华北的财政经济尚未统一，要做到统一须有统一的组织。中央财经部要成为全国性的组织，要统一收支、计划等。现在要收集材料，准备在七大作一报告。陕甘宁边区必须增加农业税，否则边区不能存在。建议由李

〔1〕　牺盟会，山西省牺牲救国同盟会的简称。

富春作报告，向民众说明这主要是为了保卫边区，为了供给军队与干部的给养，否则不能争取全国的胜利。商业税应规定一定的标准。陕甘宁边区党代会应当开展党内反腐化的斗争。会议通过征收救国公粮的决定。

12月6日 关于晋西事变和中国共产党的方针，和王稼祥致电朱德、左权、彭德怀，八路军晋西独立支队等，指出："晋西南阎〔1〕部新旧两军已发生严重武装冲突，表现着山西旧派投降日寇的表面化，其性质是对抗日的叛变。""反新军反抗日的武装叛变，可能在晋西南、晋西北再扩大化。"我们的方针是："速即通知进步分子，立刻警惕，准备坚决应付事变。对叛军进攻绝不让步，坚决有力地给予还击，并立即由新派提出反对叛军口号，但不要反对阎。""在新军内迅速巩固党的领导，不可靠者断然撤换"。"八路本身严加警戒，以防意外，并应给新军以鼓励、掩护和支持"。"晋西南、晋西北战略地位十分重要，我们绝不能放弃。"

12月9日 和王稼祥致电贺龙、关向应、李井泉等，指出：晋西南新旧军已起武装冲突，晋西北武装冲突亦可能发生。我们意见，李井泉立即离开大青山支队，到晋西北加强政治领导。在晋西北组织军政委员会，统一地方党和军队的领导，由李任主席。

同日 和王稼祥再致电八路军总部、第一二〇师、第一二九师、晋西独立支队等，补充说明对晋西事变的估计和我们的方针。关于对晋西事变的估计，电报指出：阎锡山发动晋西事变，"其目的在向我们示威，取得我们让步，以便他能确实掌握晋西南、晋西北两区，压倒新派与我们力量，以准备实行投降时的比较有利阵地"。但目前阎本人"对实行投降与公开反共，似尚未

〔1〕 阎，指阎锡山。

下最后决心”。“整个说来，现时局是布置投降的时期，未至实行投降的时期。”“晋西南、晋西北两区为华北与西北间之枢纽，必须掌握在抗战派手里，决不能让投降派胜利，否则是很危险的。”关于我们的方针，电报指出：“坚决反击阎之进攻，力争抗战派的胜利。”应利用阎尚未至下最后投降决心时机，应利用旧派内部的矛盾。“估计到新军可能打些败仗，发生叛变，并要准备打些败仗与一部分叛变。”“新军中、政权中、牺盟中的统一与决心第一要紧，一切真正不稳分子，必须开除出去。”

同日 为延安世界语协会题词：“我还是这一句话：如果以世界语为形式，而载之以真正国际主义之道，真正革命之道，那末，世界语是可以学的，是应该学的。”

同日 晚上，出席在中央大礼堂举行的延安纪念一二九运动四周年大会，并发表讲话。毛泽东说：“一二九运动是动员全民族抗战的运动，它准备了抗战的思想，准备了抗战的人心，准备了抗战的干部。”“一二九运动发生在红军北上抗日到达了陕北之时。红军二万五千里长征的胜利帮助了一二九运动，同时，一二九运动也帮助了红军。这两件事的结合，就帮助了全民抗战的发动，帮助了中华民族，增进了全民族的利益。”“一二九运动中共产党起了骨干的作用。没有共产党作骨干，一二九运动是不可能发生的。首先是共产党的八一宣言给了青年学生一个明确的政治方针；其次是红军到了陕北，配合了北方的救亡运动；再次是共产党北方局和上海等地党组织的直接领导。”“如果知识分子跟八路军、新四军、游击队结合起来，就是说，笔杆子跟枪杆子结合起来，那末，事情就好办了。拿破仑说，一支笔可以当得过三千支毛瑟枪。但是，要是没有铁做的毛瑟枪，这个笔杆子也是无用的。你们有了笔杆子，再加一条毛瑟枪，根据拿破仑的说法，那末，你们就有三千零一支毛瑟枪了。有了这，什么帝国主义也不怕，什么顽固分子也不怕。”“总之，一二九运动将成为中国历史上的一个非常重要的纪念。”

12月12日 关于巩固山西决死队第四纵队的方针，和王稼祥复电中共晋西北区委书记赵林，八路军第一二〇师第三五八旅旅长彭绍辉、政治委员罗贵波等，指出：“你们对巩固四纵队的方针是根本妥当的，望坚决执行之”。“如果你们能够不失时机而方法又很恰当又很适宜地去巩固四纵队，则晋西北阵地就基本上巩固了，最好是能避免武装冲突，又能巩固四纵队”。“你们是否经常与雷任民、续范亭〔1〕二人接头。他们办法较多，你们要多同他们商量、讨论。要使雷任民能够直接指挥四纵队，号召四纵队的党员及新派团结在雷任民的周围，没有领导中心是不能胜利的”。

12月13日 出席中共中央政治局会议，会议听取艾思奇关于准备陕甘宁边区文代会报告内容的介绍。艾思奇在介绍中说：新文化的性质是资产阶级民主主义的文化，特殊地说是三民主义的文化，还有无产阶级彻底的民主主义和共产主义的文化。毛泽东发言指出：我认为不提三民主义文化为好，因为三民主义的本质就是民主主义。民主主义有两派，一派是彻底的民主主义，一派是不彻底的民主主义。以提中华民族的新文化为好，即彻底的民主主义文化。马克思主义中国化问题，不能说马克思主义早已中国化了。马克思主义是普遍的东西，中国有特殊情况，不能一下子就完全中国化。边区的教育方针应该是民主主义的，应该宣传当前民主主义的任务，同时又宣传共产主义思想体系。因此，学校也不能只教共产主义思想体系，而忽视当前实际任务。新文化用下面四大口号为好：民族化（包括旧形式），民主化（包括

---

〔1〕 雷任民，当时任山西新军决死队第4纵队司令员兼政治委员。续范亭，当时任山西新军暂编第1师师长。

统一战线），科学化（包括各种科学），大众化（鲁迅提出的口号，我们需要的）。

12月20日 为庆祝斯大林六十诞辰，在《新中华报》发表《斯大林是中国人民的朋友》一文，指出："庆祝斯大林，这不是一件应景的事情。庆祝斯大林，这就是说，拥护他，拥护他的事业，拥护社会主义的胜利，拥护他给人类指示的方向"。"中华民族和中国人民的解放事业，只有社会主义的国家，社会主义的领袖，社会主义的人民，社会主义的思想家、政治家、劳动者，才能真正援助；而我们的事业，没有他们的援助是不能取得最后胜利的。"这篇文章编入《毛泽东选集》。

12月21日 为八路军政治部、卫生部将在一九四〇年出版的《诺尔曼·白求恩纪念册》写《学习白求恩》一文，指出："一个外国人，毫无利己的动机，把中国人民的解放事业当作他自己的事业，这是什么精神？这是国际主义的精神，这是共产主义的精神，每一个中国共产党员都要学习这种精神。""白求恩同志毫不利己专门利人的精神，表现在他对工作的极端的负责任，对同志对人民的极端的热忱。""我们大家要学习他毫无自私自利之心的精神。从这点出发，就可以变为大有利于人民的人。一个人能力有大小，但只要有这点精神，就是一个高尚的人，一个纯粹的人，一个有道德的人，一个脱离了低级趣味的人，一个有益于人民的人。"这篇文章编入《毛泽东选集》时，题为《纪念白求恩》。

同日 晚上，出席中共中央、陕甘宁边区党委、陕甘宁边区政府等联合举行的庆祝斯大林六十诞辰大会，并讲话。他指出：马克思主义的道理千条万绪，归根结底，就是一句话："造反有理"。几千年来总是说，压迫有理，剥削有理，造反无理。自从马克思主义出来，就把这个旧案翻过来了。这是一个大功劳。

12月22日 设宴欢迎途经延安的抗日将领、东北挺进军总司令马占山。宴会后，陪同马占山出席延安各界在中央大礼堂举行的欢迎晚会。在晚会上讲话说：今天开会欢迎始终如一抗战到底的马占山将军。中国古代社会即是欢迎有始有终的人，一直到今天都是这样，半途而废的人不被人所欢迎。抗日是一件大事，要始终如一，抗战到底。现在有些投降派，半途而废，他们是虎头蛇尾。我们要和马将军一道，和全国抗战的人一道，抗战到底。

12月23日 出席中共中央政治局会议，会议讨论反磨擦问题。毛泽东发言指出：陕甘宁边区的武装冲突自今年三月起，七、八、九三个月停顿了，现在又发生武装冲突，并且有中央军参加。陇东、关中对边区关系很大，我们不能让步。现在国民党抓住我们不愿破裂统一战线这一点，准备搞大磨擦，但也不能认为便会是公开的“剿共”战争，国民党怕公开。我们对付的方针是反磨擦，但方法要灵活。现已发出通电号召全国反对磨擦。现在阎锡山表面上未投降，心中已投降，他在打新军便是投降，样子上还未投降，实际上已反共，样子上还没公开反共。我们要利用阎的这种矛盾，在拥阎之下反阎，在这种矛盾之下我们可以取得胜利。新军主要力量在晋东南，旧军主力在晋西南、晋西北。现在新军虽然打了两次胜仗，但局面还很严重，要准备长期斗争。这次的冲突，是新旧两派斗争的生死决斗问题，须严重注意，但不是短期能解决的。国民党自五届六中全会以后以军事反共为主了，与过去以政治反共为主不同。现在国内中产阶级更积极，马占山说投降很困难，中国没有武装民众不能决定问题。现在，我们要提倡坚持性顽强性。我们对陕甘宁边区须采取坚决争取的方针，一尺一寸也不放松。有磨擦也可以教育我们，实际上使民族斗争与阶级斗争联系起来。

同日 关于晋西事变，和王稼祥致电朱德、彭德怀、杨尚昆，贺龙、关向应，指出：晋西南拥阎讨逆战争，取得了第一个胜利，但旧军主力在晋西南还有颇大力量，这是阎锡山决死之争，他必以全力对付，请你们注意其严重性。如此战新军失败，蒋介石必增强阎锡山，倚之为反共降日的华北支柱，那时就麻烦了；如此战新军胜利，可能使阎锡山转舵。

同日 关于晋西事变，和王稼祥致电中共晋西北区委，第一二〇师，八路军总部，彭绍辉、罗贵波等，指出：晋西北新派力量加上我们力量，可能造成优势，在反投降派的斗争中，如果方针不错，是有胜利把握的。你们对巩固新军及进步政权还须大胆地坚决地继续进行，并注意很有理由地应付阎锡山。阎已令赵承绶〔1〕调兵进攻四纵队，武装冲突势不可免。应立即准备作战，继续巩固新军。武装冲突不应由新军先发动，而应在赵承绶进攻时，新军占有利阵地，取防御姿态反攻而消灭之。第一二〇师师部现在还不宜立刻到晋西北，但应立即准备于必要时转移。

12月26日 和王稼祥致电朱德、杨尚昆并彭德怀，指出：据王世英电告，阎锡山拟过黄河召集重要军事会议，晋西南新旧斗争将进入更严重阶段。晋西我军及新军力量均较薄弱，晋西斗争我们如失败，则影响整个华北很大，请注意。

12月27日 《新中华报》刊载毛泽东向该报记者谈话，驳斥国民党军某战区司令长官部通报所散布的谣言。该通报称："据报，毛泽东已由新疆返延安，在本月五日向其所属各负责人报告，李立三率领七百三十人，内有俄人及苏联飞机多架，将乘反攻敌人之际夺取中央政权，以兰州为中国之莫斯科。"毛泽东驳斥说："这种消息是日本人造的，怎样由中国的战区司令部发出来，未免奇怪。""一切想挑动国共分裂准备投降日寇的人，造

〔1〕 赵承绶，当时任国民党军第二战区第7集团军总司令兼骑兵第1军军长。

作了千百件情报，但这一件是最拙劣的”。“‘夺取中央政权’，好大题目！明明是夺取边区，还在今年七月就把边区的旬邑夺取了，近日又夺取了边区的镇原、宁县两城，飞机大炮全使用上来了。据闻还要夺取边区的庆阳、合水、淳耀、富县，打下夺取延安的基础。前面是日本人大块地夺取中国国土，后面是中国人小块地夺取陕甘宁边区”。

12月28日 和王稼祥致电朱德、彭德怀、杨尚昆、左权：“晋西斗争之胜利，依靠于正确政治方针，正确战略战术，强兵良将，缺一不可。”

同日 关于做好巩固决死队的工作，和王稼祥致电朱德、彭德怀，贺龙、关向应，彭绍辉、罗贵波等，指出：“据德怀同志电告，决死三纵队八团、九团、十二团已叛变，这是一个严重教训。”希望立即进行下列工作：加紧肃清与撤换新军中的反动分子及坏分子，北方局及三个区党委应尽量设法抽调自己的委员和派干部去新军帮助做政治巩固工作。“应坚决撤换新军中反动军官，军事指挥能力固属重要，然政治上可靠为第一要义，否则背叛事件必再发生。”“在拥阎讨逆口号之下，完全独立自主自筹给养，遇敌进攻则消灭之，这是整个山西的总方针。”

12月30日 和王稼祥致电贺龙、关向应，指出：你们需准备一切，将整个晋西北化为第二个五台山。你们的主要根据地是晋西北、绥德及吕梁山，望担起全部责任，师部宜即过来。

12月31日 和王稼祥致电八路军总部、第一二〇师，指出：“晋西南新旧军对战结果，我陈支〔1〕及决二纵〔2〕共五个团

〔1〕 陈支，指陈士榘任支队长、林枫任政治委员的八路军第115师晋西独立支队。

〔2〕 决二纵，即山西新军决死队第2纵队。

已于二十七日离开晋西南到达汾离封锁线以北之招贤镇，留保安旅及我之游击三团及游击四个大队于晋西南。”“目前整个形势，阎以全力进攻晋西南，准备得手之后，转攻晋西北，隔断华北与边区以及华北各个区域的联系。为此目的，中央军正在晋东南发动并准备随时增加晋西南战争，胡宗南〔1〕一个师已到宜川东南，将牵动华北全局，关系全党的重大斗争。”“胜利地进行这一斗争，保持山西抗战根据地在我手中，保持华北与西北的联系，这是目前中心问题。”电报还对军事部署提出了具体意见。

12月　主持撰写的《中国革命和中国共产党》第一章、第二章定稿。第一章《中国社会》由几位在延安的同志起草，经毛泽东修改定稿。第二章《中国革命》是毛泽东自己写的。第三章准备写《党的建设》，因担任写作的同志没有完稿而停止。毛泽东在第二章中，分析和论述了中国革命的对象、任务、动力、性质、前途和中国共产党的历史任务。他指出：中国革命的主要对象“是帝国主义和封建主义”。中国革命的主要任务“是对外推翻帝国主义压迫的民族革命和对内推翻封建地主压迫的民主革命，而最主要的任务是推翻帝国主义的民族革命”。关于中国革命的动力，他指出：“中国革命如果没有无产阶级的领导，就必然不能胜利”；“在中国社会的各阶级中，农民是工人阶级的坚固的同盟军，城市小资产阶级也是可靠的同盟军，民族资产阶级则是在一定时期中和一定程度上的同盟军，这是现代中国革命的历史所已经证明了的根本规律之一”。关于现阶段的中国革命的性质，他指出“是新式的特殊的资产阶级民主主义的革命”，首次提出新民主主义革命的科学概念：“所谓新民主主义的革命，就

---

〔1〕　胡宗南，当时任国民党政府军事委员会政治部部长、国民党军第六战区司令长官。

是在无产阶级领导之下的人民大众的反帝反封建的革命。”关于中国革命的前途，他指出：“中国共产党领导的整个中国革命运动，是包括民主主义革命和社会主义革命两个阶段在内的全部革命运动；这是两个性质不同的革命过程，只有完成了前一个革命过程才有可能去完成后一个革命过程。民主主义革命是社会主义革命的必要准备，社会主义革命是民主主义革命的必然趋势。而一切共产主义者的最后目的，则是在于力争社会主义社会和共产主义社会的最后的完成。”一九四〇年反对第一次反共高潮结束以后，毛泽东根据当时的形势和总结了反对第一次反共高潮的经验，对《中国革命和中国共产党》第二章第四节“中国革命的动力”这一部分作了修改，加写了三段话，主要内容是：将大资产阶级与民族资产阶级加以区别；将亲日派大资产阶级与英美派大资产阶级加以区别；将大地主与中小地主及开明绅士加以区别。这篇著作编入《毛泽东选集》。

1940年 四十七岁

1月1日 中共中央山东分局机关报《大众日报》发表毛泽东为纪念该报创刊一周年的题词："动员报纸，刊物，学校，宣传团体，文化艺术团体，军队政治机关，民众团体及其他一切可能力量，以提高民族觉悟，发扬民族自信心与自尊心，反对任何投降妥协的企图，坚持抗战到底，不怕困难，不怕牺牲，我们一定要自由，我们一定要胜利。"

1月5日 和王稼祥致电贺龙、关向应等，令贺、关直接负责指挥晋西北对阎锡山旧军的作战。本日，同王稼祥致电聂荣臻、彭真：贺、关即赴晋西北指挥，晋西北关系全局，"吕梁山已失，靠夺取晋西北作战略枢纽"。二月二日至八日，贺、关率师部及主力五个团分批返回晋西北。

同日 和王稼祥致电朱德、彭德怀、杨尚昆等，指示他们即日着手以牺盟会负责人的名义，写一本晋东南七县惨杀〔1〕记，内容记载晋城、阳城等七县惨杀经过，广发本地及西安、重庆，并送一本来延安。

---

〔1〕 1939年12月8日至26日，国民党军第二战区第8集团军总司令孙楚奉阎锡山之命率独立第8旅进攻山西新军决死队第1、第3纵队，并破坏晋东南地区沁水、阳城、晋城、高平、陵川、壶关、长治等7县抗日民主政权，杀害共产党员及其他进步分子500余人。

同日 为中共中央书记处起草致项英[1]电："（甲）如遇急变不能向北，当然只有向南，你的决心是对的。（乙）陈毅[2]仍应力争江北。（丙）蒋介石投降还不是马上的事，你们还来得及准备，但是内部秘密准备，不要露形迹。（丁）努力争取一切军队的同情者。（戊）一切自力更生，不要靠任何外援。"

1月8日 和王稼祥、萧劲光写信给谢觉哉[3]，指出关于陇东六县（环县、庆阳、合水、宁县、正宁、镇原）问题谈判的两个基本条件是：一、陇东六县属陕甘宁边区二十三县范围，地方行政应即全部移交边区管辖；二、边区及八路军保证不向六县境外越出一步。如果国民党方面不愿照上述条件解决陇东六县问题，则我方只能承认双方停止冲突，暂维现状，交换俘虏，其他问题由双方中央解决。

同日 出席中共中央军委总政治部为欢迎一月五日自新疆归来的三百多名八路军指战员（原西路军的一部）举行的晚会，并讲话。

1月9日 出席陕甘宁边区文化协会第一次代表大会[4]，作题为《新民主主义的政治与新民主主义的文化》的长篇演讲。这篇演讲，经过修改、补充而成文，于一月十五日完稿，二月十五日在延安出版的《中国文化》创刊号发表，题目仍为《新民主

---

〔1〕 项英，当时任中共中央政治局委员、中央书记处书记、东南局书记、新四军副军长。

〔2〕 陈毅，当时任新四军江南指挥部指挥。

〔3〕 为解决陇东6县问题，中共中央、八路军总部派曾任八路军驻兰州办事处中央代表的谢觉哉，同国民党甘肃省政府主席、国民党军第八战区司令长官朱绍良进行谈判。谈判从1940年1月中旬开始，持续到2月间，最后没有取得积极成果，只达成了一个"暂维现状，听候对方中央解决"的协议。

〔4〕 陕甘宁边区文化界救亡协会第一次代表大会于1940年1月4日至12日在延安举行。毛泽东等97人被大会选为陕甘宁边区文化协会执行委员。

主义的政治与新民主主义的文化》。二月二十日出版的《解放》周刊第九十八、第九十九期合刊也刊载了这篇文章，题目改为《新民主主义论》。这篇文章驳斥国民党顽固派的反共叫嚣，回答了中国向何处去的问题，提出关于新民主主义革命和新民主主义社会的理论。文章指出："我们民族的灾难深重极了，惟有科学的态度和负责的精神，能够引导我们民族到解放之路。真理只有一个，而究竟谁发现了真理，不依靠主观的夸张，而依靠客观的实践。只有千百万人民的革命实践，才是检验真理的尺度。"文章分析了中国社会的历史特点和俄国十月革命后的国际环境，指出：在五四运动以前，中国资产阶级民主主义革命是属于旧的世界资产阶级民主主义革命的范畴；而在这以后，中国资产阶级民主主义革命却改变为属于新的资产阶级民主主义革命的范畴，属于世界无产阶级社会主义革命的一部分。"在五四运动以后，虽然中国民族资产阶级继续参加了革命，但是中国资产阶级民主革命的政治指导者，已经不是属于中国资产阶级，而是属于中国无产阶级了。""中国革命不能不做两步走，第一步是新民主主义，第二步才是社会主义。而且第一步的时间是相当地长，决不是一朝一夕所能成就的。"文章指出中国新民主主义革命是从一九一九年五四运动开始的，"在中国资产阶级民主革命的一百年中，分为前八十年和后二十年两个大段落"。〔1〕文章驳斥了要在中国建立资产阶级专政的谬论和为了反对共产党和共产主义、反对革命而恶意宣传的所谓"一次革命论"，同时指出某些似乎并无恶

〔1〕 1956年3月14日毛泽东在会见外宾的一次谈话中说："《新民主主义论》初稿写到一半时，中国近百年历史前八十年是一阶段，后二十年是一阶段的看法，才逐渐明确起来，因此重新写起，经过反复修改才定了稿。"

意的人"也迷惑于所谓'一次革命论',迷惑于所谓'举政治革命与社会革命毕其功于一役'的纯主观的想头",是错误的。文章提出新民主主义的政治、经济和文化的纲领,勾画了新民主主义社会的蓝图,指出:新民主主义共和国"是在无产阶级领导下的一切反帝反封建的人们联合专政的民主共和国",国体是各革命阶级联合专政,政体是民主集中制。新民主主义的经济,实行"大银行、大工业、大商业,归这个共和国的国家所有",国营经济"是整个国民经济的领导力量,但这个共和国并不没收其他资本主义的私有财产","一定要走'节制资本'和'平均地权'的路"。新民主主义的文化"就是无产阶级领导的人民大众的反帝反封建的文化"。这篇文章编入《毛泽东选集》。

1月10日 出席中共中央政治局会议,在发言中说:对山西新旧军的磨擦问题,我们采取强硬的方针是对的。我们反磨擦的方针,一方面在军事上我军占优势的区域要取攻势;另一方面在理论上也要采取攻势,批评资产阶级专政,要在理论上说明它的不好,使顽固派孤立。他提议边区文协代表大会发表一个宣言,驳斥叶青等的错误言论。还指出:南方工作要加紧争取中产阶级,争取时局好转。争取中产阶级的工作大有文章可做。

同日 致电王世英,指出:"(甲)国共分裂之谣不可信,这是汉奸放的空气。(乙)你应对外表示八路拥护阎长官抗日建国一如往昔,但希望旧军停止进攻新军,双方和解以利抗日。"

1月11日 复电彭德怀:目前国内的政治形势"还不是全国下雨[1]之时,在全国任务还是组织进步力量,力争中间阶层,

〔1〕 阎锡山曾暗示部下:"天要下雨,要赶快备雨伞,一落人后,就要吃大亏。"意思是国民党政府快要对日妥协了,山西要赶快做投降的准备。

击破大资产阶级的动摇与反动，这种可能性现在还未丧失。目前最严重的问题，是阎锡山的反动，他就是目前大资产阶级中最反动的部分，他的阴谋十分恶毒，他已封锁了吕梁山与中条山。我们对策，以贺关力量首先夺取晋西北的全部，至少是大部，以晋东南力量巩固晋东南未失阵地，争回已失阵地之一部，打开一条通洛阳的路，十分要紧。然后由贺、关与晋东南各出一部，向吕梁山攻击，至少恢复原有陈支队阵地及一条交通线，打通延水关。如果此时阎锡山愿意讲和（还未丧失此种可能），则让他占领吕梁山的大部，我只占一小部及一条交通线就此罢手，否则战事难免扩大。”

同日 复电彭德怀，指出目前不可能实行征兵制，因为财力难以负担，“只能加重自卫军训练，以老百姓吃自己的饭穿自己的衣为原则”。

1月15日 出席中共中央为吴玉章六十诞辰举行的祝贺大会，并致祝词说：“一个人做点好事并不难，难的是一辈子做好事，不做坏事，一贯地有益于广大群众，一贯地有益于青年，一贯地有益于革命，艰苦奋斗几十年如一日，这才是最难最难的啊！”“我们的吴玉章老同志就是这样一个几十年如一日的人。他今年六十岁了，他从同盟会到今天，干了四十年革命，中间颠沛流离，艰苦饱尝，始终不变，这是很不容易的啊！”

1月16日 出席在延安举行的陕甘宁边区第二届农工展览会开幕典礼，并讲话。他说：“政府的人如不同老百姓结合，事情就办不好。有两种政府，一种只知道刮刮刮，另一种则帮老百姓的忙——边区政府就是这种帮忙政府。”“这里有八路军，但八路军也就是老百姓，故军队不要忘本，本就是工农”。“八路军有两条规矩，一条就是官兵合作，一条就是军民合作，大家亲亲密密团结起来，日本一定打倒的。”在讲到磨擦问题时说：“我们要吃团结饭，不要吃磨擦饭，吃了磨擦饭肚子痛，要死人，还要亡国的。”“磨擦要同日本帝国主义磨擦，将它磨入海中去，不要在自己内窝子磨擦。”

同日 和王稼祥致电王世英，要他立即向阎锡山等表示：山西新旧军斗争应和平解决，以便团结抗日，拟派南汉宸去秋林协商。

同日 和王稼祥致电朱德、彭德怀、杨尚昆，指出：晋西北新旧军的斗争，我们已大体上胜利了。〔1〕阎锡山可能同国民党中央军进一步结合起来，夺取晋东南。因此，对庞炳勋、朱怀冰〔2〕的进犯不能不采取武装的抵抗，否则将丧失晋东南。

1月17日 和王稼祥致电朱德、彭德怀、杨尚昆，贺龙、关向应，聂荣臻、彭真等，指出：晋西北须立即建立新的政权，采用原来赵承绶的山西省政府西北办事处的形式较好，迅速用民选办法推举续范亭为主任，各县的反动县长、专员应迅速全部撤换，委任新人。二月一日，晋西北行政主任公署成立，续范亭为主任。

1月18日 出席中共中央书记处会议，在会上谈山西磨擦问题，说：在山西的反磨擦斗争中我们取得了胜利。现在阎锡山有三万余旧军在吕梁山脉，将来有两种可能，一种是旧军依靠中央军进攻我军，另一种就是和平解决，减少磨擦。我们现在正准备派人去谈判，争取和平解决，但我们也准备不惜与中央军打，

---

〔1〕1940年1月11日至13日，山西新军和八路军在临县地区击溃国民党晋绥军赵承绶部，迫使晋绥军于13日夜放弃临县县城退向晋西南地区，至此晋西北八路军和新军反顽作战取得胜利。

〔2〕庞炳勋，当时任国民党军冀察战区副总司令兼第40军军长。1940年2月又任国民党河北省政府主席。朱怀冰，当时任国民党河北省政府民政厅厅长、国民党军第97军军长。

只有反磨擦才能取得存在与发展。

1月19日　中共中央书记处致电东南局书记项英并转东南局各同志，进一步明确新四军的发展方针，指出："新四军向北发展的方针，六中全会早已共同确定，后来周恩来到新四军时，又商得'向南巩固，向东作战，向北发展'的一致意见。华中是我们目前在全国最好发展的区域，在华中可以发展（彭雪枫部由三连人发展到十二个团，李先念〔1〕部几百人发展到九千人），而大江以南新四军受到友军十余师的威胁和限制的时候，我们曾主张从江南再调一个到二个团来江北，以便大大地发展华中力量。""由江南抽兵到皖南，请考虑，因为我们觉得似乎皖南发展较难；江南发展较易，江南陈毅同志处应努力向苏北发展。"

1月20日　和王稼祥致电贺龙、关向应、滕代远等，指出："旧派在晋西北失败后，有可能再调兵反攻晋西北或由日寇进攻晋西北，而旧军则袭击后方。同时阎必与中央更加勾结，以谋夺取晋东南。""因此晋西北必以突击方式，抓紧目前有利时机，进行一切工作。一切应当快做，迟缓就会失掉时机。""晋西北新政权总机关，应当立即成立，愈快愈好。""晋西北新政权的各种政策仿效晋察冀边区。"

1月24日　出席中共中央政治局会议。在讨论一九四〇年陕甘宁边区财政经济问题时，发言指出：我党过去的财政经济工作是有成绩的，特别是中央苏区，没有财政经济工作所造成的物质基础，要战胜敌人是不可能的。发言阐述了财经工作中必要与可能、统一与独立、自力更生与争取外援、生产运动的政治意义与经济意义等问题。还说：在一定意义上没有经济工作人员便没

---

〔1〕李先念，当时任新四军豫鄂挺进纵队司令员。

有饭吃，所以总务处长是第一个英雄。对边区的公粮征收，要注意积蓄力量，不要一次征光了。羊毛不能一次搞光了，动员人力也是如此。在讨论国共谈判问题时说，现在的问题不是如何让步，而是提出更高的要求。我们还是坚持三军九师、二十三县，不能再让步。次日，中央书记处电示南方局，指出与国民党谈判中，边区、扩军等问题不能再让步。

1月25日 本日出版的《八路军军政杂志》第二卷第一期刊载毛泽东题词："一面战斗，一面学习，百折不回，再接再厉。"

1月27日 和王稼祥致电朱德等，要薄一波〔1〕、续范亭等人及各地牺盟会等组织继续不断打电报给阎锡山方面，痛陈旧军进攻新军、破坏牺盟会、惨杀抗日人员的罪恶，表示愿意和平解决山西内部问题，团结抗日，免为敌人利用。

1月28日 为中共中央起草关于目前时局的指示。指示要求全党不要把各地发生的投降、反共、倒退等严重现象孤立起来看，应认识其严重性，并坚决反抗，不要被这些现象的威力所压倒。强调全党还应看到目前国内国际尚存在许多有利于我们争取继续抗战、团结、进步的客观条件。指出："力争时局好转，同时提起可能发生突然事变（在目前是局部的、地方性的突然事变）的警觉性，这就是党的目前政策的总方针。"这个指示编入《毛泽东选集》时，题为《克服投降危险，力争时局好转》。

同日 为中共中央书记处起草致北方局，山东分局，第一一五师并告中原局，彭雪枫，项英，陈毅电。电报指出："时局的发展充分证明，只有广大发展革命武装力量以与全国工作相配

---

〔1〕 薄一波，当时任山西新军决死队第1纵队政治委员兼保安司令。

合，才能制止投降与反共，才能巩固统一战线，才能争取时局好转。而现时能够发展武装的地区，主要的只有山东与华中。”“因此请你们严重注意此事，把发展武装力量作为一切工作的中心。在今年一年内，山东分局与一一五师至少应发展军队（包括游击队）到十五万人枪（一一五师应分配干部与兵力到山东全境去），中原局至少发展到十万人枪”。“没有自卫军的广大发展，即无法广大发展军队，无法建立巩固根据地。因此有组织有训练的抗日自卫军，至少须十倍于正规军与游击队。例如山东有十五万军队，至少须有一百五十万至二百万有组织有训练的自卫军。华中有十万军队，至少须有一百万至一百五十万自卫军。现在你们的自卫军还太少。”“要建立这样大的武装力量，没有政权是不行的。因此必须以坚决与逐步的计划，极力争取山东、豫东、皖北、苏北的大部政权归入我们与进步人士的手中。”“要使干部明白，没有伟大革命武装与伟大革命根据地，抗日胜利是不可能的。”

1月29日 和王稼祥致电项英、叶挺，指出：“你们主要出路在江北，虽已失去良机，但仍非力争江北不可。”“须秘密准备多数渡口，为紧急时用。”

1月30日 为中共中央书记处起草致朱德、彭德怀、杨尚昆、刘伯承、邓小平并告朱瑞、徐向前[1]、陈光、罗荣桓电，指出：对河北与山西境内的任何军队，不论是中央军、晋绥军及石友三[2]部，如果进攻八路军地区，“我应在自卫原则下，在有理有利条件下，坚决反抗并彻底消灭之”。并应加紧进行反对进

〔1〕 朱瑞、徐向前，当时分别任八路军第1纵队政治委员、司令员。

〔2〕 石友三，当时任国民党察哈尔省政府主席、国民党军冀察战区副总司令、第69军军长兼察哈尔游击总司令。

攻八路军和决死队的宣传工作，造成全体军民反汉奸反进攻的热潮。这一方针同样适用于山东地区。

同日 和王稼祥就扩军问题复电朱德、彭德怀、杨尚昆："今年扩军三十万原则很对，但具体分配主要部分应放在有枪区域，我们意见在老黄河以北，以供消耗及收集残枪为原则。在此原则下，如晋西北及十五区域扩军不宜过多。否则，经费决难维持，不能持久。在老黄河以南、新黄河以北包括苏北在内，有枪可收，物力亦富，应大加扩充。"

1月31日 出席中共中央政治局会议，会议讨论和通过毛泽东为中央起草的《关于目前时局与党的任务的决定》草案。毛泽东对草案作说明，强调指出目前时局中的倒退、投降危险不可能在短时间内克服，但仍是局部的现象，我们的任务是要抓住争取时局好转，同时准备应付突然事变。我们坚持团结，即是合理的统一，否则是不利于抗战的统一，防止顽固派用统一来打击我们。他说，草案中提出的为争取时局好转应执行的十大任务，是一方面团结和发展进步力量，一方面削弱反动倒退力量。他还指出，目前华北的抗日政权还不是工农小资产阶级政权，而是抗日民主政权，是几个阶级联合的政权。中共中央的这个决定于二月一日发出，同日中央还发出关于抗日民主政权的阶级实质问题的指示。

2月1日 出席延安民众声讨汪精卫大会，发表题为《相持阶段中的形势与任务》的讲话。讲话揭露和谴责汪精卫同国民党顽固派里应外合地反共和破坏抗日；驳斥国民党顽固派借统一之名行专制之实的假统一，提出共产党以抗战、团结、进步为基础的统一论；强调指出在目前形势下共产党的根本方针是，决不悲观失望，力争时局的好转，挽救时局的逆转。大会一致通过毛泽东为大会起草的声讨汪精卫的通电，通电提出全国讨汪、加紧团结、厉行宪政、制止磨擦、保护青年、援助前线、取缔特务机关、取缔贪官污吏、实行《总理遗嘱》、实行三民主义等十项要求。这个讲话和通电编入《毛泽东选集》时，分别题为《团结一切抗日力量，反对反共顽固派》和《向国民党的十点要求》。

2月3日　和陈绍禹、林伯渠、吴玉章以国民参政员身份致电国民参政会秘书处，揭露国民参政会华北视察团〔1〕的主要任务是从陕、甘、晋、冀、豫等省特务机关收集诬蔑共产党、八路军和陕甘宁边区的材料，妄图将磨擦事件的责任归罪于共产党。

同日　对陈云写的《游击小组是游击区的一切工作的中心》〔2〕一文作修改后，本日复信陈云，信中说："文章有用，并可在军政杂志上发表。文字上与某些观点上我认为不妥的，改了，是否妥当，请你自己酌定。题目不恰当，游击区的重心还是游击队，不是游击小组，没有游击队，游击小组是不能存在的。不宜太夸大游击小组的作用。"

同日　和王稼祥致电朱德、彭德怀、刘伯承、邓小平，指出：对石友三部应采取坚决彻底消灭政策，争取方针已不适用了〔3〕。根据这一指示，八路军于二月九日发起自卫反击作战，中旬石部主力退向河南清丰东南地区。

---

〔1〕该团由蒋介石指定国民参政会参政员李元鼎为团长，邓飞黄为副团长，梁实秋、于明洲、余家菊、卢前为团员，于1940年1月30日由重庆出发。

〔2〕即《陈云文选》第1卷中的《论游击区的一个重要斗争形式——游击小组》一文。

〔3〕1940年1月下旬，国民党军石友三部在河北南部的南宫、威县、枣强、清河等地，先后将八路军东进纵队两个连和青年纵队一个排包围缴械，接着又围攻东进纵队第2团和清河县大队等部，并准备夺占冀南抗日根据地。

2月5日 出席陕甘宁边区自然科学研究会成立大会，并讲话，指出：自然科学是很好的东西，它能解决衣、食、住、行等生活问题。“自然科学是人们争取自由的一种武装。人们为着要在社会上得到自由，就要用社会科学来了解社会，改造社会，进行社会革命，人们为着要在自然界里得到自由，就要用自然科学来了解自然，克服自然和改造自然，从自然里得到自由”。“马克思主义包含有自然科学，大家要来研究自然科学，否则世界上就有许多不懂的东西，那就不算一个最好的革命者。”

2月7日 延安出版的《中国工人》创刊号发表毛泽东为该刊写的《发刊词》。发刊词指出：“工人阶级和全体人民的最后解放，只能在社会主义实现的时代，中国工人阶级必须为此最后目的而奋斗。”“团结自己和团结人民，反对帝国主义和封建主义，为建立新民主主义的新中国而奋斗，这就是中国工人阶级的当前的任务。《中国工人》的出版，就是为了这一个任务。”“《中国工人》应该成为教育工人、训练工人干部的学校，读《中国工人》的人就是这个学校的学生。工人中间应该教育出大批的干部，他们应该有知识，有能力，不务空名，会干实事。没有一大批这样的干部，工人阶级要求得解放是不可能的。”发刊词希望《中国工人》“多载些生动的文字，切忌死板、老套，令人看不懂，没味道，不起劲”。这篇发刊词编入《毛泽东选集》。

同日 《新中华报》〔1〕发表毛泽东为该报改版一周年纪念写的《强调团结与进步》一文。文章指出：抗战、团结、进步，是三位一体的方针。“没有团结和进步，所谓抗战只是空唤，抗日胜利是没有希望的。《新中华报》第二年的政治方向是什么？

〔1〕 1939年2月7日《新中华报》由陕甘宁边区政府机关报改为中共中央机关报。

就是强调团结和进步，以反对一切危害抗战的乌烟瘴气，以期抗日事业有进一步的胜利”。这篇文章编入《毛泽东选集》时，题为《必须强调团结和进步》。本日，该报还发表毛泽东的题词：“抗战团结进步，三者不可缺一。”

2月9日 为中共中央书记处起草复南方局电：中央同意南方局所说现在同国民党谈判〔1〕的中心，已不是陕甘宁边区应为二十三个县、八路军扩编为九个师的问题，而是全国磨擦问题。望据此观点与国民党谈判停止磨擦的有关问题。

2月10日 中共中央及中央军委关于战略方针向各战略区发出指示：“八路军、新四军的当前战略任务是在粉碎敌人‘扫荡’，坚持游击战争的总的任务下，扫除一切投降派顽固派的进攻，将整个华北直至皖南、江南打成一片，化为民主的抗日根据地，置于共产党进步势力管理之下，同时极大发展鄂中与鄂东，以便与全国工作相配合，坚持华北、华中抗战，稳定全国统一战线，争取时局好转”。

2月11日 为中共中央及中央军委起草复徐向前、朱瑞，陈光、罗荣桓电，指出：“我们的政策分两方面，对反共派顽固派取坚决反攻彻底消灭的政策，对一切尚有希望之人取极力争取的政策。沈鸿烈〔2〕属于顽固派，对我百端磨擦，故须在自卫原则下坚决消灭之。在打击沈鸿烈（秦启荣〔3〕是其最坏之一部）

---

〔1〕从1940年1月初起，中共代表、八路军参谋长叶剑英在重庆同国民党政府军事委员会参谋总长何应钦就扩军和边区问题进行了几次谈判，但都未获结果。

〔2〕沈鸿烈，当时任国民党山东省政府主席、国民党军鲁苏战区副总司令兼山东游击司令部司令。

〔3〕秦启荣，当时任国民党山东省政府建设厅厅长、国民党军鲁苏战区游击第3纵队司令。

的斗争中要注意分化其部下，争取其尚有希望分子。于学忠[1]与沈鸿烈不同，他是尚有希望的，除对其反共政训人员应加以坚决打击外，对东北军应极力争取，至少使之取中立态度。”“河北磨擦事件望刘、邓[2]亦照此办理。”

同日 为中共中央、中央军委起草复萧克及挺进军[3]军政委员会电，指出：“二月一日电今日看到。你们的计划是完全正确的，望照此坚决执行。”“你们的成功是脚踏实地，稳打稳扎，一步一步前进，这在敌情严重地区是应该如此的。”“中央规定你们的战略任务是确保平西根据地，发展冀东游击战争，直至热河、山海关，并准备将来再向辽宁前进。这同你们所提的‘巩固平西，坚持冀东，发展平北’这些目前的任务是一致的。”电报并强调应“十分注意财政工作与经济建设工作”，“这于支持长期战争是基本决定条件之一”。

同日 为新军起草薄一波致阎锡山的电报，希望阎锡山调和山西新旧两军，重新团结，一致抗日。

同日 关于处理晋西事变的意见，和王稼祥致电朱德、彭德怀，贺龙、关向应、滕代远，指出：在蒋介石的分化政策下，阎锡山可能与新军达成妥协，新军也以在有利条件下仍属阎指挥、恢复合法地位为宜，我们的政策在于暂时中立阎，不使阎与国民党中央联合对我，不使新军受国民党中央指挥。并指出，同阎锡山谈判应由萧劲光以居间调停形式出面进行。

2月12日 针对国民党以增援陕西河防为名进行反共军事

[1] 于学忠，当时任国民党军鲁苏战区总司令。

[2] 刘、邓，指刘伯承、邓小平。

[3] 1939年2月，根据中共中央指示，以八路军第4纵队为基础，在平西成立冀热察挺进军，萧克任司令员，并组织军政委员会，统一指挥平西、平北和冀东的抗日战争。

部署一事，和王稼祥等以中央军委的名义致电朱德、彭德怀，贺龙、关向应，聂荣臻、彭真，要他们迅速准备从第一二〇师抽调一个有战斗力的旅（如王震旅）到绥德、米脂、佳县、吴堡一线，第一二〇师师部及冀中所属部队移至现在王旅位置。

2月14日 《新中华报》发表毛泽东起草的，由司令员文年生、副司令员陈先瑞、政治委员阎红彦署名的《国民革命军第十八集团军富甘警备区警备司令部、政治部布告》〔1〕，布告声明富县、甘泉两县属于陕甘宁边区二十三县范围，本军奉命驻防〔2〕，保卫边区，对于友军维持统一战线，实行互不侵犯。

同日 《新中华报》报道，中共中央决定成立的泽东青年干部学校，经过一个多月的筹备，组织机构和教育方针已基本确定，大约一个月后即可在延安正式开学，陈云任校长。

2月15日 设晚宴招待西北摄影队〔3〕。该队是去内蒙古拍摄《塞上风云》影片外景途经延安的。毛泽东关切地询问他们在国民党统治区的生活、工作、学习情况。在领队应云卫介绍《塞上风云》的内容和拍摄计划后，毛泽东说，《塞上风云》这部电影较好地体现了抗日民族统一战线精神，是一个很有意义的题材。上海青年画家沈逸千应邀出席晚宴，毛泽东在沈逸千即席为他画的速写像上签名留念。

2月16日 致电驻榆林国民党军第二十二军军长高双成，

---

〔1〕 1940年1月8日，发生国民党富县县长蒋隆延策划的暗杀八路军人员事件。为确保陕甘宁边区的安全，毛泽东写了这个布告。

〔2〕 为了防备国民党军新编骑兵第2师（师长马禄）北上进犯陕甘宁边区，确保边区南大门的安全，1939年12月文年生奉命率领警备第8团开到富县一带，加强警备。

〔3〕 西北摄影队隶属国民党政府军事委员会政治部所属的中国电影制片厂。

转告续范亭来电称：已决定继续保证每月过河粮食六百大石[1]，敬希查照。

2月19日 出席延安青年宪政促进会成立大会并讲话，指出：新民主主义的宪政就是中国人民大众的宪政。打日本需要青年，参政也需要青年，青年应是宪政运动的先锋队，延安青年要推动全国青年起来为促进宪政运动而奋斗。

同日 起草萧劲光致国民党政府军事委员会天水行营主任程潜电，要求通知陕西省政府速将陕甘宁边区境内国民党政府任命的县长撤走。电文指出："国共合作已历三年之久，边区行政尚未确定，一县而有两县长，古今中外无此怪事！且陕省所派县长及绥德专员等专以制造磨擦、扰乱后方为能事，在边区已忍让三年，在彼辈益肆无忌惮"。"边区民众群以拘捕治罪为请。劲光为体念钧座息事宁人意旨，顾全边区与陕省之团结起见，故请钧座令知陕省府自动撤回，否则实行护送出境，盖亦仁之至义之尽也"。[2]

2月20日 出席延安各界宪政促进会成立大会，作题为《新民主主义的宪政》的演说，指出：抗日和民主是目前中国的两件头等大事。没有民主，抗日是要失败的。我们现在要的民主政治，是新民主主义的宪政，即几个革命阶级联合起来对汉奸、反动派的专政。而蒋介石所说的宪政，是挂宪政的羊头，卖一党专政的狗肉。应当动员人民大众起来，促进和争取新民主主义宪政的实现。大会通过由延安各界宪政促进会理事长吴玉章、理事毛泽东等联合署名的宣言，向全国提出关于宪政的四项意见。这

---

〔1〕 此前，高双成曾致电续范亭请开粮禁。

〔2〕 后来程潜回电，同意陕甘宁边区各县县长应由边区政府委派。国民党政府任命的县长，陆续离开了边区。

个演说编入《毛泽东选集》。

同日 和王稼祥、林伯渠、萧劲光致电伍云甫〔1〕、王震等，要他们采取一些步骤，拒绝国民党陕西省政府任命包介山为绥德专员，发动绥德绅士民众请求委任王震兼任专员。

同日 关于反磨擦斗争的形势问题，致电彭德怀，指出："蒋在华北、西北、中原向我的攻势，经过我们几个月的坚决反攻，可以说基本上已把他的攻势打下去了。边区二十三县已逐渐统一，华北（新黄河以北整个华北）我们已占领了优势，中原我们也发展了。蒋现已整个处在防御地位"。

2月 出席中共中央政治局会议〔2〕。会议讨论是否出席即将召开的国民参政会一届五次大会〔3〕的问题，大多数人主张不出席，毛泽东发言指出：过去参政会只是请客，决议不能实行，反共的决议便实行了。如果不出席，我主张一个也不去，董老也只去一次，首先将我们各种提案送去。我们不怕决裂就不会决裂，要决裂我们怕也会决裂，这是一个两大力量斗争的问题，社会物质的问题。我们对参政会要提以下几个提案：（一）反汪，（二）宪政，（三）团结，（四）参政会决议要实行等。关于山西问题，毛泽东指出：现在山西的形势是八路军、阎锡山、中央军三大力量的斗争。我们的方针以保持原有力量为好，维持三角鼎立的形势为好。新旧军已经不能再打了，今后是僵局或是和平，我看僵局是过渡的阶段，和是确定了的。我们去谈判的方针，是

---

〔1〕 伍云甫，当时任八路军驻西安办事处处长。

〔2〕 这次中共中央政治局会议，是在1940年2月间举行的，会议记录未载明开会的具体日期。

〔3〕 国民参政会一届五次会议于1940年4月1日至10日在重庆举行，中共参政员董必武出席。

新旧军互不处罚为好，去谈判的人以萧劲光、王若飞[1]二人为好。

2月21日 和王稼祥致电贺龙、关向应等："注意吸收一批不左不右之中间派人士参加政府与文化经济工作，以便争取他们，任何党外机关只要保证我们及左派的领导就行了"。

2月23日 和王稼祥致电贺龙、关向应，指出：贺龙致阎锡山电，用语太硬，我们已加修改。"以后对外立词，请注意和缓些"。"你们准备派两个团向南行动，现不适宜，谅已停止，如未停止请即设法停止退回来。但晋西游击战争仍应积极发展"。

同日 起草致阎锡山的信，表示愿意和平解决山西发生的磨擦事件，并告知派萧劲光、王若飞前往谈判。二十五日，萧劲光、王若飞持毛泽东写给阎锡山的这封亲笔信到达秋林镇，同阎锡山谈判。

2月24日 关于新军工作的几点意见，和王稼祥致电贺龙、关向应，林枫、赵林并告朱德、彭德怀、杨尚昆，指出：新军部队绝对不应该编入八路军，应注意巩固新军干部的团结；晋西北施政大纲六项没有提到坚决实行阎锡山的十大纲领，是一个大缺点；十分注意争取中间派人士，不可使他们感到冷淡和不满。

2月28日 出席中共中央政治局会议，在会上提议：上海党的方针，第一是乡村工作，并建立政权及军队，要组织十万军队；第二是上海城市工作，城市工作应非常谨慎，乡村工作要放手大干。应组织上海市委及外县工作委员会。要江苏省委副书记刘长胜到政治局报告一次工作。

---

〔1〕王若飞，当时任中共华中工作委员会兼华北工作委员会秘书长。1940年春任中共中央秘书长，同年5月又任中共中央军委总参谋部参谋长兼八路军副参谋长。

3月3日 和王稼祥致电贺龙、关向应："萧克挺进军方面，盼望你们经常加以注意，给以子弹与干部（学生）的帮助。该部任务是巩固平西根据地，发展冀东游击战争，这在战略上是有颇大意义的。"

3月4日 在陕甘宁边区党政联席会议上讲话，共讲四个问题。一、新民主主义问题。民主主义有三种，英、美、法是老民主主义，即资产阶级的民主主义；我们是新民主主义；苏联是新新民主主义，即无产阶级的民主主义。新民主主义是暂时的，过渡的，是一个楼梯，将来还要上楼，和苏联一样。二、边区问题。陕甘宁边区的方向就是全国新民主主义的方向，边区有十大好处，即没有贪官污吏、没有土豪劣绅、没有发国难财的、没有吃磨擦饭的等，是全国的模范，是取消不了的。三、宪政问题。要揭破国民党顽固分子搞假宪政的阴谋，我们要搞真宪政、真民主。四、磨擦问题。共产党对任何国民党军队不放第一枪，但你放第一枪，我就放第二枪。现在国共之间是大和小打、大团结小磨擦，还不是放着日本不打到处反共的那个时候。

3月5日 为中共中央和中央军委起草致朱德、彭德怀、杨尚昆等并告新军各领导人电，通报萧劲光、王若飞同阎锡山谈判的经过和今后对阎的基本政策。电报指出：萧劲光、王若飞在秋林镇住四天，受到极大欢迎，谈判是成功的。今后我们的基本政策是，继续团结阎锡山，巩固山西旧军力量在阎的指挥下，保存阎在吕梁山脉的地盘，恢复新军和阎的指挥隶属关系，以利华北和西北的抗战。还指出：为保证此种政策的实现，双方商定划区作战的条件，在晋西以汾（阳）离（石）公路为界，在公路以南，准备停止游击战争；在晋东南以临（汾）屯（留）公路为界，八路军及新军不向路南发展。

同日 关于对阎锡山发函电及宣传联络应采取的态度问题，

致电八路军、北方局、第一二〇师的负责人等并告新军各领导人，指出："目前尊重阎锡山的一定地盘，保存这个国共之间的中间力量，对于抗战与国共合作是有大利益的。"我们及新军应乘此次同阎锡山谈判取得成功的机会，极力争取阎系一切人员，使他们团结成为一个中间单位，彻底打击蒋介石企图消灭阎系取而代之以便直接反共的恶毒政策。

同日 和王稼祥致电王震：靠近榆林的米脂及佳县暂时不要边区化，应维持现状。榆林一带是邓宝珊、高双成等许多中间势力的集中地，我们的政策是极谨慎地争取这些中间势力。绥德、吴堡、清涧、安塞四县边区化，也应是逐步大体上的边区化，不是说和老边区一模一样。在何绍南走后，你的态度要放和缓些，十分注意不要失去中间派绅士的同情。对友军、对绅士和对顽固派完全不同，你们须注意研究这些态度问题。

同日 和王稼祥致电彭德怀："反磨擦的武装斗争在西北、华北的主要的地区，有暂时告一段落之必要与可能，因蒋之军事攻势已基本上被我击溃，而蒋现时实无法大举'剿共'。""我们方面目前任务是在主要地区求得对内和平，以便在半年之内集中力量巩固已得阵地。"实现对内和平的步骤，重心是争取使蒋介石、阎锡山、卫立煌承认军渡、汾阳、临汾、屯留、壶关、林县、漳河、大名一线为双方作战地界，在此线以北的国民党军向南调，在此线以南的我军向北调；而重心的重心又在朱怀冰退出磁县、武安、涉县及承认壶关、林县为我驻军地区。

同日 为中共中央书记处起草致项英，刘少奇，张云逸，陈毅电，指出：对于蒋介石令新四军第四、第五支队南开之类的无理命令，应一概置之不理。同时还应不断向顽固派提出新问题要求答复，一步一步向之逼紧，才能争取我之独立地位。"在目前阶段内，两党斗争问题即反磨擦问题上的战术，就是攻势防御，而决不可采取单纯防御。”

3月6日 出席中共中央政治局会议，会议听取刘长胜报告上海工作。毛泽东发言指出：上海工作，城市工作较好，乡村工作对国民党过于让步，没有积极建立政权与军队。城市工作的中心要放在重要产业部门及大学，职员和学生是产生干部的来源。中央批准上海党的路线，应起草一个给上海党的文件。还指出：东南局工作同志没有大大发展政权、军队的决心，现在应采取华北路线，大大地发展。会议决定由毛泽东起草关于政权问题的指示。

同日 为中共中央起草关于抗日根据地政权问题的指示，提出抗日民族统一战线的政权在人员构成上实行“三三制”。指示说：“在抗日时期，我们所建立的政权的性质，是民族统一战线的。这种政权，是一切赞成抗日又赞成民主的人们的政权，是几个革命阶级联合起来对于汉奸和反动派的民主专政。”“根据抗日民族统一战线政权的原则，在人员分配上，应规定为共产党员占三分之一，非党的左派进步分子占三分之一，不左不右的中间派占三分之一。”在政权建设上，应力避过右和过左的倾向，必须保证共产党员在政权中占领导地位，但目前更严重的是忽视争取中等资产阶级和开明绅士的“左”的倾向。这个指示编入《毛泽东选集》时，题为《抗日根据地的政权问题》。

3月7日 和王稼祥致电朱德、彭德怀，杨尚昆，指出：我们觉得此时应对卫立煌〔1〕有所让步，将八路军第三四四旅略向北撤。“在此次反磨擦斗争中，我们能够巩固临汾、屯留、平顺、漳河、大名之线，已算很大胜利。在此线以南，应与国民党休

---

〔1〕 卫立煌，当时任国民党河南省政府主席、国民党军第一战区司令长官兼第二战区副司令长官。1940年4月又任国民党军冀察战区总司令。

战，维持卫之地位。在汾离公路以南则与阎锡山休战，维持阎之地位。在何绍南驱逐后，我们亦决定在边区境内与国民党暂时休战。这种休战现时是完全必要的。”

同日 对蔡元培去世向其家属发出唁电，唁电中称蔡元培为“学界泰斗，人世楷模”。

3月10日 出席八路军后方技术干部及技术部门政治干部座谈会并讲话，指出技术工作对革命的重要意义，发扬技术人员的工作积极性和提高他们地位的必要性，并谈到党对技术干部的关心等。

3月11日 在延安党的高级干部会上作题为《目前抗日统一战线中的策略问题》的报告。报告根据反磨擦斗争特别是打退第一次反共高潮的经验，从对抗日的态度上，首次对大资产阶级与民族资产阶级、亲日派大资产阶级与英美派大资产阶级、大地主与中小地主及开明绅士加以明确的区分，指出：亲日派大资产阶级早已彻底投降日本，准备傀儡登场。欧美派大资产阶级则尚能继续抗日，但其妥协倾向依然严重存在，他们是抗日统一战线中的顽固派。“中等资产阶级就是除了买办阶级即大资产阶级以外的民族资产阶级”，他们赞成团结抗日。“开明绅士是地主阶级的左翼，即一部分带有资产阶级色彩的地主，他们的政治态度同中等资产阶级大略相同”。中等资产阶级和开明绅士，都是抗日统一战线中的中间势力。报告指出：“抗日战争胜利的基本条件，是抗日统一战线的扩大和巩固。而要达此目的，必须采取发展进步势力、争取中间势力、反对顽固势力的策略，这是不可分离的三个环节，而以斗争为达到团结一切抗日势力的手段。”“以斗争求团结则团结存，以退让求团结则团结亡”。报告强调指出：“争取中间势力是我们在抗日统一战线时期的极严重的任务”。“在中国，这种中间势力有很大的力量，往往可以成为我们同顽固派斗争时决定胜负的因素，因此，必须对他们采取十分慎重的态度。”报告阐述了同顽固派斗争的自卫原则、胜利原则和休战原则，即有理、有利、有节的策略原则，对统一战线中又团结又斗争的策略原则作了进一步发挥和具体化。这个报告提纲编入《毛泽东选集》。

3月14日 为中共中央书记处和中央军委起草致朱德、彭德怀、杨尚昆，刘伯承、邓小平等电：“（甲）反磨擦斗争必须注意自卫原则，不应超出自卫的范围。如果超出这个范围，则对全国的影响和统一战线是很不利的。尤其对中央军应注意此点，因国共合作主要就是同中央军的合作。（乙）目前山西、河北的反磨擦斗争即须告一段落，不应再行发展。”

同日 和王稼祥致电贺龙、关向应等，指出：在新旧军斗争停止后，“新军、新政权、牺盟对阎应有一定程度的服从命令和一定程度的独立自主”。“我党在新军、新政权、牺盟中的工作不宜操之过急，不应当什么都同八路军一样，对其中的党员亦不能一开始要求过高，而是逐渐引导向坚定的党员方向走。”

3月15日 和王稼祥致电朱德、彭德怀等，指出：自朱怀冰部被消灭后，蒋介石已下令庞炳勋、范汉杰〔1〕、刘戡、陈铁〔2〕各部主力集中于太南周围，并有加调六个师渡河的消息，目的在迫我军退出陵川、林县一线。“我们此时必须避免同中央军在该地域作大规模战斗，因此须准备让步，以便维持两党合作局面。”

---

〔1〕 范汉杰，当时任国民党军第二战区第27军军长。

〔2〕 刘戡，当时任国民党军第二战区第93军军长。陈铁，当时任国民党军第二战区第14军军长。

同日 将本日拟就的致卫立煌电发给伍云甫，嘱其转袁晓轩[1]面交卫立煌。电报说：“目前抗日局面必须维持，国共合作必须巩固，此为国人所期望，亦先生与弟之素志，延安面叙之意，固始终如一也。惟地方磨擦事件日益加多，如不加以调整，实于抗战不利，除电八路军诸同志注意外，请先生亦作合理之处置，俾一切争论问题得以和平解决”。

同日 起草中央秘书处发全国各台的电报，指出：八路军新四军讨汪救国通电于十五日发表，各地接到后，立即多印多发，在友军中尤应多寄，一切公开刊物均须登载。

同日 出席延安生产总结发奖大会，并讲话。

3月16日 出席因故改期在本日举行的延安纪念三八国际妇女节大会，并讲话。他说：妇女的力量是伟大的，世界上什么事情，没有妇女参加就不能成功。全国妇女要加紧团结起来，齐心合力，为争取全国妇女的自由平等而奋斗。

同日 复电彭德怀：“元电[2]今日阅悉。从大的方面看，须避免在陵川、林县地域再与中央军冲突。如彼进迫，我应北退，如彼再三再四进迫不已，然后我军加以还击，其曲在彼，否则政治上对我甚为不利。目前斗争重心应移至淮河流域，因李品仙[3]现正派队向雪枫、胡服[4]两区压迫，蒋介石已注意该地，企图切断我军与新四军联系。我军将来出路，实在中原，此时不

---

〔1〕 袁晓轩，当时任八路军驻洛阳办事处处长。

〔2〕 彭德怀1940年3月13（元）日致电毛泽东，提出蒋介石、卫立煌节节向林县压迫，我军准备以防御姿态还击再消灭其一两个军，“如此前途可能争取好转，同时亦可能扩大武装斗争的危险，但扩大并不会到全国性的反共战争”。

〔3〕 李品仙，当时任国民党军第五战区副司令长官兼第21集团军总司令。

〔4〕 雪枫，即彭雪枫。胡服，即刘少奇。

争，将来更难了。故提议调三四四旅至陇海、淮河之间，协助彭雪枫创立根据地，并策应胡服，将来再调一部深入苏北，使八路军、新四军打成一片。这种行动，也即是把一个新问题摆在东边，使蒋、卫注意力不得不转向东边，减轻其对华北的注意，华北方能确实巩固。”

3月19日　和王稼祥复电朱德、彭德怀、杨尚昆：一、今后八路军坚守平顺、漳河线，不再退让。二、卫立煌表示希望与朱、彭会谈，请考虑择地与卫会谈。如决定会谈，请将陕甘宁边区、扩军、补充、增饷、新军、河北及皖东进攻新四军各问题全般提出，托他转告蒋介石。

同日　起草王稼祥、谭政复新四军政治部主任袁国平电：望以后多打电报，汇报新四军在政治工作的各方面如何保证中央路线实行的情况，例如在建立政权、发展经济、执行扩军计划、发展统一战线等方面。

3月20日　和王稼祥致电朱德、彭德怀、杨尚昆，刘伯承、邓小平等，指出：“山西、河北两省反磨擦行动，全部告一段落，在此期间内，偃旗息鼓，一枪不打，向一切国民党军队表示友谊，求得恢复感情，推动时局好转。”

3月21日　出席中共中央书记处会议，在会上提议采取和平攻势策略问题，说：山西新旧军的斗争，我们失去十一个县，但得到晋西北及新军全部，并使阎锡山中立。要巩固晋西北还是一项大的工作。现在各处磨擦已处在一种新的形势，我们要采用和缓些的政策，军事上实行休战，政治上实行和平攻势。只要我们要发展就还会有磨擦，休战也不过是暂时的。

同日　为中共中央书记处起草致刘少奇及江北新四军各负责人电：“迭电均悉。你们的决心及布置均是正确的，望坚决执行。在这种坚决方针之下，发动新四军全部官兵的积极性，发动凤阳、定远、合肥、无为、含山、全椒、和县、滁县、嘉山、来安、盱眙、天长、江都、六合、江浦等十五县数百万民众的积极性，肃清反共势力，建立民主政权，争取中间势力，争取一切进步的及中间的国民党，并极力讲究作战方法，就能各个击破反共势力的进攻，并在这种艰苦斗争中巩固这个战略上极端重要的抗日根据地〔1〕。在民族敌人深入国土的时期，反共派的进攻是没有人民援助的，你们的自卫战争是能够胜利的。八路军现正设法援助你们，但你们不要靠外面的任何援助，要用完全独立自主艰苦奋斗的精神战胜一切进攻者。”

同日 为中共中央军委起草致朱德、彭德怀、杨尚昆等电，指出：国民党政府安徽省主席李品仙奉令实行全部反动政策，坚决进攻皖东、淮北新四军，企图将张云逸、彭雪枫等部完全消灭，切断八路军、新四军的联系。八路军有坚决迅速援助新四军的任务，请朱、彭速定具体部署。

3月22日 出席中共中央秘书处召集的中央直属机关、学校在职财政经济及各种技术工作干部会议。并在当天的晚会上作演讲，说召开这次会议，是向埋头苦干与艰苦奋斗的财经工作干部、技术工作干部表示慰问和敬意。

3月23日 出席中共中央书记处会议，会议听取秦邦宪关于国共两党关系的报告。秦邦宪在报告中说，半年来两党关系总的情况是日益恶化、尖锐化。即将召开的国民参政会一届五次会议，主要问题是反汪精卫和反共产党，南方局主张至少要派董必武出席，以影响中间力量。毛泽东建议由秦邦宪、林伯渠、邓颖超、董必武四人出席此次国民参政会，得到会议通过。毛泽东在发言中指出：在国共关系中，抗战以来最大的胜利就是防线的划

〔1〕 指1940年上半年建立的皖东抗日根据地。

定。现在我们党的力量可以起半决定作用。八路军、新四军讨汪救国通电的作法较好，我们应有“乐而不淫，哀而不伤”的态度。会议决定滕代远调前方工作，由王若飞继任中共中央军委参谋长。

3月24日 出席陕甘宁边区工人宪政促进会成立大会并讲话，号召边区工人为争取宪政而奋斗。

3月25日 为中共中央书记处及中央军委起草指示，指出：“应使干部明白，所谓国共合作，主要就是同中央军合作，我全体干部在加强对一切军队的团结说服工作中，要特别着重对中央军的团结说服工作。”

3月26日 出席延安各界为周恩来、任弼时等从苏联返抵延安和秦邦宪日前从重庆回到延安，在北门外广场举行的欢迎会。

3月29日 和王稼祥致电朱德、彭德怀、刘少奇，项英，指出：我们完全同意朱、彭的决心，将第三四四旅调陇海路南增援华中，陈支队〔1〕调胶东。国民党顽固派在华北磨擦受到严重失败后，磨擦中心将移至华中。在华中武装磨擦中，我方的军事策略应当是：以淮河、淮南铁路为界，在此线以西地区避免武装斗争，在此线以东地区则应坚决控制在我手中；将来八路军到达华中后则应坚决争取全部苏北在我手中，陈毅部队立即应当向苏北发展。在华中军事磨擦日益尖锐的情况下，国民党顽固派“有可能利用其优势兵力向新四军军部地区进攻，因此军部及皖南部队应预先有所准备，以免遭袭击，万不得已时可向苏南陈支

---

〔1〕 陈支队，指陈士榘任支队长、林枫任政治委员的八路军第115师晋西独立支队。

队[1]靠拢，再向苏北转移”。

3月30日 汪精卫伪中央政府在南京宣告成立。

3月 对蒋介石在三月召开的全国参谋长会议上的多次讲话，作如下批语：“全部讲话表现三点：（一）军队是暮气沉沉；（二）国民党是靠法令吃饭[2]；（三）讲的还是抗战。”

4月1日 关于在华北华中的方针问题，为中共中央和中央军委起草致朱德、彭德怀、杨尚昆，彭雪枫，刘少奇，项英，陈毅等电，指出：在华北地区对国民党顽固派的军事挑衅，我军应谨守防线，极力忍耐，不还一枪，非得中央同意，不得发生军事冲突，以使山西、河北两省归于平静局面。鄂中、皖东、淮北地区，新四军应坚决地有计划地进行自卫战争，皖东、淮北两地务须坚持，待援军到后反攻。华北八路军应抽调足够力量（四五万人）南下华中增援新四军，打退国民党军的进攻，建设以淮河以北，淮南铁路以东，长江以北，大海以西为范围的新的抗日根据地。“总的目的，在于打退反动进攻，扩大抗日势力，克服投降危险，争取时局好转。”

同日 为严防国民党军越过黄河进占绥德地区，和王稼祥致电朱德、彭德怀，贺龙、关向应并转王震，指出：李文第九十军三个师有偷渡黄河进占绥德警备区的可能，企图隔断陕甘宁边区与华北的联系和进攻边区。因此请贺、关统筹我军的河防布置，无论如何不能让九十军越过黄河，这是关系八路军整个生命的问题。本日，起草八路军河防兵团政治部致第九十军书，希望他们

---

〔1〕 苏南陈支队，指陈毅任司令员的新四军第1支队。

〔2〕 蒋介石在1940年3月9日的讲话中指责说，18集团军（八路军）总司令朱德、副总司令彭德怀说晋省友军私通敌寇，像这和说法是不应该的；并要叶剑英转告朱、彭：“革命军人一切要照中央法令”。毛泽东对这段话写了“靠法令吃饭”的批语。

坚持抗日，不要枪口对内。毛泽东嘱萧劲光将这封信铅印广为散发，并登《新中华报》和广播。

4月2日 致电彭德怀：目前局势相当严重，对我威胁最大的是绥德、皖东两点。如河防不守，则前后方联络隔断，延安在危险中。如皖东不守，则皖南部队被隔断，八路军出鄂豫皖边及豫鄂西的道路也被隔断。所以，对李文第九十军的行动和李品仙部的进攻，值得严重注意。

4月3日 致电项英，询问：新四军军部及皖南部队在遭国民党军袭击时是否有冲出包围、避免重大损失的办法，其办法是以向南打游击为有利，还是以向东会合陈毅部为有利，渡江向北是否已绝对不可能，党内干部是否已有应付可能遭到袭击的精神上的充分准备等。

4月4日 致电彭德怀："蒋召周、朱谈判，主要将是华中问题，彼现梦想将新四军调入黄河以北，划黄河以北给我，把我送入敌人手上，堵塞归路困死饿死。我决不能上他的当，故黄克诚〔1〕及彭吴支队〔2〕仍应迅速南下，在周、朱谈判以前到达盐城、宝应、蚌埠之线"。

同日 为"四四"儿童节题词："天天向上"。

4月5日 关于发展和巩固华中根据地问题，和王稼祥致电

---

〔1〕 黄克诚，当时任八路军第2纵队政治委员。1940年4月，黄克诚率八路军第2纵队主力第344旅（欠1团）、独立游击支队、河北民军第1旅由晋东南南下进入冀鲁豫边区，同冀鲁豫支队合编为新的第2纵队。6月下旬，第2纵队进入豫皖苏边区同彭雪枫率领的新四军第6支队会合，随即合编为八路军第4纵队。8月上旬，黄克诚率一部兵力到达皖东北。

〔2〕 彭吴支队，指彭明治任支队长、吴法宪任政治委员的八路军第115师苏鲁豫支队。

彭德怀、黄克诚，陈光、罗荣桓，彭雪枫，刘少奇，指出：蒋介石有停止军事冲突同我进行谈判的意向，企图把八路军和新四军统统纳入黄河以北，划定黄河以北为我两军防区。但是我军不入华中不能生存，在可能的全国性突变时，我军决不能限死在黄河以北而不入中原，“华中为我最重要的生命线”。因此，应乘这次反击韩德勤〔1〕、李品仙等部进攻之机，派必要部队南下。“整个苏北、皖东、淮北为我必争之地。凡扬子江以北，淮南路以东，淮河以北，开封以东，陇海路以南，大海以西，统须在一年以内造成民主的抗日根据地”。

4月6日 和王稼祥致电贺龙、关向应，王震，指出：李文第九十军原定渡河进攻陕甘宁边区，后经我方质问蒋介石、程潜、阎锡山，同时动员加强河防，知我方有准备，故已改变行动。现判断李文部进攻的危险暂时已经过去。

4月10日 在鲁艺二周年纪念日，题“鲁迅艺术文学院”校名，并题“紧张、严肃、刻苦、虚心”八字校训。

4月12日 和王稼祥复电朱德、彭德怀，指出：同意武安、涉县由卫立煌派县长，向卫再让一步，但对庞炳勋军队进驻这两县应坚决拒绝。目前应力争八路军和中央军的和好团结，朱总能否与卫立煌一晤〔2〕。

同日 为中共中央书记处起草致朱德电：请你于见卫立煌后即经西安来延安。“见卫立煌谈话中心，在于强调团结抗战，缓和中央军中一部分顽固派的反共空气，向他们声明，只要中央军

〔1〕 韩德勤，当时任国民党江苏省政府主席、国民党军苏鲁战区副总司令。

〔2〕 1940年5月上中旬，朱德从华北前线回延安绕道在洛阳停留期间同卫立煌会晤。

不打八路军，八路军决不打中央军，决不越过汾离、临屯[1]漳河之线以南，要求他们也不越过该线以北。”

同日　关于对蒋介石推动中间派[2]向八路军、新四军进攻应采取的方针问题，为中共中央书记处及中央军委起草致陈光、罗荣桓，彭雪枫，刘少奇等电，指出：当地方实力派迫于命令向我进攻时，八路军、新四军应在不妨害自己根本利益条件下，先让一步，求得妥协；当他们不顾一切向我进攻，妨害我之根本利益时，应对其一部分给以坚决打击，作为警告，然后仍求得妥协。只有中间派转变成了坚决的不可变化的顽固派，才采取完全决裂彻底消灭的政策。国民党中央军来进攻时，八路军、新四军也应同样采取上述方针。“中央军各级官长中只有一部分军官及政训系统是顽固派，其他多是中间派，也有一部分进步派，决不能把中央军看成都是顽固派。”

4月13日　致电彭德怀：“时局正在发展，可能日益坏下去，最后变为降日‘剿共’的极坏局面，然亦可能拖一个时期。如能拖到一年，那时国际国内条件均将变化，某方[3]要降要‘剿’都困难，时局便有确定好转希望。我们方针是力争把目前局面拖下去，同时准备对付最坏局面。”

4月15日　和王稼祥致电刘少奇、项英，指出：一、为对付韩德勤的进攻，第一一五师彭（明治）吴（法宪）支队约一万二千人，不日从鲁苏边出动，向苏北前进，估计约三星期内外可与刘少奇方面配合夹击韩德勤。韩德勤是顾祝同[4]唯一嫡系，

---

〔1〕　汾离，指山西汾阳、离石。临屯，指山西临汾、屯留。

〔2〕　这里的中间派，指地方实力派。

〔3〕　指国民党方面。

〔4〕　顾祝同，当时任国民党军第三战区司令长官。

受我打击后，顾有对皖南、江南新四军采取压迫手段之可能，望项英准备应付办法。惟决不可先动手，应取自卫原则。二、左权、黄克诚率第一一五师第三四四旅共一万二千人已从太行山出动，不日到冀鲁边界，随时可调至陇海路南与彭雪枫配合作战。

4月18日 为中共中央军委起草致项英电："关于江南、皖南部队应如何适当部署，由你们依情况决定。""叶、张两团〔1〕以留在江北发展为适宜，你们将来的主要阵地有移至江北之可能。"

4月20日 中共中央致电项英、刘少奇，指出：蒋介石、顾祝同的阴谋是想把新四军江北、江南部队全部陷死在苏南敌后狭小区域，隔断八路军与新四军之联系，以求在适当时机消灭新四军。皖北、皖东、淮南、苏北是我军在全国的最重要的战略地区之一，是击败蒋介石把八路军、新四军全部困在敌后，消灭新四军之阴谋的重要斗争地区。因此，在与顾祝同的谈判中，绝对不能答允四、五支队和叶、张两团南调〔2〕。叶、张两团及苏北全部均暂归中原局指挥，部队调动应依照中央的电令。至于江南部队如何部署，由项英视情况自行决定。

4月21日 为中共中央书记处起草致刘少奇、张云逸、邓子恢〔3〕并告项英电，指出：你们不要提反对李品仙的口号，也

〔1〕 指叶飞领导的新四军第1支队原第6团和张道庸（陶勇）领导的新四军第2支队原第4团。

〔2〕 1940年4月，顾祝同多次提出要江北新四军全部南调，并要新四军政治部主任袁国平到上饶谈判。4月中旬，袁、顾开始谈判。4月16日，项英致电中共中央："袁到上饶正求缓和，以我估计，江北部队不南调，冲突仍不免，全国局势日益恶化，我主张将近调江北之叶张两团全部急返江南，以应大事变。"

〔3〕 张云逸，当时任新四军参谋长兼江北指挥部指挥。邓子恢，当时任新四军政治部副主任兼江北指挥部政治部主任。

不要提反对桂军的口号，对桂军进攻应取劝告及争取的态度，不到必要时机与必胜地点，不要轻易同桂军作战。“目前中心是在淮南铁路以东，肃清地方反共武装，广泛发动民众，建立以各县抗日联防办事处为名义的抗日民主政权，团结广泛小资产分子及开明绅士加入政权，切不可由我一党包办。对淮南铁路以西地方不可发动游击战争”。

4月25日 关于时局等问题，致电彭德怀：一、“时局一方面加重了投降危险，另一方面仍未丧失克服此种危险的可能性。”二、“国民党的限共与磨擦政策不会改变，但目前还没有与我党立即分裂的意图。”三、李品仙部仍在进攻新四军，请令彭吴支队速向苏北前进，第三四四旅速向淮北前进。“苏北、淮北、皖东是八路、新四两军最重要的生命线，彼既向我进攻，我自不能坐视”。四、“蒋邀周去颇迫切。邵力子使苏，似尚有赖苏救急之意。彼方财政经济问题甚严重，军队战斗力大减，人民离心力日增，蒋的文章并不好做。周去将给以团结抗战之助力。”

4月26日 中共中央书记处致电项英、陈毅并告刘少奇，张云逸，指出：“皖南军部以速移苏南为宜。”“武装斗争中的自卫原则，并不是要限制自己发展，而是要放手发展，在放手发展中，如遇顽固派阻碍及进攻，则我站在自卫立场上坚决打击之。在团结抗战时期，我军不应向友党后方行动，而应向战争区域与敌人后方行动。在战争区域，特别是在敌人后方，我应放手发展武装，建立政权，建立根据地，在有理有利有节条件下，坚决打击阻碍我发展的反共顽固派。”

4月29日 出席中共中央政治局会议，会议听取中共广东省委书记张文彬关于广东工作的报告。毛泽东在发言中说：广东省委过去的工作成绩是，发展了进步势力，即发展了党；争取了中间势力，主要在军队方面；同顽固势力的斗争也有成绩。但没有大力发展党领导的武装力量是一个缺点。今后工作方针，应把发展党领导的武装力量作为发展进步势力的中心，应将工作重心放在武装工作和战区工作。现在应上山还是下水呢？现在一切偏僻的地方都成为国民党的地区，我们不要上山，而要下水，深入敌后活动。对于时局估计，要准备最坏局面，要在最坏一点上来布置工作。

4月 和王稼祥等决定以第十八集团军政治部的名义，公开出版发行《磨擦从何而来》小册子。其中收集了《共党问题处置办法》等国民党的六个文件，用事实和材料向社会披露磨擦问题的真相。

5月3日 出席在中央大礼堂举行的泽东青年干部学校开学典礼，因身体不适而未讲话。

5月4日 根据中共中央政治局会议决定，为中央起草关于在抗日战争及抗日民族统一战线中的策略问题对东南局及新四军军分会的指示。指示针对东南局书记项英存在严重的右倾观点，不敢放手发动群众，不敢扩大党领导的人民军队和抗日根据地，对国民党的反动进攻的严重性认识不足等，强调应坚决执行中央多次指出的发展方针。指示指出：在一切日本占领区和战争区域，应不受国民党的限制，独立自主地放手扩大军队，坚决地建立根据地。由于国民党顽固派坚持执行防共反共限共政策，“我们应强调斗争，不应强调统一，否则就会是绝大的错误”。“斗争是克服投降危险、争取时局好转、巩固国共合作的最主要的方法”。“在应付可能的全国性的突然事变的问题上，也只有采取斗争的方针，才能使全党全军在精神上有所准备，在工作上有所布置。否则，就将再犯一九二七年的错误”。当然，这种斗争应坚持有理、有利、有节的原则。“在估计目前时局的时候，应懂得，一方面，投降危险是大大地加重了；另一方面，则仍未丧失克服这种危险的可能性”。“我们的任务，是坚持地猛力地执行中央‘发展进步势力’、‘争取中间势力’、‘孤立顽固势力’这三项唯一正确的方针，用以达到克服投降危险、争取时局好转的目的。如果对时局的估计和任务的提出发生过左过右的意见，而不加以说明和克服，那也是绝大的危险”。这个指示编入《毛泽东选集》时，题为《放手发展抗日力量，抵抗反共顽固派的进攻》。

同日　和王稼祥致电刘少奇：“望令叶飞部开返苏北，在苏北地区放手发展，在今年内至少扩大至二万人枪。严令叶飞定出分期实现计划，立即动手在高邮、泰县、泰兴、清江等县建立抗日民主政权，放手发动群众，发展党的组织。”

5月5日　关于新四军兵力部署问题，为中共中央书记处起草致项英、陈毅电〔1〕，指出：一、“同意军部、后方机关及皖南主力移至苏南”，但请注意皖南阵地仍须坚持并发展。二、“新四军一、二、三支队主力的主要发展方向也不是在溧阳、溧水、郎溪、广德等靠近中央军之地区，而是在苏南、苏北广大敌人后方直至海边之数十个县，尤其是长江以北地区”。三、应在吴淞口至南京之间及芜湖以西长江两岸控制多数渡口，务不使被切断渡江交通。四、“速令叶飞在北岸扩大部队，建立政权，不要顾虑顾祝同、韩德勤、李明扬〔2〕之反对”。

5月11日　和王稼祥致电刘少奇：武汉敌人分三路向鄂豫进攻，已占确山、竹沟、泌阳。豫南宜发展，请令李先念路西部

〔1〕陈毅1940年4月28日致电毛泽东、王稼祥，建议皖南、苏南新四军合并，认为：“合则两利，否则两面孤军，而且目前主要发展方向是苏南”，“军部东移领导力量增强，干部加多，且可控制主力在手中以应付事变，并提高质量，故为比较稳当政策”。

〔2〕李明扬，当时任国民党军鲁苏战区苏鲁皖边区游击指挥部总指挥。

队派部队及干部向北发展。

5月22日 出席中共中央书记处会议，会议听取冯文彬关于青年工作的报告。毛泽东发言指出：青年工作是整个民族解放战争中的一部分，各种民众工作的共同目标是抗日，要与整个工作联系起来。

5月27日 出席延安各界在中央大礼堂举行的欢迎朱德从抗日前线回到延安〔1〕的晚会。

5月28日 会见和朱德同时抵达延安的作家沈雁冰（茅盾）。沈雁冰向毛泽东讲述了他在新疆一年的经历等。

5月29日 出席中共中央书记处会议，会议听取朱德关于国共磨擦问题的报告。毛泽东在发言中指出：目前时局有拖与好转的可能，当然也要警惕有逆转与发生突然事变的可能性。朱总报告说得很对〔2〕，我们还要努力争取中间势力，对顽固势力也要争取与分化，即使打了他们，也还要争取他们。不能把顽固派当作汉奸打，把中间派当作顽固派打。目前顽固势力削弱，中间派的势力增大，国民党军队的多数军官也是中间派。我们要大大组织进步势力和中间势力，这就必须有统一战线的办法，如实行“三三制”的政权等，同时在理论上也要多作说明。

5月30日 致电贺龙、关向应：战地写生队沈逸千等拟由榆林转赴晋西北工作，请加以保护。

5月31日 新华社奉命辟谣，驳斥日本同盟社捏造的“毛

---

〔1〕 朱德于1940年5月26日回到延安。

〔2〕 朱德在报告中说，从打退国民党这一次反共磨擦（即第一次反共高潮）中，我们得到一个大的教训，这就是争取中间力量是非常重要的。他在报告中还提出，对顽固势力我们也要争取。

泽东在甘泉逝世”谣言。

6月1日　和王稼祥、朱德致电刘少奇，彭雪枫、黄克诚并彭明治、朱涤新[1]：“对华中我兵力布置，军委已有原则电报，今后一切具体行动由胡服之命令实行之，克诚、雪枫、彭朱等均应服从胡服之指挥。”

同日　下午，在杨家岭住处会见到延安参观访问的南洋华侨领袖、南洋华侨筹赈祖国难民总会主席、国民参政员陈嘉庚[2]和筹赈总会常委侯西反，就中共进行的反磨擦斗争和以斗争求团结的方针作了解释和说明，并设晚宴款待他们。会见和宴会时，朱德、陈绍禹作陪。宴会后毛泽东等陪同陈嘉庚等出席延安各界举行的文艺晚会。

6月4日　下午，到陕甘宁边区政府交际处看望陈嘉庚，交谈至夜十时左右。

6月初　到陕甘宁边区政府交际处看望沈雁冰，同他畅谈中国古典文学，对《红楼梦》一书发表了许多见解。建议他到鲁艺工作，并送他一本刚出版的《新民主主义论》。

6月5日　德国对法国发动全面进攻。十日，意大利向英、法正式宣战。

6月9日　和朱德等出席鲁迅艺术文学院成立二周年纪念大会。毛泽东在会上发表讲话，他首先说明艺术在革命中的重要性以及鲁艺在两年中的进步，并阐述在抗战中文化统一战线的重要性，指出为了建立中国的新文化，我们必须向各方面学习，向老百姓学习。

---

〔1〕朱涤新，当时任八路军第115师苏鲁豫支队（即彭吴支队）政治委员。

〔2〕陈嘉庚在《南侨回忆录》一书中记述了他访问延安的情况，说：“毛泽东主席来余寓所数次，或同午饭，或同晚餐”，“毛主席与余谈论两党磨擦事”。

6月10日 出席中共中央书记处会议，会议讨论纪念"七七"抗战三周年问题，提出中央准备发表纪念宣言，并发一个指示[1]，政治局的同志都要写纪念文章等。毛泽东发言指出：目前形势，欧战将扩大，形成英、法、美对德、意、日的对抗。欧战已影响到中国，最近国民党搞磨擦也减少了。写"七七"抗战三周年的文章，要解答一些实际问题，例如政权问题，应当公开说明"三三制"问题，说明只有统一战线政权才能争取中间力量。目前党内错误倾向主要是"左"倾，表现在政权问题、土地问题、群众工作等方面，要发一个中央关于纠正"左"倾错误的指示。我们在党内要紧，但党的政策要宽。

6月11日 和王稼祥致电王震，指出：涧峪岔高双成部队决不能打，此间即派南汉宸[2]去榆林交涉。顽固派正挑拨高双成向我磨擦，我们决不可中计。绥德、清涧、安塞、吴堡等四县应建立抗日民族统一战线政权，县政府及专员公署人员分配实行"三三制"。

6月21日 出席延安新哲学会第一届年会并讲话，说："今天开这个会，我心里很高兴。回想前年开新哲学会成立会的那一

---

〔1〕1940年7月7日，中共中央发出《关于目前形势与党的政策的决定》。决定指出，必须纠正在执行统一战线政策中的"左"倾错误。一年以来在反磨擦斗争中发生了许多"左"的错误，主要是：在军事斗争中有些地方没有坚持自卫原则；乱打汉奸；财经工作中侵犯商人财产，滥罚款滥征捐；在政权问题上不执行"三三制"政策；对顽固分子只有斗争没有团结，甚至把顽固分子看作汉奸，把中间分子看作顽固分子；对党外干部不接近不信任。

〔2〕南汉宸，当时任中共中央统一战线工作部副部长、陕甘宁边区参议会秘书长。

天到现在，已两年了，工作有了成绩。今年开过了这个年会之后，一定会更好。理论这件事是很重要的，中国革命有了许多年，但理论活动仍很落后，这是大缺憾。要知道革命如不提高革命理论，革命胜利是不可能的。过去我们注意的太不够，今后应加紧理论研究。现在人的条件比过去好了，有许多文化工作者与哲学家都会聚在这里。必须承认现在我们的理论水平还是很低，全国的理论水平还是很低，大家才能负起克服这种现象的责任。我们要求全国在这方面加以努力，首先要求延安的人多多努力”。

6月22日　法国贝当政府的代表在希特勒德国政府提出的停战协定上签字，法国正式投降。

6月26日、27日　出席中共中央政治局会议。在二十六日会议上作《关于目前形势的估计》的报告，指出：“法国投降与英国失败，造成了两个对立的帝国主义阵线之间的极大的不平衡状态。这一形势，一方面将促进德、意帝国主义扩大战争胜利的贪欲，促进日本帝国主义加紧进攻中国与侵略南洋的野心；另一方面，又将促进美国帝国主义加紧武装起来走上战争的轨道。目前帝国主义营垒中的形势是：一方面——德、意、日扩大战争，一方面——美国、英国及法国残余不得不对抗德、意、日。”“第二次帝国主义战争时期，一开始即是一个战争与革命交错的时期，而没有一个单纯的帝国主义战争时期，如同第一次帝国主义战争的头两年半那样。”“因此，不能设想在这次战争之后，再有一个世界资本主义和平稳定的时期。”中国目前处在新的环境中，主要是：“从英、美、法方面发动的东方慕尼黑危险，已经不存在了，或至少可以说很大地减少了。”“中国投降危险的主要来源，已由英、美、法移至日、德、意，而日本是策动中国投降的最主要的外来力量[1]”。共产党力量的发展，“是迫使国民党主体‘既不能投降又不能剿共’的最主要的国内因素”。国民党党内与党外存在着广大的中间势力，还保存着更多的抗日积极性。总之，中国目前的抗战形势是：“一方面投降危险空前的增长了，一方面好转的因素亦增长了”，“总的形势是于抗战有利的”。“虽然即使能好转，目前大体上也必然还是一个拖的局面”。毛泽东这个报告提纲，曾作为党内文件印发。二十七日会议讨论毛泽东的上述报告。讨论结束后，毛泽东作结论，讲了战争问题、革命问题、中国问题、党与非党问题等。会议决定：由毛泽东起草中共中央为抗战三周年纪念对时局的宣言；召开二百人的干部会议；政治局各同志写纪念“七七”的文章。

6月27日 和王稼祥、朱德致电彭雪枫，刘少奇并告八路军总部，陈光、罗荣桓，同意彭雪枫、黄克诚两部合编为八路军第四纵队，以彭雪枫为司令员，黄克诚为政治委员。“活动于津浦路西、陇海路南，以对日寇作战，巩固豫皖根据地，扩大与整训部队为中心任务”。“请陈、罗令彭朱支队到徐州以东南下，活动于津浦路东地区。彭、黄应设法抽调一部兵力过津浦路东，帮助苏北发展，俟彭朱支队到达后，苏北部队再行合编，成一八路军纵队。”“华中确应成立统一的指挥部”，“现在华中部队统归胡服指挥，苏北、淮北之纵队，可归彭、黄指挥”。

6月下旬 根据截止至一九四〇年六月十六日的大量资料，撰写《第二次帝国主义战争的发展》一文。文章指出：“第二次帝国主义战争分为片面性与全面性的两个大阶段，这第二个大阶

[1] 1940年上半年，日本实施所谓“桐工作”计划，对重庆国民党政府进行诱降，双方代表先后在香港、澳门举行了两次谈判，后因形势发生变化，才中断和谈。

段是从去年九月欧战爆发开始的。但从去年九月到现在，又已有了三个小的发展阶段。”所以，“连同片面性阶段，也可以说共有了四个发展阶段”。第一阶段是帝国主义的片面战争阶段，从一九三一年起至一九三九年八月苏德签订协定止。在此期间，日、意、德三个帝国主义国家已经次第开始了第二次帝国主义战争，但英、美、法却不抵抗，反而纵容这种战争，并企图挑动日苏战争和德苏战争，极力避免帝国主义自己的全面战争。第二个阶段是英、法已向德国宣战但并没有展开真面目战争的阶段，从一九三九年八月苏、德签订协定起至一九四〇年三月苏、芬签订和约止。在此期间，英、法、美仍然避免帝国主义相互间的战争，企图引导反苏战争。他们采取种种办法迫德反苏，利用苏芬战争，在世界范围内掀起反苏高潮。在英、美、法的策动和影响下，国民党政府一方面发动了反苏宣传，一方面发动了反共高潮。“‘磨擦从何而来’呢？许多人不明白从张伯伦到何绍南这样一条垂直的线索。”第三个阶段是帝国主义双方开始进行真面目战争但还没有扩大到世界范围的阶段，从苏、芬签订和约至一九四〇年六月法国向德国投降。苏联战胜芬兰，订立苏芬和约，迫使帝国主义战争的双方不得不真打起来，世界就明确地划分为三个阵线：德、意、日帝国主义战争阵线，英、美、法帝国主义战争阵线，苏联的和平中立阵线。但在这个阶段内帝国主义战争范围只限于欧洲。法国投降以后为第四个阶段，是帝国主义战争的扩大、持久与准备最后决战的阶段。《第二次帝国主义战争的发展》一文，当时作为内部参考材料印发。

7月5日　为中共中央起草的抗战三周年纪念对时局宣言在《新中华报》发表。宣言的中心思想是号召抗战到底，团结到底。

同日　为纪念抗战三周年而作的《团结到底》一文在《新中

华报》发表。文章指出：投降危险是空前地加重了，“抗战的第四周年将是最困难的一年。我们的任务是团结一切抗日力量，反对投降分子，战胜一切困难，坚持全国抗战”。为此，中共在政权、军队、财政、经济、文化、教育、锄奸等方面，均必须从调节各阶级利益出发，实行统一战线政策。这篇文章编入《毛泽东选集》。

7月7日 晚，在杨家岭中央大礼堂召开的延安高级干部会议上作报告，讲述《中共中央关于目前形势与党的政策的决定》（一九四〇年七月七日发出）。报告分析了处在新的巨大变化中的国际国内形势，指出根据当时形势全党应当执行的各项政策，主要有：在反共高潮下降时期，对国民党应强调团结一致；必须继续扩大八路军、新四军及抗日游击队，但应限制在战区、敌人后方及陕甘宁边区境内；纠正在执行统一战线政策中的“左”倾错误，同时对右倾错误也不放松；继续巩固党的工作，党内要严；在国民党统治区的党组织，必须执行组织上的隐蔽政策和精干政策。报告在分析中间势力还保存抗战积极性时指出：“中间势力的成分现在比前次更有了新的补充〔1〕，把国民党中央军的大部分也放在里面了。中间势力观念在党内尚未普遍，这是要注意纠正的。”在讲到投降危险与好转的可能性之增加将表现于抗日阵线内部的分化时，指出：“我之任务在争取一切可能好转的部分，争取国民党主体（即蒋介石）延长合作时间而孤立与驱逐一切投降派。”报告在谈到全党应加强统一战线教育时指出：“必须了解，阶级斗争与阶级联合（统一战线）的教育都是阶级教育，二

〔1〕《中共中央关于目前形势与党的政策的决定》中说，中间势力是：国民党中的多数党员，中央军中的多数军官，多数的杂牌军，中等资产阶级，中小地主及开明绅士，上层小资产阶级，各抗日小党派。

者不可缺一。以前一时期强调斗争教育是必要的，否则不能达到反磨擦的胜利。现在只知团结不知斗争的现象尚有，但现在主要的问题是放松了统一战线的策略教育。决不能把复杂的问题简单化，有理有利有节的原则是重要的。国民党一打一拉的政策我们应该学习。”

7月12日 和朱德、王稼祥致电周恩来，刘少奇，项英，陈毅等，指出：“华中目前斗争策略，以全力对付韩德勤及苏北其他顽军，切实发展苏北，对李品仙应取守势并力争和缓，以防蒋、桂联合对我”。还指出：“苏南自陈毅、粟裕〔1〕北上后，兵力较弱，指挥无人。请项英同志妥为布置，以维持我军原有地区，并准备于适当时候，将军部及皖南主力移至苏南。”

7月13日 在延安高级干部会议上，就会议对他七月六日报告的讨论情况作结论，进一步解释了两个方面的问题：一、战争与革命问题，二、中国问题。结论指出帝国主义国家之间尚有可供革命利用的矛盾，一切国家的无产阶级及被压迫民族都必须利用这些矛盾，资本主义战线可能在三处被冲破——欧洲、印度和中国。在论述统一战线中团结与斗争的关系时说：“我们历来是强调团结的，今后还是一样——对付一切抗战派。”“我们历来是强调斗争的，今后还是一样——对付一切投降派。”“我们又强调团结又强调斗争——对付一切又抗日又反共的顽固派。”“有时强调团结，有时强调斗争——依顽固派的态度是团结为主还是反共为主而定。”“斗争为了团结——为了延长合作时间。”关于学习问题，指出：“一切皆在变化中，不应该用顽固的形式主义的观点，而应该用活泼的辩证法的观点，去注意一切变

〔1〕 粟裕，当时任新四军江南指挥部（1940年7月下旬改称苏北指挥部）副指挥。

化”。例如，这次中共中央关于目前形势与党的政策的决定，就有许多新的东西。有人说“从什么年月学好了，或者什么天才”，这“都是骗人的，有用的是用马克思主义观点研究具体环境与具体策略，用点苦功”。毛泽东作的这个结论，曾以党内文件印发，题为《毛泽东同志在延安高级干部会上讨论时局问题的结论》。

7月16日 国民党提出一个“中央提示案”，提出：将陕甘宁边区改为“陕北行政区”，辖十八个县，八路军在陕甘宁留守部队一律撤至该区内。八路军、新四军的作战地境，规定为冀察两省、鲁北及晋北之一部，八路军、新四军应于奉命后一个月内全部开赴上述规定地区，不得在原驻各地设立留守处、办事处、通讯处及其他一切类似机关，非有国民党政府军事委员会命令不得越出规定地区。八路军的编制，在三军六个师三个补充团外，再加两个补充团，不准有支队；新四军的编制为两个师；八路军、新四军所有纵队、支队及其他一切游击队，一律限期收束；编军之后，不得再委其他一切名义或自由成立部队。

7月20日 关于对苏北顽固分子的方针问题，和朱德、王稼祥致电中原局，陈毅，指出：一、与李品仙力求和缓冲突；韩德勤部南下进攻的可能性很大，我华中部队仍应增援陈毅，压下韩的攻势，发展苏北。二、汉奸首领及参加暴动的反动分子头目的土地财产可以没收，但应极谨慎，而不应对一切汉奸、一切反动分子和顽固分子均没收其土地财产，变成相当普遍的没收土地与分配土地运动。三、极力扩大统一战线工作，拉拢一切动摇分子，只打击当前直接向我进攻的一部分，以暂时中立其余部分。

7月24日 经毛泽东、朱德等发起，延安各界举行纪念成吉思汗公祭大会及成吉思汗纪念堂、蒙古文化陈列馆落成典礼。

7月30日 和朱德、王稼祥致电刘少奇，陈毅等，指出：关于苏北战略，我们同意胡服意见。韩德勤部南下攻我时，我应大举反攻，一举而驱逐或消灭韩部，发展苏北。还指出：同意陈毅意见，对两李〔1〕应加强统一战线工作，争取其对我同情或中立，因此目前不应进攻两李部队。

同日 本日和八月一日、四日、七日、八日五天，出席中共中央政治局会议。会议听取周恩来〔2〕关于统一战线工作和南方党的工作的长篇报告，周恩来的报告用了四天多的时间。在八月八日会议上，毛泽东作长篇发言，讲政治形势和党的各项工作。关于政治形势，指出：亲苏、和共、改良是国民党今后的可能发展方向，但需要一个斗争过程。亲苏可能首先实现；和共问题，今后可能出现“大和小战”的局面，同时又可能是“外和内反”；要国民党改变政策，必须阶级关系发生变化，现在是大地主大资产阶级不能照旧统治下去，是接近变化的时期。关于党的各项工作，指出：今后要重视国民党统治区党的工作，南方党的工作是带全国性的工作。南方党以巩固为主，但在没有党组织或党组织很少的地方发展还是必要的。其工作路线是普遍化，打入社会，肃清内奸，在国民党统治区党内要提出“打入社会”的口号。其经常工作有四项，即政治估计、组织问题、统一战线、文化工作。国民党统治区的党组织，统归周恩来管理，以统一党的领

〔1〕 两李，指李明扬、李长江。李长江当时任国民党军鲁苏战区苏鲁皖边区第1路游击指挥官。

〔2〕 周恩来于1940年7月27日从重庆回到延安，带回国民党“中央提示案”。

导。讲到统一战线工作时，指出：利用矛盾，联合多数，反对少数的策略，是从大革命、苏维埃、抗日三个时期总结出来的。中间势力问题是一个中心问题，现在注意了中间势力，过去许多干部没有这种观念，不了解中国的阶级关系。现在蒋介石大体上处于孤立地位，但还没有完全孤立。最近中共中央为抗战三周年纪念对时局宣言，是孤立大地主、大资产阶级的最好的文章，受到中产阶级的欢迎，上海《大公报》发表了这个宣言。发言强调国民党统治区的文化工作的重要性，要求中央文委建立实际工作机关，组织文化、宣传、教育工作。发言提出要处理好几种关系，即：外来党员与本地党员的关系，军队与地方党的关系，老干部与新干部的关系，正规军与游击队的关系，党与群众的关系，进步势力与中间势力的关系。发言最后指出：过去中央工作方向偏重军事和战区，对南方和日本占领区注意很少，今后政治局须用大力加强这方面工作。中央今后注意力，第一是国民党统治区域，第二是敌后城市，第三是我们的战区。

7月 为《美洲日报》创刊题词："起来，为中华民族的独立自由而奋斗到底。"

同月 接沈雁冰到杨家岭住处长谈一次，内容是三十年代上海文坛的斗争以及抗战以来文艺运动的发展。

8月1日 和朱德、王稼祥、彭德怀联名发布关于举办军队干部的高级干部班和上级干部班的命令，指出：为了八路军、新四军今后发展的需要，必须培养高级和上级干部，而且现在各部队也可能抽出少数人员受训，故决定在延安军政学院设高级干部班，以培养团级以上干部为目的；在八路军总部设上级干部班，以培养营级以上干部为目的。

同日 为延安大众读物社编辑出版的《大众习作》题写刊名。

8月3日 次女李讷在延安出生。

8月11日 关于根据地财政经济工作及国民党目前态度等问题，致电彭德怀，指出：全国十八个根据地工作最差最无秩序最未上轨道的是财政经济工作，许多重要工作都接受了苏维埃时期的教训，独财经工作至今没有接受过去的教训，如不速加注意，必遭破产之祸。还指出：“因内外迫逼国民党投降与抗战两派正在激烈斗争与分化过程中，国民党（蒋介石）亲苏、和共及初步政治改良这三个方向，似已不可避免，统一投降与统一‘剿共’已不可能，我们正在力促这三件事的实现。”今后统一战线应有更广泛开展，而中心点是争取国民党政府的二百万军队。

8月13日 和朱德、王稼祥、谭政致电彭德怀、杨尚昆、罗瑞卿、陆定一〔1〕，聂荣臻、彭真、朱良才〔2〕，提出对野战军政工会议和晋察冀军区干部会议的意见，指出：“共产党领导的军队中的政治工作，在抗战中应有其独立性。这种独立性是根据党的政策与共产党在民族斗争中的独立性而来的。因此模糊我们政治工作的独立性的原则，无视国民党军队的传统与作法对我们的恶劣影响是不对的。然而所谓政治工作的独立性，并不是要我们抄袭内战时期一切作法，相反地我们应当根据民族战争的环境来确定政治工作各方面的具体方针，我们应当使军队的政治工作变成实现党的每个政策的有力武器。”还指出：军队各种干部，尤其是军政干部，必须了解掌握党的政策与策略，因此必须加强干部中的策略教育，使其成为干部教育中最重要的一项；必须明确规定处理军队党与地方党、外地干部与本地干部、老干部与新

〔1〕罗瑞卿、陆定一，当时分别任八路军野战政治部主任、副主任。
〔2〕朱良才，当时任八路军晋察冀军区政治部副主任。

干部、正规军与地方武装等几种关系的原则；应当注意政治工作的领导方式和工作方式。

8月15日 延安各界在中央大礼堂举行追悼张自忠[1]将军大会。毛泽东送“尽忠报国”挽词。

8月16日 出席中共中央政治局会议，会议参考莫洛托夫报告、日本松冈[2]报告、蒋介石告沦陷区民众书等材料，讨论国际国内政治形势。毛泽东发言指出：日本企图以截断中国西南交通迫使中国言和，而蒋介石没有外援将不能继续抗战，所以中国抗战有和平妥协的可能。要准备这一年多是国际国内的大的转变关头，中国处在大事变的前夜，我们在思想上要有各种准备，政策要非常谨慎。

8月18日 出席中共中央政治局会议，会议听取中央财政经济部部长李富春关于中央和陕甘宁边区财政经济问题的报告。毛泽东在发言中指出：绥米地区，要发动民众的春耕秋收运动，使民众得到利益。今后收税，不能增加太多，陕甘宁边区公粮不能收十万担。

8月19日 关于一二〇师的工作，和朱德、王稼祥、谭政致电贺龙、关向应、甘泗淇并告八路军总部，指出：晋西北在新旧军斗争之后，由于未能妥当地实施政策，一部分地主出现对立现象，一般民众也动摇、彷徨，应引起严重警惕与注意。“你们应与区党委共同召开干部会议，传达中央七七决定，着重指出世界大事变和革命形势的发展对于中国抗战是有利的，并在会议中根据中央决定严格检讨自己的政策，号召干部从全局着眼认真研

---

〔1〕 张自忠是国民党军第五战区右集团军总司令兼第33集团军总司令，1940年5月16日在豫鄂会战中牺牲。

〔2〕 松冈，即松冈洋右，当时任日本外相。

究党的政策。目前部队应以全力进行驻地周围的群众工作，达到安定秩序，巩固民心。”关于晋西北财政困难问题，指出：“要解决粮食、经费的困难，部队应积极向敌占区扩张。同时，必须停止扩大，把中心力量集中在巩固部队，提高现有质量，不可只求数量的扩充。”

8月20日　华北八路军在正太铁路沿线同时向日军发起攻击，百团大战[1]开始。此战役八路军先后出动一百零五个团，二十余万人，至十二月上旬基本结束。这次战役，八路军作战一千八百余次，毙伤日军二万余人、伪军五千余人，俘日军二百余人、伪军一万八千余人，八路军伤亡一万七千余人。

8月28日　和朱德、王稼祥致电朱瑞[2]、陈光、罗荣桓、黎玉等，指出第一一五师、山东纵队及山东地方工作今后的努力方向，主要是：（一）“巩固与扩大一一五师与山纵，使两部打成一片。坚持山东根据地，并在将来必要时准备再调一部向苏北发展。故山东是你们的基本根据地，华中则是你们的准备发展方向”。（二）“对山东抗战作长期打算，因此必须实行正确政策，尤其是财政经济政策”。山东虽已提出统筹统支，但据说各部队仍多自筹自支，民众负担颇重，且无严格规定。“因此，分局、一一五师及山纵应组织统一的财政经济委员会，确实整理财政收入与开支。各地区党政军亦应组织同样的委员会。政策应当是集中的统一的，办理应当是分散的。”（三）“开展山东统一战线，采取纯粹自卫原则，减少军事磨擦。但这不是要我们停止反对投降分子的斗争，而是要我们更努力地从政治上争取中间派，孤立顽固派。”

---

〔1〕百团大战，最初称交通破袭战。

〔2〕朱瑞，当时任中共中央山东分局书记兼统战部部长、八路军第1纵队政治委员。

9月初 周恩来代表中共中央对国民党"中央提示案"，提出关于调整作战区域及游击部队的三项办法：（一）扩大第二战区至山东全省及绥远一部；（二）按照八路军、新四军及各地游击部队全数发饷；（三）各游击部队留在各战区划定作战界线，分头击敌。

9月5日 读范文澜[1]关于中国经学简史的讲演提纲后，致信范文澜："提纲读了，十分高兴，倘能写出来，必有大益，因为用马克思主义清算经学这是头一次，因为目前大地主大资产阶级的复古反动十分猖獗，目前思想斗争的第一任务就是反对这种反动。你的历史学工作继续下去，对这一斗争必有大的影响。"

9月6日 关于对大资产阶级和民族资产阶级，大地主和开明绅士以及国民党军官进行分省调查事，致电周恩来、叶剑英、李克农、饶漱石[2]，指出：一、将大资产阶级和民族资产阶级加以区别，将大地主与开明绅士加以区别，每类每省调查数十人至一百人，每人立一小传。对国民党军官进行调查，总司令、军长、师长每人也立一小传。

同日 中共中央军委致电中原局、新四军：国民党政府军委会军令部已向顾祝同发出扫荡长江南北新四军的命令，请叶挺、项英、刘少奇准备自卫行动，皖南尤须防备。

9月10日 为中共中央起草关于时局趋向的指示。指出："目前国际国内的政治情况，正处在剧烈变化的前夜，我党对于

---

〔1〕 范文澜，当时任延安马列学院历史研究室主任。

〔2〕 叶剑英，当时任中共中央南方局常委、八路军参谋长。李克农，当时任八路军新四军驻桂林办事处处长。饶漱石，当时任中共中央东南局副书记。

这种变化，必须在精神上有所准备。”国际方面，帝国主义战争带有扩大、持久与准备决战的性质，抗日的中国则将成为帝国主义者双方争夺的对象。国内方面，是三种势力及三种可能性之间的激烈斗争时期，顽固派要求维持现状，投降派准备组织贝当政府，进步派与中间派则要求亲苏、和共与政治改良。第三种可能性的实现，即是中国时局的初步好转。国际国内的大势所趋，将是日益不利于顽固派，而日益有利于进步派与中间派。党内对于时局的悲观估计与不耐烦情绪，显然是不正确的。我们必须在思想上组织上政治上军事上加速准备一切条件，一方面准备迎接时局好转，一方面又准备对付投降派的突然事变。

9月11日 出席中共中央政治局会议。在发言中，首先对为中央起草的关于时局趋向的指示作了说明，指出：应补充现在中国处在大事变的前夜。目前时局趋势有三个方向，一是维持现状，使抗战有利于大资产阶级；二是进步，在不损害大资产阶级利益前提下，对中产阶级和小资产阶级作部分的让步；三是投降，在重庆失守后中国将变为南北朝，会产生中国的贝当式的投降政府与汪精卫合流。我们的方针，是团结与争取进步派、中间派，分化顽固派，争取可能变化的顽固派，反对投降派，以争取时局的初步好转，即亲苏、和共、政治改良的实现，再争取时局的彻底好转，即抗日统一战线政权的建立。同时，我们必须在政治上、军事上、思想上、组织上准备可能到来的突然事变，使我们在任何可能变化条件下都能应付。其次，对几个具体问题谈了自己的意见。关于百团大战，指出不要说百团大战是大规模的战役进攻，现在还只是游击性的反攻。关于民族形式问题，指出我们的立场应该是发展新的东西，反对旧的东西，反对复古思想，但须运用民族的形式。还在会上提议组织陕甘宁边区中央局，统一边区党政军工作的领导，会议通过了这一提议。

同日 和朱德、王稼祥复电叶挺、项英，对叶、项九日来电中提出的目前在苏北的新四军各部及八路军一部在军事行动上暂时统一于新四军军部指挥的问题，指出："在苏北防战条件及地理远隔条件下，八路军、新四军只能作战略配合，不可能希望他们作战役配合，两军各部均应准备独立作战，各部均不向韩进攻，而于韩向我进攻时各个击破之。""八路军苏北各部，既分散又复杂，不宜变动指挥关系，皖东亦归中原局指挥为宜，陈毅可改归你们直接指挥。"

9月23日 在杨家岭作《时局与边区问题》的报告。关于时局问题，指出：帝国主义战争的趋势是扩大和持久，现在还是处在最后决战的前夜。中国时局的发展有三种可能性，一是不变，一是变好即进步，一是变坏即投降。变坏是投降派的路，如果重庆失守，可能出现中国的贝当，这就是现在的突然事变。我们同国民党蒋介石的关系，团结与斗争都要，但现在是以团结为主。我们的方针，要一方面放在争取时局好转上，一方面放在对付坏转上，在某一种意义上，在布置工作时应以对付坏转为主。大资产阶级在抗战问题上可分为三派：右派即投降派，中派即顽固派，顽固派中的左派即可变派。对投降派要完全孤立，要打倒；对顽固派也要孤立，但还要团结他们；对顽固派中的左派，要分化和拉拢，必要的斗争和批评也是需要的。过去，我们没有指出民族资产阶级是较好的同盟者。文化运动要大大发展，有文化的有知识分子的军队是不易消灭的。过去对知识分子没有大量吸收吃了亏，对敌后民主政权建设太慢也吃了亏，武汉失守以后，这两条都不好办了。对百团大战的估计，百团大战是"敌我相持阶段中一次更大规模的反扫荡的战役反攻"。这是"一次"，因为以后还要有；"更大规模"，表示以前有过大规模的反扫荡，但这次更大；"反扫荡的战役反攻"，表示不是战略反攻。百团大战各地方都要干，要继续下去，同时要有防备顽固分子背后进攻的部署。关于边区问题，指出：陕甘宁边区是抗日民族统一战线的策源地，又是全国有名的政治的文化的中心。边区还不巩固，首先是外部国民党军队的包围，其次是本身的建设也不够。边区的经济，原有的农业、手工业发展了，又增加了新的工业。新的国营经济，是一种特殊的国家资本主义，与俾斯麦的和列宁的都不同。要消灭党内资本主义思想，发展新式的国家资本主义。边区党代表大会把资本主义痛打了一顿，但有些地方是打得超过范围。党外资本主义是要发展的。边区有四种经济，国营经济、私人资本主义、合作社经济、半自足经济。私人资本主义要节制，但非打击，更非消灭，消灭限于党内。要处理好几种关系，新老干部关系，本地干部与外来干部关系，军队干部与地方干部关系，党的干部与非党干部关系，正规军与游击队的关系。

9月25日 出席中共中央政治局会议。会议讨论毛泽东提出的陕甘宁边区工作问题，决定边区中央局组成人员的名单和由任弼时领导边区工作，中央局以高岗为书记，谢觉哉为副书记，常委还有林伯渠、萧劲光、高自立、张邦英、王世泰、刘景范。原边区党委名义仍然存在。在讨论边区财政经济问题时，毛泽东指出：各个根据地的中心问题，都是经济问题。整个经济工作要实行自给的原则，边区要实行六万五千人的自给，要把经济建设当作党与民众团体整个工作的中心，边区党委和政府工作的中心。今年公粮以决定征收九万担为好。在我们自己的区域，在革命战争时期，不能机械地执行工人八小时工作制，不能无条件地增加工资。官富民富是对的，但在党员中不要提发展私人经济的口号。在党内反对贪污腐化，反对发财思想是对的。

9月27日 德国、意大利、日本在柏林签订军事同盟条约。

9月30日 和朱德、王稼祥致电刘少奇并告叶挺、项英，陈毅，指出：陈毅、黄克诚部在苏北运河以东地区发展广泛的游击战争，不仅扩大主力，并应建立无数的小游击队，建立新政权，这样才能击破韩德勤。同时对韩德勤部中下层及苏北各顽军与地方人士，应广泛开展联络工作，争取同盟者，孤立韩德勤。

10月3日 为黄克诚[1]率领的八路军第五纵队南下阜宁、盐城地区增援新四军陈毅部反击韩德勤进攻一事，致电周恩来，指出我们的方针是“韩不攻陈，黄不攻韩；韩若攻陈，黄必攻韩”。让周恩来先告何应钦停止韩德勤的进攻行动，否则八路军不能坐视。四日，反击韩德勤进攻的黄桥战役打响，六日战斗结束，这一战役歼灭韩德勤部一万一千余人。

10月5日 出席中共中央政治局会议，在会上对德、意、日三国签订军事同盟条约一事作分析，指出：三国同盟条约订立后战争会扩大。中国有可能利用帝国主义大战来解决中国民族战争的胜利问题。我们党的政策是进行独立自主的民族革命战争。我们要利用帝国主义国家之间的矛盾，对付共同的敌人，但不能参加帝国主义战争。现在我们应加紧反对德意日同盟的宣传。关于参加国民参政会问题，发言指出，现在的国民参政会，是在大资产阶级统治条件下多请一些客罢了，只有建议权、调查权、询问权，没有决议权，人员也增加很少。我们的态度仍是主张召集有全权的国民大会。

10月7日 延安清真寺举行落成典礼。毛泽东题写寺名“清真寺”。

---

〔1〕 黄克诚，当时任八路军第5纵队司令员兼政治委员、政治部主任。

10月8日 和朱德、王稼祥致电叶挺等，指出：蒋介石令顾祝同、韩德勤扫荡大江南北新四军，大江南北比较大的武装磨擦是可能的。主力战将在苏北与江南。最困难的是皖南的战争与军部。我们意见，军部应移到第三支队地区，如顽军来攻不易长期抵抗时则北渡长江，如移苏南尚有可能，也可移苏南。向南深入黄山山脉游击，无论在政治上、军事上是最不利的。

10月9日 和朱德、王稼祥致电刘少奇，陈毅，叶挺、项英，指出：国民党军"无论何部向我进攻，必须坚决消灭之。只有消灭此等反共部队，才有进攻日寇之可能。你们的部署与决心是完全正确的，国民党任何无理责难都不要理它。"陈毅部大胜，振我士气，黄克诚南下增援是完全正当的。

10月11日 关于在山东缓和磨擦的问题，和朱德、王稼祥致电彭德怀，朱瑞，陈光、罗荣桓："目前方针是缓和磨擦，强调团结。除电胡服、叶、项缓和对韩、李〔1〕关系外，山东方面亦应对沈、秦〔2〕缓和一下。只要沈、秦各部没有向我进攻，我即不向彼等行动，双方维持现状，各守现有防地，仅在彼方进击时，我才反击之。"

同日 中共中央书记处关于争取苏北著名绅士致电陈毅，黄克诚，项英，刘少奇，彭雪枫，指出：江浙为中国民族资产阶级的中心，韩国钧、黄炎培、张一麐等为江苏民族资产阶级的一部分著名代表，如果我们能够以正确的政策耐心地争取他们与我们合作，则对于争取整个江浙民族资产阶级集团以及整个中国民族资产阶级有很大的作用，对于孤立买办大资产阶级集团有重要的

---

〔1〕 韩、李，指韩德勤、李品仙。

〔2〕 沈、秦，指沈鸿烈、秦启荣。

作用。因此，望你们把与韩国钧等苏北绅耆的统战工作看成是党争取民族资产阶级的一部分最重要的任务，把对这个问题的认识提到党的策略原则的高度。

10月12日 为留用黄桥战役俘虏的国民党官兵和大批收容知识分子，和朱德、王稼祥致电陈毅并告叶挺、项英、刘少奇、黄克诚："俘虏兵只释放少数坏分子，其余一概补充自己，加以训练，增强部队战斗力。下级俘虏军官亦应留一部分稍带革命精神者，其余官长一概优待释放，不杀一人（不论如何反动）。"对知识分子，只要是稍有革命积极性，不问其社会出身如何，来者不拒，一概收留，为建设广大抗日根据地之用。

同日 关于新四军行动方针，和朱德、王稼祥致电叶挺、项英，刘少奇，陈毅、黄克诚：因为蒋介石站在反日立场上，我们不能在南方国民党统治区进行任何游击战争，曾生部队在东江失败〔1〕就是明证。"因此军部应乘此时速速渡江，以皖东为根据地，绝对不要再迟延。皖南战斗部队，亦应以一部北移，留一部坚持游击战争。"新四军皖东部队，应迅速部署向西防御，坚持皖东根据地。"皖东决不可失，如失皖东，则蒋介石必沿运河、淮河构筑封锁线，断我向西之前途。"

10月13日 关于韩德勤进攻失败后华中的工作方针，和朱德、王稼祥致电叶挺、项英，刘少奇，陈毅，指出："为对付日寇进攻，为巩固国内团结，华中磨擦在韩进攻失败后，应设法暂

〔1〕 1940年3月，使用国民党第四战区东江指挥所新编游击大队、第2游击大队番号的，由中共领导的两支武装，大队长分别为曾生、王作尧，共700余人，离开敌后抗日地区，在向海丰、陆丰转移途中，遭到国民党军的堵截，部队损失严重。4月，部队转移到海陆丰国民党统治的后方地区，由于不能公开活动，给养困难，医药缺乏，到七八月部队只剩下百余人。

时缓和一下，采取完全自卫的方针。苏北韩失败后，我应加紧开展地方工作，建立抗日民主政权，扩大与整训自己的部队，对韩不应进攻，而应在韩再向我进攻时，各个反攻击破之，否则会妨碍我在重庆之统一战线工作。但胡服建议控制旧黄河以南阜宁一带战略要地，是必要的，可执行。”“对李品仙应力求和解，这是有关桂系与我们的整个关系。”

10月14日　和朱德、王稼祥致电陈毅并告刘少奇，叶挺、项英，黄克诚，提出同韩德勤等谈判的主要条件，请韩德勤及李明扬、陈泰运〔1〕转陈国民党中央及顾祝同下令：“（一）停止安徽向皖东进攻。（二）撤退皖南对新四军之包围。（三）撤退苏南对新四军之包围”。

同日　关于建设苏北根据地等问题，和朱德、王稼祥致电陈毅并告刘少奇等：“建设苏北根据地是很大工作。同意陈毅统一苏北军事指挥，同意胡服去苏北与陈会合，布置一切”。“注意苏北与皖东打成一片，不要使中间有间断。尊重李明扬、韩国钧等中立态度及其利益，注意收集蒋、顾、韩的反共证据（人证物证），注意收集知识分子，注意调节各阶层利益，实行政权中的‘三三制’，预防‘左’的危险，注意组织财政经济工作，从长期战争出发，勿使人力物力浪费。”

同日　关于注意吸收职业教育社代表参加苏北政权工作，致电刘少奇，陈毅、黄克诚并告叶挺、项英，彭雪枫，指出：“你们注意吸收陶行知等生活教育社人员去参加苏北文化教育工作是对的，这是主要方面。但同时也应注意黄炎培、江问渔等所领导的职业教育社在江浙两省知识分子中有颇大影响，因为黄、江不仅在文化教育界有地位，而且是经营工商业的民族

〔1〕　陈泰运，当时任国民党军鲁苏战区苏北游击纵队司令。

资本家著名代表，因此，你们也应吸收职业教育社社员及其各方的有关人员，参加我们的文化教育和财政经济事业。”应设法同江浙民族资本家代表张一麐、黄炎培、江问渔、褚辅成、穆藕初等联络，欢迎他们派人或介绍人参加苏北根据地的各项工作。

同日 致电周恩来、叶剑英，指出：“苏北根据地的工作对全国有重大政治影响，而对民族资产阶级的正确政策，成为我们建立苏北模范抗日根据地的中心问题之一”。“因此请你们除对生活教育社人员加以联络，鼓励他们去苏北外（这是主要方面），同时亦对黄炎培、江问渔、张一麐、褚辅成等江浙民族资产阶级之代表加以联络争取工作，向他们说明苏北事件真相，说明我们在苏北的各种政策，征求他们对苏北问题的意见，约请他们派人和介绍人到苏北去办教育文化事业，去投资兴办实业，并说明我们欢迎他们派人和介绍人参加苏北的政权工作和民意机关工作，以便经过他们，扩大我们争取江浙民族资本家的范围，并帮助我们巩固苏北根据地。”

10月16日 出席中共中央政治局会议，提出关于对待反共俘虏的问题。会议决定：对反共俘虏今后原则上一律不杀害，也不要他们自首，而应加以优待；对这一问题，中央应有明文规定。会议还决定由毛泽东起草关于地方党与军队关系的决定。

10月18日 为中共中央书记处起草关于优待反共俘虏的指示。指示说：“任何国内反共派向我进攻被我捕获之俘虏官兵、侦探人员、特务人员及叛徒分子，不论如何反动与罪大恶极，原则上一概不准杀害。这一政策是孤立与瓦解反共派的最好方法，应使全党全军从上至下有普遍深入的了解。”

同日 为中共中央书记处起草致北方局、冀南区党委、晋冀察分局、第一二九师并告山东分局、第一一五师、中原局电，指出："根据九月十五日彭真电所述冀南的土地政策，我们认为是过左的，是违反抗日统一战线原则的，业已造成了严重结果。""晋东南及山东两地土地政策是否有过左错误，望北方局、山东分局及一一五师加以检查报告我们。"

同日 关于防止和纠正"左"倾错误的问题，为中共中央书记处起草致叶挺、项英，刘少奇，陈毅、黄克诚，彭雪枫，李先念并告彭德怀、杨尚昆，刘伯承、邓小平等电："由于没有使中下级干部彻底了解，由于上级没有事先预防与及时检查，致使许多地方犯有极左错误，主要是在土地政策、劳动政策、财政政策、锄奸政策、对待知识分子政策、对待俘虏政策、对待国民党人员政策，以及我之政权组织上表现过左。其结果是缩小了我之社会基础，引起中间势力害怕，给日寇、汪逆与顽固派以争夺群众团聚反动力量的机会。待错误形成再去纠正，已使我们受到极大损失。现在华中工作正在发展（山东亦然），你们必须预防下级执行政策时冒犯过左错误，你们必须懂得'左'倾错误是当前主要危险，必须及时检查下级工作，纠正过左行动，否则在敌人与顽固派的夹攻中要取得我党我军发展与巩固的伟大胜利，要长期坚持根据地，是不可能的。此事望你们尖锐地提起全党全军注意，切勿等闲视之。"

同日 为中共中央书记处起草致八路军各办事处负责人电，指出："国民党有抄袭我办事处之可能，为慎防起见，望将一切秘密文件烧毁并随时准备对付抄袭，而以沉着态度出之，任何时候不要惊慌散乱。"

10月19日 何应钦、白崇禧以国民政府军事委员会正、副参谋总长的名义，发出致朱德、彭德怀、叶挺电（即"皓电"），断然拒绝中国共产党对国民党"中央提示案"提出的调整作战区域及游击部队的三项办法，强令八路军和新四军限于电到一个月内，全部撤至黄河以北（即“中央提示案”第三项所规定的八路军、新四军的作战地区）。

10月20日 和朱德、王稼祥致电刘少奇：“必须保留兴化〔1〕及韩德勤方有文章可做，否则我重庆办事处有被攻击危险。我军应在大邹庄以东、射阳以北、蚌延河以南停止，进行谈判。速告黄、陈〔2〕，至要至要。近日国民党对我十分险恶。”

10月21日 出席中共中央政治局为讨论目前形势问题举行的临时会议。会议认为，目前时局有由小风波转到大风波的可能，如果美国进占新加坡，日军退出武汉造成国共分裂，而苏联对中国又没有援助，这将是中国的最黑暗的局面。党的工作布置应放在准备整个东方大黑暗的基点上。会议决定由毛泽东起草中央关于时局的指示。

同日 起草朱德、彭德怀复蒋介石电，答复蒋十二日来电对苏北事件的查询，揭露国民党军韩德勤部进攻苏北新四军的真相。

10月24日 和朱德、王稼祥致电陈毅、粟裕：“关于军部北移与胡服会合、统一领导华中问题，我们已屡电叶、项，你们可去电催。”

10月25日 将周恩来十月二十四日来电转发彭德怀，刘少奇，项英。周恩来来电说：目前国民党方面的种种情况，“均证明反共高潮是在着着上升，何白十九日电是表示了国方决心”。“如果国际形势更利于英美派，局部‘剿共’会进入全

〔1〕 指新四军不要占领韩德勤的鲁苏战区副总司令部所在地兴化县。

〔2〕 黄、陈，指黄克诚、陈毅。

面反共”。

同日 关于对世界形势的估计及对国民党可能进攻的对策，复电周恩来并发彭德怀，刘少奇，项英，指出：国民党英美派“现在仍是动摇于英美路线与贝当路线之间，他们仍不敢过于得罪苏联，全面反共的决心也不容易下”。“但我们应估计到最困难最危险最黑暗的可能性，并把这种情况当作一切布置的出发点”。目前，“我们的对策是稳健地对付国民党的进攻，军事上采取防卫立场，他不进攻，我不乱动。政治上强调团结抗日”。强调独立自主的抗日战争，“各根据地上实行完全的自足自给（边区已有准备），再支持一年，世界形势就大变了，目前是准备待机时期”。

同日 为准备对付最黑暗的局面，再致电周恩来并发彭德怀，刘少奇，项英：“国民党现在发动的反苏反共新高潮，一方面是放弃独立战争参加英美同盟的准备步骤”。“一方面也有向日本示意的作用。国民党愿意替日本担负镇压中国民族革命的责任，以求交换日本对国民党的让步，同时又将加入英美同盟吓日本，以求日本的让步，故何应钦等反共活动特别起劲，日本也正在拉蒋、何”。我们要准备蒋介石做贝当，准备他宣布我为反革命而发动全面反共，准备对付最黑暗局面。

10月29日 收到周恩来关于对付国民党新高压政策的意见的电报，立即转发彭德怀，刘少奇，项英，陈毅。周恩来来电说：“国民党目前是从局部讨伐入手。一月满期后，拟宣布取消新四军番号及八路军、新四军的各地办事处，然后实行局部讨伐，亦即东讨北锁的高压政策。”

同日 关于目前时局，致电周恩来，彭德怀，刘少奇，项英，指出：一个月来英、美与德、日、意在中国的斗争是异常激烈的。“英国的开放滇缅路[1]，美国的借款[2]，尤其是撤侨，都向中国表示英、美的反日决心，要求中国不跑德、意、日路线，而英、美两使坐镇重庆，紧紧拉住蒋介石不让跑掉。”“运城、鄂北两飞机场的停开，阿部[3]的回国，南宁的撤兵[4]，海通社[5]在重庆正式开设，则是表示日本让步和德国劝和的开端。”“蒋介石现在是待价而沽，一方面准备加入英美同盟，一方面也准备加入德意日同盟。”“目前是蒋介石最得志时候”。“在七八月间蒋介石确曾准备于重庆失守时迁都天水，准备亲苏、和共与某些政治改良，至九月已动摇，至十月乃大变，这是德意日同盟与英、美对日积极化的结果。”但无论哪一种局面，国共间的严重斗争是不可免的，蒋介石驱逐新四军、八路军于老黄河以北而封锁之，这一计划是有了决心的。十一月一日，毛泽东对这份电报作了一些修改，发给八路军、新四军的有关负责人。修改的文字指出：“我们一方面要坚持华北、华中各根据地，一方面要打破蒋介石的进攻，这就是我们所处的严重局面。如何有步骤有计划有秩序地冲破这一严重局面，这就是今天我们要解决的问题。”

11月1日 为中共中央书记处起草复周恩来、秦邦宪、何凯丰、叶剑英电，指出：“对何白‘皓电’则尚须迟几天拟

〔1〕 滇缅路，从云南省昆明至畹町，出国境同缅甸公路相接，是当时我国西南部通向国外的交通要道。1940年7月17日被英国封锁，同年10月14日重新开放。

〔2〕 指1940年9月25日签订的“中美钨砂借款”，美国政府贷款1500万美元给国民党政府。

〔3〕 阿部，即阿部信行，当时任日本驻南京汪伪政府大使。

〔4〕 1940年10月28日，日军自龙州、南宁撤退。

〔5〕 海通社，德国希特勒纳粹政府的通讯社。

复，因‘皓电’是哀的美敦书，我们态度须恰当，并无置之不理之说”。“根本问题是此次决裂即有和大资产阶级永久决裂之可能，故政治措词容易，军事部署困难。”目前有两个方案：（甲）政治上进攻，军事上防御。（乙）政治与军事上同时进攻。

同日 和朱德、王稼祥电告八路军、新四军各部：据重庆确息，蒋介石已在积极准备十一月中旬开始“剿共”。

同日 和朱德、王稼祥复电叶挺、项英：“（甲）三十日电悉。要求顾祝同划郎溪、广德、溧阳、溧水、金坛、宜兴六县为我防地，并保证移动时沿途的安全，你们可答应移苏南。如顾不同意，可求希夷[1]先生去苏北一行。（乙）皖南各友军中联络工作应大大发展。这对于你们今天有特别严重的意义和作用，你们在这方面的成绩是不大的。”

同日 为中共中央书记处起草致项英电，指出：“（一）希夷及一部工作人员必须过江北指挥江北大部队。（二）你及皖南部队或整个移苏南再渡江北，或整个留皖南准备于国民党进攻时向南突围，二者应择其一，这一点可以确定。（三）如移苏南须得顾祝同许可，如顾不许可则只好留皖南（因据来电直过皖北已无可能），但须准备打内战，并蒙受政治上不利（蒋介石‘进剿’新四军的计划是决定了的）。望考虑电复。”

同日 和朱德、王稼祥致电刘少奇，叶挺、项英，张云逸，陈毅、黄克诚，彭雪枫，李先念：“（甲）蒋介石已通知我们限在十一月二十日以前，将在华中与山东的新四军、八路军一律开至华北。近据确息，蒋已令汤恩伯率九个师、李品仙率三个师立开豫、皖，准备期满后向你们进攻，皖南、鄂中两方面亦必有进攻

---

〔1〕 希夷，即叶挺，字希夷。

布置。（乙）你们应立即开始加紧军事、政治各方面的准备，补充兵员，厉行整训，征集资财，加紧根据地的创造与巩固，加强友军中统战工作，加强部队中政治工作，并预计如何打破蒋介石的这一严重进攻，预先向内部与民众宣传反共如何是罪恶，是为至要。”

11月2日 致电周恩来：“中央几次会议都觉此次反共与上次不同，如处理不慎，则影响前途甚大。故宣言与指示拟好又停。今日会议，讨论你东日[1]来电，仍主表面和缓、实际抵抗，宣言决定暂时不发，只发一简要的对内指示及答复何白‘皓电’。此次反共是国民党发动的，投降危险是严重的，让各中间派纷纷议论揣测，我们在时机没有成熟以前不拿出积极办法，稍等一下再说话不迟。现距何白‘皓电’限期尚有二十天，拟日内拟好复电，待十号左右拍发，不必复得太早。对时局宣言，虽已有基本估计，并已拟好决定，但尚须看一看日苏谈判与美国大选后形势，看一看日蒋关系的发展，才能决定发表。”

同日 和朱德、周恩来等致电印度国民大会主席尼赫鲁，对他被印度当局逮捕入狱表示慰问。

11月3日 和朱德、王稼祥致电叶挺、项英：“何应钦白崇禧‘皓电’，中央决定用朱、彭、叶、项名义答复，采取缓和态度，以期延缓反共战争爆发时间。对皖南方面，决定让步，答应北移。你们有何意见，盼立复。”

---

〔1〕 东日，即1日。

同日　为中共中央书记处起草复周恩来电："（甲）冬酉电〔1〕悉，所见甚是，望即刻开始作紧急布置，博古、凯丰即回。（乙）我们的炸弹宣言，已决定缓发，待时机成熟时发，并先得你的同意。复何、白电，亦推至十号左右，惟此电内容决取缓和态度，在彼方没有动兵以前，一切对外表示，均取缓和态度，不必着忙。（丙）军事方面正在部署。"

同日　和朱德、王稼祥致电刘少奇，指出："目前时局，处在转变关头，我们处理恰当与否，关系前途甚大。蒋介石准备投降，决心驱我军于黄河以北，然后沿河封锁，置我于日蒋夹击中而消灭之，其计至毒"。"在此次反共高潮中，甚至以后相当长时期内，我们与蒋介石并不表示决裂，而提出请求撤惩何应钦，坚持抗战国策，撤退反共军，给人民以自由，释放抗日政治犯，恢复国内和平，召开国民大会等条件"。"惟你们一切部署，应放在反共军必出动之判断上，放在最黑暗局面上，丝毫不能动摇，以免上蒋的当。"

同日　复电周恩来："我们亦判断蒋目前还处在三角交叉点上〔2〕，对德日谈判，目前还在讨价还价中。""我们现在是两面政策，一面极力争取好转避免内战，一面准备应付投降应付内

---

〔1〕1940年11月2日酉时，周恩来、秦邦宪等致电毛泽东并中共中央书记处："东电刚到，根据中央判断，决策既定，我们即遵照电示，向一切紧张布置。惟既准备决裂，即需顾及外间疏散隐蔽需时，中央宣言及回何、白复电，均请缓发，以免打草惊蛇，使各方受到不可能避免的袭击，同时我们并争取最后可能。先派博古、凯丰乘飞机到兰州转延安，一切如何，请立复。"

〔2〕1940年11月1日，周恩来在给中共中央的电报中说："三国协定后，英积极拉蒋，蒋喜。现在日本拉蒋，蒋更喜。斯大林电蒋，蒋亦喜"。"蒋现在处于三个阵线争夺之中"。

战，而把重点放在应付投降应付内战方面，方不吃亏，方不上蒋的当，立即准备对付黑暗局面，这是全党的中心任务，有了这一着，就不会重踏陈独秀的覆辙了。”

同日 致电李克农、项英并告周恩来：“蒋介石准备投降，加入英美集团的宣传是掩护投降的烟幕弹，再不要强调反对加入英美集团了，要立即强调反对投降。目前的投降危险是直接的投降危险，目前的反共高潮是直接投降的准备”。“以上估计速告南方各省党部及党外人员。反对直接投降，是目前全国的中心任务。”目前统战活动要十分加紧。李克农速向白崇禧的秘书等建议不要上蒋介石投降反共的当，必须看清楚蒋介石此次推动桂军打先锋的阴谋，速速停止覃连芳〔1〕军的东进。速告各方准备对付全国规模的黑暗局面。全党应该完全地、有秩序地退却下来。

11月4日 关于争取友军的工作，和朱德、王稼祥致电叶挺、项英，刘少奇，张云逸，陈毅、黄克诚，彭雪枫，李先念，指出：“根据华北（朱怀冰三个师打八路军时，由于我们火线上的统战工作，其中一个师守中立）、陕甘宁边区（保安队和我们交战时，由于我们的联络工作，预三师在旁边观望不动）和苏北黄桥（由于陈毅统战工作的结果，两李及陈泰运严守中立）等反磨擦战斗的经验，在反磨擦的武装斗争中，加紧争取友军对我同情或严守中立的工作，不但有很大的意义，而且有很大的可能。”在今天华中的条件下，一方面国民党军队在数量上较我军占优势，另方面在那里聚集着各种不同系统的地方军和杂牌军。“因此，立即动员一切可能的党政军民力量去进行争取友军工作，成为你们今天最中心任务之一。”“陈毅对两李及陈泰运等之统战工

〔1〕 覃连芳，当时任国民党军第五战区第11集团军第84军军长。

作，有丰富宝贵之经验。望大家加以详细研究，加以发扬，广泛运用。”

11月5日　为中共中央书记处起草关于八路军驻桂林办事处撤退问题致周恩来电，要周恩来令李克农向国民党方面表示，为避免内战、顾全大局计，新四军准备遵令北开，但在未渡江以前尚有许多事要办，桂林办事处尚须保留。待北开后，办事处亦遵令撤退。并要周恩来也向何应钦、白崇禧及各方作上述表示。还指出，桂林办事处内部应实际准备撤退，以免受损失。

11月6日　将起草的以朱德、彭德怀、叶挺、项英名义复何应钦、白崇禧电报稿的要点，电告周恩来，征求他的意见。

同日　关于应同英、美作外交联络等问题，致电周恩来，指出："蒋加入英美集团有利无害，加入德意日集团则有害无利，我们再不要强调反对加入英美集团了，虽然我们也不应该提倡（因为它是帝国主义战争集团）。目前不但共产党、中国人民、苏联这三大势力应该团结，而且应与英、美作外交联络，以期制止投降打击亲日亲德派活动。""'剿共'则亡党亡国，投降则日寇必使中国四分五裂，必使蒋崩溃，请你利用时机向国民党各方奔走呼号，痛切陈词，以图挽救。是否于适当时机，请求见蒋面陈一次，亦请你考虑。"

同日　为动员党内外一切力量制止蒋介石"剿共"降日，致电李克农，项英，董必武〔1〕并告周恩来，指出：我们应向国民党人员及各方奔走呼号，痛切陈词，说明"剿共"则亡党亡国，投降则日寇必使蒋崩溃。但说话时，不要骂蒋骂国民党，只骂亲日派。要告诉党员和一切抗日人员，只要大家团结与积极活动，制止"剿共"投降还有可能性，还有这种时间。

---

〔1〕董必武，当时任中共中央南方局常委兼统一战线工作委员会书记。

11月8日 致电周恩来，告以复何应钦、白崇禧电，拟用“佳电”发出。

11月9日 朱德、彭德怀、叶挺、项英复电何应钦、白崇禧，驳斥何白“皓电”，拒绝要八路军、新四军撤到黄河以北的命令，但表示为顾全大局，江南新四军部队可以移至长江以北。这个电报即“佳电”，由毛泽东起草。

同日 关于“佳电”发出后的宣传工作及对各方进行活动问题，致电周恩来，指出：“佳电”中“明确区分江南、江北部队，江南确定主力北移，以示让步。江北确定暂时请免调，说暂时乃给蒋以面子，说免调乃塞蒋之幻想。你处对外宣传，请强调免调各理由”。“又‘佳电’所称肺腑之言，乃暗示彼方如进攻，我方必自卫，而以鹬蚌渔人之说出之，亦请对外宣扬，以期停止彼之进攻。”李宗仁〔1〕有将由桂赴立煌〔2〕开会之说，如过重庆，请与开诚一谈。汤恩伯是否向东移动乃蒋介石是否有决心进攻的表现，判断在我尚未复电表示态度前汤或只作移动准备，尚未实行移动，故我应设法活动使其不动。请考虑可否对张冲〔3〕表示，如汤东进则战争难免，皖南部队北移亦难免发生波折，我方均不负责任。刘少奇已到盐城，正与黄克诚、陈毅开会，准备对付汤恩伯、覃连芳的进攻。他们计划，如汤、覃进攻，即动手解决韩德勤，此亦蒋介石、顾祝同的利害问题，请考虑作适当表示，或亦可延缓其进攻。

11月10日 致电叶挺、项英，就叶挺同顾祝同谈判事指

〔1〕 李宗仁，当时任国民党军第五战区司令长官。

〔2〕 立煌，旧县名。1947年改称金寨县。

〔3〕 张冲，当时任国民党中央执行委员、国民党政府军事委员会办公厅顾问事务处处长。

出：叶挺见顾祝同时，请要求顾电蒋介石，停止汤恩伯、覃连芳两军东进，否则引起战事，由彼方负责。覃军两师已到商城、固始，覃及各师长均集立煌，计划攻皖东。汤军九个师在南阳准备东开，形势紧急。“希夷谈判时，应以此项大局为第一位问题，其余都是第二位问题。”

同日 和朱德、王稼祥致电刘少奇、黄克诚、陈毅，陈光、罗荣桓，指出：“东北军五十七军霍守义[1]师已由鲁南向苏北转移，这对苏北是一个麻烦的问题。你们必须立即考虑应付策略，指示徐海线附近部队，我对东北军基本政策是争取，不是打击，你们应考虑于其南下时，我取欢迎态度（不管他如何顽固），告以苏韩[2]各种反动证据，劝其不要参加磨擦，于其向我进攻时，我应先取让步态度，只有至万不得已时才作自卫反击，但随即退还人枪，争取友好。”

11月12日 致电周恩来、叶剑英：根据七日国民党中央所发第二十四号政治情报，足证彼方目前尚无投降与全面“剿共”的决心，我方反投降反内战的活动如果有力，制止投降、内战尚有可能性。

同日 致电周恩来，李克农，项英，刘少奇、陈毅，董必武，指出：“蒋介石一面调兵遣将准备进攻新四军，一面却仍怕乱子闹大不好收拾。你们应向各方面放出空气，略谓华中方面有三十万大军（二十九个师）准备向新四军进攻，我们希望能停止出动，以免演成内战，两败俱伤，敌人获利。但如一定要打新四军，则新四军不能不自卫，八路军亦不能坐视不救，那时乱子闹大，彼方应负其责。这种空气如放得适当，可能停止或延缓其进攻。”

---

〔1〕 霍守义，当时任国民党军第57军第112师师长。

〔2〕 苏韩，指国民党江苏省政府主席韩德勤。

同日 再致电周恩来，李克农，项英，陈毅、刘少奇、黄克诚，彭雪枫，董必武，彭德怀，指出：你们应将蒋介石调动二十九个师进攻新四军的事实公开宣布，不应秘密。“你们应向各方宣传上述军队准备大规模进攻的严重形势，如果打响，就是大规模内战，鹬蚌相争，只使日本人渔人得利。目前苏北业已和平，如又发生战争，新四军不能不自卫，八路军亦不能坐视，衅由彼启，我们不能负责。你们应向各方奔走呼号，为制止内战挽救危亡而奋斗”。

同日 前往距延安城十五里的柳树店，看望正在中国医科大学治疗肺病的续范亭，被正在开会纪念白求恩大夫去世一周年的该校师生请进礼堂讲话。毛泽东勉励大家，要向白求恩大夫学习，为革命多做工作，多做贡献。

11月13日 致电周恩来、叶剑英，请向何应钦、白崇禧交涉，撤退准备进攻新四军的霍守义、莫德宏〔1〕两个师，并停止其他部队的行动，否则我军将实行自卫，届时责由彼负。

同日 和朱德、王稼祥致电刘少奇、陈毅、黄克诚：“目前正从重庆设法，缓和汤、李〔2〕进攻，朱、彭、叶、项联名致何、白‘佳电’已发出，周、叶正在谈判，做到仁至义尽。如彼最后决心进攻，毫无转圜余地，我们方可动手打韩〔3〕，故目前只能作打韩准备，不能马上动手，至必须动手时，我们当有命令。”

同日 和朱德、王稼祥致电彭雪枫并告刘少奇：“（一）目前在政治上军事上均只能作防御的自卫战。（二）只能依靠现有兵

---

〔1〕 莫德宏，当时任国民党军第五战区鄂豫皖边游击总司令部第48军第138师师长。

〔2〕 汤、李，指汤恩伯、李品仙。

〔3〕 韩，指韩德勤。

力，不能希望华北增援。（三）目前在重庆办交涉，须做到仁至义尽，不能马上动手打。”

同日 和朱德、王稼祥致电彭德怀：“对于国民党在华中举行的军事进攻，决采取自卫的防御战，兵力上除陈、罗〔1〕调动一部外，华北各部暂不调动。另在重庆及各方进行统战活动，以求在政治上取得有理有利地位，并使抗战能再拖一时间，这种可能性还未丧失。”

11月14日 复电周恩来：“根据七日中央指示〔2〕及朱彭叶项‘佳电’所取政治立场，军事上亦取完全自卫的防御战，并力求不爆发大冲突。”“已令苏北取拉韩政策，非至万不得已时不得解决韩，与重庆活动配合一致。”

同日 国民党政府军事委员会军令部制定“剿灭黄河以南匪军计划”和“解决江南新四军案”。接着，密令第三十一集团军汤恩伯、第二十一集团军李品仙和鲁苏战区韩德勤等部共二十万人，准备向华中八路军和新四军进攻；密令第三战区顾祝同部从浙赣前线抽调兵力，部署围歼皖南新四军军部及其所属部队。

11月15日 致电周恩来，项英，董必武，刘少奇，彭德怀，陈毅、黄克诚，张云逸，彭雪枫，李先念，八路军三个师，晋察冀军区，指出击退蒋介石此次反共进攻的方针和措施是：“对于蒋介石此次反共进攻，决对皖南取让步政策（即北移），对华中取自卫政策，而在全国则发动大规模反投降反内战运动，用以争取中间势力，打击何应钦亲日派的阴谋挑衅，缓和蒋介石之反共进军，拖延抗日与国共合作时间，争取我在全国之有理有利

〔1〕 指陈光任代理师长、罗荣桓任政治委员的八路军第115师。

〔2〕 指1940年11月7日中共中央《关于反对投降挽救时局的指示》。

地位。”“蒋对华中压迫已具决心，因此我要积极准备自卫。”新四军“皖南部队既要认真作北移之准备，以为彼方缓和进攻时我们所给之交换条件，又要要求彼方保证华中各军停止行动，以为我方撤退皖南部队时彼方给我之交换条件”。还“应广泛宣传‘佳电’内容，剥夺蒋、何、白之政治资本”。如果我们各方面的工作做得好，这次反共高潮是可能打退的，虽然我们决不应该估计蒋介石会放弃对我的压迫政策，并且还要准备对付投降、夹击的最黑暗的局面。

11月16日 和朱德、王稼祥、谭政发出中共中央军委关于华北、山东各部队今冬任务的指示，内容有：一、坚持抗战，与敌人的冬季“扫荡”作斗争。二、进行一次冬季扩兵运动，补足现有编制的兵数。三、尽量争取时间，进行休息与整军。务使我主力兵团，既能保持战斗，又能养精蓄锐，以便对付可能的突然事变。四、强化政治工作，深入传达中央关于形势的估计及各方面的政策。五、加强干部的团结、党的团结，在困难环境中，对待干部要有正确关系。对因客观困难或能力关系而不能完成任务的干部，不应当加以打击，要记着中央苏区第五次反“围剿”时的教训，那时因客观困难不能完成任务的干部很多受了打击，使他们感觉无出路。现在困难增加，要强调干部同生死共患难的精神。

同日 和朱德、王稼祥发出关于对黄埔系军人进行统战工作的指示，指出：“我党我军中过去把黄埔生看作一个笼统的反共集团的传统观念是错误的、有害的。在目前严重时局，极须改正此观念，利用一切机会与黄埔生军人进行统一战线的工作，不要刺激他们，而应以民族至上的观念来打动他们，使他们不肯投降日寇，使他们对反共战争取中立或消极态度。这对挽回危局有重大意义。”

11月17日　和朱德、王稼祥致电陈毅："你的统战方针与统战工作是正确的，以后盼将这类材料随时电告我们，同时告新四军各部，使他们都照这样办。"

11月18日　和朱德、王稼祥批转陈毅十月二十八日关于苏北统战工作的报告，指出：中央及军委完全同意陈毅的统战方针及统战工作，为使各部队团以上干部深切研究统一战线的策略，破除其狭隘而不开展，顾小利而忘大利，称英雄而少办法的观点，特将陈毅的报告转发全军学习。

11月19日　关于苏北的作战部署，和朱德、王稼祥复电刘少奇、陈毅、黄克诚，指出：（一）"大局有变动可能，我们正争取停止汤、李进攻。"（二）"你们目前一个短时间内的总方针是积极整军，沉机观变。只要军队能打是可以变被动为主动的"。（三）"五纵队主力须位置于韩、霍〔1〕两军之间，隔断其联络，万万不可听其打成一片，能办到这点，霍师态度就会好转，韩德勤也会就范。"（四）"为达此目的，你们应立即准备一个局部战斗，即是用五纵队主力，从东沟、益林出发，突然攻占凤谷村、车桥两点，再行攻占平桥、阳念、黄浦、安丰地区，打通皖东、苏北联系。限电到五日内准备完毕，待命攻击。"（五）"根本方针仍是拉韩拒汤、李，上述战斗胜利后，韩有就范可能。"（六）"津浦路西应发动坚决的游击战争拒止莫德宏的扩展"。

同日　和朱德、王稼祥致电董必武，指出：（一）说贺龙师三千人南下，完全是造谣。（二）据关中报告，胡宗南各部以贺师南下为借口，纷纷向关中边区开进，即将大举进攻。请你速见

---

〔1〕韩、霍，指韩德勤、霍守义。

熊斌[1]、胡宗南、蒋鼎文，要求他们停止进攻，否则引起大冲突双方都不利。

11月20日 出席中共中央政治局会议，会议听取秦邦宪关于目前形势和南方工作的报告。

11月21日 关于如何打破蒋介石的反共诡计，致电周恩来，李克农，项英，刘少奇，彭德怀，指出："只要蒋介石未与日本妥协，大举'剿共'是不可能的，他的一切做法都是吓我让步，发表'皓电'是吓，何之纪念周演说是吓，汤、李东进也是吓，胡宗南集中四个师打关中也是吓，命令李克农撤销办事处也是吓，他还有可能做出其他吓人之事。除吓以外，还有一个法宝即封锁"。对一切吓我之人，应以我之法宝（政治攻势）转吓之。我们除在"佳电"中表示和缓，在皖南作出让步外，其他寸步不让，有进攻者必须粉碎之。胡宗南部正准备进攻关中边区，只待胡发动进攻，我们即在苏北发动一个局部战斗以报复之，隔断韩德勤、霍守义两部，打通皖东、苏北。"只有软硬兼施，双管齐下，才能打破蒋介石的诡计，制止何应钦的投降，争取中间派的向我，单是一个软，或单是一个硬，都达不到目的。"

同日 为中共中央书记处起草致叶挺、项英电，指出："你们可以拖一个月至两个月（要开拔费、要停止江北进攻），但须认真准备北移。我们决心以皖南的让步换得对中间派的政治影响。"

11月23日 和朱德、王稼祥致电冯白驹[2]："顽军有向你们进攻可能，你们应从军事上政治上加紧准备粉碎其进攻，其方

---

〔1〕 熊斌，当时任国民党政府军事委员会战时新闻局局长。

〔2〕 冯白驹，当时任广东琼崖抗日游击队独立第1总队总队长兼政治委员。

法是待其进攻时集中主力，打其一部，各个击破之。”

11月24日　和朱德、王稼祥致电叶挺、项英[1]：“（一）你们必须准备于十二月底全部开动完毕。（二）希夷率一部分须立即出发。（三）一切问题须于二十天内处理完毕。”

同日　和朱德、王稼祥再致电叶挺、项英：“立即开始分批移动，否则一有战斗发生，非战斗人员及资材势必被打散。”

同日　和朱德、王稼祥致电萧克，指出：“目前时局在转变关头，我党一面须坚持各抗日根据地，一面须准备对付蒋介石的‘剿共’战争。平西、平北及冀东区域的坚持与发展，增加了对整个局势的意义，望从艰难中支持下去，与聂、彭打成一片”。“军委历来对你处没有多少帮助，今后将更少帮助，一切望你及同志们独立支持之。”

11月25日　和王稼祥致电徐向前、朱瑞、陈光、罗荣桓：应极力争取东北军于学忠部，对于部进行的小磨擦，在行动上应稍加忍让。“东北军是中间势力，与我有西安事变前后之友好历史，我对之应取争取团结态度，决不能轻启衅端，即顽固分子从中挑拨，我们亦应加以忍让为要。”

11月27日　出席中共中央政治局会议，在发言中指出：现在，统治阶级内部是分裂的，国民党统治总的特点是不巩固。在资产阶级中，民族资产阶级与大资产阶级是分裂的；在地主阶级中，开明绅士与大地主是分裂的；在大资产阶级中，英美派与亲日派是分裂的。国民党外部阵地与内部阵地都不巩固，即中日间、国共间的阵地是不巩固的，内部各派之间的阵地也不巩固。因此，蒋介石要实行反共的统一战线，进行两面战争，既要抗日，又要反共。只要蒋介石不投降，就仍处在日军的进攻中，这

---

〔1〕 叶挺，字希夷，当时任新四军军长。项英，当时任新四军副军长。

是一条严重的战线。所以，目前蒋介石的反共只能实行攻势防御，即军事攻势、政治攻势、思想攻势。目前主要的还不是军事攻势。军事上可能采用战役的攻势。要打破国民党的反共统一战线，须要三个条件，即日本的进攻，德国的积极行动，共产党积极地打破反共统一战线，而主要的在于共产党的力量与正确政策的实行。共产党打破反共统一战线的政策是："表面缓和，实际抵抗，局部战斗，针锋相对。"

同日 为中共中央及中央军委起草致彭德怀，贺龙，刘伯承，聂荣臻，吕正操等电，指出：为应付突然事变起见，须准备七万精锐部队，待命行动。从一二〇师、晋察冀军区、冀中军区、一二九师和留守兵团抽选精锐组成，一切准备工作限二月一日前完毕。

11月28日 致电董必武：胡宗南调动大军准备不日向关中边区进攻。在胡进攻期间，西安空气必十分紧张，望令西安办事处人员加紧检点，准备应付紧急情况。

同日 和朱德致电王世英：六十一师钟师长已向胡宗南请示如何处置你们办事处及电台，可能对你处加以危险。应征得阎锡山同意后搬去克难坡附近。向阎锡山、杨爱源〔1〕、赵承绶说明国民党反共是自杀政策，我们希望晋绥军取中立态度，双方维持友好。

11月29日 和朱德、王稼祥复电叶挺、项英："感酉电〔2〕

---

〔1〕 杨爱源，当时任国民党军第二战区副司令长官兼第6集团军总司令。

〔2〕 叶挺、项英1940年11月27（感）日酉时致电毛泽东、朱德，说经他们多方研究与考虑，由苏南北移路线，途中困难多，危险性较大，不如由新四军第3支队地区兼程北移皖北较有利，又直接增援皖东，因此决心将大批工作人员化装过封锁与部分资材先经苏南至苏北。请中央电示是否同意这一行动计划，以及叶挺与项英是否同行，或分途北进，何人先走等。

悉。(一)同意直接移皖东分批渡江,一部分资材经苏南。(二)头几批可派得力干部率领,希夷可随中间几批渡江,项英行动中央另有电示。”

同日 致电董必武并告周恩来,刘少奇,项英,彭德怀,李克农,指出:“‘佳电’在各方面起了很好影响,使得国民党不好回答”。“我们应乘此时机更将‘佳电’广泛散播,我们人员应天天出马,采取‘佳电’立场,到处游说,即顽固分子亦应去见,表示团结、抗战、尊重蒋,只批评亲日派何应钦,使国民党中下人员更加泄气,特别是军人,着重军师两级。”“朱总二十日致胡宗南电,胡二十七日有回电,态度颇好”。我们决派南汉宸日内去见胡宗南,作一番大解释工作。胡军及西安紧张空气,可能大泄下去,进攻边区可能避免。“但我各地军事准备仍不可松懈,我们愈有准备,蒋愈不敢进攻,各办事处亦然。否则仍是危险的。”

11月30日 日本政府公开承认南京汪精卫伪政权,同时公布了汪精卫和日驻汪伪政权的特命全权大使阿部信行签订的《日满华共同宣言》。

同日 获悉同盟社关于日本政府公开承认南京汪精卫伪政权的消息后,致电周恩来、叶剑英,董必武,李克农等,指出:“汪精卫任正式主席,不要林森[1]了,日汪条约快签订(有本日签订说),同时日军从二十四日起向鄂北、鄂西大举进攻。在此情况下,国共关系可能变化,望利用时机善处之。”“汤恩伯北进反共,敌人却西进反蒋,算是搬石头打自己的脚。”“在日本承认汪精卫后(二十七日汪有致蒋最后忠告电),打重庆危机可能到来,望预作宣传,把国民党反共气焰压下去。”

---

〔1〕 林森,当时任国民党政府主席。

同日 关于目前蒋介石反共政策的实质及我们的方针，致电周恩来、叶剑英并告彭德怀，刘少奇，项英，指出：“此次蒋、何、白串通一气，用‘皓电’、调兵、停饷、制造空气、威胁办事处等等手段，全为吓我让步，并无其他法宝。”还是我们历来说过的话，蒋介石既不能投降，又不能“剿共”，这种可能性依然存在，他只有吓人一法。“蒋现在的特点是内外不稳固（内外危机交迫）。在他统治下，军、政、财经、文化、人心一概不稳固，其危机在蒋历史上是空前的，这是其内部不稳固。对敌对我没有防线，这是其外部不稳固。为挽救危机稳固内外防线起见，结成蒋桂何联盟”。“其中心战略是攻势防御，以攻势之手段，达防御之目的，决非全般战略攻势，因为这是不可能的。”“本质上蒋与过去一样，依然未变，仍是又抗日又反共的两面政策，而其对日则是绝对防御（毫无攻势），对我则是攻势防御，所以（一）不稳固；（二）两面政策；（三）攻势防御。这三点就是蒋目前的全般实质。在此情况下，我之方针是表面和缓，实际抵抗，有软有硬，针锋相对。缓和所以争取群众，抵抗所以保卫自己，软所以给他以面子，硬所以给他以恐怖。”而真正的军事调动，只有第一一五师两个团，其他一律不动，但各地仍须积极准备。

同日 致信延安大众读物社社长周文：“群众报〔1〕及《大众习作》〔2〕第二期都看了，你的工作是有意义有成绩的，我们都非常高兴。”

---

〔1〕 群众报，即《边区群众报》，是延安大众读物出版社1940年3月创办的面向工农群众的报纸。

〔2〕《大众习作》，是延安大众读物出版社1940年8月创办的辅导通讯员和初学写作者提高写作能力的刊物。

11月 为修改八路军政治部编的《抗日战士政治课本》一事，致信萧向荣[1]。信中说："战士课本写得很好。第一、第二、第四课[2]看了，可即付印。第三课[3]须加修改，望送来看，要将大资产阶级与民族资产阶级，亲日派大资产阶级与非亲日派（即英美派）大资产阶级，大地主与中小地主及开明绅士，加以区别。宣传部正在付印的一本书[4]中，我已将《中国革命与中国共产党》第二章关于这一部分加了修改，请你向罗迈[5]同志索取一阅。在第三课中，主要应说各阶级对抗日的态度，才有现实意义，亦请加以注意。""在去年十二月写《中国革命与中国共产党》第二章时，正在第一次反共高潮的头几个月，民族资产阶级与开明绅士的态度是否与大资产阶级大地主有区别，还不能明显地看出来，到今年三月就可以看出来了，请参看三月十一日我的那个《统一战线中的策略问题》。"

12月1日 为中共中央书记处起草致周恩来、叶剑英电，提出击破国民党反共进攻的十二项谈判条件，指出："我们应从

---

〔1〕 萧向荣，当时任中共中央军委总政治部宣传部部长兼《八路军军政杂志》主编。

〔2〕 毛泽东对《抗日战士政治课本》下册第4课作了修改，加写了"在今天就是不没收一切非汉奸的资本家的企业，凡属不是日本帝国主义及其忠实走狗的企业都不没收，而只实行劳动条件的相当改良。""在今天抗日时期中，则不是没收任何非汉奸的地主的土地，而是将一切非日本帝国主义及其忠实走狗的土地实行改良政策，就是一方面地主应实行减租减息，一方面农民应实行交租交息，地主仍有土地所有权。""在文化上，要废除大地主大资产阶级独倡的文化教育，将它改变成为一切参加抗战的人民大众服务的文化教育。"等文字。

〔3〕 第3课的题目是"中国革命的动力"。

〔4〕 指中共中央宣传部编的《党建论文集》。

〔5〕 罗迈，即李维汉，当时任中共中央宣传部副部长。

各方面采取攻势，击破国民党的反共进攻：（一）皖南部队北开，但须延缓开动时间，解决补充条件，保证道路安全。（二）苏、鲁、皖三省部队事实困难绝对不能移动，立即停止霍守义、莫德宏之进攻，否则引起冲突，我们不能负责。（三）华北部队无饷无弹，如再不发给，迫至无路可走，惟有渡河南下。（四）停止进攻边区之军事部署，停止构筑封锁线，我们则保证不向彼方攻击，所谓我向宜川、宜君攻击，全是谣言。（五）彼方释放罗世文〔1〕，我方释放孙启人〔2〕。（六）停止陇海、咸榆两路捕人、扣车、扣货，已捕之人、已扣之物一律释放归还。（七）如张国焘、叶青加入参政会，我方决不加入。（八）桂林办事处决不自动取消，如彼方要封，则让其封闭。（九）取消何应钦停发八路军饷之命令，要求立即发给十一月经费及十月余欠。（十）停止石友三隔老黄河之行为，并停止其配合敌伪进攻八路军。（十一）保证各办事处之安全，如有逮捕、暗杀、失踪等事，彼方应负其责。（十二）拒绝与何应钦、白崇禧谈判，要求与蒋直接解决问题，或与指定之他人谈判，否则宁可不谈。以上十二项，除参政员一项外，均用朱、彭、叶、项意见提出，由你们代表转达之。也不必同时一次提出，遇谈判某一项或某几项问题时相机提出之，但对各项态度均坚决不变。”

12月3日 关于打破汤恩伯、李品仙进攻的作战部署，和朱德、王稼祥致电刘少奇、黄克诚、陈毅，指出此次汤恩伯、李品仙进攻，必须坚决打破，现拟定部署如下：“（甲）黄克诚部主力

〔1〕 罗世文，曾任中共四川省委书记、四川省临时工委书记、川康特委书记。1940年3月在成都被国民党政府逮捕，1946年8月牺牲。

〔2〕 孙启人，当时任国民党军第33师师长。1940年10月在黄桥战役中被新四军俘虏。

不少于一万二千人，待命开皖东，立即调查由现地至皖东、淮南路之路程及沿途情形电告；（乙）罗炳辉[1]部待命开回皖东，受黄克诚指挥，准备协同黄部达成一定战略任务；（丙）陈毅部协同黄纵队留苏部分，巩固苏北根据地，以为整个华中之战略后方。”

同日 出席中共陕甘宁边区中央局召开的经济自给动员大会并讲话，说：现在根据地的工作粗枝大叶已经不行了，必须以细密的组织工作来代替，经济建设的任务就是适应现在的环境而提出的。要细心地待人接物，仔细地认识自己周围的人物，具体地分别地对待他们，团结他们，这样才能使革命走向胜利。我们今天进行的经济建设，也要懂得这个道理，孤家寡人是什么也干不成的。

12月4日 出席中共中央政治局会议，会议讨论目前形势。毛泽东首先作长篇发言，分析了国际国内形势，回顾了抗战以来党的方针、政策，提出党的各项政策应当组织委员会进行总结并订出条例，指出了党的历史上特别是第三次“左”倾路线统治时期的错误。他说：目前国共磨擦有和缓的可能。十一月三十日蒋介石派人找周恩来谈，说江南部队开拔时间可以延迟，并要我军停止向他们进攻。胡宗南对我军的态度也有好转。现在，小的冲突不可免，但大的战争不会有。日本方针是承认汪精卫，打倒蒋政权，但日、蒋仍有合作的可能。日本可能先关大门（即南进占海口），后扫房子（即进攻重庆等），也可能先进攻中国内地。现在回想起来，自近卫[2]上台后英、美诱降危险已经过去这个观点是对的。在国民党主张加入英美集团时，我们不主张加入英美集团的宣传是对的，但作为政策是不对的，重庆、延安方面都有

---

〔1〕 罗炳辉，当时任新四军江北指挥部副指挥兼第5支队司令员。

〔2〕 近卫，即近卫文麿，当时任日本内阁首相。

缺点。去年反磨擦战争取得了很大的胜利，创立了华中各处根据地，我军扩大到五十万人。有了上一次的经验，所以蒋介石这一次不敢大举“剿共”。此外还有外部原因，就是日汪协定，英、美援华、苏联的政策等使蒋不易投降。在蒋统治集团内部也有欧美派与亲日派的矛盾。我党在历史上有三个时期。在大革命末期，陈独秀主张联合一切，下令制止工农运动。到苏维埃时期，在初期暴动时实行打倒一切，到六大时纠正了。但到苏维埃末期又是打倒一切，估计当时是苏维埃与殖民地两条道路的决战。实行消灭富农及小地主的政策，造成赤白对立。这种“左”的政策使军队损失十分之九，苏区损失不止十分之九，所剩的只有陕北苏区，实际上比立三路线时的损失还大。遵义会议决议只说是军事上的错误，没有说是路线上的错误，实际上是路线上的错误，所以遵义会议决议须有些修改。在苏维埃后期土地革命潮流低落了，但民族革命潮流高涨起来。在过去这两个时期的“联合一切”、“打倒一切”的东西，的确不是马列主义，当时主持的人认为是马列主义，实际上这都是绝对主义。现在我们的统一战线的路线是又联合又斗争，不是绝对的联合或斗争。在抗日问题上对国民党又拥护又斗争，在反共问题上也有现在与将来之分，即反共也有高潮、低潮之分。在武汉失守前，国民党军队溃退，我们在日军进攻时和靠近日军的地区可以大发展，因此对蒋的办法应是先斩后奏（如王震旅到绥德、米脂），斩而不奏。这个观点现在只有项英处没有了解，因此军队少发展。中央关于知识分子问题的指示发得太迟了。在建立政权和吸收知识分子问题上，我们曾经失去了一些时机。我们总的政策是在团结中要斗争，在斗争中又要团结，是统一中的独立，统一是主，独立是辅。独立自主的山地游击战，在战略上是统一的，游击战是独立的，即统一中的独立自主的山地游击战。对统一战线政策（总的政策）、劳动政策、土地政策、锄奸政策、文化政策、干部政策、政权中的组织政策，都要准备总结，提议组织委员会负责。七七决议批评了“左”的错误，但对各个具体问题没有明确的指示。

在陈绍禹、秦邦宪、朱德、康生、张闻天、陈云等发言后，毛泽东再次发言。他说：总结过去的经验，对于犯错误和没有犯错误的人都是一种教育。了解过去的错误，可以使今后不犯重复的错误。抗战以来的倾向，在统一战线初期是“左”倾（主张苏维埃与国民党对立），国共合作后有一时期是右倾，反磨擦后又是“左”倾。一九三七年十二月会议否认独立自主的方针，提出“一切经过统一战线”是错误的，这一口号到六中全会才取消。在战略问题上，洛川会议确定了独立自主的山地游击战，但前方同志不服从，到十二月会议及六中全会才得到正确的解决。总结过去的经验教训，大体上要分大革命、苏维埃与抗战三个时期，总的错误是不了解中国革命的长期性、不平衡性。苏维埃末期犯了许多“左”的错误，是由于马列主义没有与实际联系起来。总结各项政策都要搞出条例来。关于时局估计是投降减少（这一次投降被制止），反共高潮开始下降（以后反共还会来的），宋子文〔1〕可能上台，这就是所谓时局有好转可能。

12月5日　为中共中央书记处起草致周恩来电，反对国民党要张国焘任参政员，指出：“对张国焘态度是原则问题，须对彼方严正提出，如彼方令张国焘出席，是表示彼方愿以同张国焘合作代替同我党合作，我们即不能参加参政会，此点绝对不能让

---

〔1〕　宋子文，国民党英美派代表。当时任中央银行、中国银行、交通银行、中国农民银行联合办事处常务理事（1942年6月任副主席）。1941年12月任国民党政府外交部部长。

步。如彼方不顾抗议，我们决定真正不出席；如彼方尚愿顾全国共合作，自可令张国焘自动撤销参政员。”

12月6日 和朱德、王稼祥致电周恩来、叶剑英并告叶挺、项英，彭德怀、左权，指出：为隔断韩德勤、霍守义，打通苏、皖，以便黄克诚增援皖东，粉碎桂军莫德宏之进攻起见，新四军苏北部队必须从淮安、宝应间打开一缺口。苏北新四军各部正与韩部在曹甸、安丰激战，韩部已被截断，只待曹甸、安丰、阳念、黄浦、平桥等地占领，此次战役即可结束。仍留兴化、高邮及他处不打，保存韩德勤。此缺口打通后，黄克诚主力即可向皖东增援。

12月7日 蒋介石批准国民党政府军事委员会军令部十一月十四日拟定的“剿灭黄河以南匪军作战计划”。十二月十日军令部部长徐永昌致蒋介石签呈中提出“有先行下达命令之必要”，如十二月三十一日“尚未遵令北移，应即将江南新四军立予解决”。

12月8日 何应钦、白崇禧复电朱德、彭德怀、叶挺、项英，再次强令八路军、新四军“将黄河以南之部队，悉数调赴河北”。这个电报即“齐电”。

12月9日 蒋介石下达手令：“凡在长江以南之新四军，全部限本年十二月三十一日开到长江以北地区，明年一月三十日以前开到黄河以北地区作战。现在黄河以南之第十八集团军所有部队，限本年十二月三十一日止开到黄河以北地区。”

12月10日 关于抗大问题，和王稼祥致电彭德怀、左权并告滕代远，指出：“为迎接新的局势，大量准备并培养干部是极其重要的。抗大总校不能取消。但由于分校之分散，对各分校之具体领导应责成各地分局及最高军事首长负责。完全统一是不可能的。总校应多注意总结经验、指导方针、统一材料之编辑、统一各种教法、培养教员、调剂干部，以帮助及加强各分校的领导及教育能力。”“各地任意抽调分校干部是不对的，已有另电纠正。”“总校机构宜小，而苏北局面扩大，望再分出一个分校的干部，派去苏北。此分校要比山东分校还要强些，因为苏北局面是很大的局面。”

同日 蒋介石密令顾祝同，江南新四军至期限仍不北渡，“应立即将其解决”。同时，国民党还故意泄露皖南新四军北移路线，暗示日军加强沿江封锁兵力，并令李品仙部在江北无为地区加强布防，准备与日军夹击新四军皖南部队。

同日 和朱德、王稼祥致电聂荣臻、彭真，朱瑞、彭雪枫等，指出：“为重视学校，保证学校的教育能力，使教育干部及学校工作干部，不致任意调散，以后关于抗大各分校干部的调遣与改换工作谨慎从事，以增强而不削弱学校教育能力为原则。总校对分校有调剂之权。”

12月13日 出席中共中央政治局会议，在发言中说：准备写一篇文章，主要解释以下几点：1. 说明大资产阶级与民族资产阶级之间的区别，过去在《中国革命与中国共产党》第二章中没有说清楚。2.《新民主主义论》虽说明了各党各派各阶级的联合专政，但没有把各党派联合专政的方针与具体政策联系起来。如地主、资本家要人权、财权等便是具体的政策。现在各根据地土地政策、劳动政策都是过左的，如实行八小时工作制，过高增加工资等，必须解释清楚，把理论与实际政策说清楚。3. 实行自我批评，对过去我党的包办作风要有慎重的必要的自我批评。此外要把亲日派资产阶级与英美派资产阶级加以区别。

同日 关于华中地区的各项政策，为中共中央书记处起草致中原局并告北方局、山东分局、东南局、南方局、南委的电报，全文如下："（一）苏北组织政权机关及民意机关时，应坚决实行'三三制'，共产党只占三分之一，在开始时还可少于三分之一，网罗各党各派无党无派一切不积极反共之领袖人物参加，其中应有国民党中派及左派，韩国钧等民族资产阶级及开明地主均应该参加，也可容许少数右派代表，真正组织各党各派各界各军的联合政权，力避我们包办。这对于全国是有大影响的。（二）劳动政策力避过左，目前只作轻微改良。例如十四小时工作日者减至十三小时或十二小时，不要实行八小时制，保证资本家能赚钱。（三）土地政策应实行部分的减租减息，以争取基本农民群众，但不要减得太多，不要因减息而使农民借不到债，不要因清算旧债而没收地主土地，同时应规定农民有交租交息之义务，保证地主有土地所有权，富农的经营原则上不变动。要向党内及农民说明，目前不是实行土地革命的时期，避免华北方面曾经发生过的过左错误。（四）同意胡服对税收办法的意见，在无更好办法之时暂时照旧法征税，惟苛杂应酌量减轻。（五）锄奸政策，以镇压众人皆恶之少数最反动分子为原则，极力避免多杀人。除政府外各机关团体不得自由捕人罚人。（六）经济政策是尽量发展工业农业生产与商业流通，力避破坏生产与商业，号召上海资本家到苏北办实业。（七）文化教育政策只去掉买办大资产阶级的文化专制主义，容许民族资产阶级的自由主义思想存在，容许自由主义的文化人及教育家办报办学。（八）总之目前你们的政策只去掉买办大资产阶级及封建大地主的专制主义及作初步的民生改良，一方面保证工农小资产阶级人权、政权〔1〕、财权及言论、集会、结社之自由，另方面也应保证除汉奸以外一切资本家地主的人权、政权、财权及言论、集会、结社之自由。只要不武装暴

〔1〕这里和下文中的"政权"，指政治权利。

动，任何党派、阶层有活动之自由。应容许国民党之存在，应组织进步的国民党。（九）整个华中都应执行上述方针（当然华北亦如此）。（十）你们如何具体执行各项政策，望随时电告。”

同日 为中共中央书记处起草致中原局电，要他们尽量招收上海及苏北的广大青年职工、青年学生、知识分子及半知识分子，准备办两万人的大学校，不分男女、信仰、党派、阶级，只要稍微有点抗日积极性的，一概招收，来者不拒。大量招收上海、苏北原有的教职员参加办学。一切不反共的旧军官，凡愿来的，一概收留。指出：“开办大规模学校是你们开展工作的中心一环。”

12月14日 为中共中央书记处起草致叶挺、项英电，指出：“移动时间蒋限十二月底移完，我们正交涉展限一个月，但你们仍须于本月内尽可能移毕。”“蒋以新四军正在移动，不同意项副军长来渝，因此中央决定项随军队渡江然后经华北来延安。”“叶、项二人均以随主力去皖东为适宜，资材及后方移苏南者可由周子昆、小姚〔1〕负责指挥。”

同日 致电周恩来、叶剑英，廖承志〔2〕，董必武，李克农，叶挺、项英，刘少奇、陈毅，指出：“石友三通敌叛国，被其部下高树勋〔3〕逮捕枪毙，大快人心，证明八路军反对石友三是完全正确的。卫立煌通电亦系宣布其通敌卖国状，惟国民党不宣布其汉奸罪状，谓其自由扩军不服调遣，杀鸡给猴看，又一对我之恐吓伎俩，望向各方面揭穿之。”

---

〔1〕 小姚，即饶漱石。

〔2〕 廖承志，当时是八路军驻香港办事处主任。

〔3〕 高树勋，当时任国民党军冀察战区第39集团军第69军新编第6师师长。1941年2月又任第39集团军副总司令。

12月15日 关于向国民党提出制止对新四军的进攻，为中共中央书记处起草致南方局、东南局电，指出："应分别向顾祝同、何应钦及参政会特种委员会提出，江北苏、皖、鄂三省已在大举进攻新四军，皖南、苏南之新四军军部及其三个支队亦已被中央军重重包围有准备攻击讯，请其制止江北之进攻，撤退皖南、苏南之包围。"

12月16日 和朱德、王稼祥致电刘少奇、陈毅并告叶挺、项英："依大局看，大举'剿共'是不可能的，局部进攻是必然的。华中斗争是长期慢性斗争，我们要有决心与耐心。""苏北部队亟须整训扩大一短时期，然后以主力一部增援皖东。""皖南部队务须迅速渡江，作为坚持皖东之核心。其大批干部分配苏北、皖东两处建设根据地。"

12月18日 和朱德、王稼祥致电叶挺、项英："（甲）重庆形势严重，项、曾〔1〕二人暂勿离开军队。（乙）希夷及一部人员北上，望速作部署。（丙）秘密文件必须烧毁，严防袭击。"

同日 和朱德、王稼祥再致电叶挺、项英，再次强调："你们的机密文件电报须一律烧毁，切勿保留片纸只字，以免在通过封锁线时落入敌人手中，你们的密码须由负责人带在自己身上。"

12月19日 关于蒋桂军在华中的军事动态及我之对策的问题，和朱德、王稼祥致电彭德怀、左权，陈光、罗荣桓，叶挺、项英并告刘少奇、陈毅，指出：（一）据西安消息，现在皖、豫交界之李仙洲〔2〕三个师，准备东进援助韩德勤，有渡淮河向砀山前进讯。综合各方情况，蒋、桂对华中进攻是有决心的。（二）

〔1〕 曾，指曾山，当时任中共中央东南局副书记兼组织部部长。

〔2〕 李仙洲，当时任国民党军第92军军长，辖第13、第21、第15师。

以打击李仙洲为目的，望彭德怀、左权令杨得志〔1〕率部南下，须于一个半月内达到彭雪枫地区，望陈光、罗荣桓令第五旅〔2〕迅即南下，不可再推迟，应于半月内到达张爱萍〔3〕地区，“望叶、项率部迅即渡江，应于两星期内渡毕增援皖东为要”。

同日　关于日汪条约签订后的形势问题，和朱德、王稼祥致电彭德怀、左权，叶挺、项英，贺龙、关向应，聂荣臻、彭真，刘伯承、邓小平，刘少奇、陈毅等：“在日汪条约签订后，此次严重的投降危险已被制止，故不应如十月、十一月那样地强调反投降了，否则不但国民党起反感，人民亦不了解。至日本诱降不会放弃，国内亲日派仍有乘机活动可能，那是必然的。国民党反共必然继续，进攻华中不会停止，但大规模内战与国共分裂目前是不会的。”

12月20日　和朱德、王稼祥致电叶挺、项英：“希夷渡江以速为好，不应征蒋同意。如蒋反对，便不好过江了。江边须有周密布置，速与胡服、云逸联系在对岸作准备。”

同日　和朱德、王稼祥致电刘少奇、陈毅，指出：“据叶、项电，叶军长及干部一部分准备渡江，你处需在江边作周密布置。”“与韩〔4〕谈判条件不可过苛，并须尊重李、陈〔5〕各部利益。兴化、高邮地区应保留给韩，我军应停止于兴、高以外地区，苏北应全面休战，求得妥协，巩固已得阵地”。

12月23日　为巩固和发展苏北根据地，扩大和整训军队，和朱德、王稼祥致电刘少奇、陈毅、黄克诚，彭雪枫，张云逸，

---

〔1〕　杨得志，当时任八路军第2纵队司令员。

〔2〕　指梁兴初任旅长、罗华生任政治委员的八路军第115师教导第5旅。

〔3〕　张爱萍，当时任八路军第5纵队第3支队司令员。

〔4〕　韩，指韩德勤。

〔5〕　李、陈，指李明杨、陈泰运。

指出："目前重心在苏北，其次才是淮北与皖东。故陈、黄两部及一一五师增加之两个团，目前均应集中于苏北，加紧整训扩大，努力巩固苏北根据地，并准备于蒋介石真正向我淮北、皖东进攻时，首先解决韩德勤（最后由中央决定），第二步才向淮北、皖东出动。这是胡服前电意见，我们认为是恰当的。""在蒋介石没有真正投降以前，向我大举进攻是不可能的，因为他没有便利的战场。因此你们一方面要认真准备对付蒋介石的进攻，决不可松懈自己的准备。但另一方面，也要晓得蒋介石的困难，他的困难甚多，没有便利战场即是其一，敌占涡阳、蒙城后，这个困难更增加了。所以你们很可以利用时机积极准备一切，包括扩大整训军队，巩固与发展根据地。""你们的军队愈扩大，愈精强，你们的根据地愈发展，愈巩固，任何进攻都是不怕的，故认真扩大与整训军队，认真发展与巩固根据地，就是粉碎任何进攻的可靠资本。"

12月24日 复电周恩来："同意你见蒋时的交换条件〔1〕，惟江北部队请缓调改为请免调，照'佳电'立场告蒋。"

12月25日 为中共中央起草《中央关于时局与政策的指示》。指示指出：在目前反共高潮的形势下，我们的政策有决定的意义。但是我们的干部，还有许多人不明白党在目前时期的政策应当和土地革命时期的政策有重大的区别。过去十年土地革命时期的许多政策，现在不应当再简单地引用，尤其是土地革命后期的许多过左的政策，不但在今天抗日时期不能采用，就是在过

〔1〕 周恩来1940年12月24日致电毛泽东并中共中央书记处，说他拟于25日会见蒋介石，向蒋提出新四军皖南部队决定过江，江北部队缓调黄河以北，交换条件是：速给新四军补充弹饷，停止国民党华中部队的前进，停止全国的政治压迫，取消张国焘的国民参政员资格。

去也是错误的。要克服在策略问题上不善于区别对待的片面观点和过左过右的摇摆，目前党内的主要危险倾向，仍然是过左的观点在作怪。指示从策略原则分析了党在抗日时期的总政策——抗日民族统一战线政策，指出：它“既不是一切联合否认斗争，又不是一切斗争否认联合，而是综合联合和斗争两方面的政策”。这种又联合又斗争的原则体现在统一战线中的独立自主政策，战略统一下的独立自主的游击战争，对顽固派斗争的有理有利有节政策，国内阶级关系上发展进步势力、争取中间势力、孤立顽固势力的政策等。指示综述和重申党的各项具体政策：政权组织政策、劳动政策、土地政策、税收政策、锄奸政策、保护人民权利的政策、经济政策、文化教育政策和军事政策。指示最后指出：“在日寇加紧侵略中国和国内大地主大资产阶级实行反共反人民的高压政策和军事进攻的时候，惟有实行上述各项策略原则和具体政策，才能坚持抗日，发展统一战线，获得全国人民的同情，争取时局好转。”这个指示关于政策的部分编入《毛泽东选集》时，题为《论政策》。

同日　出席中共中央政治局会议，并作报告，指出：最近国民党动员反共，汤恩伯领特费准备反共，各方面都实行反共的高压政策，现在还不能说是反共高潮下降，但不过是大吹小打，因目前国民党在全国反共是困难的。国民党认为英、美借款等国际形势对他很有利，想利用目前形势给我以打击，我们的方针是新四军是不能走的，他要打也由他。在此次反磨擦中我们的收获主要是取得苏北。

同日　为皖南新四军渡江受阻事，和朱德致电周恩来、叶剑英：“据项英电称，顾祝同忽令新四军改道繁、铜[1]渡江，而李

〔1〕 繁、铜，指安徽繁昌、铜陵。

品仙在江北布防堵截，皖南顽军复暗中包围，阻我交通，南岸须通过敌人封锁线，江中须避敌艇袭击，非假以时日分批偷渡则不能渡，势将进退两难等语。请速向蒋交涉下列各点，并电告结果：（一）须分苏南，繁、铜两路北移；（二）须有两个月时间，若断若续，分批偷渡；（三）皖南军队不得包围，不得阻碍交通；（四）皖北军队由巢、无、和、含[1]四县撤退，由张云逸派队接防，掩护渡江；（五）保证不受李品仙袭击；（六）弹药及开拔费从速发下。”

同日 和朱德、王稼祥致电刘少奇、陈毅，彭德怀、左权，陈光、罗荣桓，叶挺、项英，指出：“华中局面紧急，非组织机动突击兵团，不足应付大规模战斗。因此同意胡、陈二十一日电，将苏北各部统一编为两个纵队”。“部队编制后即行加紧整训一个月至两个月，充分准备一切对付蒋、桂两军之进攻。”

同日 关于蒋介石及其军队各派系对反共的态度问题，致电周恩来，指出：蒋介石内外情况只能取攻势防御，大吹小打，故复电以拖为宜，拖到一月底再说。胡宗南全无战意，其他中央军可知，如白崇禧也软下来，彼方非自己转弯不可。何应钦系统与CC系统是想打的，都是亲日派，但中央军与桂军如不愿打，则亲日派也无能为力。汤恩伯部据所得情况也很少打的兴趣。桂军至今只一三八师四个团在淮南路东，其他几个师毫无东进消息。李仙洲虽准备向砀山进，但何日开动尚无确息。现苏北战事已停，望向刘斐[2]说明，要求停止李仙洲、莫德宏东进，否则难免引起大冲突。我第一一五师教五旅已到苏北，现正连同黄克诚、陈毅各部集中整训，统一编制，一两个月后战斗力必大提高，然后以

〔1〕 巢、无、和、含，指安徽巢县、无为、和县、含山。
〔2〕 刘斐，当时任国民党政府军事委员会军令部次长。

主力西进，对桂军施以教训。望示意白崇禧，如想保持友谊，则请他将莫德宏师撤退。杨得志旅一个月后可到淮北，皖南三个团又北上，足以对付蒋、桂军进攻。只要蒋不投降，大举进军是不可能的，始终不过是大吹小打而已。

12月26日 为中共中央书记处起草致项英、周子昆、袁国平电，指示他们克服动摇犹豫，坚决执行北移方针。全文如下："各电均悉。你们在困难面前屡次来电请示方针，但中央还在一年以前即将方针给了你们，即向北发展，向敌后发展，你们却始终借故不执行。最近决定全部北移，至如何北移，如何克服移动中的困难，要你们自己想办法，有决心。现虽一面向国民党抗议，并要求宽展期限，发给饷弹，但你们不要对国民党存任何幻想，不要靠国民党帮助你们任何东西，把可能帮助的东西只当作意外之事。你们要有决心有办法冲破最黑暗最不利的环境，达到北移之目的。如有这种决心、办法，则虽受损失，基本骨干仍可保存，发展前途仍是光明的；如果动摇犹豫，自己无办法无决心，则在敌顽夹击下，你们是很危险的。全国没有任何一个地方有你们这样迟疑犹豫无办法无决心的。在移动中如遇国民党向你们攻击，你们要有自卫的准备与决心，这个方针也早已指示你们了。我们不明了你们要我们指示何项方针，究竟你们自己有没有方针？现在又提出拖或走的问题，究竟你们自己主张的是什么？主张拖还是主张走？似此毫无定见，毫无方向，将来你们要吃大亏的。"

同日 和朱德致电项英："关于销毁机密文电是否执行，你应估计在移动中可能遇到特别困难，可能受袭击，可能遭损失，要把情况特别看严重些，在此基点上，除想尽一切办法克服困难外，必须把一切机密文件电报通通销毁，片纸不留。每日收发电稿随看随毁，密码要带在最可靠的同志身上，并预先研究遇危险时如何处置。此事不仅军部，还要通令皖南全军一律实行，不留机密文件片纸只字，是为至要。”

同日 收到周恩来关于他十二月二十五日会见蒋介石情况的电报，电报说：蒋在会见中声称“只要你们说出一条新四军北上的路，我可担保绝对不会妨碍你们通过”。周恩来指出蒋介石的话靠不住，蒋是“在吓、压之余，又加哄之一着”。

12月27日 和朱德致电叶挺、项英，周恩来、叶剑英，指出：新四军渡江仍须对桂军戒备以防袭击，请周、叶向蒋交涉，下令李品仙不得在巢县、无为、和县、含山地区妨碍新四军北移。

同日 起草朱德、叶挺致国民党军第五战区司令长官李宗仁、副司令长官李品仙的急电，电称：“新四军江南部队遵令北移，祈饬庐、巢、无、和、含、滁〔1〕地区贵属勿予妨碍，并予以协助，以利抗战，特此电恳，敬盼示复。”

12月30日 出席中共中央政治局会议，发言指出：目前时局还不能说反共高潮已开始下降，好在过去没有发出文件。现在国民党各报纸动员舆论反共，华中有十二个师进攻我们。华中我军部队应统一指挥，以陈毅为副总指挥，刘少奇为政治委员，党的工作统一于中原局。会议决定由毛泽东起草致中原局的电报。

同日 致电周恩来，指出：“复刘为章电〔2〕，前稿既不发，大家意见，以拖一下为好。他们反共，让他们去反，‘剿共’也让他们来‘剿’，反得全国天怒人怨，那时我再表示态度，索性不着急。”“齐电是要驳的，也待明年一月或二月再驳。”

---

〔1〕 庐、巢、无、和、含、滁，指安徽庐江、巢县、无为、和县、含山、滁县。

〔2〕 指原拟发的朱德、彭德怀、叶挺、项英1940年12月18日为新四军北移及苏北事件等致刘斐（字为章）的电报。

同日 和朱德致电叶挺、项英，转达周恩来二十九日来电的意见："据恩来电称，江南部队分地渡江有危险，皖北让路蒋虽口头答应，但让出巢、无、和、含四县恐不易，李品仙已在布置袭击我的阴谋，仍以分批走苏南为好等语。我们同意恩来意见，分批走苏南为好。"

12月31日 关于粉碎蒋介石进攻的战略部署，为中共中央书记处起草致中原局，东南局，北方局，山东分局，南方局，南委，八路军新四军各首长电，指出：蒋介石派遣李仙洲、汤恩伯、李品仙向华中、山东我军进攻的决心已经下了，我党我军有举行自卫战斗，打破这一进攻、争取时局好转的任务。所有华中及山东的党与军队必须紧急动员起来，为坚持抗日根据地打破顽固派进攻而奋斗。"军事指挥在总指挥叶挺未到江北以前，统一于副总指挥陈毅、政治委员刘少奇的指挥之下；叶挺到江北后，统一于叶挺、陈毅、刘少奇的指挥之下"。"山东分局划归中原局管辖，中原局统一领导山东与华中。""全国各地（华北、华中、西北、西南、东南）对于国民党这一进攻及其在全国的高压政策，必须坚决反对之。必须指出国民党这一行动的危险性，在于日益削弱抗战力量，非但不利于共产党，更加不利于国民党，不利于全国人民，只有利于敌人与亲日派"。"我们对于反共军不但要注意打击，而且要注意争取，注意统一战线工作，注意灵活地运用策略。""估计到华中的斗争是长期斗争，不是短时间可以解决的，因此反磨擦斗争必须与扩大巩固根据地、扩大巩固军队密切联系起来"。"目前中原局的任务是积极进行粉碎这一进攻的布置与力量，目前南方局的任务，则是利用各种矛盾，动摇蒋介石及国民党的决心。"

12月下旬 顾祝同根据蒋介石将皖南新四军"一网打尽，生擒叶、项"的命令，调集了七个师八万余人的兵力，任命第三十二集团军总司令上官云相为前敌总指挥，采取“逐步构筑碉堡，稳进稳打”的方针，准备歼灭新四军皖南部队。

12月底 接见从前线回来到中央党校学习的同志，同他们进行谈话。毛泽东说，不习惯蹲窑洞，这是要不得的。延安的窑洞是最革命的，延安的窑洞有马列主义，延安的窑洞能指挥全国的抗日斗争。蒋介石现在比我们住得阔气，有洋房，有电灯，可是全国人民都不听他的。我们不要看不起自己，不要看不起土窑洞，全国人民的希望都寄托在我们身上，寄托在延安的土窑洞里。要好好学习，认真总结抗战几年来各方面的工作经验。革命的路程将是很长的，无产阶级革命事业不是一下就可以成功的。党如果能领导得好，和人民紧密团结，不犯错误或少犯错误，革命胜利的路程可能缩短；相反的，如果犯了错误又不能立即去纠正，革命胜利的时间就要拖长。毛泽东强调干部精通马克思列宁主义的重要性，说：没有大量的真正精通马克思列宁主义革命理论的干部，要完成无产阶级革命是不可能的。

1941年　四十八岁

1月1日　出席八路军军政学院开学典礼的晚会，观看平剧《法门寺》、《潞安州》。

1月3日　和朱德复电叶挺、项英："你们全部坚决开苏南，并立即开动，是完全正确的。"〔1〕

1月4日　夜，新四军皖南部队九千余人由安徽泾县云岭分三路向南出发。按照一九四〇年十二月二十八日新四军军分会的决定，具体的转移路线是：由云岭驻地先向东南行进，绕道茂林，经三溪、旌德、宁国、郎溪，沿天目山麓进至溧阳苏南根据地，然后待机北渡。六日，新四军行至泾县境内的丕岭一带后，突遭国民党军第三十二集团军总司令上官云相指挥的七个师八万余人的包围袭击。新四军被迫抗击，殊死奋战。至十四日，除二千余人突围外，其余六千余人大部壮烈牺牲，一部被俘。

1月7日　和朱德发急电复叶挺、项英五日来电〔2〕，指出："你们在茂林不宜久留，只要宣城、宁国一带情况明了后即宜东进，乘顽军布置未就突过其包围线为有利。"

同日　和朱德、王稼祥致电刘少奇、陈毅，指出："在游击

〔1〕 新四军军部1941年1月1日致电毛泽东等，告以"我们决定全部移苏南"，但对向苏南转移的具体路线没有说明。

〔2〕 叶挺、项英1941年1月5日来电说，新四军皖南部队于1月4日夜开动，5日晨到太平、泾县间茂林地区。

战的总方针下，彭雪枫地区（即涡河两岸）、谭希林[1]地区（即路东）均不应放弃”。“谭希林、罗炳辉两部仍应以游击战坚持于津浦、淮南之间，力戒浪战，战则必胜”。“应把此次反共高潮看作我们奠定华中基础的机会，如同上次反共高潮奠定了华北基础那样，虽然华中的斗争是长时间斗争，不到蒋介石遇了更多更大困难他是决不放手的，但我们奠定基础的可能性是存在的。”

同日 和朱德致电彭德怀、左权等：“中央十一月准备七万机动兵力的指示，仍然有效，惟把准备时间延长至六月底，望从兵力及经费两方面加紧准备为要。”

1月9日 刘少奇致电毛泽东、朱德、王稼祥：“我江南遵令北移被阻，战况激烈，请向国民党严重交涉。”

同日 刘少奇致电中共中央：项英、袁国平等“在紧急关头已离开部队，提议中央明令撤项职，并令小姚在政治上负责，叶在军事上负责，以挽危局”。

同日 和朱德复电刘少奇：九日电悉。你说项、袁等已离开部队，“我们尚未接到此项消息，他们何时离开的，现到何处，希夷、小姚情形如何，军队情形如何，望即告我们。得叶、项微[2]辰电，他们支[3]夜开动，微晨到太平、泾县间，此后即不明了。”

1月10日 刘少奇致电毛泽东、朱德、王稼祥，首先转告叶挺、饶漱石九日来电内容，说：接希夷、小姚九日来电，说项、袁等率小部武装不告而别，行动方向不明。部队受敌包围激战，决定九日晚分批向北突围。刘少奇的电报并说：他们在何处及情况如何我亦不知，二支队在江南集结，待命行动接应他们，

---

〔1〕 谭希林，当时任新四军江北游击纵队司令员。

〔2〕 微，即5日。

〔3〕 支，即4日。

亦不知他们行动。他们应从泾县以北青弋江、宣城向郎溪东进才安全，而先向南行动到茂林拖了许多天致受敌包围。

同日 关于加强对反共军的宣传工作，和朱德、王稼祥致电彭雪枫，张云逸、邓子恢，李先念等，指出："你们应根据中央十二月二十五日指示之十大理由[1]，公开宣传，并发反共军。""你们应公开写信给反共军首长如汤恩伯、李仙洲、李品仙等，将此类信件公开印刷分寄反共各军，争取他们共同抗日，劝告他们停止反共。""如你们宣传工作做得好，可以动摇反共军官心军心，迟延其进攻速度"。"你们的宣传对任何部队都取争取政策，不要伤其官长，对他们过去抗日成绩应加赞语。""宣传工作弱的部队，各首长应亲自动手，亲自检查，务使措词恰当，宣传有力。击破反共军十分之七靠宣传。"

同日 叶挺、饶漱石在被围中急电毛泽东、朱德、王稼祥："支持四日夜之自卫战斗，今已濒绝境，干部全部均已准备牺牲。请即斟酌实情，可否由中央或重庆向蒋交涉立即制止向皖进攻，并按照原议保障新四军安全移江北及释放一切被捕军部工作人员。"

同日 项英等离队突围不成，回到军部。项英并致电中共中央，报告与袁国平等离队经过，表示"此次行动甚坏，以候中央处罚"。

1月上旬或中旬 会见印度援华医疗队的巴苏华。毛泽东用木炭在地上画出日军、国民党军和新四军的位置，说明蒋介石制造皖南事变的严重局势。指出：中国共产党仍坚持把日本侵略者作为打击的主要敌人。如果国民党企图破坏这一全国的主要政治方向，它必将遭到反击，它的计划必将失败，但中国共产党绝不鼓励内战。

---

〔1〕 指中共中央1940年12月25日《关于时局与政策的指示》中所指出的反对国民党强令八路军新四军限期移至黄河以北的10条理由。

1月11日　和朱德、王稼祥复电刘少奇、陈毅："你们转来叶、姚电悉，叶、姚是完全正确的，望你们就近随时去电帮助他们并加鼓励，惟项英撤职一点暂不必提"。

同日　和朱德、王稼祥致刘少奇即转叶挺、饶漱石并全体同志电："希夷、小姚的领导是完全正确的，望全党全军服从叶、姚指挥，执行北移任务。你们的环境虽困难，但用游击方式保存骨干，达到苏南是可能的。"

1月12日　出席中共中央政治局会议。会议通过由毛泽东起草的中央关于皖南新四军由叶挺、饶漱石负责领导的指示电。电文说："中央决定一切军事、政治行动均由叶军长、饶漱石二人负总责，一切行动决心由叶军长下，项英同志随军行动北上。"

同日　中共中央书记处致电周恩来、叶剑英，指出："新四军全军东进，行至太平、泾县间之茂林，被国民党军队重重包围已六天，突不出去，据云尚可固守七天。望向国民党提出严重交涉，即日撤围，放我东进北上，并向各方面呼吁，证明国民党有意破裂，促国民党改变方针，否则有全军覆灭危险。"

同日　和朱德、王稼祥致电刘少奇、陈毅即转叶挺、饶漱石，指出："你们当前情况是否许可突围？如有可能，似以突围出去分批东进或北进（指定目标，分作几个支队分道前进，不限时间，以保存实力达到任务为原则）为有利，望考虑决定为盼。因在重庆交涉恐靠不住，同时应注意与包围部队首长谈判"。

1月13日　中共中央以朱德、彭德怀、叶挺、项英名义发表抗议国民党军包围皖南新四军的通电。通电说："我江南新四军军部及部队万人遵令北移，由叶挺等率领行至泾县以南之茂林地区，突被国军七万余人[1]重重包围，自鱼[2]至文[3]，血战七昼夜，死伤惨重，弹尽粮绝。”“在战斗中据所获包围军消息，此次聚歼计划，蓄谋已久，布置周密，全力乘我不备，诱我入围，其所奉上峰命令有一网打尽生擒叶、项等语。”“我八路军新四军前受日寇之扫荡，后受国军之攻击，奉命移防者则遇聚歼，努力抗战者则被屠杀，是而可忍，孰不可忍？”通电要求国民党中央立解皖南大军之包围，开放北上之道路。

同日　关于注意利用日蒋矛盾粉碎顽军的进攻，和朱德、王稼祥致电刘少奇、陈毅，指出：有情报证明淮南路日军撤退全是谣传，蒋、桂对日军仍是敌对的。据去春晋东经验，我打朱怀冰后，蒋调集大军正准备通过晋城、长治线向太行山我军进攻之际，被日军集中“扫荡”，将各反共军打得七零八落。同时日军在皖南、鄂西采取攻势，反共高潮因而下降。此种经验，你们很可利用，但不要因此松懈自己准备。

同日　和朱德、王稼祥致电刘少奇、陈毅，彭德怀、左权，叶挺、项英、饶漱石，周恩来、叶剑英，指出：同意刘少奇、陈毅十二日电[4]，苏北准备包围韩德勤，山东准备包围沈鸿烈，限电到十天内准备完毕，待命攻击，以答复蒋介石对我皖南新四军一万人的聚歼计划。如皖南部队被蒋介石消灭，我应坚决、彻底、干净、全部消灭韩德勤、沈鸿烈部，彻底解决华中问题。电报还指出：周、叶正在重庆抗议，我们正用朱、彭、叶、项名义

〔1〕　应为八万余人。

〔2〕　鱼，即6日。

〔3〕　文，即12日。

〔4〕　刘少奇、陈毅1941年1月12日致电毛泽东、朱德、王稼祥等，要求速向重庆严重交涉停止包围攻击新四军，并建议由朱瑞、陈光、罗荣桓部包围沈鸿烈部，刘少奇、陈毅部包围韩德勤部，以与国民党交换。

发出抗议通电，望电达茂林被围部队，如无法突围应再坚持十天，可能有办法。为应付严重事变，华北准备机动部队应加紧，重庆、桂林、西安、洛阳各办事处应即刻准备好对付蒋介石袭击。皖南事变应公开宣传。

同日 致电周恩来、叶剑英，指出："你处交涉应带严正抗议性质，勿用哀乞语气为盼。"本日，同朱德、王稼祥再电周恩来、叶剑英，告以叶挺军部率六个团仍在茂林地区被围困中，处境极危，傅秋涛[1]两个团也未突出大包围线外。"请向当局提出最严重交涉，如不立即解围，我们即刻出兵增助，破裂之责由彼方担负。我们今日发出之通电，望立即散发。"

同日 和朱德、王稼祥急电刘少奇、陈毅："（甲）我们已向当局提出最严重之抗议，申明如不撤围，破裂之责在彼。（乙）我全国政治上军事上立即准备大举反攻。（丙）立告叶、项、姚诸同志，如能突围则设法突围，如不能突围则坚守下去便有办法。"

1月14日 和朱德、王稼祥发急电给彭德怀、左权，贺龙、关向应，聂荣臻、彭真，刘伯承、邓小平，吕正操、程子华，朱瑞、陈光、罗荣桓，刘少奇、陈毅，周恩来、叶剑英，指出："中央决定在政治上军事上迅即准备作全面大反攻，救援新四军，粉碎反共高潮。""除已令苏北、山东迅即准备一切待命消灭韩德勤、沈鸿烈，同时发出最严重抗议通电，并向蒋介石直接谈判外，我华北各部须遵前令提前准备机动部队，准备对付最严重事变。"

同日 致电周恩来、叶剑英，指出："现在不是走何路线问题，而是救死问题，如不停止攻击，即将全军覆灭。请立即要蒋下令停战撤围。"

---

〔1〕 傅秋涛，当时任新四军第1支队司令员兼政治委员。皖南新四军转移时，临时编队，傅任第1纵队司令员兼政治委员。

同日 叶挺为挽救危局，保全部队，亲赴国民党军第一〇八师师部谈判，被无理扣押。[1]

1月15日 出席中共中央政治局会议，作关于皖南事变的发言，指出：皖南新四军的失败，从我们自己方面来说，首先是由于新四军的领导项英、袁国平等没有反磨擦的思想准备，其次便是指挥上的错误。新四军本来可以北上，但项英动摇，如不是项英动摇，是可以不失败的。对于皖南事变，我们要实行全国的政治反攻，像前年我们反对第一次反共高潮时那样的非常强硬的态度。只有不怕决裂，才能打退国民党的进攻。中间派喊叫，我们也不可全信。左派主张我们马上与国民党大打起来，我们也不能实行这种政策。对项、袁的错误须立即宣布，如何处置交七大解决。会议通过了由毛泽东起草的《中央关于项袁错误的决定》，这个决定发到各中央局高级干部。

同日 亥时，刘少奇致电毛泽东、朱德、王稼祥，指出："在此时我党亦不宜借皖南事件与国民党分裂"，"以在全国主要的实行政治上全面大反攻，但在军事上除个别地区外以暂时不实行反攻为妥"，"如此我在政治上有利，在军事上稳健"。

同日 致电周恩来、叶剑英并告彭德怀、左权，刘少奇、陈毅等，指出："蒋介石一切仁义道德都是鬼话，千万不要置信"。"中央决定发动政治上的全面反攻，军事上准备一切必要力量粉碎其进攻"。"只有猛烈坚决的全面反攻，方能打退蒋介石的挑衅与进攻，必须不怕决裂，猛烈反击之，我们'佳电'的温和态度须立即终结"。

1月17日 国民党政府军事委员会发布通令，诬蔑新四军

---

〔1〕 皖南新四军其他领导人项英、周子昆等后在赤坑山蜜蜂洞被叛徒杀害，袁国平在战斗中牺牲。

为“叛军”，宣布撤销新四军番号并将叶挺交军法审判。

1月18日 出席中共中央政治局紧急会议，会议讨论为驳斥国民党政府军事委员会发言人一月十七日谈话的文件，决定照原稿修改发表。毛泽东在会上发言说：国民党最近消灭皖南新四军，现在又公开宣布取消新四军，这表明国民党准备与共产党大破裂的决心。国民党干出这件大事，定有帝国主义指使。国民党“皓电”、“齐电”是准备破裂的具体步骤，我们去“佳电”也还不转变态度，这就证明下了决心反共。现在国民党准备大举进攻华中部队，在各处大捕共产党员，因此我各办事处须实行自卫式的撤退。

同日 为中共中央书记处起草致周恩来急电：“立即转告克农[1]，桂办应立即撤退，否则克农会被拘押，克农可回延安，密码密件立刻烧尽。”本日，中共中央书记处还发出关于大量撤退重庆办事处和西安办事处的干部的指示。

同日 和朱德、王稼祥致电周恩来、叶剑英，彭德怀、左权，刘少奇、陈毅，朱瑞、陈光、罗荣桓，指出：蒋介石称，朱德、叶挺各部迄未遵命移动，我应以党政军力量迫其就范，相机消灭。“蒋已令各战区进剿，李宗仁已任命汤恩伯为淮北区总司令，李品仙为淮南区总司令，王仲廉为鄂中区总司令，冯治安为襄西区总司令，开始进攻，限二月完成。”

同日 为改变包围韩德勤、沈鸿烈的作战计划，和朱德、王稼祥致电刘少奇、陈毅，朱瑞、陈光、罗荣桓等：“前因援救皖南，同意胡、陈建议包围韩、沈。现皖南已失败，华中汤恩伯（淮北区）、李品仙（淮南区）、王仲廉（鄂中区）、冯治安（襄西区）已开始向我进攻，因此我华中、山东各部须为适应反共军进攻而分别作具体之部署，统由刘、陈规定指挥之。”

---

〔1〕 克农，即李克农。

同日 和朱德、王稼祥、叶剑英致电慰问患病的徐海东[1]："闻病沉重，非常惦念，当此紧张时局，我们无限关怀你早愈、健康，特电慰问，希安心休养。"

同日 中共中央发出关于皖南事变的指示，指出：皖南事变"是抗战以来国共两党间，也是抗日民族统一战线内部空前的严重事变"，国民党一月十七日反动命令，表示"已在准备着与我党破裂，这是七七抗战以来国民党第一次重大政治变化的表现"。中央决定：各抗日根据地经过刊物、报纸、会议、群众大会，向国民党提出严重抗议，八路军、新四军在政治上、军事上应充分提高警觉性和作战的充分准备。

1月19日 和朱德、王稼祥致电彭德怀并告刘少奇，指出：蒋介石宣布新四军为"叛逆"，将叶挺付审判，似有与我党破裂决心。我们决定在政治上军事上组织上采取必要步骤。在政治上全面揭破蒋之阴谋，但暂时不提蒋名字，见《新中华报》社论[2]及中共发言人谈话[3]，惟仍取防御姿态，在"坚持抗日，反对内战"口号下动员群众。在军事上先取防御战。在组织上拟准备撤销各办事处。

1月20日 出席中共中央政治局会议，在作报告中指出：目前时局的发展，我们要从根本上考虑了。自蒋介石十七日宣布新四军为"叛军"后，实际上蒋已准备得罪我们，得罪苏联，已是准备全部破裂的开始。蒋首先破裂，一切同情与理由都在我们方面。要挽救时局，实现好转，必须取消十七日国民政府军事委

---

〔1〕 徐海东，当时任新四军江北指挥部副指挥兼第4支队司令员。

〔2〕 指1941年1月19日《新中华报》社论《抗议无法无天之罪行》。

〔3〕 指1941年1月23日《新中华报》刊载的《中共中央发言人对皖南事变发表谈话》。

员会发言人谈话。会议决定中共中央革命军事委员会发布重建新四军军部的命令，确定了任命名单，并决定用中共中央军委名义发表谈话。会议还决定：成立中央军委主席团，由毛泽东、朱德、彭德怀、周恩来、王稼祥组成，军委实际工作由主席团办理；驻国民党统治区的各办事处停止同国民党的一切法律关系，实行撤退。

同日 为中共中央革命军事委员会起草的重建新四军军部的命令在延安发布，任命陈毅为新四军代理军长，张云逸为副军长，刘少奇为政治委员，赖传珠为参谋长，邓子恢为政治部主任。二十五日，新四军军部在苏北盐城重新建立。这个命令和同日中共中央军委发言人的谈话合为一篇编入《毛泽东选集》，题为《为皖南事变发表的命令和谈话》。

同日 以中共中央革命军事委员会发言人的名义，对新华社记者发表关于皖南事变的谈话。谈话揭露了日本和亲日派的整个阴谋计划，指出：此次皖南事变，酝酿已久。自日德意三国同盟订立以后，日本和亲日派就蓄谋镇压中国的抗日运动，消灭八路军、新四军，实现中日妥协。至去年年底，全部计划准备完成。袭击皖南新四军部队和发布一月十七日的反动命令，不过是这一计划表面化的开端。谈话严正提出解决皖南事变的十二条办法：第一，悬崖勒马，停止挑衅；第二，取消一月十七日的反动命令，并宣布自己是完全错了；第三，惩办皖南事变的祸首何应钦、顾祝同、上官云相三人；第四，恢复叶挺自由，继续充当新四军军长；第五，交还皖南新四军全部人枪；第六，抚恤皖南新四军全部伤亡将士；第七，撤退华中的"剿共"军；第八，平毁西北的封锁线；第九，释放全国一切被捕的爱国政治犯；第十，废止一党专政，实行民主政治；第十一，实行三民主义，服从《总理遗嘱》；第十二，逮捕各亲日派首领，交付国法审判。谈话对国民党顽固派提出最后忠告："亡羊补牢，犹未为晚。"如能实行以上十二条，则事态自然平复，我们共产党和全国人民，必不过为已甚。如果继续胡闹，必然是搬起石头打自己的脚，那就悔之莫及了。

同日 致电周恩来、彭德怀、刘少奇，指出：蒋介石已将我们推到和他完全对立的地位，一切已无话可说。中央决定将各办事处逐步撤销，人员陆续撤回，八路军总部不再向蒋介石呈报任何文电。延安军委已于二十日发表命令、谈话，收到望广泛散播。“目前我们在政治上取猛烈攻势，而在军事上暂时还只能取守势，惟须作攻势的积极准备，以便在四个月或六个月后能够有力地转入攻势。在准备时期边区及晋西北方面不作大的军事调动，以免震动。八路人员暂时亦不发表反蒋言论。”

1月25日 为中共中央书记处起草复周恩来电，指出：“为了对抗蒋介石一月十七日的步骤，我们必须采取尖锐对立的步骤回答他，否则不但不能团结全国人民，不能团结我党我军，而且会正中蒋之诡计。”“政治上取全面攻势，军事上取守势。”我们应该抓住一月十七日命令，“坚决反攻，跟踪追击，绝不游移，绝不妥协”。“你们须立即向国民党表示，如果他们不能实行我们所提的十二条（主要是取消一月十七日命令），你们应要求他们发护照立即回延。”

同日 关于皖南事变后的形势和对蒋斗争策略问题，致电彭德怀、刘少奇、周恩来：“我们一月二十日的策略，可以对付两种情势中之任何一种。如蒋业已准备全面破裂，我们便是以破裂对付破裂；如蒋并未准备全面破裂，我们便是以尖锐对立求得暂时缓和。”“我们三个月来的让步态度（‘佳电’及皖南撤兵）取得了中间派的好感，但给了蒋以向我进攻的机会，这种态度应立即结束，转到尖锐对立与坚决斗争的立场。”“蒋的阴谋是各个击破，把新四军看成地方事件，我们却不能这样，必须把它看成全国性事件。”“政治上取攻势，军事上暂时仍取守势。”“中间派的话不可不信，不可尽信。只有我们取坚决斗争绝不妥协的立场，才能真正争取中间派，否则中间的动摇立场客观上是于蒋有利的。”

同日 周恩来将中共中央解决皖南事变的十二条办法面交国民党代表张冲转国民党中央。

同日 苏联驻中国大使潘友新会见蒋介石，指出中国内战意味着灭亡。使馆武官崔可夫也向何应钦和白崇禧表示内战有害于反侵略斗争，暗示继续内战可能导致苏联方面停止援助。

1月27日 致电周恩来：同意八路军驻重庆办事处逐步撤退的办法，在蒋介石宣布全面破裂（取消八路军番号，宣布中共“叛变”）以前，办事处仍留少数人不走。蒋介石不取消一一七命令并实行十二条，则不能恢复谈判，这个态度是完全正确的。日、蒋间矛盾尚可利用，日军如大举进攻，必是配合亲日派之行动，目的在威胁蒋介石妥协。

同日 蒋介石在重庆国民党中央纪念周发表讲话，声称皖南事变“完全是我们整饬军纪的问题”，“并无其他丝毫政治或任何党派的性质夹杂其中”。

1月28日 和朱德、王稼祥致电刘少奇、陈毅，张云逸、邓子恢，彭雪枫，李先念，黄克诚等，指出：（一）“延安军委已公开发表新四军领导人员，发表抨击重庆谈话，并代你们发表就职通电及声讨亲日派宣言。你们都收到否？望广为散发。”（二）“在皖南事变及一月十七日蒋介石宣布新四军‘叛变’后，我们对蒋介石为代表的大地主大资产阶级应有政策上的变动，即由一打一拉政策改变为完全孤立他的政策，在党内外尽量揭破他的反动阴谋，惟在蒋没有宣布全部破裂时（宣布八路及中共‘叛变’），我们暂时不公开提出反蒋口号，而以当局二字或其他暗指方法代替蒋介石名字。但对实行‘三三制’及十二月二十五日中央指示中所述各项政策均不变，对统一战线原则均不变。”（三）对皖南失散力量，张云逸、邓子恢应设法派人过江，加以指导，收集一部在芜湖一带抗日。(四)对皖西、鄂东及河南方面，即应布置游击战争。

同日 致电廖承志，询问一月十八日中共中央发言人谈话，一月二十日中央军委命令及谈话，一月二十三日新四军将领就职通电，一月二十四日新四军声讨亲日派通电，均收到否？望广为散播。并指出：你处宣传活动，即根据这些文件，并望将这些文件寄给刘晓[1]和英、美共产党。

1月29日 出席中共中央政治局会议，会议讨论通过《中央关于目前时局的决定》。毛泽东发言，对《决定》的十条逐一作说明，指出：皖南事变及一月十七日反动命令是全面破裂的开始，这种估计是正确的。破裂的责任在蒋介石，一切理由都在我们这边。前年七七宣言斗争性多，去年七七宣言团结性多。蒋介石认为我们去年的七七宣言及“佳电”能得到中间派的同情，便抓住我们。我党只有采取尖锐对抗的政策，才能抵制蒋介石的政策。蒋介石一月二十七日讲话，说皖南事变只是所谓军纪问题、局部问题，我们必须说明是政治问题、全局问题、外交问题，是日寇与亲日派推到投降反共的一方面。从开始破裂到全面破裂还有一些时间。这种破裂不应说是国共之间的破裂，而是反动的大地主大资产阶级的政治代表与全国人民之间的破裂。我们要维持与民族资产阶级的联盟，但中共必须保持独立性。应公开批评蒋介石。对目前时局的解决办法是十二条。毛泽东在会上第二次发言时还指出：日本企图使中国彻底投降，亲日派想推动蒋介石由抗战到投降，蒋介石目前还是第三集团。

同日 致电周恩来，指出：“从破裂开始到全面破裂尚可能有一个过渡时期，其时间快慢长短，依国内外各种条件决定。我

---

〔1〕 刘晓，当时任中共江苏省委书记。

们方针，不是促它快，但要准备它快，在蒋没有宣布全面破裂以前，我办事处尚须留下少数人撑持门面，因此相当的时间是可能有的。”“在国民党没有宣布全面破裂以前，我们并不断绝和他们往来，惟对两党关系，须坚持我们十二条件，不再谈其他问题（如北移、扩军、边区等）。”“蒋二十七日讲演已转入辩护（防御）态度，可见各方不满”。

同日 和朱德复电八路军驻重庆办事处全体工作同志：“感电〔1〕悉，甚慰，望努力奋斗，光明就在前面，黑暗总会灭亡。全国全世界人民都是援助我们的。”

1月30日 为中共中央军委总政治部起草致八路军野战政治部及各师各军区政治部、新四军各级政治部电，指出：“我们须利用从开始破裂到全面破裂之间的一段过渡时间，因此中央决定在目前除中央军委及新四军表示与蒋介石尖锐对立的态度外，八路军将领暂时对外保持沉默态度，不发表宣言、通电、演说等文件，而动员民众团体发表文件，在报纸上发表社论，声援新四军，驳斥重庆军委会一月十七日命令及一月二十七日蒋介石演说”。发表文件和社论时，中心应痛骂日本与亲日派联合发动内战消灭抗日军队的阴谋。

1月31日 复信毛岸英、毛岸青，信中说：“惟有一事向你们建议，趁着年纪尚轻，多向自然科学学习，少谈些政治。政治是要谈的，但目前以潜心多习自然科学为宜，社会科学辅之。将来可倒置过来，以社会科学为主，自然科学为辅。总之注意科学，只有科学是真学问，将来用处无穷。”“你们有你们的前程，

〔1〕 八路军驻重庆办事处全体工作人员1941年1月27日致电毛泽东、朱德等：“向你们保证无论在任何恶劣的情况之下，我们仍以不屈不挠的精神坚守我们的岗位，为党的任务奋斗到最后一口气。”

或好或坏，决定于你们自己及你们的直接环境，我不想来干涉你们，我的意见，只当作建议，由你们自己考虑决定。”“岸英要我写诗，我一点诗兴也没有，因此写不出。”“我的身体今年差些，自己不满意自己；读书也少，因为颇忙。”

1月下旬 日军发起豫南战役，国民党军汤恩伯部向西败退。

2月1日 关于日蒋矛盾等问题，复电彭德怀，指出：“日蒋矛盾仍是目前的基本矛盾，我们仍须尽量利用之，使时局再拖几个月的可能性仍是有的，国共由一月十七日的开始破裂到将来某时的全部破裂有一个过程，此过程可能短，亦可能长，由日蒋矛盾的变化及我们政策来决定，我们方针是利用这个过程使破裂于我有利。但我军事准备应放在可能短一点上。”目前政治上我已有主动性，军事上亦必须掌握主动性，估计此主动性要待国际条件成熟才能完全到我手中。“我们决不能丧失主动性。这是胜利与失败的重要条件。”“国际条件今年夏秋必有一个变化，明春又会有一个条件。”

同日 关于日军进攻河南与中共对时局的方针问题，为中共中央书记处起草致周恩来、董必武，刘少奇、陈毅，彭德怀、左权等电，指出：“日寇乘蒋介石注全力于反共之际，集中五个师团以上兵力分数路包围汤恩伯、何柱国、李仙洲、李品仙诸军约十五万人于平汉以东。”“此次河南战役是宜昌战役后最大的战役，不论其军事结果如何，在政治上给蒋介石以很大的打击，因他煽起皖南事变造成国共间深刻裂痕，敌乃乘虚而入。蒋介石自三国同盟〔1〕成立、日美矛盾激化、英美苏三国助华之后，即兴

〔1〕 指日本、德国、意大利1940年9月27日在柏林签订《德意日三国同盟条约》而结成的军事同盟。

高采烈，轻视日本，集中其精力拼命反共。”蒋介石造成国共裂痕之后，“敌即于一月下旬发动大举进攻，蒋介石反共结果已如此明显。各地应强调宣传蒋介石此种全力对内的反革命作法，完全为敌人造机会，如不变计，必至闹到亡国；强调地提出我党中央解决时局的十二条办法，只有蒋介石立即悔祸，实行我党中央所提办法，才能使已被蒋介石开始破裂了的国内团结重新恢复，只有恢复国内团结，才能抗御日寇之进攻，挽救国家于危亡”。电报还指出：“蒋介石在我们表示强硬立场之后，又遇敌人大举进攻，乃向我们提出廉价的妥协办法，允许华中我军展期北移及新四军归入八路军增编一军等条件，已为恩来同志坚决拒绝”。“蒋在危急时求妥协之心，已可概见。我们必须坚持尖锐斗争立场，不达到我们必要条件决不与之妥协。”

同日 关于今后华中战略任务，和朱德、王稼祥致电刘少奇、陈毅并告彭德怀：“目前华中指导中心应着重三个基本战略地区。第一个基本战略地区是鄂豫陕边，其办法由彭雪枫、张云逸、李先念三地逐步向西推进，以在一年内达到鄂西、豫西及陕南建立游击根据地为目的”。“第二个战略中心是江南根据地。又分为苏南、皖南、浙东及闽浙赣边四方面”。“第三是苏鲁战区。这是目前华中的基本根据地，主力所在，用力最大”。

2月2日 关于日军进攻态势及中共在政治、军事上的方针问题，和朱德、王稼祥致电彭德怀、左权，刘少奇、陈毅，周恩来、董必武等，指出：敌有占洛阳可能，汤恩伯、胡宗南、卫立煌主力有被击溃可能，“反共高潮可能下降，中日矛盾仍属第一”。我们的方针：政治方面，继续攻势，坚持十二条，在适当的条件下不拒绝妥协，但目前绝不松口。军事方面，八路军原地不动，仍不松懈准备，新四军力争河南，不惜全力以赴。黄克诚部即改新四军番号，新四军已成全国人民心目中极荣誉的军队，这是皖南代价换来的。统战方面，注意团结中条山、河南、湖北各友军，“大大发展交朋友，共同打退日寇的进攻，良机难得，以德报怨”。

同日 为中共中央书记处起草致彭德怀、左权，周恩来、叶剑英电：“中央决定在蒋介石对新四军问题没有满意解决以前，我八路军停止给他任何呈报（战报亦停止），亦不向他请领经费。他的来件，办事处可以照例收下，但不要复他。”

同日 在杨家岭住地同二月一日离开重庆今日回到延安的叶剑英，进行长时间谈话。叶剑英带来周恩来给中共中央和毛泽东的信以及邓颖超送毛泽东的相片，向毛泽东汇报了皖南事变前后同国民党谈判的情况。当晚，毛泽东致电周恩来：“（一）剑英本日上午十时抵延，畅谈五小时，收到来示，欣慰之至。报纸题字〔1〕亦看到，为之神王。（二）小超同志照片收到，敬谢。”

同日 和朱德、王稼祥致电刘少奇、陈毅并告彭雪枫、黄克诚：彭雪枫部和黄克诚部均须用新四军番号。刘、陈应“速将苏南、苏北、皖东、鄂中、淮北及克诚六部编为六个师，将各师师长、政委名单立即电告，以便军委立即发表委任令，广播全国”。

2月5日 和朱德致电廖承志：同意用毛、朱、周名义致电陈嘉庚、柳亚子、张一麐〔2〕等，对他们为全国团结抗战仗义执言表示敬佩与鼓励。

2月7日 在准备发给共产国际的《新四军事变后的各方动态》上加写两段话。一段是：“中共方面的整个立场，见于一月二十日发表的中共中央革命军事委员会的命令与谈话，其中包括

〔1〕 指1941年1月18日重庆《新华日报》刊载的周恩来题词：“为江南死国难者志哀!”“千古奇冤，江南一叶，同室操戈，相煎何急!?”

〔2〕 柳亚子，曾任孙中山的秘书、中国国民党中央监察委员。1941年谴责蒋介石制造皖南事变，被国民党开除党籍。张一麐，当时是国民参政会参政员。

十二条要求，全党一致拥护，情绪异常兴奋。党外人士例如冯玉祥[1]说，只有共产党的十二条国事才能解决，参政员张一麐等看了，异常高兴，中间人士从前怕共产党过于强硬引起破裂者，现在则赞成我党采取强硬态度。蒋、何、白原估计我们可以吓下来，以为苏联不要破裂，中共一定也不敢强硬，今见如此，出于他们意外，表示着慌，蒋几次派他的代表张冲、张治中[2]与周恩来商妥协办法，并派叶剑英返延。”另一段是：“综合各方情况，截至今日止，由于蒋介石做得太错，我们的有理而强硬的态度，日本向河南的进攻，英、美、苏的外交压力，国民党内部的矛盾，中间派的同情我们，广大人民的对蒋愤慨等等原因，已开始有了妥协的基础，内战已可避免，中国时局有发生有利于我们的变化的象征。”

同日 关于日军进攻河南的形势和对蒋介石政治动向的分析，致电周恩来：“此次敌军进攻规模甚大，战况激烈，似比宜昌战役还要大些，完全是蒋、何、白反共计划召来的。”“蒋介石原知敌人一、二、三月内要进攻的，他之所以发动皖南事变，发表一一七命令及部署大军进攻淮北、皖东、鄂中新四军，均是想以反共停止敌人进攻”。“岂知日本人的想法另是一样”，“利用国共冲突，乘机进攻”。“故河南进攻，对蒋是一瓢极大的冷水，把他的全部的幻想打破了。”“军事反共事实上既已终结（虽然皖东与关中边区还在进攻），请注意蒋介石诸人如何处理国共关系，依我观察，他们非求得个妥协办法不可。敌人攻得如此之急，一一七命令如此丧失人心，他的计划全部破产，参政会又快要开

〔1〕 冯玉祥，当时任国民党中央常委。1937年8月、9月又先后任国民党军第三、第六战区司令长官。同年9月、10月，先后被蒋介石解除第三、第六战区司令长官职务。

〔2〕 张治中，当时任国民党政府军事委员会政治部部长。

了，非想个妥协办法，更加于他不利。”

同日 美国总统罗斯福的私人代表居里会见蒋介石。八日，蒋介石收到罗斯福希望国共合作的来函。

2月8日 为中共中央书记处起草通知，指示各地在抗议皖南事变及追悼皖南事变殉国烈士大会中，应要求国民党政府和蒋介石接受中共提出的解决时局十二项条件，平反皖南冤案。十日，又为中共中央书记处起草通知：“关于抗议皖南事变及追悼皖南死难烈士，前定二月十三日或以后数日内开会，兹决定缓开，待时局明朗后再通知开会。”十一日，中央政治局会议又根据毛泽东的提议，决定大会停开。

2月9日 进犯阜阳的日军开始撤退，同时放弃涡阳、蒙城等地。十日，败退到新黄河以西的国民党军分三路向豫皖苏边区新四军进攻。

2月11日 出席中共中央政治局会议，在会上指出：这次日军进攻河南，扰乱了反共军对新四军的进攻计划，但在豫南战役中中央军损失不大，他们仍能布置进攻我们。二月六日国民党中央发出指示，要发动舆论逼使八路军、新四军退到老黄河以北，现在积极布置进攻陕甘宁边区的反共军有三师两旅，看来反共高潮仍未降低。

2月12日 和朱德、王稼祥致电刘少奇、陈毅，罗炳辉，黄克诚，彭雪枫等，指出：“此次敌寇发动华中攻势，其行动如山洪暴发，忽涨忽退，蒋此次反共计划一般地已被捣乱。目前整个形势在变化中。华中军事除李仙洲及王仲廉指挥之新二军仍继续执行原来反共任务外，汤军〔1〕主力正在进行休整”。“你们目前任务是求得巩固现地区，与李仙洲斗争”。

---

〔1〕 指汤恩伯部。

同日 和朱德、王稼祥致电刘少奇："望令克诚部向西推进，求得与雪枫区域联成一片，以巩固华中阵地。"

2月13日 和朱德、王稼祥、叶剑英致电彭雪枫并告陈毅、刘少奇：李仙洲部两个师向你们进攻，你们主力先应向北退却，然后相机反击消灭之，一切靠自己解决问题。

2月14日 为中共中央书记处起草复周恩来电："（一）同意以我党七参政员名义将十二条提到参政会要求讨论，以期恢复国共团结、重整抗日阵容、坚持对敌抗战，否则我们不能出席参政会。（二）同意在参政会外成立各党派委员会讨论政治问题。"〔1〕

同日 关于目前国共关系和中共的策略，复电周恩来，指出：蒋介石"反共不会变，高潮可能下降，'剿共'可能停顿（只说可能）"。"只要此次高潮下降，'剿共'停顿，将来再发动高潮，再举行'剿共'就困难了（除非投降），故目前是时局转变关头。""敌必向蒋进攻，某君〔2〕估计是对的，利用日蒋矛盾仍是我们政策中心。""但对蒋让步则危险（如你所说），目前是迫蒋对我让步时期，非我对蒋让步时期"。"蒋从来没有如现在这样受内外责难之甚，我亦从来没有如现在这样获得如此广大的群众（国内外）。""只有军事攻势才会妨碍蒋之抗日，才是极错误政策。政治攻势反是，只会迫蒋抗日，不会妨蒋抗日，故军事守

〔1〕周恩来1941年2月10日在重庆玉皇观同参政员黄炎培、周士观、沈钧儒、邹韬奋、章伯钧、张申府、左舜生、张君劢商谈对国民参政会的态度。事后，周恩来将商谈情况电告毛泽东，主张接受他们的建议：中共七参政员将中共中央提出的解决皖南事变的十二条善后办法提交参政会要求讨论，以此作为出席参政会的条件，否则不出席；在参政会外成立各党派委员会，讨论国共关系和民主问题，在此会上也提出"十二条"进行讨论。

〔2〕指崔可夫，当时任苏联驻中国大使馆武官兼国民党政府军事顾问。

势、政治攻势八个字是完全正确的，二者相反正是相成。”我之政治攻势（十二条）压倒了蒋之攻势，我们的目的不在蒋承认十二条或十二条之一部分，他是不会承认的，而在于以攻势打退攻势。“一月十七日以前他是进攻的，我是防御的，十七日以后反过来了，他已处于防御地位，我之最大胜利就在于此。”十六日，又将这一电报发彭德怀、刘少奇。

2月15日 毛泽东等共产党七参政员致函国民参政会，声明在国民党政府对中共中央一月二十日所提出的解决皖南事变十二条善后办法未予采纳以前，拒绝出席参政会。十九日，周恩来将此公函送交国民参政会秘书长王世杰。

2月17日 和朱德、王稼祥、叶剑英致电彭德怀、左权并告刘伯承、邓小平，刘少奇、陈毅，指出：卫立煌“是可与合作人物，对他的政策应十分谨慎，应向着争取他与我们长期合作的方向去做”。“日蒋矛盾甚大，日寇仍有深入进攻可能。”“蒋介石强我华中部队集中华北的政策，日本认为是对它不利的（破坏它华北的根本利益），这亦是日蒋矛盾之一。”这个矛盾很可利用。“日蒋没有妥协以前，蒋大举对我进攻是不可能的，第一他没有便利战场，第二政治上不好动员，第三英、美都不赞成，第四蒋、桂已有矛盾。这一估计已经证实，故华中我军应加紧对付他的小进攻（如李仙洲、莫德宏、陈大庆〔1〕之类），但不怕他的大进攻。”“目前蒋、桂、何都陷于僵局，我再忍耐一下，时局于我有利。”

同日 和朱德、王稼祥、叶剑英致电彭德怀、左权，刘伯承、邓小平，贺龙、关向应，聂荣臻、彭真，吕正操、程子华，朱瑞、陈光、罗荣桓，陈毅、刘少奇，进一步阐述中共中央决定的军事守势、政治攻势的方针，指出：“目前党的政策的中心出

〔1〕 陈大庆，当时任国民党军事委员会直辖第31集团军第29军军长。

发点是利用日蒋矛盾，日蒋还有严重矛盾，故必须利用之，因此我们采取了军事守势、政治攻势的政策，这个政策的时间愈长愈有利，愈短愈不利。”“我党领导的一切武装部队，包括新四军在内，目前对反共军，基本上只应该打防御战，不应该打进攻战，不应该企图在大后方发动反蒋的游击战争，这些办法目前都是有害的。”新四军虽已无合法地位，“亦不应该去大后方，暂时仍以限制于敌占区及其附近地区活动为原则。河南敌退后，彭雪枫过新黄河的活动应暂时放弃，主力向河南发展任务目前应改为准备而不是实行”。“对八路军机动部队的准备亦然，目前也是准备，不是实行”。“在加紧准备机动部队中，必须抑制部队中可能发生的急躁情绪，必须使部队高级人员懂得，一方面要准备对付可能的突然事变（全面破裂），一方面又要在自己的行动上避免引起过早破裂，要知道破裂愈迟愈有利，愈早愈有害。”

2月18日 中共中央革命军事委员会发布关于新四军所属各师军政负责人的委任令：粟裕为第一师师长，刘炎为政治委员，钟期光为政治部主任；张云逸为第二师师长，罗炳辉为副师长，郑位三为政治委员，郭述申为政治部主任；黄克诚为第三师师长暂兼政治委员，吴文玉为政治部主任；彭雪枫为第四师师长暂兼政治委员，萧望东为政治部主任；李先念为第五师师长暂兼政治委员，任质斌为政治部主任；谭震林为第六师师长暂兼政治委员；张鼎丞为第七师师长，曾希圣为政治委员。

同日 和朱德、王稼祥、叶剑英致电刘少奇、陈毅，彭雪枫，指出：“顽军虽有重新进攻华中我军之可能，然经日军‘扫荡’后整训须时，故雪枫部应在涡河南岸尽可能努力迅速建立根据地，不到不得已时不要全部退至涡河北岸与放弃涡南。”“可由黄克诚酌派一部分部队进至原雪枫地区。”

2月19日 出席中共中央政治局会议，会议听取杨尚昆关于华北情况和政策上几个问题的报告。毛泽东在会上提出要加强中央秘书处组织。秘书处工作主要有政治、军事、党务、情报、同延安各机关的联系五个部分。会议决定调陶铸、胡乔木[1]等四人到秘书处工作。

2月20日 为中共中央书记处、中央军委总政治部起草致彭德怀、罗瑞卿电，指出：前总在二月九日所发政治训令是不适当的。训令“混淆大资产阶级与民族资产阶级的区别，从理论上动摇了‘三三制’，使全军得到这样一个印象，即整个资产阶级都已经或快要叛变了，工农小资产阶级的苏维埃时期又要到来了。这样就将中央及全党一年以来纠正‘左’倾错误的努力都有可能从理论上给以推翻”。“在现时提倡土地革命是非常错误的，这样将使我们党孤立起来。中央曾经并正在努力向党内外说明党的政策不是土地革命政策而是统一战线政策”。“认为在统一战线教育以外另有所谓与统一战线教育相对立的阶级教育，在现时应该强调起来，而不知道统一战线教育即是阶级教育，即是无产阶级及农民阶级对现时还在抗日的各个资产阶层（大资、民族、小资）与地主阶层（大地主、中地主、小地主）的立场和态度。除此以外，并无所谓另外单独的阶级教育。只有认为统一战线仅有联合并无斗争，才另有提出专门强调阶级对立或阶级斗争之必要”。“在反共高潮时期，主要地应该防止的是‘左’倾危险，而不是右倾危险”，而二月九日训令势必助长“左”倾危险的发展。“二月九日训令包含着脱离中央七七决定与十二月指示各项基本原则的倾向，我们明白这是由于皖南事变的刺激而发生的。须知皖南事变也罢，乃至蒋介石叛变投降与全面破裂也罢，七七决定与十二月指示的基本原则是不会变化的。现在有些同志似乎觉得

〔1〕 据胡乔木回忆，他从此担任毛泽东的秘书。

在皖南事变后，中央七七决定与十二月指示中所持的原则立场已经不适用了，这种观点是不正确的”。

2月21日 和任弼时致电周恩来：“七大代表已到齐，只待你回，拟五一开会〔1〕，不便再延，请你估计有无回延可能，并准备何时回延”。

2月22日 将所起草的叶剑英二月二十三日致张冲电，发给周恩来转交张冲。电报说，中共中央嘱叶剑英向张冲提出以下意见，请转达蒋介石及国民党中央，并望答复。“一月十三日皖南事变及一月十七日宣布新四军叛变之命令是国民党方面表示开始破裂国共合作的行动。”“本党中央认为除由国民党方面采纳十二条办法之外，绝无任何其他办法足以挽救由国民党方面所引起的破裂危机，而此种破裂危机如不挽救，则民族危亡之大祸将随之而至”。“截至本日为止，国民党方面对于本党之政治压迫与军事进攻有加无已〔2〕。”“本党中央认为十二条办法如不能获得满意解决，各种政治压迫与军事进攻如不能停止，则国共关系与时局危机，必将益形严重，一切空言延宕之方法将毫无补于实际。”

2月23日 出席中共中央政治局会议，对为中央书记处起草的关于目前时局复周恩来的电报作了说明，指出：目前时局仍无大变，周恩来已将十二条要求交参政会秘书长王世杰，国民党非常着急。在皖南事变时国民党非常强硬。到蒋发表谈话〔3〕后，

---

〔1〕 中国共产党第七次全国代表大会后来没有如期在1941年5月1日举行。

〔2〕 关于政治压迫，例如，对《新华日报》之种种压迫，对八路军办事处之种种压迫，各地继续不断地逮捕与暗杀共产党员，各地报纸公开攻击共产党、八路军及新四军，各地强迫共产党员自首脱党。关于军事进攻，例如，庞炳勋向冀南进攻，李仙洲向淮北进攻，李品仙向皖东进攻，陈大庆向鄂中进攻，胡宗南向陕甘宁边区进攻。

〔3〕 指蒋介石1941年1月27日在重庆国民党中央纪念周的讲话。

缩小范围，逐渐软下来，因为他们怕中间派同情我们，又怕军人动摇，胡宗南、陈诚〔1〕、卫立煌等都表示不愿马上内战，更怕国际压力。所以在周将公函交王世杰时，王要求收回缓发两天。宋美龄说蒋吃软不吃硬，实际上蒋对我们是吃硬欺软。我党目前只有两种态度，一种是敷衍，另一种是采用政治攻势，像我起草的复周恩来电和叶剑英复张冲电的态度。会议讨论通过了毛泽东起草的二月二十三日复周恩来电。复电指出："同意你的根本立场〔2〕，但不拒绝谈判。""致参政会公函不能撤回，并须广泛发布。"应告张冲如下各点："自一月二十五日将十二条交与张冲转达蒋先生后，国民党方面置之不理，故不得不函达参政会要求解决。""如国民党方面认为可以谈判十二条，参政会方面自可暂时不付讨论，而由两党在会外谈判，但在谈判无满意结果前，我们不能出席参政会。""国民党方面如无破裂决心，必须迅即停止各方面的政治压迫与军事进攻。"

同日　为八路军军政杂志社出版《中国革命战争的战略问题》铅印单行本写如下一段话："这本小书是一九三六年秋季作为当时红军大学的教本而写的，目的在总结内战的经验。只完成五章，尚有战略进攻，战略转移，政治工作，及其他许多问题，没有工

〔1〕　陈诚，当时任国民党湖北省政府主席、国民党军第六战区司令长官。

〔2〕　周恩来1941年2月20日致毛泽东并中共中央书记处的电报说：昨日将七参政员致国民参政会公函送王世杰，声明在中共中央所提十二条（原文照抄）未得政府裁夺以前，中共参政员碍难出席。同时将此公函抄送各小党派及有正义感之参政员二十余人。王世杰得公函后，立即找张冲谈话，认为此系中共表示破裂。黄炎培、左舜生等访王世杰，亦说时局严重，必须设法解决。张冲从昨晚至今午，接连以电话及公函请我暂行收回此公函两天，以便他从中奔走，请蒋约我谈话，我均严词拒绝。张冲认为十二条虽已提出一月，尚非正式公文，今向参政会提出，势必付诸讨论。张仍请求以他名义代电延安，缓期两日提出。

夫再写了。四年来只有油印本，兹应军政杂志社之请，用铅印出版，借供党内同志们参考。这是一场大争论的结果，是表示一个路线反对另一个路线的意见，对于目前的抗日战争还是有用的。”

2月24日 电告周恩来：（一）李长江叛变，陈毅率新四军讨伐[1]，二十日占领泰州，俘获人枪数千，李率数百人西逃，逆部有两个支队反正，望广为宣传。（二）李仙洲向新四军进攻，陷涡阳、蒙城，彭雪枫部化整为零仍在涡河、新黄河间坚持游击战争。（三）七参政员公函明日可发表，并电香港。

2月25日 在一份关于华侨方面对国共分裂危险的反应材料上加写一段话：“国民党方面，在各方反对其反动措施的压力下，虽然不会变更其反共的根本计划，但更大的破裂，却有被制止的可能。只有国民党内部外部代表民族资产阶级与小资产阶级的各种中间势力与进步势力加强其对买办资产阶级分子的压力，时局才有好转的可能性。”

2月26日 为中共中央书记处起草复周恩来电：“有电[2]悉。（一）非十二条有满意解决并办理完毕确有保证之后，决定不出席参政会。（二）张冲所提条件不能接受，七参政员公函不

---

〔1〕 国民党军鲁苏战区苏鲁皖游击区第1路游击指挥官李长江于1941年2月13日公开投敌，就任汪精卫伪政府军第1集团军总司令。新四军第1师于2月18日即发起讨伐李长江部的战役。

〔2〕 周恩来1941年2月25日致电毛泽东并中共中央书记处，报告当日与张冲谈判情况。电报说：“今晨张冲又来，约谈三小时，我坚决告他，七参政员公函不能撤回。”周恩来在电报中还说，张冲提出具体办法三条请他电告中共中央：（一）军事上十八集团军以正规军开到黄河以北，其他游击部队全部留华中，配合友军作战；（二）参政会改请董必武、邓颖超出席会议；（三）目前军事进攻停止，政治压迫要总解决，需请蒋介石负责纠正，再不发生新事件。张冲的唯一要求是中共参政员出席参政会，并望明早答他。

能撤回。（三）如彼方有诚意解决问题则应（甲）参政会延期两个月开会，（乙）在两个月内解决十二条及一切悬案，（丙）派机送恩来回延开会以便讨论彼方意见。”

同日 致电周恩来，指出：“蒋介石除对我秘密党及办事处逞凶外，他处绝无办法。”国内外形势日益对我有利。“蒋介石反共是一定的，但大举是不可能的，蒋介石手忙脚乱之时快要到了。”

2月27日 出席中共中央政治局会议，报告目前时局与中共对策问题，指出：现在国民党与英美方面都怕国共分裂，蒋介石企图拉拢我党及各小党派参加参政会。我们的对策是蒋如果不答应我们提出的十二条，我们就不出席参政会。

同日 周恩来、董必武致电毛泽东并中共中央书记处，告以蒋介石于今天上午约见各小党派代表张澜、黄炎培、沈钧儒、张君劢、褚辅成、左舜生六人，原则上同意他们提出的成立由有关各方面组织的委员会等建议。随后，各代表即约周恩来谈话，说蒋已答应成立各党派委员会。周、董电报还说：蒋介石现用一切力量骗我们出席参政会，我们决不上当。他想以各党派委员会作为我们出席参政会的交换，我们也决不交换。关于各党派委员会的组织和讨论内容及中共代表人选等，请中央电示。

2月28日 为中共中央书记处起草复周恩来电：“（一）可以加入各党派代表委员会，每党派代表一人。（二）我党派恩来为代表参加委员会。（三）委员会以讨论各党派关系（当然首先是国共目前的紧张关系）及国家大事为其任务。（四）委员会不属于参政会。（五）我党参加委员会，但在十二条没有满意解决前，仍坚决不出席参政会。”

同日 修改中共中央书记处关于以周恩来或董必武的名义向张冲提出临时解决办法十二条致周恩来的电报。临时解决办法十二条是：（一）立即停止全国向我军事进攻；（二）立即停止全国的政治压迫，承认中共及各党派之合法地位，释放西安、重庆、贵阳及各地之被捕人员；（三）启封各地被封书店，解除扣寄各地抗战书报之禁令；（四）立即停止对《新华日报》之一切压迫；（五）承认陕甘宁边区之合法地位；（六）承认敌后之抗日民主政权；（七）华北、华中及西北防地均维持现状；（八）于十八集团军之外，再成立一个集团军，共应辖有六个军；（九）释放所有皖南被捕干部，拨款抚恤死难家属；（十）发还皖南所有被捕人枪；（十一）成立各党派联合委员会，每党派出席代表一人，国民党代表为主席，中共代表副之；（十二）中共代表加入国民参政会主席团。

3月1日 国民参政会第二届第一次会议在重庆开幕。由于国民党不肯接受中共提出的解决皖南事变的十二条办法，中共参政员毛泽东等七人拒绝出席会议。

同日 为中共中央书记处起草关于谈判无结果坚决不出席参政会复周恩来、董必武、邓颖超的急电〔1〕，指出："（一）临时办法无结果无明令保证，绝对不能出席（绝对不能出席），必须坚持我们的原则立场。（二）告诉国民党及小党派，延安回电已到，为顾全大局起见，同意临时办法十二条，在有结果有明令保证时可以出席，以示我党仁至义尽。（三）判断此次谈判决不会有结果，故你们的决心须在不出席上，亦不宜外出活动，坚守自己的原则立场。如我们此时出席，我们即失掉一切立场，结果将非常之坏。（四）即选周为主席团，亦决不能出席。"

3月2日 关于不出席参政会问题再致电周恩来："昨夜书

〔1〕 周恩来1941年3月1日两次急电毛泽东并中共中央书记处，报告他当日与张冲谈判无结果的情况，并请示是否出席国民参政会。电报说：现在不出席与谈判仍是对立着，僵局必须打开，中间的办法已没有用，一切待中央立即指示。

记处会议讨论来电，反复考虑，认为蒋介石正发动一切压力迫我屈服，我若出席，则过去有理有利的政治攻势完全崩溃，立场全失，对我一切条件他可完全置之不理，一切文章不能做了，因此决不能无条件出席，但明令保证的条件是决不会答应的，因此须决心不出席。”“我不出席，他亦无可奈何”。“我已提出让步条件（临时办法），他不答应，其曲在彼”。“只要熬过目前一关，就有好转可能，在半年内如能解决善后条件，我仍准备出席九月间的二次参政会。”

同日 急电周恩来、董必武、邓颖超，对共产党参政员董必武、邓颖超本日致国民参政会公函，表示“完全同意”，并嘱“立即转发港、沪并广播各地”。董必武、邓颖超的公函说，他们经中共中央同意提出临时解决办法十二条，如得国民党政府采纳并有明白保证，他们将出席国民参政会。

3月4日 致电周恩来，指出“蒋将继续增加对我压迫，请作准备。”“参政会通过拥蒋案以报复我之不出席，但我如出席亦会通过此案，我们赔了夫人又折兵，便上大当，故不出席是千对万对的。”

同日 和朱德、王稼祥、叶剑英致电彭德怀、左权，贺龙、关向应，彭真，刘伯承、邓小平，指出：“关于机动部队准备事，须能适应走与不走两种情况，决不可一心一意只准备走，致放松坚持根据地的决心与注意力，及耗费太多之经费，因此应该以准备兵力与现款二事为宜，其他如船只、粮食、草料等项不特别增加经费，凡须特增经费者，须从缓办。”

同日 致电廖承志并告周恩来：对国民党“参加英美集团或订立中缅协定一事不必强调反对，要把宣传与政策加以分别，我们并不放弃反对帝国主义战争的宣传，但对英美援华与中缅联防则不应反对，可表示听任态度，因此事可使蒋介石难于投降与难于反共。我们必须尽量利用两派帝国主义间的矛盾”。

3月5日 出席中共中央政治局会议，首先就目前时局问题发言，说：过去我们的“佳电”及撤兵，一方面取得了中间派的同情，另一方面使国民党抓住我们怕破裂，更加向我们进攻。在我们向参政会提出十二条时，蒋表示着慌。我们继续坚持强硬的立场，蒋动员所有小党派向我们要求出席参政会，因此我党参政员董必武、邓颖超提出新的十二条办法。这一次我党周恩来、董必武、邓颖超三个战士坚持了党的立场，这是有重大的意义。我认为我党此次坚定的立场是对的，给了国民党以坚决的打击，会给各方面以极大的影响。我们的孤军奋斗是有极大的意义。我党外交政策并不反对英、美援华，但反对参加英美集团。我们不反对参加中缅联防，在反日的目的下赞成中缅联防，利用帝国主义间的矛盾。现在以大势观之，国民党反共政策是不会停止的，但在日本南进的政策下反共高潮将会降低。在讨论陕甘宁边区财政经济问题时，毛泽东说：财政方针主要是发展的方针，手段是票子。应当转变过去的紧缩政策，根据新的方针，立即实行新的政策。要决心立即投资生产事业，主要是投资盐的生产。纸票新增发六百万元，因为现在特别需要，不得不发。以二百万投资盐的生产，二百万买粮食，一百万支付中央与边区的经费，一百万由银行周转。各种垄断的办法必须立即改变，私利不要妨碍人家，政府要实行纠正。要实行贸易自由政策，过去实行以公营事业吞并私人事业的政策是不对的。对边区资本主义发展不要害怕，过去提党内反对资本主义发展的口号，后来改用反对贪污腐化的口号。

3月6日 蒋介石在国民参政会二届一次大会第六次会议上，作关于中共七参政员不出席会议之演说，重弹军令、政令必须统一的滥调，攻击中共提出的解决时局善后办法十二条和临时解决办法十二条，但又不得不声称“以后亦决无‘剿共’的军事，这是本人可负责声明而向贵会保证的”。会议通过对毛泽东、董必武参政员等未能出席大会事件之决议，并以大会秘书处名义再次致电中共七参政员，促其出席会议。

3月8日 毛泽东等中共七参政员复电国民参政会，再次说明不出席参政会的理由，指出：中共为挽救时局，向国民党“当局提出善后办法十二条。迟延期月，未获一复，而政治压迫、军事攻击反变本加厉。……似此情形，若不改变，泽东等虽欲赴会，不独于情难堪，于理无据，抑且于势有所不能。”为顾全大局委曲求全计，“乃由在渝参政员必武、颖超二人提出临时办法十二条，请求政府予以解决，以便本党参政员得以出席大会”，但亦未蒙政府置答。复电重申这两个十二条是中共七参政员是否出席此次参政会的条件。如能在此会期间，“采纳泽东等所提各项办法，一有定议与实施上之保证，则本次大会虽届临毕之时，中共在渝参政员亦必应命出席，否则惟有俟诸问题解决之日”。

同日 出席在文化沟举行的延安“三八”国际妇女节纪念大会。

3月12日 出席中共中央政治局会议，就时局问题发言说：此次参政会，中共不出席，邹韬奋等退出，已变为反共的反动的舆论机关。蒋介石在参政会上报告，说对我党提出的十二条一条也不能答应。现在不理他，待国民党八中全会时给以政治上的进攻。会议决定，中共对此次参政会采取不理态度。会议还讨论了召开中共七大的准备工作。当天，毛泽东起草中央书记处通知：各根据地对重庆国民参政会的一切东西不要发表，也不要批评，取置之不理的态度。

同日 致电周恩来，分析蒋介石六日在参政会的演说并提出对策。电报说：“我们攻势（双十二条及不出席）结果，迫得蒋介石作正面回答，却把问题向全国公开了（借一切国民党报纸发表我们的十二条，同时暴露了蒋介石的真面目），蒋原欲把问题缩小，现在却扩大了（由军事问题扩大到政治问题、党派问题）。这些都是我们攻势的结果。”“蒋六日演说及参政会决议仍是一打一拉的两面政策，我们七参政员齐[1]电，亦是一打一拉的两面政策，这种拉锯式的斗争将延下去，就是所谓拖，可能再拖一年。”蒋介石六日演说，是“一种阿Q主义，骂我一顿，他有面子，却借此收兵，选举必武为常驻委员及近日西安放人似是这种收兵的表现”。“我们却还应继续我们的攻势，直到我们的临时办法各条实际上被承认（主要是扩军、防地、新华报及路上少捉人）。”

3月14日 复电全美洲洪门总干部监督司徒美堂等，表示对美洲侨胞关怀祖国，呼吁团结，敬佩无已。指出：自国民党发出一月十七日反动命令后，国共合作已遇到严重的危机。中国共产党始终以民族利益为重，坚持抗日民族统一战线政策迄未稍变，已向国民党当局提出解决时局的善后办法和临时办法各十二条，希望“公等一致主张，予以赞助”。

3月15日 为中共中央书记处起草复周恩来电：“删未电[2]悉。（一）可以先解决新华[3]、捕人、发护照、发饷等小问题，惟对大问题绝不放松。（二）蒋之表示，不完全是哄，有部分让步以谋妥协之意，因国内外情势不容许他不让步。”

同日 电告周恩来，驻安徽、河南的蒋桂两系在地盘问题上

---

〔1〕 齐，即8日。

〔2〕 周恩来1941年3月15（删）日未时致电毛泽东，报告他14日同蒋介石谈话情况，说蒋在我们的政治攻势下，为敷衍局面，采取表面和缓而实际仍在加紧布置以便各个击破。其法宝仍是压、吓、哄三字。压已困难，吓又无效，现在正走着哄字。并请示可否利用目前的可能先解决捕人、发饷等小问题，还是等大问题一起解决。

〔3〕 指《新华日报》。

发生严重矛盾，白崇禧电告李品仙保存实力不打硬仗，对东进“剿匪”已完全不提。

3月17日 关于日苏订立条约对国共关系的影响问题，致电周恩来，指出：“蒋急于转圜，似乎是由于近日国际关系。”“松冈西行目的在订立日德、日苏两种条约，两约如订，大战即发，英、美要阻止日、苏订约，命蒋向中共转圜，蒋亦甚惧日苏亲善，似有求助于我之意，日本则利用国共恶化，有求苏助日制蒋意。”“如日、苏只订经济条约不订政治条约，蒋有答应我临时办法各条可能，如日、苏订立政治条约，则国共、中苏关系均可能一时恶化。”

同日 为《农村调查》一书写第二篇序言。序言指出，出版这本书的目的，“是为了帮助同志们找一个研究问题的方法”。“要了解情况，唯一的方法是向社会作调查，调查社会各阶级的生动情况。”这篇序言和四月十九日写的跋合为一篇编入《毛泽东选集》，题为《〈农村调查〉的序言和跋》。

3月18日 为中共中央书记处起草对党内的指示，指出：“从何白‘皓电’（去年十月十九日）开始的第二次反共高潮，至皖南事变和蒋介石一月十七日命令达到了最高峰；而三月六日蒋介石的反共演说和参政会的反共决议，则是此次反共高潮的退兵时的一战。时局可能从此暂时走向某一程度的缓和。”“这次斗争表现了国民党地位的降低和共产党地位的提高，形成了国共力量对比发生某种变化的关键。”“国民党在其统治区域内对我党和进步派的压迫政策和反共宣传，决不会放松，我党必须提高警惕性。”同时，“在全国和各根据地上，要反对对时局认为国共已最后破裂或很快就要破裂的错误估计以及由此发生的许多不正确的意见。”这个指示编入《毛泽东选集》时，题为《打退第二次反共高潮后的时局》。

3月19日 出席中共中央政治局会议，会议讨论通过毛泽东起草的对党内的指示，并决定缓发。在讨论出版发行工作时，毛泽东指出：要使发行与消耗量相适合，要出版教科书及通俗书籍。合并刊物问题〔1〕，现在继续停刊，把文章放在《解放》上。会议决定合并刊物后，暂时只出版《解放》、《共产党人》、《八路军军政杂志》、《中国文化》四种刊物。

同日 致电周恩来、董必武，询问：蒋介石组织党派委员会有何用意？蒋是否同意党派委员会只能是商谈接洽机关，不是决定机关，一切有关某一党派的问题非经该党派同意不生效力？蒋是否想借此站在各党派之上，以便统驭全国？以上各点请立复。二十日，周恩来、董必武复电毛泽东，为了对付蒋介石拉拢各党派而组织党派委员会的计划，建议采取以下对策：向蒋提出党派委员会必须置于参政会之外，各党派必须平等。

3月21日 致电周恩来："号〔2〕午电悉。（一）党派委员会问题中央还未讨论，请暂时不要答复他们。（二）请你考虑在新四军问题未解决前，不加入党派委员会是否更妥当些，因蒋目的在使我加入党派委员会束缚我们手足。"

3月26日 出席中共中央政治局会议，会议讨论关于增强党性问题。毛泽东发言说：党性问题是一个重要问题。要使中级以上的干部实行检查，干部巩固了党便巩固了。实行自我批评，是一个很难办到的事情，鲁迅也说解剖自己是困难的。自遵义会议后党内思想斗争少了，干部政策向失之宽的方面去了。对干部

---

〔1〕 中共中央1941年3月26日发出关于调整刊物问题的决定，指出："由于目前技术条件的限制，与某些书籍小册子的急于出刊，决定《中国青年》、《中国妇女》、《中国工人》，自四月起暂时停刊，以四个月为期。"在停刊期间，关于这些方面的指导性的文章，分别登载其他有关刊物上。

〔2〕 号，即20日。

的错误要正面批评，不要姑息。我们党的组织原则是团结全党，但同时必须进行斗争，斗争是为了团结。我党干部要做到虽受到打击也要服从组织，就是在一个时期为上级所不了解，并且孤立，都要能够忍耐下去。要能上能下。项英、袁国平的错误，中央也要负责，因一九三七年十二月政治局会议是有些错误的。当时对形势估计不足，没有迅速地布置工作；其次对国共关系忽视了斗争性，因此边区也失掉些地方，直到张国焘逃跑后才解决，对全国的影响也很大。会议决定由王稼祥起草关于党性问题的决定。

3月　关于从重庆订购书报问题，三次致电周恩来、董必武。要订购的书报有：《中央日报》、《扫荡报》、《新蜀报》、《新民报》、《时事新报》、《新中国日报》、《华光日报》、《国家社会报》；重庆各党派集团及昆明、桂林等地的报纸、杂志；向中国文化服务社订购各种政府公报、杂志、报纸；向中国经济研究所订购《四川经济参考资料》、《贵州经济》、《日本对支经济工作》、《列强军事实力》，《中外经济年报》（三九、四〇年版）、《中外经济拔萃》（创刊起全要）。并要求将商务、中华及其他书局出版的有关中国经济书籍尽先寄来，“重庆所有的经济书籍望尽力搜集寄来”。

4月1日　为中共中央书记处起草致周恩来电，指出：“李先念部队有绝大战略意义。办事处、新华日报及重庆、桂林、贵阳各地一切应疏散的党与非党的干部，应千方百计尽其可能送到李先念那里去。”

4月2日　出席中共中央政治局会议。会议通过毛泽东准备在延安高级干部会议上作报告的提纲，内容是关于最近六个月来同国民党反共高潮作斗争的经验总结。这个提纲的八点内容，都包含在一九四一年五月八日政治局会议通过的毛泽东起草的关于在反对第二次反共高潮斗争的教训的党内指示中。

4月5日　和朱德、王稼祥、叶剑英致电朱瑞、陈光、罗荣桓并告彭德怀、左权，陈毅、刘少奇，对山东、华中的战略部署提出意见，指出："在日蒋矛盾依然尖锐存在条件下，反共军向我大举进攻是不可能的，这一点给我党在山东、华中巩固扩大根据地以有利条件。""但山东、华中敌、顽、我的三角斗争是长期性的，三方中无论哪一方均不可能迅速解决问题。""因此你们战略部署须适应上述根本情况，作长期打算，勿为临时消息所左右。""中央已同意中原局建议，陇海路以北的党与军队之领导，仍归还北方局与八路总部，陇海以南则归中原局与新四军部，华中局仍称中原局。"

4月8日 致电周恩来，指出："蒋有派两个师绕道绥西进驻榆林向我压迫讯，其中一师系新编第三十四师马志超部已到宁夏。蒋派陈长捷为晋陕绥边区'剿匪'总司令，日内率直属队经陕、甘、宁夏似赴榆林。蒋之目的在夺取盐池，压迫绥德。请严重向蒋交涉。"

4月9日 致电周恩来，指出：根据各处消息，蒋介石有从北面布置兵力向我压迫的可能。请一面向蒋抗议，一面告诉刘斐，盐池为我给养命脉，如被占领非与蒋拼命不可。

同日 和朱德、王稼祥、叶剑英致电贺龙、关向应、续范亭并告彭德怀、左权："蒋有加强北面兵力攻取盐池并南攻绥德可能，你们应准备抽调有力部队准备于必要时西渡增援，暂在原地待命。"

同日 致电廖承志，请他在香港为延安儿童保育院购买听诊器、窥耳器等医疗器械。

4月10日 和朱德、王稼祥、叶剑英本日三次致电贺龙、关向应等，指出：何应钦到西安布置"剿共"军事，李文部分驻宜川、洛川、宜君、耀县的四个师似有准备进攻陕甘宁边区的企图，如其进攻则可能是突然袭击延安、富县两点。你们应做好准备，并准备抽调五个团待胡宗南进攻延安时为保卫延安之用。

同日　致电周恩来：蒋介石似有袭击延安的企图，望立即揭穿，并告知友人。

4月11日　和朱德、王稼祥、叶剑英致电廖承志及各战略单位，通报说：据息，何应钦此次来西安是主持西北“剿共”军事会议，已于十日在临潼开会，讨论中心问题为进攻陕甘宁边区之部署，进攻边区总指挥已决定为胡宗南，在一个月后开始进攻。

4月12日　和朱德、王稼祥、叶剑英致电贺龙、关向应并告彭德怀、左权，指出：“准备机动部队集结集训，布置甚妥”。“惟集结位置须选在行止两用之处，庶依情况须行则行，须止则止，可以活用”。

4月13日　《苏日中立条约》在莫斯科签订。苏联外长莫洛托夫约见中国驻苏大使邵力子，表示“苏联将毫无变更地继续援助中国”。

同日　和朱德、王稼祥、叶剑英致电贺龙、关向应并告彭德怀、左权，指出：“如果蒋介石冒险打延安，我们现时还只能决定内线作战，不是打出去，一二〇师兵力须在保卫边区同时又相当兼顾晋西北之两点上。”“蒋介石是否决心打延安主要决定于蒋对苏联态度，日苏条约订立后蒋之态度如何尚须数日才能看清，但我现应放在蒋决心打延安一点上来布置。”

4月14日　关于苏日中立条约和蒋介石准备进攻延安等问题致电周恩来，指出：“日苏条约使苏联彻底解除被攻威胁，对国际对中国发言权增高，使英、美利用三国同盟为反苏工具之幻想最后破产，对制止中国投降与反共危险有积极作用。”“对蒋进攻延安阴谋准备公开揭破，但还拟看一看，如蒋知难而退，则饶他一次以免引起紧张局面。”

4月16日　出席中共中央政治局会议。会议讨论苏日中立条约，通过毛泽东起草的《中国共产党对苏日中立条约发表意见》。毛泽东发言指出：苏日条约订立之后，苏、日双方都得到自由，但对中国问题没有解决。蒋介石目前有三大困难，即财政、外交与中间派问题，中间派对投降与反共都不积极，财政困难更大。目前不会有新的反共高潮，蒋介石进攻陕甘宁边区似还不会立刻到来，但我们必须准备。会议还讨论后方工作、在延安出版日报等问题，决定成立后方工作委员会，统一管理延安党、政、军、民整个后方工作，由叶剑英负总责；决定由原指导陕、甘、宁、青等省工作的西北工作委员会与陕甘宁边区中央局合并成立西北中央局，统一领导西北工作；决定秦邦宪为即将在延安出版的日报〔1〕的社长兼主笔。

4月17日 关于苏日中立条约问题，致电周恩来，指出："蒋介石历来认为苏联依赖他的抗日，他乃敢于放手反共，日苏条约对蒋给了一个严重打击。""摆在蒋面前的是外交、财政、中间派三大困难问题。关于外交者是第一日本威胁加重，第二美、英重心在对德，第三苏联获得自由；关于财政者是收入不足十五分之一（五万万对七十五万万）；关于中间派者是民族资产阶级及地方实力派并不热心反共也不赞成投降。""在日苏条约订立、苏联获得自由之后，蒋投降与反共将更加困难"。

同日 和朱德、王稼祥、叶剑英致电彭雪枫：为了政治上打击蒋介石反共，军事上迟阻李仙洲援助韩德勤，同意陈锐霆〔2〕团在坚持团结、坚持抗战、反对中国人打中国人等口号下光荣起义，起义后照外围军待遇。

---

〔1〕 指中共中央机关报《解放日报》。1941年5月16日在延安创刊。

〔2〕 陈锐霆，当时任国民党军第92军第142师第425团团长，1941年4月19日率部起义。

同日 和朱德、王稼祥、叶剑英致电贺龙、关向应并告彭德怀、左权，指出：“你们部队主力择适当地点集中整训，不要妨碍生产建设，以便坚持根据地。延安亦是这个方针（准备应付蒋之万一进攻，但不妨碍生产）。”

4月19日 为《农村调查》一书写跋，指出：现在党的政策既不是十年内战后期的“一切斗争，否认联合”，也不是陈独秀主义的“一切联合，否认斗争”，而是“综合‘联合’和‘斗争’的两重性的政策”。同时指出：“严肃地坚决地保持共产党员的共产主义的纯洁性，和保护社会经济中的有益的资本主义成分，并使其有一个适当的发展，是我们在抗日和建设民主共和国时期不可缺一的任务。在这个时期内一部分共产党员被资产阶级所腐化，在党员中发生资本主义的思想，是可能的。我们必须和这种党内的腐化思想作斗争；但是不要把反对党内资本主义思想的斗争，错误地移到社会经济方面，去反对资本主义的经济成分。”

4月20日 和朱德、王稼祥、叶剑英致电彭雪枫并告陈毅、刘少奇，指出：陈锐霆团起义后不要改为八路军或新四军番号，可称九十二军独立旅，陈任旅长，保存外围军形式，归彭雪枫指挥。二十一日，再致电彭雪枫并告陈毅、刘少奇等，指出：如昨电所说陈团起义后仍打国民党第三十一集团军第九十二军的旗帜。“对陈团内部须坚决执行一个路线的转变，使全团掌握在党的领导下，主要军职以党员与可靠分子充之，但须团结一切不反共的中间分子。”“惟有实行这种革命的两重性政策，才有利于争取国民党军队，也才有利于团结陈团中的中间分子。我对陈团的政策和对山西新军的政策是一样的，但和山东对一一一师的政策不同，山东没有采取内部坚决转变的方针”。

同日 复周恩来十九日来电，同意他关于国民党统治区顽固派、英美派、亲日派、中间派等对苏日条约所持态度的分析，指出：在德国打击下，英国对苏邦交即将好转，美国亦将大体上取英国的步骤，决不能得罪苏联，中国英美派、顽固派、中间派及进步派中之动摇分子均将在英、美影响下对苏献媚。“英、美总方针是先对德后对日，决不敢对日本取强硬态度”。“我们方针是要争得蒋及国民党主体转变到亲苏、和共、改良的方向，而以维持他们的政权、承认我们的地位为条件。”

同日 和朱德、王稼祥、叶剑英致电彭德怀、左权，贺龙、关向应，聂荣臻，指出：无论蒋介石是否马上进攻延安或增兵榆林，从聂荣臻处调两个旅至晋西北机动位置是必要的。两旅到后主要集结整训，并从事生产。

同日 致电周恩来，请他为续范亭购买药品。“续范亭胃病甚重，似胃溃疡，来延医治，略有好转，请购乐努食丁二十盒航快寄来为盼。”

4月26日 复电周恩来，指出见蒋介石时可提出：（一）要求他派飞机送你回延安参加大会[1]。（二）表示我党愿意同国民党继续团结抗日，惟望国民党改变对内政策，并对八路军发饷，合理解决新四军问题。

4月27日 出席中共中央政治局会议。会议审查陕甘宁边区中央局拟在第二届参议会竞选时提出的施政纲领，决定照毛泽东的修改稿通过，于五一劳动节发布。会议还通过以高岗为书记的中央西北局成员名单，并决定组织一委员会，解决过去边区党内争论问题。

4月28日 关于陕甘宁边区施政纲领的修改和发表问题，写信给任弼时并转边区中央局。信中说：施政纲领的最后修正稿付上二份，请在边区刊物上发表，并印多张广为散布于边区境内

---

〔1〕 指准备召开的中国共产党第七次全国代表大会。

及境外。干部人手一张。群众报上，须为之逐条加以通俗解释，并张贴于通衢。与此纲领发布同时，须由边区中央局发一通知，亦同样在报上发表，在通衢张贴，并使干部人手一张。毛泽东对陕甘宁边区施政纲领作过多次修改。纲领共二十一条，第七、第八、第十、第十二、第十三、第十四、第十九、第二十条是毛泽东起草的，对其他一些条他也作了重要修改。第七条是："改进司法制度，坚决废止肉刑，重证据不重口供。对于汉奸分子，除绝对坚决不愿改悔者外，不问其过去行为如何，一律施行宽大政策。争取感化转变，给以政治上与生活上之出路，不得加以杀害、侮辱、强迫自首或强迫其写悔过书。对于一切阴谋破坏边区分子，例如叛徒分子反共分子等，其处置办法仿此。"第八条是："厉行廉洁政治，严惩公务人员之贪污行为，禁止任何公务人员假公济私之行为，共产党员有犯法者从重治罪。同时实行俸以养廉原则，保障一切公务人员及其家属必须之物质生活及充分的文化娱乐生活。"第十条是："在土地已经分配区域，保证一切取得土地的农民之私有土地制。在土地未经分配区域（例如绥德、富县、庆阳），保证地主的土地所有权及债主的债权，惟须减低佃农租额及债务利息，佃农则向地主缴纳一定的租额，债务人须向债主缴纳一定的利息，政府对东佃关系及债务关系加以合理的调整。"第十四条是："继续推行消灭文盲政策，推广新文字教育，健全正规学制，普及国民教育，改善小学教员生活，实施成年补习教育，加强干部教育，推广通俗书报，奖励自由研究，尊重知识分子，提倡科学知识与文艺运动，欢迎科学艺术人才，保护流亡学生与失学青年，允许在学学生以民主自治权利，实施公务人员的两小时学习制。"第二十条是："对于在战斗中被俘之敌军及伪军官兵，不问其情况如何，一律实行宽大政策，其愿参加抗战者，收容并优待之，不愿者释放之，一律不得加以杀害、侮辱、强迫自首或强迫写悔过书。其有在释放之后又连续被俘者，不问被俘之次数多少，一律照此办理。国内如有对八路军、新四军及任何抗日部队举行攻击者，其处置办法仿此。”

4月30日 和朱德、王稼祥，叶剑英致电刘少奇、陈毅、饶漱石，指出：敌占宁波、奉化、温州、福州，如系久占，你们应注意组织各该地的游击战争。从吴淞，经上海、杭州、宁波直至福州，可以发展广大的游击战争。上海、杭州线的军事领导有单独成立战略单位之必要，此区有大发展前途，可划为第八师区域。

5月1日 《陕甘宁边区施政纲领》（中共陕甘宁边区中央局提出，中共中央政治局批准）在《新中华报》正式发表。同日，《新中华报》刊登的《边区中央局发布施政纲领》报道中说：“此纲领内容极为重要，不但表示团结抗战之总方针，并包举各方面的正确政策，例如军事政策，优抗政策，‘三三制’政策，人权保障政策，司法政策，廉洁政策，农业政策，土地政策，工商政策，劳动政策，税收政策，文化政策，妇女政策，民族政策，华侨政策，游民政策，俘虏政策及外国人政策等。”“据中共中央书记处人员称，边区中央局此项施政纲领之发布，适当国内外政治形势发生激烈变化之时，实具备着伟大的政治意义，不仅陕甘宁边区可以施行，而且在华北、华中各抗日根据地均可以施行，即在全国范围内说来，亦必有甚大之影响云。”

5月2日 致电周恩来，要他就陈长捷至西安事质问国民党，指出：“如陈至榆及向榆林增兵势必引起重大纠纷，如保持榆林现状，我可保证不向榆林、宁夏、内蒙作任何行动，否则引起纠纷责在彼方”。

5月5日 和朱德、王稼祥、叶剑英致电陈毅、刘少奇并告彭德怀、左权，详细告知国民党军在华中的动态及蒋介石同桂系的矛盾。指出：蒋、桂在华中的防区方面有重大矛盾，“各欲置对方于危险地带，置自己于有利地带”。据汤恩伯称，已奉蒋令，该集团负责区域划定为淮河以北，平汉路以东，黄河以南，津浦路以西地区，“亦可见蒋攻我之心未死，没有敌人大举‘扫荡’，他是不会放手的”。自苏日条约签订后，国民党苦闷彷徨，桂系亦感无出路，据重庆消息，白崇禧很苦闷，说蒋介石“反共无决心，和共亦无决心”，近日白、蒋间颇有隔阂。

同日 和陈伯达致电周恩来，急切需要购买以下各种书报：中国国民经济研究所出版的《四川经济参考资料》、《贵州经济》、《列强军事实力》、《日本对支经济工作》以及该所出版的各期《中外经济年报》、《中外经济拔萃》；西南实业协会编辑的《四川工厂名录》；国民政府主计处统计局编辑的《中华民国统计提要》、《西南实业通讯》、桂林出版的《实用国民年鉴》；并询问前托购的商务印书馆出版的方显庭的《中国工业资本问题》一书，是否已购得。还指出：“关于各种统计公报及经济书籍，这里很需要，此后请指定专人多为购买，重庆运来书籍以此类较多为好，请嘱办事处同志注意。”

5月7日 中条山战役（又称晋南战役）开始。集结在这个地区的国民党军队约十五六万人，虽有八路军积极配合作战，国民党军仍然溃败，退出中条山地区，在三个星期内，损失兵力约七万余人。

5月8日 出席中共中央政治局会议，会议讨论时局问题。毛泽东在会上说，重庆国民党方面要刘斐同周恩来谈话，说明日军发动新的军事进攻，要求我们在军事上配合。会议决定复电周恩来。会议还通过毛泽东起草的《关于我党在反对第二次反共高潮斗争中的教训》的党内指示，并根据毛泽东的提议，决定用电报发各战略单位。这个指示指出：“在中国两大矛盾中间，中日民族间的矛盾依然是基本的，国内阶级间的矛盾依然处在从属的地位。一个民族敌人深入国土这一事实，起着决定一切的作用。只要中日矛盾继续尖锐地存在，即使大地主大资产阶级全部地叛变投降，也决不能造成一九二七年的形势，重演四一二事变和马日事变。”“在这种情况之下，指导着国民党政府全部政策的英美派大地主大资产阶级，依然是两面性的阶级，它一面和日本对立，一面又和共产党及其所代表的广大人民对立。而它的抗日和反共，又各有其两面性。”我们的方针是“以打对打，以拉对拉，这就是革命的两面政策”。十年土地革命战争和抗日时期的两次反共高潮都证明：“任何的人民革命力量如果要避免为蒋介石所消灭，并迫使他承认这种力量的存在，除了对于他的反革命政策作针锋相对的斗争，便无他路可循。”“但是斗争必须是有理、有利、有节的”。“我们在皖南事变前所取‘佳电’的立场，对于事变后我们转入政治的反攻是完全必要的，非此即不能争取中间派。”“须知中国社会是一个两头小中间大的社会，共产党如果不能争取中间阶级的群众，并按其情况使之各得其所，是不能解决中国问题的。”现在陕甘宁边区和华北、华中各抗日根据地的社会已经是新民主主义的，“各根据地的模型推广到全国，那时全国就成了新民主主义的共和国”。这个指示编入《毛泽东选集》时，题为《关于打退第二次反共高潮的总结》。

同日 为中共中央书记处起草复周恩来电：“（一）对于敌军进攻，须强调‘全国人民团结起来反对日本帝国主义进攻’的号召。（二）对于国民党要求我们配合作战，须告以当然如此，不成问题。（三）我们要求事项：（甲）速解决新四〔1〕问题；（乙）速发饷弹；（丙）停止反共；（丁）派机送周回延开会。”

5月9日 和朱德、王稼祥、叶剑英致电八路军、新四军各

〔1〕 指新四军。

部负责人，提出我军在日军进攻中的方针。电报说："敌正集中兵力，企图进攻河南、陕西、云南，打通平汉路，截断西南、西北两交通线。"战事有在近日发生可能，国民党要求我军配合作战。我们方针，"仍按我军现在姿态，巩固各根据地，耐心发展敌、伪、奸三种工作（这是极重要的），按当地情况许可，拔取敌伪某些深入我区的据点，在接近豫陕地区，应有相当部队配合友军作战，并极力发展统战工作，但不要乘机向国民党地区扩展，使蒋、桂各军放心对敌"。

5月10日 致电周恩来："已电总部拟具配合中央军作战计划，惟新四〔1〕、饷弹、反共三大问题，请蒋速予解决。"

5月12日 和朱德、王稼祥、叶剑英致电陈毅、刘少奇，指出："敌占领郑州后意图不明，蒋令何柱国〔2〕袭击陇海线，扰敌后路，兼有防我意。为减轻蒋对我恐惧起见，彭、邓〔3〕所部，不应越过津浦线以西，仍在原地不动为要，张、罗〔4〕亦不可扰击李品仙。"

5月14日 关于党的基本方针是团结对敌配合作战，致电彭德怀，"目前国民党非常恐慌，望我援助甚切。判断在日寇此次打击下，国民党不能不向我讨好，国共地位将发生根本变化，我党在抗战中将日益占据领导地位。因此我们的基本方针是团结对敌，是配合作战，但决不为国民党激将法所冲动，而是周密考虑情况，给以有计划的配合。""我意主要配合区域应是晋东南与冀南，其他作为次要配合区域（即按寻常状态作战）。"

---

〔1〕 指新四军。

〔2〕 何柱国，当时任国民党军第九战区第15集团军总司令。

〔3〕 彭、邓，指彭雪枫、邓子恢。

〔4〕 张、罗，指张云逸、罗炳辉。

同日 致电廖承志："（一）日寇准备大举进攻，我军决配合国民党作战。（二）对鲁斯[1]一类美国人可与之多联络，表示我党坚决抗日到底，武汉失守后主要抗战的是我党，国民党打得很少。我党对内要求，只有一个民主。对外交是主张与英、美联系的。"

同日 致电周恩来，要他告诉崔可夫及党外人士："武汉失守后，两年半来，日本政策是主要对共、放松对国，以利诱降。故两年半来，国民党对日打得很少，它也和日本一样，主要对共，放松对日，发动两次自毁藩篱的反共高潮给日本看，希望日本不再进攻，这个政策是根本错误了。我党对日则无日不战，对目前进攻，又决定配合作战。东条[2]陆相在今年一月议会中声明，重庆政府自前年冬季攻势以来没有打什么仗，只有共产军作了有力反攻，就是证据。"

同日 和朱德致电彭德怀：据报日军沿黄河增兵甚多，扬言渡河。又传日军于日前由平民[3]抢渡，沿河民众甚为恐慌，西安粮价亦猛涨，正在疏散，人心惶惶。"我军于此时机有在敌侧背给以打击以振奋国民党之必要，如何望告。"

5月15日 和朱德、王稼祥、叶剑英电告彭德怀、左权：八路军总部应不断向蒋介石等通报敌情、战况，特别是胜利消息（包括全华北的），以影响其抗战决心，争取国共关系好转。

同日 为中共中央书记处起草关于出版《解放日报》等问题的通知，全文如下："五月十六日起，将延安《新中华报》、《今日新闻》合并，出版《解放日报》，新华通讯社事业亦加改进，统归一个委员会管理。一切党的政策，将经过《解放日报》与新

---

〔1〕 鲁斯，美国援华委员会委员、作家和记者，1941年5月8日到达重庆。

〔2〕 东条，即东条英机，当时任日本内阁陆军大臣。

〔3〕 平民，旧县名，在陕西省，后并入大荔县。

华社向全国宣达。《解放日报》的社论，将由中央同志及重要干部执笔。各地应注意接收延安的广播。重要文章除报纸、刊物上转载外，应作为党内、学校内、机关部队内的讨论与教育材料，并推广收报机，使各地都能接收，以广宣传，至为至要。”

同日 致电廖承志、周恩来，请他们在香港、重庆为续范亭购买治疗肠溃疡的乐努食丁注射剂五十盒，速寄延安。

5月16日 中国共产党中央委员会机关报《解放日报》在延安创刊，毛泽东题写报名和写发刊词。发刊词说：中国共产党的总路线“团结全国人民战胜日本帝国主义”，就是本报的使命。“现在是中国存亡绝续的关键，全国一切抗日党派抗日人民必须团结起来，对付日本帝国主义这个主要的敌人。中国共产党是站在这一斗争的前线的，过去如此，现在还是如此，将来还是如此。中国共产党的政策，始终是抗日民族统一战线政策。”“团结，团结，团结，这就是我们的武器，也就是我们的口号。”

5月18日 《解放日报》发表毛泽东写的社论《请看今日之域中竟是谁家之天下》。社论指出：“目前国际形势中的主要特点有三个：一是德国大胜利，二是中国发展着的抗日战争，三是苏联的和平政策。我们一般地估计国际问题，特殊地估计日本问题，都不能离开这样三个特点。”否则就不可避免地要作出不正确或不大正确的结论。德国有夺取世界霸权的趋势，英、美对付德国的“锦囊妙计”是：“不让希特勒向西，不让苏联置身事外，又来一个欧洲慕尼黑，这就是他们的总方针。”“再一次施行远东慕尼黑，利用中日矛盾与苏日矛盾，迫日向西向北，以配合其迫德向东的西方政策。”对于中国发展着的抗日战争，很多人是估计过低的，殊不知“基本上决定日本的动向的正是中国”。“中国现在是一堆民族革命的大火，在这里高举着火炬的是几万万人，而共产党则站在这个火炬行列的最前线。”“世界究竟是谁人的世界？帝国主义强盗们说一定是他们的世界，而人民则说一定是人民的世界。中国究竟是谁人的中国？日本帝国主义者说一定是它的中国，而我们则说一定是中国人的中国。‘请看今日之域中，竟是谁家之天下’呢？只有人民，只有我们，才能正确答复这个问题。”“世界上一切反动派都无法估计革命力量之发展，这一点是反动派们注定了的致命伤。”

5月19日 在延安高级干部会议上作《改造我们的学习》的报告，提出改造全党学习方法和学习制度的任务，批判了理论和实际脱离的主观主义，特别是教条主义。报告指出：“中国共产党的二十年，就是马克思列宁主义的普遍真理和中国革命的具体实践日益结合的二十年。”但在这一结合方面，还存在着很大的缺点，即不注重研究现状，不注重研究历史，不注重马克思列宁主义的应用。学习马克思列宁主义理论，有两种互相对立的态度。一种是主观主义的态度。我们党内许多人学习马克思主义的方法是直接违反马克思主义的，违背了理论和实际统一这一条马克思主义的基本原则。“这种反科学的反马克思列宁主义的主观主义的方法，是共产党的大敌，是工人阶级的大敌，是人民的大敌，是民族的大敌，是党性不纯的一种表现。”另一种是马克思列宁主义的态度。学习马克思列宁主义，“是为着解决中国革命的理论问题和策略问题而去从它找立场，找观点，找方法的。这种态度，就是有的放矢的态度。‘的’就是中国革命，‘矢’就是马克思列宁主义”。报告提出三点建议：一、向全党提出系统地周密地研究周围环境的任务。二、对于近百年的中国史，应聚集人材，分工合作地去做，克服无组织的状态。三、对于在职干部的教育和干部学校的教育，应确立以研究中国革命实际问题为中心，以马克思列宁主义基本原则为指导的方针。这个报告对党的高级干部的整风学习和路线学习起了推动作用，给全党的整风学习提出了明确的方向，是整风学习必读文件之一。这个报告编入《毛泽东选集》。

5月20日　出席中共中央政治局会议，会议听取何凯丰[1]关于青年工作的报告。在讨论中毛泽东最后发言，指出：大革命时期恽代英领导青年团是搞广大的群众运动。苏维埃时期形成狭小的组织是错误的第二党方针。抗战时期青年工作是有成绩的，但在组织问题上有缺点。现在群众运动发展了，我们的观点还落在后面。群众生活是广大的，我们了解的很少，主要错误是反映群众生活不够。我们对青年工作是重视的。中央青委的主要任务是政治领导，过去对掌握政策注意不够，而且要注意了解群众要什么政策。青年工作要提高一步，不是要搞基干组织，这次讨论否决了基干组织，而是要加强同群众的联系，把落后群众提高起来。

5月25日　为中共中央起草对党内的指示。指示号召全党揭穿和反对正在酝酿的"日美妥协，牺牲中国，造成反共、反苏局面的东方慕尼黑的新阴谋"，指出：日本在发动晋南战役的同时发动了谣言攻势，诬蔑共产党和八路军。事实上，"新四军虽被宣布为'叛变'，八路军虽没有领到一颗弹一文饷，然无一刻不与敌军搏斗。此次晋南战役，八路军复自动配合国民党军队作战，两周以来在华北各线作全面出击，至今犹在酣战中。共产党领导的武力和民众已成了抗日战争中的中流砥柱。一切对于共产党的污蔑，其目的都在使抗战失败，以利投降。我们应发扬八路军新四军的战绩，反对一切失败主义者和投降主义者。"这个指示编入《毛泽东选集》时，题为《揭破远东慕尼黑的阴谋》。

同日　和朱德、王稼祥、叶剑英就目前形势和统一宣传问

---

〔1〕何凯丰，当时任中共中央政治局候补委员、中央宣传部代理部长、中央青年工作委员会书记。

题，致电八路军、新四军各部负责人，指出：日军发动此次小规模战争，现华中、华南已退返原防，晋南亦无大战，证明其目的仅在吓蒋，此次进攻似已至结束期。“目前西方新慕尼黑危险虽因苏联的坚强政策暂时被打破，但东方新慕尼黑危险却日见增涨，日、美、华妥协反共反苏反德的阴谋正在东京与华盛顿交换意见，国民党两星期来对国际局势一言不发，而只宣传共产党如何不配合作战，可见其正在沉机观变中”。“在此时局动荡之秋，我党宣传必须统一于中央的宣传政策之下，因此我军各首长必须严格遵照中央二月一日指示〔1〕不得随便发表意见”。

同日 复信旅美华侨王履孚、甄玉莹等，信中说：“比接正月十二日大札，具见关怀祖国，力主团结抗战，钦佩良深。”“所可虑者，美、日妥协诱迫投降之说，近忽甚嚣尘上，远东慕尼黑之阴谋，死灰复燃，亲日派之活动，未可忽视。”“所可告者，不论国际风云如何诡谲，敌伪与亲日派如何呼应，中共同人必与国内一切真诚抗日之党派团结抗战到底，不达民族解放之目的誓不休止。”

5月26日 出席中共中央政治局会议，作关于时局的报告，提出：目前西方慕尼黑阴谋，已经暂时被打破。由于德国对英战争的不断胜利，使英、美对日将有更大的让步，以便集中力量应付欧洲，因而东方慕尼黑的危险仍然存在。蒋介石在今年四月以前是以皖南事变来缓和日本的进攻，当时何应钦到西安布置“剿

〔1〕 指中共中央1941年2月2日《关于发表有全国意义的通电、宣言与对内指示的规定》。内容如下：一、凡无中央及军委及总政治部之指示，各将领各政治部一概不发有全国意义的通电、宣言与对内的普遍指示；二、各地各军上级机关在未得中央及军委同意前，不要命令各部发表带全国性的通电、宣言与对内的普遍指示；三、以后各将领、各中央局发有全国意义之通电、宣言及对内指示，须先得中央及军委同意。

共”，企图以向我进攻来取得日本的停止进攻。最近日军对华的进攻是“游击战”，目的在于逼蒋投降，没有准备进攻洛阳与西安。目前，日本对于中国问题的办法尚未完全确定，国民党的态度也还未决定，最近三个星期没有发表谈话。我党应积极揭破和反对这种阴谋。关于党的对外宣传问题，指出：过去习惯对外宣传不统一，表现在各根据地宣传政策不统一，今后要统一起来。会议决定中央对外宣传工作统由秦邦宪负责。

同日 和朱德致电卫立煌，指出：“目前惟有国共团结并在蒋委员长领导之下实行亲苏外交，坚持抗日到底，方能挽救危亡，美国是靠不住的，日、美、华妥协阴谋必须拒绝。”“我们所希望于国民党的只是（甲）坚持抗日；（乙）民主政治；（丙）改善国共关系这样三点而已。关于改善国共关系又分三点，即（甲）对新四军问题予以解决；（乙）对八路军饷弹予以发给；（丙）对反共言论与反共行动予以停止。除此以外，并无其他要求。”电报还说：“赞同卫长官与胡宗南先生会见，时间约定后，我们即派南汉宸来洛，共商团结对敌大计”。

同日 复电周恩来，指出：“对国民党的第二个将军（第一个问我们是否配合作战，第二个问我们是否拥护国家中心，都是向我们将军），暂时应置之不理，你意与我们一致”。“卫立煌对我积极配合作战甚为兴奋，他提议约胡宗南在洛阳会见，并派车接南汉宸去，共商团结抗战大计，我们已复电同意。”

5月30日 电告彭德怀：“九个月来中央社第一次广播我军战绩，谓据洛阳讯，我军已截断正太路车不通等语，是卫处已起作用，望对正太、平汉两路战绩多报卫、蒋。”“为答复国民党造谣诬蔑，新华社已予以反击（反将一军），待国民党语调好转我亦放缓和些。”

同日 致电周恩来："二十七日罗斯福炉边谈话[1]仍具两面性，即迫德妥协与准备参战。对东方仍含日、美妥协阴谋。"

5月31日 致电周恩来："英、美方针在西方是迫德反苏，在东方是英、美、日、华妥协反共反苏，时局之紧张空前未有。赫斯走后[2]略见好转，且看下文。"

5月 和朱德、王稼祥、叶剑英联名发出《军委关于陕甘宁边区部队生产工作的指示》，主要内容有：一、在生产工作的政治动员中，必须将自给自足的口号与抗战建国建设新民主主义经济基础的任务连接起来，使生产工作能够遵循着党的财政经济政策来进行，克服违反政策的行为与本位主义，做到先公后私。二、提倡现品自给。三、加强后勤所属各工厂的生产。四、彻底实行贸易政策。

6月3日 陕甘宁边区政府召开县长联席会议，突然天降大雨，电闪雷鸣，参加会议的延川县代县长被雷电击中身亡。同时，一位农民的一头驴也被雷电击死，这个农民逢人便说：老天爷不睁眼，咋不打死毛泽东。保卫部门要追查这个农民，毛泽东加以阻止，并说要想想我们做了什么错事引起了群众的反感。后来检查发现是公粮征多了，一九四一年征二十万担，人民负担太

---

〔1〕 炉边谈话，也称炉边闲话，是美国总统罗斯福在当时发表施政演说的一种方式。1941年5月27日，罗斯福发表炉边谈话说："美国之国策首先就是当希特勒企图征服和威胁西半球时，美国必须在任何地区积极反攻之"。又说："吾人不能容忍希特勒支配世界，同时亦不能容忍上次世界大战后即一千九百二十年代的世界"。对日美关系，则说"尚未予以研究"。

〔2〕 赫斯，德国国家社会党副领袖。他于1941年5月只身一人驾驶战斗机自德国出奔英国。赫斯素与德国的倾向西方的路线有关，反对与苏联谅解。

重而不满。于是中共中央和毛泽东决定减征公粮，一九四二年的公粮由原定的十九万担降为十六万担。同时开展大生产运动，减轻群众的负担，受到了群众的拥护。

6月4日　出席中共中央政治局会议，会议听取彭真《关于晋察冀边区党的工作和具体政策的报告》。在六月十八日，七月十六日、二十三日、三十日，八月六日、二十一日的政治局会议上继续听取彭真的这个报告。

同日　和朱德、王稼祥、叶剑英致电贺龙，询问关向应病情有无起色，并告药物即寄去。

6月6日　电告周恩来："中条山战事已告段落，敌人似在收兵休整，下一次进攻方向可能是河南。"

同日　修改中共中央关于青年工作的决议草案（曾经六月四日中央政治局会议讨论），并给何凯丰、胡乔木写如下批语："关于过去青年团，将白区、苏区加以区别，似更好些，如同意，请给洛、弼[1]一阅。此决议抄正后付《解放日报》发表，并发广播，个别地方（包括重庆、香港）还发战报台。"

6月7日　出席中共中央政治局会议。发言指出：目前大局，可能德国继续反英反美，美国参战，造成长期战争；中国则继续国共合作，造成长期战争，长期磨擦。因此，我们的战略方针，要准备继续四年的长期战争。现在华北、华中要支持长期战争，就要加强政治工作，实行七分政治，加紧敌伪军工作，不要像百团大战那样硬打。现在国民党的方针，也不是大打，桂系将采取守势，日军将继续进攻中国。会议还讨论纪念中国共产党成立二十周年问题，决定由毛泽东起草纪念中国共产党成立二十周年的党内指示。

---

〔1〕 洛，指洛甫，张闻天的曾用名。弼，指任弼时。

同日 和朱德、王稼祥、叶剑英复电陈毅、刘少奇，指出：估计日军在最近转移大军“扫荡”敌后尚不可能，皖北情况尚不十分严重，同意新四军第四师主力东开休整的部署，但应注意皖北原有阵地的坚持。彭雪枫等四师在皖北所得的经验教训应深入检讨，并将结论电告。

同日 和朱德、王稼祥、叶剑英致电彭德怀、左权、罗瑞卿并告刘伯承、邓小平：“关于太岳军区问题，事关重大，中央正在慎重考虑中，日内即有答复，部队暂勿行动。”八日，中共中央书记处及中央军委即电彭德怀、左权并告刘伯承、邓小平，指出：从大局着眼，目前争取以蒋为统帅仍继续抗战局面十分必要。当此中央军在中条山溃败，日军仍将继续进攻，而在东方慕尼黑危险尚未过去的时候，我们对蒋方针着重在拉，而卫立煌在拉蒋抗日问题上有更大作用，目前卫立煌处境甚为困难，我们须极力同他拉好关系，予以种种援助，万万不可把关系弄坏。因此，你们所提建立太岳军区及派兵南下的计划，在目前时机是不适当的。因为这将给国民党亲日派以投降反共的借口，给蒋以刺激，给卫以反感，结果将使我们处于不利地位，所以这一计划暂不应执行。

6月9日 关于在冀南平原地区同日军斗争的方针和政策，和朱德、王稼祥、叶剑英致电刘伯承、邓小平并彭德怀、左权、罗瑞卿，指出：日军在冀南之“蚕食”政策，其目的在于缩小我之活动地区，扩大其占领地区。击破日军的“蚕食”政策的中心环节，“在于有正确的政策，主要应从政治上着手，而不能只是军事进攻或以军事进攻为主”。“一般说，我党我军在此种三角地带工作的出发点，应该是善于隐蔽自己，保存实力，处处为民众着想，要保护民众使民众不致吃亏（也就是保存自己）。对于民众中某些被迫应付敌人的行为，不仅不应尖锐地反对（这不是右倾退缩），反而应该因势利导成为带有计划性的应付敌人的办法，甚至成为策略”，打破日军分离我军民团结的毒计。“单纯的军事斗争，表面上的尖锐对立政策，将引起敌人残酷的镇压，其结果恰恰是造成群众的恐惧，使敌寇得逞其阴谋”。“在这些地区内应多采用两面政策，加强伪组织伪军工作，多交朋友，不要大吹大擂（隐蔽自己），群众团体及政权只能采取隐蔽的方式，不能与根据地一样”。

同日　起草朱德、彭德怀致卫立煌的电报〔1〕，指出：“目前大局，非国共两党贵我两军密切合作不足以图存。敌于晋南得手后，有进图郑、洛〔2〕、西安可能，八路军决在委座及吾兄领导下与友军配合作战，坚决破坏敌之进攻，为保卫郑、洛、西安而战。惟配合有直接、间接两种，直接配合则效速，间接配合则效迟。敝军担任平汉、平津、津浦、北宁、平绥、正太、白晋北段及同蒲北段中段之破袭，从远后方、近后方牵制敌人，此间接配合也。八路军以有力一部进入中条山及汾南三角地区，担任同蒲南段、白晋南段及道清路之破袭及黄河北岸之控制，从侧面打击与牵制敌人，以利贵军主力在黄河南岸西岸之力堵，此直接配合也。”“德等愚见，认为非有此一方面之部署，则牵制敌人难期速效，盖敌之重兵已集济源、运城地域，仅作远道配合，究属远水难救近火，此次中条战役其证明也。”“今之建议，亦纯属进言性质，如以为可，则令行之，如以为不可，则弃置之。”如批准上述建议，“敝军到达中条及三角地区时，须请求允准发动民众组织抗日游击队，盖德等认为唯有此策为最有效。此次中条失利之原因固多，而无民众组织以障蔽敌之耳目，明快我之耳目，实为主因，并非兵不精将不勇或指挥不善之咎也。”

〔1〕　毛泽东起草这封电报后，和朱德联名拍发彭德怀征求意见，并嘱此电由八路军驻洛阳办事处处长袁晓轩转交卫立煌。

〔2〕　郑、洛，指河南郑州、洛阳。

同日 关于中条山战役后对国民党的方针问题，复电周恩来，告以彭德怀、刘伯承等部署进占中条山，中央已去电制止。指出："此事只能取合法步骤，朱、彭给卫建议一电即转给你，望你在渝有所活动，蒋如真欲保卫河防，只有让我进入中条山，如他不许，则我可解脱责任。"此次中条山战役的损失，为上海战役以来最大损失。"目前我对国民党方针是着重于拉，中条失败后拉好的可能性甚大"。

6月12日 和朱德、王稼祥、叶剑英致电朱瑞、陈光、罗荣桓等，指出："目前我党方针在拉蒋抗战。我军应坚持党中央人不犯我，我不犯人，人若犯我，我必自卫的原则。"如有向国民党军进攻的行动，应立即停止。

6月13日 和朱德、王稼祥、叶剑英致电彭德怀、左权、罗瑞卿，征求他们对取消抗大总校的意见。电报说：抗大总校在目前各分校极端分散而又遥远的情况下很难进行领导，事实上各分校在各地区兵团的直接领导下仍可进行教育工作，教育方针与教材等归军委第四局负责，因此我们意见取消总校，将总校改为一个分校。

同日 林伯渠、谢觉哉来访，谈话至傍晚。夜，毛泽东写信给林伯渠，信中说："今日所谈，系大政方针与人事政策，承你同意，以后必可办通。"关于预决算，有两点还请注意：（一）"凡必不可免之钱，予以概允，使受者得所。""其原则就是'必不可免'四字。弱小部分，予以扶助，亦包括在此原则内。"（二）"不管是中央的，军队的，地方的，一概包揽，为之统筹。军队不分国军，地方军（不立此名目），一概统筹。""总之发展路线是完全正确的。"这封信写好后当时没有发出。十五日，毛泽东又在信上加写了以下内容：（一）"追加预计，不可免的"，"故只能由你在预算中加重总预备费，尔后按需要（必不可免者）支用"。（二）"不必肯定边币只维持一千万，宜作二五百万之打算，较不束缚手足。”（三）预计算中应把自力更生部分打进去，“须与党、政、军各部分的实际状况密切联系，了解其情形，方能算计。尤其是军”。（四）“商品货币流通量成正比例说，亦不宜坚持，宜估计到许多新条件，还待今后研究。如持之过坚，将来不准，有损信誉。”

6月17日 致电周恩来，说：“你的一文一信〔1〕《大公报》的复文〔2〕（《大公报》此文很有意思，很可注意）都看了，你的信与文均在《解放日报》发表并广播，那封信写得很好。”“依你观察，此刻是否到了蒋转弯的时机，可否找张季鸾、王芸生开一次谈判”。“向他们申明只要不妥协不反共，我们是拥蒋（所谓国家中心）到底的，否则是蒋拒绝人家拥他，解散新四军，对八路不发饷弹，公开的普遍的反共言论与反共行动，叫人如何拥法？问他们有无改善国共关系的办法。”

6月18日 出席中共中央政治局会议。会议除继续听取彭真《关于晋察冀边区党的工作和具体政策的报告》外，还作出以下决定：（一）为着更能统一与集权地解决陕甘宁边区财政经济问题与批准党、政、军三方面的各种预算、决算，决定成立中央财政经济委员会，由林伯渠、朱德、任弼时、李富春、高岗组成，林伯渠为主席。（二）改变过去经济自给的办法，准备实行统一的实物供给制度，决定组织一个委员会，由任弼时负责主持。（三）抽调一部分学生参加陕甘宁边区的实际工作。

---

〔1〕 一文，指周恩来为1941年5月25日《新华日报》撰写的代论《论目前战局》，同年6月14日《解放日报》转载了这篇代论。一信，指周恩来1941年5月21日写给张季鸾（重庆《大公报》总编辑）、王芸生（重庆《大公报》主笔）的致《大公报》的信，这封信在同年5月23日《大公报》发表，6月13日《解放日报》作为代论转载。

〔2〕 指《大公报》1941年5月23日的社评《读周恩来先生的信》。

6月22日 德军突然发动对苏联的进攻，苏德战争爆发。

6月23日 为中共中央起草《关于反法西斯的国际统一战线的决定》，指出："德国法西斯统治者已于六月二十二日进攻苏联。""目前共产党人在全世界的任务是动员各国人民组织国际统一战线，为着反对法西斯而斗争，为着保卫苏联、保卫中国、保卫一切民族的自由和独立而斗争。在目前时期，一切力量须集中于反对法西斯奴役。"这个决定编入《毛泽东选集》时，题为《关于反法西斯的国际统一战线》。

同日 和朱德、王稼祥、叶剑英、谭政复电彭德怀、左权、罗瑞卿：同意陈赓、薄一波〔1〕统一太岳军队的指挥，同意组织太岳纵队。

6月26日 在起草的一份电报中指出："英、美、华都站在苏联方面，现在是法西斯与反法西斯两大阵线的对抗，其前途对苏对华有利。中国时局可能好转，我们方针是争取好转打击日寇。"

6月28日 关于抗日民族统一战线问题，复电刘少奇，指出："我们的抗日民族统一战线是包括一切还在抗日的大地主大资产阶级在内的，是全民族联盟，不但是工农小资产阶级联盟。在抗日一点上确是如此，在民主一点上则大地主大资产阶级是坚决的反对力量，但在我根据地内则大地主大资本家为保存其经济利益为向我作合法斗争亦可赞成我之民主政权。故在抗日过程中不论在全国范围内在根据地内，除汉奸外，对大地主大资本家是一拉一打政策，拉其抗日，打其反共反民主，但目前拉还是主要的，打是辅助的，打是达到拉之手段。"电报还指出："在中国孤

〔1〕 陈赓，当时任八路军第129师第386旅旅长。1941年8月又任八路军太岳纵队司令员。薄一波，当时任八路军决死第1纵队政治委员、太岳军区司令员兼政治委员。1941年8月任八路军太岳纵队政治委员。

立大资本阶级与俄国孤立资产阶级不同，在中国只孤立其反共方面，在俄国则是绝对孤立政策。”

同日　复电彭雪枫并告彭德怀，陈毅、刘少奇，指出：“你五月三日电的观点是不适当的，是错误的，六月十五日电亦还未改变。蒋介石还在抗战，蒋在全国军队中，在中产阶级及小资产阶级中，还有很大信仰，目前抗战还少不了他，他也还没有破裂统一战线，他还是两面政策”。“罢工罢课的策略只能使自己陷于孤立，八路南下的策略也只能加深国共裂痕，与中央缩小裂痕的方针是不合的。我们对付蒋介石反共政策的方针只应该是有理、有利、有节的自卫政策，你的意见却超越这个方针。”电报还指出：“在苏德战争爆发后，我党对国民党态度尤须慎重，不可大意。”

6月29日　出席中共中央西北局在中央大礼堂召开的纪念中国共产党成立二十周年大会。会上张闻天作《纪念我党二十周年我们的任务》的报告。

6月30日　和朱德、王稼祥、叶剑英致电彭德怀：“当日寇有举行反苏战争之危险时，情报与破路二事甚为重要。”

6月　为中共中央书记处起草《关于中国共产党诞生二十周年、抗战四周年纪念的指示》，指出：“在党外要深入地宣传中共二十年来的历史，是为中华民族与中国人民解放事业英勇奋斗的历史。它最忠实地代表中华民族与中国人民的利益。今天无论在国际国内任何困难情况下，它都要坚持抗日民族统一战线政策，团结到底，抗战到底，反对分裂，反对投降。”“在党内要使全党都明了中共在中国革命中的重大作用，在今天它已成为团结全国抗战、争取抗战胜利的决定因素，它的政策，关系全国抗战的成败与全中国人民的命运。因此每个党员都要正确懂得如何运用党的统一战线方针，要加强策略教育与学习党在二十年革命斗争中的丰富经验。”

7月1日 中共中央政治局通过《关于增强党性的决定》。决定要求“党更进一步地成为思想上、政治上、组织上完全巩固的布尔什维克的党，要求全党党员和党的各个组成部分都在统一意志、统一行动和统一纪律下面，团结起来，成为有组织的整体”。决定指出：“今天巩固党的主要工作是要求全党党员，尤其是干部党员，更加增强自己党性的锻炼，把个人利益服从于全党的利益，把个别党的组成部分的利益服从于全党的利益，使全党能够团结得像一个人一样”。决定还指出存在于党内的各种违反党性的错误倾向，如个人主义、无组织的状态、分散主义等，并提出克服这些错误倾向的办法。

7月2日 和朱德、王稼祥、叶剑英致电彭德怀，指出：日苏战争有极大可能爆发，如日本攻苏，将在华北加强镇压。我军须准备配合苏军作战，“但此种配合，是战略的配合，是长期的配合，不是战役的配合与一时的配合，请在此基点上考虑一切问题”。

同日 致信续范亭：“重庆买的药已到两盒，送上应用，不知是你讲的那种无误否？闻尊体有进步，大家都欢喜。我有些不适，近日已略好，勿以为念。”

7月5日 致电周恩来：“一、七七宣言今晚最后脱稿，明（六日）上午开始广播。二、宗旨主要拉英、美、蒋反德、日、意，但包括对蒋批评。三、你可将我党力主团结之方针告张冲，以影响他们的宣言。”

7月6日 致电周恩来，指出：“苏联战局有渐趋稳定形势，日本似不是攻苏而是牵制英、美，英、美均同情苏联，国共关系有好转可能。”“不管是否帝国主义国家，凡反法西斯者就是好的，凡助法西斯者就是坏的，以此来分界限，不会错的。”“目前反法西斯领导权，已握到苏联手中，只要苏联战局稳定，全世界反法西斯力量都环绕于苏，这是很好的形势。”“对英、美主要是拉，批评可减少。”

7月7日　中共中央发表抗战四周年纪念宣言，指出：“目前是全世界法西斯阵线与反法西斯阵线的伟大斗争时代，双方的决斗已经开始了。”“大家应该警觉起来，特别团结，特别努力，坚持我们民族解放的旗帜，脚踏实地，向前奋斗，配合各国人民反抗法西斯的斗争，争取我们的完全胜利”。宣言提出中国当前内政外交十项基本方针的建议，并重申：“本党坚持抗日民族统一战线政策始终不变，愿与中国国民党及一切爱国党派一切爱国人民团结到底，为抗战建国的共同目标而奋斗。”

同日　中共中央发出关于设立调查研究局的通知：毛泽东为主任，任弼时为副主任。下设情报部、政治研究室、党务研究室，毛泽东兼政治研究室主任。

7月8日　致电周恩来、廖承志：我患肌肉性发炎，需用亚陀方耐尔，延安已无此针剂，别人亦需用，拟请设法购买若干，如有可能则买五十盒。

7月13日　出席中共中央政治局会议。会议讨论七月九日共产国际关于苏德战争与各国共产党任务的指示，表示完全同意这一指示。

7月15日　复电周恩来，指出：关于准备配合苏联对日作战问题，“我们决心在现在条件下以最大可能帮助苏联红军的胜利”。“我们采取巩固敌后根据地，实行广泛的游击战争，与日寇熬时间的长期斗争的方针，而不采孤注一掷的方针。”“关于见蒋，张冲既两次来催，似可一见，看他说些什么，如能释放叶挺及发八路几个月饷，国共关系即可开始转圜，但仍不可求之过急”。“英苏协定[1]将成世界政治的枢纽，美国在政治上只能跟

---

〔1〕 1941年7月12日，苏联和英国签订《关于在对德战争中共同行动的协定》。

着这条路线走，不能操纵一切了。英苏协定将影响日本，增加其顾虑，亦将影响中国，促成中苏、国共的好转。”

同日 写信给刘雪苇[1]：“来信及提纲[2]收读。虽然我提不出什么意见，但是赞成你写这本书。”

7月18日 关于准备配合苏联对日作战的方针等问题，复电刘少奇[3]，指出：“反攻口号是对的，七七宣言上已提积极进攻口号，将来可用带战略性的反攻口号。”“但八路、新四大规模动作仍不适宜，还是熬时间的长期斗争的方针，原因是我军各种条件均弱，大动必伤元气，于我于苏均不利。”“全局决定于苏联打胜仗”。“乘机取利，制日制共，是蒋的方针，因此我们对蒋还是既不让又不攻的方针，让地盘给蒋在我既事实上不可能，他也决不会同日本拼，他是很机会主义的，很精巧的。”

7月21日 出席中共中央政治局会议，会议讨论如何对付国民党最近制造的第十八集团军“近复擅自行动”的反共谣言。会议决定采取以下应付办法：用事实揭穿这一谣言，并指出国民党准备在苏联西线战争吃紧的时候压迫我军撤到黄河以北，美国企图拉拢日本退出轴心国，酝酿东方慕尼黑阴谋；解放社发新闻或社论进行驳斥。会议还讨论中央关于调查研究的决定，照毛泽东起草的草案通过。

7月22日 为中共中央书记处起草复周恩来、董必武电，请向各小党派说明：“（一）我们决赞助他们的民主运动；

---

〔1〕 刘雪苇，当时任延安星期文艺学园副主任。

〔2〕 指刘雪苇写的中国新文学史讲授提纲。刘雪苇当时打算按这个提纲写一本中国新文学史。

〔3〕 陈毅、刘少奇1941年7月12日致电毛泽东，说：“如日本向苏联进攻，我们当号召全国向日寇反攻，即使国民党不积极反攻，我八路、新四亦必须独力反攻，以牵制日本，敌后某些据点可能放弃。”新四，指新四军。

（二）国民党正在发动反共宣传，目的在杀鸡给猴看，打击各小党派，目前还谈不到对十二条的让步问题，仅在国民党真有好转诚意时，我们才准备谈判具体条文（对某几条可以商量）。”

7月24日 下午，谢觉哉来访，谈话至夜晚，派汽车送谢回住处。二十六日上午，谢写信并附《池盐运销研究》一文送毛泽东。当夜毛泽东到陕甘宁边区政府访谢，谈话至次日晨一点方归。

同日 致电彭德怀：“此次国民党发动反共宣传，全由何应钦一手主持，得蒋默认，但为英美派郭泰祺〔1〕、王世杰等所反对！自我们联络英、美在华人员与英美派，集中揭露亲日派阴谋后，据恩来二十三日电告，彼方〔2〕业已失败。”

7月30日 关于尽量吸收医务人才的问题，和朱德、王稼祥、叶剑英向各兵团首长发出指示：“医务人材培养过程很长，且技术不易高深，我军医务建设在技术上进步不大，今后应尽可能地吸收大后方与广大沦陷区技术水平高深的医务人材，不惜其津贴予以任用，政治上作非党干部看待，生活上作专门家待遇之。”

同日 关于当前形势和斗争方针，致电黄克诚并告刘少奇，指出：“只要苏能胜德（两星期来德军已无进展），日必不敢反苏，只要英、美、苏合作（英、苏已订同盟，美、苏日益接近），蒋必不敢大举反共，整个形势于我有利。假如日冒险攻苏，蒋迫我北上，我之方针亦无变更，政治上仍是反法西斯国际统一战线与抗日民族统一战线，军事上在武器未改变前仍是与敌人无时间的不冒险亦不消极的长期游击战争。华中、山东部队决不北上，对蒋之进迫则取自卫政策，对国民党每一反共宣传与反共行动仍是人不犯我、我不犯人的方针，对蒋、何是何反我我亦反何，何

〔1〕 郭泰祺，当时任国民党政府外交部部长。
〔2〕 指国民党。

停我亦停。此种方针应准备长期坚持下去，不为一时一事所冲动，望注意为盼。”

同日 出席中共中央政治局会议，会议除继续听取彭真《关于晋察冀边区党的工作和具体政策的报告》外，还讨论改革中央机关组织机构问题，延安学校合并问题，中央领导同志分工问题，各办事处工作管理问题等，并作出关于这些问题的决议。

7月31日 关于陕甘宁边区财政经济政策的争论问题，致信林伯渠、谢觉哉。信中说：“最近两次谈话，又读谢老两信，又得高岗同志转达二老意见，使我对现行边区财政经济政策的争论问题有更多的了解。我的了解仍不足，现行政策的几个根本点（预算分散，纸币，运盐）又尚在执行之中，最后的谁是谁非，还无法作结论”。“我现在不能断定纸币与运盐不失败，我同二兄谈过，如弄得不好，也许要失败的。但我现在还不能同意停止现行政策，采用另一政策，因为另一政策也许要失败的，或失败得更大。”信中还建议他们：“多从反面（即现行政策的正面）设想，现行政策固然已出了很多毛病，但另一政策是否即毛病较少？从相对性设想，勿只从绝对性设想（即只设想现行政策完全是错的，另一政策完全是对的）”。“注意检查自己工作中的缺点，例如在税收工作上，在纸币发行工作上，在领导方式上，我觉得都是有严重缺点的。”

7月下旬 作家萧军想离开延安回重庆去，到毛泽东住处辞行。他向毛泽东谈了他在延安见到的一些不良现象以及某些同志的宗派主义、行帮作风，并建议党应当制定一个文艺政策。毛泽东挽留萧军留在延安，并托他帮助收集文艺界各方面的意见和情况。

7月 根据毛泽东《改造我们的学习》报告的精神，延安马列学院改组为马列研究院（九月八日又改名中央研究院），毛泽东出席成立大会，并作题为《实事求是》的报告，要求大家一定要以马列主义基本原理为指导，以研究中国革命实际问题为中心，调查研究敌友我三方面的历史和现状。

8月1日　中共中央发出毛泽东起草的《关于调查研究的决定》。决定指出："二十年来，我党对于中国历史、中国社会与国际情况的研究，虽然是逐渐进步的，逐渐增加其知识的，但仍然是非常不足；粗枝大叶，不求甚解，自以为是，主观主义，形式主义的作风，仍然在党内严重地存在着。""党内许多同志，还不了解没有调查就没有发言权这一真理。还不了解系统的周密的社会调查是决定政策的基础。还不知道领导机关的基本任务就在于了解情况与掌握政策，而情况如不了解，则政策势必错误。""还不知道粗枝大叶、自以为是的主观主义作风，就是党性不纯的第一个表现，而实事求是，理论与实际密切联系，则是一个党性坚强的党员的起码态度。""我党现在已是一个担负着伟大革命任务的大政党，必须力戒空疏，力戒肤浅，扫除主观主义作风，采取具体办法，加重对于历史，对于环境，对于国内外、省内外、县内外具体情况的调查与研究，方能有效地组织革命力量，推翻日本帝国主义及其走狗的统治。"决定"责成各级党部将本决定与中央七月一日所发关于增强党性的决定联系起来，向党的委员会及干部会议作报告，并讨论实施办法"。

8月2日　复信萧军："两次来示都阅悉，要的书〔1〕已付上。我因过去同你少接触，缺乏了解，有些意见想同你说，又怕交浅言深，无益于你，反引起隔阂，故没有即说。延安有无数的坏现象，你对我说的，都值得注意，都应改正。但我劝你同时注意自己方面的某些毛病，不要绝对地看问题，要有耐心，要注意

〔1〕　指萧军向毛泽东借阅《毛泽东抗战言论集》。

调理人我关系，要故意地强制地省察自己的弱点，方有出路，方能‘安心立命’。否则天天不安心，痛苦甚大。你是极坦白豪爽的人，我觉得我同你谈得来，故提议如上。如得你同意，愿同你再谈一回。”

8月3日 为加强河防事，和朱德、王稼祥、叶剑英致电贺龙、周士第，指出：据报军渡、碛口线集日军四千余，准备渡河。查王震旅主力北调应付何文鼎[1]，河防空虚。望迅速布置加强河防兵力，准备打击渡犯之日军，另以一部从侧面威胁，务使日军不能得逞。

8月5日 复信谢觉哉。信中说：“你的各信我都转给弼时、王明、高岗、陈正人[2]四同志看，使他们多了解你。他们都愿意多和你及林老谈，都愿把事情把关系弄得好些。事情确需多交换意见，多谈多吹，才能周通，否则极易偏于一面。对下情搜集亦然，须故意（强所不愿）收集反面材料。我的经验，用此方法，很多时候，前所认为对的，后觉不对了，改取了新的观点。客观地看问题，即是孔老先生说的‘毋意，毋必，毋固，毋我’，你三日信的精神，与此一致，盼加发挥。此次争论，对边区，对个人，皆有助益。各去所偏，就会归于一是。” “事情只求其‘是’，闲气都是浮云。过去的一些‘气’，许多也是激起来的，实在不相宜。我因听得多了，故愿与闻一番，求达‘和为贵’之目的。现在问题的了解日益接近，事情好办。”“在短时间内，总结一下边区工作很好，请准备材料及意见。你身体有病，切勿过劳，暂时以休养为主很好。”

8月6日 出席中共中央政治局会议。会议除继续听取彭真

〔1〕 何文鼎，当时任国民党军第八战区新编第26师师长。

〔2〕 陈正人，当时任中共中央西北局常委、组织部部长。

《关于晋察冀边区党的工作和具体政策的报告》外，主要讨论陕甘宁边区财政经济工作的几个争论问题。关于增发边币问题，原决定发三百五十万元，因经费困难至今年六月已发一千五百万元，有一种意见认为，边币贬值都是由于发行多了。关于盐的产、运、销问题，一种意见，主张由边区政府管理，盐的运销实行自由贸易政策，认为官督民运会引起民变；另一种意见，主张由留守兵团管理，由政府组织民众运输。会议决定委托毛泽东召集林伯渠、谢觉哉，高岗、陈正人、陈绍禹、任弼时、朱德商谈，统一思想，解决问题。会议还决定调南汉宸担任陕甘宁边区政府财政厅厅长。

同日 致信谢觉哉，对陕甘宁边区财政经济的基本方针提出意见。信中说："近日我对边区财经问题的研究颇感兴趣，虽仍不深刻，却觉其规律性或决定点似在简单的两点，即（一）发展经济，（二）平衡出入口。首先是发展农、盐、工、畜、商各业之主要的私人经济与部分的公营经济，然后是输出三千万元以上的物产于境外，交换三千万元必需品入境，以达出入口平衡或争取相当量的出超，只要此两点解决，一切问题都解决了。而此两点的关键，即粮盐二业的经营，如能增产二十万至三十万担粮与运三十万至四十万驮盐出境，即算基本地解决了两个问题。"按此两点来检查我们的工作，则：（一）"今后必须停止公业投资，发动私业投资，即大放农贷与合作社贷款，兼放畜牧贷款与私商贷款，以达增加粮食产量，牛羊产量，与相当繁荣商业之目的。"（二）"盐为达到出入口平衡之唯一的或最主要的办法，只要能年输三十万驮出境，换取三千万元（以每驮法币百元计）棉、布进来，即算平衡了出入口"。"出入口问题一解决，则物价、币价两大问题即解决了。据此以观今年盐的官督民运政策，不但是未可厚非的，而且是完全正当的"。信中最后说："昨日政治局会议决定委托我召集一次有关同志的会议，解决本问题。我想先作个别商讨，然后再开会议，较为有益”。

同日 致信林伯渠，询问边区财政经济方面的一些情况，并索阅预算表及林的边区财经意见书、三年计划等。

8月9日 复信谢觉哉：“八日信及安塞报告均收，已看一遍，尚待详看。准备开的总结会议是积极的，非单为辩论个别问题，请准备一积极建议，包括全部财经问题，分列若干条。”“大家希望能统一意志与统一行动，我意须确定一行动纲领，否则无法统一。”

同日 致信高岗、陈正人，信中说：谢老八日信及所附从安塞来的报告，均附上，请察阅。“如安塞报告，情形是很坏的，是否属实？你们有此类调查否？是否你们所得的仅偏于好的一面，而事情之实际则基本是坏的，即是说运盐是行不通的。又报告中所说‘向友区迁徙’，‘收成已坏’，‘无人锄草’等项是否属实，统请见告。”

8月10日 致信萧军：“我现在有时间，假如你也有暇，请惠临一叙。”当天晚上即与萧军晤谈，当萧军谈到《解放日报》拒绝发表他们与周扬争论的文章时，毛泽东说：《解放日报》不给登，你不是自己办了一份《文艺月报》吗？你可以登在《文艺月报》上啊！

8月11日 傍晚，从杨家岭住处漫步来到杨家沟半山腰的中华全国文艺界抗敌协会延安分会住地，看望萧军、艾青、罗烽、白朗、舒群等作家，不巧罗烽、舒群不在。

8月12日 致信谢觉哉，谈劳役和边区政府党团问题。信中说：“劳役须经政治动员是完全对的，这就是我们的劳役与国民党的劳役之原则的区别，我们的特点是革命加战争。”“边府党团不应与政府委员会混同，党团只须三五人，任务是掌握政策”。

同日 清晨，致信萧军：“昨晚未晤罗、舒二同志，此刻不知他们二位及兄都有暇否？又艾青同志有暇否？又各位女同志有暇否？如有的话，敬请于早饭后惠临一叙。我们谈通一些问题，是很好的，很必要的。”当天早餐后，萧军、王德芬夫妇，艾青、韦嫈夫妇，罗烽、白朗夫妇，还有舒群，一同应约来到杨家岭毛泽东住处，畅谈有关文艺和文艺界方面的许多问题，并共进午餐。中共中央组织部部长陈云、宣传部副部长何凯丰也在座。

8月13日 出席中共中央政治局会议，就陕甘宁边区财政经济等问题发言。关于边区财政经济问题，毛泽东说：现在边区财经问题主要有两个矛盾，即生产的人民与消费的人员的矛盾，人民一百四十万要供给八万人的生活，军队、机关等自己生产只能供给五分之一，尚有五分之四须人民负担；其次是出入口不平衡，相差甚大（八百万元）。解决矛盾的方针是（一）发展经济，（二）使出入口平衡。发展经济，今年投资多在公营事业，今后要投资数百万元于民营的工、农、商业。发展经济的原则，主要民营，部分公营。扩大国营企业不是新民主主义前期的事，而是新民主主义后期的事，只有在有了大工业时才能办到。平衡出入口，要使盐大量出口，现在采用组织人民运盐的官督民运办法，是平衡出入口的好办法。运盐要不违农时，进行政治动员，组织劳动力。能够解决发展经济与平衡出入口这两个问题，就能使边币稳定。劳役问题，由于陕甘宁边区有革命的民众，劳役是可能的；由于战争，劳役是必需的。会议同意毛泽东的上述意见，通过了《中央政治局关于陕甘宁边区工作方针的决定》。

同日 致电张冲〔1〕家属，吊唁张冲去世。

---

〔1〕 张冲，当时任国民党中央执行委员、中央组织部代理副部长，国民党政府军事委员会办公厅顾问事务处处长。长期以来担任国民党同中国共产党谈判的代表，1941年8月11日去世。

8月14日 在陕甘宁边区政府接见绥德警备区学生参观团代表十余人，向他们了解绥德、米脂的民情及民众呼声，解答他们提出的各种问题。毛泽东说：我们共产党想把中国搞好，希望把这个意思转告绥、米父老兄弟姐妹们，并要求大家努力学习，帮助和改进当地工作。

同日 和朱德、王稼祥、叶剑英致电王世英，指出王靖国[1]即将东进中条山，显然是制造晋绥军与八路军摩擦的阴谋。指示王世英去见阎锡山，请阎保证王靖国东进后不反对八路军，保持八路军与晋绥军的良好关系。

8月17日 致电彭德怀："中条山十县既只有敌伪全无友军，派一个团带干部去发展游击战争，是很对的。如有必要还可酌量多派一点，以不使卫[2]感到威胁为度。阎锡山与蒋矛盾甚大，向我们拉拢，王靖国部队东进，目的在占地盘吃饭，我们应让他占一部分地盘不与摩擦。"

同日 关于对伪军的政策问题，和王稼祥、谭政、傅钟致电陈毅、刘少奇："对待伪军应采德威兼施办法。不打不能迫使其就范建立我军的威权，但专打则势必结成生死冤仇，不打与专打两个极端政策对我们都是不利的。"对伪军中的两面派分子，应控制使他不完全倒在敌人方面来反对我们。"对伪军俘虏，不分官兵与社会出身，原则上一概不杀。对我成见深放了又来打我的分子也可以不杀，即再捉再放的办法比杀的办法要好，效果要大。""我们应耐烦地采取七擒孟获政策。"

同日 为中共中央书记处起草复陈毅、刘少奇电，指出：

---

〔1〕 王靖国，当时任国民党军第二战区第13集团军总司令。

〔2〕 卫，指卫立煌。

“十日电[1]悉，领导机关在最困难时移至皖东是可以的必要的，但不能大举向西发展。目前中苏英美、国共两党均亟需联合对付法西斯，桂系李、白亦与何应钦有区别，故不宜大举西向。”

8月18日 出席中共中央政治局会议，在会上发言对八月十四日罗斯福、丘吉尔联合宣言[2]进行分析，指出：罗丘宣言证明美国决心参加反侵略战争，对英、美、苏、中等都是有利的。这一宣言对德国没有和平的余地，但对日本留有妥协的余地。会议同意毛泽东的上述分析，并指出我们应警惕日本可能进攻苏联与国民党趁机反共的危险。十九日，中共中央发表关于最近国际事件的声明。

8月19日 致信陈正人，信中说：我要朱理治[3]写了一报告书，很有些价值，可作你们起草财经纲领的参考。起草前，请与南汉宸、高自立、叶季壮[4]、朱理治及粮食局贸易局诸人加以研讨。“他们是实际经手人员，从他们收集各方面确实的材料与意见，起草的东西方更准确。”

8月21日 关于利用阎锡山、蒋介石之间矛盾的问题，致电彭德怀：王世英回延，称阎已允与陕甘宁边区通商（已开始运盐），又允我再设电台，声称华北仅余我们两家，宜好好合作等

---

〔1〕 陈毅、刘少奇1941年8月10日致电毛泽东并中共中央，提出“敌伪如再‘扫荡’，我主力在苏北即甚难活动。因此我华中今后发展方向应转向西，以皖东为基础，沿长江两岸逐渐向西发展，与李先念联系，以便将来能向大别山同皖南、赣北、鄂南山地发展”。

〔2〕 指1941年8月14日美国总统罗斯福和英国首相丘吉尔在大西洋的纽芬兰海面的美舰上会谈后发表的联合宣言，通称《大西洋宪章》。

〔3〕 朱理治，当时任陕甘宁边区银行行长。

〔4〕 高自立，当时任陕甘宁边区政府副主席兼民政厅厅长、建设厅厅长。叶季壮，当时任中共中央军委后方勤务部部长兼政治委员。

语。“阎之目的在求生存，希望在河东占一地盘而我不打他。”“判断阎现时不会投敌。我应利用阎蒋矛盾，给阎以生存余地，请善处之。”

8月22日 致电彭德怀，指出：国民党发动反共宣传，其目的似准备舆论，以便在日本攻苏时迫我北上；再则民族资本家对我同情，我党政治影响扩大；拉铁摩尔〔1〕新来，有加以压抑之必要。我们将驳复国民党反共宣传。

同日 复谢觉哉二十一日来信，指出：在陕甘宁边区，“今年的所以采取这些政策，首先是根据于革命与战争两个基本的特点，其次才是根据边区的其他特点（地广，人稀，贫乏，经济落后，文化落后等）。”“凡人（包括共产党员）都只能根据自己的见闻即经验作为说话，做事，打主意，定计划的出发点或方法论，故注意吸收新的经验甚为重要，未见未闻的，连梦也不会作。”“善于总结经验，就是领导者的任务。边区有政治、军事、经济、财政、锄奸、文化各项重大工作，就现时状态即不发生大的突变来说，经济建设一项乃是其他各项的中心，有了穿吃住用，什么都活跃了，都好办了，而不要提民主或其他什么为中心工作。”还指出：“政治党团向中央局负责，是执行中央局决定的，其任务是掌握政策，总结经验，大事须经中央局批准。”

同日 在延安日本工农学校〔2〕第二期工作报告上批示：“很好的一个报告。各同志阅后保存于秘书处。”“延安的学校应照此种精神去办。这是理论与实际联系的学校，不是单纯的概论学校。”

---

〔1〕 拉铁摩尔，美国历史学家、中国问题专家。他是美国总统罗斯福推荐给蒋介石的政治顾问，1941年7月到达重庆。1942年被召回美国。

〔2〕 这是八路军政治部1940年8月在延安创办的一所日本士兵学校。学生大部分是战场上被俘的日本士兵，一部分是自动投诚的日本士兵。

8月26日　为《鲁忠才长征记》[1]写按语："这是一个用简洁文字反映实际情况的报告，高克林同志写的，值得大家学习。现在必须把那些'下笔千言、离题万里'的作风扫掉，把那些'夸夸其谈'扫掉，把那些主观主义、形式主义扫掉。高克林同志的这篇报告是在一个晚上开了一个三个人的调查会之后写出的，他的调查会开得很好，他的报告也写得很好。我们需要的是这类东西，而不是那些千篇一律的'夸夸其谈'，而不是那些党八股。"

8月27日　出席中共中央政治局会议，会议讨论中央机关组织与编制问题。关于中央书记处工作会议问题，会议决定，在七大前不改变中央书记处的组织，但为增强中央工作效能起见，除每周一次政治局会议外，以住在杨家岭的政治局委员毛泽东、王稼祥、任弼时、张闻天、陈绍禹、陈云、何凯丰七人组成中央书记处工作会议，暂定每周开会两次。会议还决定任弼时任中共中央秘书长，李富春任副秘书长。会议在讨论党内教育方针问题时，毛泽东说：我党干部的理论水平比内战时是提高了，现在干部中多读了些理论书籍，但对于理论运用到中国革命实际上还不够，对中国及世界的政治、军事、经济、文化缺乏研究和分析。我们还没有各种问题的专家，对于许多实际问题不能下笔。延安的学校是一种概论学校，缺乏实际政策的教育。过去我们只教理论，没有教会如何运用理论，就像只教斧头本身，而没有教会如何使用斧头去做桌子。延安研究哲学是空洞的研究，不研究中国革命的内容与形式，不研究中国革命的本质与现象。首先应当承

---

〔1〕《鲁忠才长征记》是高克林1941年8月13日晚向富县城关区副区长鲁忠才以及王毓贤、孔照庆进行调查后根据记录整理而成的。这个调查报告具体地记述了富县城关区第一次运盐的经过，包括牲口数、往返日期、沿途的各站概况、生活情况及问题、经验教训等。这个调查报告和毛泽东写的按语发表在同年9月14日《解放日报》。

认我们党缺乏关于中国革命实际的理论，才能真正实行中央关于调查研究的决定。我们要培养行动的理论家。改造学习要采用革命的精神，对干部教育、学校教育、国民教育都要有一个大的改造。会议同意毛泽东的提议，彻底打破目前党内教学方法与思想方法上的主观主义与形式主义，决定由张闻天等组成委员会，研究改造学习的办法，并起草有关的决定。

8月29日 出席中共中央书记处工作会议。会议决定：编辑马、恩、列、斯反对主观主义、形式主义的言论，由毛泽东等十一人组成编辑委员会。为加强中央对全党思想上的领导，由中央同志组成思想方法学习小组，毛泽东任组长。

8月30日 致电周恩来："太平洋局面似还是拖，日本和战皆难，你的观察如何？"九月三日，周恩来复电毛泽东，关于太平洋局势，认为罗斯福对日本采取哄与拖的政策，反映到中国仍是拖的局面。

8月 为陕甘宁边区政府教育厅举办的小学教师暑期讲习班捐款四百元，慰劳小学教师。

9月1日 同国民党联络参谋陈宏谟、郭亚生、周励武谈话四小时。陈等表示蒋介石、何应钦、张治中、吴铁城〔1〕在国共关系上均愿转圜，要求朱德到重庆去一次。毛泽东告诉他们以下几点：（一）国民党方面释放叶挺，共产党方面即派董必武一人出席参政会，否则仍不能出席。（二）共产党决不推翻国民党政府，决不越过现有疆界，国民党承认共产党在敌后有发展权利，承认现有防地，承认边区；至于在敌后的国共两军，双方下令互不攻击。（三）恢复新四军，发给欠饷，停止逮捕。（四）何应钦停止反共，共产党即停止反何，并可重新来往，但何若再反共，

〔1〕吴铁城，当时任国民党中央秘书长。

共产党必再反何。此外，还谈到周恩来回延安开会事。最后约定，视国民党方面同周恩来在重庆进一步商谈的情况，再定目前可能解决的具体事项。当天深夜，将上述谈话情况电告周恩来，并说："如彼方找你时，请先谈释放叶挺与必武出席这一初步的交换条件及你回延开会事。"

9月4日 徐特立〔1〕来谈大学管理委员会事。谢觉哉亦来访。

9月7日 出席中共中央书记处工作会议。关于苏联国防部要求八路军在日苏发生战争时派兵到南满一事，会议同意毛泽东所拟的复电。会议还讨论关于出席参政会，民主同盟等问题。

9月8日 出席中共中央书记处工作会议。会议决定：政治局学习小组，除研究马恩列斯著作外，同时研究六大以来的中央文件，着重研究四中全会至遵义会议一段，由王稼祥任副组长，负责组织这一研究。会议还决定：组织中共中央青年工作委员会，何凯丰、冯文彬分别任正副书记；组织大学管理委员会，由何凯丰、邓发、李维汉等九人组成；马列研究院改名中央研究院，成为用马列主义方法研究中国历史与现实问题的公开学术机关。

同日 致电周恩来，指出："积极支持民主同盟的方针是很对的。""香港甚重要，但目前派不出大员，还是由廖、潘〔2〕维持，待七大后再讲罢。""七大代表留此多者一年，少亦半年，专等你回开会，我们意见，一定要等你，你看年内有可能回延否?"

9月9日 关于配合国民党作战，争取时局好转问题，和朱德、王稼祥、叶剑英致电彭德怀、左权、罗瑞卿，陈毅、刘少奇，陈光、罗荣桓，指出："敌攻湘北，又犯郑、洛，国民党正

---

〔1〕 徐特立，当时任延安自然科学院院长。

〔2〕 廖，指廖承志，当时任八路军驻香港办事处主任。潘，指潘汉年，当时任八路军驻香港办事处代表。

集中力量抗敌，我八路、新四各部应向各重要交通线予以可能的袭击，配合国民党之作战。同时对国民党敌后各部应停止任何攻击性行动，仅在彼方举行攻击时，取防卫手段。同时并向国民党各部发出通知，要求配合对敌。所有上述方针，其目的都为争取时局好转。”

9月10日—10月22日 出席在这一期间举行的中共中央政治局扩大会议。会议检讨了党在十年内战后期的领导路线问题。九月十日，毛泽东在会上作关于反对主观主义和宗派主义的报告，指出：“过去我们的党很长时期为主观主义所统治，立三路线和苏维埃运动后期的‘左’倾机会主义都是主观主义。苏维埃运动后期的主观主义表现更严重，它的形态更完备，统治时间更长久，结果更悲惨。”“遵义会议，实际上变更了一条政治路线。过去的路线在遵义会议后，在政治上、军事上、组织上都不能起作用了，但在思想上主观主义的遗毒仍然存在。”“六中全会对主观主义作了斗争，但有一部分同志还存在着主观主义，主要表现在延安的各种工作中。在延安的学校中、文化人中，都有主观主义、教条主义。”“现在，延安的学风存在主观主义，党风存在宗派主义。”报告强调指出：“要分清创造性的马克思主义和教条式的马克思主义。”要实行学制的改革，研究马、恩、列、斯的思想方法论，组织思想方法论的研究组，首先从政治局同志做起。“以思想、政治、政策、军事、组织五项为政治局的根本业务。”“掌握思想教育是我们第一等的业务。”报告提出：“中央研究组一方面研究马克思主义的思想方法论，一方面研究六大以来的决议”。“延安开一个动员大会，中央政治局同志全体出马，大家都出台讲话，集中力量反对主观主义和宗派主义。”“打倒两个主义，把人留下来。反对主观主义和宗派主义，把犯了错误的干部健全地保留下来。”会议决定，毛泽东为中央研究组（又称中央学习组）组长，王稼祥为副组长。会议还决定：自九月十六日起《解放日报》扩大为四版，增加反对主观主义和宗派主义的宣传教育内容；今后《解放日报》的文字，应力求生动活泼，尖锐有力，反对党八股；中央各部委工作同志要多给《解放日报》写文章，解释党的政策，介绍工作经验，使之真正成为全党反映实际领导工作的机关报。这次会议，对十年内战后期中共中央领导犯了“左”倾机会主义路线错误的问题，基本上取得一致的认识。所说的“十年内战后期”，是指从一九三一年九月开始的中共临时中央领导的时期。

9月13日 向中共中央妇委、西北局联合组成的妇女生活调查团作关于农村调查的讲话，着重讲了两个问题。一、情况是逐渐了解的，认识世界需要不断的努力。他说：“我们是信奉科学的，不相信神学。所以，我们的调查工作要面向下层，而不是幻想。同时，我们又相信事物是运动的，变化着的，进步着的。因此，我们的调查，也是长期的。今天需要我们调查，将来我们的儿子、孙子，也要作调查，然后，才能不断地认识新的事物，获得新的知识。”他回顾了自己调查农村、认识农村的过程，是经过六七年时间才基本完成的。二、方法。1. 分析和综合，先分析后综合，在分析中也有小的综合。应当学习马克思研究资本主义社会的方法和苏东坡研究历史的“八面受敌”法。2. 详细地占有材料，抓住要点。十样事物中，“如果你调查的九样都是一些次要的东西，把主要的东西都丢掉了，那末，仍旧是没有发言权”。

9月15日 出席中共中央书记处工作会议，会议讨论中宣部工作要点、军队老干部工作、组织工农干部教育研究委员会、中央秘书处工作等问题。

9月16日 致信高岗、陈正人，请他们考虑答复反映民族学院存在困难的一封来信，指出“民族学院的困难须要设法解决，经费似宜增加一点改善其伙食”。

9月18日 和陈绍禹、秦邦宪、吴玉章、林伯渠电唁《大公报》总编辑、国民参政员张季鸾去世。

9月19日 出席中共中央书记处工作会议。会议讨论通过毛泽东起草的中央关于干部保健费的决定。

9月22日 致信续范亭：“大示敬悉。已交组织部陈云同志考虑，俟得复后再行奉告，你的要求是正当的。我的风湿近日采用洗澡，晒太阳，按摩，吃水果诸法，颇有起色，知注敬告。关向应同志已动身来延，不日可到。”

9月24日 致电周恩来：“我又找陈宏谟等谈了一次，欢迎他们去华北视察，看我们到底作了些什么，看一看没有八路军全国是否能继续抗战（他们要求去晋西北与晋东南，还未下决心），同时向他们证明我并未去苏联。”

9月26日 出席中共中央书记处工作会议。会议同意：刘少奇回延安休养，刘少奇担任的华中局书记与新四军政治委员职务，由饶漱石代理；董必武兼任南方局宣传部部长。会议通过中央关于高级学习组（又称高级研究组）的决定等。

同日 中共中央发出经毛泽东修改的《关于高级学习组的决定》。决定指出：成立高级学习组的目的是“为提高党内高级干部的理论水平与政治水平”。高级学习组“以理论与实践统一为方法，第一期为半年，研究马、恩、列、斯的思想方法论与我党二十年历史两个题目，然后再研究马、恩、列、斯与中国革命的其他问题，以达克服错误思想（主观主义及形式主义），发展革命理论的目的”。决定还指出：延安及各地高级学习组统归中央学习组管理指导。中央学习组以中央委员为范围，毛泽东任组长，王稼祥任副组长。

9月29日 起草中央研究组组长毛泽东、副组长王稼祥给中央研究组及高级研究组各同志的通知："本组研究方针，以理论与实际联系为目的。关于实际方面的材料，请各同志看六大以来的文件（要目见另单[1]）。关于理论方面，暂时以研究思想方法论为主，请各同志首先看下列材料：（一）《"左派"幼稚病》（用一九三九年解放社版）；（二）艾[2]译《新哲学大纲》第八章'认识的过程'（即《哲学选辑》第四章）；（三）李[3]译《辩证法唯物论教程》第六章'唯物辩证法与形式论理学'；（四）河上肇[4]《经济学大纲》的'序说'（已油印发出）。"

9月底 接见陇东分区士绅参观团。在谈到陕甘宁边区人民的负担较重时，毛泽东说："我们老百姓应该将眼光放远大些，今天中国抗战正处在困难阶段，边区建设也处在困难阶段，只要大家协力渡过这一时期，大家生活便可改善，负担也可减轻了。"他希望人民多讲话，多协助政府工作。他讲的"亲爱团结"四个字，给代表团留下深刻的印象。

10月3日 致电刘少奇并告陈毅：中央决定刘少奇来延安一次，并望能参加七大。何时可以动身盼告。

10月6日 出席中共中央书记处工作会议。关于出席参政会问题，会议决定应以积极准备出席的态度，主动提出解决皖南事变的条件与国民党谈判，如国民党不答应任何条件，则我们仍不出席。会议还决定根据文化水平、党龄、工作关系三个条件，将延安高级研究组扩大到二百五十人。

10月7日 晚上，和王稼祥、任弼时同陈绍禹谈话。陈绍

---

〔1〕 毛泽东、王稼祥1941年10月1日确定的选读篇目为70篇。

〔2〕 艾，指艾思奇。

〔3〕 李，指李达。

〔4〕 河上肇，日本经济学家、社会主义活动家。

禹认为现在中央是只要把同中产阶级的关系搞好，而当现在苏联与中国都异常困难的时期，必须同大资产阶级搞好关系。他说，陕甘宁边区施政纲领和《新民主主义论》是只要民族资产阶级，这不好，应同大资产阶级、蒋介石把关系搞好。他认为中央过去的方针是错误的，太“左”了。在此之前，毛泽东曾同陈绍禹进行过两次谈话。

10月8日 出席中共中央书记处工作会议。陈绍禹首先在会上作长篇发言，谈武汉时期的工作和对目前时局及中央的方针政策的看法。他说：《新民主主义论》中，只说二农小资产阶级与民族资产阶级联合的政权，只说要联合中产阶级，没有说要联合大资产阶级；在谈经济政策时，说不要大地主大资产阶级。这是不对的。今天的政权要有大地主大资产阶级参加，新民主主义只是我们的奋斗目标，今天主要是共同打日本。今后阶级斗争需要采用新的方式，使党不站在斗争的前线，而使广大群众出面，党居于仲裁地位。（毛泽东插话：皖南事变后这半年多，国内是最和平的时期，这是一因为日本的政策，二因为我们的政策。）我认为一九三七年十二月会议与六届六中全会的路线是一致的，我的了解不能说一切经过统一战线便是一切经过蒋介石。会上，一些同志对陈绍禹提出了批评意见。毛泽东发言说：王明同志在武汉时期有许多错误，我们等待了他许久，最近我和王明谈过几次，但还没有谈通。昨晚，我与稼祥、弼时同他谈话，他提出许多原则问题。他认为我们过去的方针是错误的，认为我们太“左”了。恰好相反，我们认为他的观点太右了，对大资产阶级让步太多了，只是让步是弄不好的。准备在政治局会议上讨论他提出的政治问题，他提议检查中央的政治路线。关于苏维埃后期的错误问题，停止讨论。希望王明对六中全会以前即武汉时期的错误和对目前政治问题的意见，在政治局会议上说明。王明在武汉时期政治上组织上都有原则的错误，但不是路线的错误。

10月11日 复电刘少奇："来电悉。（一）即来延安，既于目前工作不利，自宜缓期。（二）七大大约还需等半年才开，甚望你能到会，请与陈、姚[1]各同志商，能否在两三个月内帮助他们解决一些问题，两三月后动身来延参加七大，七大后你在延安休养，即在延安指挥华中。（三）依国内外大局看，蒋及国民党不会投降，亦不可能大举'剿共'，华中我军主要是对敌伪分散作战，你来延安指挥华中，似对华中工作不会有大损失，而你的身体得到休养，则有大益。以上请考虑见告。"

10月13日 出席中共中央书记处工作会议。任弼时向会议报告，陈绍禹因病不能出席政治局会议，陈提出以下意见：（一）关于他在武汉时期的工作，同意毛泽东十月八日作的结论。（二）关于他对目前时局的意见，请政治局同志到他住处去谈，以后由政治局进行讨论，他病好后再看记录。毛泽东在会上说：王明生病，关于武汉时期工作只好停止讨论。关于王明在武汉时期工作中的错误，就以十月八日书记处工作会议的意见作为定论。对他说明，他在武汉时期的工作，路线是对的，但个别问题上的错误是有的，我们就是这些意见。如他还有什么意见，等他病好后随时都可以谈。以上意见委托弼时同志向他说明。关于政治局会议讨论苏维埃后期"左"倾机会主义错误的结论问题，我准备在此次政治局会议上只作一个结论草案，提交七中全会。七中全会也只作结论草案，再提交七次大会作成党内的结论。结论的要点是：（一）说明这一时期"左"倾机会主义错误比之立三路线，形态更完备，时期更长久，结果更悲惨。（二）这一错误的时期问题，从一九三二年开始，到一九三四年五中全会时便发展到最

〔1〕 陈、姚，指陈毅、饶漱石。

高峰。（三）我党二十年来的历史问题。五四运动到大革命时期，是唯物辩证法运用比较好的时期，是我党生动活泼时期。一九二七年下半年，是陈独秀右倾机会主义统治时期，其思想是机械唯物论的。立三路线与苏维埃后期是“左”倾机会主义时期，是主观主义与形式主义。四中全会虽在形式上克服了立三路线，但在实际政策上没有执行正确的转变。遵义会议后，又恢复了按辩证法行事，即按实际办事。从抗战四年来，我党的自觉性比五四时期更提高了，更加生动活泼，更能灵活地运用辩证法。（四）这次讨论，要从检讨过去错误中得到经验教训，使全党了解失败为成功之母。要采用治病救人的办法。现在我们党最缺乏的是对于中国实际的调查和研究，今后我们要使马克思主义的普遍真理与中国革命的具体实践统一起来。（五）要进行加强对学习组的领导、对过去被冤屈打击的干部重新作结论等实际工作。会议决定：组织清算过去历史委员会，由毛泽东、王稼祥、任弼时、康生、彭真组成，以毛泽东为首，由王稼祥起草文件；组织审查过去被打击干部的委员会，以陈云为首。

10月15日 和任弼时致电周恩来，请为中央机关等订购书报杂志，除告知为党政军领导机关及学校订购有关的报纸杂志外，还指出：调查研究局需要中外各地各种关于政治的经济的书报，此项工作希望重庆方面有专人负责搜集。是否可以推动中国文化服务社在延安办一分社，请考虑。

10月16日 日本近卫文麿内阁总辞职。十八日，东条英机任首相的内阁正式成立。

10月18日 致电周恩来，征询他对时局的看法。电报说：“本定今天讨论，因材料不足（苏、德战况，日阁动向，英、美动向，重庆动向），须再看几天才有眉目，改于后天（号日）交换意见，请将你的观察见告。依大局看，似乎还不能说对苏对我已经是怎样不利的。但我们应准备不利情况的到来。”

同日　为中共中央书记处起草关于各地应即组织高级学习组的通知，指出：“请即根据中央关于高级学习组的决定，加以考虑，规定各该地参加高级学习组的名单（注明现任职务及党龄）及其组长、副组长、秘书，电告中央，以便指定材料，开始学习（重庆高级学习组已经建立，共二十五人，周恩来为组长，董必武为副组长）。”

同日　关于从苏北、安徽各根据地招收知识青年到延安学习问题，和朱德、王稼祥、叶剑英致电刘少奇、陈毅，指出：“因西安交通被国民党严密封锁，知识分子来源已断，不但抗大三分校教育行将停顿，即军委机关及留守兵团亦得不到知识分子的补充。提议由苏北以至安徽各根据地内招收政治纯洁、体格强健、有中学程度之知识青年六百至一千人来延，不分男女，经你们初步审查之后，即可组织成队，经华北分批送达此间，如有熟练工人及技术人才更好。”

10月20日　出席中共中央政治局会议，会议讨论时局问题。毛泽东在发言中说：最近时局有到转变关头的味道。国民党说不要悲观，实际上有悲观情绪，蒋介石又提三北政策（即日军北进，国民党军北进，八路军新四军北进）。现在我们党员中也有悲观情绪，这种悲观失望是没有根据的。过去我们党的困难莫过于大革命失败后反动时期的游击战争和长征时期，但我们都渡过了，现在我们党有长期斗争历史和新的力量，是能够应付困难的局面的。我们的路线仍须继续过去的方针，坚持团结，要团结就要进行斗争，我们要使国民党既不能投降又不能“剿共”。要保证党的独立性，只在文章中说要独立性是不够的。过去我们有的同志不了解陈独秀右倾机会主义使大革命失败的教训，使共产主义混同于三民主义，使我们失去独立性，这是非常危险的。现在莫斯科危急，但德国的进攻可能已到最高点，决定的关键在今后一二个星期内，一个星期后看形势发展更会明显。日本新内阁（东条英机内阁）应估计为直接准备战争的军人内阁，日本有北进的危险，但尚未与英、美妥协还不敢北进；南下可能性较大，但日本要准备战争，也不会立即南下，目前不会对我国有大的军事行动，但今后仍有大的进攻形势。

同日 关于反对对目前时局的悲观情绪，致电周恩来并告廖承志，指出："东条内阁是一个直接准备战争的军人内阁，它是直接准备战争的，但还不见得马上动兵。其战争趋向有北进危险，但南进的可能性并未丧失。国民党正肯定北进，我们不必与之一致。无论日本北进南进，其对华侵略决不放松，此点我们应加强调。关于德苏战争，莫斯科一线虽尚未脱离被侵略危险，但苏联还是能坚持的，德国的情况并不怎样好，美、英、苏、中的合作必能胜法西斯。当此党内外都生长着悲观情绪之时，我们应坚持正确立场反对这种悲观情绪。"

同日 电告周恩来，根据某些情报，国民党似有转圜之意，望加注意。

同日 为阻击何文鼎师南下，和朱德、王稼祥、叶剑英致电贺龙、周士第并告彭德怀、左权。电报说：原驻桃力民的何文鼎师南下接收现驻安边地区的邓宝珊部新十一旅防务。这一着对边区威胁极大，决抽调王震旅及留守兵团部队（三个步兵团一个骑兵团）归王震、贺晋年[1]指挥，阻止何师南下，一二〇师驻佳县之五团亦归王震指挥。

10月24日 出席中共中央书记处工作会议。会议讨论在职干部学习问题等，决定：延安党与政治工作的高级干部，由中央

〔1〕 贺晋年，当时任八路军留守兵团警备第1团团长。

学习组领导，先学习理论部分；各种专门干部，应将理论学习与自己的实际工作相联系。

10月29日　电告周恩来：国民党政府军委会决定调何文鼎师进驻安边，则安边、盐池将不保，经济来源将断绝，我们决定用武力自卫，请向军委会交涉停止调动，否则引起冲突责在彼方。十一月一日，再致电周恩来：何文鼎如不停止南下，我们决心消灭之，请告蒋介石、刘斐立即制止。如何师不停止南下，我们必须向边区增兵。

同日　出席中共中央政治局会议，会议讨论通过中宣部的业务与半年工作计划，中组部的业务及半年工作计划等。

10月30日　在中共中央西北局高级干部会议上作《思想方法问题》的报告，讲解辩证唯物主义的思想方法，批判教条主义、主观主义。指出：理论、观念、概念、原理、原则，都是从实际中得来的，这叫做唯物论，这是马克思主义起码的一条。理论正确不正确，要拿到实践中去，“实践是真理标准”。只从书本出发，从主观幻想出发，不从实际出发，不顾现实，这就是教条主义、主观主义。一件事情没有一定的条件是做不到的，一切都要从客观实际情况出发。“矛盾和统一，分析和综合，这叫做方法论，也叫做辩证法。”“理论还是要学的，而且要把理论与实践统一起来，不要做书面上的马克思主义者，而是要用马克思主义的立场与方法去分析新的事件，解决新的问题。”

同日　冒雨出席在延安召开的东方各民族反法西斯代表大会，并讲话。他说：我想大会的主要目的就是团结，促进各民族团结，共同打倒法西斯。今后同法西斯斗争还有一个困难时期，还有更大的仗要打，现在只有五六分困难，十分困难还在后面。现在我们有三条统一战线，一条是中国的抗日民族统一战线，一条是东方的ABCD阵线[1]，一条是英、美、苏的联合行动，有这三条统一战线，法西斯一定会打倒的。今天全世界反法西斯需要实际工作，研究问题，加紧学习，甚至多种一点小米都是好的，不要夸夸其谈。

11月1日 和王稼祥向各地高级学习组发出通知，规定各地高级学习组理论部分的研究材料共十件，计有季米特洛夫在共产国际第七次代表大会的报告、结论及闭幕词、《联共（布）党史简明教程》结束语、《共产主义运动中的“左派”幼稚病》、艾思奇译的《新哲学大纲》第八章、李达等译的《辩证法唯物论教程》第六章等。

11月3日 出席中共中央书记处工作会议。关于延安高级学习组问题，会议确定一百三十四人为政治学习组组员；委托任弼时、李富春、胡乔木审定提出参加思想方法学习组的名单；通知各学习组组员，今年十二月底以前读完《共产主义运动中的“左派”幼稚病》、季米特洛夫报告及六大以来文件选集，明年一月进至深入学习阶段。

11月4日 和王稼祥向各地高级学习组发出关于学习内容的通知。通知说：“第一步均以列宁主义的政治理论与我党六大以来的政治实践为中央学习组及各地高级研究组学习研究范围。”“现定在本年内，先将季米特洛夫在国际七次大会报告及列宁《‘左派’幼稚病》二书，与六大以来八十三个文件，通读一遍。这种通读的目的，在于获得初步概念，以便在明春可进到深入研究阶段。”“暂不进行关于思想方法论的研究。”

11月5日 出席中共中央政治局会议。会议讨论即将召开

---

[1] ABCD阵线，即由美国、英国、中国、荷兰4国组成的太平洋抗日联合阵线。1941年春美、英、中、荷在远东建立对日警戒、防卫、协同作战的抗日同盟。ABCD分别代表美、英、中、荷4国。

的陕甘宁边区第二届参议会问题。会议还讨论周恩来电询是否出席国民参政会问题，决定复电周恩来：国民党在放叶挺或发饷二者中做一件，我们即派一参政员出席；如一件不做，则以请假方式不出席，而不公开提出条件表示不出席。

11月6日 出席陕甘宁边区第二届参议会开幕会，发表演说，批评不善于同党外人士合作的狭隘的关门主义和宗派主义作风。他说："中国共产党的主张就是要团结全国一切抗日力量打倒日本帝国主义，要和全国一切抗日的党派、阶级、民族合作，只要不是汉奸，都要联合一致，共同奋斗。""中国社会是一个两头小中间大的社会，无产阶级和地主大资产阶级都只占少数，最广大的人民是农民、城市小资产阶级以及其他的中间阶级。任何政党的政策如果不顾到这些阶级的利益，如果这些阶级的人们不得其所，如果这些阶级的人们没有说话的权利，要想把国事弄好是不可能的。""一部分共产党员，还不善于同党外人士实行民主合作，还保存一种狭隘的关门主义或宗派主义的作风。他们还不明白共产党员有义务同抗日的党外人士合作，无权利排斥这些党外人士的道理。""国事是国家的公事，不是一党一派的私事。因此，共产党员只有对党外人士实行民主合作的义务，而无排斥别人、垄断一切的权利。""只要社会上还有党存在，加入党的人总是少数，党外的人总是多数，所以党员总是要和党外的人合作，现在就应在参议会中好好实行起来。"这篇演说编入《毛泽东选集》。

同日 在出席陕甘宁边区参议会开幕会时，同应邀出席开幕会的国民党联络参谋陈宏谟、周励武、郭亚生谈何文鼎部进攻边区及共产党参政员出席参政会二事。毛泽东表示：（一）何来必打；（二）放人、发饷二事做一，我方即出席参政会，否则我方请假不作别的表示，以示不与国民党为难。陈宏谟等要求陕甘宁边区部队不要打响，他们担保何文鼎不来进攻，并认为共产党对参政会的上述态度是公允的。毛泽东还向他们说："你们不要以为只有共产党困难，可以欺负，须知国民党还有极大困难在后头，我向你们保证，只要国民党抗日，不论国民党有何等危险困难，共产党决不趁火打劫，仍与你们合作的"。

11月7日 在延安发表关于目前时局的广播讲演，指出："目前全世界人类的任务是团结起来反对法西斯，而全中国人民的任务则是团结起来反对日本的进攻。现在这两种团结都有大大加强的必要。""美国应该毫不踌躇地向德国宣战，这是一个绝对不可回避也不应回避的步骤，实现得愈迟就只有让德国炸沉更多的美国船。同时，美国绝不应听信日本的阴谋，与日本订立任何的妥协，美国应和中国及英国一道，以实力制裁日本法西斯。""日本法西斯虽然同时在准备着南进和北进，但是无论他们采取哪一条冒险的道路，西进以求消灭中国是必然的。"但只要全中国真正的团结一致，就能战胜日本的进攻，希望国民党当局为此目的迅速采取各种必要的措置。

11月9日 和林伯渠、吴玉章、陈绍禹、秦邦宪联名电贺冯玉祥六十寿辰。

11月10日 复电周恩来，除告以六日与陈宏谟、周励武、郭亚生谈话的情况外，指出："连日侦察，何文鼎尚在桃力民未动，王震、贺晋年已集中了约六千兵力于三边，有可能吓住何文鼎不来。你处可不再进行交涉，如彼方说减少兵力〔1〕，决不要答应他。至于蒋以破裂吓人，只是瞎吹牛皮，他决不敢的。"

---

〔1〕 周恩来1941年11月9日致电毛泽东、朱德，告以刘斐向他转达的蒋介石的两点意见：一、何文鼎部接防命令已下，不能改变；二、何文鼎部决不进攻陕甘宁边区，如我向他进攻，必变成全面破裂。收回成命不可能，只能将来减少兵力。

同日 出席中共中央书记处工作会议。会议同意毛泽东的提议，这次陕甘宁边区参议会选举边区政府正副主席时，在两个副主席中要有一位非党的进步人士。

11月11日 关于国民参政会秘书长王世杰建议周恩来直接与蒋介石谈判出席参政会的条件问题，起草中共中央书记处致周恩来、董必武电："放叶、发饷，必作一件，方能出席。否则请假。空言不算数。坚持不变。"

11月12日 出席中共中央政治局会议，会议讨论陕甘宁边区财政经济问题。毛泽东发言说：提议组织计划起草委员会，由李富春负责，彭真为顾问，限三天写出边区一九四二年度财政经济计划，交政治局通过。实行半统筹统支，统筹的主要项目是粮食、草料、被服、食盐、药材、纸张六项，从一九四二年一月起实行。一九四二年动员运输公盐十二万驮。会议根据毛泽东的上述意见，通过了相应的决议。

11月13日 出席中共中央和西北中央局招待陕甘宁边区参议员的宴会，《解放日报》的报道说，毛泽东席间同边区诸老"纵话乡土风情，笑谈国际局势，状如家人，一种亲爱精诚之气象，感奋四座"。

11月14日 出席中共中央政治局会议。会议决定：以七参政员名义致函参政会秘书长王世杰，说明因事不能出席本次参政会，特此请假；并电告周恩来、董必武、邓颖超，准备应付各方面可能的压力。会议基本上同意李富春代表计划起草委员会提出的边区明年财政经济计划，并补充要缩减边区政府机关人员至三分之一等意见。

同日 为中共中央政治局起草致周恩来、董必武、邓颖超电："寒午电[1]悉。我们是被聘的参政员，蒋介石决无强迫我们出席之理，我们绝对不能在蒋介石压迫下出席参政会。请以下函即刻送达参政会。国民参政会秘书处王秘书长勋鉴：同人等因事不克出席本次参政会，特此请假，敬希谅察。毛泽东、陈绍禹、林伯渠、吴玉章、秦邦宪、董必武、邓颖超十一月十五日。因事二字请勿漏，并请你们即刻准备对付蒋介石从各方面给予我们的压力。"

11月16日 为中共中央政治局起草致周恩来电，指出：接共产国际来电，主张我们出席参政会。请要王世杰担保放叶、发饷，则在渝两个参政员的请假书可以撤回，并准备出席[2]。十七日，国民参政会第二届第二次会议在重庆召开，董必武、邓颖超出席。

同日 致电周恩来，告以周励武、郭亚生本日从西安来电，说蒋鼎文、朱绍良已呈准蒋介石，何文鼎师缓调。电报指出："三个联络参谋确做了许多有利团结的工作，周、郭到渝时望接待之。"八路军"已切断何师到安边通路，这是彼方决定何师缓调的主因"。

11月17日 出席中共中央政治局会议，会议讨论陕甘宁边区财政经济计划草案。毛泽东发言说：财政经济方针须实行下列两大原则：一、精兵简政，调整人员。裁减的人员须使之各得其所。二、扩大收支，发展事业。扩大必要事业如文化事业等的经费。这次会议确定了精兵简政的方针。

11月21日 出席陕甘宁边区第二届参议会闭幕会并讲话，

---

〔1〕 周恩来1941年11月14（寒）日午时致电毛泽东，转达苏联驻中国大使馆武官崔可夫希望中共参政员出席国民参政会的意见。

〔2〕 周恩来、董必武1941年11月16日致电毛泽东，说张治中、王世杰已担保在国民参政会后释放叶挺，故决定董必武、邓颖超向参政会报到，董一人出席，以便督促其发饷。

说：本届参议会的胜利成功，除通过了很好的决议外，第一是暴露了我们很多东西，暴露了我们的好东西，同时也暴露了我们许多缺点。第二，这次参议会是个很大的学习，在乡、县、边区三级参议会中，党内外人士亲密合作，可以克服我们许多同志的关门主义弱点。最后毛泽东号召共产党员坚决反对主观主义与关门主义的作风，实事求是，与党外人士民主合作。在本届参议会中，米脂县参议会议长、边区参议员、开明绅士李鼎铭等十一人，提出《政府应彻底计划经济，实行精兵简政主义，避免入不敷出的经济紊乱之现象》案。在毛泽东的支持下，经过充分讨论，参议会于十一月十八日通过精兵简政决议。

11月22日 出席中共中央政治局会议。会议讨论通过关于根据地内国民党员加入共产党的决定，关于军队与民兵的武装问题的指示等。

11月25日 审批中共中央书记处关于高级学习组组织条例的规定。次日，为中央书记处起草关于实施高级学习组组织条例的通知，指出："近因各地高级学习组组织或宽或严，未能一致；由中央逐一审查批准，势不可能。特制定高级学习组组织条例，各地收到后，即根据此条例加以审查，决定去取，除组长、副组长、秘书三人须向中央报告其姓名、业务外，其余可只报人数。"

11月30日 致电周恩来：据陈长捷二十六日致朱绍良电称，已令何文鼎师向安边开动。"请质问刘为章所谓何师缓调是否缓兵之计，我军直至今天未放一枪，如何师一定南下则将坚决自卫，一切责任由彼方负之"。

12月1日 出席中共中央政治局会议。会议讨论对何文鼎师进攻安边的对策，决定用一切办法争取何文鼎师不到安边，如何师定要进占安边，我则坚决抗击之。在讨论中央关于延安干部学校的决定草案时，毛泽东说：这个草案很好，但有缺点，只强调研究实际，未说明研究理论的重要，只说要有的放矢，没有强调矢的重要。过去的教育，主要缺点是只教学没有注意教人家去用。最容易的是只教学，最难的是教用。要教会人分析问题，研究中国的生产关系与生产力。如学木匠，要学三年才能用，如果只教规矩、绳墨只要三个钟点就教好了。草案中对马克思主义理论与实际联系的问题没有解决好。对于各种问题要先做分析工作，准备若干年做过分析工作之后再作综合的理论工作。要将这个草案写成两个决议，一个是延安适用的，一个是给全国用的。

12月8日〔1〕 日本海空军突然袭击美国在太平洋的海军基地珍珠港。同日，美国和英国对日宣战，太平洋战争爆发。

同日 出席中共中央政治局会议。会议讨论太平洋战争爆发后的时局，毛泽东提议中央发表一个声明，并须有工作布置。他说：过去情况尚未弄清楚，因莫斯科危险未过去，日苏战争、国共关系也未明朗化。现在已明朗化了。自罗斯托夫胜利开始，苏德战争的好转已确定。日美战争爆发后已解除日苏战争的危险。过去蒋介石估计是三北政策，现在是三南政策了，对蒋不利。日军可能截断滇缅路，使蒋向南。日美战争爆发，对中苏两国有利之处有六点：第一，华北华中日军的“扫荡”势将逐渐减弱，即是说无大举增兵之可能了；第二，国民党对边区的进攻可能会减少；第三，给亲日亲德两派一致命打击，我们使国民党既不投降又不能“剿共”的可能性更大了；第四，中国民主政治的前途也更大了；第五，苏联可从东方抽调一部兵力向西；第六，欧洲有建立第二条战线之可能。将来战争欧洲会短些，东方会长些。日美战争前途，最初对日会有利，战争会延长，将要二三年后英、美准备好才能决战。英、美可能集中力量先打败德国，然后英、

〔1〕 夏威夷当地时间为1941年12月7日。

美力量均向东打败日本。今后将使国民党既不能投降又不能“剿共”，我们的政策要一打一拉，有硬有软。过去有人认为对国民党硬会坏事，这是不对的。当硬时应该硬，使它既不能投降又不能“剿共”，例如打败了阎锡山的旧军，因此阎对我们代表客气。关于工作布置，提议由中央发一指示。要加强南洋华侨工作，廖承志应大胆地在香港与英国建立关系。要加紧训练干部，经华北调一批高级干部来训练，两年内培养出四五万个高级干部。在谈“三三制”时，他说：过去并没有做好，没有使共产党员只占三分之一。“三三制”一是分化大地主大资产阶级，扩大其矛盾；二是打破共产党的关门主义，集中民众的意见，要与非党干部接近才能感觉新的问题。对地主的政策，不要说削弱大地主的话，现在不应削弱。说削弱富农更是错误的，要让富农发展，不能削弱。

12月9日　出席中共中央政治局会议，会议继续讨论太平洋战争爆发后的时局。毛泽东主持修改通过《中国共产党为太平洋战争的宣言》、中央关于太平洋反日统一战线的指示。

同日　中共中央发出《中国共产党为太平洋战争的宣言》。宣言说：“这一太平洋战争，是日本法西斯为了侵略美国、英国及其他各国而发动的非正义的掠夺的战争，而在美国、英国及其他各国起而抵抗的一方面，则是为了保卫独立自由与民主的正义的解放的战争。”“自太平洋战争爆发以后，全世界一切民主国家将无处不受法西斯国家的侵略，同时全世界的一切民主国家也将无处不起而抵抗。全世界一切国家一切民族划分为举行侵略战争的法西斯阵线与举行解放战争的反法西斯阵线，已经最后地明朗化了。”宣言分析了世界法西斯阵线与反法西斯阵线当前的形势及今后的发展，指出“法西斯阵线的最后失败局面与反法西斯阵线的最后胜利局面是已经确定了。中国政府与中国人民应该继续过去五年的光荣战争，坚决站在反法西斯国家方面，动员自己一切力量，为最后打倒日本法西斯而斗争”。同日，中共中央还发出关于太平洋反日统一战线的指示。

12月10日 根据毛泽东对国社党的估计，中共中央发出关于对国社党的策略的指示。指示说：最近国社党张东荪、汤芗铭等在北平向中共提出所谓两党合作抗战纲领，主张经济上以社会主义为原则，采取计划经济，实现农业集体化。这完全是托派的主张，是挑拨中共与地主资产阶级的关系，以孤立我党的阴谋。国社党是一个极端投机取巧的集团，它有时以右的面貌出现，从国民党方面挑拨国共关系；有时以“左”的面貌出现，企图从共产党方面离间国共关系。因此，我们对于国社党应严加警惕，不应与他们签订任何政治文件，但不在报纸上公开反对国社党。

12月12日 致电周恩来，通报十二月八日中共中央政治局会议对太平洋战争爆发后的时局的分析和估计。电报说：“在半年内英、美均非日本之敌，但只要留得新加坡、马尼拉、达尔文〔1〕等二三据点，即可在半年后造成对日相持局面，以待日军之敝，然后举行反攻。”“英、美的总方针可能是对日取守，而对德取攻，先集合英、美、苏力量解决德国，然后集合英、美、苏、中力量解决日本，而两方面苏联都将是决定力量。”“德国目前进入了进退维谷的歧途，但东线既已无路可走，便有迫使希特勒在东线取守势，在南线或西线取攻势的可能，如此则是希特勒自己造成第二条战线，也就有了迫使英、美采取集中主力（英是海陆空主力，美是空军与资源主力）打德之可能性。”

同日 和朱德、王稼祥、谭政、傅钟致电彭德怀、罗瑞卿，指出：估计到敌后各根据地间交通已经很困难，今后更加难于通过，来往费时间，所以要求我们对各根据地的领导方法注意改进。“领导

---

〔1〕 达尔文，这里指的是澳大利亚北部地方首府和港口。

方法之最重要的一个问题，就是利用一切可能进行调查收集材料，对敌后抗战的各个具体问题加以深入研究，得出具体结论”。

12月13日 为中共中央书记处起草致周恩来电，指出：“英大使等既要我们派人去新加坡，正宜利用此机会派人去，请你考虑派必武或其他适当人去的问题。去人目的不但在新加坡并在指导整个南洋工作”。

12月16日 为病中的王观澜题词，谈对待疾病的态度，全文是：“既来之，则安之，自己完全不着急，让体内慢慢生长抵抗力和它作斗争直至最后战而胜之，这是对付慢性病的方法。就是急性病，也只好让医生处治，自己也无所用其着急，因为急是急不好的。对于病，要有坚强的斗争意志，但不要着急。这是我对于病的态度。书之以供王观澜同志参考。”

12月17日 出席中共中央政治局会议。会议通过中共中央《关于太平洋战争爆发后敌后抗日根据地工作的指示》；基本通过中共中央《关于延安干部学校的决定》和中共中央《关于延安在职干部学习的决定》，由毛泽东再加修改后，公开发表。毛泽东在修改中共中央关于延安干部学校的决定时，加写两段话：“关于马列主义的教授与学习，应坚决纠正过去不注重领会其实质而注重了解其形式，不注重应用而注重死读的错误方向。必须用全力使学者由领会马列主义实质到把它具体应用于中国环境。”“本决定适用于延安，但一切基本原则不但适用于延安，同样亦适用于其他地方。”

12月20日 出席中共中央政治局会议，会议讨论陕西国民党区域党的组织问题及陕西省党的工作决定草案。毛泽东发言说：国民党反共后，我们提出荫蔽精干的政策，精干是小而精，荫蔽是要求公开合法，但都做得不好。过去我们荫蔽精干、长期埋伏、积蓄力量、以待时机的方针口号是提出了，但没有具体的组织方法。国民党统治区的工作，主要是秘密问题、公开合法问题与领导方法问题。决定草案认为过去组织不巩固，这种估计不好。过去发展党的组织是对的，不能说庞大无力。我们不可能设想绝对巩固的党，因为世界上没有绝对巩固的东西，而只是我党工作做得好些，能适应社会环境，就会巩固些。党的组织要达到精干的目的，不完全在于党员的社会地位的高低，党的组织只是上层不见得是精的。我们在国民党区域战略上是退却，总方针是保护自己，但在战术上要有进有退。关于领导方式，对下层组织我们应少管，应指示他们要保存力量，少死人，多交友，发挥其独立性和创造性。

12月22日 出席中共中央书记处工作会议。会议决定：在中央书记处之下设立图书室，征集时事材料，供政治局委员讨论政治问题的参考。今年过新年举行团拜、晚会及简单的聚餐，废止请客拜年的旧习。

12月23日 致信续范亭："两示敬悉。电已照发，所见很对。承馈酒蜜，即与若飞分尝。我臂部十愈五六，是洗澡晒太阳之功，再过一时，或可全愈。尊恙有起色，大家欢喜。惟不宜急于求愈，不宜即准备行动，我看你的身体至少再休养一年，以为如何？住地以适为主，中央医院如有房子自好，否则即住现处，有林、谢、高、南〔1〕诸人谈谈可慰寂寞。元旦此间有一小晚会，如有兴致可来看看，我派车子接你。"

12月25日 关于修改《中共中央关于抗日根据地土地政策的指示第一号》草案，致信任弼时："土地指示我改造了，改成能够公开发表的，请你审阅付缮交各同志去看。原文提得不清楚不明确，又有许多重复及遗漏之处，改造后似乎好些。参考意见

〔1〕 林、谢、高、南，指林伯渠、谢觉哉、高岗、南汉宸。

三件亦有些问题，待修改后再交你。”

12月28日　为中共中央书记处、中央军委起草关于太平洋战争爆发后战略方针的指示。指示说：“一九四一年我根据地受了很大损害，应乘一九四二年敌人忙于太平洋对中国采取战略守势之际，集中精力恢复元气，坚决执行中央十二月十三日指示〔1〕，精兵简政，发展经济，发展民运，发展敌占区工作，发展对敌伪的政治攻势，有计划地训练干部，在军事上是粉碎敌人可能的‘扫荡’（任何‘扫荡’必须坚决粉碎之）”。“世界大势及国内大势迫得国民党要作某种政治上的转变，但其过程仍是慢的，我党我军的宣传，务须避免刺激国民党，静观变化，少作批评，极力忍耐，不要躁急。总之明年的中心任务在于积蓄力量，恢复元气，巩固内部，巩固党政军民。对敌伪以政治攻势为主，以游击战争为辅。对国民党以疏通团结为主，以防制其反共为辅。如敌人不攻苏联，我们即取此政策以待敌军之敝。如敌攻苏联或苏联攻敌，我们即有充分精力配合苏军作战”。

12月29日　出席中共中央政治局会议。会议通过毛泽东起草的中共中央、中央军委关于太平洋战争爆发后战略方针的指示；讨论西北中央局对陕西工作的决定，照毛泽东修改过的草案基本通过，并委托毛泽东根据本日讨论的意见再加修改；讨论一九四二年中央预算及中央直属的供给问题，照李富春提出的草案基本通过；同意毛泽东提议，除完成编辑马恩列斯思想方法论一书外，重新编辑中国革命，党的建设，西方革命运动史三本教科书。会议还决定张如心调任毛泽东的读书秘书。

12月30日　和王稼祥致电周恩来：“中共党史的学习请先

---

〔1〕疑有误，似应为1941年12月17日中共中央《关于太平洋战争爆发后敌后抗日根据地工作的指示》。

从讨论《六大以来》的文件入手。”

12月 由毛泽东主持编辑的党内重要秘密文件汇集《六大以来》正式印制。编入的文件，起自一九二八年七月，迄至一九四一年十一月，共五百余件。这是整风运动中高级干部学习党史的主要材料。

冬 为中央党校题词：“实事求是”。

本年 研读苏联哲学家西洛可夫、爱森堡等合著《辩证法唯物论教程》（中译本第四版）一书，写了约一千二百字的批注，大部分写在第六章“唯物辩证法与形式论理学”内。这些批注主要有：“中国主观主义者与张国焘主义者的方法论都是机械论。”“本质的矛盾，或基本矛盾，才是根据。”“书斋中不能发展理论。”“在认识过程，个别决定普遍；在实践过程，普遍决定个别。”“在认识过程，战术决定战略；在实践过程，战略决定战术。”“中国主观主义者的一般是脱离个别的（脱离实际）。”“中国主观主义者有许多折中论，他们不能指出矛盾的指导方面（决定方面）。”“中国主观主义者也带着形式主义性质。”“唯心辩证（黑格尔），唯心形式（德波林及中国德波林派），唯物形式（法国启蒙者、陈独秀），唯物辩证，四者之中，只有最后一种是正确的。”“不注意具体特点，妄把主观构成的东西当作特点（抽象的特点，没有客观实在性的特点），李立三及其后的主观主义者正是如此。”“‘三三制’、新的土地政策、劳动政策、文化政策、知识分子政策、锄奸政策与干部政策，都是新的实践中所发现的诸现象间的新的关联形式。”“中国的斗争如此伟大丰富，却不出理论家！”

本年 写题为《关于一九三一年九月至一九三五年一月期间中央路线的批判》的长篇文章。文章分九个部分，对王明“左”倾路线统治时期中共中央的七个决议和指示、当时一位中央负责人的一篇指导性文章、中共苏区中央局的一个决议，逐篇进行分析和批评。毛泽东批评的这九个文献是：中共中央关于由于工农红军冲破第三次“围剿”及革命危机逐渐成熟而产生的党的紧急任务的决议（一九三一年九月二十日），中共中央关于日本帝国主义强占满洲事变的决议（一九三一年九月二十二日），中共中央为目前时局告同志书（一九三一年十二月十一日），中共中央关于争取革命在一省与数省首先胜利的决议（一九三二年一月九日），中共中央关于一二八事变的决议（一九三二年二月二十六日），中共中央致各级党部的一封信（一九三二年三月三十日），《在争取中国革命在一省几省首先胜利中中国共产党内机会主义的动摇》一文（一九三二年四月四日），中共中央为反对帝国主义进攻苏联瓜分中国给各苏区党部的信（一九三二年四月十四日），中共苏区中央局关于领导和参加反对帝国主义进攻苏联瓜分中国与扩大民族革命战争运动周的决议（一九三二年五月十一日）。

这篇文章，从思想上、政治上、组织上以及策略方面，批判了王明“左”倾路线的主观主义、冒险主义、宗派主义和关门主义。文章通过对王明路线的批判，阐述了马克思主义的认识论。文章说：“所谓对于情况的估计，就是根据我们对于客观地存在着的实际情况，加以调查研究，而后反映于我们脑子中的关于客观情况的内部联系，这种内部联系是独立地存在于人的主观之外而不能由我们随意承认或否认的。”“如果我们还想改变客观情况的话，那就可以根据这种真实地反映了客观情况内部联系的估计，规定行动方针，转过去影响客观情况，把它加以改造。”又说：“‘自由是必然的认识’——这是旧哲学家的命题。‘自由是必然的认识和世界的改造’——这是马克思主义的命题。一个马克思主义者如果不懂得从改造世界中去认识世界，又从认识世界中去改造世界，就不是一个好的马克思主义者。一个中国的马克思主义者，如果不懂得从改造中国中去认识中国，又从认识中国中去改造中国，就不是一个好的中国的马克思主义者。”文章在批评王明路线领导者们的所谓两条战线斗争时说：他们的两条路线斗争是主观主义的，不是根据于客观实际而仅仅根据于主观愿望，对于不合他们胃口的一切人都看作是“机会主义”。他们不知道，两条路线斗争“在马克思主义者看来，就是对于时间与空间中运动着的一定事物的过去与现在的发展状态加以分析与综合，因而可以肯定它的暂时安定性（即该事物的本质及其属性）的一种方法”。他们的两条路线斗争的方法，就是他们的乱斗法，没有可能把对付敌人和对付犯错误的同志加以区别，在党内造成一种乱斗的习惯，不分青红皂白，大事小事，一律都是“最坚决无情的斗争”，造成党内离心离德、惶惶不可终日的局面。

本年 为九月至十月召开的中共中央政治局扩大会议起草书面结论草案，题为《关于四中全会以来中央领导路线问题结论草案》。结论草案对王明“左”倾路线作了这样的概括：“这条路线的性质是‘左’倾机会主义的，而在形态的完备上，在时间的长久上，在结果的严重上，则超过了陈独秀、李立三两次的错误路线。”结论草案分析了王明“左”倾路线在思想上、政治上、军事上、组织上所犯的严重原则错误。思想方面，犯了主观主义与形式主义的错误；政治方面，在形势估计上，在策略任务的提出与实施上，在对中国革命许多根本问题的解决上，都犯了过左的错误；军事方面，犯了从攻打大城市中的军事冒险主义转到第五次反“围剿”中的军事保守主义（同时也包含着拼命主义），最后在长征中转到完全的逃跑主义的错误；组织方面，犯了宗派主义的错误。草案指出：一九三五年一月召开的遵义会议“实际上克服了当作路线的‘左’倾机会主义”，解决了当时最主要的问题——错误的军事路线、错误的领导方式和错误的干部政策，“实质上完成了由一个路线到另一个路线的转变，即是说克服了错误路线，恢复了正确路线”。这个结论草案没有形成正式决议，它的许多重要内容和思想观点，后来被吸收在一九四五年四月二十日中共六届七中全会通过的《关于若干历史问题的决议》中。

1942年　四十九岁

1月7日　和陈云致电周恩来、刘少奇："关于大后方党的工作，中央拟作一决定，特征求二兄意见，请将政治、组织两方面意见见示为盼。"

1月8日　复电周恩来，认为他对国民党五届九中全会[1]的分析甚好，并将分发各方面。复电指出："我们方针是巩固自己，沉机观变"。"今年内德、意会向下，日本还会向上，英、美会削弱，国民党会分化"。

1月9日　接见出席在延安召开的中国青年反法西斯大会的绥德分区代表团，同二十名代表一一握手，询问他们学习和生活的近况。在两小时的座谈中，回答了他们提出的二十多个问题，其中包括太平洋战争没有苏联参加能不能胜利，毛泽东幼时爱看什么书、什么时候知道革命，中共对三青团的态度等。谈话结束后，毛泽东手擎灯烛送代表们出会客室。

1月10日　审改摘要转发的周恩来关于国民党五届九中全会情况的材料，在结尾部分加写一段话："九中全会表现了国民党的极大动摇性，这种动摇，似要待到法西斯失败时才会起变化，那时变好变坏，当依国际国内条件来决定。"

1月12日　出席中共中央书记处工作会议。会议同意张闻

---

〔1〕 国民党五届九中全会于1941年12月15日至23日在重庆召开。

天赴绥德及晋西北考察研究的计划[1]，决定：张闻天出发后，中央宣传部部长职务由何凯丰代理，日常行政工作由李维汉主持，以徐特立为第二副部长。会议还决定：致电周恩来，请他考虑在适当时机要求回延安；致电中原局决定刘少奇回延安。

1月17日 出席中共中央政治局会议。会议通过中央关于处理邮务问题的指示、中央党校教育计划等。

同日 为何凯丰、徐特立、范文澜等编的《文化课本》作序，指出："一个革命干部，必须能看能写，又有丰富的社会常识与自然常识，以为从事工作的基础与学习理论的基础，工作才有做好的希望，理论也才有学好的希望。没有这个基础，就是说不识字，不能看，不能写，其社会常识与自然常识限于直接见闻的范围，这样的人，虽然也能做某些工作，但要做得好是不可能的；虽然也能学到某些革命道理，但要学得好也是不可能的。"

1月20日 审阅一份情况通报，加写三段话，指出："叶军长已被解至重庆，国民党迫令其写悔过书，判断叶不会写，因此释放恐还会拖一时期。""由于我集中兵力于三边[2]并占领蒙边军事据点，迫得重庆取消何文鼎师进驻安边之命令，边区北部暂告平静，我增防队已返原防。""陕甘宁边区自从不但在参议会而且在边区政府实行'三三制'以来，获得各地中间派的广大好评，即国民党对此亦无法挑剔，同时边区内部的阶级关系获得合理调整，一切政令顺利推行，足证认真地彻底地实行'三三制'，实是团结全国人民解决内部困难的最正确最有效的政策。"

---

〔1〕张闻天，当时任中共中央政治局常委、中央书记处书记兼中央宣传部部长。1942年1月26日，他率领农村工作调查团从延安出发，用一年零一个月的时间，在陕北和晋西北作调查，亲自或指导调查组写出了十几份调查报告。

〔2〕指陕甘宁边区的定边、安边、靖边。

1月21日 和朱德致电彭德怀、左权，聂荣臻，贺龙、关向应，指示他们切实侦察日军动向并速报，还指出：日本在满洲放出北进空气，如新加坡不守，日军与希特勒配合进攻苏联的危险是存在的。

同日 为中共中央书记处起草致朱瑞、陈光、罗荣桓并告刘少奇电：中央派刘少奇去山东解决存在的问题，请你们先行准备总结山东工作的一切必要材料。

1月22日 和叶剑英致电周恩来，告知傅作义于去年派骑兵第四师、第五师到八路军大青山根据地武川地区，对我党我军进行破坏工作。指示周恩来先向傅作义在渝办事处提出交涉，要傅将骑四师、骑五师调回绥西，否则在该地须与我大青山支队协同抗敌，勿与我磨擦。

同日 审改关于太平洋战争后沦陷区情况的通报材料。在通报谈到太平洋战争爆发后，日本帝国主义立即占领上海、北平、天津等地租界及其所实行的统治政策处，毛泽东加写以下一段话："总之，极端毒狠的殖民地政策，现已推行于租界，不分阶级，有财即掠，表示了日本法西斯最后挣扎时期的紧张性。"

同日 出席欢迎八路军第三五九旅第七一七团的晚会。在讲话中指出：你们这次在三边，完成了一个重要任务。你们到了那里，顽固分子就不敢来了，你们没有打仗，就赢了一个大胜仗。边区是个好地方，顽固分子可不喜欢这个地方，所以才把你们从前方调回来，有事就打仗，没事就生产和学习。

1月23日 为印发和学习中国共产党红军第四军第九次代表大会的决议，致信谭政、莫文骅〔1〕："将四军九次大会决议多印数千份，发至留守部队及晋西北部队，发至连长为止，每人一

〔1〕 莫文骅，当时任八路军留守兵团政治部主任。

本，并发一通知，叫他们当作课材加以熟读（各级干部均须熟读）。”八路军留守兵团接到毛泽东这一指示后，即大批印发红四军九大决议给各部队，并于四月六日向各部队发出训令，指出：“中国共产党红军第四军第九次代表大会决议案，不仅对当时中国红军的建军上有着很大的意义与决定作用，就是对今天八路军、新四军的建设上，仍然有着伟大的实际意义。”

同日 关于订购书籍报刊，和任弼时、李富春致电周恩来、董必武：一、全国各地日报暂订二份；二、各种书籍刊物，不论普通的专门的，各买三份；三、其他需要的特别书籍，均由中共中央书记处办公厅电告，以兹统一。

1月24日 出席中共中央政治局会议。关于《解放日报》工作，发言指出：社论、新闻、广播三者应并重。重视社论与专论，并出题目分配中央同志写文章，报社要组织写文章的工作。报纸的第三版和第四版应贯穿党的政策，题材应切实，文字应通俗。要组织新闻，在新闻中表现党的路线。中央各部委应组织自己的新闻，要写新闻稿、评论稿。广播比三千份报纸更重要，要成为第一位的工作。党务广播材料，要求中央各部委、西北局每月至少一条。关于中央宣传部的工作，发言指出：中宣部要利用一切宣传工具，熟悉宣传干部，这是宣传指导的中心问题。干部教育，主要是指导与编印课本。延安高级学习组约三百人，认真地教育这三百个高级干部，是政治局与中宣部的责任。国民教育，应研究和指导根据地的国民教育，包括四千万人，还要研究全国的国民教育。中宣部的业务之一是指导文学革命，六中全会指出党八股必须废除，空洞抽象的言论必须纠正，教条主义必须休息。会议根据毛泽东的意见，通过了相应的决议。其中关于中宣部工作的决议，指出中宣部三大工作任务中，宣传指导为第一位，应付以极大的注意力；干部教育为第二位；国民教育为第三位。

1月25日 为《八路军军政杂志》创刊三周年题词："准备反攻"。

1月26日 起草《中宣部宣传要点》，内容是反对党内的主观主义和宗派主义。要点指出："鉴于遵义会议以前，主观主义与宗派主义错误给予党与革命的损失异常之大，鉴于遵义会议以后党的路线虽然是正确的，但在全党内，尤其在某些特殊地区与特殊部门内，主观主义与宗派主义的残余，并没有肃清，或者还很严重地存在着。故在去年内，中央政治局多次地着重地讨论了这个问题，发表了关于增强党性的决定、关于开展调查研究的决定、关于干部学校的决定与关于高级学习组的决定。此外，毛泽东同志根据中央的决定，在陕甘宁边区参议会上发表了反对宗派主义的演说。这些决定及演说，已在全党起了指导的作用，已引起了很多同志的注意，已在具体纠正至今尚存在着的主观主义与宗派主义的残余，这是好的现象，这是一方面的现象。但在另一方面，中央的决定及中央同志的演说，在另外许多同志中，并没有引起深刻的注意。"宣传要点列举了主观主义宗派主义残余在党内存在的种种表现，并指出："凡此主观主义与宗派主义的思想与行动，如不来一个彻底的认真的深刻的斗争，便不能加以克服，便不能争取革命的胜利。而要进行斗争，加以克服，非有一个全党的动员是不会有多大效力的，因此希望全党全军的各级领导机关与各级领导同志对于这个问题加以注意，进行宣传，进行工作。"

1月28日 出席中共中央政治局会议。会议通过《中共中央关于抗日根据地土地政策的决定》和这一决定的三个附件（关于地租及佃权问题，关于债务问题，关于若干特殊土地的处理问题）。决定指出："抗战以来，我党在各抗日根据地实行的土地政策，是抗日民族统一战线的土地政策，也就是一方面减租减息一方面交租交息的土地政策。”“当此抗战进入更加艰苦的时期，要求各根据地更加发动广大群众的抗日与生产的积极性，更加团结一切抗日阶层来坚持敌后的长期斗争。中央在详细研究各地经验之后，特将我党土地政策作一总结的决定。”决定阐述了作为抗日民族统一战线土地政策的出发点的三项基本原则，即：（一）“承认农民（雇农包括在内）是抗日与生产的基本力量。故党的政策是扶助农民，减轻地主的封建剥削，实行减租减息，保证农民的人权、政权〔1〕、地权、财权，借以改善农民的生活，提高农民抗日的与生产的积极性。”（二）“承认地主的大多数是有抗日要求的，一部分开明绅士并是赞成民主改革的。故党的政策仅是扶助农民减轻封建剥削，而不是消灭封建剥削，更不是打击赞成民主改革的开明绅士。故于实行减租减息之后，又须实行交租交息，于保障农民的人权、政权、地权、财权之后，又须保障地主的人权、政权、地权、财权，借以联合地主阶级一致抗日。只是对于绝对坚决不愿改悔的汉奸分子，才采取消灭其封建剥削的政策。”（三）“承认资本主义生产方式是中国现时比较进步的生产方式，而资产阶级，特别是小资产阶级与民族资产阶级，是中国现时比较进步的社会成分与政治力量。富农的生产方式是带有资本主义性质的，富农是农村中的资产阶级，是抗日与生产的一个不可缺少的力量”。故党的政策，不是削弱富农阶级与富农生产，而是在适当地改善工人生活条件之下，奖励富农生产与联合富农，保障富农的人权、政权、地权、财权。对富农的封建剥削部分，也实行减租减息。毛泽东在会上指出：这一决定是第一次公开承认资本主义生产并给予奖励。现在解决土地问题必须保存

〔1〕 此处和下文中的“政权”，指政治权利。

一部分封建性，不使地主跑到敌人方面去。实行这个政策，是破坏敌人统一战线的最好办法。土地政策，研究了好几个月了，是我党以前未曾有过的决定。凡事不要轻易决定，决定只是已经成熟了的事情。

2月1日 在中共中央党校开学典礼上作《整顿学风党风文风》的报告。报告指出："我们的学风还有些不正的地方，我们的党风还有些不正的地方，我们的文风也有些不正的地方。所谓学风有些不正，就是说有主观主义的毛病。所谓党风有些不正，就是说有宗派主义的毛病。所谓文风有些不正，就是说有党八股的毛病。""反对主观主义以整顿学风，反对宗派主义以整顿党风，反对党八股以整顿文风，这就是我们的任务。"关于主观主义，报告指出："我们党内的主观主义有两种：一种是教条主义，一种是经验主义。""但是在这两种主观主义中，现在在我们党内还是教条主义更为危险。""对于马克思主义的理论，要能够精通它、应用它，精通的目的全在于应用。""马克思列宁主义理论和中国革命实际，怎样互相联系呢？拿一句通俗的话来讲，就是'有的放矢'。""马克思列宁主义和中国革命的关系，就是箭和靶的关系。""真正的理论在世界上只有一种，就是从客观实际抽出来又在客观实际中得到了证明的理论，没有任何别的东西可以称得起我们所讲的理论。""我们所要的理论家是什么样的人呢？是要这样的理论家，他们能够依据马克思列宁主义的立场、观点和方法，正确地解释历史中和革命中所发生的实际问题，能够在中国的经济、政治、军事、文化种种问题上给予科学的解释，给予理论的说明。"关于宗派主义，报告指出："由于二十年的锻炼，现在我们党内并没有占统治地位的宗派主义了。但是宗派主义的残余是还存在的，有对党内的宗派主义残余，也有对党外的宗派主义残余。对内的宗派主义倾向产生排内性，妨碍党内的统一和团结；对外的宗派主义倾向产生排外性，妨碍党团结全国人民的事业。”关于党八股，报告指出：“党八股是藏垢纳污的东西，是主观主义和宗派主义的一种表现形式。它是害人的，不利于革命的，我们必须肃清它。”报告最后指出：“我们反对主观主义、宗派主义、党八股，有两条宗旨是必须注意的：第一是‘惩前毖后’，第二是‘治病救人’。”“对待思想上的毛病和政治上的毛病，决不能采用鲁莽的态度，必须采用‘治病救人’的态度，才是正确有效的方法。”这个报告编入《毛泽东选集》时，题为《整顿党的作风》。

同日 复信周文〔1〕：“来信收到，并已转中宣部、解放报〔2〕各同志阅。你的意见〔3〕很对，我们正着手改革，并准备专为此事开一次干部会。”“望你向解放报写些关于此问题的文章，打击党八股与新文言。”

2月2日 出席中共中央书记处工作会议。会议同意毛泽东提出的中央在二、三两个月内研究讨论的十一个重要问题的议程，并通知各地，准备有计划地进行传达与讨论。当天，毛泽东根据会议决定，为中央书记处起草致各地党部及军队负责人的通知。通知说：中央现对若干重要问题正在研究，准备在二、三两个月内作成决定或指示发到各地，以便各地同志对于讨论与传达有所准备。通知所列的重要问题有：土地政策的决定、在职干部教育的决定、反主观主义反宗派主义反党八股的演说、党与非党干部关系的指示、党政军民关系的指示、巩固党的检查、“三三制”的检查，等等。

---

〔1〕 周文，当时任陕甘宁边区政府秘书长。

〔2〕 指延安《解放日报》。

〔3〕 可能是指周文关于改革文风的建议。

2月3日 和朱德复电彭德怀，指出：陕甘宁边区财政经济问题今年可以解决，并在去年打下了基础。今年更有计划地组织了人民的、部队的及机关学校的劳动，生产运动可能向上发展，在不受灾的条件下不需外援。八路军前方拟支援边区的布匹、火柴等，可不必送来。银行较去年为好，边币已稳定，二元二角合一元法币，此间不能禁止法币。

2月4日 出席中共中央政治局会议。会议通过毛泽东修改审定的《中央关于如何执行土地政策决定的指示》。

同日 关于写名人列传事，致电周恩来："（一）黄炎培〔1〕传写得很好，很有用处。（二）望推动研究局收集材料写名人列传，如能对党、政、军、学、财、经、报、教各界深入调查，写一千个名人列传，必有大益。"

2月6日 出席中共中央书记处工作会议。会议通过中央青委提出的《关于根据地各级青委组织与工作暂行条例》和中央妇委提出的《关于根据地各级妇委组织与工作条例》。会议还决定，高级学习组阅读材料时间延长一个月，如已阅读完毕的，增阅列宁的《社会民主党在民主革命中的两种策略》和《二月革命至十月革命》。

2月8日 在中共中央宣传部召集的干部会议上作《反对党八股》的讲演。指出：党八股是主观主义、宗派主义的一种表现形式，打倒党八股，就使主观主义、宗派主义没有藏身的地方。"从历史来看，党八股是对于五四运动的一个反动。""但五四运动本身也是有缺点的。那时的许多领导人物，还没有马克思主义的批判精神，他们使用的方法，一般地还是资产阶级的方法，即

---

〔1〕 黄炎培，1941年3月参与发起成立中国民主政团同盟（后改名为中国民主同盟），被推选为主席，同年8月辞去主席职务。

形式主义的方法。”所以，党八股“也是五四运动的消极因素的继承、继续或发展”。“如果我们今天不反对新八股和新教条主义，则中国人民的思想又将受另一个形式主义的束缚。”演说详细论列了党八股的“八大罪状”，并强调指出：“无产阶级的最尖锐最有效的武器只有一个，那就是严肃的战斗的科学态度。”“要使革命精神获得发展，必须抛弃党八股，采取生动活泼新鲜有力的马克思列宁主义的文风。”这个讲演编入《毛泽东选集》。

2月11日　出席中共中央政治局会议。讨论《解放日报》问题时，发言指出：报纸要以自己国家的事为中心，这正是表现一种党性。现在《解放日报》还没有充分表现我们的党性，主要表现是报纸的最大篇幅都是转载国内外资产阶级通讯社的新闻，散布他们的影响，而对我党政策与群众活动的传播，则非常之少，或者放在不重要的位置。《解放日报》应把主要注意力放在中国抗战、我党活动和根据地建设上面，要反映群众的活动，充实下层消息。过去《红色中华》是以苏区建设为中心，《新华日报》受了限制。提议根本改变《解放日报》现在的办报方针，使它成为贯彻我党政策与反映群众活动的党报。会议同意毛泽东的意见，决定委托秦邦宪根据会议的意见，拟出改革方案，提交中央讨论。在新方案实施前，先进行改良。在讨论《中央关于在职干部教育的决定》时，毛泽东说：过去的在职干部教育存在以下四个缺点，应加以改正。一、没有着重本身业务的学习，今后应以业务教育为中心；二、对政治教育的忽视，今后应注重时事与政策的教育，对下级干部特别要着重当地政治情况及具体政策的教育；三、对文化水平低的工农老干部没有以文化教育为主，今后应强调文化教育；四、无组织无目的地进行理论学习，今后应学习实用的革命理论，真正做到理论与实际联系。并指出，应根据这四点意见，重新起草决定。会议同意毛泽东的意见，决定重新起草决定，提交下一次政治局会议讨论通过。会议同意发出《中央宣传部关于进行反主观主义、反教条主义、反宗派主义、反党八股给各级宣传部的指示》；并决定编印两种研究参考材料：六大以前党的历史文献，六大以来白区工作重要历史文献。

同日 在《中央宣传部关于进行反主观主义、反教条主义、反宗派主义、反党八股给各级宣传部的指示》上批示："很好。发党播。登党的资料。抄给西北局宣传部、总政宣传部。"

2月13日 复电陈毅、刘少奇："少奇返延，须带电台，并带一部分得力武装沿途保卫。"

2月17日 参观延安美协举办的讽刺画展览，对作者华君武、蔡若虹、张谔给以赞扬，并鼓励他们继续努力。〔1〕

2月18日 写庆祝苏联红军二十四周年纪念的文章。文章

〔1〕毛泽东参观讽刺画展览后，有一天邀华君武、蔡若虹、张谔三人谈话。毛泽东说：有一幅画，叫《一九三九年所植的树林》（华君武作）。那是延安的植树吗？我看是清凉山的植树。延安植的树许多地方是长得好的，也有长得不好的。你这幅画，把延安的植树都说成是不好的，这就把局部的东西画成全局的东西，个别的东西画成全体的东西了。漫画是不是也可以画对比画呢？比方植树，一幅画画长得好的，欣欣向荣的，叫人学的；另一幅画画长得不好的，树叶都被啃光的，或者甚至枯死了，叫人不要做的。把两幅画画在一起，或者是左右，或者是上下。这样画，是不是使你们为难呢？华君武说：两幅画对比是可以画的。但是，不是每幅漫画都那样画，都那样画，讽刺就不突出了。有一次桥儿沟发大水，山洪把西瓜地里的西瓜冲到河里，鲁艺有些人下河捞西瓜。但是，他们捞上来后不是交还给种西瓜的农民，而是自己带回去吃了。这样的漫画可不可以画呢？毛泽东说：这样的漫画，在鲁艺内部是可以画的，也可以展出，而且可以画得尖锐一些。如果发表在全国性的报上，那就要慎重，因为影响更大。对人民的缺点不要老是讽刺，对人民要鼓励。对人民的缺点不要冷嘲，不要冷眼旁观，要热讽。鲁迅的杂文集叫《热风》，态度就很好。

指出："当此全世界划分为法西斯和反法西斯两大阵线并进行着最后决战的时候，红军便是人类绝大多数的主要希望所寄。""红军的历史说明了一个无可置辩的真理：只有与人民紧密相联系的武力才是不可战胜的力量。宣扬和学习这个真理，依照这个真理来加强反法西斯的战斗，使反法西斯的胜利快一些到来，这便是全中国人民和全世界人民在庆祝红军二十四周年中的任务。"

2月20日 致电周恩来，指出："我们已定思想、政治、政策、军事、党务五项为政治局业务中心，而以掌握思想为第一项。掌握思想之实施为干部教育，已将党校改组，中央同志实行教课。已公布改造干部学校决定，不知你处收到否？在职干部教育决定日内亦可公布。高级学习组各地均已举办，此是极重要的关键。""财政经济今年亦有办法，边区现实行半统筹统支半自给自足制度，已走上轨道，不怕封锁了"。"总之目前是以整顿内部训练干部为基本中心，抓紧此点以准备应付时局的变化。"本日，毛泽东还将此电发给刘少奇、彭德怀。

同日 在一份情况通报上加写一段话："日本确有准备攻苏讯，且有谓二月底即将发动者。我各地负责人应有精神上之准备，设想到日苏战争发生后的各种情势及我党任务，估计在国民党盼望已久之日苏战争爆发时，彼方很可能对我加强压力，迫我北上，我应准备对付此种局面。但滇缅路不久将断，英、美援华物资必经苏联，国民党亦更困难，对我决裂是不会的。"

同日 为中共中央书记处起草致刘少奇及华中局电，指出："除吕振羽、贺绿汀外，其他高级文化人亦望调抽一批带来延安从事学术研究，他们在苏北游击环境无研究学术可能，不如来延成就较大。""护卫少奇的手枪班须是强有力的，须有得力干部为骨干。"

2月21日 关于中共六届四中全会以来的中央路线问题，和王稼祥复电周恩来，指出："政治局在去年十月间曾详尽检讨了过去路线问题，一致认为四中全会至‘九一八’中央路线基本上是正确的，但有好几个严重原则错误。‘九一八’至遵义会议（共三年又四个月）中央路线是错误的。遵义会议以后中央路线是正确的。结论[1]已写好，尚待七大前周及少奇、德怀回来方能讨论决定，交七大通过，在内部发表（对外不发表）。现在高级学习组中可以讨论过去问题，但不牵涉人的问题。研究宗旨是惩前毖后，治病救人。请加注意。”

同日 和朱德、王稼祥、叶剑英致电彭德怀、左权、滕代远，同意将抗大总校大部分员生拨给第一二九师成立分校，并指出：“从员生中选择可任高级军政教育之教员及可资深造之学生共约二百名左右，由代远率领回延安”。

2月23日 为中共中央书记处起草致陈毅、刘少奇、饶漱石，朱瑞、陈光、罗荣桓等电，指出：“训练干部是当前大事，请你们考虑在不严重减弱斗争力量条件下，从华中及山东军队中地方上抽调一批高级干部来延安进中央党校与抗大总校的问题，如何抽调及抽调多少望电告。并望少奇加以组织。”

2月28日 出席中共中央政治局会议。讨论在职干部教育问题时，发言指出：政治局五大业务中以思想为第一位，要抓住思想首先要以干部教育为主。现在有些干部“习非胜是”，把不正确的东西也习以为是。纠正干部的毛病，要精细，不能粗暴。但必须造成一个风气，要造成一河大水，马克思列宁主义的革命的水，实行思想革命，用马克思列宁主义的水，彻底改革各部门的工作。过去中宣部只想用一两桶水是无法彻底改革的。党校课程要改造。现在党校教中国古代史及西方史，离现实太远。应首

[1] 指毛泽东为中共中央起草的《关于四中全会以来中央领导路线问题结论草案》。

先进行反对主观主义与宗派主义的教育，总课题为党的路线，研究季米特洛夫论干部政策与干部教育政策、列宁《共产主义运动中的“左派”幼稚病》和《六大以来》。会议照毛泽东起草的第三次草案修改通过《中共中央关于在职干部教育的决定》。会议还通过关于党校组织及教育方针的新决定，确定“今后党校直属中央书记处，其政治指导由毛泽东同志负责，组织指导由任弼时同志负责。其日常工作由邓发、彭真、林彪三同志组织管理委员会管理之”。毛泽东还在会上指出，中央关于增强党性的决定主要是解决个人与党的关系、局部与全体的关系，现在反对宗派主义是党性决定的发展。

3月2日 出席中共中央白区工作总结委员会的会议，在会上谈了党的创立至第六次代表大会以来的简单经过，指出：中国有两个教条，一是旧教条，一是洋教条，都是思想上的奴隶。五四运动打破了旧教条的奴役，是一个重大的启蒙运动。大革命失败后，我们党犯了洋教条的毛病，现在开展反主观主义、宗派主义和党八股的整风运动，同样是一个重大的启蒙运动，许多干部中毒很深，需要做启蒙工作。

同日 致信谢觉哉。信中说：“县参议会的确宜改选，不必做成全边区普遍改选运动，而在今年秋收后先择若干县改选，其余则待明春，以便一县一县地指导改选工作，造成真正‘三三制’的。”“林老宜即休养两三个月，劝他不要急工作，要有放得开不怕塌台的精神，请告他下决心，不可大意。你亦宜带半休养性质，只抓大者要者，小而次者出入可也，保存精力长期斗争为上策”。

3月4日 和朱德、王稼祥写信慰问八路军留守兵团、陕甘宁边区保安部队。信中说：“四年以来，你们留守边区，是有很大成绩的。”“现在已经冰解河开，春天来临，这是我们走上新的一年的开始。”我们要准备反攻，在今后两三年内要打败日本帝国主义，还要加倍努力开展生产运动等。“完成这些任务，必须要依靠我们全体更加百倍的团结和发扬忍苦耐劳、永不疲倦的战斗意志。我们应当在上下级间，在指挥员与战士间，在全体人员相互间，认真加强团结友爱、互相照顾的关系，克服其间的任何冷酷、无情、不知友爱和隔阂与不团结现象，在这种钢铁般的团结与艰苦奋斗的努力下面，便没有什么困难不能克服，没有什么障碍不能战胜，没有什么任务是不能完成的。”

3月8日　《解放日报》发表毛泽东的题词："深入群众，不尚空谈"。

3月9日　参加三月六日凌晨在延安中央医院病逝的中共中央职工委员会副书记张浩（林育英）的葬礼，为张浩守灵、执绋、抬棺和给墓穴奠土。

3月10日　出席中共中央书记处工作会议。会议讨论中央宣传部关于讨论毛泽东整顿三风报告及中央关于增强党性的决定、调查研究的决定的通知稿。会议决定，先讨论这三个文件，了解这些文件的精神与实质，然后再进一步检查各部门的工作。

3月11日　出席中共中央政治局会议，会议讨论秦邦宪提出的改造《解放日报》草案。毛泽东发言说：我党现有八十万党员，五十万军队，但党报是弄得不好的。我们自去年七月起已开始改造党的工作，但党报尚未实现彻底的改造。今年中央要抓住党校、党报、中宣部这三个重要部门的工作。党报是集体的宣传者与组织者，对党内党外影响极大，是最尖锐的武器。要达到改造党的目的，必须首先改造党报的工作。报社的同志要了解经过党报来改造党的方针，现在报社的同志没有了解这个方针。报纸必须地方化，要反映地方情形。党报要反映群众，执行党的政策。党性是一种科学，是阶级性的彻底表现，是代表党的利益的，无论什么消息都要想想是否对党有利益。党报要允许同情者作善意的批评。毛泽东还提出发一个关于党报工作的指示、报社的同志要学习写分析文章、调一些好干部到报社工作等意见。

3月12日　和朱德复电彭德怀，就阎锡山部梁培璜六十一军配合日军“扫荡”八路军太岳区，摧毁抗日根据地的严重事件，指示彭德怀：“六十一军横行，势必还击，但目前不宜组织大规模的战事，致招决裂，而应组织若干突击队坚决打击其个别出犯部队，以警戒其行动，以后再观其态度，决定对策。”次日，和朱德致电八路军驻山西办事处处长王世英：请向阎锡山交涉，要求阎令六十一军撤回原防区，制止杀人掠地行动，以固团结。

3月14日　致电周恩来，指出：张申府纪念《新华日报》的文章〔1〕表示对我党满腔热情，已在《解放日报》转载。“他对于把党报变为容许一切反法西斯的人说话的地方这一点是很对的，新华、解放都应实行。关于改进《解放日报》已有讨论，使之增强党性与反映群众，《新华日报》亦宜有所改进。”

同日　出席中共中央书记处工作会议，会议讨论改善中央直属干部的生活等问题。

3月18日　出席中共中央书记处工作会议。会议决定中央学习组与白区工作总结委员会共同开始研究中共党史，按大革命、苏维埃、抗战三大时期进行，一面请现在延安的每个时期党的负责人报告当时情况，一面从各方面收集党史资料，并首先编印一本适合中级干部阅读的党史文件选集。

3月19日　出席中共中央政治局扩大会议，会议讨论经毛泽东大量改写的《中共中央关于共产党员与党外人员关系的决定

---

〔1〕指国民参政员张申府写的《新华，新华，我看着你生长，长大——〈新华日报〉创刊四周年纪念祝辞》，《新华日报》1942年1月11日发表。同年3月9日《解放日报》转载了这篇文章。

（草案）》。毛泽东在发言中指出：我党在过去三个时期中，大革命时期更生动活泼，十年内战时期犯了教条主义，党内党外都是一切打倒，造成自己孤立，直到现在坏的传统仍然存在。我党必须实行公开的自我批评，不怕家丑外扬，隐瞒是不能教育党员的。今后凡重要问题，都要召集大的会议，征求同志们的意见。中央要听同志们的意见，党要听党外人士的意见。党员只是百分之一，我们要听百分之九十九人士的意见。共产党的作用，就是要集中人民的意见，作出决议，并坚持下去。将原料加以制造成为精制品，即是决定政策，造成作风。我党没有人民，便等于鱼没有水，便没有生存的必要条件。我们没有排斥党外人士的权利，只有与党外人士合作的义务。必须规定许多办法来实现党与非党人士合作，实行“三三制”也是具体的办法。

3月21日 致电刘少奇：“必须路上有安全保障才能启程”。

3月22日 出席陕甘宁边区参议会、边区政府、八路军留守兵团和中共中央西北局举行的干部晚会，欢迎伤愈从苏联回国的八路军第一一五师师长林彪、从晋西北因公返延的第一二〇师师长贺龙、从绥米警备区归来的边区政府副主席李鼎铭等，并观看平剧《四郎探母》。

3月23日 在延安举行的高级技术干部季会上讲话，强调技术建设的重要性，对不统一不合理的现象必须立即纠正。指出季会所提出的建议〔1〕，是与目前中共中央号召的反主观主义、

〔1〕 这次季会在1942年3月22日一致通过向中共中央、陕甘宁边区政府提出7项建议，主要内容是：（一）设立全边区的生产建设委员会；（二）设立全边区的卫生管理委员会；（三）组织各种科学研究团体；（四）实行精兵简政；（五）在可能的条件下建设工业学校；（六）在现有条件下尽可能地改良技术干部与工人的待遇；（七）每年分春夏秋冬召开四次季会。

反宗派主义、反党八股的精神是一致的，并赞扬了专家们敢做敢讲的精神。

3月24日 和朱德、王稼祥、叶剑英致电彭德怀、左权等："敌攻乡宁、吉县甚急，阎正坚决抵抗，要求我们援助。望令我军及时予以必要援助，以争取晋绥军之抗战，是为至要。"

同日 和任弼时致电周恩来、董必武：中央正在编印中共党史资料选录，请用一切方法找到下列各文件邮寄或送延安：（一）汪陈〔1〕联合宣言。（二）彭述之著《中国革命根本问题》。（三）瞿秋白著《中国革命中之争论问题》。（四）五次大会决议。

3月27日 出席中共中央书记处工作会议。会议讨论中央学习组新的学习计划，决定通读《六大以来》一书的计划告一段落，从下周起开始研究中共党史与中国革命史，首先请毛泽东报告中共发展三个时期的轮廓。会议还决定：本年内首先注重党的路线的学习，然后再进行各种专门业务的精研。各种学习研究方法，都须采用"古今中外法"，即研究问题须收集当前的与历史的、中国的与外国的各种材料、论著，加以分析与综合。

3月30日 在中央学习组作《如何研究中共党史》的报告。他说：把党的路线政策的历史发展搞清楚，"这对研究今天的路线政策，加强党内教育，推进各方面的工作，都是必要的"。"这个工作我们过去没有做过，现在正在开始做。""我们是用整个党的发展过程做我们研究的对象。""按照历史发展的顺序，我们党的历史，我觉得可以分为这样三个阶段：大革命时期是第一个阶段；内战时期是第二个阶段；抗日时期是第三个阶段。""中共党史分成这三个阶段，就斗争目标、打击对象、党的政治路线讲，都合乎事实，都说得通。""根本的方法马、恩、列、斯已经讲过

〔1〕 汪陈，指汪精卫、陈独秀。

了，就是全面的历史的方法”。“通俗地讲，我想把它叫作‘古今中外法’”。“所谓‘古今’就是历史的发展，所谓‘中外’就是中国和外国，就是己方和彼方”。“研究中国党史，应该以中国做中心”，“不研究中国的特点，而去搬外国的东西，就不能解决中国的问题”。“我们要把马、恩、列、斯的方法用到中国来，在中国创造出一些新的东西”。“研究党史上的错误，不应该只恨几个人，如果只恨几个人，那就是把历史看成是少数人创造的”。

3月31日 和秦邦宪在杨家岭中共中央书记处办公厅召集延安各部门负责人和作家共七十多人开座谈会，讨论《解放日报》改版问题。毛泽东讲话指出：“利用《解放日报》，应当是各机关经常的业务之一。经过报纸把一个部门的经验传播出去，就可推动其他部门工作的改造。我们今天来整顿三风，必须要好好利用报纸。”他批评在整顿三风的讨论中出现的绝对平均的观点和冷嘲暗箭的作法，指出：“近来颇有些人要求绝对平均，但这是一种幻想，不能实现的。”“小资产阶级的空想社会主义思想，我们应该拒绝。”“批评应该是严正的、尖锐的，但又应该是诚恳的、坦白的、与人为善的。只有这种态度，才对团结有利。冷嘲暗箭，则是一种销蚀剂，是对团结不利的。”

4月1日 《解放日报》改版，发表社论《致读者》，宣布从今天起报纸的版面加以彻底的改革，“要使《解放日报》能够成为真正战斗的党的机关报”。

4月2日 出席中共中央政治局会议，会议讨论关于在延安讨论中央决定〔1〕及毛泽东同志整顿三风报告的方法。毛泽东发言指出：讨论整顿三风报告与检查工作，开展自我批评，要有计

---

〔1〕 指1941年7月1日《中共中央关于增强党性的决定》和8月1日《中共中央关于调查研究的决定》等。

划有领导地进行，不应放任。思想斗争的火力，不是只对着老干部，而应对着新老干部双方的毛病，使新老干部相互批评之后，更进一步地相互了解与团结。态度一定要好，态度不好，就会引起人家不满意。不要暗箭，不要冷嘲，热骂还好，冷嘲就不好，因为它会搞得疑神疑鬼。这种空气不要在共产党里面增长，它不利于大家，它使党不团结，使党分裂。不要暗箭，应该是采取积极的态度上下夹攻。我们的目的，是惩前毖后，治病救人。在机关学校里面要开展民主，但还须有领导，使这个运动发展到正确的方向去。对于我们各部门的工作，这一次要来一个彻底的检查。会议决定：在《解放日报》上设批评与建议栏，用严正态度开展正确的批评，纠正无的放矢与无原则的攻击毁谤的态度；《中共中央关于共产党员与党外人员关系的决定（草案）》，由于涉及方面甚广，暂不发表。

4月3日　出席中共中央书记处工作会议。会议通过经毛泽东修改的《中央宣传部关于在延安讨论中央决定及毛泽东同志整顿三风报告的决定》。会议同意毛泽东的提议，延安进行讨论整顿三风与检查工作的各系统，由以下一些人分工负责领导：中央直属系统由康生、李富春负责，军委直属系统由王稼祥、陈云负责，中央党校由毛泽东负责，各学校（军事学校除外）由何凯丰负责，陕甘宁边区系统由任弼时、高岗负责。

4月4日　《解放日报》发表毛泽东为儿童的题词："儿童们团结起来，学习做新中国的新主人"。

同日　致信萧军："来信及附件收读，并转给几个同志看去了，感谢你的好意。"当时，萧军受毛泽东的委托，陆续将收集到的文艺界情况材料送给毛泽东。

4月初　一天晚上，到中央研究院用马灯和火把照明看《矢与的》墙报。从三月二十三日起，《矢与的》的最初三期连续发表了王实味的三篇文章[1]。毛泽东看后说：思想斗争有了目标了，这也是有的放矢嘛！

4月7日 写信约萧军在当天下午或晚上来谈，萧军应约而来。他们接连两天谈了有关党的文艺方针政策等问题。[2]

4月9日 复信欧阳山[3]："来信收到。拟面谈一次，如同意，请于今日惠临一叙，并盼与草明[4]同志偕来。"当天欧阳山与草明应约而来，毛泽东同他们谈了关于党的文艺方针等问题。十三日，再致信欧阳山、草明："前日我们所谈关于文艺方针诸问题，拟请代我搜集反面的意见，如有所得，祈随时赐示为盼！"

4月10日 出席中共中央书记处工作会议。会议同意毛泽东的提议，准备以毛泽东、秦邦宪、何凯丰的名义召集延安文艺界座谈会，拟就作家立场、文艺政策、文体与作风、文艺对象、文艺题材等问题交换意见。

4月11日 出席中共中央政治局会议，在会上作关于目前时局问题的发言。他说：中国局面恩来估计正确。蒋介石的政策是外宽内紧，积极准备太平洋战争后的行动，现蒋经国[5]已到

---

〔1〕 王实味，当时任延安中央研究院文艺研究室研究员。他在《矢与的》墙报上发表的3篇文章是：《我对罗迈同志在整风检工动员大会上发言的批评》、《零感两则》、《答李宇超、梅洛两同志》。此外，王实味还在《谷雨》杂志上发表《政治家与艺术家》，在《解放日报》上发表《野百合花》等文章。这些文章鼓吹绝对平均主义，以错误的方法批评党的领导干部及当时延安存在的某些问题。

〔2〕 这一时期，毛泽东还曾同作家艾青谈有关文艺方针政策等问题，并请他代为收集反面的意见。

〔3〕 欧阳山，作家。当时任延安中央研究院文艺研究室主任。

〔4〕 草明，作家。当时是欧阳山的妻子。

〔5〕 蒋经国，蒋介石的儿子。当时任三青团中央干事会干事、国民党江西省政府第4行政督察专员兼保安司令。

西北。蒋介石对我们现已组织政治攻势与军事攻势，我们准备对付蒋的进攻。今后两年将是最困难的时期。会议同意毛泽东的提议，下星期一他在中央学习组讲时局问题。

4月13日 根据十一日中共中央政治局会议的决定，在中央学习组作关于时局的报告。报告指出：去年冬季国际形势有两件大事，一件是苏联在反法西斯战争中取得了主动权；再一件就是爆发了太平洋战争，美国参战。日本反苏战争爆发的可能性大。如果日苏战争爆发，国民党有可能发动第三次反共高潮，他们布置很久了。今明两年是我党最困难的两年，我们准备在这两年中间地方缩小，人口减少，军队缩小，党员减少，财政经济缩小。我们的困难有两种，一种是反共高潮的困难，另一种是我们自己的经济困难。今天的困难，是黎明之前的黑暗，是胜利前夜的困难。在没有反共高潮时，要工作照常，加强干部教育。反共高潮来了，要应付反共高潮，但也不放弃教育。我们的干部在现在的状态下，是相当狭窄的，如不提高一步，就不能掌握将来的新的局面，所以为了将来要加强教育，为了现在也必须加强教育。再就是精兵简政，精兵简政是为了克服困难。中央指定了一个裁总委员会，要考虑如何达到精兵简政之目的，如何各得其所，还要同检查工作结合起来。

同日 分别致信萧军，欧阳山和草明，舒群〔1〕，要他们代为搜集文艺界的反面意见。

4月17日 出席中共中央政治局会议。会议通过毛泽东为中央书记处起草的关于准备应付国民党第三次反共高潮的通知。毛泽东就延安的学习与检查工作问题发言，指出：（一）在学习与检查工作中，要对干部的思想与组织观念（即言行）进行审查

〔1〕 舒群，当时任《解放日报》文艺专栏主编。

与鉴定工作。对各机关学校中的积极分子与落后分子不要平均看待，要使积极分子起模范作用。（二）在检查工作与审查干部中发现反革命分子，应加以清除，以巩固组织。这次高级组学习计划的改变，由研究历史到注意十八个文件的学习，到现在审查干部，是很有益处，很有必要的。现在先研究现实的文件二十二件，研究党的历史的学习计划暂停一个时期。在整风运动中，表现有老三风不正与新三风不正，现在须要纠正平均主义、极端民主主义等。

同日 复信欧阳山、草明："如果你们在搜集材料，那很好，正反两面都盼搜集，最好能给我一个简明的说明书"。

4月19日 为中共中央书记处起草致陈毅电：关于韩德勤的军力与地区，"以能维持韩生存又对我无危害为原则。因此，地区可划给一个适当的立足地"。

4月20日 在中央学习组作关于整顿三风的报告。报告指出：今年明年是最困难的两年，所以要加强内部教育。为了迎接新的光明的世界，也要加强教育。在我们党的历史上，全面的、全党范围的、经过中央领导的对整个干部进行的内部教育，过去还很少。从去年七月中央关于增强党性的决定开始，我们才全体地从上而下地一致地注意了这个问题，这个意义非常之大。在延安所进行的教育、学习，是有全国意义的。现在中央已经下了决心反对主观主义，反对宗派主义，反对党八股，改变我们的学风、党风、文风。要搞彻底，来一个彻底的思想转变。这个转变已经准备很久了，从遵义会议以来就在准备，特别是去年七月党性决定颁布以后，到今年四月已经有十个月了，已经作了很多准备工作。这次整顿三风，一定要搞彻底，一点偏风也不让有。每个同志必须明白，这次整顿三风，中心在自己身上。要反复研究自己的思想、自己的历史、自己现在的工作，把它反省一下。都要写笔记，首先首长要写，班长、小组长都要写。中央领导同志分工对各系统进行领导。这次整风学习搞得好不好，对目前，对将来，对领导整个革命，关系很大。

4月21日 复电周恩来："一百零九条〔1〕已收到，中央已根据你的材料及估计发了准备应付第三次反共高潮的指示，同时将你的材料通知远方〔2〕及各地干部，并在延安干部中作报告。日苏战争时机当在五月至八月内，在爆发前我们一面准备应付反共高潮，同时继续抓紧党内教育，以整顿学风党风文风为中心，认真进行改造作风巩固内部的工作，这无论是为着应付目前困难与迎接将来光明都是必要的。"

4月24日 出席中共中央书记处工作会议。会议同意毛泽东的提议：在学习与检查工作时期内，编辑"学习"专刊〔3〕，在《解放日报》第四版上发表，每三日出刊一次，组织陆定一为主任的编辑委员会。会议还讨论周恩来电询中央对出席下届国民参政会的态度问题，决定复电周恩来，在目前情况下我们似不宜拒绝出席参政会。

4月27日 致信萧军："准备本星期六开会〔4〕，请你稍等一下出发？开完你就可走了。会前我还想同你谈一下，不知你有暇否？我派马来接你。月报〔5〕1—14期收到，谢谢你！"

---

〔1〕 周恩来1942年4月18日致电毛泽东和中共中央书记处，分析了当前时局的危机，列举了3个月来的反共事件109项，指出蒋介石国民党有发动第三次反共高潮的可能。

〔2〕 远方，指苏联和共产国际。

〔3〕《解放日报》1942年5月13日开辟"学习"专刊，至1943年1月16日一共刊载24期。

〔4〕 指1942年5月2日开始的延安文艺座谈会。

〔5〕 指《文艺月报》。

同日 和何凯丰发出邀请一百多位文艺工作者和有关负责人参加文艺座谈会的请柬："为着交换对于目前文艺运动各方面问题的意见起见，特定于五月二日下午一时半在杨家岭办公厅楼下会议室内开座谈会，敬希届时出席为盼。"

4月下旬 一天，邀请鲁艺文学系和戏剧系的几位党员教师何其芳、严文井、周立波、曹葆华、姚时晓等到杨家岭谈话。毛泽东一见面就问：你们是主张歌颂光明的吧？听说你们有委屈情绪。一个人没有受过十年八年委屈，就是教育没有受够。又说：知识分子到延安以前，按照小资产阶级的幻想把延安想得一切都很好。延安主要是好的，但也有缺点。这样的人到了延安，看见了缺点，看见了不符合他们的幻想的地方，就对延安不满，就发牢骚。在回答是喜欢李白还是喜欢杜甫的问题时，毛泽东说：我喜欢李白，但李白有道士气。杜甫是站在小地主的立场。在谈到《聊斋志异》时，毛泽东说：《聊斋志异》可以当作清朝的史料看，其中一篇叫作《席方平》的，就可以作为史料。《聊斋志异》是反对八股文的。有人问：现在反映抗日战争的作品感人的比较少，是不是由于生活要经过沉淀，经过一段时间的隔离，然后才能够写成很好的作品？毛泽东说：写当前的斗争也可以写得很好，四月六日《解放日报》上一篇黄钢的作品《雨》，写得很好，就是写当前敌后抗日战争的。

5月2日 出席延安文艺工作者座谈会，发表讲话。他说："今天邀集大家来开座谈会，目的是要和大家交换意见，研究文艺工作和一般革命工作的关系，求得革命文艺的正确发展，求得革命文艺对其他革命工作的更好的协助，借以打倒我们民族的敌人，完成民族解放的任务。""在我们为中国人民解放的斗争中，有各种的战线，就中也可以说有文武两个战线，这就是文化战线和军事战线。我们要战胜敌人，首先要依靠手里拿枪的军队，但是仅仅有这种军队是不够的，我们还要有文化的军队，这是团结自己、战胜敌人必不可少的一支军队。”“我们今天开会，就是要使文艺很好地成为整个革命机器的一个组成部分，作为团结人民、教育人民、打击敌人、消灭敌人的有力的武器，帮助人民同心同德地和敌人作斗争。为了这个目的，有些什么问题应该解决的呢？我以为有这样一些问题，即文艺工作者的立场问题，态度问题，工作对象问题，工作问题和学习问题。”关于立场问题，毛泽东指出：“我们是站在无产阶级的和人民大众的立场。”关于态度问题，指出：歌颂和暴露两种态度都是需要的，问题是在对什么人。对于敌人，应当暴露他们的残暴和欺骗，指出他们必然要失败的趋势。对于人民群众、人民的军队、人民的政党，则应当赞扬，使他们团结、进步、同心同德、向前奋斗。关于工作对象问题和工作问题，指出：工作对象问题就是文艺作品给谁看的问题。“文艺作品在根据地的接受者，是工农兵以及革命的干部”。这“就发生一个了解他们熟悉他们的问题”。要了解和熟悉各种人，了解和熟悉各种事情，就需要做很多的工作。“我们知识分子出身的文艺工作者，要使自己的作品为群众所欢迎，就得把自己的思想感情来一个变化，来一番改造”。关于学习问题，指出：“我的意思是说学习马克思列宁主义和学习社会”。“文艺工作者应该学习文艺创作，这是对的，但是马克思列宁主义是一切革命者都应该学习的科学，文艺工作者不能是例外”。文艺工作者还要学习社会。只有这样，“我们的文艺才能有丰富的内容和正确的方向”。这个讲话和五月二十三日作的结论合为一篇编入《毛泽东选集》，题为《在延安文艺座谈会上的讲话》。

5月3日 出席中共中央政治局会议。会议同意毛泽东的提议，为准备应付突然事变，加强陕甘宁边区与晋西北的防务，统一军事指挥，决定组织陕甘宁晋绥联防军司令部，以贺龙为司令员，关向应为政治委员。并决定晋西北成立中央分局，关向应为书记，林枫为副书记，分局直属中央指导。会议还决定成立后方工作委员会，叶剑英为主任，叶季壮等为委员。十三日，中央军委发出成立陕甘宁晋绥联防军司令部的指示，规定联防军司令部直辖下列各部队：第一二〇师、留守兵团、晋西北新军、第三五九旅、陕甘宁边区保安部队、炮兵团。

5月7日 复电周恩来：我们正从军事、财政各方面准备对敢于进攻者施以痛击，已组成联防军司令部，统筹晋西北与陕甘宁边区两处军事。

5月12日 在《解放日报》“护士节专刊”上发表题词：“尊重护士，爱护护士”。

同日 和任弼时、王稼祥会见十一日到达延安的共产国际驻延安联络员兼苏联塔斯社随军记者彼得·弗拉基米洛夫（中文名字叫孙平）。

5月14日 致电张闻天〔1〕：“（一）贺、林〔2〕带来的信及五月一日的信均收到，后一信对我们很有益处，请继续写。（二）现在延安展开了广大的学习运动，三个月后各机关学校检查工作”。

同日 致信续范亭：“你三月间的漫谈，到今日才复你，可见我的不对。我把你的漫谈当作修省录，但不同意你的夸赞，因为夸得过高过实了。因此我也不把这漫谈退还你，目的是使你不能发表，我觉得发表不好，如你尚有副本，也务请不要发表，就你的地位说，发表也有妨碍的。不自高，努力以赴，时病未能，

---

〔1〕 这时张闻天率调查团在晋西北进行社会调查。

〔2〕 贺、林，指贺龙、林枫。

你的诗[1]做了座右铭。”

5月16日 出席延安文艺座谈会第二次全体会议，听取与会者对文艺问题发表的各种意见。

5月19日 起草朱德致胡宗南电：“据报贵部正在积极动员进攻边区，采取袭击办法，一举夺取延安，此种军事行动归陶峙岳[2]指挥，总兵力为五个军等语。事属骇人听闻，大敌当前，岂堪有此，敢电奉询，即祈示复。”

5月21日 出席中共中央政治局会议，会议讨论目前时局、整风学习、文艺座谈会等问题。关于时局问题，毛泽东发言说：国民党企图发动进攻边区的反共战争计划，由于日军尚未发动反苏战争而进攻云南、浙江以及国民党内部问题的严重，有暂时延缓的趋向，但我们仍应根据精兵简政、迁移多余资材、不误整风学习、不误农民生产等原则，进行必要的战争准备工作。关于整风学习问题，会议认为，延安整风学习运动的热潮已经发动起来，中央必须加强领导。会议决定：（一）延长学习时间，机关由四月二十日起延长到九月二十日共五个月，学校由四月二十日起延长到八月二十日共四个月。（二）成立中央总学习委员会，由毛泽东负总责，康生副之。（三）健全各单位的学习组织与领导。（四）改进学习方法。关于延安文艺座谈会的结论问题，毛泽东说：延安文艺界中小资产阶级自由主义浓厚。现在很多作品描写的是小资产阶级，对小资产阶级同情。鲁迅的《阿Q正传》是同情工农的，与延安文艺界不同。必须整顿文风，必须达到文

---

〔1〕 续范亭1942年作《赠毛主席》诗：“领袖群伦不自高，静如处子动英豪。先生品质难为喻，万古云霄一羽毛。”

〔2〕 陶峙岳，当时任国民党军第一战区政治部主任、第34集团军副司令、陕西民众动员指挥部参谋长。

艺与群众结合。要注意普及与提高，并以普及为基本的。同时，注意吸收外国的东西。会议同意毛泽东指出的延安文艺界中存在着的偏向，党的文艺政策的基本方针是为群众和如何为群众的问题。会议决定，今后中央宣传部、中央组织部要根据毛泽东在延安文艺座谈会所作的结论，经常有计划地召集文艺界的党员开会，加强党对文艺界整风运动的领导。

5月23日 出席延安文艺座谈会最后一次会议。在朱德讲话后，毛泽东作结论，讲了文艺运动中的一些根本方向问题，基本上是一个为群众的问题和一个如何为群众的问题。首先，讲党领导的文艺是为什么人的问题，他说："为什么人的问题，是一个根本的问题，原则的问题。""我们的文学艺术都是为人民大众的，首先是为工农兵的，为工农兵而创作，为工农兵所利用的。"目前还存在某种程度的轻视工农兵、脱离群众的倾向。我们的文艺工作者"一定要把立足点移过来，一定要在深入工农兵群众、深入实际斗争的过程中，在学习马克思主义和学习社会的过程中，逐渐地移过来，移到工农兵这方面来，移到无产阶级这方面来。只有这样，我们才能有真正为工农兵的文艺，真正无产阶级的文艺"。其次，讲如何为工农兵服务的问题，他说：一个是源和流的问题。一切种类的文学艺术作品，都是一定的社会生活在人类头脑中的反映的产物。"中国的革命的文学家艺术家，有出息的文学家艺术家，必须到群众中去，必须长期地无条件地全心全意地到工农兵群众中去，到火热的斗争中去，到唯一的最广大最丰富的源泉中去，观察、体验、研究、分析一切人，一切阶级，一切群众，一切生动的生活形式和斗争形式，一切文学和艺术的原始材料，然后才有可能进入创作过程。""但是文艺作品中反映出来的生活却可以而且应该比普通的实际生活更高，更强烈，更有集中性，更典型，更理想，因此就更带普遍性。"过去的文艺作品不是源而是流，这要区分清楚。但借鉴是必要的，“有这个借鉴和没有这个借鉴是不同的，这里有文野之分，粗细之分，高低之分，快慢之分。所以我们决不可拒绝继承和借鉴古人和外国人，哪怕是封建阶级和资产阶级的东西”。一个是普及和提高的问题。现在工农兵面前的问题，是“迫切要求一个普遍的启蒙运动，迫切要求得到他们所急需的和容易接受的文化知识和文艺作品”。“人民要求普及，跟着也就要求提高，要求逐年逐月地提高。”普及与提高相结合，在普及的基础上提高，在提高的指导下普及。第三，讲文艺工作的党内关系和党外关系问题，指出：无产阶级的文学艺术是无产阶级革命事业的一部分，是服从党在一定革命时期内所规定的革命任务的。党的文艺工作者应当在抗日、民主、艺术方法艺术作风上和党外的一切文学家艺术家团结起来。第四，讲文艺批评问题，指出：“文艺批评有两个标准，一个是政治标准，一个是艺术标准。”“政治并不等于艺术，一般的宇宙观也并不等于艺术创作和艺术批评的方法。我们不但否认抽象的绝对不变的政治标准，也否认抽象的绝对不变的艺术标准。各个阶级社会中的各个阶级都有不同的政治标准和不同的艺术标准。但是任何阶级社会中的任何阶级，总是以政治标准放在第一位，以艺术标准放在第二位的。”“我们的要求则是政治和艺术的统一，内容和形式的统一，革命的政治内容和尽可能完美的艺术形式的统一。缺乏艺术性的艺术品，无论政治上怎样进步，也是没有力量的。”结论还批评了抽象的“人性”、“人类之爱”等错误观念，澄清了歌颂光明和暴露黑暗、动机和效果、世界观和创作方法等关系问题上的许多糊涂思想。第五，指出延安文艺界中还存在很多的唯心论、教条主义、空想、空谈、轻视实践、脱离群众等缺点，需要有一个切实的严肃的整风运动。

5月27日 和朱德复电刘伯承、邓小平并转彭德怀："感日[1]五时电悉，总部被袭，左权阵亡[2]，殊深哀悼。瑞卿、立三[3]已否脱险，甚念。目前总部电台已全部损坏，建议总部暂随一二九师行动。"

5月28日 在高级学习组作报告，讲了三个问题。（一）时局问题。最近日本人打云南，打浙江，使得国民党进攻陕甘宁边区的计划暂时停顿了。国共之间暂时可以缓和一下，但是仗还是要准备打的，所以我们组织了联防军司令部，晋西北与陕甘宁边区统一军事行动，统一指挥。英、美对于开辟第二条战线不很热心。第二条战线总有建立的一天，因为希特勒快要垮了，有死老虎可打，他们一定去打。今年明年，我们要遇到很大困难，财政的困难，战争的困难，准备缩小，人口缩小，根据地缩小，党也缩小。（二）整顿三风问题。一个多月来整顿三风有很多成绩，党内党外有很高的积极性，有很多人改变了态度，改变了面貌，但是也有一些偏向，例如教条主义的学习方法，不着重学习和领会文件，轻视整风，害怕整风，学习、领导、工作都缺乏计划性等等。现在是深入学习的问题。（三）延安文艺界问题。现在华北、华中各根据地，陕甘宁边区，延安，有大批的文学家、艺术家，这是一种很好的现象，绝不是坏现象。中央关于知识分子的决定，这是我们党正面地肯定地说应该欢迎大批的知识分子，只要是抗日的就应该吸收。最近准备作一个关于文学艺术工作的决

---

〔1〕 感日，即27日。

〔2〕 八路军副参谋长左权1942年5月25日在山西省辽县麻田附近指挥部队掩护总部突围转移，在战斗中牺牲。

〔3〕 瑞卿，即罗瑞卿，当时任八路军野战政治部主任。立三，即杨立三，当时任中共中央军委后方勤务部副部长、八路军后勤部部长兼政治委员。

定，召开了三次座谈会，目的是解决文学家、艺术家、文艺工作者和我们党的结合问题，和工人农民结合的问题，和军队结合的问题。要结合，就必须克服资产阶级、小资产阶级思想的影响，转变到无产阶级思想，这样才能够在思想上与无产阶级、与工农大众相结合，如果这个问题不解决，总是要格格不入的。我们的政策要好好引导小资产阶级出身的艺术家自觉地不是勉强地、慢慢地与工农打成一片。少数人不能打成一片，这是思想问题，不能勉强，不能用粗暴的态度。对文化人对知识分子要采取欢迎的态度，要懂得他们的重要性，没有这一部分人就不能成事。

5月30日 在鲁迅艺术文学院对学员讲话，指出：提高要以普及为基础，不要瞧不起普及的东西，大树也是从像豆芽菜一样小的树苗长起来的。那些瞧不起普及的人，他们在豆芽菜面前熟视无睹，结果把豆芽菜随便踩掉了。你们现在学习的地方是小鲁艺，还有一个大鲁艺，还要到大鲁艺去学习。大鲁艺就是工农兵群众的生活和斗争，广大的劳动人民就是大鲁艺的老师。你们应当认真地向他们学习，改造自己的思想感情，把自己的立足点逐步移到工农兵这一边来，才能成为真正的革命文艺工作者。

同日 出席中共中央政治局会议。会议决定向六届七中全会提议，七大应增加城市工作的议程，该项议程的报告和决议应从抗战的需要和我党的任务出发，提出目前在敌占区城市工作的重要性，并联系到对过去城市工作的批评。

5月 延安文艺座谈会后，作家艾青给毛泽东写信，要求到前线去。毛泽东回信说：赞成你去晋西北，但不宜走得太远，因同蒲路不好过。目前这个阶段，希望你蹲在延安学习一下马列主义，主要是历史唯物论，然后到前方，切实研究一下农村阶级关系，不然对中国战况总是不很明晰的。

6月1日 复电刘少奇：“因沿途通过无保障，山东又缺乏统筹之人，故你不宜西进亦不宜南返，以中央全权代表资格长驻一一五师，指挥整个山东及华中党政军全局似较适宜，如同意，中央即下正式通知。盼复。”

6月2日 中共中央总学习委员会举行第一次会议。会议决定：（一）同意李富春所提总学委巡视团各巡视员的分工。（二）加强《学习》报编辑委员会。（三）解答各方面所提出的问题，决定由何凯丰负总责。（四）总学委抽阅延安高级干部的学习笔记。（五）增加中央学习组的人数。

6月4日 出席中共中央政治局会议，会议听取林枫关于晋西北工作报告的第一部分（一九四〇年晋西事变到现在两年来的工作概况）。会议同意毛泽东的提议，给予联防军司令部三项职权：统一晋西北与陕甘宁两个区域的军事指挥及军事建设；统一两个区域的财政经济建设；统一两个区域的党政军民关系〔1〕。

6月7日 中共中央总学习委员会举行第二次会议。会议决定的主要内容是：（一）参加中央学习组的全体同志编组研究某些重要文件，先行讨论《联共（布）党史简明教程》结束语及斯大林《论布尔什维克化十二条》两个文件，并准备测验与调阅笔记。参加中央学习组的党、政、军、民各方面的同志，混合编为十个小组，毛泽东为第一组组长，高岗、谢觉哉为副组长。（二）对总学委抽阅各系统的笔记作了分工，毛泽东和彭真负责抽阅党校系统的笔记。（三）由中央宣传部通知全国各地党部，按照延安经验，暂时停止其他政治、业务教育及党的历史研究，集中力量研究二十二个文件及检查工作，将整风运动展开到全党。由中

〔1〕 1942年8月29日，中共中央政治局会议决定：原给予陕甘宁晋绥联防军司令部的统一晋西北与陕甘宁两个区域党政军民关系的这一项职权，改由中共中央西北局执行。

央学习组通知全国各地学习组，暂行停止党的历史研究，先行研究二十二个文件。

6月8日　中共中央宣传部发出《关于在全党进行整顿三风学习运动的指示》，决定全党均应进行整顿三风的学习运动，各地各级党委各级宣传部及原有的高级学习组均应按照中央指定的二十二个文件，有计划地领导这一运动。并具体指出：党的高级领导机关必须成立学习总委员会，各部门各单位成立学习分会。在学习二十二个文件期间，应把其他一切学习暂行停止。学习时期规定为四个月到五个月，起止时间由各地自行决定。

6月12日　致信罗烽〔1〕："你的文章〔2〕读过了，今付还。""我觉得关于高尔基的一篇是好的，这篇使我读后得到很大的益处。但其余的文章，和这一篇的观点不大调和，我虽只看一遍，但觉有些是不明朗化，有些则论点似乎有毛病。我希望你用马克思主义的观点将自己的作品检查一番，对于你的前进是有益的。"

6月13日　致电周恩来，指出："二十二个文件的学习在延安大见功效，大批青年干部（老干部亦然）及文化人如无此种学习，极庞杂的思想不能统一。""华北、华中斗争极紧张残酷，要熬过今明两年须费极大牺牲，两年后如能保存现有军队（五十七万）的一半，全国则保存现有党员（八十万）的一半，便是胜利。""大后方党宜将省委、特委一概取消，只留县委、区委，必要时连县、区委也取消，只留支部，便可大量保存，否则是无法保存的。省、特、县、区四级干部均转入支部工作，可以开辟很

---

〔1〕　罗烽，作家。当时任陕甘宁边区政府文化工作委员会委员、秘书长。

〔2〕　指罗烽1941年3月到延安后写的几篇文章。关于高尔基的一篇，指罗烽写的《高尔基论艺术与思想》一文。

多新支部，其任务是勤学、勤业、交朋友三项，以待时机，除有据点者外（如方方[1]）请下决心办理。”

6月16日 经毛泽东审阅，中共中央军委和总政治部发出关于军队中整顿三风的学习与检查工作的指示，指出军队整风是为了反对军事领域中的教条主义和经验主义，提高党性，以团结全军，增强战斗力，更好地贯彻执行党的路线、方针和政策。

6月17日 复周恩来本日来电，就蒋介石准备发动反共内战的问题指出：“除布置侦察及作军事准备外，请你即找刘为章作和缓运动。”

6月19日 出席中共中央政治局会议。会议三项议程：（一）听取林枫关于晋西北工作报告的第二部分（政权工作）。（二）讨论抗战五周年纪念问题。毛泽东发言说：纪念“七七”五周年宣言的内容，应拥护建立反法西斯战争的第二条战线，提出应有信心明年战胜日本帝国主义，并提出战后建国的主张。（三）讨论整风学习问题。毛泽东发言说：现在的学习运动，已在中央研究院发现王实味托派[2]。我们要发现坏人，拯救好人，要有眼光去发现坏人，即托派、日特、国特等三种坏人。要区别坏人及犯错误的同志，要做细密的观察、调查工作。会议同意毛泽东提出的在此次整风运动中，各机关学校主要负责同志要善于把真正犯错误的同志与破坏革命的坏人加以区别的意见。

6月22日 出席中共中央书记处工作会议。会议决定今后总学委会议与书记处会议合并举行，关于学习问题的决定需要公

---

〔1〕 方方，当时任中共中央南方局南方工作委员会书记。

〔2〕 中华人民共和国公安部1991年2月7日作出《关于对王实味同志托派问题的复查决定》，决定中说：“在复查中没有查出王实味同志参加托派组织的材料。因此，1946年定为‘反革命托派奸细分子’的结论予以纠正”。

布时，用中央总学委名义发通知。会议讨论通过王稼祥起草的中共中央关于纪念“七七”抗战五周年的决定。

同日　和王稼祥复电陈潭秋[1]：“（一）目前学习以三风文件为主，党史之研究暂停止。（二）各种材料有便时当寄你们。”

6月23日　致电周恩来：明日拍发中共中央关于纪念“七七”五周年决定，收到后请在《新华日报》公布。延安决定举行盛大纪念“七七”的大会，另有宣言和通电，强调团结抗战及战后建设三民主义国家。

6月24日　复电陈毅：“马[2]电悉，所见甚是。皖南、浙西只可发展游击，我主力不应南进。”

6月25日　致信林哲[3]，祝贺在华日本共产主义者同盟成立[4]。信中说：“今天看了在华日本共产主义者同盟创立的消息，非常高兴，我跟同盟诸同志的心是完全一致的，同盟给我的信，我十分感谢！现在华北日本士兵代表大会又快开会了，我谨以至诚祝大会的成功！”“中国共产党完全同意你及一切日本革命同志的革命活动，我们将尽一切可能援助你们，请以此意告诉同盟诸同志。”

6月26日　关于国共关系及延安整风学习情况，致电周恩来，指出：“国共一时不会好转，也不会决裂，是拖的局面。但到希特勒倒后，国际局面变化，势必影响中国，国共好转与民主共和国前途还是有的，我们好好做下去，争取此局面。目前四个

---

〔1〕 陈潭秋，当时任中共中央驻新疆代表、八路军驻新疆办事处负责人。

〔2〕 马，即21日。

〔3〕 林哲，即野坂参三，又名冈野进，当时是日本共产党领导人之一，1940年到延安。

〔4〕 1942年6月23日，在华日本共产主义者同盟在延安日本工农学校举行成立大会，大会向毛泽东发了致敬信。

月国际国内都是关键。”“延安学习二十二个文件收到绝大效果，有一万个干部参加此种学习。”

6月29日 和朱德会见晋西北士绅参观团，并在青年食堂设宴招待。参观团结束访问时，分别向毛泽东和朱德献旗、致颂词。

6月30日 致电周恩来，请他考虑利用纪念“七七”机会，找王世杰谈一次国共两党关系问题，并表示愿见蒋介石一谈，请王向蒋转达。

7月2日 出席中共中央政治局会议，会议讨论《中共中央为纪念抗战五周年宣言》（草案）和《中共中央告抗日根据地全体党员和八路军新四军将士书》（草案）。毛泽东在发言中指出：中央为纪念抗战五周年宣言有一个新内容，就是战后的建国方针和强调团结的问题。中国民族问题是一个基本问题，国民党五十年来都抓住民族这个口号，所以在人民中间有很大的影响。我们提出战后办法是有策略意义的。现在我们的政策，在形式上是改良的，实际上是革命的。今年七、八、九三个月是时局转变的关键，主要是日苏战争是否爆发，第二条战线是否建立，德国进攻高加索是否得手，过三个月后今年的局面就定了。国共关系也决定于这三个月。我对联络参谋说，谁打西安谁是汉奸，谁打延安也是汉奸。对何应钦，我们只是反对他的反共，何反共我反何，何不反共我也不反何。我们在统一战线中没有过去的斗争是不能存在的，在斗争之后又要团结。会议通过中共中央的上述两个文件，由毛泽东修改文字后发表，并由中宣部发一全党讨论这两个文件的通知。会议还讨论在目前敌人残酷“扫荡”的严重情况下暂将八路军总部移到晋西北指挥作战的问题，同意毛泽东的意见，待电商彭德怀、刘伯承等后再作决定。会议讨论中共中央关于对待原四方面军干部态度问题的指示草案，毛泽东发言指出：

过去四方面军干部除何畏[1]等以外都是好的，经过六年证明这些干部是好的。原四方面军有的干部犯了错误，要按错误的性质加以处理，不要把什么都说成是张国焘路线。会议同意毛泽东的提议，延安党政军民机关、学校人员，均须严格遵守政府法令，执行政府命令，并责成西北局、联防军司令部加以保证。

同日　复电董必武："恩来须静养[2]，不全愈不应出院，全愈出院后亦须节劳多休息，请你加以注意。"恩来现在病中不应走动，拟请你找王世杰一谈，要求陈宏谟、郭亚生返延安，询问可否释放叶挺，申述我党中央"七七"宣言大意，请王介绍见蒋介石。

7月4日　关于整风问题，致电聂荣臻："你七月一日的文章已全部收齐看到，即付《解放日报》发表[3]。此文号召整风学习，纠正整风中的偏向，并指出边区学习特点，对整风开展有很大作用。但有一点请你注意者，不要把三风分为某些是下级多些，某些是上级多些。即如党八股，就是包含着主观主义与宗派主义在内的，如果不包含这些，就不叫做党八股了。如果县以上还有党八股残余存在，即是证明还有主观主义、宗派主义的残余存在。此次整风是全党的，包括各部门各级干部在内，所谓各部门，就是不但有地方，还有军队，所谓各级，就是不但有下级，而且主要与首先的对象是高中两级干部，特别是高级干部，只要把他们教育好了，下级干部的进步就快了。在一个根据地内，主要应着重教育边区与地委两级，其次是县一级，只要他们有了正

---

〔1〕何畏，曾任中国工农红军第9军军长、第四方面军红军大学政治委员。

〔2〕周恩来1942年6月下旬在重庆患病住院。

〔3〕聂荣臻的文章题为《全面展开整顿三风的学习与检查》，发表在1942年8月23日《解放日报》。

确方向，区、村干部的毛病就易纠正。我说这点，是想引起你注意抓紧党、政、军、民、学各方面高级干部的学习领导，克服在他们中存在着的三风不正的残余。我们在延安亦是特别抓紧高级组的学习，着重阅读与自我反省，已发现许多同志的毛病，正在纠正中，你们那里可作参考。”

7月6日 复电董必武：“为争取国共好转，我们准备出席参政会，不争名额，但以维持原额为宜。恩来病状如何？甚念。”

同日 复电曾山〔1〕、赖传珠：“浙江战局〔2〕不久将告一段落，日寇新的步骤现尚难断定，但你们须准备应付敌之‘扫荡’。我们军队的任务不是向南发展，而是支持现有根据地，前已于复陈毅同志电中说明了。”

7月7日 《解放日报》发表经毛泽东修改审定的《中共中央为纪念抗战五周年宣言》和《中共中央告抗日根据地全体党员和八路军新四军将士书》。宣言指出：“摆在我国抗战面前有两大问题，即：（一）如何争取时间，克服困难，以达抗日的最后胜利；（二）如何对目前的抗战及对战后中国的建设取得各党派的一致意见，以便更好地团结抗战，团结建国。这就是时间与团结的两大问题。”“中国共产党认为：中国各抗日党派不但在抗战中应是团结的，而且在抗战后也应是团结的。”战后的中国，应当是独立的、统一的、和平的、民主的、民生幸福的、经济繁荣的中国，应当是各党派合作经过人民普选的民主共和国。

7月9日 关于山东工作的重要性等问题，致电刘少奇：“我们很望你来延并参加七大，只因路上很不安全，故不可冒险，

---

〔1〕 曾山，当时任中共中央华中局委员、组织部部长。

〔2〕 1942年5月至8月，日军为破坏中国浙江省空军机场，向国民党军发动进攻，国民党军第三战区在第九战区一部兵力的配合下进行了抵抗。

仍以在敌后依靠军队为适宜。”“你的行止，以安全为第一，工作为第二，以此标准来决定顿在山东还是仍回军部。”“但有一点须与你商酌的，即是山东的重要性问题”。“我们的方针是极力团结国民党，设法改善两党关系，并强调战后仍须合作建国”。国民党在战后仍有与我党合作的可能，虽然亦有内战的另一种可能，但我们应争取前一种可能变为现实。考虑到战后的一些复杂情况，则“山东实为转移的枢纽”。“故掌握山东及山东的一切部队（一一五师、山纵、杨苏纵队〔1〕）造成新四向北转移的安全条件，实有预先计及之必要”。“上述掌握山东任务须请你担负之，至于执行此任务，自以你在山东为便利，但如苏北比山东更安全，则在苏北亦可执行”。“在你确定行止后，中央即通知华中、山东及北方局付托你以指挥山东、华中全局的权力。”“日寇攻我方针之一是寻找我主要指挥机关给以打击，八路总部被袭，左权阵亡是一严重教训，今春一一五师师部亦曾遇到危险，请予严重注意，一切主要指导机关及主要指导人总以安全为第一义。”“学习二十二个文件在延安收到绝大效果（延安有一万干部参加学习），在学习中发现各种纷歧错杂的思想并获得纠正，绝大多数干部都说两个月学习比过去三年学习效果还大，请你按照敌后特点注意指导此种学习。掌握思想领导是掌握一切领导的第一位。”

同日 下午，到延安交际处看望晋西北士绅参观团，对诸士绅所提问题，一一详作解答，畅谈五个小时。毛泽东说，中国共产党不仅在抗战中坚持团结抗日，在战后也是要坚持团结建国的。他以陕甘宁边区为例，说明人民普选的参议会与“三三制”的民主政权，是团结各个阶级共同抗日的最好的政治形式。战后更需要贯彻这种精神，团结各个阶级的人民，共同建设民主共和

〔1〕 杨苏纵队，指杨得志任司令员、苏振华任政治委员的八路军第2纵队。

的新中国。毛泽东还说明减租减息及交租交息政策在中国实施之必要，指出这对于农民和地主都有好处。

7月13日 复电国民党新疆省政府主席盛世才："当此全世界反法西斯、中国抗日胜利在望之际，深望彼此团结一致，共济时艰"。

7月15日 和朱德、王稼祥致电彭德怀："中央三日给你的电收到否，此电主张总部迁晋西北，北局〔1〕机构改为太行分局，以小平为书记，华北各分局归中央直接指导，你的意见如何，盼复"。十六日，彭德怀复电毛泽东，主张八路军总部仍驻晋东南。

7月17日 电慰周恩来："十七日电悉。尊翁逝世〔2〕，政治局同人均深致哀悼，尚望节哀。重病新愈，望多休息，并注意以后在工作中节劳为盼。"

7月20日 复电陈毅："军委给五师指示方针电已告，你谅收到，与来电所述意见〔3〕是相同的。但目前不宜公开宣传顽军罪恶，因我方正和国民党重开谈判，不宜刺激它。"

同日 出席中共中央书记处工作会议。会议就中央学习组学习此次规定文件的问题，作出决定：学习时间定为三个月；在学习中应联系党的历史来研究，主要是总结经验教训，少联系到个人；除十八条〔4〕外，另指定一些学习参考材料；应作笔记，真

---

〔1〕 指中共中央北方局。

〔2〕 周恩来的父亲周懋臣于1942年7月10日在重庆去世。

〔3〕 陈毅1942年7月18日致电毛泽东，报告新四军第5师因国民党军进攻情况紧急曾要求派部向西援助，他认为这一做法不妥，主张第5师以分散独立活动作战为主。并说衅端由国民党军方面开始，新四军军部拟公开宣传此事，以揭破顽军诡计，但等中央决定态度后再办。

〔4〕 指《联共（布）党史简明教程》结束语六条和斯大林《论布尔什维克化十二条》。

正写出心得和自己的反省。会议还讨论了周恩来关于拟同蒋介石面谈调整国共关系的来电，决定由毛泽东起草复电。

7月21日 出席中共中央书记处工作会议，会议同意毛泽东起草的复周恩来电。会议决定中央学习组各小组讨论会，统一于每隔一周之星期一上午十时同时在杨家岭召开，从八月三日开始。

7月24日 和朱德、王稼祥、叶剑英复电王世英："已令前方援助晋绥军之英勇抗战，请告阎长官。"

7月25日 出席中共中央政治局会议。会议继续听取林枫关于晋西北工作的报告，决定由林枫起草今后晋西北工作方针的草案。会议讨论精兵简政问题时，毛泽东发言提出：精兵简政适合于目前需要，但做得还不彻底。明年陕甘宁边区脱离生产的人员要减至六万人，晋西北减至五万人。边区主要是两项工作：教育工作和经济工作。晋西北加上打仗一项。要提高工作效率和质量，少而精，能学习的学习，能生产的生产。军队不继续补充，按现有实际人数充实连队，可以实行小团制。至于敌后，要准备很大的缩小。搞一个统筹统支与自给自足相配合的很好的经济制度，以七分统筹、三分自给为主旨。会议根据毛泽东的意见，作出相应的决定。会议还讨论了出版工作。针对稿件缺少的问题，毛泽东说：最近经验，少而精的东西还能看而且有益，多了无法看。有富裕的排印时间，可印《鲁迅全集》、《海上述林》、小说、吕振羽的《中国政治思想史》。

7月29日 出席中共中央政治局会议。在讨论晋西北工作决定草案时，毛泽东说：在关于参议会、"三三制"问题之后应加一句话："九月份进行的参议会，要使之成为团结各阶级建设根据地支持抗战的机关。"他还在会上发言指出，敌后有两件工作未深入，一是整顿三风，二是精兵简政。在敌后根据地困难日益增长的环境下，必须使各根据地负责同志深刻认识精兵简政与整顿三风的重要性，中央应发出指示性的电报。整顿三风必须从上至下地在党内有计划地认真进行。精兵简政问题，如果想不到敌后严重的必然趋势就是缩小，现在不想到几个月后适应环境的主动步骤，就会手忙脚乱，敌后变化会是突然的，所以要主动地定出办法。摆在全党面前的问题是如何渡过敌后的困难。精简的比例是：在全部脱离生产的人员中，军队占百分之七十，党、政、民、学占百分之三十；全部脱产人员占老百姓人数的百分之三。要按这个比例，主动地、彻底地、有计划地执行。毛泽东还指出：第二次世界大战结束时，法西斯国家将被打败。只有美国恐怕是个大家伙，战后法西斯国家都要依赖它，它可能支配世界。今年打败希特勒的问题还要看一看，恐怕对冬季反攻、对德国的弱点估计过大了。战后中国的前途有两种可能，我们在宣传上应以争取好转的前途为前提。争取同大多数人一道，是我们策略的出发点，而不是孤立自己。

7月31日 复电刘少奇：指出：（一）目前英、美不愿中国内战，国民党近日态度好转这是一个原因。此种好转还会发展，我正极力争取。（二）我们现向国民党表示，在战后或在反攻阶段具备了北上可能条件时，我黄河以南部队可以开赴黄河以北。（三）国共关系，现因国内外情势变化及我们坚持合作政策，他们已有改取政治解决的表示。最近恩来见蒋介石谈得还好，蒋已重新指定张治中、刘斐与我们谈判，另指定卜士奇任日常联络，蒋之联络参谋继续来延安，都是好转征兆，但不能求之过急。

8月1日 出席中共中央书记处工作会议。会议同意彭德怀、罗瑞卿、刘伯承关于八路军总部及北方局暂留在原地区的建议，但须注意安全。会议决定彭德怀任北方局书记，邓小平任太行分局书记，北方局及太行分局名单，以能到会及必要者为限，由彭、罗、刘提出交中央批准。会后，毛泽东按照会议决定的内容，为中央书记处起草复彭、罗、刘电。

8月3日 出席中共中央书记处工作会议。会议同意毛泽东的提议，决定将中央学习组原定学习十八条的计划，暂行停止，待二十二个文件学完后再行恢复。同时为准备将来的学习，重新指定四十三人编成九个小组，由中央同志直接领导，继续研究《联共党史》结束语六条和斯大林《论布尔什维克化十二条》。会议还决定，为着使整风学习更能深入与活跃，应当联系本部门工作的检查，这样可在整风学习中收到改进思想、转变作风的实效。检查工作应抓住一些重要的突出的问题，特别是有关思想方面的问题。

8月4日 就精兵简政问题复电陈毅："有一点须请你注意，即伴随着极端残酷斗争，根据地缩小必然要到来，而且可能很快到来，这一点如不预先计及，将来必要吃大亏。在此情形下，不论华中、华北，都不能维持过大军队，如愿勉强维持，必难持久，一九三四年下半年中央苏区的经验我们不应忘记。以华中论，你们决定现有八万主力军、四万地方军扩大至十万主力军、十万地方军，共计二十万，党、政还不在内，江南、皖东、淮北、鄂中均已缩小，这个总数是太大了。明年必是非常困难的一年，其困难程度为目前许多人所不能想像，高级领导机关必须预为计及。内战时还可以有长征，现在则绝不能有长征。如使根据地民力财力迅速枯竭，弄到民困军愁，便有坐毙危险。现在华北、山东须下绝大决心实行彻底的精兵简政，否则到了明年必不能维持。华中情形虽略有不同，但总方向是相同的。此事请你预加考虑，到年底或明春作一通盘计划，达到精简目的为盼。"

8月8日 中共中央政治局召开会议。会议同意八月三日中央书记处关于改变中央学习组学习计划的决定，并按工作关系重新决定由四十八人编成九个小组，继续研究《联共党史》结束语六条和斯大林《论布尔什维克化十二条》。毛泽东、胡乔木、陈伯达三人编为第一组。会议讨论《中共中央关于统一抗日根据地党的领导及调整各组织间关系的决定》草案，王稼祥作说明：抗战以来，根据地的党、军队与党政军委员会形成“三权鼎立”，现在要解决此问题，一方面从思想上解决，另一方面从组织上解决。解决的主要方针和中心思想是：缩减军权；提高政权；调整党政军民的关系。会议基本通过这一草案。

8月9日 为中共中央书记处起草致华中局电：“新四军恢复番号或编入八路为一军，目前尚未至与国民党具体谈判的时机，你们目前尚不必提出要求。”

8月15日 致信谢觉哉：“关于‘还政于民’这个口号之不妥，我记得对你说过了。早几天解放报社论〔1〕末段有‘官方干部’、‘纯老百姓代表’的话，也有不妥处，不知此文是否你写的？我们的政府是真正代表老百姓的，是民的，故不可说‘还政于民’，也不可分为‘官方’、‘非官方’。那天社论的意思并不坏，是说要让新选代表多说话，只是不宜将‘官方’、‘纯老百姓’这样对称起来。请加考虑。”

8月17日 为中共中央书记处起草复周恩来电〔2〕：“毛现患感冒不能启程，拟派林彪同志赴西安见蒋，请征蒋同意，如能征得蒋同意带你至西安，你回延面谈一次，随即偕林或朱赴西安

〔1〕 指1942年8月12日《解放日报》社论《迎接第二届第二次边区参议员大会》。

〔2〕 周恩来1942年8月14日应约会见蒋介石。蒋提出拟在西安约毛泽东一谈。当日周恩来将见蒋情况电告毛泽东，并说蒋欲见毛泽东的目的“未可测”。周提出两个办法：（一）以林彪为代表，赴西安见蒋；（二）要求蒋偕周至西安，然后周飞延安，再同一人（林彪或其他负责人）回西安见蒋。

见蒋则更好。”

同日 复信谢觉哉：“我对一得书[1]感到兴趣，是有益的；虽间有一二点觉说得不甚恰当，但不要紧。”“边区参议会似宜改至明春开，那时时局更开展，便于对外表示意见，不要把这里的参议会看成只是本区的参议会，而要把它看成所有华北、华中各根据地的参议会的领袖。又经过今年一年，本区的工作经验也更好总结，故此事值得再考虑。”

8月18日 出席中共中央政治局会议，会议讨论国际国内形势问题。会议认为，丘吉尔和斯大林在八月十二日至十五日进行了会谈，讨论关于建立第二条战线问题，在这种国际形势下，中国局势有好转可能，即亲苏、和共、政治改良。

8月19日 四时半，复电周恩来：“依目前局势我似应见蒋，我感冒已十日，过几天要动也可以动”。“关于我见蒋，中央亦尚未作最后决定”。周恩来即日又来电说：与蒋晤面时间“似嫌略早”，可由林彪或朱德“先打开谈判之门”。如蒋约林或朱来渝，也可答应，“以便打开局面，转换空气，一俟具体谈判有眉目”，毛泽东再来渝。

同日 致信谢觉哉、陈正人，指出：“今天所谈二届参议会应以准备精兵简政为中心，在开会以前应实行精简，开会以后应检查（点验）精简，而精简包括精少、效力、统一诸方面。今看本日（十九日）报纸《精兵简政在晋冀鲁豫边区》一文，所包事项尤多，尚有节省、反官僚主义诸项，此文我看很好，请你们也看一看，是否我们这里可以完全仿效？此事应在整风学习完后来一个如像整风这样的大举，方能普遍、深入与切实见效，过去还只是耳边风。”

---

〔1〕 指《解放日报》为谢觉哉开辟的杂文专栏“一得书”。

8月22日 出席中共中央政治局会议。会议讨论毛泽东同蒋介石会谈问题，决定先派林彪去，看情况再定。毛泽东在会上就整顿三风、精兵简政和陕甘宁边区工作问题发言，指出：总的目标是整顿三风、精兵简政，办法是五整〔1〕。中央和军委要以工作和教育作为两个标准来进行大整。工作按现状条件布置，过去要四五个人的，现在只要半个人。教育是专门学习，储备力量，扩大学校。陕甘宁边区政府要加强，抓住中心，掌握政策。可考虑李维汉到边区政府任秘书长，完全服从西北局的领导。边区参议会停开，主要实行精兵简政，然后再开。

8月25日 修改一份关于最近日苏关系及国共关系的情况通报。通报指出：斯大林、丘吉尔会谈后，反希特勒战争即将进入决战的阶段，这是整个战争的新形势。国民党最近已放弃了五月间的军事反共计划，而采取政治上解决国共关系的方针，蒋介石两次见周恩来谈话，国共关系确有走向好转的趋势。毛泽东在修改时加写了一些内容，其中有："由于缅甸失陷，西南国际通路断绝，迫使国民党不能不注意西北国际通路，并与苏联增强外交关系。""加以地方与中央的矛盾，财政税收的困难，人民对负担的不满，其内部困难日益增加，如再扩大反共战争，将至不可收拾，这亦是对国共关系避免军事解决改取政治解决的重要原因。""由于我党一贯实施争取好转的政策，特别是今年'七七'宣言，重申我党拥蒋合作方针，这不能不起促进好转的作用。"

8月29日 出席中共中央政治局会议。会议正式通过《中共中央关于统一抗日根据地党的领导及调整各组织间关系的决定》，规定九月一日发出，作为整风文件。毛泽东在会上发言说：财政比例，要保证军事第一，党、政、军按比例支钱，根据人

〔1〕 指整军、整政、整党、整财、整军民关系。

数、工作、生产能力三个条件确定财政比例。精兵简政，除包括精简、效能、统一外，加上节约和反官僚主义两项。精兵简政是一个政策，牵涉到军民关系、军事建设、行政效能、工作作风、财政政策等各方面。中央和军委共有二万四千余人，应减为五六千人。中央工作的原则是指导工作和教育干部。西北局高干会十月开会，讨论中央关于统一抗日根据地党的领导及调整各组织间关系的决定。《解放日报》今年四月改版后是有进步的，要执行党的日常政策。《解放日报》社论及广播消息，是中央向人民说话，个人发表的文章也有很大的影响。今后日常政策问题报社应请示中央。要使《解放日报》成为中共中央的机关报，还需要作很大的努力。由秦邦宪、陆定一〔1〕起草一个党报工作条例。

同日 致电周恩来："蒋到西安时，决先派林彪见蒋，然后我去见他。依目前国际国内大局，我去见蒋有益无害，俟林彪见蒋后即确定我去时间。"

8月31日 代表中共中央电贺英共机关报《工人日报》复刊。贺电说："我们热烈庆贺《工人日报》的启封，并坚信复刊后的《工人日报》将继续是团结动员英国一切力量，战胜纳粹主义的号角。《工人日报》的复刊，不仅是英国政治生活中的重大事件，而且也是在世界范围内击败法西斯主义的有力因素。"

9月1日 中共中央政治局发出《中共中央关于统一抗日根据地党的领导及调整各组织间关系的决定》，决定针对在某些地区党政军民关系中还存在着统一精神不足、各自为政等不协调的现象，强调党的领导的一元化。决定指出："党是无产阶级的先锋队和无产阶级组织的最高形式，它应该领导一切其他组织，如军队、政府与民众团体。根据地领导的统一与一元化，应当表现

---

〔1〕 陆定一，当时任《解放日报》总编辑。

在每个根据地有一个统一的领导一切的党的委员会”。“党的领导的一元化，一方面表现在同级党、政、民各组织的相互关系上，又一方面则表现在上下级关系上。在这里，下级服从上级、全党服从中央的原则之严格执行，对于党的统一领导，是有决定意义的。”“在这里，应当再一次地提醒各根据地党、政、军、民领导同志的注意，各级党委及政府、军队、民众团体中的党员负责同志，不得中央许可，不得发表带有全国意义和全党全军意义的宣言、谈话及广播”。“加强各抗日根据地的统一，是为了更顺利地进行反对日寇的战争，‘一切服从战争’是统一领导的最高原则。”

9月3日 复电周恩来，重申亲自见蒋介石的重要性，指出：“目前不在直接利益我方所得之大小，而在乘此国际局势有利机会及蒋约见机会我去见蒋，将国共根本关系加以改善。这种改善如果做到，即是极大利益，哪怕具体问题一个也不解决也是值得的。蒋如约我到重庆参加十月参政会，我们应准备答应他。蒋在兰州顿了半个月，这几天可能即到西安，林彪准备在蒋电约后即动身去，我则在林去后再定去西安的日期。”五日，周恩来致电毛泽东，再次陈述对毛泽东会见蒋介石一事的意见。认为毛见蒋“时机尚未成熟”，蒋对人“包藏祸心”，“对我党我军的观念，仍为非合并即大部消灭”，国际国内局势也“非对我有利”。周恩来指出毛与蒋会晤可能出现的一种前途不能不防，即蒋“约毛来渝开参政会后，借口留毛长期驻渝，不让回延”。“若如此，于我损失太大”。因此，提议林彪出面，“不将话讲死，看蒋的态度和要解决的问题，再定毛是否出来”。毛泽东采纳了周恩来的这一建议。

9月7日 《解放日报》发表毛泽东写的社论《一个极其重要的政策》。社论阐述精兵简政政策的重要性，指出：“什么是抗日航船今后的暗礁呢？就是抗战最后阶段中的物质方面的极端严重的困难。”“今后的物质困难必然更甚于目前，我们必须克服这个困难，我们的重要的办法之一就是精兵简政。”“假若我们还要维持庞大的机构，那就会正中敌人的奸计。假若我们缩小自己的机构，使兵精政简，我们的战争机构虽然小了，仍然是有力量的；而因克服了鱼大水小的矛盾，使我们的战争的机构适合战争的情况，我们就将显得越发有力量，我们就不会被敌人战胜，而要最后地战胜敌人。所以我们说，党中央提出的精兵简政的政策，是一个极其重要的政策。”这篇社论编入《毛泽东选集》。

9月15日 关于国共合作问题，复电周恩来：“国内关系总是随国际关系为转移，第一次反共高潮发生于德苏协定、苏芬战争及英美反苏时期，第二次反共高潮发生于德苏协定继续存在、英美苏关系仍未好转而轴心则成立三国同盟时期。自苏德战起，英、美、苏好转，直至今天，国共间即没有大的冲突。这个期间，又分两段，在英、美、苏未订具体同盟条约及滇缅路未断以前，蒋的亲苏、和共决心仍是未下的，在此以后，他才下这个决心。我们估计这个好转的总方向是定了，目前任务是促成谈判，促成具体解决问题，故应避免一切枝节，极力表示好意。”还告知：林彪昨晨已乘车起身，闻蒋介石已返渝，我们仍要林到西安后要求赴渝，以期打开商谈门路。

同日 致电陈毅：“目前已至促成国共好转，恢复两党谈判，使新四军恢复合法地位，以便坚持抗战时期。关于打磨擦仗方面，已电李先念今后极力避免，并设法与周围国军改善关系，其他部队，请你加以注意。”“苏北报纸刊物请你抓紧，务使他们的宣传服从于党的当前政策。”

同日 致电朱瑞：“目前已至恢复国共谈判时期，山东方面凡可避免的国共磨擦，均须避免。”“一切报纸刊物宣传，分局均须抓紧，使不违背党的政策”。

同日 同秦邦宪谈话半日，谈《解放日报》工作及各部门利用报纸推进工作的问题。

同日 致信何凯丰，说：“报馆工作有进步，可以希望由不完全的党报变成完全的党报”。“各部门利用报纸做工作的事，我想还要讨论一次，以促中央各部门同志的注意。各根据地当局也还未把报纸看作自己极重要武器，我想要写一电报（或须用书记处名义），提出此种任务。整风完后，中央须设一个大的编译部，把军委编译局并入，有二三十人工作，大批翻译马、恩、列、斯及苏联书籍，如再有力，则翻译英、法、德古典书籍。我想亮平〔1〕在翻译方面曾有功绩，最好还是他主持编译部，不知你意如何？不知他自己愿干否？为全党着想，与其做地方工作，不如做翻译工作，学个唐三藏及鲁迅，实是功德无量的。”

同日 复信谢觉哉：“死者〔2〕已矣，生者务宜注意。关于你及林老的工作及生活，亟宜有所调节，务不过劳，文章亦不宜写得太多，请加考虑为盼！”“罗迈〔3〕到政府工作，许多事可交给他做。”

同日 关于调查研究问题，复电张闻天，指出：“考察敌我斗争情况时，如有可能请择敌军一个具体部分，例如一个大队，加以详细调查（编成、装备、作战及政治工作等）。如有时间还望择我军一个营加以具体调查。这样使调查不至偏于农村。”“关于商业不知有调查否？”

---

〔1〕 亮平，即吴亮平，当时任延安《解放》周刊编辑部主任。

〔2〕 指王凌波。1942年9月3日，王凌波因脑溢血去世。王凌波与谢觉哉是同学，都是湖南早期共产党员。

〔3〕 罗迈，即李维汉。

同日　和朱德、王稼祥发布关于陕甘宁晋绥联防军司令部与八路军留守兵团司令部合并及干部任命的命令："为贯彻精兵简政，为统一军事指挥，着令将联防司令部与留守兵团司令部合并，除指挥晋西北部队外，直接指挥陕甘宁边区各部队，但留守处及留守兵团司令部名义保留，联防司令部名义对外一律免用。"任命贺龙为司令员，徐向前、萧劲光为副司令员，关向应为政治委员，高岗为副政治委员（在关向应患病期中代理政治委员），张经武为参谋长。

9月18日　致电林彪，嘱他在西安与各方多谈，然后赴重庆见蒋介石；并询问与胡宗南会谈结果。

9月20日　起草《〈解放日报〉第四版征稿办法》。征稿办法中约请邓发、彭真、吴玉章、蔡畅、范文澜、艾思奇〔1〕等十六人为第四版征集稿件，并强调指出："各同志担负征集之稿件，须加以选择修改，务使思想上无毛病，文字通顺，并力求通俗化。""每篇以不超过4,000为原则，超过此字数者作为例外。"

9月21日　致电刘少奇："安抵一二九师无限欣慰，望休息短期然后来延，并对华北工作加以考察。关于最近时局情况我有电至总部，可索阅。来延路上安全保障，请商刘、邓作周密布置。"

---

〔1〕邓发，当时任中共中央政治局候补委员、中央党校校长、中央职工运动委员会书记。彭真，当时任中共中央党校教育长。吴玉章，当时任陕甘宁边区政府文化工作委员会主任、延安大学校长、鲁迅艺术文学院院长。蔡畅，当时任中共中央妇女运动委员会书记。范文澜，历史学家。当时任延安中央研究院院长兼历史研究室主任。艾思奇，哲学家。当时任延安《解放日报》副总编辑、延安中央研究院中国文化思想研究室主任。

10月6日 和朱德、王稼祥、叶剑英复电李先念、任质斌、陈少敏[1]："在顽军继续进攻时应坚决打击之，以求生存，在获得胜利后应表示愿与他们恢复和平，以求好转，望本此原则实施。"

10月9日 出席中共中央书记处工作会议。会议决定，为统一财政委员会实际工作的领导，向西北局提议组织财经办事处工作会议，以贺龙为主任，执行财经委员会所决定的方针与任务。

同日 为《解放日报》发表刘少奇《论党内斗争》一文，写编者按语："这是刘少奇同志于一九四一年七月二日在华中局党校的演讲，理论地又实际地解决了关于党内斗争这个重大问题，为每个同志所必读。现当整风学习开展与深入的期间，特为发表，望全党同志注意研读。"

10月12日 《解放日报》发表毛泽东写的社论《红军的伟大胜利》。社论指出：斯大林格勒"这一战[2]，不但是苏德战争的转折点，甚至也不但是这次世界反法西斯战争的转折点，而且是整个人类历史的转折点"。"斯大林格勒一战将停止法西斯的进攻，这一战是带决定性的"。"拿破仑的政治生命，终结于滑铁卢，而其决定点，则是在莫斯科的失败。希特勒今天正是走的拿破仑道路，斯大林格勒一役，是他的灭亡的决定点"。这篇社论编入《毛泽东选集》时，题为《第二次世界大战的转折点》。

同日 《解放日报》发表毛泽东为延安平剧研究院成立的题

---

〔1〕 任质斌，当时任新四军第5师代理政治委员兼政治部主任。陈少敏，当时任中共豫鄂边区委员会副书记。

〔2〕 指1942年10月9日苏联情报局宣布的苏联红军突破斯大林格勒西北部工业区德军包围线。斯大林格勒保卫战从1942年7月17日开始，至1943年2月2日结束。

词:“推陈出新”。

10月14日 《解放日报》发表毛泽东写的社论《历史教训》。社论指出:“希特勒的实力和他的野心之间的矛盾,是他失败的重要原因。这个矛盾,表现在他采取避实击虚政策上面。”“一切他所避开的地点,都成了红军向他进攻的出发点”。社论评述了斯大林格勒战役中八月二十三日至十月九日期间苏联红军的正确战术和十分激烈勇猛的抵抗。社论最后指出:“整个苏德战争已经证明:只要人们不对法西斯讲慈悲,就是说,多一点勇气,法西斯就会失败的,这就是历史的教训。”“日本的实力与他的野心之间的矛盾,也是一定要把日本法西斯压得粉碎。”

10月16日 《解放日报》发表毛泽东写的社论《评柏林声明》。社论指出:“柏林发言人已于十月十二日正式发表声明。该声明说:‘德军已由攻势转入守势。’该声明又说:‘此不应视为吾人未来的作战计划……而以镇静态度及必胜信心以观变化。’”“这后一段是说谎的。”“所谓‘守势不应被看作将来的作战计划’,似乎还有第三个攻势的希望似的,但这只是完全的谎言。希特勒的旧军队是疲敝不堪了,精锐部分已经耗完。”“日本的情况稍有不同,它的实力还可以举行一个进攻,这是因为过去的战争没有动用它的主力的原故。”“但是不论怎么样,世界形势已起了根本的变化,一切法西斯国家实际上都已丧失了主动地位,不管德国或日本,都是如此,也不管日本采取这样或那样的政策,都是如此。”

10月17日 致电彭德怀,指出:“送大批干部回后方保存甚为必要,后方经济虽困难,但可组织干部团,实行屯田政策及分散到后方部队中担任副职,一部分则进军事学校或党校”。并询问刘少奇现到何处,是否还在总部,过封锁线有困难否?

10月18日 起草中共在延安的四位参政员毛泽东、陈绍禹、林伯渠、秦邦宪致重庆国民参政会秘书长王世杰电：“闻参政会定本月二十二日开会[1]，弟等因事不克到会，特此请假”。本日，复电周恩来，告知在延安的四位参政员已于今日致电参政会秘书处请假，并指示：董必武、邓颖超出席参政会应采取今年“七七”宣言所表示的态度。

10月19日 在中共中央西北局高级干部会议开幕会上讲话，共讲三个问题。（一）关于国际国内形势。指出：法西斯和反法西斯阵线在今冬要起变化，德国已宣布了今后采取守势，这是件大事情。这正是有关整个世界、整个人类历史转变的时候。这样的形势对中国是有影响的，从去年夏天苏德战争爆发后国共关系是比较向好的。我们始终坚持抗战的方针，始终坚持抗日民族统一战线，当磨擦到来了，我们采取防御性的斗争。我们总的方针是团结，但有时要斗争，斗争过去又是团结。今年“七七”宣言的方针是我们坚持到底的方针，是打胜日本以后还要坚持团结的方针，那时我们仍是采取国内和平的方针，那时也有国内战争的可能性。（二）关于整顿三风。指出：从今春开始的整顿三风，是进行了很大的党内教育，是根据抗战以前和抗战以后新老党员的情况提出的。新党员没有受过马列主义的教育，有的只是民族斗争中的教育，老党员中的一些人是从遵义会议以后才纠正了过去的许多缺点，但许多人又增长了新的缺点自由主义、教条主义等。对于“党棍”要坚决清除。没有斗争便不能有进步。有人说我们所进行的党内斗争是不符合中国的习惯的，但我们说我们必须拿起批评与自我批评的武器，使党员更提高更进步。现在这个会开得非常好，这就是行动上、工作上的整顿三风，是整风学习的考试。（三）关于边区的建设。指出：我们的军队将来要

〔1〕 指国民参政会三届一次会议。

采取朱总司令提出的“南泥湾政策”，开荒生产，建立工厂，减轻人民的负担。要重视作经济工作的同志，中央去年就有了决定。这次开会我们是要大检查、大整顿。我们这次所提出的“七整”——整政、整军、整民、整党、整财政、整经济、整关系，就是本着这种精神来做的。通过“七整”，要达到精简、效能、统一、节约、反官僚主义五项目的。其中尤其达到统一是最重要的，一定要作到统一领导。

西北局高干会议从本日开始，至一九四三年一月十四日结束。会议解决了边区党的历史教训问题、统一领导问题和当前任务问题。

10月21日 为中共中央书记处起草复周恩来电：“如彼方提周为主席团[1]，可予同意，不必以毛代，因毛不能经常出席。”

10月24日 和朱德、王稼祥、叶剑英致电李先念、任质斌、陈少敏并告陈毅、饶漱石、赖传珠：“李宗仁铣[2]令该战区于明二十五日起，限期两个月彻底肃清我军（其部署另告）。在此情况下，你们可本自卫图存原则，进行武装反磨擦，但总方针仍应按六日电示（以斗争求团结）执行。”

10月25日 为中共中央书记处起草复陈少敏电，对她请示在顽军不断进犯情况下应采取的政策问题指出：“除对国民党中央目前不要批评外，对顽军破坏团结、进攻边区仍应号召民众予以抵抗，以斗争之手段达团结之目的。”

〔1〕 指国民党方面可能提周恩来为国民参政会主席团成员。

〔2〕 铣，即16日。

同日 修改贺龙的整军报告提纲[1]并写批语。毛泽东修改时加写了一段话："凡此所讲，我们相信是一定能够在全军执行的。因为我们八路军有很好的品质，我们是全国最好的军队，我们是共产党领导的军队，是与人民结合一起的军队，是有光荣历史传统的军队。我们相信，我们一定能够发扬我们的光荣传统，克服自己的弱点，完成整军的任务。"毛泽东写的批语是："此件很好。讲前即印发到会者，讲后还要印发全军干部，到营级止，当作干部教育材料。但不对外发表，要注意保存。讲时，可考虑要李鼎铭等人来听。"

同日 致电周恩来转林彪："第一次见蒋[2]时是否谈到了我见蒋的问题，如未谈到，第二次见蒋请提出，征询他关于会面的时间、地点等。李宗仁对李先念打得很凶，请找张治中一谈，要求停止进攻。"

10月28日 为中共中央书记处起草致各中央局、分局电，指出：最近一时期内各地宣传曾发生若干不适合目前党的政策的事件。"查各地中央局、中央分局对当地通讯社工作及报纸工作注意甚少，对宣传人员及宣传工作缺乏指导，尚不认识通讯社及报纸是革命政策与革命工作的宣传者、组织者这种伟大的作用，尚不懂得领导人员的很多工作应该通过报纸去做。西北中央局已经发表了一个关于报纸工作的决定，各地亦应仿此办理，改正过去不讨论新闻政策及社论方针的习惯，抓紧通讯社及报纸的领

---

〔1〕这是贺龙准备在中共中央晋绥分局高干会议和西北局高干会议上作的关于整军问题报告的提纲。报告讲3个问题：一、为什么要整军；二、整军的内容；三、怎样进行整军。

〔2〕林彪于1942年10月7日到达重庆，10月13日在张治中陪同下会见蒋介石。10月16日，周恩来和林彪会晤张治中，林向张提出停止全国军事进攻等项要求。

导，务使通讯社及报纸的宣传完全符合于党的政策，务使我们的宣传增强党性，拿《解放日报》所发表的关于如何使报纸增强党性的许多文件去教育我们的宣传人员，克服宣传人员中闹独立性的错误倾向。”

同日　复电周恩来：“（一）二十七日两电收到，同意所提方针，重在缓和关系，重开谈判之门，一切不宜在目前提的问题均不提。林在二次见蒋后即回延。（二）边区正开高干会议，实行整党、整军、整政、整财、整民、整学、整关系，大整顿，大检查，可减缩万余人，经济问题有办法，困难可克服。敌后亦大施精简，统一领导，亦可克服困难。”

10月31日　复电林枫，指出：“晋西北只有人口七十万至一百万，望检查如此迅速缩小的原因，与周、甘〔1〕商讨积极开展游击战争向敌人挤地盘的具体方案（即具体的积极的全面的反‘蚕食’斗争）。必须振奋军心民心，向敌取积极政策，否则地区再缩小前途甚坏。”十一月，中共中央晋绥分局召开高干会议，传达和研究贯彻毛泽东的上述指示。

11月2日　复贾拓夫〔2〕一日来信，贾拓夫在信中询问毛泽东准备何时在西北局高干会议讲解布尔什维克化十二条。复信说：“大约可在十号左右讲，那时再商量确定日子。请你将布化十二条及结束语第四第五条按听众之数铅印或油印若干份，先期发与他们研究。十二条译文要用最近一次师哲〔3〕译出的，请注意。”

---

〔1〕周、甘，指周士第、甘泗淇，当时分别任八路军第120师暨晋绥军区参谋长、政治部主任。

〔2〕贾拓夫，当时任中共中央西北局宣传部部长。1943年1月又任中共中央西北局秘书长。

〔3〕师哲，当时任毛泽东的俄文翻译。

11月6日 写《祝十月革命二十五周年》一文，七日在《解放日报》上发表。文章指出："我坚信，今年的十月革命节不但是苏德战争的转折点，而且是全世界反法西斯阵线战胜法西斯阵线的转折点。""十月革命的旗帜是不可战胜的，而一切法西斯势力则必归于灭亡。""我们的抗日战争已经进行五年多了，我们的前途虽然还有艰苦，但是胜利的曙光已经看得见了。战胜日本法西斯不但是确定的，而且是不远的了。"这篇文章编入《毛泽东选集》。

11月11日 和朱德、林伯渠发出由周子健〔1〕转郑延卓电，欢迎郑延卓来延安。

11月14日 参加中共中央西北局高干会议大会讨论，听取关于边区历史问题的发言。

11月16日 致电林枫〔2〕、周士第、甘泗淇："少奇同志过路，你们派人接护时须非常小心机密，不要张扬，但要谨慎敏捷。"

11月21日、23日 在中共中央西北局高级干部会议上，结合中国共产党的情况，讲斯大林《论布尔什维克化十二条》。首先指出，一般地说，中国共产党从它的路线、工作、经验、觉悟程度、同群众的联系来说，是一个布尔什维克党。如果拿完全布尔什维克化的标准来说，那还有许多条件不具备或不完全具备。接着，逐条进行讲解。斯大林的第一条讲党是无产阶级组织的最高形式。毛泽东指出：执行这一条，就要领导一元化，承认中央

〔1〕 周子健，当时任八路军驻西安办事处处长。

〔2〕 林枫，当时任中共中央晋绥分局代理书记、八路军第120师暨晋绥军区副政治委员。

的九一决定[1]，党要领导军队、政府和民众团体。斯大林的第二条讲党特别是党的领导者必须完全精通与革命实践密切联系的马克思主义理论。毛泽东指出：十年内战时期，有马列主义对非马列主义的斗争。遵义会议以后，党的政治路线、思想路线和组织路线是比较正确的，但党内还有很大的缺点，党内产生了一种自由主义坏倾向。遵义会议以前，在党内关系问题上，主要偏向是过火的斗争。遵义会议以后，党内的主要偏向是自由主义，而不是过火的斗争。现在我们要增强理论，党校的同志每人要读三四十本马、恩、列、斯的书。这次高干会后我们应当有一个学习，每人选读几十本马克思主义的书。斯大林的第三条讲党在制定各种口号、指示时，应根据对国内和国际具体条件的分析。毛泽东指出：这一条讲方法论、思想方法问题。制定口号、指示时，国际条件、外国的经验固然要考虑，但主要的是对我们国内的具体情况加以周密的研究和分析。斯大林的第四条讲党要在群众的革命斗争中检查自己的口号、指示是否正确。毛泽东指出：理论是从客观实际抽出来，又从客观实际得到证明的。实践是考验真理的标准尺度。斯大林的第五条讲党的全部工作、每一个行动，都要走向使群众革命化。毛泽东指出：这一条的原意是党不要有社会民主党的作风，要有布尔什维克的作风，不要有改良的作风，要有革命的作风。我们中国共产党没有社会民主党的传统，我们党有两种缺点，一个是“左”，一个是右。现在我们党内自由主义相当浓厚，我们应该反对自由主义，同时当然也要反对过左的。斯大林的第六条讲党在工作中要善于把最高的原则性和同群众最大限度的联系相结合。毛泽东指出：这一条是讲群众

[1] 指1942年9月1日《中共中央关于统一抗日根据地党的领导及调整各组织间关系的决定》。

工作的原则。我们对群众的关系，是一方面要教育群众，一方面要向群众学习。要把党的最高的原则性同群众的当前的日常要求联系起来，最高原则不要变成了关门主义，联系群众不要变成了尾巴主义。斯大林的第七条讲党在工作中要善于把不调和的革命性和最大限度的灵活性、机动性相结合。毛泽东指出：这一条是讲统一战线原则，革命与妥协的关系。列宁写了一本书，叫“左派”幼稚病，就是讲的这个第七条。这里有一个最大限度的灵活性、机动性问题，我们的“三三制”就是最大的灵活性、机动性，要灵活地用各种组织形式和斗争形式达到革命的目的。不调和的革命性不要同冒险主义混淆，最大限度的灵活性不要同迁就主义混淆。斯大林的第八条讲必须使党不掩饰自己的错误，不怕批评，要善于在自己的错误中改进和教育自己的干部。毛泽东指出：如果党害怕承认自己的缺点，害怕及时地公开地承认和纠正自己的缺点，那末党就不免于灭亡。公开地承认错误，揭露产生错误的原因，分析产生错误的环境，仔细讨论改正错误的方法，这就是郑重的党的标志。斯大林的第九条讲党要善于把先进战斗员中的优秀分子选拔到基本的领导核心中去。毛泽东指出：领导核心有什么条件，斯大林讲两个条件，就是要十分忠诚，十分有经验。斯大林的第十条讲党必须经常改善自己的社会成分，消除那些腐化党的机会主义分子。毛泽东指出：不够党员资格的，也要清洗，还要经常吸收好的分子。斯大林的第十一条讲党必须建立起无产阶级的铁的纪律。毛泽东指出：建立铁的纪律，是区别于社会民主党的条件之一，也是区别于自由主义。建立铁的纪律的基础是思想的统一。斯大林的第十二条讲党应有系统地检查自己的决定和指示的执行。毛泽东指出：整顿三风以后我们要有一次大的检查。这次高干会议也算一次检查，会后要进行精兵简政，整党、整政、整军、整财政、整经济、整民、整关系，是有系统的，而且是有威信的人去检查。最后，毛泽东总括地说：这个十二条，很值得我们好好地研究一下。这是我们全党的“圣经”，是“圣经”，而不是教条，是可以变化的。

11月23日 《解放日报》前总编辑杨松因病去世。毛泽东题写的挽词是：“杨松同志办事认真，有责任心，我们应当记得他，学习他。”

同日 复信欧阳山尊、朱丹、成荫〔1〕，指出：“你们的剧〔2〕我以为是好的，延安及边区正需看反映敌后斗争生活的戏剧，希望多演一些这类的戏。”

11月29日 出席中共中央政治局会议。会议通过毛泽东起草的《中共中央关于国民党十中全会〔3〕问题的指示》，并决定在报上发表国民党十中全会的文件，同时发表中国共产党的意见。指示指出：“十中全会的这一决议，对于从一九三九年到现在四个年头的国共不良关系，做了一个总结，是对于我们今年‘七七’宣言的回答，开辟了今后两党继续合作及具体地谈判与解决过去存在着的两党争论问题的途径，虽然这些争论问题还不见得很快就能完全地解决”。“十中全会的决议，表示了这种解决的原则，一言以蔽之，就是要求我们不超出他们所设定的严格的范

---

〔1〕 欧阳山尊，戏剧家。曾任八路军第120师政治部战斗剧社社长。1942年10月至1943年4月任鲁迅艺术文学院晋西北分院院长。朱丹，后改名朱丹西，戏剧活动家。当时任八路军第120师政治部战斗剧社副社长。成荫，剧作家、电影导演。当时任八路军第120师政治部战斗剧社政治指导员。

〔2〕 指1942年冬战斗剧社在延安演出的反映敌后斗争生活的戏剧《晋察冀的乡村》、《荒村之夜》、《虎列拉》、《自家人认自家人》、《求雨》等。

〔3〕 国民党十中全会，指国民党五届十中全会，1942年11月12日开幕，27日闭幕。全会通过了“特种研究委员会”的报告，提出对共产党仍本“宽大政策”。

围，他们则答应和我们合作”。因此，“磨擦还会有的，但方式会缓和一点。各地对于国民党人员应继续采取诚恳协商，实事求是，有理有节的态度，力戒骄傲夸大有害无益的态度，借以争取更进的好转”。

11月30日 致电彭德怀：“关于从华北抽出五千至一万干部到后方保存教育，我们正作接收准备，请你订出一个分批派送计划，作八九批陆续送来，免人注意。国共关系好转，边区可能取得合法地位。林彪已去重庆，国民党派郑延卓〔1〕来延安。”

同日 为中共中央军委起草致李先念并告陈毅、饶漱石电：“你们干部缺乏，因交通阻绝，无法派来。抗战趋势，全军将大减小，你处亦应准备在明年秋冬及后年春夏缩小到二分之一或三分之一，那时量小质精，干部就够用了。”

11月 从本月开始至一九四三年一月，为了解和研究国际国内形势和有关国家的情况，大量抄录中央社和塔斯社、合众社、路透社、同盟社等一些外国通讯社所报道的中国和其他一些国家的情况，这些国家是：美国、法国、西班牙、苏联、德国、英国、南斯拉夫、葡萄牙、罗马尼亚、土耳其、芬兰、澳大利亚、瑞士、意大利、匈牙利、日本。

12月1日 中共中央发出经毛泽东审定的给各中央局、分局、区党委的指示，指出：各根据地很多都是机关庞大，系统分立，单位太多，指挥不便，干部堆在上层，军区、分区两级缺乏领导中心。这些现象，与目前及今后极端严重的分散的游击战争环境是完全矛盾的。各中央局、分局、区党委必须根据中央关于统一领导的决定和精兵简政的政策，在今冬明春做到以下各项，

---

〔1〕 郑延卓，当时是国民党政府粮食部参事，受行政院赈委会派遣携款30万元到陕甘宁边区赈灾。

以应付明年的严重环境，迎接最后胜利的到来。（一）在军区、分区两级建立领导核心，军区建立领导一切的区党委或中央分局，只留三个主要负责人，分负党委、政府、军队责任，其中一人为书记，是领导核心。军区、分区两级许多性质类似的机关合并办公，腾出大批干部加强下级。（二）没有实行精兵简政的地方立即着重研究，实行精简；已经实行了的地方再加审查，凡不彻底的地方须彻底来一次大大的痛快的精简。军队在抗战期间原则上不再补兵，全军准备在明年至后年缩小一半，由五十七万准备缩至二十余万，量小而质精，更有战斗力。地方党、政、民、学大大缩减，大批干部及知识分子派到区、乡去，派到需要的部门去，尤其是知识分子须令经过下层锻炼。（三）干部必须根据整顿三风的精神，实行自我反省，消除宗派主义余毒，乐于交出机关交出部队，被分配到新的岗位去。

同日 致电周恩来、林彪，告知与郑延卓谈话的情况：“郑延卓在延两星期，明日返渝。我同他谈了两次，表现尚好。参观了许多地方，接谈了几十个人。据称：观感与外边所见两样。谈到边区，我说区域维持现状，人员加以委任。谈到军队，我说应编四军十二师。此外停捉停打停封，发饷发弹发药，也说到了。”“谈到三民主义，我说现应实行七分资本三分封建的民生主义，议会制的民权主义。谈到社会主义，我说将来要实行的，现在无条件。”“他要求我给蒋一信，我答应了”。

同日 致信蒋介石：“前承宠召，适染微恙，故派林彪同志晋谒。嗣后如有垂询，敬乞随时示知，自当趋辕聆教。郑委员延卓兄来延，宣布中央德意，惠及灾黎，军民同感。此间近情，已具告郑兄，托其转陈，以备采择。郑兄返渝之便，特肃寸楮，借致悃忱。敬颂勋祺不具。”

12月8日 为写《经济问题与财政问题》收集整理材料一

事，致信南汉宸："各件均收，写得很好，大有益处。现我还急需贸易、金融、工业三部分，并须在三天至多四天要，请你日夜赶办，于本星期五交我。金融过去原不归你经手，但现已归你；工业你也管了一部分，由你将你管的、建厅[1]管的、军队管的综合起来写成一件，最为适当。"

12月11日 和朱德致电周恩来、林彪："徐海东同志卧病皖东三年未愈，现敌'扫荡'形势恶劣，不便休养，拟经大别山送大后方调治。请与蒋交涉，可否速告。"

12月13日 为写《经济问题与财政问题》收集整理材料一事，再致信南汉宸："后送各件收到，甚慰。拟再请你对粮食、税收、贸易、金融、财政、供给等项干部在自己工作中应注意之点（应兴应革），每项写一千至一千五百字左右给我，以插入报告中教育干部，对于你今后的工作有大助益。此次高干会主要需要教育材料。在三至四天内送我即可。""每项能写二三千字更好。""如何使他们不扰民、不贪污、不浪费而又能完成任务。每个问题分列若干条应注意之事项。"

12月18日 为中共中央书记处起草复周恩来、林彪电，请他们根据以下意见同国民党交涉："（一）在允许合法化条件下，可同意国民党到边区及敌后办党。（二）军队要求编四军十二师，新四军在内。（三）边区可改为行政区，人员与地境均不动（地境不动一点请注意）。（四）黄河以南部队，确定战后移至黄河以北，但目前只能做准备工作，不能实行移动，此乃完全为事实所限制，绝对无法移动"。二十四日，周恩来、林彪约张治中谈判，转达中共中央的上述四条意见，并声明如认为这四条可谈，请留林继续谈，如相去太远，则请蒋介石提出具体方针交林带回延安

〔1〕 指建设厅。

商量。张逐条记下，答应报蒋。

同日 中央总学委发出《关于文风学习的通知》。通知指出："文风的改造是整顿三风的一个组成部分，同时也是正确思想、正确党风借以表现的具体形式，必须认真学习，不可忽视。""对于文风的学习，各学委会必须抓紧领导，作具体的布置，号召全体参加学习的同志以学习学风和党风的精神来学习文风"。要求每个同志，认真检查自己过去和现在的工作和自己所写的文件、作品，借以坚决地彻底地肃清党八股的余毒。十二月及明年一月上半月内专门学习文风，个人学习总结可移到一月去。

12月20日 为写《经济问题与财政问题》收集整理材料一事，再一次致信南汉宸："请你写的东西不知着手否？我要的是关于粮草、税收、金融、贸易四部分，每样要说政策，说工作，是向广大的干部说话，使他们看了懂得政策的方向，懂得工作的方法。在说政策说工作时要批评错误意见，批评工作缺点，使他们有所警惕。每样要有点历史，有点分析，又有一九四三年应如何作法。请你从今天至星期四四天之内下一番苦功赶一下，于星期五日交我就好了，或在星期二三先将粮草一件交我，余在星期四五交我。金融、贸易二件请找银行与贸易局的人研究一下，粮、税你是熟的。你前交报告很好，只是向少数人说的，不是向广大干部说的，故须重写。""你写的被服部分我已采入工业问题里去了。"

12月25日 复信续范亭〔1〕："大示敬悉。我近日忙着，你又有病，迟一下我们再谈更好。你身体差些，望维持。我右臂比上半年好一点，中医似乎有效。又是一年了，真是'天增岁月人增寿'吧！其余不尽。"

---

〔1〕 续范亭，当时任晋绥边区行政公署主任、八路军晋绥军区副司令员，在延安休养治病。

12月29日 为印度援华医疗队柯棣华大夫[1]写挽词："印度友人柯棣华大夫远道来华，援助抗日，在延安华北工作五年之久，医治伤员，积劳病逝，全军失一臂助，民族失一友人。柯棣华大夫的国际主义精神，是我们永远不应该忘记的。"

12月底 接见八路军新四军干部，在同他们谈话时说：你们当旅长、团长的同志，在整风中不要怕丢脸。下级对你们有意见，让他们统统讲出来，他们窝在心里的怨气吐完了，心情就舒畅了。你们把架子放下来，从实地向群众检讨反省一番，上下级之间的关系就改善了，内部就更加团结了。当毛泽东听他们说陕甘宁边区一家老百姓给一个分区司令员提了意见，就高兴地说：这是天大的好事！那个老百姓很有觉悟。中国几千年的历史，都是老百姓受官府的气，受当兵的欺负，他们敢怒而不敢言。现在他敢向我们一个分区司令员提意见，敢批评这位"长官"，你们看这有多么好！这是多么了不起的变化！

12月 在中共中央西北局高干会议期间，亲自组织收集和整理经济和财政方面的历史的和现状的材料，为会议写题为《经济问题与财政问题》的长篇书面报告，共十章。原计划写的税收和节约两章，因高干会议闭幕，来不及写而付阙如。报告指出"发展经济，保障供给，是我们的经济工作和财政工作的总方针"，批评了不从发展经济、开辟财源而企图从收缩必不可少的财政开支去解决财政困难的保守观点，也批评了离开具体条件搞空洞的不切实际的大发展计划的冒险思想。在公私关系上，提出正确的口号是"公私兼顾"或"军民兼顾"，批评不顾战争需要单纯地强调政府应施"仁政"的观点，也批评不顾人民困难，只顾政府和军队的需要，竭泽而渔、诛求无已地加重人民负担的观

〔1〕 柯棣华因积劳成疾，于1942年12月9日在河北唐县去世。

点。报告指出：为了抗战建国的需要，人民是应该负担的，同时要使人民经济有所增长、有所补充，才能支持长期的抗战。“一切空话都是无用的，必须给人民以看得见的物质福利。”我们有许多同志的头脑还没有变成一个完全的共产主义者的头脑，他们只做了向人民要东西的工作，而没有做给人民以东西的工作。“我们的第一方面的工作并不是向人民要东西，而是给人民以东西”，在目前条件下，就是领导人民发展生产，增加他们的物质福利，并在这个基础上逐步提高他们的政治觉悟和文化程度。否则就会军民交困，一切也就无从说起了。“所以党与政府用极大力量注意人民经济的建设，乃是我们非常重要的任务”。报告指出：许多部队、机关、学校的生产活动，负行政指挥责任的人不大去管，有少数人甚至完全不闻不问，只委托供给机关或总务处去管，这是由于不懂得经济工作的重要的原故，有的人是中了董仲舒等所谓“正其谊不谋其利，明其道不计其功”这些唯心的骗人的腐话之毒。在目前陕甘宁边区的条件下，就大多数同志来说，中心工作“确确实实地就是经济工作与教育工作，其他工作都是围绕着这两项工作而有其意义”。报告还指出：这次高干会以后，“我们就要实行‘精兵简政’。这一次精兵简政，必须是严格的、彻底的、普遍的，而不是敷衍的、不痛不痒的、局部的。在这次精兵简政中，必须达到精简、统一、效能、节约和反对官僚主义五项目的”。《经济问题与财政问题》书面报告，由贺龙在十二月二十一日和二十九日向西北局高干会议作了传达。这个报告的第一章《关于过去工作的基本总结》编入《毛泽东选集》时，题为《抗日时期的经济问题和财政问题》。

本年 为拍摄《南泥湾》影片题词：“自己动手”、“丰衣足食”。

1943年 五十岁

1月1日 中共中央书记处办公厅在中央大礼堂举行干部晚会，进行团拜庆祝新年，并欢迎刘少奇从华中回到延安。毛泽东出席晚会并讲话，指出一九四三年在前方敌后抗日根据地的任务是战斗、生产、学习，在后方陕甘宁边区的主要任务是生产和学习。号召大家努力工作，发展生产和教育，援助前方，争取胜利。

1月5日 复电陈毅、饶漱石〔1〕，同意他们去年十二月二十三日来电提出的在日军大举“扫荡”的严重形势下新四军可能被迫在某些地区作分散布置的计划，“惟浙东方面不宜去人”。电报还指出：“整个抗战，尚须准备两年，你们须想各种办法熬过两年，保持我军基本骨干，不怕数量减少，只要骨干存在，即是胜利。我们正与国民党谈判，将新四军编为八路一个军，取得合法地位，并答应国民党于胜利后开至黄河以北，以期继续合作，共同建国。”

1月6日 和朱德、王稼祥、叶剑英致电彭德怀并转张际春〔2〕，指出：“同意北局决定及际春亥马〔3〕电意见，抗大总校应即结束，除连排级以下学员及陆中〔4〕编为抗大六分校，徐深

---

〔1〕 饶漱石，当时任中共中央华中局代理书记和新四军代理政治委员。

〔2〕 张际春，当时任中国人民抗日军政大学代理政治委员兼政治部主任。1943年1月6日后任中共中央北方局宣传部部长。

〔3〕 亥马，即12月21日。

〔4〕 指抗大总校附设陆军中学，1942年5月在河北邢台县成立。

吉任校长，袁子钦任政委，归刘、邓领导外，其余营级以上学员，总校在职干部及图书（带重要的）材料，一部基金，应统由际春负责带来延安。”后张际春调任北方局宣传部部长。总校一千多名教职员改由副校长何长工率领，于一九四三年一月二十四日出发，在三月上旬到达陕北绥德县。

1月10日　关于中共中央敌区工作委员会的生产总结与生产计划，复信王中[1]：“你送来的材料很有用。这是小集体生产与个人生产，我还要整个敌工委的‘一九四二年的生产总结与一九四三年的生产计划’，以便看出全般情形，请通知有关同志在十天内外做好交我。做这个总结与计划时，应包括（一）全机关生产，（二）小集体生产，（三）个人生产，当然主要的是全机关生产。其中要指出成绩，又要指出缺点，要有自我批评。”

1月11日　修改中共中央书记处关于即将召开的晋察冀边区第一届参议会准备发布新的施政纲领给晋察冀分局的复电。复电指出：“二十九年[2]发布之施政纲领在群众中有很大影响，并且直至现在还是适用的。目前不但不应发布和旧纲领并无多大区别的新纲领，而且不应对旧纲领条文有所修改，致影响旧纲领在群众中的威信。此次参议会可发一宣言，此宣言由参议会中共党员发起，邀党外人士联署向参议会提出通过，然后发表。宣言中拥护二十九年之施政纲领，同时对二十九年纲领中未包括之事项加以叙述。”

1月12日　出席中共中央政治局会议。在讨论国共谈判问题时，发言指出：据周恩来、林彪一月十日来电，现在中心问题是：（一）是否答应以何白“皓电”及国民党中央提示案作为谈

---

〔1〕王中，当时在中共中央敌区工作委员会负责行政管理工作。

〔2〕指中华民国二十九年，即公元1940年。

判的基础，（二）是否答应以李先念部调江北作为于学忠部移出山东的交换条件。会议认为调防事实上难以办到，决定由毛泽东起草给周恩来、林彪的复电，将情况进一步询问清楚后，中央再讨论决定。毛泽东在会上还说：去年中央工作改变为以全国工作为主，少管延安的日常工作，并开始经过报纸来指导工作，今年中央各部委更要重视利用报纸来指导工作。会议决定调陈伯达兼任毛泽东的学习秘书，专门研究经济问题。

1月14日 出席中共中央西北局高级干部会议闭幕会，作关于领导问题的讲演。毛泽东用“集中起来，坚持下去”两句话，阐明领导的真实意义，指出党的领导就是集中人民意见，经过思考研究变成党的意见，然后又把党的意见拿到人民中去实现，这就是所谓群众观点和领导艺术，就是真正理论与实际的联系。

同日 中共中央西北局高级干部会议对领导经济建设成绩卓著的王震等二十二人给予奖励，毛泽东分别为他们在奖状上题词，其中有：“有创造精神”，“实事求是，不尚空谈”，“忠实努力，不夸不骄”，“一刻也不离开群众”，“党的利益放在第一位”，“生产教育，两者兼顾”，“为群众谋福利”，“艰苦奋斗，不屈不挠”。

1月16日 根据一月十二日中共中央政治局会议讨论的意见，复电周恩来、林彪，请答复有关与国民党谈判的几个问题，其中有：“彼方提出以前年提示案为谈判基础及以何、白为主持人，除面子问题外，是否还有借以拖延之目的?”“我向陈宏谟向郑延卓几次表示部队目前绝对（绝对）无法移动，不是不愿移，而是无地方，无路走”；“似宜一口咬定铁一般事实，暂时不动将来必动为有理有利”。“具体解决问题的时机目前是否已经成熟?是否再等一下（苏联更胜利，国党抗敌更需要我们）较为有利?”

同日 和朱德、王稼祥复电李先念、任质斌："敌对大别山发动'扫荡'是暂时的，现已向后撤退，我们不可乘机取得，只应收回被侵占地方，协助友军击敌，以利两党谈判。"

1月18日 和朱德、王稼祥、叶剑英致电彭德怀、滕代远，朱瑞、陈光、罗荣桓，转去于学忠的一份反映同八路军冲突的电报，要他们一定制止八路军同原东北军的冲突。

1月25日 复彭德怀去年十二月十八日来电，指出：（一）"我们应争取在抗战后与国民党建立和平局面，在民主民生上做文章，去年'七七'宣言是在这个基点上发的"。"去年九月蒋约我见面，派了林彪去，现尚未回；到适当时机，我准备出去见蒋，以期谈判成功"，也是从这个基点出发的。"就是精兵简政，除当前使用外，也有这个作用，我们既不准备打内战，无须多兵，兵少又可减轻国民党的畏惧心理，求得和平，以待全国人民的觉悟，如果人家要打，我们也有恃无恐。"（二）"民主政权的实质是改善人民的经济生活与提高人民的政治觉悟，二者均为抗战。改善生活的条件，一是减轻农民对地主的负担，即实行减租减息；二是减轻农民对政府的负担，即实行精兵简政与发展一部分公营经济；三是认真帮助农民发展农业生产及副业生产，增加农民的粮食收入及副业收入。各根据地上对这几件事都有很多工作可做。陕甘宁边区的中心工作是经济与教育二项，敌后各根据地的中心工作是战争、经济与教育三项。"（三）"教育以对象分，有干部教育、国民教育等项，目前重点应放在干部教育上，而不应放在国民教育上（不是不要国民教育）。以内容分，有思想教育，政治教育，军事教育，文化教育等项，而对于干部，特别就目前时期说来，应着重思想教育，其办法就是整风学习与审查干部，这是建党的基本政策。""整风，主要是整高级干部（犯思想病最顽固的也是这些干部中的人）"，其次是中级干部，再次才是下级干部。“有些根据地把这个方向弄颠倒了”。“如果能在今明两年（抗战胜利前）经过整风与审查，将多数高级及中级干部的思想打通，又能保存党与军的骨干，那我们就算是胜利了。保存骨干与教育骨干这是今明两年的两个严重任务，高级负责人必须抓住这个方针。”

1月27日 出席中共中央书记处工作会议。会议决定：为了庆祝中美、中英分别签订《关于取消美国在华治外法权及处理有关问题之条约与换文》和《关于取消英国在华治外法权及其有关特权条约与换文》，委托王稼祥为中央起草一决定，公开发布，另对党内发一指示；同意陈绍禹提出的赴苏联治病的要求，并电告共产国际征询意见。

1月28日 出席中共中央政治局会议。会议通过《中共中央关于庆祝中英中美间废除不平等条约的决定》，并决定举行庆祝活动；会议决定调艾思奇任《解放日报》第四版编辑主任，并增印一千份《解放日报》。会议还讨论整风和审干问题。

2月1日 在谢觉哉、贾拓夫关于中共中央西北局一月二十九日召集的陕甘宁边区政府非党人士座谈会情况的报告上批示：“以后西北局可每两月召集座谈会一次。”

2月5日 农历正月初一，延安群众敲锣打鼓，扭起秧歌，到毛泽东住处拜年。毛泽东看新秧歌剧《兄妹开荒》演出时，称赞说：这还像个为工农兵大众服务的样子。毛泽东在同前来拜年的干部和群众代表谈话时，问大家能不能做到“耕三余一”，并指出在大生产运动中主要是把劳动力组织起来，搞变工互助。

2月7日 为进一步改善国共关系，和朱德、王稼祥、叶剑英向各战略区发出对统战工作的指示，指出：“国际国内的政治形势日趋好转，国方上层虽仍采拖的办法，而其局部与下层已发现迫切需要与我党我军调整关系的现象。我们应不放松每一机会和每一小的事件，主动地加强局部统战工作，改善关系，以求更加促进国内整个形势的好转。各区应本此方针，按具体情况执行，并报告我们。如有磨擦事件，必须先经报告批准，不许自由行动。”

2月9日 致电周恩来、林彪，指出：“边区财政难关已渡过，现党政军积蓄资产值边币五万万以上（合法币二万万五千万以上），今年决定大发展农、工、盐、畜生产，提出丰衣足食口号，如不遭旱大有办法，人民经济亦大有发展，可达到丰衣足食。边区高干会〔1〕（党政军民三百余人）展开彻底的自我批评，对过去历史，当时任务（生产与教育），整顿三风，精兵简政，统一领导诸问题都获圆满解决，气象一新，各事均好办了。”

2月10日 致电周恩来，彭德怀，邓小平，聂荣臻，林枫，朱瑞、罗荣桓，饶漱石：“为了总结去年整风学习，确定今年学习计划起见，请你将你处去年学习经验扼要电告我们，特别是下面几项：（一）大多数同志对于整风学习是否有正确的认识，有无偏向和误解？（二）在哪些干部中收效最大？有无把整风对象轻重倒置，只整下级不整高级？（三）是否根据具体环境及各种不同干部订立学习计划，有无不顾战争环境，不管干部程度的毛病？（四）学习方法，是否能使整风学习与实际工作密切联系，是否学用一致，有无教条主义的学习态度？（五）各级负责同志是否以身作则，亲身负责领导学习，有无放弃职责，将学习领导交给秘书或他人管理之事？以上问题望予速复为盼。”

---

〔1〕 指1942年10月19日至1943年1月14日召开的中共中央西北局高级干部会议。

2月12日 复电林彪并告周恩来:“谈判方针昨已电告。可以答应以‘皓电’为谈判基础。”“国共谈判成功大概要等到实行反攻前夜,不到反攻,彼方认为是不需要和我妥协的。彼方目前正在注视日、苏变化,以为日、苏开战彼可渔人得利。”

2月19日 农历正月十五,邀请枣园村二十四位年过六十的老人来做客,为他们集体祝寿。毛泽东祝他们健康长寿,希望他们发挥种庄稼的丰富经验,大大地发展生产,过上更好的日子。

2月21日 为庆祝苏联红军成立二十五周年与红军反攻的伟大胜利,致电斯大林、联共中央和红军将士们。贺电说:“五大洲一切民族爱好自由的人民,都已由亲身的经验,一致公认红军和苏联人民是抵抗法西斯暴力的中流砥柱,是创造新的和平世界的急先锋。”红军近三个月来的攻势,“无疑是历史上空前的,并且其规模和速度还在不断加大”。“红军将希特勒匪徒完全驱出国境,只是时间问题了。”“我们相信,由于中国人民的团结奋斗,由于苏联、英、美的胜利和对于中国的援助,我们也一定能够转入反攻并取得最后胜利的。”

2月24日 审阅修改《中共中央关于各抗日根据地目前妇女工作方针的决定》稿,在改写的一段话中,强调妇女工作者要真正成为农村群众生产的组织者与指导者,就必须学得农村经济知识,了解妇女生产内容,许多女干部必须到合作社或公营经济机关去工作。“那些浮在上层,空闲无事,不以为耻,反以为荣的观点,是完全错误的。”

2月28日 关于八路军第一一五师和山东纵队合并后的人事安排问题,致电彭德怀征求意见:拟以黎玉为第一一五师及山东军区副政治委员,罗荣桓以政治委员兼军区司令员及代理师长;黎、罗及朱瑞三人为中共中央山东分局常委,朱瑞为书记;

陈光调延安学习。

3月10日 为贯彻毛泽东去年在延安文艺座谈会上的讲话中提出的文艺为工农兵服务的方向，为使即将到基层参加实际工作的党员作家进一步了解党的文艺政策，中共中央文委和中央组织部联合召开党的文艺工作者会议，刘少奇、陈云、何凯丰等在会上讲话。会后，延安文艺界提出响亮的口号："到农村、到工厂、到部队中去，成为群众的一分子。"

同日 蒋介石《中国之命运》一书出版。该书强调反对共产主义和自由主义，把十年内战的责任推在共产党身上，诬蔑共产党、八路军、新四军为"新式军阀"、"新式割据"，暗示两年内一定要解决共产党。

3月11日 出席中共中央书记处工作会议。会议讨论中央机构调整及精简方案，决定修改后提交下次政治局会议讨论。会议决定：王稼祥、陈云因病休息三个月，陈云病假期间，中央组织部日常工作由王鹤寿[1]负责，重要问题请示刘少奇处理；恢复给政治局同志发一份外版书报杂志。

3月15日 复电彭德怀，指出："同意你对今年华北整风学习的计划。""对于三月间召开的地委级以上干部会议，应采取从检查实际工作到领会文件精神的方式，在讨论中要注重反对自由主义，深入地开展自我批评，彻底揭发一切缺点错误，把问题提到思想原则上去，才能达到上下贯通，干部团结，改造工作。"

3月16日 出席中共中央政治局会议，作关于时局与方针问题的报告。关于时局问题，指出：德国是今年被打垮还是明年？首先要估计到第一种可能；第二种可能，即今年不能打垮，

---

〔1〕王鹤寿，当时任中共中央组织部干部科科长。

第二条战线未能建立等，也要估计到。这两种可能性是哪一种，现在还不能确定。日本是扶汪打蒋的方针。国民党由于日本的进攻，外援不到，要求内援，所以国共谈判未停，国共关系有好转可能。中国抗战有打七八年的可能，我们还要坚持两年到两年半。〔1〕关于方针问题，指出：今年中央工作总方针是要从研究与指导两方面来达到保存骨干、准备将来的目的。中央机关的任务是工作、生产和教育，去年以完成整风学习为第一位，今年要以工作为主，从五月一日起开始。干部教育与国民教育，干部教育是第一。中央直属干部要进行思想教育，读马、恩、列、斯著作四十本。干部中各种教育主要是整风教育与思想教育，在各种干部中主要是高级干部教育。研究与指导，要研究国际、国内、历史、经济、文化等问题；中央同志要善于利用报纸指导工作，要有一半的时间用在报纸上。方针要增加一条，我们的领导要联系群众，方法是从群众中来，到群众中去，或者说集中起来，坚持下去。中央各部门的工作要实行彻底的转变，肃清一切脱离群众的作风。我去年与许多部门工作同志很少接触，今年要多接触，要多接触才能有知识。会议讨论了中央机构调整和精简方案，整风学习总结计划。会议决定：四月底结束整风学习，从五月起实行新的学习计划。陕甘宁边区要以工作为第一，整风不要停了工作，今后要在工作中进行整风。

3月19日 和刘少奇复电陈毅、饶漱石，同意新四军释放

〔1〕关于时局问题，毛泽东在1943年3月20日召开的政治局会议上又作了补充说明：罗斯福企图先打败日本，丘吉尔则主张先打败德国，后打日本。苏联计划打日本由美国、中国担负，打德国由英国、苏联对付。日苏不战是世界局势的一个枢纽，国共关系要看日苏关系的变化。

在反磨擦战斗中俘虏的韩德勤[1]。

3月20日 出席中共中央政治局会议。会议通过《中共中央关于中央机构调整及精简的决定》，推定毛泽东为政治局主席，并决定他为书记处主席。决定指出：中央机构调整的目的，“在于使中央机构更加简便与灵活，使事权更加统一与集中，以达到更能增强中央的领导效能”。“在中央政治局及书记处之下，设立宣传委员会与组织委员会。这两个委员会，是政治局和书记处的助理机关”。毛泽东任宣传委员会书记，刘少奇任组织委员会书记。为着分工而又统一各地区工作的领导，决定华北党政军民工作统归王稼祥负责管理，华中党政军民工作统归刘少奇负责管理，陕甘宁、晋西北党政军民工作统归任弼时负责管理，大后方工作归陈云负责管理，敌占区工作归杨尚昆负责管理。“在两次中央全会之间，中央政治局担负领导整个党工作的责任，有权决定一切重大问题。政治局推定毛泽东同志为主席”。“凡重大的思想、政治、军事、政策和组织问题，必须在政治局会议上讨论通过”。“书记处是根据政治局所决定的方针处理日常工作的办事机关，它在组织上服从政治局，但在政治局方针下有权处理和决定一切日常性质的问题”。“书记处必须将自己的工作向政治局作报告”。“书记处重新决定由毛泽东、刘少奇、任弼时三同志组成之，泽东同志为主席”。书记处“会议中所讨论的问题，主席有最后决定之权”。中央党校由毛泽东兼任校长。

同日 中央总学委发出《关于整风学习总结计划》，规定中央

---

〔1〕 1943年3月中旬，在新四军对日军的反“扫荡”作战中，韩德勤率总部特务营和保安第3纵队王光夏部等，西渡运河，侵入新四军淮北根据地的中心地区，经多次劝说、警告其退出，均无效。韩部捕杀根据地的地方工作人员，收缴地方武装枪支，抢掠财物等，遂引发新四军与韩部的冲突，在冲突中韩德勤被俘。

各部委和军委直属各机关的学习文件与工作检查四月底结束，审查工作可转入学习结束后之下一阶段，作为今年一年的中心工作之一。学校系统的学习文件、检查工作、审查干部六月底初步结束。

3月21日 主持中共中央书记处会议。会议决定二十九日用陕甘宁边区青救会名义，召集延安青年纪念黄花岗烈士就义三十二周年大会，由何凯丰作报告。

3月23日 主持中共中央书记处会议。会议讨论释放韩德勤问题，决定：如韩同意向西去，则发还一部分人枪就地解决问题；如韩不同意西去，则暂留一时期，待国民党表示态度后解决。会议决定，中央书记处每星期一、星期五下午开会，临时问题随时由毛泽东主席召集会议。

3月27日 关于蒋鼎文〔1〕命令庞炳勋〔2〕部向八路军进攻一事，和朱德复电彭德怀："蒋、庞挑衅以事先设法消弭，不致引起冲突为上策，因坏人故意寻衅，此时引起较大冲突，对我极为不利。仅在万不得已时，才可在严格自卫原则下，给向我进攻之部队以部分打击。"

3月29日 中共中央书记处致电张云逸、饶漱石并转陈毅，同意按陈毅二十七日来电所提办法处理韩德勤问题。但无论如何必须与韩德勤订立一合作抗日密约，方不上当。〔3〕

---

〔1〕 蒋鼎文，当时任国民党军第一战区司令长官兼冀察战区总司令。

〔2〕 庞炳勋，当时任国民党河北省政府主席、国民党军冀察战区副总司令兼第24集团军总司令。

〔3〕 1943年3月25日，陈毅由新四军军部到达第4师师部，主持同韩德勤的谈判。27日，陈毅致电中共中央，建议在蒋介石对韩德勤问题下决心之前，主动送韩出境。中央同意陈毅的建议后，新四军于4月1日礼送韩德勤出境，发还人枪，并划定活动区域，《新四军陈毅军长与韩德勤会谈备忘录十条》也在当天签订。

3月30日　主持中共中央书记处会议，会议同意毛泽东为中央书记处起草的复周恩来、林彪电。关于国共谈判问题，指出："周回林留，或周、林均回，仍须向彼方正式提出，如彼不允，则林独回"。关于制止磨擦问题，指出："无论华北、华中、边区，中央都曾几次下令禁止磨擦，我军亦无任何侵犯友区行动。但彼方进攻之事则屡起"，请交涉制止。

4月3日　中共中央发布《关于继续开展整风运动的决定》，指出："自一九四二年四三决定后，整风运动有了大的成绩。""但是由于有些地方的领导同志还不认识整风的深刻意义，故在这种情况下的地方，还没有获得成绩。有些地方则在部分的机关、学校、部队中获得成绩，而在其他的机关、学校、部队中则尚未深入。因此中央决定，从一九四三年四月三日到一九四四年四月三日，继续开展整风运动。""整风的主要斗争目标，是纠正干部中的非无产阶级思想（封建阶级思想、资产阶级思想、小资产阶级思想）与肃清党内暗藏的反革命分子。""如果各地能于今明两年对敌斗争的严重环境中，恰当地分配时间与人力，将整风学习、检查工作、审查干部与肃清内奸几件互相联系着的重大工作做好，就是我党的极大胜利。"

同日　复电周恩来，指出有种种迹象使我们怀疑国民党欲改变十中全会政策，寻找借口停止谈判，并向我们作进攻行动。

4月5日　主持中共中央书记处会议。会议决定：为着指导的便利，今后驻重庆办事处的工作归毛泽东直接管理，驻西安办事处的工作归任弼时管理；中央及军委直属单位和陕甘宁边区各机关，分别召集全体人员会议，号召特务奸细分子自首。

4月6日 复电周恩来："此间日内即拟具给何应钦复电[1]，你收到后即转交何，但暂不公开发表，俟彼方有进一步反共表示时（例如由中央社发表反共广播），即将此电公开发表。此次我方应取守势，待彼方进攻再行反驳，而不应事先公开发表文件。"

4月13日 主持中共中央政治局会议。会议讨论毛泽东起草的《中共中央关于继续开展整风运动的指示》草案第一号、第二号（关于领导方法）、第三号（关于克服自由主义）。毛泽东发言指出：党内与党外的自由主义是有区别的，在国民党统治区域资产阶级的自由主义是进步的。思想自由与自由主义应有区别，党内有思想自由，但不能有自由主义。立场上的坚定性与策略上的灵活性要有区别。党内斗争也应有策略，过去反张国焘错误的斗争是模范的。会议决定以上三个指示照毛泽东提出的草案修改通过。《中共中央关于继续开展整风运动的指示》第三号指出：自抗日统一战线成立以来，党内生长了一种自由主义倾向。"自由主义是目前党内斗争中的主要的不良倾向，在整风中必须克服此种倾向，才能达到彻底整风之目的"。"整风是一个伟大的党的思想斗争，实行此种斗争的武器就是自我批评。有自由主义偏向的人则不愿拿起这个武器，尤其是许多上级与高级干部害怕自我批评，这种现象必须在此次整风中着重地纠正过来。自我批评是马列主义政党的不可缺少的武器，是马列主义方法论中最革命的最有生气的组成部分，是马列主义政党进行两条战线斗争的最适用的方法，而在目前则是反对错误思想建立正确作风的最好方法"。

---

〔1〕 中共中央书记处1943年4月5日会议决定由叶剑英起草给何应钦的复电，答复何应钦关于国共磨擦向共产党方面提出的一些问题。

4月15日 主持中共中央书记处会议。会议通过关于继续清查特务、进行防奸教育问题的决定。会议决定中央研究院并入党校，中央研究院名义取消。会议同意北方局提议萧华参加山东分局为委员，并决定由朱瑞、罗荣桓、黎玉、萧华组成山东分局常委会。

4月22日 复何凯丰四月二十一日来信，指出："增加肃奸教育办法极好，请即令人编辑材料，在一周左右弄好，以便尽速付印"。"《中国之命运》我已要陈伯达写一意见（数千字，征引原文），送政治局各人看，看后再考虑办法。"

同日 再复信何凯丰："从前你有几封信我还未回复，兹复于下：（一）小资产自由主义问题，今年五五〔1〕来说，还不相宜，就全党来说，目前还是让自由主义暴露的时候，还不宜于就作总论。惟今年五五，中宣部或可发表一个一般整风学习的总结性的东西，以推动全党的整风，请加考虑。（二）生日决定不做〔2〕。做生的太多了，会生出不良影响。目前是内外困难的时候，时机也不好。我的思想（马列）自觉没有成熟，还是学习时候，不是鼓吹时候；要鼓吹只宜以某些片断去鼓吹（例如整风文件中的几件），不宜当作体系去鼓吹，因我的体系还没有成熟。（三）高、中两级干部教育计划，依你昨日主张暂停为好，先做肃奸教育，配合此次肃奸工作，昨信已复。（四）中宣部今年业务集中于干部教育、国民教育、文艺运动三项，同意此种意见。惟译、著方面（译是马列，著是历史），须集几个人来干，期于有些成绩。以上请考虑。明日拟开一次宣委会议。"

---

〔1〕 指5月5日马克思诞辰纪念日。

〔2〕 1943年12月26日是毛泽东50岁生日，党内一些同志酝酿为他祝寿，并提出宣传毛泽东思想的问题。

4月24日 主持中共中央书记处会议。会议决定高级、中级干部教育计划暂缓三个月发布，在五、六、七三个月内，专门进行防奸教育。重新恢复总学委，负责领导这一项工作。其日常事务仍由康生主持。中央书记处的这一决定，得到二十八日政治局会议的批准。

4月25日 对王若飞四月二十二日关于送阅陕甘宁边区政府整风总结广播稿的来信，批复如下："这些党播[1]，都写得很好，又简短，又具体，又生动，请送少奇、弼时、凯丰三人阅后发出。惟延安学习最好的是中直、军直，请你选择三五个典型，每个写成三五件党播（例如中央党校，不是一件党播能写得好的）。"

4月27日 和朱德复电周恩来、林彪，答复刘斐所提的几个问题，指出："陇南、伊盟两处事件，事前我们毫不知情，事后未有任何一人参与，刘为章所称一切，全是诬词。""现闻陇南事变扩大，叛民武装达二万人，伊盟七旗拥护沙王反对陈长捷、何文鼎杀人夺地、夺牛夺马等虐政"。"太行山战事，我一二九师亦是被'扫荡'者，蒋、庞[2]事前一意对我，现被敌攻，我军决不记前仇乘机图利。至所谓横山事件，乃是国民党特务机关派遣所谓反共同盟军二百余人装作土匪分股侵入边区，我军只在境内剿匪，绝无一兵一卒跨越边境，刘为章所说完全违反事实。"

4月28日 主持中共中央政治局会议。会议听取刘少奇关于华中工作的报告；讨论中央关于目前各抗日根据地职工运动决定草案；还讨论了中国共产党党旗样式，决定长阔为三与二之比，左角上有斧头镰刀，无五角星。

---

〔1〕 指党务广播稿。

〔2〕 蒋、庞，指蒋鼎文、庞炳勋。

4月30日　复周恩来四月二十八日来电〔1〕，指出："在国际酝酿反苏暗流下，国民党有发动反共宣传可能，你处准备答复是必要的，材料已要剑英即办。""望向各方先作口头解释，并要求见何见张〔2〕见蒋，加以解释。"

同日　主持中共中央书记处会议。会议通过毛泽东为中央书记处起草的关于解释"今年打垮希特勒，明年打垮日本"问题给各中央局和中央分局的电报，于五月一日发出。其中说："当苏联提出一九四二年打败德国时，是以英、美约定于一九四二年建立第二条战线为根据的，在当时不但可以而且应该提出此种口号以为动员努力之目标。但当英、美没有开辟第二条战线，又无新的约定时，就没有继续宣传此种口号"。"当苏联根据英、美约定提出上述口号时，我党亦提出一九四三年打败日本的口号，这也是不但可以而且应该的。但当英、美没有履行诺言因而去年打败德国没有实现时，我党即不应继续宣传此种口号，而应向群众解释今年所以还不能打败日本的原因，鼓励群众坚持努力争取胜利。""各中央局及分局须作长期坚持打算，准备再作两年至三年的极端艰苦斗争，并须准备或有的意外变化。"

5月2日　刘志丹〔3〕灵椁在志丹县举行公葬。毛泽东为新建的刘志丹陵园内的纪念碑题字，正面题写"革命烈士纪念碑"，

---

〔1〕　周恩来1943年4月28日致电毛泽东、朱德，指出根据各方情况和刘斐的信，估计国民党有在报上公开反共的可能。请即将最近八路军、新四军作战和配合友军的情况以及他们进攻我军情况电告，以便将前者在《新华日报》上发表，并向外国记者宣传我们的战绩。

〔2〕　何，指何应钦。张，指张治中。

〔3〕　刘志丹在红军东征期间于1936年4月14日山西中阳县三交镇战斗中牺牲。后葬于陕西子长县瓦窑堡，1943年5月由瓦窑堡迁葬于志丹县新建的陵园内。

背面题写碑文："我到陕北只和刘志丹同志见过一面，就知道他是一个很好的共产党员。他的英勇牺牲，出于意外，但他的忠心耿耿为党为国的精神永远留在党与人民中间，不会磨灭的。"

5月5日 印度援华医疗队巴苏华大夫离开延安，动身回印度。行前，毛泽东、朱德等分别向他介绍中国抗日战争和抗日民族统一战线的经验；并托他带回中共中央致印共中央的信和毛泽东、朱德致印度国民大会的信，信中对印共积极致力于全民族反法西斯统一战线和谋求民族独立的工作表示关切和支持，对印度国民大会派遣医疗队来华表示感谢。

5月6日 主持中共中央书记处会议。会议委托高岗、贺龙拟定在保安、太白镇之间地区的开垦建设计划。会议决定：从今年五月到明年五月内，留守兵团应着重注意进行军事教育，由陕甘宁晋绥联防军司令部拟交具体教育计划；审查内奸工作从四月一日起分三期进行，每期三个月，在此项工作进行过程中必须反对官僚主义与粗暴方式。

5月8日 关于目前不要刺激国民党等问题，复电周恩来并告林彪，指出：国民党联络参谋徐佛观、郭仲容已到延安〔1〕。"斯大林'五一'声明后国际形势将好转，第二条战线今年可能开辟，今冬明春可能击败德国，国民党可能对我好一点，目前彼方可能不发动宣传攻势，故我们不应先作公开声明，只作文电声明及口头解释。《解放日报》及各根据地报纸还是一点也不刺激国民党。"

5月15日 共产国际执行委员会主席团为适应世界反法西斯战争的发展，并考虑到各国斗争情况的差异和复杂，需要各国

〔1〕 国民党联络参谋陈宏谟、郭亚生1943年2月从延安撤回重庆，由徐佛观、郭仲容接替他们的工作。

共产党根据本国的情况独立地解决面临的问题，作出《关于提议解散共产国际的决定》。

5月18日 关于在陵川、林县一带避免同国民党军发生冲突，致电彭德怀，指出：国民党正在寻衅发动反我斗争，因此我军配合作战部队必须避免与国民党军队任何冲突，避免给国民党任何借口，该地敌、我、友三方情况如何望即报。

5月中旬 会见近日到达延安的国民党联络参谋徐佛观、郭仲容，同他们恳谈国共关系问题，请他们向重庆、西安国民党方面转达共产党精诚团结的意旨。

5月19日 复电周恩来，指出：太南〔1〕作战，日军先攻孙殿英〔2〕、庞炳勋，后攻我第一二九师，孙、庞大败，第一二九师奋战半月，已获胜利。我已电告彭德怀，“该地配合作战之我军部队即速北撤（该地似已无国军），不给国民党任何借口”。

同日 主持中共中央书记处会议。会议决定改派袁任远〔3〕去榆林见邓宝珊、高双成，调整双方关系，去前先来延安一次，并要国民党联络参谋也派一人同去米脂视察一下当地情形。关于“七七”宣传运动周，会议决定：由解放日报社编委会准备起草“七七”宣言；指定前后方主要负责同志准备在六月上半月前各写一篇文章；由中宣部及总政编写八路军新四军抗战小册子。

5月21日 主持中共中央政治局会议，会议讨论季米特洛夫五月二十日给毛泽东的电报。来电说，共产国际执委会主席团将于五月二十二日公布关于解散共产国际的提议，请中共中央急

---

〔1〕 太南，指太行山南部地区。

〔2〕 孙殿英，原任国民党军冀察战区第24集团军新编第5军军长。1943年4月战败投降日军，后任伪南京政府第24集团军副总司令。

〔3〕 袁任远，当时任陕甘宁边区绥德行政督察专员公署专员、绥德警备区政治委员。

速讨论这一提议，并将意见告知。会议决定：（一）先由毛泽东复电表示赞成共产国际主席团的提议。（二）待共产国际公开宣布解散共产国际组织的提议后，中央再作决定。（三）将季米特洛夫来电内容转告周恩来并告中央的处理意见，同时将此电发给北方局、华中局和晋察冀、山东、晋绥、太行四个中央分局。会议还决定今后防奸工作应遵照的六项原则：首长负责；自己动手；调查研究；分清是非轻重；争取失足者；教育干部。

同日 将季米特洛夫来电内容电告周恩来，并告知："政治局会议于二十一日决定，完全同意此种提议。俟收到国际主席团正式提议后，当即发表中央的正式决定。你处收到国际主席团文件后应与各报同时在《新华日报》发表，但不作评论，俟收到中央决定后即公布中央决定，并发表拥护之社论。"

5月24日 为中共中央书记处起草致周恩来电："共产国际解散，中央即将开会讨论中国的政策，请你即回延安，能交涉飞机回延更好。"

5月26日 主持中共中央政治局会议。这次会议是在中央本日收到莫斯科《真理报》发表的共产国际执委会主席团《关于提议解散共产国际的决定》后立即召开的。会议一致通过《中国共产党中央委员会关于共产国际执委主席团提议解散共产国际的决定》，并决定即日召开延安干部会议，由毛泽东主席传达共产国际主席团的提议和中共中央的决定。中共中央的决定指出：（一）"中国共产党中央委员会完全同意共产国际执行委员会主席团一九四三年五月十五日关于解散共产国际的提议。自即日起，中国共产党解除对于共产国际的章程和历次大会决议所规定的各种义务。"（二）共产国际在它存在的时期中，完成了自己的历史使命，包括对灾难深重的中国人民尽一切可能给予援助。但在现在的各种条件下，各国共产党更加需要根据自己民族的特殊情况和历史条件，独立地解决一切问题，因此，“共产国际之解散，是比较其继续存在，更加有利的”。（三）“中国共产党的创立，是一九一九年五四运动以后中国工人运动发展的结果，是近代中国历史发展的结果。”“中国共产党在革命斗争中曾经获得共产国际许多帮助；但是，很久以来，中国共产党人即已能够完全独立地根据自己民族的具体情况和特殊条件，决定自己的政治方针、政策和行动。”“共产国际的解散，将使中国共产党人的自信心与创造性更加加强，将使党与中国人民的联系更加巩固，将使党的战斗力量更加提高。”（四）“中国共产党人是马克思列宁主义者。因为马克思列宁主义是科学，而科学是没有国界的。中国共产党人必将继续根据自己的国情，灵活地运用和发挥马克思列宁主义，以服务于我民族的抗战建国事业。”

同日　晚上，出席中共中央书记处召集的延安干部大会。大会由任弼时主持，李富春传达共产国际执委会主席团《关于提议解散共产国际的决定》和《中国共产党中央委员会关于共产国际执委主席团提议解散共产国际的决定》。接着，中共中央政治局主席毛泽东向大会作关于共产国际解散问题的报告。他首先指出，共产国际的解散，是一件大事。他肯定了共产国际在它存在的整个历史时期中，在帮助各国组成真正革命的工人政党上，在组织反法西斯战争的伟大事业上，特别是在帮助中国革命事业上，有巨大功劳。他接着指出，但是现在共产国际这个革命的组织形式，已经不适合斗争的需要了，如果还继续保存这个组织形式，便反而会妨碍各国革命的发展。现在需要的是加强各国民族共产党，而无须这个国际的领导中心的必要了。共产国际的解散，不是为了减弱各国共产党，而是为了加强各国共产党，使各国共产党更加民族化。这就增加了我们的责任心，每个同志都要懂得自己负担了极大的责任，从而发挥高度的创造力。他强调指出，有两种团结是绝对必要的，一种是党内的团结，一种是党和人民的团结，这些就是战胜艰难环境的无价之宝。全党同志必须团结在中央的周围，只要共产党人团结一致，同心同德，任何强大的敌人，任何困难的环境，都会向我们投降的。党的干部应当和广大群众打成一片，克服一切脱离群众的官僚主义。“我们共产党人不是要做官，而是要革命，我们人人要有彻底的革命精神，我们不要有一时一刻脱离群众。只要我们不脱离群众，我们就一定会胜利”。

同日 致电周恩来：“中央对国际解散共产国际的建议已作出决定，即日由战报发来，你收到后，除在《新华日报》上发表外，并请即交塔斯社驻渝代表，请他们全文发莫斯科，此间不再发去。《解放日报》另有社论一篇，亦将发给你”。

5月27日 主持中共中央书记处会议，会议通过经毛泽东修改的《中央关于一九四三年翻译工作的决定》。决定指出：翻译工作尤其是马列主义古典著作的翻译工作，是党的重要任务之一。延安过去一般翻译工作的质量，极端不能令人满意。为提高高级干部理论学习，许多马、恩、列、斯的著作必须重新校阅。中央指定何凯丰、秦邦宪、张闻天、杨尚昆、师哲、许之桢、赵毅敏等组成翻译校阅委员会，由何凯丰负责组织这一工作的进行。今年要首先校阅党校所用全部翻译教材及译完西方史两册，以应急需。

6月1日 中共中央政治局通过毛泽东起草的《中共中央关于领导方法的决定》。决定指出：“我们共产党人无论进行何项工作，有两个方法是必须采用的，一是一般和个别相结合，二是领导和群众相结合。”“在我党的一切实际工作中，凡属正确的领导，必须是从群众中来，到群众中去。这就是说，将群众的意见（分散的无系统的意见）集中起来（经过研究，化为集中的系统的意见），又到群众中去作宣传解释，化为群众的意见，使群众坚持下去，见之于行动，并在群众行动中考验这些意见是否正确。然后再从群众中集中起来，再到群众中坚持下去。如此无限循环，一次比一次地更正确、更生动、更丰富。这就是马克思主义的认识论。”“从群众中集中起来又到群众中坚持下去，以形成正确的领导意见，这是基本的领导方法。在集中和坚持过程中，必须采取一般口号和个别指导相结合的方法，这是前一个方法的组成部分。”在运用这些领导方法时还应注意抓住中心工作。“领导人员依照每一具体地区的历史条件和环境条件，统筹全局，正确地决定每一时期的工作重心和工作秩序，并把这种决定坚持地贯彻下去，务必得到一定的结果，这是一种领导艺术。”“我党一切领导同志必须随时拿马克思主义的科学的领导方法去同主观主义的和官僚主义的领导方法相对立，而以前者去克服后者。”这个决定编入《毛泽东选集》时，题为《关于领导方法的若干问题》。

同日　复电彭德怀，同意他五月二十五日来电中提出的对太南庞炳勋残部、孙殿英残部的处置办法，并指出：国民党对敌、对外（英、美）、对共、对民、对党（中央与地方，CC系与复兴社）五方面均无妥善办法，危机日渐增长。国民党对我疑忌甚大，不愿解决问题，打击我党威信，厉行特务政策，企图从内部破坏我党。“抗战还须准备三年，彼时中国情况如何，深堪注意”。“我党应在此三年中力求巩固，屹立不败。对敌应用一切方法坚持必不可少之根据地，反‘扫荡’反‘蚕食’之军事斗争与瓦解敌伪之政治斗争均须讲究最善方策。对国民党应极力避免大的军事冲突，使彼方一切力量均用在对敌上。对人民除坚持‘三三制’外，应以大力发展农业、手工业，如人民（主要是农民）经济趋于枯竭，我党即无法生存，为此除组织人民生产外，党、政、军自己的生产极为重要。对党内政策，一是整顿三风（应坚持一年计划）；二是审查干部（清查内奸包括在内）；三是保存干部（送大批干部来后方学习）。如能实施上述各项，不犯大错，我党即可立于不败之地。”

同日 复中共冀中区委常委、宣传部部长周小舟一月二十九日来信，复信说：“一个人只要无限忠心，什么缺点也易于纠正，你对自己的看法是对的。”

6月4日 复周恩来五月三十日来电并告林彪、董必武，要周恩来争取能顺利回延安。复电并指出：陕甘宁边区今年农、工、商、盐各业蓬勃发展，公私生活已大改善。“参加‘三三制’之党外人士情绪很好，认为只有我党有办法，边区为全国唯一乐土。精兵简政、拥政爱民、整顿三风、审查干部诸政策深入实行，党内外关系大为改善，党内主观主义、官僚主义作风大为克服，六月一日中央又发表关于领导方法的决定，当使全党领导方面有一进步”。

6月6日 关于紧紧抓住整风这个关键，致电彭德怀，指出：“整风前一阶段注重学风是正确的，但后一阶段便应注重党风。因学风是思想方法问题，党风是实践问题，只有在后一时期（今年下半年）注重党风，才能将思想方法应用于党性的实践，克服党性不纯现象。”在党风学习中，自我批评应更发展，应着重提出反对自由主义错误，从思想上纠正党内自由主义。“直待党风学完后（文风应和学风一起学）才实行审查干部（主要是清查内奸），应在明年上半年了。如能在今年一年真正做好整风，明年一年真正做好审查干部，就算是了不起的成绩，我党百年大计即已奠定，请你紧紧抓住此关键”。本日，毛泽东还将此电转发新四军军部、山东分局、第一二九师、晋西北、重庆等，希望参照办理。

同日 再致电彭德怀，对他四月七日关于民主教育的谈话提出不同意见，指出："你在两月前发表的关于民主教育谈话，我们觉得不妥"。"例如谈话从民主、自由、平等、博爱等的定义出发，而不从当前抗日斗争的政治需要出发。又如不强调民主是为着抗日的，而强调为着反封建。又如不说言论出版自由是为着发动人民的抗日积极性与争取并保障人民的政治经济权利，而说是从思想自由的原则出发。""又如在政治上提出'己所不欲，勿施于人'的口号是不适当的，现在的任务是用战争及其他政治手段打倒敌人，现在的社会基础是商品经济，这二者都是所谓已所不欲要施于人，只有在阶级消灭后，才能实现'己所不欲，勿施于人'的原则，消灭战争、政治压迫与经济剥削。目前国内各阶级间有一种为着打倒共同敌人的互助，但是不仅在经济上没有废止剥削而且在政治上没有废止压迫（例如反共等），我们应该提出限制剥削与限制压迫的要求，并强调团结抗日，但不应提出一般的绝对的阶级互助（'己所不欲，勿施于人'）的口号。"

6月9日 为中共中央书记处起草致周恩来电，指出："（一）回延宜速勿耽搁；（二）望带孔原〔1〕回延，留少文〔2〕为董〔3〕助手。"

同日 何应钦、白崇禧、胡宗南等在陕西耀县举行军事会议，策划进攻陕甘宁边区。十八日，胡宗南在洛川召开军事会议，部署进攻陕甘宁边区，准备分九路闪击延安。七月二日，胡宗南电令各部于十日前完成一切准备，待命行动。

---

〔1〕孔原，当时任中共中央南方局组织部部长。

〔2〕少文，即刘少文，当时任中共中央南方局情报部部长。

〔3〕董，指董必武，当时任中共中央南方局常委（在周恩来回延安期间负责南方局工作）兼宣传部部长和统战工作委员会书记。

6月10日 共产国际执行委员会决定共产国际正式宣告解散。

6月15日 致电周恩来、林彪："何时动身，盼于七月一号前赶到延安，共商'七七'宣言，成都、西安两地望勿耽搁，一则求速，一则避嫌。"

6月16日 主持中共中央政治局会议，作关于形势问题的发言。他说：现在苏联的力量增加，有可能在今年冬季把德军打出去。关于国共关系，两年来我党采取"和国"方针，不刺激国民党，也没有在报纸上反对国民党。去年我们估计国民党在五月会有一次反共高潮，但没有来，只搞了两次反共宣传。最近周恩来、林彪见蒋介石时，蒋说要照他的《中国之命运》一书所说的办，要共产党交出军权、政权。王明认为国民党是民族联盟、民主主义与民粹派的这种估计，是不正确的。现在国民党不是大革命时代的国民党。他们所说的"民权主义"实际上是法西斯主义，没有民主；民生主义是闹得民不聊生，到处发生民变。在会议讨论"七七"宣言的起草问题时，毛泽东又说：我看日本的崩溃是必然的，国民党自蒋介石出版《中国之命运》一书后好转的可能很少。对国民党不采用决裂态度。国民党内部弱了，没有力量向我们大举进攻。边区现在进行生产建设、精兵简政、拥政爱民，做得很好。我们还需要时间，进行整风一年，读马列主义一年，读中国问题一年。我们的对敌政策是反"扫荡"、反"蚕食"斗争；对国民党要避免公开武装冲突，把同盟者国民党的力量用去对付日本；对民政策是拥政爱民，发展生产，使我党与农民关系弄好；对党内是保存干部，教育干部，进行整风。会议还继续听取刘少奇关于华中工作的报告。

6月17日 在杨家岭大礼堂设宴欢迎本日到达延安的邓宝珊。邓宝珊是奉命到重庆开会，特意途经延安，停留一星期。毛泽东同他几次单独会晤。二十日，在交际处再次设宴款待他。席间，毛泽东说：胡宗南以重兵包围陕甘宁边区，不过是挑了两筐鸡蛋叫卖而已，我们给他丢两块石头，就全部砸烂了。

6月28日 周恩来、林彪、邓颖超、孔原等一百余人，离重庆回延安。七月九日到达西安。七月十六日到达延安。

同日 收到彭德怀给中共中央军委的来电。来电报告国民党军李仙洲〔1〕部的一万余人袭占八路军巨野根据地，经多次交涉李仙洲部均置之不理，故拟消灭李部围攻八路军之一个团，然后退还部分人枪，求得和平妥协。二十九日，毛泽东、朱德复电彭德怀表示同意。

6月29日 主持中共中央政治局会议。会议讨论《中共中央为抗战六周年纪念宣言》草案，决定照毛泽东起草的草案略加修改通过，并同意刘少奇的提议，在宣言末段增加“全体共产党员必能巩固地团结在以毛泽东同志为首的中央的周围”一语。会议决定七月一日由中央书记处办公厅召集干部会议，纪念中国共产党成立二十二周年，请毛泽东作报告。

7月1日 出席中共中央书记处办公厅为纪念中国共产党成立二十二周年和抗战六周年在中央大礼堂举行的干部晚会，并作报告。报告指出：现在，全世界全中国一切反法西斯力量，全世界各国共产党和我们中国共产党，任务都只有一个，就是打败人类公敌法西斯侵略者德、意、日。过去一年里，世界的战争形势已经有了根本的改变，法西斯侵略者已经丧失了主动权，主动权到了同盟国手里了。今后的问题是要解决法西斯，分为两步，先解决德国，然后解决日本。今后的一年，是欧洲战场决战的一年。这一次的反法西斯战争，必然要造出一个更加进步的世界，

---

〔1〕 李仙洲，当时任国民党军第一战区第28集团军总司令。

一个更加进步的中国，这就是大方向。有了方向还要有政策。我们党的政策可以分为对全国的和在陕甘宁边区、敌后抗日根据地的两部分。关于对全国的政策，党中央在纪念抗战六周年的宣言中向国民党政府提出四条建议，即加强作战，加强团结，改良政治，发展生产；至于抗战胜利以后，那还是我党去年“七七”宣言中提出的希望与各党各派继续合作，共同建国的方针。关于在陕甘宁边区和敌后抗日根据地的政策，几年来我们创造了许多新东西，例如反“扫荡”、反“蚕食”、生产运动、土地政策、“三三制”、精兵简政、拥政爱民、拥护军队、整顿三风等。这些政策还要继续执行，一切为了战胜敌人，为了克服现在的困难，迎接将来的光明！

同日 致信康生，要他在《防奸经验》第六期上登载以下几句话：“防奸工作的两条路线。正确路线是：‘首长负责，自己动手，领导骨干与广大群众相结合，一般号召与个别指导相结合，调查研究，分清是非轻重，争取失足者，培养干部，教育群众。’错误路线是：‘逼、供，信。’我们应该执行正确路线，反对错误路线。”

7月2日 毛泽东起草的《中共中央为抗战六周年纪念宣言》在《解放日报》发表。宣言首先分析了全世界反法西斯同盟与法西斯侵略同盟两大阵线所发生的力量对比的巨大变化及其意义。接着指出：在中国抗战的第七年，为了克服现有的困难和准备好将来反攻时的力量，中共中央向国民党政府提出四项建议：（一）应该加强作战。只有加强正面战场和敌后战场的互相援助，特别是加强对于敌后抗战军民的援助，才是加强整个中国战场作战努力的具体办法。（二）应该加强团结。抗日战争应该是始于团结，终于团结，团结是全国人民抗日的基础。如何加强这个团结，以利抗日，实在是一切任务中的最重要的任务。（三）应该改良政治。唯一的方针是实际执行孙中山先生的三民主义，实行若干必要的政治上的改革。（四）应该发展生产。经济改革的基本方针，应该是为着发展生产而实行一个调节各阶级经济利益的民主集中的经济政策。宣言重申去年中国共产党纪念抗战五周年宣言中提出的战后合作建国的主张。宣言最后说：抗战的第六周年，同时即是中国共产党诞生的第二十二周年。二十二年的历史实践已经证明，中国共产党奋斗的方向，是使中华民族起死回生的完全正确的方向，并将在今后的历史实践中继续坚持下去，直到完全胜利而后已。

7月3日　致电周子健转周恩来、林彪，指出："胡部五十三师到洛川接替马禄防务后，已有一部侵入边区地境，修筑工事，似有逐步侵占企图。兹将富甘〔1〕、陇东、关中三方面情形电达，请就近向胡提出交涉，退出侵占地区。""数月以来，迭据西安情报，蒋严令胡宗南准备进攻边区，巳巧〔2〕胡曾到洛川召集军官会议，部署军事，此事请在西安加以探询，并向胡商谈军事冲突对抗战团结之利害。"

7月4日　致电周子健转周恩来、林彪："近日边区周围国方部队纷纷调动增加，准备进攻，有数日内爆发战争可能，内战危机，空前严重。请向胡交涉，一切问题均可于你们回延时讨论解决"。

同日　急电董必武，指出：蒋介石调集二十余师兵力包围陕甘宁边区，战事有在数日内爆发的可能，形势极度紧张。请立即将上述情况向外传播，发动制止内战运动。特别通知英、美有关人员，同时找张治中、刘斐交涉制止，愈快愈好。

〔1〕富、甘，指陕西富县、甘泉。
〔2〕巳巧，即6月18日。

7月6日 国民党政府官方通讯社——中央通讯社发表一条公开反共、破坏团结的新闻，称："西安各文化团体曾于第三国际解散后举行座谈会，讨论国际局势，并经决议联名电延安毛泽东先生，促其自觉，及时解散共党组织，放弃边区割据。"〔1〕

同日 国民党当局禁止《新华日报》刊登《中共中央为抗战六周年纪念宣言》，当夜派军队包围报馆。

同日 对国民党当局禁止《新华日报》刊登纪念中国共产党成立二十二周年的社论，并派人来报馆监视一事，电示董必武："你们应将'七一'纪念论文立即设法单印传播出去，又朱德同志给蒋、胡电〔2〕亦应速即向外传布"。"办事处一切秘密文件速即烧毁，以防突然查抄"。

同日 《解放日报》发表刘少奇写的《清算党内的孟什维主义思想》一文。文中指出：斯大林所说的两种马克思主义者，在中国共产党内历来也是存在的，前一种假马克思主义者，实质上就是中国的孟什维主义。"后一种真马克思主义者，在中国，就是毛泽东同志以及团结在毛泽东同志周围的其他许多同志，他们历年来所坚持、所奋斗的路线，他们的工作方法，实质上就是中国的布尔什维主义"。"一切干部，一切党员，应该用心研究二十二年来中国党的历史经验，应该用心研究与学习毛泽东同志关于中国革命的及其他方面的学说，应该用毛泽东同志的思想来武装自己，并以毛泽东同志的思想体系去清算党内的孟什维主义思

---

〔1〕1943年6月12日，西安劳动营训导处处长、复兴社特务分子张涤非，召集只有9个人参加的所谓西安文化团体座谈会，在张涤非操纵下通过他事先写好的攻击马列主义已经破产、要求解散中国共产党的反动电文。

〔2〕朱德于1943年7月4日致电胡宗南，7月6日致电蒋介石、何应钦等，抗议国民党军进犯陕甘宁边区的挑衅行为，要求制止内战，呼吁团结。

想。”八日，《解放日报》发表王稼祥写的《中国共产党与中国民族解放的道路》一文。文中指出：“中国民族解放整个过程中——过去、现在与未来——的正确道路就是毛泽东同志的思想，就是毛泽东同志在其著作中与实践中所指出的道路。毛泽东思想就是中国的马克思列宁主义，中国的布尔什维主义，中国的共产主义。”以毛泽东思想为代表的中国共产主义，“它是创造的马克思列宁主义，它是马克思列宁主义在中国的发展”。“中国共产主义，毛泽东思想，便是马克思列宁主义与中国革命运动实际经验相结合的结果。”

7月7日 主持中共中央政治局会议，会议讨论关于对付国民党发动的反共宣传与准备进攻陕甘宁边区问题。毛泽东发言指出：此次蒋介石、胡宗南调集河防兵力积极准备进攻边区，国民党公开宣传“取消中共”、“取消边区”，制造反共舆论的举动，是他们企图利用德苏及日苏的紧张关系，估计日本会进攻苏联，利用共产国际解散机会，实行军事压迫、政治阴谋，企图解散中共、取消边区、取消八路军的反动行为。我们过去两年采用不刺激国民党的“和国”政策，保持了两年多的比较平静，是正确的。现在情况变化，就不适用了，而要采用以宣传对付他们的反共宣传，以军事对付他们的军事进攻。会议同意毛泽东的意见，作出四项决定：（一）在坚持统一战线，实行三民主义，拥护国民党政府和蒋介石的原则下，集中力量痛斥国民党反共分子的反动政策与挑起内战、破坏抗日团结的“第五纵队”的行为。立即公布朱德总司令致蒋、胡的电报及反对西安特务张涤非制造反共宣传的新闻。延安各机关、学校、部队应配合学习“七七”宣言举行热烈的讨论。（二）七月九日召开延安各界群众大会，纪念抗战六周年，在群众大会上表示坚持抗战，反对内战，坚持团结，反对分裂，并用大会名义发表通电。（三）进行军事上的作战准备，但后方机关不到必要时不要移动。（四）由中央书记处对各地发出一个内部通知，陕甘宁边区各地由西北局发出。

同日 致电周子健转周恩来、林彪："胡宗南进攻部署已完成，请你们努力在西安设法转圜，力求避免战事。并告必武。"

同日 致电彭德怀："蒋、胡乘第三国际解散有进攻边区部署，我方正力请求避免，不得已时恐须一战。"

同日 下午，胡宗南部炮击陕甘宁边区关中分区驻军前沿警戒阵地。

7月8日 关于对付国民党发动的反共宣传和准备进攻陕甘宁边区问题，为中共中央书记处起草致各中央局、中央分局电，指出："中央决定发动宣传反击，同时准备军事力量粉碎其可能的进攻。""各地应响应延安的宣传，在七月内先后动员当地舆论，并召集民众会议，通过要求国民政府制止内战、惩办挑拨内战分子之通电，发来新华总社，以便广播，造成压倒反动气焰之热潮，并援助陕甘宁边区之自卫战争。其宣传方针，根据延安民众大会通电之内容与口号。"

7月9日 延安各界群众三万余人举行纪念抗战六周年大会，紧急动员全边区人民制止内战，保卫边区。大会发出呼吁团结、反对内战的通电。通电揭露国民党军队一个月以来积极准备进攻陕甘宁边区和中央社发出破坏团结抗战的反动言论，以为发动内战的舆论准备。通电要求蒋介石等立即撤退包围边区的国民党军队，避免内战，严惩挑拨内战的反共特务分子和通敌叛国的汉奸。

同日 起草朱德再致蒋介石、何应钦、胡宗南等电，抗议国民党军队炮击陕甘宁边区关中分区警戒阵地，要求制止进攻。

同日 关于印发中共方面揭露国民党当局反共和准备进攻陕甘宁边区的各种文电材料，致电董必武，指出："速将'七七'

宣言、朱总致蒋胡电、延安新华社揭穿西安特务假造民意新闻及延安民众大会通电（今日发出）密印分发各报馆、各外国使馆、各中间党派、文化人士，并注意设法寄往成都、桂林、昆明各界及地方实力派，是为至要。此种宣传品散发愈普遍则愈于我方有利，请用全部精力组织此事，并很机密地进行之。”

同日　起草任弼时致周子健电：“速将朱总、萧主任〔1〕致蒋、胡等电报、新华社揭发西安特务假造民意新闻及本日延安民众大会通电，设法密印数十至数百份，密发社会各界，此种工作甚为重要。”

同日　复电周恩来、林彪：“请与胡谈后速来延，胡提意见勿与争辩，只说回延会商，一切可以和平解决。判断彼方计划是陈兵边境，迫我作城下之盟，否则进击。我已进行全边区党政军民总动员，准备自卫。”

同日　关于准备对付蒋介石进攻边区的军事部署，致电彭德怀，指出：“蒋、胡尽撤河防兵力开到洛川、中部、邠州〔2〕线，密令积极准备待命进攻。我已调晋西北四个团渡河南开准备作战，晋西北现仅留六个小团，颇为空虚，同时事变有可能发展至两党破裂，我党不能不事先有所筹划。如至那种局面，拟实行前年春季所定计划，从五台、太行抽调十个大团（约两万人）西开应变。请你在日内加以考虑，提出意见电告。目前此间除作军事准备外，极力进行政治动员，展开宣传战斗，并将此种宣传散播至西安、重庆各地及英、美、苏各国，动员国内外舆论打击蒋之反革命企图。”

---

〔1〕指萧劲光。曾任八路军留守兵团主任。

〔2〕中部、邠州，今陕西黄陵县、彬县。

7月10日 致电周恩来、林彪，指出："江[1]电所提都是小事。从江日晚上我们发觉胡奉蒋令限灰日[2]完成一切作战准备，听候蒋之手令即行进攻，并继续调动第一军至邠州、淳化，调动第八师至中部之后，我们即于支日[3]起提出反对内战危机与保卫边区的任务，并向蒋、胡呼吁团结，请其撤兵与制止内战。因此，江电所说诸小节，你们不要再提，应从制止内战着眼。"

7月11日 新华社发表毛泽东写的关于中共"七七"宣言在重庆被扣、张道藩[4]发出挑拨声明、外国记者纷纷询问内战危机的新闻稿，揭露国民党当局禁止《新华日报》发表纪念中国共产党成立二十二周年的社论和刊登中共中央"七七"宣言的无理行径，以及国民党宣传机关对国民党军队准备进攻陕甘宁边区一事无法掩盖的窘境。

7月12日 《解放日报》发表毛泽东写的社论《质问国民党》。社论对蒋介石和国民党不用力抵抗日本的侵略和惩办汉奸卖国贼，而极力反共、破坏团结抗战和准备进攻陕甘宁边区这种亲痛仇快的行径，提出严厉的质问和抗议。社论说："我们正式向中国国民党中央提出抗议：撤退河防大军，准备进攻边区，发动内战，这是一种极端错误的行为，是不能容许的。中央社于七月六日发出破坏团结、侮辱共产党的消息，这是一种极端错误的言论，也是不能容许的。"这篇社论编入《毛泽东选集》。

同日 复电彭德怀：决从五台区先调六个团至晋西北待命，

---

〔1〕江，即3日。

〔2〕灰日，即10日。

〔3〕支日，即4日。

〔4〕张道藩，当时任国民党中央宣传部部长。

由吕正操[1]率领，可将晋西北工作交他管理。如榆林方面有事，又可要吕担任北线。

同日 致电聂荣臻、萧克[2]并转吕正操、程子华[3]等，指出：蒋介石、胡宗南有以董钊[4]驻榆林从北面压我之势。“决从五台区调六个团由吕正操率领西进，至晋西北待命。不论蒋、胡此次是否实行进攻，此六个团西调计划不变更。”

7月13日 主持中共中央政治局会议，会议讨论关于国民党准备进攻陕甘宁边区和中共的对策问题。毛泽东发言指出：由于近日盟军在西西里岛登陆，苏联打退德国攻势，重庆各国大使的干涉，而主要是我党动员广大群众对蒋介石、胡宗南调兵进攻边区与公开宣传“取消中共”、“取消边区”表示坚决的反抗，使国民党不得不暂时和缓进攻边区的形势。但在新调来进攻边区的军队尚未完全撤走时，不能认为已经停止了这次进攻。中央在发表今年“七七”宣言时，对国民党采取了比较和缓的态度。而发现国民党积极布置进攻边区与公开宣传取消中共后，我们采用“坚持抗战，反对内战”、“坚持团结，反对分裂”的方针，并动员群众准备力量，表示坚决反抗，是非常必要的。延安民众抗战六周年纪念大会呼吁团结、反对内战通电的态度，也是完全正确的。过去两年来采取不刺激国民党的政策是正确的，我们取得了比较平静的环境来进行各种建设。中央今后除继续贯彻整顿三

〔1〕 吕正操，当时任八路军第3纵队兼冀中军区司令员。1943年9月到达晋西北，同年11月任晋绥军区司令员。

〔2〕 萧克，当时任八路军晋察冀军区副司令员（1943年8月任代理司令员）。

〔3〕 程子华，当时任八路军晋察冀军区副政治委员、第3纵队兼冀中军区政治委员。

〔4〕 董钊，当时任国民党军第八战区第34集团军第16军军长。

风、精兵简政、统一领导、拥政爱民、发展生产、审查干部六大政策外，并须利用这次事件迅速进行下列各项工作：（一）实行政治攻势，打击国民党的反共气焰。（二）在军事上实行必要的准备，调若干兵力来边区及晋西北，加强军事技术训练，组织机关自卫军及加强民兵工作。（三）加紧进行清查特务奸细的普遍突击运动与反特务的宣传教育工作。（四）加强党内与人民中的阶级教育。（五）进行揭露国民党种种罪恶行为与反动思想、政策的宣传工作，以对抗国民党的反革命宣传。

同日 《解放日报》发表毛泽东写的关于中国政治黑暗，抗战不力，英美盟邦大不满意的新闻稿。新闻稿说：英、美人士对中国政治黑暗，和蒋介石将美、英援助不用在前线打日本而用在补充后方部队，大不满意。最近熊式辉〔1〕在纽约、华盛顿、伦敦的招待会上，都在这些方面受到英、美人士的质询。英、美向熊式辉表示，在这种情况下不能以大量的武器继续援助国民党政府。

同日 致电董必武，指出：你的工作很得力。由于种种原因，蒋介石在七月十日不得不电胡宗南改变进攻陕甘宁边区的决心，现在内战危机或可避免。延安民众大会通电已于九日用万万火急电发蒋、胡及各方要人，故你处仍应密印散发，表示共产国际解散后我方之强硬姿态，借以击退国民党之无耻反共宣传。

同日 致电周子健，指出：“蒋、胡秘密调兵准备进攻，你们所得情报完全正确，帮助中央甚大。现经我们揭穿，已引起各国大使干涉，我们又积极准备应战，故迫得蒋不得不于十日改变计划”。“为击破国民党的无耻反共宣传计，你们仍应将延安民众大会通电密发社会各方，不得停止不发。”

---

〔1〕熊式辉，当时任国民党政府军事委员会委员、驻美国军事代表团团长。

同日 关于在敌后抓紧实行六大政策，致电彭德怀，指出：蒋介石估计欧洲第二战场不易开辟，德再攻莫斯科，日必攻苏，因此调兵遣将准备向我进攻，迫我作城下之盟，又见我两年缄默，以为可以压服。殊不知自我党实行整顿三风、精兵简政、统一领导、拥政爱民、发展生产、审查干部六项政策后，党内党外，精神物质，焕然一新，大进一步，空前团结，无隙可乘。敌后亦请你们抓紧此六大政策，求于今明两年完成任务。在群众中所提经常任务，则是战争、生产、教育三项。这个电报还发给一些中央局和中央分局。

同日 再致电彭德怀，指出：我宣传闪击已收效，更因延安紧急动员，迫使蒋介石不得不改变计划。十日蒋介石令胡宗南停止行动，十一日蒋、胡均复电朱德声明无进攻意，十二日胡下令开始撤退一个师及两个军部（第一军及第九十军），内战危机似可克服。此次蒋之阴谋迅速破产，是我抓紧时机捉住反对内战、反对侮辱共产党两个要点，出其不意给以打击。“望用一切方法克服困难，保持国共一年和平，我党即可能取得极有利地位。”

7月15日 为中共中央书记处起草复山东分局并告北方局电：“（一）同意你们对付于学忠、李仙洲的方针。（二）对友好者坚决团结之，对顽固而暂时尚未向我进攻者则设法中立之，对向我进攻者则坚决反击之，这就是你们应付各派国民党军队的原则，但一切磨擦仗均须将顽方攻我压我情形电告中央，以便通知国民党中央，杜绝其借口及诬蔑。”

同日 致电朱瑞：“看你最近一时期所写整风通令及其他电报，比较从前切实了，进步了，希望从此更切实更进步。为求了解实情，从具体实情的分析出发，言语文字电报力求简短明确，内容充实，不讲浮泛话。”

同日 康生在延安中央大礼堂举行的大会上作《抢救失足者》报告，“抢救运动”开始。

7月16日 周恩来、林彪一行一百余人到达延安，受到毛泽东、朱德、刘少奇、任弼时、叶剑英、张闻天等的欢迎。

7月17日 主持中共中央书记处会议。会议决定：向中央政治局提议在八至九个月内召开党的第七次全国代表大会；电告彭德怀、聂荣臻、薄一波〔1〕、吕正操、朱瑞等来延安参加七大；由中央宣传部选定一批历史文件，指定几本马列书籍，准备于九月起在七大代表及延安高级干部中进行研究；由中央书记处办公厅准备召集一次干部晚会欢迎周恩来、林彪回到延安。

7月18日 《解放日报》发表题为《再接再厉，消灭内战危险》的社论，社论中不点名地批评蒋介石的《中国之命运》一书。社论说：“今年三月，大后方出版了一本中国法西斯主义的‘经典’”。“这本‘经典’的中心思想，一句话说完，就是要在两年内解决中国共产党，以便实行法西斯主义”。

7月19日 关于陈伯达写的《评〈中国之命运〉》一文，致信秦邦宪、陆定一：“陈伯达文章看过改过，送上请阅，请在今日或明日发表，以约5,000字登在社论地位，其余接登第四版，一天登完。以两天或三天广播之，并请广播两次。另印一小册子，亦请在日内印出，印15,000份”。“以此作一次大宣传。印时请定一亲校一次，使无错字。”

7月21日 为中共中央宣传部起草致各中央局、中央分局并转各区党委电，指出：陈伯达《评〈中国之命运〉》一文，本日在《解放日报》上发表，并广播两次。各地收到后，除在当地

〔1〕 薄一波，当时任中共太岳区委员会书记、八路军太岳纵队政治委员、太岳军区政治委员。

报纸上发表外，应即印成小册子。一切干部均须细读，加以讨论。一切学校定为必修之教本。一切地方应注意散发到国民党军队中去。应乘此机会作一次对党内党外的广大宣传，切勿放过此种机会。

同日　致电董必武，指出："此次反共高潮之近因，一由于国际解散，二由于相信日将攻苏，故蒋企图以宣传攻势动摇我党，以军事压迫逼我就范。乃事机不密，为我党揭穿，通电全国，迎头痛击，于是不能不竭力否认（如胡、徐〔1〕等复电），尽量敷衍（如对周、林），并稍示缓和（边境已有两个师后撤）。但实际上目前军事准备决不会放松，政治压迫亦必会加紧（如七七封锁新华〔2〕，目前检查渝办〔3〕）。我为彻底揭穿其阴谋并回答其自皖变以来的宣传攻势计，除已发之通电及解放社论外，并于本日公布陈伯达驳斥蒋著《中国之命运》一书，以便在中国人民面前从思想上理论上揭露蒋之封建的买办的中国法西斯体系，并巩固我党自己和影响美、英各国，各小党派，各地方乃至文化界各方面。"电报要求中共中央南方局将《评〈中国之命运〉》一文，印译为中英文小册子，在中外人士中散发，并搜集各方面对此文的反应。

7月24日　致信林伯渠：劳动英雄杨步浩等人来谈，"获知乡村情形，很有兴趣。兹转介至尊处，倘有时间，乞为接谈，他们极愿晋谒领教。并望招待他们住一晚，第二天回家，因他们离此七十里之远"。

7月25日　意大利法西斯独裁者墨索里尼倒台。

---

〔1〕徐，指徐永昌，当时任国民党政府军事委员会军令部部长。

〔2〕新华，指《新华日报》。

〔3〕渝办，八路军驻渝办事处的简称。

7月30日 关于审干方针及在敌后的八项政策等，致电彭德怀并告各中央局、中央分局、区党委负责人，指出："敌后整风请督促务于今年切实办完，以便从明春起开始全面审查干部，明年一年办完"。电报重申审查干部的九条方针，强调"必须拿这种实事求是的方针去和内战时期曾经损害过党的主观主义方针完全区别开来，这种主观主义方针就是逼、供、信三个字"。还指出："前电所述六项政策，在敌后应加对敌斗争（反'扫荡'反'蚕食'），再加阶级教育，成为八项政策，其次序是：一、对敌斗争；二、整顿三风；三、精兵简政；四、统一领导；五、拥政爱民；六、发展生产；七、审查干部；八、阶级教育。""阶级教育即是统一战线中又团结又斗争的教育，不是离开统一战线的孤立的阶级教育，对外不提阶级教育名称。"

7月 在枣园同袁任远谈话，询问绥德搞"抢救运动"的情况。毛泽东反复讲：不要搞逼供信，你逼他，他没有办法，就乱讲，讲了你就信。然后，你又去逼他所供出的人，那些人又讲，结果越搞越大。我们过去在肃反中有很沉痛的教训。我们这次无论如何不要搞逼供信，要调查研究，要重证据，没有物证，也要有人证。不要听人家一说，你就信以为真，要具体分析，不要轻信口供。对于有问题的人，一个不杀，大部不捉。杀人一定要慎重，你把人杀了，将来如有证据确实是搞错了，你虽然可以纠正，但人已死了，死者不能复生，只能恢复名誉。另外，也不要随便捉人，你捉他干什么，他能跑到哪里去。

8月1日 关于中共七大代表到延安出席大会问题，中央政治局致电北方局、太行分局、晋察冀分局、山东分局、冀鲁豫区党委、冀中区党委，指出："党的七次大会决定在年底举行，并决定彭德怀、罗瑞卿、蔡树藩[1]、薄一波、聂荣臻、吕正操、朱瑞、苏振华[2]诸同志来延出席大会。在彭、罗、蔡、聂来延期间由邓小平代理北局[3]书记，以宋任穷为一二九师副政委并代理政治部主任，以程子华代理晋察冀分局书记及军区政委，以萧克代理军区司令员，以刘澜涛为军区副政委，薄一波职务由北局指定人代理。山东分局书记由罗荣桓代理，苏振华职务由黄敬代理。来延诸人交代职务后即行动身，近者九月内，远者十月内，到达延安参加预备会。”

8月2日 主持中共中央政治局会议。毛泽东发言分析欧洲、日本和中国的时局，指出：墨索里尼倒台后，意大利新首相虽然宣称要继续打下去，但现在的局面是不利于打而利于讲和，英、美也要求意大利无条件投降。墨索里尼倒台，日本十分重视，加强对国民党的诱降政策，国民党最近到处发动舆论，鼓吹取消边区、取消中共。国民党为进攻陕甘宁边区新调来的六个师，现已撤回四个师，此次反共高潮已被打退。国民党对我们的政治攻势的回答，是到处宣传取消中共。会议决定：今晚举行欢迎周恩来等的干部大会，周恩来发表公开讲演；委托中央总学委对延安各机关、学校、部队全体人员进行对国民党（包括三民主义与蒋介石）的正确认识及对国民党的正确政策（又团结又斗争的政策）的教育工作。会议同意中央书记处提议，准备于明年二三月间召开七大。

同日 晚上，出席中共中央书记处办公厅举行的欢迎周恩来等从重庆归来的干部晚会。周恩来在会上发表演说，指出：“我

[1] 蔡树藩，当时任八路军第129师政治部主任兼太行军区政治部主任。
[2] 苏振华，当时任八路军冀鲁豫军区副政治委员。
[3] 指中共中央北方局。

们党二十二年的历史证明：毛泽东同志的意见，是贯串着整个党的历史时期，发展成为一条马列主义中国化也就是中国共产主义的路线！”“毛泽东同志的方向，就是中国共产党的方向！”“毛泽东同志的路线，就是中国的布尔什维克的路线！”

8月4日 为中共中央起草致林森治丧机构的唁电：“国府主席林公领导抗战，功在国家，兹闻溘逝，痛悼同深。谨此致唁。”

8月5日 中央总学委发出有系统地进行一次关于国民党的本质及对待国民党的正确政策的教育的通知，指出：“自从抗战以来，党内即有不少的一部分同志对今天的国民党、三民主义、蒋介石及中国的抗日民族统一战线有不正确的了解，因而在实践上亦犯了许多错误，虽经毛泽东同志与党中央多次纠正，但这些问题在许多同志的头脑中至今仍未彻底解决。在审查干部的工作中，在共产国际解散的讨论中，在这次反对国民党进攻边区的斗争中，证明不仅许多青年党员的思想中还保存许多错误观点，即老党员中亦有些人有这种观点。因此，教育全党同志把这些问题（国民党、三民主义、蒋介石）彻底弄清楚，无论对于目前保卫边区和审查干部的工作上，或对于从思想上政治上使党更加巩固、统一和布尔什维克化的事业上，都是有极端重大的意义的。”“中央总学委决定自八月十六日至八月三十一日的半个月中，各单位一律以主要力量来进行这个教育。”通知还指出，延安对失足分子的“抢救运动”告一段落。

同日 为中共中央书记处起草致晋察冀分局电，对精兵简政问题作重要指示：“毫无疑义，你们应实行精简，在这个政策上迟疑不决，就将遇到不可克服的困难。你们现在只有九十万人口的比较巩固的根据地，其他能收公粮的九十万人口是处在游击区中，而你们连马匹折合计算尚有八万多人脱离生产，这是决不能持久的。目前你们应即下决心减去三万，只留五万，其中文武比例，应是文一武四。减去三万人中，除吕部六千西移外，另调聂部四千西移，共计一万人西移，其余两万在本地安插。如果明年更困难，再准备从五万中减一万。”本日，毛泽东致电聂荣臻，再次强调“你们要下决心减去三万人，否则民困军疲，将来很危险。只要能保存三万精兵（包括游击队），就是了不起的成绩。”

8月8日 在中共中央党校第二部开学典礼上讲话，指出：这次党校一共开六门课，就是整顿三风、审查干部、党的历史、马恩列斯著作、军事课和文化课。通过学习，要达到季米特洛夫所说的干部的四条标准，即无限忠心，联系群众，有独立的工作能力和遵守纪律。学好了以后，要干两个革命，一个是新民主主义革命，一个是社会主义革命。这两个革命都要在我们手里完成，我们这一辈子就干这两个革命。还指出，大地主大资产阶级的“爱民”，是为了从老百姓身上取东西，是为了剥削，所以，反动统治阶级的“爱民”同爱牛差不多。

8月11日 为抽调干部送延安学习问题，致电彭德怀：“请你和刘、邓、杨、黄〔1〕等说通，从直属机关、学校，从太行、太岳、冀南、冀鲁豫抽调好的真正可造的高级、上级干部五百左右送延学习，其他大批中级干部及犯错误有嫌疑而前方不好处的人亦可送延，但不在此数目内。边区物质条件增加二三万兵、一二万干部不成问题。边区今年雨量充足，可望丰收。”

同日 关于发动反对中国法西斯主义的运动，和周恩来致电董必武，指出：“边区军事虽稍缓和，但国民党的武装准备并未放松，其宣传斗争则更加紧，各地参议会、新闻、文化、妇女等团体请解散中共电，已有十多处，中央社更发反共社论、专电动

〔1〕 刘，指刘伯承。邓，指邓小平。杨，指杨秀峰，当时任晋冀鲁豫行政委员会主席。黄，指黄镇，当时任八路军第129师政治部副主任。

员舆论。”“此间除继续广播评《中国之命运》各文外，拟于八、九两月发动反中国的法西斯主义运动，通电全国，主张取消各种特务组织，严禁传播法西斯主义思想，以揭穿蒋记国民党实质，并教育自己。”电报同意重庆、桂林的文化界进行反压迫的抗议，并指示重庆《新华日报》和《群众》杂志应“多登载反法西斯主义文章，以开展思想斗争”。

8月12日 致电聂荣臻及中共中央晋察冀分局各同志，指出：“拥政爱民是红军以来优良传统，任何区域均须执行”。“你们正须彻底执行拥政爱民政策，特别是军队干部对于党政民的一种骄气、傲气必须深刻检讨，开展自我批评，才能使军队与党政民打成一片更好地对付敌人。”

同日 为中共中央政治局起草致晋察冀分局电，告知政治局重新决定晋察冀分局及军区的主要工作人员。分局以聂荣臻为书记，程子华、刘澜涛为副书记。聂来延期间，程子华代理书记。军区以聂荣臻为司令员兼政治委员，萧克为副司令员，程子华、刘澜涛为副政治委员。聂来延期间，萧克代理司令员，程子华代理政治委员。北岳、冀中两区党委取消，两区工作集中于晋察冀分局。

同日 为中共中央书记处起草致晋察冀分局电，指出：“支持斗争与保存干部均属重要，如对保存干部认识不足，将犯严重错误。你处前送干部好的重要的甚少，兹决定由你们从直属机关、学校（抗大、党校）及北岳、冀中、平北各区抽调好的高级、上级干部四百至五百人送延安学习”，“最好的中级干部亦可选一部分”。

同日 关于广为散发《国共两党抗战成绩的比较》小册子，和周恩来致电董必武：“国共两党抗战成绩的比较及共产党抗击的全部伪军概况两文件即用战报发你处，收到后速即抄送史迪威尔[1]及英、美、苏各使馆，然后将第一件的第五条（关于敌军编制、装备）删去，连同第二件合印一小册，题为国共两党抗战成绩的比较，向各界及外埠广为散发。请注意利用此有力文件作宣传，延安将于数日内发表。”

8月13日 致电中共各中央局、中央分局，电报指出：“蒋介石及国民党进攻边区的阴谋，虽因我们的揭穿，有准备，及外国人的干涉而暂时停止，但他们的阴谋并未放弃，同时在全国广泛发动要求解散共产党的舆论。”“蒋之代表张治中在周恩来、林彪两同志离渝前，非正式地告诉他们，说国民党在国际解散后拟有两个方案，一是要中共交出军权、政权以取得党的合法化，一是国共两党合一。据今年七月统计，全部在华日军三十六个师六十万人，国民党只抗击二十五万人，共产党抗击了三十五万人。全部汪精卫、王克敏[2]的伪军六十二万人（大部分是蒋介石军队投敌伪化的），国民党只牵制了广东方面的六万人（但并不攻击他们），在华北、华中五十六万伪军，均为共产党所抗击，国民党对之一枪不打。”“我党政策是尽一切方法避免和国民党破裂，避免大内战，同时揭露国民党的抗战不力与反共阴谋，对抗国民党的反共言论，并准备自卫实力。”

8月15日 中共中央作出《关于审查干部的决定》，以中央文件正式公布毛泽东关于审查干部和肃清内奸的九条工作方针。决定指出：“这一次我党在整风中审查干部，并准备进一步审查一切人员，不称为肃反，不采取将一切特务分子和可疑分子均交保卫机关处理的方针，而采取首长负责，自己动手，领导骨干与

---

〔1〕 史迪威尔，即史迪威，当时是美国总统罗斯福的代表，任中印缅战区美军司令、中国战区盟军参谋长。

〔2〕 王克敏，当时任汪精卫伪政府华北政务委员会委员长。

广大群众相结合，一般号召与个别指导相结合，调查研究，分清是非轻重，争取失足者，培养干部，教育群众的方针”。“上述首长负责的整个方针，是和内战时期曾经在许多地方犯过的错误的肃反方针根本对立的。这个错误方针，简单地说来，就是逼、供、信三字。”“这种错误思想的余毒，在许多干部中特别是在保卫工作干部中，至今还是严重地保存着。只有采取上述首长负责的整个方针，才有充分可能肃清这种主观主义的错误思想，而使这次审查干部乃至审查一切人员，达到最妥善最彻底之目的。”决定对九条方针逐条作了详细阐释。

同日 关于《两条路线》的编辑问题，批示胡乔木：“加上‘调查研究’、‘增强党性’两个决定，即可付印。交弼、康、刘、周〔1〕一阅。”

8月16日 关于抽调干部到延安学习问题，为中共中央书记处起草致邓小平转太行分局各同志电，希望他们按照中央关于保存干部给晋察冀分局电报的精神正确地处理这一问题，“即是将全部干部分为支持斗争与保存学习两部分，而从直属机关、学校（抗大、党校等）及太行、太岳、冀南、冀鲁豫各区抽调好的有造就前途的高级、上级干部四百至五百人送延学习”。

8月20日 致信胡乔木，指出：一九四二年四三决定“宜选入党史文件”，《关于审查干部的决定》由康生交你。“党书〔2〕请于九月五日前印出，以便交去华北干部带去敌后”。

8月22日 致电贺龙，告知：（一）吕正操部于二十五日前后分南北两纵队过同蒲路，吕正操与聂荣臻同来，请准备一切；（二）南线平静，目前不至有战事；（三）为准备应付明年的战事

---

〔1〕 弼、康、刘、周，指任弼时、康生、刘少奇、周恩来。

〔2〕 指在毛泽东主持下编辑的《两条路线》。

及可能的旱灾（太行区今年旱灾甚重），陕甘宁、晋绥两边区粮食及财政须作妥善筹备。

同日　在中共驻重庆办事处关于《质问国民党》一文发表后的反映材料上批注："过去宣传总是不痛不痒，唯独此次打到痛处，故能动员群众压倒反动派气势"。

8月23日　中国共产党发表《国共两党抗战成绩的比较》和《共产党抗击的全部伪军概况》两个重要文件。新华社关于发表这两个重要文件的电讯说："共产党方面于本日发表两个重要文件，其一题名为《国共两党抗战成绩的比较》，其二题名为《共产党抗击的全部伪军概况》。蒋介石先生在其所著《中国之命运》一书中曾说：'没有国民党就没有中国'，今观此二项材料，究竟真如蒋先生所说呢？还是相反：没有共产党就没有中国？凡属国人，必须明辨之矣。"

8月27日　致电董必武："如无突变，你可准备出席此届参政会〔1〕，并争取民主同盟对抗战、民主问题取一致态度。"

8月30日　在关于胡宗南等对《解放日报》发表的批判《中国之命运》的文章争相阅读、读后表现沉默的情况反映上，写批语："请博古加印《评〈中国之命运〉》及愚民哲学〔2〕各一万本，专发西安及沿途驻军，并召集有关同志讨论散发方法。"

8月30日、9月1日　主持中共中央政治局会议，会议听取周恩来关于三年来大后方工作的报告。在三十日会议上，毛泽东讲抗日时期党的路线问题。他说：国民党这次对我们的军事进攻确实打下去了。现在他们准备下次进攻的部署。国民党对我们的

---

〔1〕指三届二次国民参政会，1943年9月18日至27日在重庆召开。

〔2〕指艾思奇写的《评〈中国之命运〉——极端唯心论的愚民哲学》一文。这篇文章发表在1943年8月11日《解放日报》。

政治进攻，由于苏联罗果夫[1]发表文章反对国民党要求取消中共，英、美也表示不满，我们的坚决抗议和公开批评蒋介石及国民党，现在蒋介石下令停止取消中共的宣传。这次我们提出买办的封建的法西斯主义，这是被侵略国半殖民地的法西斯主义。我们同国民党合作，是同被侵略国的买办的封建的法西斯主义合作。同时这种法西斯主义是反共反人民的，它的政策是两面政策，抗日与反共。我们对国民党的斗争是以斗争求团结，中央的路线是正确的，王明同志只要团结不要斗争的路线是错误的。王明同志抹杀国民党内部的区别，反对抗日阵线中有左、中、右之分，只分抗日阵线和非抗日阵线。他认为中国是被侵略国就没有法西斯主义。现在证明国民党大地主大资产阶级更加反动了，如出版《中国之命运》，调兵进攻陕甘宁边区，同时又更软弱了。毛泽东又说：王明同志一九四一年进中央医院前在中央书记处会议上说中央路线是错误的，《新民主主义论》要修改；两年来他还向人宣传中央路线是错误的。会议根据毛泽东提议，决定继续举行政治局会议，展开讨论抗日时期党的路线问题。

9月1日 复电山东省临时参议会一届二次大会："当此中国抗日阵线内部一部分绥靖主义者，失败主义者，投降主义者企图对敌妥协，制造内战，危机严重之际，尚望贵会及敌后全体爱国军民，团结一致，再接再厉，为坚持抗战、团结、进步，反对投降、分裂、倒退而奋斗"。

9月2日 在关于中共的完全攻势（发表《评〈中国之命运〉》、《质问国民党》等文和揭露国民党将领投敌之材料等）在国民党一部分党政军高级人员中引起的反响的情报上批示："责成出版局与中宣部开会研究出版发行事宜，检查自己工作中的错

---

〔1〕 罗果夫，当时任苏联塔斯社中国分社社长。

误缺点，开展广大有力的出版发行工作，废除官僚主义与被动态度。”

9月3日 关于从华中抽调兵力协助山东开辟工作，和朱德、刘少奇致电陈毅、张云逸、饶漱石、赖传珠，指出：“于学忠退出山东后，我山东工作大开展，鲁中南主要山地均为我控制。这对华中及山东今后斗争极关重要。但山东目前兵力不够分配，新发展地区不能迅速巩固。望速从华中一、二、三、四师每师抽调一个小团到山东，归山东分局及山东军区指挥，协助山东开辟工作。”

9月6日—13日 国民党五届十一中全会在重庆召开。蒋介石在十三日闭幕会上声称：“中共问题是一个纯粹的政治问题，因此应该以政治方法来解决”。

9月7日—10月6日 主持中共中央政治局在这一期间举行的会议。会议主要批评陈绍禹在十年内战时期的“左”倾机会主义错误和抗战初期的右倾机会主义错误。毛泽东多次发言并作小结。他在发言中说：王明是十年内战时期“左”倾机会主义路线的理论创造者与支持者，博古是执行者与发挥者。一九三七年洛川会议通过的决议，实际上有人是不同意的，在形势估计、国共关系、战略方针这三个问题上有不同意见。现在党内主要的危险是闹独立性，我们要强调党的一元化领导。抗战初期的右倾投降主义，六届六中全会在政治路线上是克服了，但未作结论，组织问题也没有说，目的是希望犯错误的同志慢慢觉悟。到了一九四一年五月，我作《改造我们的学习》的报告，毫无影响。六月后编了党书〔1〕，党书一出许多同志解除武装，才可能召开一九四一年九月会议，大家才承认十年内战后期中央领导的错误是路线

〔1〕 指《六大以来》。

错误。一九四一年九月会议是一个关键，否则我是不敢到党校去作整风报告的，我的《农村调查》等书也不能出版，整风也整不成。另一个关键就是今年中央的九月会议与高级干部现在的学习。中央检讨党的路线的会议开了很久，现在提议把会议暂停，等前方负责同志回到延安再开。先进行高级干部的学习，时间定为三个月。这次的九月会议是有收获的，以前许多同志未注意的问题引起了注意，例如王明的《为中共更加布尔什维克化而斗争》一书。现在有几位同志议论四中全会是错误的，此事大家可以研究。毛泽东在小结中指出：我们是要团结的，弄清路线的是非，才能真正团结。以斗争求团结，在中国有四个范畴：无产阶级与地主资产阶级求团结；无产阶级与农民小资产阶级求团结；无产阶级本身的团结；无产阶级先锋队内部的团结。整风就是自我批评，就是以斗争求团结，结果是更加团结了。党内斗争的方法，要避免党在历史上曾经发生过的错误斗争的方法，那样的方法没有解决思想问题。直到前年九月会议和整风，才从思想方法上解决问题。现在的斗争还是继续整风的精神，惩前毖后，治病救人。

9月11日 致信秦邦宪，请他在《解放日报》转载罗果夫在《战争与工人阶级》杂志上发表的批评国民党政府的文章，并配发一小注，其中指出："罗果夫此文曾被美国及英国报纸广泛登载，引起世界人士的注意，在重庆亦曾博得中国真正爱国人士的广大欢迎，实为我六年抗战中苏联人士第一次对于中国政府有系统的批评。此种批评，与中国共产党及中国一切真正爱国人士的见解完全一致，但望国民党当局对于国际国内的公正舆论，勿加漠视，认真纠正自己的错误，抗战前途，庶有裨益。"

同日 和周恩来致电董必武，指出：距国民参政会"十八日开会尚有六天，等待国民党情况弄清后再作决定，你在十七日以前不要报到”。十六日，中共中央书记处致电董必武：“决定你出席此次参政会。会中如有反共报告、提案及决议，视情况或当场抗议或退席会后再提书面抗议，由你依具体情况行之。”

9月18日—27日 国民参政会三届二次会议在重庆召开。何应钦在会议第四日所作的军事报告中，不顾会前王世杰向董必武作出的保证会上不作反共言论的承诺，污蔑攻击共产党和八路军。中共参政员董必武依照会议规则向何提出质询，并据实驳斥。CC分子捣乱会场，起哄攻击董必武的质询。董必武当即声明退席，不再出席会议，以示抗议。二十六日，会议通过《关于军事报告中涉及第十八集团军部分之决议案》，诬蔑八路军破坏政令军令之统一。

9月26日 复电董必武，指出：“你在参政会的行动是正确的”。蒋介石调动兵力到陕甘宁边区周围，都是针对我们的。“蒋所谓政治解决是欺骗，至少目前无此意”。

9月27日 陈潭秋、毛泽民等在新疆被军阀盛世才秘密杀害。

9月28日 为中共中央书记处起草复董必武电，指出：“双十社论〔1〕可说团结抗敌是第一义，希望蒋制止内战危机，实现民主。”如你当选国民参政会驻会委员，第一次会议可不出席，将来如情况略好仍可出席。

9月29日 和周恩来致电董必武，指出：《解放日报》日内发表评国民党十一中全会社论，当作我党的表示。“告小党派不要过于乐观，要静观国民党事实表现。蒋及国民党每遇一次危机即来一次宪政欺骗，毫无诚意，不要上当。”“驻会委员第一次会请假不去，以示对参政会通过反共决议之抗议。”

---

〔1〕 指《新华日报》将在1943年10月10日发表的社论。

9月30日 主持中共中央书记处会议。会议决定公开发表中共中央政治局关于减租、生产、拥政爱民及宣传十大政策的指示。关于检讨党的历史问题的讨论，会议决定：在彭德怀回到延安以前，暂停开中央会议，待彭到后再行续开，并可用续开续断的方式，准备在七大时再作总论；从十月份起五个月内组织在延安高级干部及七大代表二三百人，讨论党史文件和《联共党史》，中央会议负责领导这一讨论。

9月底 对董必武关于国民参政会内部斗争情况以及将董的名字放在驻会委员末位的来电，写如下批语："蒋利用邵〔1〕达其欺骗目的，仍要董但置末位，以示一拉一打，反映国民党不敢破裂，但反共是继续的。"

9月 和朱德、周恩来将山东方面查复秦启荣事件的情况电告董必武，请他依此实情答复国民党政府军事委员会军令部。电文说：国民党鲁苏战区第三游击纵队司令秦启荣乃国民党派在山东的主要反共健将，一九三九年以来秦启荣部袭击八路军之事层出不穷，完全执行由重庆委托勾结日军进攻八路军之任务。"最近事件，发生于本年七月二十三日，秦启荣亲率特务大队及其所属各支队，配合伪军张步云部向八路军鲁中部队大举进攻。激战十余日，始将该部击退，战后传闻秦启荣于此役阵亡。中央社所谓八路军袭击山东友军云云，乃颠倒是非，恶意污蔑，应予驳斥。"

10月1日 《解放日报》发表毛泽东起草的《中共中央政治局关于减租、生产、拥政爱民及宣传十大政策的指示》。关于减租，指示指出："凡未认真实行减租的，必须于今年一律减租。减而不彻底的，必须于今年彻底减租。"关于生产，指出："党

〔1〕 邵，指邵力子，当时任国民参政会秘书长、宪法促进委员会秘书长。

委、政府和军队，必须于今年秋冬准备好明年在全根据地内实行自己动手、克服困难（除陕甘宁边区外，暂不提丰衣足食口号）的大规模生产运动，包括公私农业、工业、手工业、运输业、畜牧业和商业，而以农业为主体。”关于拥政爱民，指出：“各根据地党委和军政领导机关，应准备于明年阴历正月普遍地、无例外地举行一次拥政爱民和拥军优抗的广大规模的群众运动”，“以后应于每年正月普遍举行一次”。指示指出：“我党在各根据地所实行的各项政策中，举其现时最切要的，共有十项。这十项政策就是：第一，对敌斗争；第二，精兵简政；第三，统一领导；第四，拥政爱民；第五，发展生产；第六，整顿三风；第七，审查干部；第八，时事教育；第九，‘三三制’；第十，减租减息。这十大政策是互相联系不可分割的。”只要全党认真地实行十大政策，就能达到克服困难迎接光明之目的。这个指示的第一、第二、第三部分编入《毛泽东选集》时，题为《开展根据地的减租、生产和拥政爱民运动》。

同日　为中共中央宣传部起草致各中央局、中央分局并转各区党委电，指出：“中央关于减租、生产、拥政爱民及宣传十大政策的指示是一个重要文件，应在军队及党政民各方面广作宣传，并当作上课材料。”

10月5日　《解放日报》发表毛泽东写的社论《评国民党十一中全会和三届二次国民参政会》。社论指出：国际形势已到了大变化的前夜，现在无论何方均已感到了这一变化。在这一形势面前，国民党可能要另打主意了。十一中全会后国民党人可能打的主意，不外三种：（一）投降日本帝国主义；（二）照老路拖下去；（三）改变政治方针。社论以大量的事实，揭露武汉失守以后国民党在华北、华中的反共军事磨擦没有断过，把最大的仇恨集中在共产党；而共产党则相忍为国，完全实践了一九三七年九月二十二日发表的共赴国难宣言中的四条诺言。社论提出：在蒋介石和国民党愿意的条件下，共产党愿意随时恢复两党的谈判。社论指出："总之，在国民党可能采取的三个方向中，第一个，投降和内战的方向，对蒋介石先生和国民党是死路。第二个，以空言骗人，把时间拖下去，而暗中念念不忘法西斯独裁和积极准备内战的方向，对蒋先生和国民党也不是生路。只有第三个方向，根本放弃法西斯独裁和内战的错误道路，实行民主和合作的正确道路，才是蒋先生和国民党的生路。但是走这个方向，在蒋先生和国民党今天尚无任何的事实表示，还不能使任何人相信，因此，全国人民仍然要警戒极端严重的投降危险和内战危险。"这篇社论编入《毛泽东选集》。

同日 主持中共中央书记处会议。会议通过关于党史学习的名单和分组，并决定：总学委以毛泽东为主任，刘少奇、康生为副主任，胡乔木为秘书；在日内召集中央会议，由各小组正副组长参加，由毛泽东报告学习和时局问题；学习时间暂定为三个月，开始从抗战后入门，然后再回到大革命、内战及抗战时期的问题，并向政治局提议在参加学习者中间公开宣布允许讨论党的路线问题。会议还决定在《解放日报》发表评国民党十一中全会社论后，《解放日报》暂停发表公开批评国民党的文件，地方性报纸仍可批评。

同日 根据本日中共中央书记处会议的决定，起草中央宣传部致各中央局、中央分局并转各区党委电，全文如下："（一）十月五日《解放日报》发表《评国民党十一中全会及三届二次国民参政会》，你们收到后，除登报外，应大量印成小册，广为散发，除教育干部外，应发到国民党区域各大城市及沦陷区人民中去。这个文件就是党的方针，就是对于时局的总结。（二）《解放日报》从十月六日起，暂时停止登载揭露国民党的言论，以示缓和，看一看国民党是否有政治解决及缓和时局的趋向。十月六日起，新华总社及各地分社相互停发一切揭露国民党的稿件。但各地报纸仍应继续揭露国民党，特别是反特务斗争消息应不断在报上登载。陕甘宁边区则用地方小报登载此种消息。党内阶级教育，继续进行，绝不停止。”

同日　复电董必武，指出：“六日起解放报及新华社一切揭露国民党稿件暂时停止，风平浪静以示缓和，五日文〔1〕内并指出愿意恢复两党谈判”。“以后谈判由你担任”，见蒋介石时除表示欢迎政治解决外，应指明“整个西北国民党军队备战甚急，延安不相信政治解决具有诚意，但延安欢迎政治解决不愿破裂，如继续合作，则延安保证继续实践四条诺言，要求撤退若干军队”。

10月9日　在绥德反奸大会材料上写如下批语：“一个不杀大部不抓是此次反特务斗争中必须坚持的政策。一个不杀则特务敢于坦白，大部不抓（不捉），则保卫机关只处理小部，各机关学校自己处理大多数。须使各地委坚持此种政策。”

同日　为中共中央书记处起草致晋绥分局电，指出：晋绥分局范围内增加七大代表二十人，明年二月到达延安；中央十一月一日起开会，望贺龙于本月半动身，月底到延安。

10月10日　复电董必武：你应出席国民参政会驻会委员第一次会议。十五日，董必武出席了这次会议。

10月14日　在中共中央西北局高干会议上作报告。报告首先指出：这次高干会与上次高干会不同的，就是准备打仗的问题。我们反对破裂，反对内战，但投降派煽起破裂，就要有办法对付。报告指出，我们党现在是有二十二年经验的党，有军队有

---

〔1〕指《评国民党十一中全会及三届二次国民参政会》一文。

根据地的党，我们的八路军、新四军堪称政治上坚强的军队。我们党已有二十二年三次革命的经验，不能再容许王明路线占领导地位了。王明路线曾企图占党的统治地位，一九三八年时曾危害过党，直到六中全会才在政治上克服了。王明路线的特点是：(一)以速胜论反对持久战；(二)以一切经过统一战线反对独立自主；(三)军事上反对游击战主张运动战；(四)在组织上闹独立性，不服从中央，闹宗派主义。报告对十大政策作了阐述，指出当前各根据地最中心的任务是四项：第一是对敌斗争；第二是发展生产；第三是整顿三风；第四是审查干部。四项做好，党即可巩固，现在还只相当巩固，还不十分巩固。关于发展生产，报告特别讲组织劳动力的问题，指出经过土地革命和减租减息的农民劳动如果不从个体劳动转到集体劳动，则生产力还不能进一步发展。如果全体人民的劳动都组织在集体互助劳动之中，则全边区一千四百万亩耕地的收获要增加一倍以上。这个方法将来可行之全国，将来中国的经济史上要大书特书的。合作社性质基本是一个群众观点，要想到群众。群众观点是我们与国民党的根本区别，是共产党员革命的出发点与归宿，从群众中来，到群众中去，想问题从群众出发就好办。报告还指出：马列主义的方法论，自我批评是一条，反对自发论的思想是又一条。在去年高干会以前自发论的思想是很流行的。要改造世界，这才是马列主义。要批评错误，要以斗争求团结。以斗争求团结的原则，要运用到四个范畴。第一，是无产阶级对资产阶级，要从斗争中把资产阶级提高到抗日纲领的地位，无产阶级是可以领导资产阶级的。第二，是无产阶级对农民，这是与第一个范畴完全不同的范畴，农民是我们最可靠的同盟军，对农民要以同志态度以斗争求团结，把农民提高到党的纲领的水平。第三，是无产阶级自己的队伍，以斗争求团结，统一劳动阶级，反对一切分裂无产阶级的落后思想，反对无产阶级队伍中的孟什维主义思想。第四，是在无产阶级先锋队——共产党内也要发展自我批评，反对一切机会主义思想，以斗争求团结。

10月17日　致电董必武："对蒙特巴顿〔1〕所询各项，除你处已有材料可告他外，军队五十万数目及活动地区与我党外交政策及对教会态度均可告他。"

10月19日　《解放日报》发表毛泽东一九四二年五月《在延安文艺座谈会上的讲话》。二十日，中央总学委发出关于学习这个讲话的通知："《解放日报》十月十九日发表的毛泽东同志在一九四二年五月延安文艺座谈会上的讲话，是中国共产党在思想建设理论建设的事业上最重要的文献之一，是毛泽东同志用通俗语言所写成的马列主义中国化的教科书。此文件决不是单纯的文艺理论问题，而是马列主义普遍真理的具体化，是每个共产党员对待任何事物应具有的阶级立场，与解决任何问题应具有的辩证唯物主义历史唯物主义思想的典型示范。各地党收到这一文章后，必须当作整风必读的文件，找出适当的时间，在干部和党员中进行深刻的学习和研究，规定为今后干部学校与在职干部必修的一课，并尽量印成小册子发送到广大的学生群众和文化界知识界的党外人士中去。"

10月21日　和朱德、彭德怀致电邓小平、滕代远等，指出：（一）蒋介石对陕甘宁边区军事布置仍在积极准备中。（二）决由冀鲁豫边区调三个大团，保证每团二千五百人，到达陕北，今年年底补充准备完毕，明年二月底到达陕北绥德待命。无论情况如何变化，此计划决不改变。

同日　致信侯健存大夫："在边区政府工作的吴吉清同志

---

〔1〕 蒙特巴顿，即蒙巴顿，英国勋爵。当时任东南亚盟军最高指挥官。

（他过去是我的特务员）的小孩患病甚重，群医束手，拟请费神为他检查一下，看是否还有希望，未知可否？”

10月26日 和朱德、周恩来等致电吊唁国民参政会参政员张一麐去世。

10月下旬 和任弼时、彭德怀到南泥湾视察八路军第三五九旅屯垦和生产情况。在五六天时间里，毛泽东等深入部队驻地，了解战士们的生产和生活情况。毛泽东鼓励战士们说，困难并不是不可征服的怪物，大家动手征服它，它就低头了。他还说，敌人封锁我们，我们的回答就是自己动手，用我们的双手做到生产自给，丰衣足食。

10月 在国民党联络参谋徐佛观声称胡宗南部绝无进攻陕甘宁边区之意致朱德的电报上，写了如下批示：“危机并未过去，不要听信甘言。”

同月 中共中央书记处由延安杨家岭迁往枣园，毛泽东的住处也迁到枣园。

同月 毛泽东主持编辑、中共中央书记处编印的《两条路线》上下册成书。这部书是延安整风运动中党的高级干部研究和总结党的历史经验时学习的主要的党的文件集。所收文件起自一九二二年党的二大宣言，迄至一九四三年十月《解放日报》发表的毛泽东《在延安文艺座谈会上的讲话》，共一百三十七篇。

11月4日 为中共中央宣传部起草《宣传要点》。全文如下：“（一）斯大林‘五一’命令中及中央‘七七’宣言中所称今年打败希特勒一节应作如下的解释。打败希特勒不但需要苏联的努力，而且需要英、美的努力，但在过去时期内，因为只有苏联单独抵抗希特勒及其欧洲伙伴，英、美两国没有执行他们在一九四二年开辟第二条战线的诺言，故使得希特勒还能继续进攻，使得希特勒还没有被打败。现在希特勒对苏联的第二个夏季攻势已经破产了，这是苏联单独作战的结果。今后世界反法西斯的任务，就是发动对法西斯阵线的进攻，最后地打败法西斯。今年十月革命节乃是整个反法西斯阵线由防御到进攻的转折点，是特别值得庆祝的。（二）日寇为了破坏我们的秋收正在整个华北进行它的秋季大‘扫荡’，我八路军及华北人民正在作英勇的反‘扫荡’战斗，一定要粉碎日寇的计划。各根据地目前时期的宣传应集中于鼓励人民配合军队粉碎敌人的进攻，保卫秋收，打击敌伪的‘蚕食’政策，扩大我们的根据地。”

11月5日 代表中国共产党和中国人民致电斯大林、苏共中央和苏联全体军民，热烈庆祝十月革命二十六周年，庆祝红军在反法西斯战争中的伟大胜利、庆祝莫斯科三国会议及中国参加的四国宣言〔1〕的伟大成功。并表示：中国人民将永远和苏联人民携手并进，团结一致，争取抗日民族解放战争的最后胜利。

11月6日 出席中共中央书记处办公厅为庆祝十月革命二十六周年举行的干部晚会并讲话，指出：在这一年之中，苏联红军的胜利转变了战争的全局，关系于整个人类的命运。讲话肯定三国外长莫斯科会议所取得的成功，指出：“不久的时间内，我们将看得见第二战场的实行开辟，从东西两面夹击希特勒而打败他，决定地解决欧洲的问题。欧洲问题解决，就是折断了整个法西斯的脊骨与右手，剩下日本帝国主义这个左手，也就不难打断了”。讲话表示中国共产党、八路军、新四军将同全国爱国的军民一齐努力，打败日本帝国主义，建立自由平等的新国家。

11月7日 主持中共中央书记处会议。会议决定调陈毅来

---

〔1〕 1943年10月19日在莫斯科开始举行的苏、美、英三国外长会议，拟定了关于普遍安全的宣言，并邀请中国参加这一宣言。10月30日，三国外长与中国驻苏联大使在这一宣言上签字。

延安参加七大，就此谈通历史和现在的一些问题，新四军军长职务由张云逸代理。八日，毛泽东致电陈毅并告饶漱石，指出："我们希望陈来延安参加七大。"如陈来延参加七大，并在此留住半年左右，明了党的新作风及应作重新估计的许多党内历史上重大问题，则一切不和均将冰释，并对党有极大利益。"陈来延期内职务由云逸暂行代理，七大后仍回华中，并传达七大方针。"

11月10日 邓小平在中共中央北方局党校第八期开学时作整风动员讲话，指出："我党自从一九三五年一月遵义会议之后，在以毛泽东为首的党中央领导之下，彻底克服了党内'左'右倾机会主义，一扫主观主义、宗派主义和党八股的气氛，把党的事业完全放在中国化的马列主义，即毛泽东思想的指导之下，直到现在已经九年的时间，不但没有犯过错误，而且一直是胜利地发展着。"

11月11日 和朱德、彭德怀致电邓小平、滕代远等，指出："敌正在加紧对华诱降，蒋仍未放松对边区军事准备，我为推迟内战，坚持敌后抗战，尽可能屯兵陕北，是十分必要的"。望以六团单位补足七千五百人，由杨得志〔1〕率主力五千人，年底或明年正月初出动来延安。

11月12日 和朱德参观延安市为促进陕甘宁边区经济繁荣、便利商品交易举行的为期一月的骡马大会。毛泽东、朱德细心观看，关心和询问商家的营业情况，许多货摊主人纷纷起立表示欢迎。

11月13日—27日 主持中共中央政治局在这一期间举行的会议，会议继续批评陈绍禹在十年内战时期的"左"倾机会主义错误和在抗战初期的右倾机会主义错误。毛泽东在发言中说：遵

---

〔1〕 杨得志，当时任八路军冀鲁豫军区司令员。

义会议以后的路线和遵义会议以前的路线，是马列主义和非马列主义的区别。遵义会议前被诬为机会主义者的，今天已变为主要领导者。但这个码头仍是四中全会、五中全会选出的中央。这是一个矛盾，已经忍耐了多少年，从前年九月会议到现在又忍耐了两年，我还要求同志们再忍耐一下，不忙解决这个问题。遵义会议只集中解决军事路线，因为中央在长征中，军事领导是中心问题。当时军事领导的解决差不多等于政治路线的解决。一九三七年十二月会议时，由于王明的回国，进攻中央路线，结果中断了遵义会议以后的中央路线。十二月会议我是孤立的，我只对持久战、游击战为主、统一战线中独立自主原则是坚持到底的。六届六中全会，我对王明的“一切经过统一战线”等是作了否定的结论的，但当时没有发表。六中全会的很好的条件是王稼祥带回了共产国际的指示。前年九月会议，提到抗战时期党的路线问题，王明坚决不承认路线错误。我说不说路线错误也可以，但有四个原则错误，即（一）速胜论，（二）运动战，（三）对国民党只要团结不要斗争，（四）组织上闹独立性。但王明仍不承认，不久来了反攻，说他的路线是正确的，中央路线是错误的。对具体问题进行具体分析是马列主义的灵魂。有许多同志喜欢作总结，而不喜欢分析问题。综合是分析的结果，分析是综合的手段。统一的东西必须经过分析，发现问题，暴露问题，分析问题，才能有正确的结论。我们的目的是揭发路线错误，又要保护同志，不要离开这个方向。洛川会议我提出抗战后主要危险是右倾，大家都没有了解。在革命中，资产阶级采取暴力政策，革命队伍容易出“左”倾机会主义；资产阶级采取改良政策，革命队伍容易出右倾机会主义。蒋介石在他的阶级敌人面前是警觉、坚定、明确的，每个共产党员都要学习这一点，他是阶级政治家。大革命时，我们第一个失败的关键是国民党第二次全国代表大会。当时我主张反击，因我们有三分之一，左派三分之一，其他三分之一，左派很赞成，结果我们自动退却。《联共党史》上很少提“路线”二字，中国同志就喜欢咬此二字，以后少用为好。

11月13日 中直、军直第二届生产展览会开幕。毛泽东为展览会题词：“群众生产，群众利益，群众经验，群众情绪，这些都是领导干部们应时刻注意的，庆祝今年生产的胜利。”

同日 在董必武十一月十二日关于蒋介石等一再询问周恩来是否以及何时从延安出来到重庆的来电上批示：“拟答：周三年在渝无事可做，在国民党未真想合理解决问题以前，不拟出来，各事可经董谈判，如至真能合理解决问题时，周可以出来。”十五日，复电董必武：“可告国民党，周在渝三年无事可做，暂时不拟出来，董被委以全权与彼方谈判一切问题。”

11月22日—26日 罗斯福、丘吉尔、蒋介石在开罗举行美、英、中三国首脑会议，讨论联合对日作战的计划，作出在滇缅路发动对日作战的决定，并签订开罗宣言。宣言表示三国的宗旨是：剥夺日本从一九一四年以来在太平洋上所夺得或占领的一切岛屿，把日本侵占的领土如满洲、台湾、澎湖群岛等归还中国，等等。宣言坚持日本必须无条件投降。

11月28日—12月1日 斯大林、罗斯福、丘吉尔在德黑兰举行苏、美、英三国首脑会议，讨论对德作战中的一致行动和战后和平等问题，签订了德黑兰总协定和德黑兰宣言。总协定规定美、英等国应于一九四四年五月发动诺曼底登陆战役，开辟欧洲第二战场。

11月29日 在中共中央招待陕甘宁边区劳动英雄大会上作题为《组织起来》的讲话，指出：陕甘宁边区一年来组织群众进行生产运动，取得很大的成绩。把群众组织起来，成为一支劳动大军。“我们有打仗的军队，又有劳动的军队。打仗的军队，我们有八路军新四军；这支军队也要当两支用，一方面打仗，一方面生产。我们有了这两支军队，我们的军队有了这两套本领，再加上做群众工作一项本领，那末，我们就可以克服困难，把日本帝国主义打垮。”“目前我们在经济上组织群众的最重要形式，就是合作社。”“这是人民群众得到解放的必由之路，由穷苦变富裕的必由之路，也是抗战胜利的必由之路。”“我们共产党员应该经风雨，见世面；这个风雨，就是群众斗争的大风雨，这个世面，就是群众斗争的大世面。”“我们应该抑制自满，时时批评自己的缺点，好像我们为了清洁，为了去掉灰尘，天天要洗脸，天天要扫地一样。”这个讲话编入《毛泽东选集》。

11月下旬 派人到陕甘宁边区政府交际处接邓宝珊〔1〕、续范亭到自己住处谈话，朱德、周恩来在座。毛泽东说：国民党可能采取三个方向，第一个是直接投降和内战方向，这条路是走不通的；第二个是一面假装抗日，一面积极反共，这条路最终也是行不通的；第三个是根本放弃法西斯独裁和内战政策，这才是一条生路，我们大家必须为此而努力奋斗。三民主义必须通过三大政策来实现。现在日本的困难越来越大，抗战胜利在望，只须国共两党继续努力了。

12月1日 主持中共中央政治局会议。毛泽东在会上说：我们现在的纲领很简单，就是无产阶级领导的人民大众的反帝反封建的革命，一切政治、经济、军事、文化都是如此。这里面有人民大众与帝国主义封建主义的斗争，人民大众很多，首先是几万万农民，其次是几千万小资产阶级，在反帝反封建斗争中资产

---

〔1〕 邓宝珊从西安返榆林途中于1943年11月下旬到达延安，停留半个月。当时邓宝珊偶感风寒而患病，毛泽东着人送去狐皮10件给他做大衣衣料。

阶级也参加，抗日时期地主也参加，但必须在无产阶级领导之下。许多同志如王明同志就不了解这一点。

12月4日 复信续范亭。信中说："贵体虽有起色，但看东西仍不宜太多，请加注意。邓先生西北人望，调护国共关系，出力甚多，此次南行，讲了许多好话，我们心中感谢他。惟此次见面，似不满足，因我们未谈具体办法。其实我们毫无具体办法，例如撤消封锁，承认边区，恢复新四等等，除听候国民党解决外，我们方面是毫无办法的。边区周围情况仍紧，惟国际环境日好，日寇又有进攻之势，时局或可不走向决裂。明年春夏尚有一关，过了此关，或有好转之望。"

12月9日 参观陕甘宁边区第三届生产展览会后，在中共中央西北局办公厅邀请十七位劳动英雄座谈生产经验，包括移民、打盐、义仓、部队生产、变工扎工及合作社等问题，鼓励他们要将这些生产经验在群众中广泛宣传，使这些经验能指导全边区人民的合作生产。

12月10日 为中共中央书记处起草致各中央局、中央分局及各军政治部电，指出："明年军队的拥政爱民运动及民众的拥军运动应规定于旧历正月举行，不应在阳历一月举行，以便利用群众过旧历新年的习惯。应规定明年旧历正月全月为拥政爱民月及拥军月，以便各地各部在这一个月内选择一周或两周举行这个运动。"

12月14日 主持中共中央书记处会议。会议主要讨论高级干部学习党的路线问题，决定：学习时间为半年，从今年十一月起至明年四月底；学习的课本为六种，即《共产党宣言》、《社会主义从空想到科学的发展》、《共产主义运动中的"左派"幼稚病》、《社会民主党在民主革命中的两种策略》、《联共（布）党史简明教程》、《两条路线》上下册；学习要展开争论，提出中心问题，开展自我批评，要联系实际材料，要有历史观点，等等。会议同意毛泽东的提议，组织由任弼时、刘少奇、朱德、彭德怀等参加的政治工作委员会，以任弼时为主任，陶铸为秘书。

12月16日 和彭德怀复电邓小平，指出："努力生产，注意积蓄，准备迎接更加艰苦局势之到来，这是完全对的，请你坚持此方针"。复电着重分析目前国际形势及敌后的任务，指出："开罗会议，打击了日本诱降（但未最后放弃），堵塞了蒋介石寻求妥协之门，给与澎湖、台湾、满洲支票，可能招致日寇正面进攻之祸。德黑兰会议肯定开辟欧陆第二战场，与蒋希望快在太平洋反攻相违背。胡蒋此次由开罗飞返重庆不及前次废约之大吹大擂、兴高采烈了。时局于抗日、革命是极为有利的，但困难仍在增加（如开罗会议可能促使日本财阀间军阀间各派别之矛盾减少而较前更妥协团结，坚持持久战争等），特别处于敌后之华北须有充分准备，再坚持三五年，防止在德黑兰、开罗会议及苏联不断胜利下，引起轻敌，放松长期准备。请随时注意各区实际情形予以纠正。"

12月17日 在读了刘少奇六月二十八日关于人性、是非、善恶等问题致续范亭的信后，写信给刘少奇。信中说："一气看完了你这一篇，前后看了三遍。并且率直批上了我的意见"。"我也没有研究透彻，不能说我批的全都无错，还请你看后告我。"毛泽东的批语主要有：人和其他动物"最基本区别是人的社会性，人是制造工具的动物，人是从事社会生产的动物，人是阶级斗争的动物（一定历史时期），一句话，人是社会的动物，不是有无思想。一切动物都有精神现象，高等动物有感情、记忆，还有推理能力，人不过有高级精神现象，故不是最基本特征。"关于思想在根本上不能离开物质而独立存在，主观在根本上不能离开客观而独立存在，"这是两个问题，思想不能离开物质，精神现象是人脑的属性，讲的是脑子与脑子的属性的关系，一种物质运动形态与别一种物质运动形态（精神是一种特殊的物质）的关系，这是一个问题。主观反映客观，讲的是存在决定意识，社会存在决定社会意识，内心与外物的关系，这是另外一个问题”。关于人的自然本质、人的自然本性，“当作人的特点、特性、特征，只是一个人的社会性——人是社会的动物，自然性、动物性等等不是人的特性。人是动物，不是植物矿物，这是无疑的，无问题的。人是什么一种动物？这就成为问题，几十万年直至资产阶级的费尔巴哈还解答得不正确，只待马克思才正确地答复了这个问题。即说人，它只有一种基本特性——社会性，不应说它有两种基本特性：一是动物性，一是社会性，这样说就不好了，就是二元论，实际就是唯心论。”“所谓是非善恶是历史地发生与发展的，历史地发展相对真理与绝对真理的统一，不同阶级的不同真理观，这就是我们的是非论。道德是人们经济生活与其他社会生活的要求的反映，不同阶级有不同的道德观，这就是我们的善恶论。把人性分为自然性、社会性两个侧面，并承认自然性是无善无恶的，就给唯心论开了后门。”“孔孟有一部分真理，全部否定是非历史的看法。”

12月20日 致信胡乔木：“请你就延安能找到的唯物史观社会发展史，不论是翻译的，写作的，搜集若干种给我。听说有个什么苏联作家写了一本猴子变人的小说[1]，我曾看过的一本赖也夫的社会学[2]，张伯简也翻过（或是他写的）一本《社

〔1〕 指苏联科普文学作家伊林、谢加尔夫妇合著的《人怎样变成巨人》一书。

〔2〕 指赖也夫斯基著、陆一远译的《唯物的社会学》一书。

会进化简史》〔1〕，诸如此类，均请收集。”

12月22日 主持中共中央书记处会议。会议主要讨论反特务斗争问题，决定将以下意见分别传达到各系统高级干部，加以研究后再交书记处最后决定。传达的意见主要有：（一）指出延安反特务斗争的过程，是由熟视无睹（指反特务斗争前）到特务如麻（指“抢救”运动以后），现在应进到甄别是非轻重的阶段。（二）指出“抢救”运动以来的反特务斗争，要从两方面去进行工作检查。好的方面：真正清查出一批特务分子；发现与培养了一大批有能力的干部；打破了官僚主义，提高了工作效能；暴露了许多人的错误，如贪污腐化等；深入地进行了阶级教育。阴暗的方面：夸大特务组织，甚至弄成特务如麻；某些部门或某些地方产生了群众恐慌的现象；有些部门被特务分子利用进行破坏；相当普遍地发生了怀疑新知识分子的现象；忽略统一战线，许多干部对统一战线的观念降低。（三）今后延安审查干部应转入新的阶段，即甄别是非轻重的阶段，须采用分析方法，将坦白分子分为六类：特务分子、变节分子、党派分子、被特务利用的分子、党内犯错误分子、完全弄错的分子。毛泽东在会上指出：对特务分子也要分清重要的与普通的，自觉的与被迫的，首要的与胁从的。有许多青年在抗战初期加入国民党，是为了抗日，不是错误，他们的错误是没有向党报告。

同日 关于陕甘宁边区生产与财政情况及对太行区发展生产与贸易的意见，和朱德、彭德怀致电邓小平、滕代远、杨立三，指出：“边区生产运动已普遍展开，农业（牲畜、粮、棉）手工业特别毛棉织物均有显著增加，变工扎工、劳动英雄起组织增产的重大作用。在贸易上出入口可平衡，经济上已开始建立了自

〔1〕 张伯简，中国共产党早期党员，《社会进化简史》是他编纂的。

给基础。惟财政开支过大，尚未做到收支平衡，因此本币仍低于法币，中央已在注意调节开支中。”“太行最主要入口是盐，出口是核桃、花椒。在敌人加紧经济封锁情形下，必须用一切办法开发冀南及南乐、清丰一带之小盐，经过群众及伪组织关系运太行。政府并须确实掌握调济市场，稳定粟价，推销花椒出口（怕封锁）换取必需物资入口（主要是盐）。至于核桃自己可以榨油，不怕封锁。胡麻是敌必需品，封锁与敌不利，目前封锁是表面现象。并请注意克服政府中某些同志手工业生产上的垄断思想。”

12月24日 致信刘少奇，向他介绍《从猿到人》一书中编入的恩格斯的两篇短文《劳动在由猿进化到人的过程中的作用》和《人类进化的过程》（《〈自然辩证法〉导言》中的一段），“十分精彩，可以看”；编入的郭烈夫〔1〕的《马克思主义观点的达尔文主义》一篇，“亦可一阅”。信中并说：“郭烈夫的《唯物论》，瞿秋白曾有译本，我看过，还好，后来听说他犯有错误，我还不知其错误究在何处。我正在找其他唯物史观的书看，看后再送你。”

12月25日 关心从华中来延安参加七大途中的陈毅，本日电嘱邓小平：“陈毅同志到时，请告他可在沿途略作休息，以免过劳，大会要在四月后开。”

12月27日 和康生致电中共中央华中局转新四军第一、第二、第三、第四师，山东分局，第五师，指出：“反特务斗争必须坚持少捉少杀及少捉不杀方针，才能保证彻底肃清特务及虽有弄错及诬陷（可能有大部被弄错，可能有一部被诬陷）亦留有最后挽救之余地。”“应通知下级对于证据确实的特务分子一九四四

〔1〕 郭烈夫，苏联哲学家、历史学家。

年一年之内不许杀害一人，延安、陕甘宁边区及晋西北今年反特务运动中清出大批特务没有杀一人，故虽有许多被弄错的，被诬陷的，因党内错误被误认为特务的，仅有党派问题但未作坏事亦被认为特务的，均得在复查过程中加以平反。此种经验，值得注意。”

12月28日 关于组织研究陈绍禹、秦邦宪宗派机会主义路线错误问题，为中共中央书记处起草致饶漱石、罗荣桓，黄敬〔1〕，邓小平，程子华、林枫电，指出：“政治局关于研究王明、博古宗派机会主义路线错误的指示电，日内即可发给你们。你们应很慎重地组织这一研究。参加研究的高级干部范围目前不宜太多，每一分局所属地域内约在一百人至二百人左右为适宜，名单应由中央局或分局决定。”“在干部研究前，中央局及分局委员须作讨论，在思想上酝酿成熟，然后领导干部研究。此种研究的性质是整风的深入与高级阶段，其目的是使干部提高认识与增进统一团结，并为将来讨论七大决议作思想准备。”

〔1〕 黄敬，当时任中共中央冀鲁豫分局书记、冀鲁豫区委员会书记兼宣传部部长、八路军冀鲁豫军区政治委员。

1944年　五十一岁

1月5日　中共中央晋绥分局发出关于学习与发行《毛主席三大名著》的决定。《毛主席三大名著》包括《论持久战》、《论新阶段》、《新民主主义论》，是晋绥分局一九四三年十月印制的。决定指出：毛泽东的三大名著，是指导中国革命解放人民的理论武器与具体方略，所有共产党员都应熟读深思，领会贯通，并运用到实际工作中去。各机关部队应认真组织学习讨论，作为经常课本。

1月9日　致电董必武，请他转交给郭沫若〔1〕的电报。给郭的电报说："收到《虎符》，全篇读过，深为感动。你做了许多十分有益的革命的文化工作，我向你表示庆贺。"

同日　晚上，观看中共中央党校俱乐部演出的平剧《逼上梁山》后，写信给该剧的编导杨绍萱、齐燕铭〔2〕："看了你们的戏，你们做了很好的工作，我向你们致谢，并请代向演员同志们致谢！历史是人民创造的，但在旧戏舞台上（在一切离开人民的旧文学旧艺术上）人民却成了渣滓，由老爷太太少爷小姐们统治着舞台，这种历史的颠倒，现在由你们再颠倒过来，恢复了历史

---

〔1〕郭沫若，当时任国民党政府军事委员会政治部文化工作委员会主任委员。

〔2〕杨绍萱，当时任中共中央党校研究员。齐燕铭，当时任中共中央党校教务处文教科科长。

的面目，从此旧剧开了新生面，所以值得庆贺。郭沫若在历史话剧方面做了很好的工作，你们则在旧剧方面做了此种工作。你们这个开端将是旧剧革命的划时期的开端，我想到这一点就十分高兴，希望你们多编多演，蔚成风气，推向全国去!”

1月10日、11日 主持中共中央书记处会议，会议听取聂荣臻关于晋察冀边区工作报告。毛泽东在听取报告时，对一些问题作了插话。关于农业生产，他说：用组织起来的办法，可以克服缺乏劳动力、缺乏肥料等困难。关于百团大战，他说：在群众中应该说打得好，在高级干部中也要说明百团大战是英勇的，只能在战术上加以说明。关于政权问题，他说：虽然非党人士比党员少，但能吸收中间人士，有很大的影响，使我党有所顾虑，不致变成清一色。现在陕甘宁边区政府中只有几个非党人士，有很大的影响，能进行合法斗争，这种法治的斗争能够教育我们。关于整风审干，他说：过去延安重视知识分子，不重视工农分子，“抢救运动”以来，又走到完全不相信知识分子。现在应估计大多数知识分子是好的。关于国民党问题，他说：除非国民党下决心跟我们破裂，否则我们不应与它破裂。会议通过中央书记处对晋察冀分局干部扩大会议的指示。

1月10日 看了彭德怀一九四三年六月在中共中央北方局党校地委干部整风学习会上作的《关于斯大林论党的布尔什维克化十二条》发言的记录稿后，写信给彭德怀：“看了十二条的分析，你是用了心的，这种研究态度是很好的。内容也是一般地正确的，只是在个别地方有些缺点。”毛泽东对发言记录稿批注了意见。在记录稿“必须使得党不把自己看成为国会选举机构的附属物……而应看作是无产阶级的阶级联合之最高形式”这句话旁批注：“党是阶级联合的最高形式，工会、合作社、军队、政府（与其他阶级联合的）、国会党团等阶级联合的一切形式，均须受党的领导，中国党是照这一条建立的，但在党员中认识不很深刻。”在记录稿“一九一五年出版的《新青年》……在后一时期实际上起了中国共产党党报的作用，成为青年运动的指导刊物”这句话旁批注：“《新青年》传播了共产主义思想，但还不是党报。”在记录稿“大革命的后一时期，陈独秀犯机会主义，抛弃了马克思主义，于是大革命也就失败了”这句话旁批注：“加上客观原因。”在记录稿“二七年，毛泽东同志领导秋收暴动，创造了红军的基础”这句话旁批注：“南昌暴动、秋收暴动、广州暴动创造了红军。”在记录稿“我们华北党基本上是执行了中央路线”这句话旁批注：“就华北全党来说，就整个六年半来说，应该说执行了中央路线。”并删去“基本上”三字。在记录稿“必须认真进行整风工作”这句话旁批注：“地方要去掉官僚主义作风，军队要去掉军阀主义作风，全党要去掉教条主义作风。”

1月12日 和刘少奇复电张云逸、饶漱石，指出：“如果敌军放弃无为，顽军向无为大举进攻时，同意你们的意见，七师主力转到含、和〔1〕地区，而以一部留巢、无〔2〕坚持游击。又沿长江两岸，特别由安庆至九江一段尚有发展可能，应加派得力部队前去建立游击根据地。”

1月18日 为中共中央书记处起草致各中央局，中央分局并转各有关区党委电：“为保持国共间之平静，争取抗战最后胜利起见，请你们通饬有关各部队，对于国民党军队，我军谨守防地，不得发生由我启衅之任何事件。仅在彼方进攻时，我应执行自卫原则。如发生大的事件，须先行报告，待命处理。”

1月19日 复信林伯渠：“来示诵悉，生产节约今年必比去

〔1〕 含、和，指安徽含山、和县。

〔2〕 巢、无，指安徽巢县、无为。

年有更好成效，你个人的计划[1]能实行，必有好的影响。我也定了一点计划，准备实行。”

1月24日 审改中共中央书记处关于对坦白分子进行甄别工作致邓小平，饶漱石，林枫、程子华的电报。在电报的“有党派问题的分子，被欺骗蒙蔽的分子及仅属党内错误的分子三类，占绝大多数，这种估计大致合乎事实”之后，毛泽东加写：“这些人在分清是非后，均应平反，取消特务帽子，而按其情况作出适当结论。”在电报的“要教育同志认清：从党内清出特务固然是成绩，从坦白分子中”之后，毛泽东加写：“将弄错了的人平反同样是成绩，而且是完全必要的。但这种平反，不是在反特务斗争正在高潮之时，而是在高潮过去，特务已经清出之后，由领导同志先向高级干部解释明白，对于所有坦白分子进行复查，根据复查结果而加以平反。”在电报第三个问题的末尾，毛泽东加写：“在反特务斗争中要注意保护知识分子。”

1月 会见国民党联络参谋郭仲容。郭征询关于两党合作的意见，毛泽东答：中国共产党拥蒋抗战与拥蒋建国两项方针，始终不变。郭要求林伯渠、朱德、周恩来赴渝，毛泽东答：林、周或可先后赴渝。郭又提及何白“皓电”和西北军事二点，毛泽东答：谈判可以何白“皓电”为基础，反攻时胡宗南部与边区部队可按比例开赴前方。

2月4日 复电董必武，指出：“观察今年大势，国共有协调之必要与可能，而协调之时机，当在下半年或明年上半年。但今年上半年我们应做些工作。除延安报纸力避刺激国民党，并通令各根据地采谨慎步骤，力避由我启衅外，拟先派伯渠于春夏之交赴渝一行，恩来则准备于下半年赴渝。”

---

〔1〕 指林伯渠订的1944年个人生产节约计划。

2月7日 延安市人民秧歌队、市政府和群众团体的代表到中共中央所在地杨家岭，向毛泽东献旗。毛泽东会见他们并讲话，说：我代表中共中央欢迎你们。我们共产党人要更加努力工作，把工作做得比过去更好，来回答你们。现在全世界全中国都在团结一致打法西斯，我们边区党政军民已经团结一致，今年更要团结一致，为增加生产，巩固后方，打倒日本帝国主义而努力。边区已有进步，今年还要进步，共产党人愿意和边区人民打成一片，听取人民的意见，使工作做得更好些。

2月8日 为中央总学委起草复山东省文协要求解释鲁迅诗中“千夫指”的含义的电报，指出：“鲁迅虽借用‘千夫指’古典的字面，但含义完全变了，你们的解释〔1〕是不适当的。”

同日 在金城〔2〕六日关于“抢救运动”冲击到钱拯〔3〕及其子女的一份报告上批示：“钱拯应优待他，他可能不是汉奸，他的子婿是否是特务也还是疑问，如不是，应平反的。”

同日 致电罗荣桓：“你的病况，中央同志大家关心。因来电所述病情甚为严重，故我们复电在山东医治，如不可能则去上海，实含若干冒险性质。究竟近情如何，是否完全不可能在山东医治，又是否完全不可能来延安而非去上海不可，如果去上海又

---

〔1〕 山东省文协1944年1月24日致中央总学委的电报中说：“毛主席在延安文艺座谈会上的讲话，引用鲁迅两句诗，第一句‘横眉冷对千夫指’，解‘千夫’为敌人。惟细读原诗所用‘千夫指’典故，似即‘千夫所指，无病而死’，若然，则千夫是大众，而千夫所指的家伙则是敌人。这样的解释，虽不违背毛主席话的精神，但千夫的解释恰恰相反，请问明毛主席电示为盼。”

〔2〕 金城，当时任陕甘宁边区政府交际处副处长。

〔3〕 钱拯，中国同盟会会员，曾参加辛亥革命，1943年到延安，1945年任陕甘宁边区参议会参议员。毛泽东批示后不久，钱拯及其子婿得到平反。

如何去法，均望详告。”

同日　起草朱德致阎锡山电，对国民党军第六十一军节节迫近薄一波部一事〔1〕，提出“目前抗战阵营亟需团结，六十一军行动，请予制止，免起冲突”。

同日　和朱德、彭德怀复电滕代远〔2〕、邓小平，指出：“目前须争取时局平静，不生波澜。六十一军东进，可能是蒋、阎设置的挑衅计划，迫我冲突，造成口实。”“应付方针，除此间电阎请加制止外，你处应令太岳部队先行忍让，不和它冲突，去信六十一军交涉撤回，顾全大局；同时集中兵力于适当地点修筑防御工事，彼若坚决来攻，然后以后攻姿态打击之，但非至最后不得已时，不要发生冲突。”

2月9日　和朱德、彭德怀再致电邓小平、滕代远、杨立三〔3〕等：“日寇有进攻西北企图，阎部东进目的在挑起国内冲突缓和日寇进攻，我们万万不可中计。阎部东进无论多少，我军应让出一块地方，坚持不打政策，至少六个月内不得发生冲突。特达，望遵照勿误。”

2月14日　关于浙东新四军反击国民党军队的进攻问题，为中共中央书记处起草复张云逸、饶漱石电：“你们取自卫立场是必要的。为着打击进攻的顽军采取迂回动作也是必要的。”

2月17日　会见国民党联络参谋郭仲容，告以中共中央决定派林伯渠赴重庆谈判，行期在三月十二日以后，郭仲容可以随

---

〔1〕　指国民党军第二战区司令长官阎锡山所属第61军军长梁培璜指挥所部3个师，于1944年1月底东渡汾河，向八路军太岳根据地浮山地区薄一波任政治委员的八路军太岳纵队进攻。

〔2〕　滕代远，当时任八路军前方总指挥部参谋长。

〔3〕　杨立三，当时任八路军前方总指挥部副参谋长。

行。次日，毛泽东将会见郭仲容的情况写信告诉林伯渠。

2月22日 和朱德复电邓小平、滕代远、杨立三："杨得志部既到太行，休息数日后，即率部及新兵经晋西北来边区，赶上春耕生产。"

2月24日 主持中共中央书记处会议，会议讨论七大的准备工作和党的历史问题等。关于七大的准备工作，决定由毛泽东作政治报告，朱德作军事报告，刘少奇作组织问题（包括党章）报告。关于党的历史问题，决定：（一）陈绍禹、秦邦宪的错误应视为党内问题。（二）临时中央与五中全会因有国际承认，应承认是合法的，但必须指出合法手续不完备。（三）学习路线时，对于历史上的思想问题要弄清楚，对结论必须力求宽大，目前是应该强调团结，以便团结一切同志共同工作。（四）在学习路线时，须指出六大基本方针是正确的，六大是起了进步作用的。（五）对四中全会到遵义会议时期，也不采取一切否定的态度，凡做得对的，也应承认它。关于宪政问题，会议决定在延安举行宪政问题座谈会，中央对各根据地发一关于宪政运动的指示。

2月26日 关于在审干坦白运动中应注意的问题，和康生复电邓小平、滕代远，指出："你们的审查干部工作，已进入坦白运动，并收到一些成绩，这是很好的。为使今后工作更能顺利正确进行，必须认识反奸斗争是一种隐蔽的尖锐的斗争。因为敌人是隐蔽的，所以在未发现特务之前，党内一般的倾向，是麻木不仁，熟视无睹，又因为斗争是尖锐的，所以在已发现特务之后，特别是进入坦白运动之时，党内倾向就容易转入'特务如麻'、'草木皆兵'。这种先右后'左'，常常是反奸偏向的一般规律，而且从右到'左'，时间可能是很快的。""在没有开展反奸斗争的地方，应纠正右的倾向，在已开始发动群众反奸斗争的地方，应防止‘左’的偏向”。电报还指出：特别是在进入坦白运动的地方，应注意下列问题：（一）“要灵活地运用坦白运动，不要机械地搬运延安各机关的经验。”（二）“要正确地估计敌人的力量。”“不要把一切从敌区及国民党区来的学生、知识分子、军人、文化人、技术工作人员等等，一切犯过错误的半条心的人，一切坦白分子及逮捕了的犯人，都看成是特务分子；不可将一切敌后或大后方党的组织或左倾革命团体，都看成是红旗政策的特务组织。”（三）“在坦白运动中，要不断教育干部进行调查研究工作，搜集真凭实据，不要轻信口供，使所有干部懂得没有调查研究，没有真凭实据，要判别一个人的是非轻重是很困难的”。（四）“坚持一个不杀大部不捉（不超过可疑分子的百分之五）的原则，不要在坦白大会上把不坦白的人就实行逮捕。在已经发动坦白运动的地方，要在干部和群众中深刻地广泛地进行反对逼供信的教育，详细地讨论中央的各种指示，使他们懂得逼供信的绝大危险，绝大害处，不仅可以冤枉同志，而且必然会中特务的诬害阴谋。”“因此你们要不倦地进行教育，订出一定的条例，宣布一定的纪律，而且要随时进行检查工作，时时地反对逼供信的错误。”“以上几点，我们不是说你们已经犯了这些偏向，而是根据各地经验告诉你们，提起你们注意。”这一电报还发给华中局、山东分局和晋察冀分局。

3月1日 为中共中央政治局起草关于宪政问题给各中央局、中央分局并转各区党委的指示，指出：“（一）在国际国内形势逼迫及舆论要求下，国民党不得不于十一中全会允许于抗战结束一年后实行宪政，并允许各地在其种种限制下讨论宪政问题，虽其目的在于欺骗人民，借以拖延时日，稳固国民党的统治，但是只要允许人民讨论，就有可能逐渐冲破国民党的限制，使民主运动推进一步。（二）中央决定我党参加此种宪政运动，以期吸引一切可能的民主分子于自己周围，达到战胜日寇与建立民主国家之目的。（三）除我党代表已参加重庆方面国民党召集的宪政协进会会议外，延安亦已举行宪政座谈会。各根据地亦可于适当时机举行有多数党外人士参加的座谈会，借以团结这些党外人士于真正民主主义的目标之下。并向党内干部说明党对宪政运动的政策，防止过左过右的偏向，检查‘三三制’执行情形，力求巩固与非党人士的民主合作。”

3月5日 主持中共中央政治局会议，作关于路线学习、工作作风和时局问题的长篇讲话。

关于路线学习问题，讲话指出：（一）党内党外问题。在去年党的路线学习中，有部分同志对王明、博古同志怀疑是党外问题，现在确定是党内问题。（二）合法与非法问题。过去有同志认为临时中央和五中全会是非法的。现在看到洛甫反省笔记中说到临时中央共产国际来电批准过，在当时上海严亘情况下有上海国际代表机关批准，五中全会也经过共产国际批准，根据这一点是合法的，但选举手续不完备。确定了上述决定后，就好检讨四中全会是否是政治路线的错误。四中全会经过共产国际与中央的承认，这在形式上是合法的，但政治内容是不好的。（三）思想弄清与结论宽大问题。我们自整风以来就是治病救人的，在清查党内历史中有人怀疑好像不是治病救人的方针，现在我们的方针，还是在思想上要清算彻底，组织结论要慎重和适当。过去在我们党的历史上，除反张国焘斗争外，有两次大的斗争，即反陈独秀与反李立三的斗争，那时在思想上没有很彻底的讨论，但结论作得严重，因此未达到治病救人的目的，前车之覆并没有成为后车之鉴。这一次我们要在思想上弄清楚。过去未做过认真研究理论和研究历史的工作，对犯错误者只是惩罚。没有认清立三路线的错误不是个人问题，而是代表了小资产阶级的思想，小资产阶级的革命急性病是一种小资产阶级的社会的必然性，不是个人的偶然现象，而是社会现象。中国社会最基本特点是小资产阶级占人口大多数的社会，党对这个问题要慎重处理。我们要强调产生错误的社会原因，不要强调个人问题，因此我们的组织结论可以宽大些。这个方针现在就要宣传解释，使同志们了解实行这个方针的必要。思想要弄清，结论要宽大，对党才有利。对抗战时期也许不在七大作结论。七大只作四中全会至遵义会议这一段历史的结论，这个结论应取得经验教训，要照顾以后，不重视惩办，只作政治结论，以达到治病救人的目的。（四）不要反对一切。四中全会到遵义会议这一段历史，也不要一切否认。当时我与博古在一起工作，有共同点，都要打蒋介石，分歧点就是如何打蒋介石，就是策略上的分歧。在土地问题上，六大决议是没收地主阶级土地分配给雇农、贫农、中农，争论是在没收土地后博古等主张富农分坏田、地主不分田，我是不同意的。如果把过去一切都否认就是一种偏向，我们要分析，不要笼统地一概否定。我在写《中国革命战争的战略问题》时，也说到要保留好的东西，这才是实事求是。（五）对六大的估计。在讨论中有少数同志企图否认六大，有人说六大基本上是错误的。我认为六大基本上是正确的，六大指出革命性质，提出十大政纲，指出形势是两个高潮之间，反对速胜论，提出要争取群众，六大的基本精神是有群众观点的。（六）党内的宗派是否还有？我认为经过几次分化是没有了。经过遵义会议的分化、抗战初期的分化，又经过这次的分化，现在是没有这个宗派了。去掉这个包袱才合乎事实，利于全党的团结。现在比较严重的是山头主义，这种东西相当妨碍我们的合作，在党政军民关系上表现还严重。（毛泽东关于路线学习讲的这六条方针性的意见，得到政治局会议的赞同和批准，成为政治局的结论。）

关于工作作风问题，讲话指出：经过整顿三风、审查干部和路线学习，最近有些领导同志的工作作风有进步。但从全党来说这个作风问题还很严重，在某些环节中还有相当多的人存在这个问题，主要问题是脱离群众和不用脑子想问题。作风不改变，不仅个人无成就，大则会使革命丧失前途。

关于时局和方针问题，讲话指出：我们的方针是使国民党既不能投降又不能打内战。我们是不愿打内战的。去年下半年给国民党的政治攻势，逼出了国民党十一中全会声明对共产党问题要政治解决。现在我们还是处在困难的地位，例如经济困难、党内整风和反特斗争没有弄好，我们要有一年的和平环境才能完成上述工作。我们的七大也要抓住三民主义和四项诺言，强调避免内战，集中力量抗日，强调战后和平。

在这次政治局会议上，毛泽东提议陈云参加西北局领导，任财经办事处副主任兼政治部主任，中央组织部部长由彭真代理。

同日 和康生、彭真复电黎玉、萧华〔1〕并告中共中央北方局，指出：“鉴于过去湖西锄奸错误的影响，至今在党内党外尚未完全消灭，因此山东分局对审干及反特工作，必须十分细心，正确掌握中央审查干部的九条方针，坚持一个不杀大部不抓，坚决反对逼、供、信路线，有准备有步骤地慎重进行，今年不要普遍举行”。“再则审干反特，你们二人均须亲自参加，取得经验”。

---

〔1〕 黎玉，当时任中共中央山东分局副书记、八路军山东军区副政治委员。萧华，当时任八路军山东军区政治部主任。

3月9日 周恩来受毛泽东、朱德及中共中央的委托，致电董必武转外国记者团，热烈欢迎他们来延安参观。

3月15日 致电饶漱石并转中共中央华中局、新四军军分委各同志，肯定陈毅在内战时期与抗战时期都是有功劳的，未犯路线错误。电文如下："陈毅同志抵延，知悉华中工作发展情况，甚以为慰。关于陈、饶二同志间的争论问题，仅属于工作关系性质，在陈动身前两同志已当面谈清，现已不成问题。中央完全相信，在陈、饶二同志及华中局、军分委各同志的领导下必能协和一致，执行中央路线，争取战争胜利。关于内战时期在闽西区域的争论，属于若干个别问题的性质，并非总路线的争论，而且早已正确地解决了。关于抗战时期皖南、苏南的工作，陈毅同志是执行中央路线的，不能与项英同志一概而论。无论是内战时期与抗战时期，陈毅同志都是有功劳的，未犯路线错误的。如有同志对以上两点不明了时，请漱石同志加以解释。"

3月16日 关于山东工作及对国民党顽固派斗争的方针，和朱德、彭德怀复电罗荣桓、黎玉、萧华并滕代远、邓小平，指出："争取国内和平、团结抗战、坚持敌后斗争是我党一贯方针，去秋国民党向边区威胁，经我政治上猛击，引起英、美及国内人士之注意与对国民党之不满，逼迫蒋不能不暂时改变对我斗争方式（军事反共转到政治反共为主），因此对顽斗争应坚持自卫原则，决不衅自我开，保持我党经常的政治主动地位。""鲁南、鲁中、滨海三区，从去年夏秋后，地区扩大一倍以上，极应利用时机努力发动群众，深入减租减息，加强游击队与组织民兵，并须在今年内做出一定成绩。在老区域注重生产，继续深入群众工作，准备坚持今后更艰苦局势，盼深刻注意。"

3月17日 延安各界为八路军回民支队司令员马本斋（二月七日病逝）举行追悼大会。毛泽东的挽词是：“马本斋同志不死”。

3月22日 在中共中央宣传委员会召开的宣传工作会议上讲话，谈发展陕甘宁边区的文化教育问题。讲话论述了政治、军事、经济、文化的关系和应将文化教育工作提上陕甘宁党政领导机关的议事日程。他说：妨碍生产力发展的军事和政治力量不取消，生产力就不能解放，经济就不能发展，因此第一个任务就是打倒妨碍生产力发展的军事和政治。军事和政治应当仅仅是为着解放生产力，最根本的问题是生产力向上发展的问题，我们搞了多少年就是为了这件事。至于文化，它是反映政治、军事、经济的，同时又是指导政治、军事、经济的。任何社会没有文化就建设不起来。如果不发展文化，我们的政治、军事、经济就要受到阻碍。我们党首先学会了政治，后来又学会了军事。总的说来，政治、军事我们比较会，经济、文化就不大会。经济、文化不大会，这个共产党就没有多大用处。陕甘宁边区的直接任务就是两项：生产和教育。去年我们搞了大规模的经济建设，生产取得很大成绩，这是一个基础。今年应把文化教育提上议事日程，学会文化工作。从现在起，我们就要提出这个问题，请大家考虑，调查研究一下，到今年冬天我们要开一个会进行讨论。讲话还对文化工作方面的报纸、学校、艺术、卫生等问题，提出了具体意见。会后，中共中央宣传部和西北局宣传部组织了六个调查组，分别到陕甘宁边区的六个分区，深入农村调查文化教育情况，总结经验，为这一年十月至十一月召开的陕甘宁边区文教工作者会议作准备。

同日 在宣传工作会议讲话中，称赞《解放日报》昨日发表的关于延安市完全小学在春季招生中学生骤增一倍的消息〔1〕，说：这是很好的一个新闻。这个小学现在办得很好，过去办得不好，群众不欢迎。这条消息说明完小已经做出了实际的成绩，应当广播到全国去。

3月27日 关于反顽斗争必须坚持自卫原则，和朱德、彭德怀再致电黎玉、萧华并告滕代远、邓小平，指出：日军有打通平汉路模样，英美记者团将于近日来延安。“因此，反顽斗争更须严格坚持自卫原则，不应见小忘大，衅自我开”。对山东顽军应“灵活执行一打一拉。在自卫原则下，有理有利地打，能造成更多拉的条件，能和缓磨擦，达到争取与中立多数，孤立少数顽固分子”。

3月28日 复董必武三月二十三日关于询问毛泽东的近著尚有哪些应译为英文的来电，指出除董来电所述最近已译出英文的《新民主主义论》、边区财经政策演说、《论合作社》、《组织起来》数篇外，“无其他文章可译”。

4月2日 关于周扬〔2〕为《马克思主义与文艺》一书写的编者序言，致信周扬：“此篇看了，写得很好。你把文艺理论上几个主要问题作了一个简明的历史叙述，借以证实我们今天的方针是正确的，这一点很有益处，对我也是上一课。只是把我那篇

---

〔1〕《解放日报》1944年3月21日报道说：延安市完全小学在去年上半年以前，教学方针脱离群众，教的是天下国家大事，很少陕甘宁边区的事情，在学校所学的不能为群众服务，因此群众不愿送子弟入学。从去年下半年开始，听取了群众意见，改变了教学方针，教学内容增加了记账、写信、写路条、写契约、珠算等，自编一些介绍边区的乡土教材，并实行教学与生产相结合，受到群众的欢迎。

〔2〕周扬，当时任延安大学校长、鲁迅艺术文学院院长。

讲话[1]配在马、恩、列、斯……之林觉得不称，我的话是不能这样配的。此外，第十页上‘艺术应该将群众的感情、思想、意志联合起来’[2]，似乎不但是指创作时‘集中’起来，而且是指拿这些创作到群众中去，使那些被经济的、政治的、地域的、民族的原因而分散了的（社会主义国家没有了政治原因，但其他原因仍在）‘群众的感情、思想、意志’，能借文艺的传播而‘联合起来’，或者列宁这话的主要意思是在这里，这就是普及工作。然后在这个基础上‘把他们提高起来’。是否可以作这样解释，请再斟酌一下，或同懂俄文的同志商量一下加以酌定。其余没有意见。”

4月3日　致电中共中央华中局和山东分局：“中原大战，国共有重新协调之望，已派林伯渠同志艳日[3]由延赴渝谈判。我华中、山东各部务遵前令集中注意于对付敌伪，整训部队，发展生产，整顿三风及谨慎地清查特务，切勿刺激国民党，望通令所属知之。”六日，又将上述内容电示中共中央北方局并转冀鲁豫分局。

同日　阅改任弼时准备在中共中央西北局高级干部会议（即陕甘宁边区高级干部会议）上作的《去年边区财经工作的估计与今年边区金融贸易财政政策的基本方针》讲演稿，写了如下批

〔1〕指《在延安文艺座谈会上的讲话》。

〔2〕这是周扬写的编者序言中引用的列宁对蔡特金的一段谈话。周扬当时用的译文是：“艺术是属于人民的。它的最深的根源，应该是出自广大劳动群众的最底层。它应该是为这些群众所了解和为他们所挚爱的。它应该将这些群众的感情、思想和意志联合起来，并把他们提高起来。”1957年人民出版社出版的蔡特金《回忆列宁》一书的中译本中，这段话为：“艺术是属于人民的。它必须在广大劳动群众的底层有其最深厚的根基。它必须为这些群众所了解和爱好。它必须结合这些群众的感情、思想和意志，并提高他们。”

〔3〕艳日，即29日。

语："可以有五百人听，中央同志及中直可去二百人左右。另在党校第一部讲一次。""在十天内印出。印五千本，发到五千个干部阅读。"毛泽东对讲演稿作了修改。在讲演稿"新社会制度的建立，就是为着适应生产力的发展的，它是为着经济发展的，而且只有经济发展了才使新的社会制度获得巩固的基础"后，加写一段话："并且还因为中国革命的长期性，一方面为着革命与战争事业的物质供给上的需要，一方面为着人民的需要，都必须从事经济建设的工作，不应该也不可能等候把全部敌人打平后，才去进行建设工作。加以中国地方的广大，要使全国人民都信服我们所指出的道路的正确性而拥护我们，而参加革命奋斗，需要我们拿建设的榜样给他们看，才能作得到。"在讲演稿"在这次高干会以后，应当是可以引起全党来在思想上认识贸易、金融、财政工作的重要"后，加写一段话："认识贸易、金融、财政是组织全部经济生活的重要环节，离了它们，或对它们采取了错误方针，全部经济生活就会停滞，或受到障碍。"

4月5日 和朱德、彭德怀致电罗荣桓、黎玉、萧华、李作鹏〔1〕并告滕代远、邓小平："近日，日将库页岛权益还苏，北和苏联，南抗美、英，进攻中国（打通平汉路甚至粤汉路），'扫荡'敌后，东条〔2〕此项政策，更加明显，因此日蒋冲突今年必更剧，故争取国内平静，准备拉蒋抗日，是目前政策中心。"

4月6日 和周恩来两次致电董必武，通报蒋介石已令西安一带的特工人员布置各种伪装，以中共叛徒、受害者、知情者种种面目出现，向外国记者"控诉"，捏造各种诬蔑中共之词。请董必武速将上述情形透露给各记者，使有精神准备，并注意揭破。

---

〔1〕 李作鹏，当时任八路军山东军区参谋处处长。

〔2〕 东条，即东条英机，当时任日本内阁首相。

4月9日 关于陈毅同饶漱石的争论问题，复信陈毅："来信已悉，并送少奇同志阅看。凡事忍耐，多想自己缺点，增益其所不能，照顾大局，只要不妨大的原则，多多原谅人家。忍耐最难，但作一个政治家，必须练习忍耐，这点意见，请你考虑。感冒宜多睡，少动多食。余容面叙。"十日，毛泽东看望陈毅，并说：这个问题容易解决，将来你回去是可以解决的，主要是人家对你有误会。

4月10日 出席延安各界在杨家岭中央大礼堂举行的追悼朱德母亲的大会〔1〕，并献挽词："为母当学民族英雄贤母，斯人无愧劳动阶级完人。"

4月11日 谭政〔2〕在中共中央西北局高级干部会议上作《关于军队政治工作问题》的报告。这个报告是在毛泽东的授意与主持下由谭政起草的。当时中央军委总政治部正在彻底检查部队的政治工作，从整个政治工作的方向、制度、作风进行全面检讨。谭政起草前，毛泽东曾召集陕甘宁晋绥联防军领导人贺龙、徐向前、萧劲光、谭政等讨论军队政治工作问题。初稿写出后，毛泽东作了修改，加写了三千字左右，并要谭政将修改稿送周恩来审阅，以及向当时在中央党校学习的各抗日根据地的主要领导人征求意见。毛泽东加写的文字中，有："中国共产党从它参加与领导中国民族民主革命以来，从它参加与领导为这个民族民主革命而战的革命军队以来，就创设了并发展了军队中的革命的政治工作。这种政治工作的基本原则，是以民族民主革命的纲领教育群众，是以人民革命的精神教育军队，使革命军队内部趋于一致，使革命军队与革命人民、革命政府趋于一致，使革命军队完

---

〔1〕 朱德母亲于1944年2月15日在四川原籍去世。

〔2〕 谭政，当时任陕甘宁晋绥联防军副政治委员兼政治部主任。

全服从革命政党的政治领导，提高军队的战斗力，并进行瓦解敌军、协和友军的工作，达到团结自己，战胜敌人，解放民族，解放人民的目的，这就是我们的军队和其他军队的原则区别。我们说，共产党领导的革命的政治工作是革命军队的生命线，就是指的这个意思。”“如果我们的军队没有共产党领导，如果没有共产党领导的革命的军事工作与革命的政治工作，那是不能设想的。没有共产党的领导，就不可能有彻底拥护人民利益的军事工作与政治工作，而如果没有这种军事工作与政治工作的军队，就不可能是彻底拥护人民利益的军队。八路军新四军在抗日战争中之所以能够如此英勇坚持，艰苦奋斗，再接再厉，百折不回，其根本原因就在这里。”二十日，中共中央宣传部、中央军委总政治部联合发出关于学习谭政《关于军队政治工作问题》报告的通知，指出：这个报告“是八路军、新四军政治工作问题的全面总结，其中关于发扬成绩、纠正缺点部分及组织形式、工作制度部分，都是八路军、新四军全体适用的；关于边区经验部分，亦值得全军重视”。这个报告“不但特殊地解决了军队政治工作问题，而且也一般地解决了我党历史经验、领导方法与工作作风上的许多问题，为全党干部所应注意。”

4月12日　在中共中央西北局高级干部会议上作关于学习问题与时局问题的报告。这个报告和同年五月二十日在中央党校第一部的报告，合并整理成《学习和时局》一文，于同年七月发给八路军总部，各中央局、中央分局等。这个报告讲了两个问题。（一）关于学习问题。毛泽东传达并进一步发挥了他三月五日在中央政治局会议上关于路线学习讲的六条意见，这六条意见曾经得到政治局会议的同意作为政治局的结论。（二）关于时局问题。他分析了国际国内的形势，指出：目前国际形势有两个特点，一是反法西斯阵线力量的高涨和走向胜利，法西斯阵线力量的衰落和走向失败；二是反法西斯阵线内部人民力量的增长和反人民力量的衰落。关于国内形势，去年八月中共中央发表了国共两党抗战成绩的比较，说明国共两党在抗战中的实际地位改变了。他还说明了中国共产党领导的抗日军队和抗日根据地发展的三个阶段。第一个阶段是上升的，第二个阶段是下降的，第三个阶段又上升了。第一个阶段好比是伸开的手掌，第二个阶段是缩回的拳头，第三个阶段是再伸出强有力的拳头。为了争取胜利，要去掉一个东西，要学习一个东西。要去掉我们背上各种各色的包袱，解除精神上的负担。党的历史上曾经有过几次表现了大的骄傲，都是吃了亏的，全党要引为鉴戒。要学会开动脑子，善于思索，养成分析的习惯。如果我们既放下了包袱，又开动了脑子，既是轻装，又会思索，那我们就会胜利。《学习和时局》这篇文章编入《毛泽东选集》。

4月14日 关于印发林伯渠三月二十五日在中共中央西北局高级干部会议上所作的关于“三三制”经验的报告，写给李维汉一个批语，说此件很有用，由西北局印五千份，分发到县级党政军干部、党校学生及中央直属干部。毛泽东在林伯渠报告谈到中间分子的右翼处，改写了以下一段话：“县以上参议会中，可以吸收这种政治态度较右但不是坚决反共分子的少数人（用聘请方法），这对于影响外面的地主资本家与安定本地富有阶层，都有作用。对待他们的态度，要团结和斗争并重，责之以大义，晓之以利害，可使其服从大局。应该给以适当的礼貌与尊重，团结他们，并利用其一技之长，但不可任以要职，更不可假以大权。”

4月15日 主持中共中央书记处会议，会议讨论国共关系问题和林伯渠去重庆谈判问题。周恩来说，国民党现在对我们主要采取政治斗争，我们的方针，照毛主席估计的，目前还是求和缓。毛泽东说：这次总的态度是不卑不亢，表示我们要想求和缓，要求抗战到底，团结到底，不表示盛气凌人的态度。我们要求与他们一同抗日，使他们不感觉我们威胁他们。对中间派主要是宣传民主，争取他们的同盟。对英、美主要是宣传抗战，要求英、美派人常驻陕甘宁边区。毛泽东和任弼时提出，对在新疆被扣押的八路军人员，向邵力子提出要求释放，不能释放即要改善待遇。

4月18日 日军发动河南战役，开始打通大陆交通线作战。国民党军队溃败。至五月九日，日军打通了平汉铁路。五月下旬，国民党军队退到洛宁、嵩县以西的伏牛山区。

4月22日 致电滕代远、邓小平并转杨得志、苏振华、黄敬，指出：日军打通平汉铁路战役，一部已由中牟渡河，其主力似集结博爱、孟县、济源地区，准备向黄河以南侵犯。我军应乘日军南犯后方空虚时，开展豫北地方工作，以便将来可能时开辟豫西工作基地。

4月29日 关于李健侯〔1〕所著《永昌演义》一书，写信给李鼎铭。信中说："近日鄙人阅读一过，获益良多。并已抄存一部，以为将来之用。""此书赞美李自成个人品德，但贬抑其整个运动。实则吾国自秦以来二千余年推动社会向前进步者主要的是农民战争，大顺帝李自成将军所领导的伟大的农民战争，就是二千年来几十次这类战争中的极著名的一次。这个运动起自陕北，实为陕人的光荣，尤为先生及作者健侯先生们的光荣。此书如按上述新历史观点加以改造，极有教育人民的作用，未知能获作者同意否？"

同日 林伯渠受中共中央委派离延安赴重庆同国民党谈判，五月二日到达西安。林在西安同国民党中央和蒋介石派来的代表张治中、王世杰举行多次会谈，初步交换了意见。十七日，林同

〔1〕 李健侯，当时任陕甘宁边区参议会参议员，在米脂县文献委员会工作。

张治中、王世杰乘飞机到重庆。

4月30日 致电董必武转十一位外国记者："诸位来延，甚表欢迎"，"只要政府同意即可动身"。

同日 宴请续范亭等。饭后交谈中，续范亭得知去年旧历十一月十九日正是毛泽东五十岁生日，而延安各界并未举行任何祝寿活动，对此深有感触，赋诗一首："半百年华不知老，先生诞日人不晓。黄龙痛饮炮千鸣，好与先生祝寿考。"在谈到粮食对战争的重要性时，毛泽东说：韩信在登坛拜将以前，还在汉中当过"粮食部长"。朱总司令自述他初做军官就充当司务长，旧日司务长正是管连队生活，并负训练与作战的责任。现在我们的大将们都研究粮食问题，全体指战员都亲自动手，建立各单位的大小家务。各部首长、干部不但都能管理军队生活，而且都能直接参加生产，这是全世界军队没有的奇迹，同时也是中国军队的大改革，这对革命是一件很大的事。

5月4日 关于研究彭德怀写的《论公营商店》一文〔1〕，致信贾拓夫。信中说："彭德怀同志写的这篇文章，在边区是否可行？应否与如何改变现在公营商店的方针、性质？请你研究一下，并和高、贺〔2〕、陈云诸同志谈论一番，以其意见写出交我

〔1〕 1944年5月4日，彭德怀关于他写的《论公营商店》一文致信毛泽东："最近与华北来延某些干部谈及公营商店未得到解决，特别冀鲁豫、山东、太岳问题更多些，即延安最近会议虽然解决了许多问题，但金融政策及公营商店似还欠明确方向，我写了一个《论公营商店》，请审阅，如无多毛病，请加以修改后，最好以社论名义发表。"

〔2〕 高，指高岗，当时任中共中央西北局书记、陕甘宁边区参议会议长、陕甘宁晋绥联防军代理政治委员。贺，指贺龙，当时任中共中央西北局常委兼财经委员会副主任、陕甘宁晋绥联防军司令员、八路军第120师师长暨晋绥军区司令员。

为盼!”“贸易公司就是公营商店，在此次高干会上是实现了彭文所指的方针的；其他机关、部队的商店，实是私营商店，不过以公营为名而已，要使这类商店实行彭文方针，似是不可能的，因它们是以为本机关、部队营利为目的，而真正的公营商店，是不以为自己营利为目的。”

5月10日 主持中共中央书记处会议，会议讨论党的第七次全国代表大会问题。会议决定组织下列报告准备委员会：军事问题报告准备委员会，由朱德负责召集；组织问题报告准备委员会，由刘少奇负责召集；党内历史问题决议准备委员会，由任弼时负责召集；周恩来准备在大会作一次关于统战工作的报告，统战工作报告准备委员会由周恩来负责召集。会议还决定在七大前召开七中全会，五月二十日左右召开首次会议，通过关于大会的准备问题。会议还讨论对林伯渠五月四日请示同国民党谈判的条件来电的答复问题。

5月11日 根据中共中央书记处会议的决定复电林伯渠，指出，关于同国民党谈判的条件，“林彪前提四点〔1〕，当时何应钦回说时期不同，要另行考虑，故今年恩来提出五点〔2〕（即在

---

〔1〕 1942年10月至1943年6月，林彪受中共中央委派在重庆同国民党谈判。谈判中，林彪根据中央指示，向国民党提出四点：（一）在允许中共合法的条件下，可允许国民党在陕甘宁边区和敌后抗日根据地办党；（二）八路军新四军编为4个军12个师；（三）陕甘宁边区改为行政区，人员、地域不动；（四）八路军新四军黄河以南部队，在抗战胜利后北移。

〔2〕 指周恩来1944年3月12日在延安各界纪念孙中山逝世19周年大会上所作的《关于宪政与团结问题》演讲中向国民党政府提出的五点要求，即：承认中国共产党在全国的合法地位；承认陕甘宁边区及各抗日根据地为国民党政府的地方政府；承认八路军新四军及一切敌后武装为国民党政府所管辖所接济的部队；恢复新四军的番号；撤销对陕甘宁边区及各抗日根据地的封锁和包围。

孙中山纪念会演说之最后五点），现张、王[1]既要我们先提主张，可即以此五点及你带去六点为谈判内容，并要求至渝后，先恢复渝办、西办[2]两电台及人员自由来往，以便利谈判。”

5月13日 主持中共中央书记处会议。会议讨论毛泽东所提对林伯渠十日关于国共谈判条件问题来电的复电问题。林伯渠来电说：六、七、八三日在西安同张治中、王世杰的会谈中，“张、王的态度是倾向照林彪提案解决，但不愿作正面肯定的表示。他们办法是探求我们能接受的意见向蒋报告，再由国民党中央作一提示案，交我转延安接受”。会议决定先复电林伯渠，说明中央正在讨论，要他飞渝继续谈判。会后毛泽东根据会议决定复电林伯渠。

5月15日 关于国共谈判条件问题，再复电林伯渠，指出：王世杰、张治中“既屡求我方提具体意见，故决提全国者三条，两党者十七条，明日由军政部台发来，请备公函交给王、张”。“为顾全彼方面子，谈判全文暂勿向外发表，但在判明彼方毫无诚意时，准备向外发表”。“林案已被何应钦否决，年来情况亦大有变更，故须另提新案”。“要求彼方将提示案草稿先交我们审阅，协议妥当，再将正式提示案交我，如不事先协商妥当（内容及文字），则属彼方片面意见，我方不负实行之责”。

5月16日 发出五月十五日致林伯渠电，告知中共中央向国民党方面提出的解决若干急切问题的意见二十条。关于全国政治者三条：（一）请政府实行民主政治与言论、出版、集会、结社及人身之自由；（二）请政府开放党禁，承认中共及各爱国党派的合法地位，释放爱国政治犯；（三）请政府允许实行名副其

---

〔1〕 张、王，指张治中、王世杰。

〔2〕 指八路军驻重庆办事处和驻西安办事处。

实的人民地方自治。关于两党悬案者十七条，主要内容有：中共领导的军队目前至少应编为五个军十六个师；中共军队防地，抗战期间维持现状，抗战结束后另行商定；请政府在物质上充分援助八路军新四军；同盟国援助中国之武器弹药、药品、金钱，八路军新四军应获得其应得之一份；请政府停止对于华中新四军及广东游击队的军事攻击；请政府承认陕甘宁边区及华北、华中、华南敌后各抗日根据地民选抗日政府为合法的地方政府，并承认其为抗日所需要的各项设施；请政府通令取消“奸党”、“奸军”、“奸区”等诬蔑与侮辱共产党、八路军新四军、抗日民主地区的称号；请政府停止特务人员对于共产党、八路军新四军、抗日民主地区的破坏活动；请政府释放各地被捕人员；请政府允许中共在全国各地办党办报，中共亦允许国民党在陕甘宁边区及敌后各抗日民主地区办党办报；请政府停止对重庆《新华日报》的无理检查与破坏发行。

5月19日 主持中共中央书记处会议。会议决定五月二十一日召开六届七中全会，确定参加会议的名单和议程，并决定向七中全会提议由毛泽东、刘少奇、任弼时、朱德、周恩来组成七中全会主席团。会议还决定为贯彻党政军一元化原则，原决定成立的华北军分会、华中军分会及各地军政委员会组织均取消，今后有关军事问题统由中央局、分局或党委讨论决定。在会议讨论刘少奇报告党章草案问题时，毛泽东说：经过生产与锄奸运动，证明有许多原来准备洗刷的党员是好的。陕甘宁边区工人有很大发展，过去只有七百人，现在发展到一万二千人。

5月20日 在中共中央党校第一部作关于时局问题的报告，对国际国内形势进行分析，指出：目前国际形势和国内形势都是反法西斯力量上升，人民革命力量上升，所以就全世界来说是胜利快要到来，就中国来说也是胜利快要到来。目前我们就是如何迎接胜利，因此要特别强调两个问题。一是要防止骄傲。骄傲是最害人的，在我们党的历史上上了骄傲不少的当。骄傲像一个包袱，什么人都可以背上这个包袱。现在是要放下这个包袱，放下这个包袱才能接近群众。我们每个同志都不要骄傲，不要只看到自己的长处，要随时看到自己的不足，随时学习。二是要打开思想，善于思索问题。如果大家放下了骄傲这个包袱，能接近群众，可是不能替群众解决问题，还是没有用。现在就是要大家多想问题，才能解决问题。

5月21日—1945年4月20日 扩大的中共六届七中全会在延安举行。

5月21日 扩大的中共六届七中全会举行第一次全体会议。毛泽东在会上提出七中全会的两项任务，即准备七大和在全会期间处理中央的日常工作。他代表中央政治局向全会作工作报告，讲抗日准备时期和抗战时期的主要问题，指出：这两个时期我们的目的就是为驱逐日本帝国主义出中国而奋斗。为达到这个目的，我们的方针就是发展自己，团结友军。这个方针最初决定于一九三五年十二月瓦窑堡会议，直到现在都为执行这个方针而斗争。关于发展自己，即发展八路军新四军及其根据地，以此为代表中华民族打击日军的中心力量，中央曾做过很多工作来说服反对这个方针或不积极执行这个方针的同志。事实说明没有八路军新四军的抗战，中国的抗战决不能有今天。关于团结友军，我们始终站在团结国民党抗日的立场上，但遇到反共磨擦则要同它斗争。在反磨擦中，我们是采取有理有利有节的方针，使磨擦斗争归于缓和，将国民党引导到对敌斗争目标上去。我们发展八路军新四军及其根据地的政策是完全正确的，我们团结友军的政策也是完全正确的。今年军事仍以精练为主，明年准备发展，并占领一批小城市，在获得美国配合时，准备驱逐日本帝国主义出中国。会议通过由毛泽东、朱德、刘少奇、任弼时、周恩来组成七中全会主席团，毛泽东为中共中央委员会主席及七中全会主席团主席。会议决定，在全会期间由主席团处理日常工作，中央书记处及政治局停止行使职权。会议同意毛泽东代表中央政治局向全会提出的关于党内历史问题的六点意见，并形成决议。会议通过七大的议程及报告负责人，政治报告——毛泽东，组织及修改党章报告——刘少奇，军事报告——朱德，党的历史问题报告——任弼时，统一战线报告及公开讲演——周恩来。除政治报告不设准备委员会外，会议同意中央书记处提议的其他四个报告的准备委员会的名单。

5月22日 出席中共中央书记处办公厅在中央党校大礼堂为陕甘宁边区工厂厂长及职工代表会议的代表举行的招待会，接受职工代表的献旗和献词，并发表讲话。讲话指出：五年前边区才真正开始有了一点工业，当时只有七百个工人，现在有一万二千个工人，所以边区工业的进步是很快的。它的数目虽小，但它所包含的意义却非常远大。谁要不认识这个最有发展前途、最富于生命力、足以引起一切变化的力量，谁的头脑就是混沌无知。要打败日本帝国主义，需要工业。要使中国的民族独立有巩固的保障，就需要工业化。我们共产党是要努力于中国的工业化的。中国落后的原因，主要的是没有新式工业。日本帝国主义为什么敢于这样地欺负中国，就是因为中国没有强大的工业，它欺侮我们落后。因此消灭这种落后，是我们全民族的任务。老百姓拥护共产党，是因为我们代表了民族与人民的要求。但是，如果我们不能解决经济问题，如果我们不能建立新式工业，如果我们不能发展生产力，老百姓就不一定拥护我们。在抗日战争期间，共产党抗击了百分之五十八的敌军，百分之九十的伪军，这方面我们是有经验有成绩的。但是经济工作，尤其是工业，我们还不大懂，可是这一门又是决定一切的，是决定军事、政治、文化、思想、道德、宗教这一切东西的，是决定社会变化的。因此所有的共产党员都应该学习经济工作，其中许多人应该学习工业技术。如果我们共产党员不关心工业，不关心经济，也不懂别的什么有益的工作，对这些一无所知，一无所能，只会做一种抽象的“革命工作”，这种革命家是毫无价值的。我们应该反对这种空头革命家，学习实现中国工业化的各种技术知识。

同日 林伯渠将中共中央提出的关于解决目前若干急切问题的意见二十条送交张治中、王世杰，张、王以二十条如此写法无异暴露政府之罪状为借口，拒绝接收和转呈国民党政府。二十三日、二十五日，林伯渠连续致电毛泽东，汇报张、王拒不接收和转交二十条等情况。

5月24日 出席延安大学[1]在陕甘宁边区政府大礼堂举行的开学典礼，并在会上讲话，指出延安大学应为抗战及边区的政治、经济、文化建设服务。他说：现在边区教育已经开始走上轨道，这是与边区及各个抗日根据地的进步有联系的。所有我们一切工作，只有一个目标，就是打倒日本帝国主义。延大是设有政治、经济、文化等学科的大学，学生要学习政治、经济、文化，要准备去做政治、经济、文化的工作，要为实际服务，不要犯教条主义。他指出：“共产党人在工作中有缺点错误，一经发觉，就会改正。他们应该不怕自我批评，有缺点就公开讲出是缺点，有错误就公开讲出是错误。一经纠正之后，缺点就不再是缺点，错误也就变成正确了。”

5月27日 关于艾青写的《秧歌剧的形式》一文，致信胡

〔1〕1943年4月，鲁迅艺术文学院、自然科学院、民族学院和新文字干部学校并入延安大学。1944年4月，行政学院也并入延安大学。

乔木："此文写得很切实、生动，反映了与具体解决了年来秧歌剧的情况和问题，除报上发表外，可印成小册，可起教本的作用。最好把文尾附注移至文前，并稍为扩充几句，请与作者商酌。"

5月30日 主持中共六届七中全会主席团会议，会议决定向七中全会提议，七大应增加关于城市工作的议程，该项议程的报告和决议，应从抗战的需要和党的任务出发，提出目前敌占区城市工作的重要性，联系到对过去城市工作的批判。

5月31日 关于修改中共中央提出的解决若干急切问题的意见二十条，致电林伯渠，指出："（一）为尊重张、王意见，以利谈判，以示我方希望解决问题之诚意，特修改文件内容词句，请再次提交张、王。（二）请向张、王声明，拥蒋及执行四项诺言等屡经申明，故未重述于上次文件中。为尊重他们意见，故将其加入于此次文件。又二十条均属事实，请求政府解决极为必要，为尊重他们意见，改为十二条，其余八条，作为口头要求，仍请政府考虑解决。（二）如彼方再不接收与解决，则曲在彼方，我方委曲求全之诚意可大白于天下。"

5月 中共中央《关于若干历史问题的决议》的起草工作于本月开始。这项工作在毛泽东领导下进行，日常工作由任弼时主持。毛泽东确定起草《决议》的指导思想，并提出许多重要的思想理论观点。一九四一年由他起草的《结论草案》，是这个《决议》的最初蓝本。《决议》的起草，曾几易其稿，毛泽东作过多次修改，并经过党的高级干部的多次讨论和其他人的修改，历时一年。《决议》是一个集体创作。

同月 对中共中央党校即将到前线去的学员讲话。毛泽东说：在整风中有些同志受了点委屈，有点气是可以理解的。但已经进行了甄别，还生气不讲团结，这就不好。整风中的一些问题，是则是，非则非，搞错了的，摘下帽子，赔个不是。讲到这里，毛泽东向大家敬礼赔不是，并说：同志们，我举起手向大家敬个礼，你们不还礼，大家想想，我怎么放下手呢？这时全场起立鼓掌。

同月 在中共中央晋察冀分局领导下，晋察冀日报社编辑的《毛泽东选集》一至五卷出版，编选的大部分是毛泽东抗日战争时期的著作。

6月3日 复林伯渠、董必武、王若飞[1]五月二十三日来电，指出："完全同意你们对时局的估计与对谈判的方针，你们的意见和我们是一致的。""修正文件虽然去掉八条，但主要内容未变，又可借此重开谈判，如再不接收，则曲在彼方，那时准备由延安用电报拍给蒋。""会见华莱士[2]及拉铁摩尔[3]时可以新十二条及口头提议八条均告知他们。"

6月5日 主持中共六届七中全会第二次全体会议，会议讨论和通过毛泽东起草的《中共中央关于城市工作的指示》。指示指出："不占领大城市与交通要道，不能驱逐日寇出中国"。现在必须认识，从大城市与交通要道驱逐日军的任务，"有些只有依靠我党才能胜任，有些主要依靠我党才能胜任，依靠国民党是无望的"。因此各中央局、中央分局、各区党委"必须把城市工作与根据地工作作为自己同等重要的两大任务"，"必须把争取敌占一切大中小城市与交通要道及准备群众武装起义这种工作，提到极重要地位"，"以期在今年下半年及明年上半年，就能收获显著

---

〔1〕 王若飞，当时任中共中央研究局党务研究室主任，是参加国共谈判的中共代表。

〔2〕 华莱士，当时任美国副总统。1944年6月20日到达重庆访问。

〔3〕 拉铁摩尔，美国历史学家、中国问题专家。当时任美国国务院战时情报局太平洋分局局长，随同华莱士访华。

成绩，准备配合世界大事变，在时机成熟时，夺取在有我强大军队与强大根据地附近的一切敌占城市与交通要道”。毛泽东在会上对指示作了说明，他说：占领大城市和交通要道这个任务的提出，是以以下情况作为出发点，即：共产党领导的军队抗击了四分之三的敌军，根据地人口有八千多万，整风和生产取得了成效，国民党在精神上物质上都下降，汤恩伯一败如水，英、美舆论和民主政团同盟都同情我们，国民党内部有分化。现在如不提出这个任务，则我们在抗战中将犯大错误。但根据地在这一年内的主要任务，还是巩固而不是发展。将来为了团结群众，也可以在共产党以外组织一种阵线。会议决定成立城市工作委员会，彭真为主任，并建议七大的议程增加城市工作一项。

同日 林伯渠同张治中、王世杰会谈。林伯渠将中共中央修正后的关于解决目前若干急切问题的意见书十二条（附口头要求八条）递交张、王。张、王表示不接收，经林据理力争后才收下，但仍声言不能转报国民党政府。同时，张、王将《中央对中共问题政治解决提示案》交林伯渠。六日，林伯渠致信张、王，指出国民党政府提示案与中共中央的十二条意见相距甚远，但仍愿将这一提示案报告中共中央，并再次要求张、王将中共中央的十二条转报国民党政府。十五日，张治中、王世杰致信林伯渠，说已将中共十二条意见转报国民党政府，但坚持解决办法只能按国民党政府提示案办理，不能变更。至此，谈判陷入僵局。

6月6日 英、美军队在法国诺曼底地区对德军实施战略性登陆作战，开辟欧洲第二战场。

6月9日 中外记者西北参观团一行二十一人到达延安，其中有美联社的斯坦因、美国《时代》杂志的爱泼斯坦、合众社的福尔曼等外国记者六人。

6月12日 会见中外记者西北参观团。首先致词说：我十分欢迎各位记者来到延安。各位到延安时，正遇着欧洲开辟了第二战场。“第二战场的开辟，其影响不仅在欧洲，而且将及于太平洋与中国。”中国共产党坚持国共合作以打倒日本帝国主义、建立独立民主的中国的政策始终不变。“中国是有缺点的，而且是很大的缺点，这种缺点，一言以蔽之，就是缺乏民主。”只有民主抗战才能取得胜利，也只有民主才能使中国在战后继续团结。毛泽东致词后将记者提问综合为三个问题回答：（一）关于国共谈判，（二）关于第二战场，（三）关于中共的希望和它自己的工作。他着重谈了第三个问题，指出：中国缺乏一个为推进战争所必需的民主制度。“我们所希望于国民政府、国民党及一切党派的，就是从各方面实行民主。”“民主必须是各方面的，是政治上的，军事上的，经济上的，文化上的，党务上的以及国际关系上的”。“我们很需要统一，但是只有建筑在民主基础上的统一，才是真统一。”“我们共产党为着打倒日本帝国主义而做的一切工作，都贯彻着一个民主统一或民主集中的精神。”“我们认为全中国只有民主制度、民主作风，目前才能胜敌，将来才能建立一个很好的和平的国内关系与国际关系。”这次会见长达三小时。会见后，毛泽东设宴招待记者参观团。宴会后，又陪同他们观看平剧。

6月14日　《解放日报》发表毛泽东写的社论《纪念联合国日[1]，保卫西安与西北！》。社论指出：“欧洲与太平洋早已转入进攻，欧洲且已进入决战阶段，但是日寇还在向中国进攻，中国不但还没有转入进攻的迹象，而且还不能停止退却，这是今天中国的新形势。”国民党政府与国民党统治人士“因长期执行不

〔1〕 1942年，美国总统罗斯福发起以每年6月14日为联合国日，全世界反法西斯国家都在这一天举行纪念活动。

适宜的政策，而陷于几乎丧失战斗力与束手无策的境地，军队不战而溃，或一触即溃”。“中国正面战场现在已处于极端严重的状态，我们希望我们的政府及国民党统治人士即刻进行严肃的自我批评，修改自己的政策，从今天起，与民更始，则事尚可为。”“要医治中国这个时症，再无他药，惟有团结与民主，离了这些，军事危机是无法解决的。”“目前最严重的任务是保卫西安，保卫陕西与西北”。

同日 为中共中央起草关于兵役制度问题致晋察冀分局电，指出晋察冀边区参议会通过义务兵役制，“实行退伍是不好的”。改变这一决定时，应说明“参议会通过义务兵役制，原是出于体念人民的好意，但现在日寇尚在践踏我们的家乡及沦陷区人民。我们必须再接再厉，驱敌出国，为人民及自己报仇”。并指出：“嗣后动员补兵，均以不打倒日寇不回家为口号，不再宣传义务兵役制。”

6月18日 致电各中共中央局、分局，各军区并转各区党委，指出：国民党拼命在外国人及中国人面前，抹杀或隐蔽我党我军在抗日战争中的成绩、力量和作用。此次中外记者团来延安，我们除正面答复外，并用敌伪文件给予反证。望各局各委及军事机关立即动员搜集大批敌伪出版的关于称赞我党我军勇敢、巧妙，畏惧我军实力及其种种对策之言论及统计数字，用新闻密码火速发来。

6月20日 中共中央晋察冀分局致电中央，请示大资产阶级特别是英美派大资产阶级有无革命性问题。毛泽东将此电批给胡乔木拟复。七月十三日，中央宣传部复电晋察冀分局，指出：“还在抗日的中国大资产阶级，在其抗日一点上是有革命性的，应该联合的，这是主要的；但其抗日不积极，又反对民主，故其革命性不大。”“在今天的中国与世界，敌友我三方均有武装与政权，阶级力量的分合变化极其复杂，有时并极其迅速而巨大，套用战略策略的简单公式已往往不能解决问题，但以人民群众（工、农、小资产阶级）为基础，根据各阶级对革命的具体态度，利用矛盾，争取多数，反对少数，对最反动分子各个击破的总方针则决不会错。望你们告诉同志们，叫他们多研究实际而少争论名词。”

6月22日 第十八集团军参谋长叶剑英向中外记者西北参观团作题为《中共抗战一般情况的介绍》的长篇谈话。他指出：“中国抗战，一开始就分为正面和敌后两大战场；而自一九三八年十月武汉失守以后，敌后战场就在实际上成了中国的主要战场。”“敌后战场有三个，即华北、华中、华南三大敌后战场。在华北敌后战场抗战者为八路军，在华中敌后战场抗战者为新四军，在华南敌后战场抗战者为中共领导的游击部队。”中国共产党领导的军队现有四十七万多人，在一九四四年三月以前，抗击了侵华日军的百分之六十四点五；国民党的军队有几百万人，只抗击了侵华日军的百分之三十五点五。如果把全部日军和全部伪军合计起来，则在一九四四年三月以前，共产党的军队抗击日伪军总数一百三十四万人中的一百一十余万，即百分之八十四，国民党的军队只抗击了百分之十六。“中国共产党的军队，就在华北、华中、华南这三个敌后战场与十五个以上抗日根据地上，进行异常残酷的非未曾目击者所能想像的抗日战争，至七年之久。赖有这些敌后战场，才挽救了中国免于被日寇灭亡。”叶剑英的这篇谈话，毛泽东作过修改，在谈话讲到伪军处，加写了一段话：“国民党之所以让这些伪军投敌，投敌之后不加讨伐，并反而暗地和他们联络，其目的，不但为着在现时反对共产党，而且含有深远计划，而准备在日寇失败退出大城市与交通要道时，好让这些伪军藏其敌旗，打起国旗宣布‘反正’，占领这些大城市与交通要道，配合正面国民党军队，进行全国的反共战争。几年来在伪军中流行的所谓‘曲线救国论’，就是为着这种叛变民族的目的，全体人民是应该现在就起来注意这种阴谋的。”

6月27日　致电林伯渠、董必武、王若飞，询问国共谈判是否有解决问题的希望，在几种情况下，国内外各界朋友将取何种态度，如林、王马上回延安，是否会有不良影响。并告中外“记者团在延一般情况尚好，特务捣乱未成功，惟斗争仍继续中”。

6月28日　致电林伯渠、董必武：“美军事人员来延，请你们代表我及朱、周表示欢迎，飞机场即日开始准备，来延日期请先告。”

6月29日　主持中共六届七中全会主席团会议，会议讨论美军事使团来延安和国共谈判问题。会议决定：对美军事使团表明我们现在需要合作抗战，抗战胜利后需要和平建国，民主统一；在交涉中以老实为原则，我们能办到的就说办到，办不到的就说办不到；使团到后由毛泽东、朱德、周恩来、彭德怀、林彪、叶剑英出面接待和谈判。

6月30日　关于国共谈判问题，致电林伯渠、董必武，指出：现梁寒操〔1〕已发表谈话，应以林伯渠、周恩来名义分别在延安、重庆两地发表公开谈话以答复之，文稿另电告。关于谈判事，可利用美机来延安机会，请张治中、王世杰两人或一人偕林伯渠来延安商谈国民党政府提示案。如张、王均拒绝，则林单独回延安讨论，好作具体回答。

同日　关于用林伯渠名义在重庆发表谈话的稿子，致电林伯渠、董必武，指出，谈话稿如次，请在《新华日报》发表（不论

---

〔1〕 梁寒操，当时任国民党中央宣传部部长。

通过检查与否)："《新华日报》记者顷以六月二十八日梁寒操先生关于国共问题的谈话就询于中共中央代表林伯渠同志，承其答复如次：'国共谈判尚在继续商讨中。中共中央曾有意见书提交当局，嗣得国民政府提案，虽其距离尚远，但已转我党中央。必要时或将亲回延安报告，以便商得具体答复。至具体解决，只要有利于团结抗战，促进民主，中共无不乐于商讨。'云。"

7月1日 晨，读了丁玲〔1〕写的《田保霖》和欧阳山写的《活在新社会里》两篇文章〔2〕后，写信给他们。信中说："快要天亮了，你们的文章引得我在洗澡后睡觉前一口气读完，我替中国人民庆祝，替你们两位的新写作作风庆祝！合作社会议要我讲一次话，毫无材料，不知从何讲起。除了谢谢你们的文章之外，我还想多知道一点，如果可能的话，今天下午或傍晚拟请你们来我处一叙，不知是否可以？"当天下午，丁玲、欧阳山应约到枣园毛泽东住处谈话。

同日 中共中央发出关于整训部队的指示，指出：为了最后驱逐日军出大城市和交通要道，并对付可能的突然事变，"一定要在一年内，加紧整训现有军队，在现在物质基础上与战斗、生产间隙中，把我军的军事训练与政治工作极大地提高一步，准备将来使我军发展一倍至数倍的条件。目前根据地一切工作的中心任务，仍然是提高，是深入，是巩固，是准备将来大发展的条件，这不论对军事工作，政权工作，经济工作，民运工作，干部教育工作，都是如此。""军事训练就是练兵，并总结带兵、用兵

---

〔1〕 丁玲，作家。抗日战争时期曾任陕甘宁边区文化协会副主任、西北战地服务团团长、《解放日报》文艺副刊主编。

〔2〕 这两篇文章介绍了陕甘宁边区合作社工作中的模范人物，发表在1944年6月30日《解放日报》。

与养兵的经验。”政治工作，根据古田会议决议及谭政报告，须作一次普遍的彻底的有计划的改造。“一年大整训期间，不但要整训全部主力军与游击队，而且要整训全部民兵与自卫军。”这个指示，是经毛泽东修改审定的。指示起草过程中，毛泽东曾写信给陈毅、刘伯承、聂荣臻，征求他们的意见，信中说：“此件根据你们意见补充了，虽长三千字，但较充实些。惟其中民兵、干部训练方法等项具体办法是否恰当，请再一阅提出意见，凡不大妥者均请指明，以便修改。”

同日　周恩来在延安就国共两党谈判问题答新华社记者问，他说：“自林伯渠同志代表我党中央赴渝谈判，已经两月，一切问题尚在继续商谈。林同志经西安时，国民政府曾派张治中、王世杰两先生前往接洽。至重庆后，我党中央经林同志手提出书面意见交张、王转交国民政府。嗣得张、王转来政府提案，内容相距尚远。我党中央现正研讨复案，期谋合理解决。所谓合理解决，即是于团结抗战及促进民主有利，在此原则下，我党无不乐于商讨也。”

同日　《解放日报》本日和二日连载萧三写的《毛泽东同志的初期革命活动》一文。

7月2日　复电林伯渠、董必武，指出：“三十日电悉。提示案、张王来信及你们巧〔1〕电（三十日才收）均收到。既然如此，我们可以接收提示案〔2〕而准备提出一个复案。”周恩来已于一日发表声明。“故现在已不是退回问题，而是研究复案问题。

〔1〕巧，即18日。

〔2〕毛泽东在获悉张治中、王世杰1944年6月15日致林伯渠的信之前，鉴于张、王6月5日向林伯渠声称不能将中共中央意见书转报国民党政府，故曾于6月17日电示林伯渠将国民党政府提示案退还张、王。

我党曾多次派大员赴渝谈判，有充分理由邀请张、王来延一商。如不能来两人，则来一人。如两人均不愿来，则林偕美军事人员回延，以便中央能听取详细报告，研究复案。如外人飞机容不下则乘车回延。此外，请董将双方提案原文在便谈时交各小党派朋友阅看，但不发表。”

同日 同中外记者西北参观团举行谈话会。十二日，记者团除五名外国记者留下继续参观访问，其余离开延安回重庆。〔1〕

7月3日 中共中央在杨家岭中央大礼堂招待出席陕甘宁边区合作社会议的全体代表。毛泽东到会并讲话，阐述了合作社的方针和任务等。他说：自一九四二年边区高干会后，一年半中间，合作事业有了很大的发展，整个工作走上了轨道，出现了大批的模范合作社。“每一个模范合作社，都是一本活的教科书！”他指出：第一，合作社是为广大群众办的。这个方针在前年冬天高干会上就已确定，这次合作社会议要重申这一方针。第二，合作社的业务主要有十项：工业、农业、运输、畜牧、供销、卫生、信用、教育、植树、公益。通过合作社把全边区的人民组织起来。第三，合作社是统一战线的性质，所有农民、工人、地主、资本家都可以参加合作社，它是政府领导、各阶层人民联合经营的经济、文化及社会公益事业的组织。第四，所有干部都应认清合作社事业的重要性，不应该有丝毫轻视的心理。会后，毛

〔1〕中外记者西北参观团成员、《新民报》记者赵超构写的《延安一月》中说：“我们于五月三十一日进边区，六月九日到延安，不断地参观，连续地谈话，不知不觉，一个月了。正式的程序终止于七月二日毛先生的谈话会。起初我们预备在正式参观之后，再作若干日的自由活动，可是这时忽然有人提议‘回重庆去’。……终于向主人方面提出辞行。主人为了尊重我们的意见，也立刻为我们准备行程”。“十一日朱德将军为我们在交际处设宴饯行，十二日清晨，告别延安”。

泽东接见了十六位合作社代表，询问了各人的姓名、年龄及合作社的情形。

7月4日　为庆祝美国独立一百六十八周年，和朱德设宴招待在延安的美国侨民和中外记者团。宴会后，又出席延安各界在王家坪大礼堂举行的庆祝晚会。

同日　为准备和安排美军观察组飞机在延安降落的问题，致电林伯渠、董必武，告知飞机在延安机场降落时应注意的事项，包括雨季飞机不能超过的重量，跑道的长度、宽度和降落方向，机场标记等。

7月5日　审阅谢觉哉本日送审的关于召开陕甘宁边区第二届参议会第二次大会的决定，作了大量修改。关于这次参议会主要讨论的问题，毛泽东将“选举问题”单独列为一项。关于主要讨论的问题之一的“军事问题”，毛泽东全部改写为：“过去拥军优抗工作与组织民众工作是有成绩的，但是还有缺点。今后两项均应加强，务以军民一体与全民皆兵之阵势，打倒日本帝国主义。今年参议会应该检讨此种工作。”关于主要讨论的问题之一的“边区经济文化建设问题”，毛泽东几乎全部改写，强调指出：“总之，应使现在已经蓬勃发展或已开始发展的经济运动，文化运动，卫生运动，更加向前大踏步发展。其办法：一是公营，一是民营。而主要的方法是民办公助，号召人民组织各种形式的合作社。只有公私合作，公私兼顾与在自愿原则下（禁止任何强迫摊派）把绝大多数人民都组织到经济的文化的卫生的合作运动中去，才能完成上述任务，今年参议会应具体检讨这些工作。”

同日　阅改刘子久〔1〕关于学习问题给淮北区党委的信，加

---

〔1〕　刘子久，抗日时期曾任中共淮北区委员会书记。当时在延安中央党校学习。

写几段话。其中一段话是："我们是最进步阶级和最进步人民的先锋队，我们是共产主义者，应该一变历史上的状况，就是说，在我们党内，在我们的抗日根据地内，是不但有很多的千里马，而且有很多伯乐的，埋没英雄的现象，是不应该有的，一时有这种现象是应该很快消灭的。"[1]《解放日报》二十七日全文发表了这封信。

7月7日 复电林伯渠、董必武，指出：关于国共谈判，现在应"是要求和张、王见面，在见面时声明提示案已转交中央，中央来电认为双方意见相距尚远，为求进一步商谈计，邀请张、王偕林来延一行。如张、王拒绝来延则林回延报告谈判经过，以便讨论对提示案之复案。如彼方既不派张、王来延，又不让林回延作详细报告，则继续商谈无法进行，对于提示案之复案亦无从作出，谈判拖延之责全在彼方，我方不任其责。"

7月11日 设宴招待出席陕甘宁边区参议会常驻委员会第十一次会议和边区政府委员会第五次会议联席会议的常驻参议员和政府委员，并讲了"三三制"的推广和上下一致两个问题。

7月14日 会见中外记者西北参观团成员，美联社、英国《曼彻斯特卫报》、美国《基督教科学箴言报》的记者斯坦因，回答他提出的问题，会见从下午三时持续到十五日凌晨三时。关于中国共产党所信仰的马克思主义的政治思想方法问题，毛泽东说：各国的共产党只有一件共同的东西，那就是马克思主义的政治思想方法。中国共产党特别需要严格地把共产主义观察、研究、解决社会问题的方法，和新民主主义的实际政策相区别。没有共产主义的思想方法，我们将不能指导中国社会革命的民主阶

---

〔1〕 在这段话前面，刘子久信中的话是：古人说"世有伯乐，然后有千里马，千里马常有，而伯乐不常有"。

段；没有新民主主义政治制度，我们就不能把共产主义哲学正确地适用于中国社会。中国现在所需要的是民主主义，不是社会主义。关于什么是新民主主义的主要社会经济内容的问题，毛泽东说：新民主主义的主要经济特点是土地革命，就是在当前，对日作战是我们的主要任务时，也是如此。农民是我们战争努力的基础。将来的新民主主义不能建立在分散的落后的农业经济基础上。中国社会的发展主要地要依靠工业的发展，因此，工业必须是新民主主义的主要基础。只有工业社会才能成为完全民主的社会。但是为了发展工业，土地问题必须首先解决。关于中国共产党的土地革命政策问题，毛泽东说：在抗日战争时期，我们实行减租减息政策，我们的减租政策（不是土地没收）具有两重利益，一方面改善农民生活，一方面吸引地主留在乡村，参加抗日战争。关于中国共产党战后对中国工商业资本采取的态度问题，毛泽东说：中国的私人资本及外国的私人资本，在战后都必须给以宽大的机会，以便扩大发展，因为中国需要发展工业。在战后中国与世界的商业关系上，我们要以与一切国家自由平等的贸易政策来代替日本把中国作为殖民地的政策。铁路、矿山等等能够操纵国民经济的主要产业，最好由国家经营，其他工业必须由私人资本来发展。为了利用我们在手工业及农村小规模工场手工业方面巨大的潜力，我们必须依靠强大的民主的合作社。关于共产党如何注意听取群众意见的问题，毛泽东说：这是重要的一点。假若一个党的领袖人物真是为广大人民的利益而工作，忠实地为此而努力着，他们就有听取人民群众意见的许多机会。经过乡、镇、区、县的人民会议，经过党员和各阶层人民的交谈，经过其他的会议、报纸和人民的来信，我们能够而且常常发现群众的真正的意见。关于“中国第一”还是“共产党第一”的问题，毛泽东说：没有中国，就没有中国共产党。你提的问题等于是问是先有孩子还是先有父亲，这不是一个理论问题，而是一个实际问题。我们相信马克思主义是正确的思想方法，并不是说我们就忽略了中国文化遗产及非马克思主义的思想的价值。接受中国古代思想或外国思想，并不是无条件地接受过来，它们必须和中国实际情形结合，根据实际情形而实行。我们的态度是批判地接受中国历史遗产和外国思想，盲目地接受和盲目地拒绝，我们都反对。我们中国人必须以自己的头脑来思想，并决定什么东西能在中国土地上生长起来。

7月18日　会见中外记者西北参观团成员，路透社、《多兰多明星周刊》、《巴尔的摩太阳报》的记者武道，同他进行了关于政治科学、国共两党关系等问题的谈话。毛泽东说：我们批判地接收中国长期的传统，继承那些好的传统，而抛弃那些坏的传统。我们以同样的态度对待来自国外的事物。我们曾经接受了诸如达尔文主义、华盛顿和林肯树立的民主政治、十八世纪的法国哲学、费尔巴哈的唯物主义、德国的马克思主义以及俄国的列宁主义。我们接受一切来自国外的、对中国有益和有用的东西，我们抛弃坏的东西，例如法西斯主义。一九四三年七月以前，我们在一段长时间内克制对国民党的批评，因为我们期待着国共两党关系会得到改善。然而发生了国民党进行军事威胁的七月事件，我们在七、八、九三个月进行了十分广泛的批评。一九四三年九月，国民党在十一中全会上提出和共产党的分歧应通过政治方式解决，从那时到今年五月，我们没有进行批评。最近提出的批评是由于以下的原因造成的：第一，国民党军队没打好，没能顶住日军的进攻。第二，来自华盛顿和伦敦的批评比我们尖锐激烈得多，并指出中国有不抵抗的危险。鉴于全国局势的严重性，我们才提出批评。为了改变局势，国民党必须改变它的根本政策，它必须在政治和经济领域采取同人民团结的政策。只有这样，军事形势才能得到改观。我诚恳地盼望你和其他志愿援助中国人民的外国朋友们，帮助国民党认清新的形势。我们一切希望都是为了团结和民主。

7月19日　致电李先念，中共中央华中局、北方局、山东分局、冀鲁豫分局、晋察冀分局等，通报时局近况。电报指出：（一）国民党军队在河南、湖南作战中大溃败。（二）国民党政府直接包围陕甘宁边区的军队并未减少，封锁依然存在。（三）英、美、苏记者到边区已一个多月，他们感到兴奋。蒋介石在事前沿途布置反共宣传，又派一批人同来监视他们，进行破坏中共工作，但未达到目的。这些人现已离边区，他们出去后可能进行破坏宣传。但是英、美、苏三国主要记者尚留边区，他们愿意多看一看，并将赴晋西北参观。他们对英、美、苏的新闻报道有利于我们。（四）罗斯福三次致电蒋介石要求派美国军事代表团来延安，均被蒋拒绝；此次华莱士来华，正式提出罗斯福第四次电报，蒋始被迫答应。美军事人员十八人不日可到延安。（五）国共谈判无进展，实际上仍不承认我党的合法地位，关于军队只承认我们十个师即十万人的名义，关于政权只承认陕甘宁边区一处，我党提出的其他要求都不答应。林伯渠尚在重庆，但是根本调整国共关系，要待蒋更困难及美方施以更大压力时才有希望。（六）国民党政治、军事、经济、文化机构，腐化达于极点，酝酿着极大危机。（七）我党在华北、华中、华南三个敌后战场，近几个月有新发展，消灭了许多敌伪军，夺回了许多土地。在人民面前，我党领导的敌后战场与国民党领导的正面战场间的区别，越来越明显了，一个在进攻，在发展，在巩固；一个在退却，在萎缩，在充满着危机。但是我党困难仍是很多的，日军将向我们施行残酷进攻，经济困难依然极大，决不可粗心大意，失去警惕性。

7月22日 为中共中央起草致各战略区电，要求调查并电告天主教、耶稣教的教徒在抗日根据地及游击区分布的情况，以及他们在抗战中的表现和对中共的态度等，并指出："据云单是天主教全国有教徒四百万，华北有一百五十万，绥远有二十二万。这是一个大问题，日本人及国民党均在争取教民，必须引起我党注意，争取教民是我党不可疏忽的任务。"

同日 美军中缅印战区驻延安观察组（代号"迪克西使团"）第一批人员在组长包瑞德上校率领下乘飞机到达延安。第二批人员于八月七日到达延安。驻延安美军观察组共十八人。

7月24日 《解放日报》发表经毛泽东审阅修改的时评《德国的内战〔1〕》。毛泽东审阅时加写了两段话。一段话指出：现在不单是外国人反对希特勒，而且德国人——希特勒的同僚们反对希特勒了。"希特勒政策走到了它的反面，希特勒很快就要被埋葬了"。另一段话指出："目前阶段上的德国内战，还只表现于德国统治阶层内部的分裂，还不是从人民方面发动的。但是国防军的叛变，是站立在德国人民反希特勒情绪日益高涨的基础上面的。""德国从法西斯强盗的毁灭政策中得救，将依靠着德国人民"。

7月26日 出席为美军观察组第一批人员到达延安举行的晚宴。席间同坐在身旁的观察组成员谢伟思〔2〕进行交谈。在交谈中，毛泽东提出美国是否有可能在延安建立一个领事馆的问题，并说他提出这一问题，是因为考虑到在抗日战争结束后美军

---

〔1〕 这里所说的德国的内战，指1944年7月20日由德国国防军领袖组织的发生在元首大本营的企图暗杀希特勒的爆炸事件和国防军在柏林等地发动的兵变。

〔2〕 谢伟思，当时任美国驻中国大使馆二等秘书、中缅印战区司令部政治顾问。

观察组会立即撤离延安，而那时正是国民党发动进攻和打内战的最危险的时机。

7月28日　致信谢觉哉："明季南北略[1]及其他明代杂史我处均无，范文澜同志处或可找得，你可去问讯看。《容斋随笔》换一函送上。其他笔记性小说我处还有[2]，如需要，可寄送。"

同日　为使中共中央在今秋能对几项工作作出恰当的指示，致电李先念，饶漱石，罗荣桓，黄敬，邓小平，程子华、林枫，请他们调查和答复十项问题。主要有：经过时事教育、整风、反特、减租之后，对于党外人士的团结和"三三制"的推行是否产生了"左"的现象？减租工作的偏向是否还存在？拥政爱民与拥军优抗两项工作是否有进步，缺点是什么？今年秋冬军队轮番大整训的可能性如何？中央对城市工作的指示实现的可能性如何？经过今年大生产运动，是否可以减轻人民负担百分之十至二十而不影响财政支出？在我们帮助农民发展生产方面是否已经看见农民收益的增长，农民对按家计划、互助组织和合作社的态度如何？

8月3日　和刘少奇、陈毅致电中共中央华中局，指出："关于如何使游击战争极广泛地发展到上海周围、杭州周围、沪宁路两侧，使沪、杭两城及沪杭路完全在我们游击战争紧紧包围之中，以便加紧进行这些大城市工作并准备夺取这些大城市。再则如何使沿海的水手、从吴淞至沙市的长江水手及长江两侧各小河的水手尽可能组织起来，以便将来配合夺取大城市。以上两项工作请你们加以研究，分段分区给各地党与军队以一定的任务，

〔1〕指清初计六奇编撰的《明季北略》和《明季南略》。

〔2〕谢觉哉1944年7月1日日记记载："日前至毛主席处，见其衣袋有线装书，问之为《阅微草堂笔记》，他说其文字可玩味。"

努力争取完成。”

8月6日 为中共中央宣传部起草致各级党委电，要求各地收到《解放日报》发表并经新华社广播的叶剑英同中外记者西北参观团谈话《中共抗战一般情况的介绍》〔1〕后，多印小册子向党内党外散发，并作为党校及中等以上学校课本之一。同时，收到新华社广播的林伯渠在陕甘宁边区高干会的报告《陕甘宁边区“三三制”的经验及其应该纠正的偏向》后，作为党内干部读物，除多印小册子发给党内干部阅读并作党校课本外，还应根据此件检讨当地“三三制”政权工作，发扬成绩，纠正错误。

同日 致电林伯渠，指出：“（一）梁寒操对外记者所谈，我们决定暂时不理，俟九月底外记者从晋西北返延时将向他们发表谈判经过。（二）国民党将阎锡山与外记者所谈诬蔑我党的全部谬论在西安报上发表，我们决定日内将叶剑英六月二十二日与记者团谈话登报并广播，同时发表文章、消息揭穿阎锡山。”

8月12日 《解放日报》发表经毛泽东审阅修改的社论《衡阳失守后国民党将如何》。毛泽东在审改时重拟了标题（原题为《论衡阳的失陷》），并加写了三段话，指出：衡阳失守〔2〕，是国民党政府和统帅部不要民众与自愿放弃主动权的消极战略的结果。“政府的措施中，没有一件是号召和组织民众起来参加保卫衡阳、保卫西南与西北的。西安国民党人竟在报纸上批评延安在联合国日纪念大会上数万到会民众所表示的保卫西安与西北的坚强意志，认为是‘共产党的阴谋’。总之，一切大好河山，都由国民党包办，不要人民干与。可是国民党先生们啊，这些大好河山，并不是你们的，它是中国人民生于斯、长于斯、聚族处于

---

〔1〕 叶剑英的谈话发表在1944年8月10日《解放日报》。

〔2〕 衡阳于1944年8月8日失陷。

斯的可爱的家乡。”“一切问题的关键在政治，一切政治的关键在民众，不解决要不要民众的问题，什么都无从谈起。要民众，虽危险也有出路；不要民众，一切必然是漆黑一团。国民党有识人士其思之。”

同日　致电林伯渠、董必武：“（一）你们所拟谈话稿甚好，略加修改用恩来谈话方式于本日发表，你处收到后速在重庆及各处散布，并立即设法送往外国。（二）衡阳失守，敌后抗战地位更形重要，我军四十七万须要求政府全部承认，不要谈五军十六师了。（三）外国人在延安很高兴，他们对我军的发展甚感兴趣。”本日，《解放日报》发表周恩来关于国共谈判迄今无结果的谈话，驳斥国民党中央宣传部部长梁寒操七月二十六日在记者招待会上发表的所谓国共谈判已解决了一些问题、双方的观点事实上并无严重分歧、根本解决问题的障碍在中共方面等谎言。周恩来指出：经过三个月的谈判，“任何一个具体的即使是最微小的问题，都没有得到解决”。“双方在解决问题的原则上，有着很大的距离”。根本解决问题的障碍，就在于“国民党统治人士及其政府始终固执其一党统治与拖延实行三民主义的方针，而不愿立即实行真正的民主，以加强抗战力量，以保证战后和平”。目前国内的军事冲突并未停止，内战危机并未过去。要最后战胜日本帝国主义，“国共两党必须团结，国共之间所存在的问题，必须从速解决”。

8月14日　《解放日报》发表经毛泽东审阅修改的题为《韩钧同志谈晋西事变真相》的新闻报道。报道首先说：“西安《西京日报》所载阎锡山对中外记者团谈话中，有阎锡山在一九三九年准备冬季攻势时，新军二纵队负责人韩钧率部叛变等语。本报记者为使国人了解此亲痛仇快事件的真相，特访问当时亲历艰危的韩钧同志。”韩钧谈话分为三部分：（一）阎锡山仇视人民；（二）阎日两军夹击决死队；（三）究竟谁是叛军？毛泽东审阅时，在第三部分的末尾加写了一段话：“对这件事[1]，不独薄一波、韩钧及其他在决死队、牺盟会工作的共产党人与非共产党人能够以我们的亲身经验去证明，还有国民党老前辈续范亭先生（他是阎氏任命的暂一师师长，后为新军总指挥）也能以亲身经验作证明。更重要的是山西全省的老百姓，他们能够将阎氏罪恶如数家珍地告诉人们的。”

8月15日 《解放日报》发表经毛泽东重新改写的社论《欢迎美军观察组的战友们!》。社论说：在过去，在盟国政府与盟国人民方面，他们所了解的中国抗战情形、所得的印象，是中国抗战的主力军是国民党，将来反攻日军也主要依靠国民党。“这些印象，直到现在还是统治着盟国朝野大多数人的思想的。”“所以出现了这种完全违反事实的现象的原因，主要的在于国民党统治人士的欺骗政策与封锁政策。”“只许国民党的丑诋、恶骂、造谣、诬蔑，向世界横飞乱喷，决不许共产党、八路军、新四军的真相稍许透露于世。”“但是事实胜于雄辩，真理高于一切，外国人中国人的眼睛，总有一天会亮起来的。现在，果然慢慢地亮起来了，中外记者团与美军观察组，均先后冲破国民党的封锁线，来到延安了。这是关系四万万五千万中国人反抗日寇解放中国的问题，这是关系中国两种主张两条路线谁是谁非的问题，这是关系同盟各国战胜共同敌人建立永久和平的问题。”“关于国民党的抗战不力、腐败无能这一方面，大半年以来的外国舆论与中国舆论，已经成了定论了。关于共产党的真相究竟如何这一方面，大多数的外国人与大后方的中国人，还是不明白的，这是因为国民党的反动宣传和封锁政策为时太久的原故。但是情况

[1] 指阎锡山通敌、反共、反人民。

已经在开始改变。大半年以来的外国舆论中，已经可以看见这种改变是在开始。这次记者团与观察组的来延，将为这种改变开一新阶段。”

8月17日 在董必武向周恩来请示如何对待增补国民参政员问题的电报上批示：“应与张、左〔1〕商各党派联合政府。参政会可同意增人，取积极态度，但是第二位的。以上请周考虑拟复。”十八日，周恩来起草的复董必武、林伯渠的电报中说：请考虑目前由我党向全国提议并向国民党要求提前召集各党派及各界团体代表会议，改组政府，然后由此政府召开真正民选的国民大会，讨论反攻，实行民主，这一提议是否可能引起大后方响应，尤其是小党派、各地方实力派的同情。毛泽东在电报上写了如下批注：“应先召集党派及团体代表会，改组政府，方有召集民选国大之可能；否则是即使召集，也是假的。我们如此提议，蒋必不从，将来他召集假国大，我有理由说话。此意我党七大应作决定。”

8月18日 关于第三届第三次国民参政会问题，致电董必武、林伯渠，指出：“参政会开会，你们可仍持去年出席的态度。小党派如有民主提案，我们可副署，但不单独提案，表示在政治解决未达到目的前，一切提案都无从说起。”如林伯渠未离渝可出席。何应钦、俞鸿钧〔2〕等如向我进攻，“我取针锋相对态度还击之，并对外发表抗议”。

同日 复李维汉十六日来信，对他报送的陕甘宁边区政府建设厅厅长高自立今年五月在边区工厂代表会议上作的《为工业品

〔1〕 张、左，指张澜、左舜生。

〔2〕 俞鸿钧，当时任国民党政府财政部政务次长（1944年11月任财政部部长）。

的全面自给而奋斗》的总结报告，认为很好，应该发表并广播，另印小册子发主要干部。

8月20日 致电八路军山东军区、新四军军部，希望他们以尽可能快的速度，收集日本海军在青岛、烟台、连云港常舶舰数目及类型，每日进出口船舶数目，以及连云港是否已设为潜艇基地等材料，以便供给盟军。并望他们专门建设这种情报工作，供给中央军委。

同日 致电邓小平、滕代远，罗荣桓、黎玉，张云逸、饶漱石，告知美军观察组到延安后，观感极佳。他们拟乘飞机到敌后抗日根据地，望在太行、山东、华中三地区，选择适当地点各开辟一个飞机着陆场。

8月21日 复电李先念、郑位三〔1〕、任质斌、陈少敏并告张云逸、饶漱石，指出："可告欧高士〔2〕少校，彼所提三项问题，已得延安批准，均可合作办理：第一，可先在五师范围设无线电网，将来再在长江下游及广州附近设置，惟均须得到延安批准；第二，可供给敌军情报；第三，美海陆军登陆时协同作战问题，我们正与驻延美军观察组人员协商，准备一切。"电报还说："你们可在合作过程中将国民党进攻破坏情形告知，请其反映到上面去"。九月七日，又同朱德复电郑位三、李先念等，认为他们同意美军第十四航空队在五师范围内建立无线电网及对美军取合作的态度是正确的，即照来电所说施行。

同日 复电张云逸、饶漱石、赖传珠，指出："美军准备在中国登陆，要求和我军配合作战，五师地区美军已派人去，我们

〔1〕 郑位三，当时任新四军第5师政治委员。

〔2〕 欧高士，美军炮兵少校。受美国第14航空队陈纳德将军派遣，于1944年8月14日到达新四军第5师。

已许其设无线电网并供给情报，不久他们即将派人来军部并在上海及沿江沿海设无线电网，其目的不但目前便利空军轰炸，而且准备将来登陆作战取得配合。美军在中国登陆时间，据有些美国人估计已不在很远。因此请你们认真布置吴淞、宁波、杭州、南京间，特别是吴淞至宁波沿海及沪杭甬铁路沿线地区的工作，广泛地发展游击战争及准备大城市的武装起义。一师及苏中、苏南的党在此工作上应担负很大责任。”

同日 修改陈毅所写《皖南事变的真相》和《苏北事件的真相》〔1〕后，复信陈毅：“各件均好。略有增改，请再酌”。“各件重抄送去后，请留副本交李富春转秘书处保存，将来有用”。毛泽东在修改《皖南事变的真相》时加写了以下内容：“我们曾于某部分友军处获悉，蒋介石于一九三九年〔2〕十二月初即已下令各军，叫他们不要截击新四军首批通过的辎重行李，让其安全通过，以便待新四军军部及主力通过时，各军合击，一网打尽。当时许多人不相信，直至袭击事变发生，方才证实。”

8月22日 复电林伯渠、董必武、王若飞，对他们十六日来电提出的在两党谈判中关于军队数目应如何措词问题，答复如下：“应作如下措词：为了准备配合盟国反攻，敌后四十七万军队，不仅不能减少，而且应奖励它，装备它，增强它，政府首先应全部承认它的合法地位，承认其一部取消其大部的想法是违反抗战需要的，而且是办不到的。我们在建议书〔3〕中是请求政府给予四十七个师的番号，所谓五军十六师是暂时至少数目，其余

〔1〕《皖南事变的真相》和《苏北事件的真相》两件，是陈毅应包瑞德的约请而写的。

〔2〕应为1940年。

〔3〕指中共中央1944年6月向国民党中央提出的关于解决目前若干急切问题的意见书。

三十一个师仍请政府继续给予番号，决不是可以取消这些军队，也决不是不再请求给予番号。盟国援华物资一定要公平合理分配。这样说，和建议书原意是适合的。”

同日 和刘少奇、陈毅复电饶漱石、张云逸、赖传珠，提出对华中整训部队的意见：（一）华中部队整训应着重练兵、带兵、养兵、用兵四大项，而以练兵为中心。这四项是当务之急，能在一年内解决得好，我军战斗力可提高数倍，便利去应付战局变化的需要。（二）关于培养团级干部，军部可办团级训练队，吸收离职的旅、团级干部，并选一部优秀的营级干部参加，时间不宜太长，以提高干部的指挥艺术为中心。（三）关于特种兵人员，如工兵之类，可在各抗大开办。

8月23日 同谢伟思就国共关系问题进行长时间谈话。毛泽东指出：国共两党关系的状况是解决中国问题的关键。我们共产党人深知内战的惨痛经验。对中国说来，内战将意味着长年累月的破坏和混乱，中国的统一，它对远东的稳定作用，以及它的经济发展，统统会推迟下去。中国防止内战的希望在很大程度上有赖于外国的影响。在这些外国中，尤其最重要的是美国，国民党在今天的处境下必须看美国的脸色行事。国民政府应该立即召开一次临时（或过渡的）国民大会，应邀请一切团体派代表参加。在人数分配方面切实可行的妥协可以是，国民党大概占代表数的一半，所有其他代表占另一半，蒋介石将被确认为临时总统。这次临时国民大会必须有全权改组政府并制定新的法令——保持有效到宪法通过之时为止。它将监督选举，然后召开国民大会。我们现在只是要求：美国政策要努力引导国民党改革自己。国民党已在忙于为发动内战制造借口。我们可以说，内战是不可避免的，但不是十分确定的。

8月 同陕甘宁边区劳动英雄吴满有交谈，毛泽东说，今年雨水多，入伏以来，我就担心下雨，怕庄稼受损失。还说陕甘宁边区的农村要在几年里做到：每家余一年粮，拴一犋牛，扶育一百棵树，建一个厕所，掏一口井，每人还要识一千个字，而且每乡要有一个合作社，一个铁匠炉，一个民办小学，一个医务所，一个秧歌队……大家都要过丰衣足食、健康快乐的生活。

8月29日　和周恩来电告董必武：八月二十日美国空军第二十航空队的一架重轰炸机在苏北盐城、阜宁上空爆炸起火，坠落在新四军建阳金家桥根据地内，新四军第三师和该地游击队立即出动营救。该机飞行员十二名，其中一名毙命，我救出五名已抵第三师师部，其余六名正寻找中。以上情况望即转告有关方面。

8月30日　中共中央代表林伯渠致信国民党政府代表王世杰、张治中，说奉中共中央之命，对张、王八月十日来信答复如下：国民党政府提示案与中共提出的书面意见十二条及口头八条，在原则问题上相距太远，中共无法接受。双方谈判相距甚远的真正原因，在于国民党政府始终不愿意实行孙中山的三民主义及足以团结全国各党派各阶层抗日力量的民主政治。我们希望国民党政府在解决全国政治问题与国共关系问题上，应把整个国家民族的利益放在第一，而不把一党一派一己的私利放在第一，应从有利全国团结抗战、有利促进民主的观点出发，而不应从维持一党统治的方针出发，才能使双方的谈判易于接近，才能使一切问题可以得到公平合理的解决。

8月31日　致信秦邦宪，就《解放日报》原拟发表的一篇题为《把新民主主义社会的基础建立在家庭里》的社论稿，谈了三方面的问题。(一)“原文着重改造家庭，关于联系群众运动方面说的很少（即在已发表的那篇社论[1]上亦是如此），而问题的重点，恰是使家庭改造与群众运动联系起来”。“我们是提倡‘走出家庭’与‘巩固家庭’的两重政策”，“不断地走出，不断地巩固，这就是我们的需要”。（二）“新民主主义社会的基础是工厂（社会生产，公营的与私营的）与合作社（变工队在内），不是分散的个体经济。分散的个体经济——家庭农业与家庭手工业是封建社会的基础，不是民主社会（旧民主、新民主、社会主义，一概在内）的基础，这是马克思主义区别于民粹主义的地方。简单言之，新民主主义社会的基础是机器，不是手工。我们现在还没有获得机器，所以我们还没有胜利。如果我们永远不能获得机器，我们就永远不能胜利，我们就要灭亡。现在的农村是暂时的根据地，不是也不能是整个中国民主社会的主要基础。由农业基础到工业基础，正是我们革命的任务。”（三）“我在改文中加上了解放个性，这也是民主对封建革命必然包括的。有人说我们忽视或压制个性，这是不对的。被束缚的个性如不得解放，就没有民主主义，也没有社会主义。”

9月1日 主持中共六届七中全会主席团会议。会议讨论关于提议召开各党派代表会议成立联合政府、关于王震等是否率部南下、关于开展满洲工作、关于建立城市工作部等问题。关于国民党变不变、倒不倒的问题，毛泽东说：变而不倒与先变后倒均有可能。以蒋介石的愿望，国民党一定要打共产党的，可能不打是五个方面的条件，即美国、日本、共产党、人民及国民党内部。我们的政策放在争取不打，争取国民党变，这样才有文章可做。会议决定：派王震、王首道等率部于十月南下发展湘、鄂、赣等地的工作；中央及各中央局、分局、区党委成立城市工作委

[1] 指《解放日报》1944年8月25日社论《发扬根据地新式家庭》。

员会及城市工作部，中央城市工作部以彭真为部长、刘晓为副部长。

9月4日　中共中央关于提出改组国民政府成立联合政府问题，致电林伯渠、董必武、王若飞，指出：“目前我党向国民党及国内外提出改组政府主张时机已经成熟，其方案为要求国民政府立即召集各党、各派、各军、各地方政府、各民众团体代表，开国是会议，改组中央政府，废除一党统治。然后由新政府召开国民大会，实施宪政，贯彻抗战国策，实行反攻。估计此项主张国民党目前绝难接受。但各小党派、地方实力派、国内外进步人士，甚至盟邦政府中开明人士，会加赞成。因此，这一主张，应成为今后中国人民中的政治斗争目标，以反对国民党一党统治及其所欲包办的伪国民大会与伪宪。”“望你们在起草回答张、王的信中加上此项主张，以说明这是我们对于实施民主政治的具体步骤和主张。”“在这次参政会中，如取得小党派及进步人士同意，可将是项主张作成提案”。五日，董必武、林伯渠出席第三届国民参政会第三次大会，提出这次大会应着重讨论国共谈判、召开国是会议、成立各党派民主联合政府等问题。

同日　中共中央发出关于建立城市工作部门的指示，指出：“地委以上各级党部须立即建立城市工作部，在党委与上级城市工作部领导下，专门负责管理城市及交通要道工作，不兼其他任务。其负责干部，应根据城市工作与根据地工作为当前同等重要的两大任务之原则来配备，要真能负责指导争取城市及交通要道的千百万群众，瓦解伪军伪警，以准备武装起义之艰巨工作。”

同日　中共中央关于开展满洲工作问题，分别对晋察冀分局、山东分局发出指示，指出满洲工作之开展，不但关系中国未来局面至巨，而且已成刻不容缓之紧急任务。指示晋察冀分局及冀中区党委、冀热区党委，山东分局及胶东区党委各成立一满洲工作委员会，负责动员和领导一切可能的力量开展满洲工作。

9月5日 《解放日报》发表经毛泽东修改审定的社论《采用新的组织形式与工作方式》。社论指出，选举与奖励劳动英雄与模范工作者，这是推动和改进工作，产生和培养干部及联系群众的一种好方法，是当前各种工作中可以普遍采用的新的组织形式与工作方式。毛泽东为社论加写的一段话中说："但敌后必须以战斗英雄、民兵英雄与劳动英雄、模范工作者并重，并且战斗英雄与民兵英雄还应放在前列"。

9月6日 美国总统罗斯福的私人代表赫尔利到达重庆。

9月7日 《解放日报》发表经毛泽东修改审定的关于在国民参政会开幕会上蒋介石氏说话不当的新闻稿，批评蒋介石用武断的词令，掩饰目前的军事危机，大唱其无条件的统一论，不讲民族的解放。毛泽东在加写的文字中指出："这种将一切都统一于国民党、统一于寡头政治的统一论，是与全国人民迫切要求在民族独立与民主自由的基础上实现国家统一的民主统一论，针锋相对的，其中包含了阴风惨惨的杀机。"

同日 致电张云逸、饶漱石，罗荣桓、黎玉，邓小平、滕代远等：第三党张云川等已离渝赴北平，准备到各根据地访问，望妥为招待，给以参观访问之便利。

同日 电告晋西北、晋察冀：美军观察组上尉考林、中尉琼思二人将于最近分赴晋绥边区及晋察冀边区，考察地形、建立情报网和了解爆破工作实施之范围等。

9月8日 出席中央警备团为张思德举行的追悼会。张思德是中央警备团战士，九月五日在安塞石峡峪烧木炭时牺牲。毛泽东题写挽词："向为人民利益而牺牲的张思德同志致敬"。并在会上讲话，阐述为人民利益而牺牲的意义，指出："我们的共产党和共产党所领导的八路军、新四军，是革命的队伍。我们这个队伍完全是为着解放人民的，是彻底地为人民的利益工作的。张思德同志就是我们这个队伍中的一个同志。""人总是要死的，但死的意义有不同。中国古时候有个文学家叫做司马迁的说过：'人固有一死，或重于泰山，或轻于鸿毛。'为人民利益而死，就比泰山还重；替法西斯卖力，替剥削人民和压迫人民的人去死，就比鸿毛还轻。张思德同志是为人民利益而死的，他的死是比泰山还要重的。"这个讲话编入《毛泽东选集》时，题为《为人民服务》。

9月9日　和刘少奇复电张云逸、饶漱石、曾山，指出："机场筑好后，大批美军人员陆续飞来军部及各师，我们应表欢迎"。"虽可能引起日寇'扫荡'，但比较全局，利多害少。放手与美军合作，处处表示诚恳欢迎，是我党既定方针"。

9月11日　复电林伯渠、董必武、王若飞："参政会报告两党谈判〔1〕时，林准备根据周谈话〔2〕及复张、王信，对国民党反动意见加以驳斥，并宣传我抗战成绩、力量与合理要求，是对的，国民党提示案根本不提抗战需要，我党合理要求则全是根据抗战需要，这是双方根本不同点。""根据来电，各小党派、地方实力派拟和我党联合提出改组政府，请你们考虑现在我党中央单独向参政会提出是否合宜"。

9月12日　致电林伯渠、董必武、王若飞："如与纳尔

---

〔1〕　指中共谈判代表林伯渠准备在国民参政会作关于国共谈判的报告。

〔2〕　指周恩来1944年8月12日对新华社记者发表的关于国共谈判的谈话。

逊[1]、赫尔利见面提及援助事，望提美国援华军火至少应以二分之一给八路军新四军，亦即国共平分，不再提三分之一，因不论战绩、兵力、地位共都优于国也。”

9月14日 关于山东审干问题，复电罗荣桓、黎玉、萧华，指出：“延安审查干部经验中，在初期有许多是过左的，后来已纠正，你们不要重复。山东应该稳重谨慎地去作，凡无充分可靠证据，不要轻信某人为特务，要把特务、叛变、自首、党派及犯错误等项分别看待，严重嫌疑分子（有证据者）可以暂时逮捕候讯，但为数应极少，尤要坚持一个不杀方针。”

9月15日 复林伯渠、董必武、王若飞十四日来电，指出：（一）关于美国物资分配，不管将来事实上之结果如何，我们应在原则上主张按照抗战成绩（我军打击敌伪六分之五）为标准，不应按照现有两党军队数量为标准，因此我们应主张至少两党平分援助物资，前电所说至少三分之一不恰当，请改正。（二）小党派既不赞成我党单独向参政会提出改组政府，即请作罢。至于林报告谈判经过时是否应当顺便提到此点则请你们酌情决定，但在再复张治中、王世杰的信中则必须正面提出。

同日 林伯渠在国民参政会第三届第三次大会上报告四个多月来国共谈判经过，强调提出挽救目前抗战危机准备反攻的救急办法，是必须对国民党政府的机构、人事、政策迅速来一个改弦更张，希望国民党立即结束一党专政的局面，由政府召开各党各派、各抗日部队、各地方政府、各人民团体的代表参加的国是会议，组织各抗日党派联合政府。

9月18日 复林伯渠、董必武九月十六日关于国民参政会

[1] 纳尔逊，当时任美国国务院战时生产局局长。1944年9月随赫尔利来中国。

开会情况的来电，指出：严肃批评，并指蒋名，甚为必要。如五参政员决定来延安[1]，最尖锐的批评可以暂停，但决不可作为条件，只可说如五参政员去延安及国民党态度改善，延安批评自然会和缓。本日，致电林伯渠、董必武转胡政之、王云五、冷遹、傅斯年、陶孟和五参政员："闻五先生决定来延，甚表欢迎，敬祈早日命驾为祷。"

同日 出席中共中央书记处办公厅在中央大礼堂举行的招待八路军留守兵团全体模范学习代表及从敌后转战归来参加整训的各部队战斗英雄代表的大会，并讲话。讲话指出："武汉失守以来，特别是最近二年以来，中国抗战形势发生了显著的巨大的变化。现在八路军、新四军及华南人民部队抗击了在华的敌伪军六分之五，国民党只打了六分之一。豫湘战役，敌人如入无人之境，情形极为严重。中国不亡，是由于有了我们共产党、八路军、新四军，主要地由我们支持了抗战局面。这就是今天中国的抗战形势。""军队要有统一领导和纪律，才能战胜敌人。正确的自我批评，对于领导和纪律，不但不会削弱它，而且只会增强它。""与人民利益适合的东西，我们要坚持下去，与人民利益矛盾的东西，我们要努力改掉，这样我们就能无敌于天下。我们的军队一向就有两条方针：第一对敌人要狠，要压倒它，要消灭它；第二对自己人，对人民、对同志、对官长、对部下要和，要团结。这是党中央和西北局的方针，也是全体人民所要求的方针。"

9月22日 主持中共六届七中全会主席团会议，会议讨论

---

〔1〕 1944年9月15日国民参政会决议，由参政员冷遹、胡政之、王云五、傅斯年、陶孟和5人组成延安视察团，赴延安视察，并于返渝后向政府提出关于加强全国统一团结之建议。后来，1945年7月到延安同中共会谈的参政员是6位，即褚辅成、黄炎培、冷遹、傅斯年、左舜生、章伯钧。

形势、国共关系、审干等问题。毛泽东发言说：现在重心有逐渐转移的趋势，我们自己常常估计不足。这次参政会公开，对我们是有利的，逼得蒋介石发表双方的文件。现在在全国面前暴露了中国有两个平等的东西，不是一大一小。十二条原则上提得对的，但未想到改组政府。现在时机成熟，时局变化得很快。这次参政会，“破坏抗战”、“危害国家”已不敢提了。中共威信在大后方之高，是全国、全世界注意的问题，现在要解决中国问题，必须估计到我们。审查干部问题，结论不忙作，待整个甄别工作告一段落后，再由中央讨论一次。因为搞错了许多人，所以对于“抢救”我有些怀疑，乱子就出在这里，以后“抢救”二字不能用。

9月24日 《解放日报》发表经毛泽东修改审定的社论《评此次国民参政会》。社论指出：国民参政会三届三次大会“是一次不平常的会议。它表现了国民党寡头专制统治的军事、政治、经济各方面的深刻危机，反映了全国人民对于国民党误国政策之愤怒，暴露了国民党内部各集团之互相倾轧和斗争，也揭破了国民党统治集团玩弄‘民主’伪装‘民主’的卑鄙伎俩”。社论正告国民党统治集团及蒋介石：“‘不变应万变’，固然不行，‘万变保不变’，亦一样不行。现在需要彻底的一变，即将寡头专制变为真正的民主政治”。

9月26日 和贺龙、高岗、陈毅、林彪、聂荣臻以及美军观察组包瑞德等，在延安东关大操场观看八路军留守兵团模范学习代表举行的投弹、射击、刺杀等七项军事技术表演。

9月27日 关于复张治中、王世杰九月十日给林伯渠的来信问题，致电林伯渠、董必武，指出：由于美国需要与国民党情况危急，国民党急于按照他们自己的愿望解决问题，张、王十日信又最无理取闹，复张、王信原稿语气欠健，不足以杀彼辈之气焰，故修改如另电。你们收到并交张、王后，请在报上发表，如不能发表，则印单张广为散发，并多送外国人。毛泽东重新起草的林伯渠复张治中、王世杰信，再次强调指出："现在唯一挽救时局的办法，就是要求国民政府与国民党立即结束一党专政的局面，由现在的国民政府立即召集全国各抗日党派，各抗日部队，各地方政府，各民众团体的代表，开紧急国是会议，成立各党派联合政府，并由这个政府宣布并实行关于彻底改革军事、政治、经济、文化各方面的新政策。"并指出："我们这个建议，实是代表全国人民的要求，即贵党中亦有不少人士同具此心。""此计不决，则两党谈判即使可能解决若干枝节问题，至于关系国家民族的重大问题，必不能获得彻底解决的。"这封信在十月十三日交给张治中、王世杰。

9月30日 致电吕正操、林枫："请你们考虑，在其他各分区也令他们开展八分区那样的战斗，打出威风来扩大自己挤小敌人，但在每一处打胜仗后应叫那里提高防备敌人报复的警惕性。"

10月1日 《解放日报》发表经毛泽东修改审定的社论《新四军的胜利出击与中国的救国事业》。社论指出：今年一至六月，新四军作战一千余次，俘敌伪军一万余人，缴枪一万一千余支，攻克敌伪据点四百二十座。七月以来的三个月中，进行大战役十三次。总计今年新四军的胜利出击，解放国土十余万平方公里，人口五百万以上。毛泽东在加写的文字中说："对于新四军的胜利表示痛恨的，只有两种人，就是日本侵略者与中国蒋介石。日本人的痛恨我们，不必说了。至于蒋介石，他有两件事最受日本侵略者欢迎：一件是反共活动，一件是《中国之命运》。蒋介石的千万件反共活动中，尤以阴谋袭击新四军，逮捕叶挺将军与宣布新四军为'叛军'，最受日本人欢迎。当一九四一年春，蒋介石干出此种破坏抗战、危害国家、背叛民族的罪恶事件时，日本同盟通讯社曾嘉奖说：‘蒋介石几年来未做什么好事，但解散新四军一事算是做得好。’”“不管日蒋如何合谋危害新四军，但是新四军依然在发展壮大，依然在打胜仗。”

10月3日 主持中共六届七中全会主席团会议，会议讨论河南工作大发展与调部队和干部去河南、湘赣问题。

10月4日 在秦邦宪的陪同下，到清凉山中央印刷厂礼堂看望解放日报社和新华社的全体工作人员，并讲话。在讲到办党报和通讯社工作的两个方面——指导和反映时，毛泽东说，党中央对于各地工作的领导和指示，除一些日常性的指示活动外，大政方针很多是通过《解放日报》和新华社传达下去的。党中央了解国内外情况有许多来源，你们是一个重要渠道。他勉励大家要全心全意地为人民服务，把《解放日报》和新华社办好。

10月5日 和朱德等出席在延安举行的美国陆军中印缅战区统帅部对包瑞德的授勋仪式。统帅部为嘉奖包瑞德在华工作成绩卓著而授予他勋章。

10月7日 主持中共六届七中全会主席团会议。在会上发言指出：这几个月我们的作战，特别是山东有很大发展。今后主要发展方向是南方，江南、湖南、河南；同时要注意东北，还要准备苏联打日本。在干部配备上，主要的是注意南方，同时注意东北。关于党的历史上的一些问题，发言指出：红四方面军在鄂豫皖的时代，对革命是有功绩的，错误应由张国焘负责，不是群众与广大干部的问题。红一、红四方面军会师后，在延安及各地同四方面军关系上存在的问题，主要由一方面军干部负责。对红七军也应承认是有功劳的。要承认山头，照顾山头，然后才能消灭山头主义。会议根据毛泽东的提议，决定任命杨尚昆为中央军委外事组组长、陕甘宁边区政府交际处处长，王世英、金城为副处长。

10月9日　《解放日报》发表经毛泽东修改审定的评张平群错误发言的新闻稿。新闻稿指出：十月四日在重庆召开的中外记者招待会上，某记者询问国民党政府当局对于组织联合政府的意见，政府发言人张平群答称："此说不值讨论，吾人亦不拟讨论。"毛泽东加写的话中指出："果真'不值讨论'吗？整个大后方人民或者已受或者要受敌骑蹂躏了，人民要求立刻追问国民党的责任，这个责任是值得讨论的。果真'不拟讨论'吗？你们尽管'不拟'，人民的死活、国家的存亡是不能不讨论的。"新闻稿最后指出："不管国民党当局'讨论'与否，废止寡头专政，改组国民政府与统帅部，这个要求是无法抗拒的"。

同日　出席八路军总部举办的舞会，同谢伟思进行了约二十分钟的谈话，谈到国共关系问题。毛泽东认为国民党还不准备妥协，因此眼前没有希望召开拟议中的紧急国民大会和改组政府。但是他说："我们愿意等待。我们在耐心方面有过长期锻炼。"

10月10日　上午，同朱德、周恩来等出席陕甘宁边区政府为庆祝双十节举行的招待会，应邀出席的有美军观察组成员、外国记者及延安各界代表。

10月11日　新华社发表毛泽东起草的对蒋介石双十节演说的评论。评论指出："空洞无物，没有答复人民所关切的任何一个问题，是蒋介石双十演说的特色之一"。蒋介石的演说，还"使人们感觉内战危险不但存在，而且在发展着。中国人民现在就要牢牢地记着，不知哪一天的早晨，蒋介石会要下令讨伐所谓'叛逆'的"。"蒋介石的态度越变越反常了，他坚决地反对人民改革政治的要求，强烈地仇视中国共产党，暗示了他所准备的反共内战的借口。但是，蒋介石的这一切企图是不能成功的。如果他不愿意改变他自己的作法的话，他将搬起石头打他自己的脚。我们诚恳地希望他改变作法，因为他现在的作法是绝对地行不通的。”这篇评论编入《毛泽东选集》时，题为《评蒋介石在双十节的演说》。

同日 同意周恩来主持会议提出的延安追悼邹韬奋[1]活动的建议。纪念活动包括：将延安的华北书店改名韬奋书店，编辑出版邹韬奋著作选集，举行追悼大会等。

10月14日 和朱德复电邓小平、滕代远等，指出：华北可能成为主要的决战战场。在决战开始前，敌军可能在华北还有一时期最严重的“扫荡”与摧毁，我们应有此准备。在可能条件下，我军应乘虚尽量消灭伸入根据地内的伪军、日军的小据点，扩大根据地，但一般地暂时不打交通要道及较大城市。充实现有小团，健全游击队，加强民兵组织，利用冬寒认真练兵。继续深入减租减息斗争，注重各种生产，改善军民生活，巩固军民团结与社会团结。这些工作做好，就是预见困难、克服困难、争取胜利的条件。

同日 关于开辟河南根据地的部署，为中共中央军委起草复郑位三、李先念等电，指出：（一）八路军第一批南下部队两个团，在司令员皮定均、政治委员徐子荣率领下，已于一个月以前在新安以北渡过黄河，进入登封、临汝、禹县地区一带，正从事建立根据地。（二）中央已决定派戴季英、王树声[2]等从陕北率两个老团并大批干部进入河南活动，建立河南人民解放军，为解放河南而斗争。戴、王等在一个月内可从延安动身，中央派到五师的部队及大批干部亦可同时动身。（三）你们派到豫南的部队应坚持进行活动，建立据点，发展地方武装，并设法与皮、徐部

---

〔1〕 邹韬奋于1944年7月24日在上海去世。

〔2〕 戴季英，当时任中共河南（豫西）区委员会书记、八路军河南（豫西）军区政治委员。王树声，当时任八路军河南（豫西）军区司令员。

队取得联系。

10月17日　董必武、林伯渠致电毛泽东、周恩来，报告本日第一次同赫尔利谈话的情况。赫尔利说：他约林、董谈话是蒋介石允许的，蒋也允许他必要时去延安；中共军队组织、训练都好，力量强大，是决定中国命运的一种因素；蒋介石为抗日的领袖，是全国公认的事实；中国现政府不民主，等等。董、林来电还指出，“蒋见我态度强硬，怕我们不承认他是抗战领袖”。十九日，毛泽东在董、林来电上写了如下批语：“九月下半月至十月上旬，蒋对罗、丘压力，硬抗了几个星期。在此期间，对我方亦表示硬性。但在双十演说出了一通气之后，又软下来。对美国软，对我方亦随着软些。邵力子召集的国、共及中间三方会议，决定派五参政员来延及要求延安停止骂蒋等，即其表现。蒋最怕指名批评他，美国亦怕我们不要蒋，故在许蒋存在条件下，可以作出一些有利于我们的交易来。”

10月18日　董必武、林伯渠致电毛泽东，报告本日第二次同赫尔利谈话的情况。赫尔利说，他拟约张治中、王世杰和我们谈，得出两党合作初步结果后，他拟向蒋介石谈。蒋同意后，他便到延安来和毛泽东谈，求得双方合作的基础。最后蒋、毛见面，发出宣言，两党便合作起来了。

10月24日　董必武、林伯渠致电毛泽东，报告十月二十三日第三次同赫尔利谈话的情况。赫尔利说，蒋介石二十一日交他一方案，被他当场退回。至于方案的内容，他保守秘密。他只打了一个比喻说，蒋叫你们在前面打，他们在后面打，意思就是要消灭你们。他问蒋为什么不可以和共产党并肩作战？他已告蒋，要马上行动，实行民主，释放政治犯，不能再等了。

10月25日　在中共中央党校大礼堂对即将去前线的干部作报告。首先讲时局问题，指出：中国的局势起了很大的变化，从今年四五月间到现在变化就更大。国民党反共，抗战不积极，贪污腐化，没有一点希望了，政治、军事、经济都没有希望了。中国人民要解放，中国要得救，只有共产党才有办法，全国人民都仰望着我们。我们对国民党的方针，自国共合作以来，就是改良方针，不是打倒它，因为日本人还在我们面前。现在的口号是改组政府、改组统帅部。这个口号不是改良主义的，而是革命性的。我们要尽量发展自己的力量，抗战以来，中央就是这个政策。从现在的环境看，还需要大大的发展，广东、湖南、河南都可以大发展。其次讲团结问题，指出：共产党要团结各阶层人士。共产党员好像柳树一样，到处插下去就可以活，长起来。柳树也有缺点，容易顺风倒，所以还要学松树，挺而有劲。柳树有机动性，松树有原则性，柳树可亲，松树可靠，我们共产党人就是要可亲、要可靠。党内也要加强团结。山头主义在今天才指出来，没有早些指出来，这是我的责任。再其次讲审干、反特务问题，指出：审干、反特务发生许多毛病，特别是在“抢救运动”中发生过火。去年“抢救运动”，搞了十几天，我们马上就使它停止了。“抢救运动”的基本错误是缺乏调查研究和缺乏分别对待这两点。“抢救运动”有错误，错误是夸大了问题方面，但不能说是路线错了。最后，毛泽东指出：前途是光明的，但也有困难。决定中国事情的，是共产党领导下的中国人民。以上我讲的，就是一个原则，为中国人民服务，为中华民族解放！

10月30日 在陕甘宁边区文教工作者会议上讲话，阐述新民主主义文化运动中的统一战线方针。讲话指出：“我们的工作首先是战争，其次是生产，其次是文化。没有文化的军队是愚蠢的军队，而愚蠢的军队是不能战胜敌人的。”“解放区的文化已经有了它的进步的方面，但是还有它的落后的方面。”“我们必须告诉群众，自己起来同自己的文盲、迷信和不卫生的习惯作斗争。

为了进行这个斗争，不能不有广泛的统一战线。”在教育工作、艺术工作、医药工作方面，都要实行统一战线的方针。“我们的任务是联合一切可用的旧知识分子、旧艺人、旧医生，而帮助、感化和改造他们。为了改造，先要团结。”“我们的文化是人民的文化，文化工作者必须有为人民服务的高度的热忱，必须联系群众，而不要脱离群众。要联系群众，就要按照群众的需要和自愿。”“凡是需要群众参加的工作，如果没有群众的自觉和自愿，就会流于徒有形式而失败。”这个讲话编入《毛泽东选集》时，题为《文化工作中的统一战线》。

10月31日 主持中共六届七中全会主席团会议，会议讨论八路军第一二〇师第三五九旅主力南征的区域和组织机构等以及其他问题。会议决定：由王震、王首道率领的干部和部队在湖南湘水和资水之间以衡山为中心建立根据地；由王震、王首道、贺炳炎、廖汉生、王恩茂等八人组成军政委员会，以王首道为书记；部队用“湖南人民抗日救国军”名义〔1〕，以王震为司令员、王首道为政治委员；增派第三五九旅第七一八团随同出发。会议还决定取消过去夏曦〔2〕关于解散洪湖地区党组织的决定。会议同意毛泽东关于大后方党员绝大多数是可靠的、有问题的只是少数的这一估计。

10月 接见曾在中共湘赣省委工作过的一些同志，了解湘赣省委工作中的一些情况和问题。在毛泽东关怀下，召开了曾在湘赣省委工作过的几十位同志的座谈会，总结湘赣省委工作的经验教训，研究解决一些历史遗留问题。

---

〔1〕 第359旅主力组成的南征部队出征前，命名为八路军独立第1游击支队，通称南下支队。进入湖南攻占平江后改称湖南人民抗日救国军。

〔2〕 夏曦，1931年至1934年任中共湘鄂西中央分局书记。

11月1日 和朱德、刘少奇、周恩来、任弼时等出席八路军南下支队在延安东关机场举行的誓师大会。首先检阅南下支队的指战员。检阅后，毛泽东讲话说：你们这次到南方去，到敌人的后方去插旗帜，开辟新的敌后抗日根据地，这是一个光荣而又艰巨的任务。你们会遇到许多困难，但是前途是光明的。你们要以最大的毅力去克服各种困难，上下一心，团结一致。要像“王者之师”那样，遵守三大纪律八项注意，真正做到纪律严明，秋毫无犯。要同群众打成一片，忠实地为人民服务。最后他祝全体指战员身体健康并取得远征的胜利。

11月2日 和刘少奇致电饶漱石、张云逸、赖传珠，指出：美军可能在杭州湾登陆，而我们在那一带工作还很薄弱。为了配合美军登陆及准备夺取杭州、上海、苏州、南京等大城市，除粟裕带两个团南进外，请你们考虑设立苏浙军区，以粟裕为司令员，谭震林为政治委员，统一指挥苏南及全浙江，将来必要时设立中央分局领导之（苏浙军区于一九四五年一月成立）。

11月6日 主持中共六届七中全会主席团会议，会议讨论赫尔利来延安谈判问题。毛泽东说：蒋介石要赫尔利来调停，可得救命之益。至于能拿出什么东西来，多少可以拿一点。他给以小的东西，加以限制，而得救命的大益。对国民党问题，赫尔利看得相当乐观。赫尔利来我们要开个欢迎会，由周恩来出面介绍，再搞点音乐晚会。

11月7日 和周恩来等到延安机场迎接从重庆飞抵延安的赫尔利。林伯渠同机到达。

同日 和朱德设宴庆祝苏联十月革命二十七周年。出席宴会的有苏联、美国、英国的来宾，在延安的国际友人及延安各界人士百余人。席间，毛泽东举杯庆祝同盟国反法西斯战争的胜利和苏联红军的胜利。

11月8日 上午，和朱德、周恩来同赫尔利进行第一次会谈。赫尔利首先说明自己是受罗斯福的委托作为他的私人代表，来谈判关于中国的事情。这次来延安，还得到蒋介石的同意和批准。然后他提交一份他和蒋介石共同草拟的题为《为着协定的基础》的文件，内容有五点，主要是要中国共产党的军队遵守并执行国民党政府及其军事委员会的命令，要共产党军队的一切军官和士兵接受政府的改组，然后国民党政府才承认共产党的合法地位。会上宣读了这一文件，赫尔利并作了一些说明。上午会谈至此结束，历时五十分钟。

同日 下午三时，同赫尔利进行第二次会谈。毛泽东首先对赫尔利到延安表示欢迎。接着毛泽东说：中国需要在民主的基础上团结全国抗日力量。首先希望国民党政府的政策和组织，迅速来一个改变，这是解决问题的起码点。如果没有这一改变，也可能有某些协定，但是这些协定是没有基础的。因此必须改组现在的国民党政府，建立包含一切抗日党派和无党无派人士的联合国民政府，改变现在政府的不适合于团结全中国人民打日本的老政策。关于改组军队，我以为应当改组的是丧失战斗力、不听命令、腐败不堪、一打就散的军队，如汤恩伯、胡宗南的军队，而不是英勇善战的八路军新四军。在不破坏解放区抗战力量及不妨碍民主的基础上，我们愿意和蒋介石取得妥协，即使问题解决得少一些、慢一些也可以，我们并不要求一下子解决所有的问题。但是要破坏解放区抗战力量和妨碍民主，那就不行了。然后，毛泽东对《为着协定的基础》提出具体修改意见，主要是：增加将现在的国民党政府改组为包含所有抗日党派及无党无派政治人士的代表的联合国民政府、改组统帅部为包含所有抗日军队代表的联合统帅部的条文；将原条文中的中国共产党的军队要遵守和执行国民党政府及其军事委员会的命令，共产党军队的一切军官和士兵要接受国民党政府的改组，修改为一切抗日军队应遵守与执行联合国民政府及其联合统帅部的命令，并应为这个政府及其统帅部所承认；增加保障人民各种自由权利的规定；要求承认中国共产党及一切抗日党派的合法地位。

11月9日 下午三时，同赫尔利进行第三次会谈，讨论经过修改后的协定草案。毛泽东说：我们所同意的方案，如蒋介石先生也同意，那就非常好。赫尔利说：我将尽一切力量使蒋接受，我想这个方案是对的。赫尔利还说：如果蒋先生表示要见毛主席，我愿意陪毛主席去见蒋，讨论增进中国人民福利、改组政府和军队的大计，并担保毛主席及其随员在会见后能安全地回到延安。毛泽东说：我很久以前就想见蒋先生，过去情况不便，未能如愿。现在有美国出面，赫尔利将军调停，这一好机会，我不会让它错过。我还不了解蒋先生是否会同意我们的五要点。他如同意，我即可与他见面。我总觉得在我和蒋先生见面时，要没有多大争论才好。毛泽东还强调说：我很希望在赫尔利将军离开中国以前见蒋先生。毛泽东提出，这五要点双方同意之后，应当由双方共同签字，公开发表。赫尔利表示他也要在上面签字。会谈商定：今天把文件准备好，明天签字。

同日 晚上，主持中共六届七中全会第三次全体会议，向全会报告同赫尔利会谈情况，指出：经过三次会谈修改后的五点协定，没有破坏我们的解放区，把蒋介石要破坏解放区的企图扫光了；破坏了国民党的一党专政，使共产党得到合法地位，使各小党派和人民得到了利益。如果蒋介石签字承认这个协定，就是他最大的让步。明天签字后，我们的文章做完了，问题即在重庆了。关于见蒋介石的问题，不能拒绝，尤其此时要考虑，为了民族的利益。签字后不去见蒋，我们就输理了。现在我不去，将来再说。今天中央委员会批准这个新五条，明天即可签字。周恩来在发言中说：蒋介石认为我们参加政府和成立联合政府是有区别的。赫尔利则将二者混而为一，所以他以为蒋介石不至于为难。全会一致同意五点协定。

11月10日 上午十时，同赫尔利进行第四次会谈。毛泽东首先说明：（一）关于我们所同意的文件，请赫尔利将军转达罗斯福总统。（二）关于我们与赫尔利将军商谈的这个协定，昨天晚上我们中央委员会开了会，一致通过这一文件，并授权我代表中国共产党中央委员会在这个文件上签字。（三）我今天还不能和赫尔利将军同去重庆。我们决定派周恩来和你同去。总之，我们以全力支持赫尔利将军所赞助的这个协定，希望蒋先生也在这个协定上签字。随后，毛泽东与赫尔利分别在《中国国民政府、中国国民党与中国共产党协定》上签字。这个协定还有待于国民党政府主席蒋介石签字。下午二时，赫尔利携带签字后的协定乘机离开延安，周恩来和包瑞德同行。

同日 应赫尔利的建议，写信给美国总统罗斯福。信中说："我很荣幸地接待你的代表赫尔利将军。在三天之内，我们融洽地商讨一切有关团结全中国人民和一切军事力量击败日本与重建中国的大计。为此，我提出了一个协定。""这一协定的精神和方向，是我们中国共产党和中国人民八年来在抗日统一战线中所追求的目的之所在。""我现托赫尔利将军以我党我军及中国人民的名义将此协定转达于你。"

同日 致电罗斯福，祝贺他连任美国总统。

11月15日 在一份情况通报上，关于反奸斗争的政策加写了一段话："我们必须坚持一个不杀大部不捉及九条方针的原则，不警惕不严肃的右倾思想是不对的，不谨慎不精细的'左'倾思想也是不对的。"

同日 为《解放日报》准备发表的"邹韬奋先生逝世纪念特

刊”题词：“热爱人民，真诚地为人民服务，鞠躬尽瘁，死而后已，这就是邹韬奋先生的精神，这就是他之所以感动人的地方。”

11月19日 主持中共六届七中全会主席团会议，会议讨论河南工作问题，听取戴季英、王树声的汇报。毛泽东发言指出：我们总的方针是抗日统一战线，军事战略以抗日为主。统一战线是有理、有利、有节的原则，有理是自卫原则，有利是局部原则，有节是暂时原则。关于干部问题，城市工作干部原则上要派，但主要的还是从本地找。整个大后方的绝大多数党员是可靠的，要破除认为很多党员是不可靠的“左”的观点。有少数不可靠的，还要加以分析，要在斗争中进行考验。总之，需要有两种态度：一是严肃态度，二是谨慎态度，防止“左”的或右的观点。

同日 赫尔利同蒋介石谈话，将他十一月十日在延安同毛泽东签署的五条协定草案交蒋介石，被蒋拒绝。二十一日，蒋介石提出另一协定草案，共三条，主要是：中共派代表参加政府和军事委员会；中共将一切军队交国民党政府军事委员会管辖，进行整编；承认中共合法。

11月20日 周恩来致电毛泽东：据我们所得消息，蒋介石准备组织政学系政府，通不过，则请党外数人参加。郭仲容等来探我们的态度，我均告以非联合政府、联合统帅部不能解决问题。周恩来来电还询问民主纲领是否已起草。二十一日，毛泽东复电周恩来：民主纲领（即联合政府纲领）请你起草，并和小党派非正式商量后电告我。

11月21日 复信郭沫若：“武昌分手后，成天在工作堆里，没有读书钻研机会，故对于你的成就，觉得羡慕。你的《甲申三百年祭》，我们把它当作整风文件看待。小胜即骄傲，大胜更骄傲，一次又一次吃亏，如何避免此种毛病，实在值得注意。倘能经过大手笔写一篇太平军经验，会是很有益的；但不敢作正式提议，恐怕太累你。最近看了《反正前后》〔1〕，和我那时在湖南经历的，几乎一模一样，不成熟的资产阶级革命，那样的结局是不可避免的。此次抗日战争，应该是成熟了的吧，国际条件是很好的，国内靠我们努力。我虽然兢兢业业，生怕出岔子，但说不定岔子从什么地方跑来；你看到了什么错误缺点，希望随时示知。你的史论、史剧有大益于中国人民，只嫌其少，不嫌其多，精神决不会白费的，希望继续努力。”

同日 致信柳亚子：“广州别后，十八年中，你的灾难也受得够了，但是没有把你压倒，还是屹然独立的，为你并为中国人民庆贺！‘云天倘许同忧国，粤海难忘共饮茶’，这是你几年前为我写的诗，我却至今做不出半句来回答你。”

同日 致信沈雁冰：“别去忽又好几年了，听说近来多病，不知好一些否？回想在延时，畅谈时间不多，未能多获教益，时以为憾。很想和你见面，不知有此机会否？”

同日 周恩来两次会见赫尔利。赫尔利将蒋介石提出的协定草案转交周恩来。周恩来表示要立即返回延安，同中共中央商量。本日，周恩来致电毛泽东，报告同赫尔利会见的情况。毛泽东在此电上批写：“党治不动，请几个客，限制我军”。

11月22日 周恩来、董必武见蒋介石。蒋介石要中共交出军队，派代表参加国民党政府，然后才承认中共的合法地位。周恩来、董必武坚持联合政府的主张，并对蒋所说“政府的尊严不能损害”予以驳斥。

11月23日 主持中共六届七中全会主席团会议，会议讨论

---

〔1〕《反正前后》，是郭沫若1929年写的反映自己1910年和1911年生活经历的作品。

国共两党谈判、国内形势等问题。毛泽东说：来一个协定，去一个协定，现在又来一个协定，我们坚持同赫尔利在延安签订的协定是有道理的，现在蒋介石不同意，要发动一个尖锐的批评。我们开七大宣布组织解放区联合委员会，这是一种步骤；另外一个步骤解放区联合委员会暂时不搞，还是提成立联合政府。可调一些人到广西、广东去，中国的国土蒋介石丢在哪里，我们就到哪里。华中来电决定向南发展，基本上可同意。还要准备几千干部到满洲去。

11月24日 致电张云逸、饶漱石、赖传珠转浙东纵队诸同志："代表大会来电阅悉。望努力杀敌，发展武装部队，扩大解放区，改善解放区军队与人民的生活，准备配合盟军驱逐日寇。"

同日 为中共中央起草致东江军政委员会诸同志电，指出："宣言草稿及八月决议均阅悉，你们的路线是正确的。宣言在加上几句桂、柳[1]失陷情况及号召广西人民起来斗争之后，即可发表。八月决议应在干部中进行讨论，求得大家了解，坚决执行。"

11月25日 致电周恩来："请与有关朋友商解放区联合会事，并考虑有无办法来延，你回延后准备即开七大，并接着不很久即开解联。"

11月29日、30日 周恩来连电毛泽东，将蒋介石提出的协定草案和我方所拟的复案及备忘录报告中共中央，并说如中央原则同意复案及备忘录，则由董必武回延安报告有关情况，由周恩来将复案及备忘录交赫尔利转蒋介石。十二月一日，毛泽东复电周恩来："复案已到，目前不宜交去，应坚持五条协定，俟七大开后再议复案，如交复案过早是不利的。因此，请周、董同时回延，并告赫尔利周不能原机返渝。"

---

〔1〕 桂、柳，指广西桂林、柳州。

12月1日 复信陈毅，信中说："来示[1]读悉，启示极多，十分感谢!""白区劳绩必须承认，你说得非常之对。还有'南北'问题，南方党问题，久想讲，那天临时忘了，恐怕还有别的。七大讲一次，似有必要。一切不公不平之事，必须使之归于公平，以利团结对敌。有所见时，请随时告我。""你的思想一通百通，无挂无碍，从此到处是坦途了。随时准备坚持真理，又随时准备修正错误，没有什么行不通的。每一个根据地及他处只要有几十个领导骨干打通了这个关节，一切问题就可迎刃而解。整个党在政治上现在是日见成熟了，看各地电报就可以明了。"

同日 修改陕甘宁边区参议会副议长谢觉哉准备在二届二次参议会作的《常驻会工作及明年改选问题》报告后，致信谢觉哉，指出：关于此次参议会的问题，中央想讨论一次。"政治民主有其自己的内容，经济是其物质基础，而不就是政治民主的内容。文化是精神的东西，它有助于政治民主，也不就是政治的内容。""人民各项权利，在我们这里，只能说实现了几个重要部分，例如，管理政府，工作权，在现有物质条件限制下的言论、出版、集会权等。至于休息权，中国目前大体上还谈不到，工农更是如此。教育权、老病保养权，还在走头一步。苏联宪法是几个五年计划的产物，在中国许多部分还是理想，不是事实。"

---

〔1〕 陈毅1944年12月1日致信毛泽东。信中说："你对湘赣部队的讲演，启发作用很大。在几年整风弄清路线原则之分歧后，作大度的自我批评，讲团结对外，这足以教育一切人，主张印发全党。华中的团结亦只有走此道路。""近来与许多人谈话，广泛阅读文件，似乎更感觉以前所见不免皮相，才知道处理许多问题疏虞之处甚多，别人的批评、反对，其中'事出有因，查实无据'者有之，而自己过与不及两种毛病则所在多有。那种'寡人之于国也尽心焉耳已'的自己条条做到的态度，实在要不得。"

12月4日 在中共中央书记处给晋察冀分局等关于审干反奸问题的指示稿上加写一段话："九条方针中，最主要的是调查研究、分清是非轻重两条，两条中又以调查研究为最中心关键，凡无调查研究或虽有而是表面的非真凭实据的，一概不能误认为特务，此点特须使一切干部充分认识清楚。"

同日 为中共中央军委起草答复王震、王首道二日关于"可否取道敌、阎交界线通过"的请求电，指出："阎锡山在孝义兑九峪线筑工增兵，防我甚严，你们不可引起冲突，只可在其防线以外通过"。

12月7日 主持中共六届七中全会全体会议。本日，周恩来、董必武自重庆飞返延安。会议听取周恩来报告此次同国民党谈判情况。会议认为：国民党所提三条明显地不同意成立联合政府和联合统帅部，因此无法求得双方提案的基本共同点。为了答复各方询问，准备早日公布五条协定，以引起舆论注意和督促国民党政府改变态度。会议决定：一、周恩来、董必武不再去重庆谈判，并致函赫尔利说明原因。二、筹建解放区联合委员会，由陕甘宁边区参议会发起。成立准备委员会，由党内周恩来、林伯渠等十四人和党外李鼎铭、续范亭等二十一人共同组成。

12月8日 和周恩来同包瑞德进行会谈，坚决拒绝蒋介石的三点建议，批评赫尔利背弃与中共签署的五点建议并为蒋介石的反建议作说客。毛泽东说：蒋介石提出的三点建议等于要我们完全投降，交换的条件是他给我们一个全国军事委员会的席位，而这个席位是没有任何实际作用的。赫尔利说我们接受这个席位，就是"一只脚跨进大门"，我们说如果双手被反绑着，即使一只脚跨进了大门也是没有任何意义的。我们欢迎美国的军事援助，但不能指望我们付出接受这种援助要由蒋介石批准这样的代价。美国的态度令人不解，五点建议是赫尔利同意的，现在他又要我们接受牺牲我们自己的蒋介石的建议。在五点建议中，我们已经作了我们将要作的全部让步，我们不再作任何进一步的让步。由于蒋介石已拒绝成立联合政府，我们决定成立解放区联合委员会，这个委员会是组成一个独立政府的初步的步骤。

12月9日　主持中共六届七中全会全体会议，会议讨论关于成立解放区联合委员会问题。毛泽东发言指出：一、成立解放区联合委员会有四个目的：组织沦陷区，加强解放区，帮助大后方，促进联合政府。这四个目的要鲜明地提出。二、在目前情况下成立解放区联合委员会，也要从反面考虑一下。虽然不叫政府而叫解放区联合委员会，但是要想到美国不帮助，蒋介石取消八路军，中间派不赞成，我们是否会孤立。三、现在只成立准备委员会，中央主要负责人不要公开发表讲话，也不写社论，看看情况再讨论决定。

12月12日　主持中共六届七中全会主席团会议，在会上明确提出：解放区联合委员会暂缓成立，报上也不宣传，可放口头空气。现在全国总的任务是建立统一中国一切力量的民主联合政府，其他的不提，七大也要采取这种态度。

同日　和周恩来复电王若飞〔1〕，指出：我们毫无同美方决裂之意，五条协定草案可以不发表。“牺牲联合政府，牺牲民主原则，去几个人到重庆做官，这种廉价出卖人民的勾当，我们决不能干。这种原则立场我党历来如此，希望美国朋友不要硬拉我们如此做，我们所拒绝者仅仅这一点，其他一切都是好商量的。”

---

〔1〕　王若飞1944年12月11日致电毛泽东、周恩来、董必武，说赫尔利对我们将公布5条协定草案感到很恼火，认为使他难堪；并说包瑞德认为当我们成立解放区联合委员会时，蒋介石会宣布我们搞分裂而打击我们。

"中央在三个月内集中精力开七大，解放区联合委员会只能在七大以后再说。"毛泽东、周恩来并要王若飞将以上意思转告包瑞德或戴维斯。

12月13日 将郑位三、李先念、任质斌四日关于新四军五师财政困难急待解决给中共中央的电报批给陈毅、刘少奇："请研究办法。我的意见：（一）师部只管直属队，各分区财政宣布一概自筹，或自筹大部。不把担子交给下面，是无法解决的。但不知道那里是否已交下面还不能解决，或是未交不能解决，请去电询问。（二）与贺、高、陈〔1〕商，设法接济。"十八日，中共中央复电郑位三、李先念等，指出：你处是处在分散游击环境，依照敌后各地经验，经济供给的完全统筹是办不通的，统一政策领导下由分区分散自筹的办法却证明是较好的办法。

12月15日 在陕甘宁边区第二届第二次参议会上作题为《一九四五年的任务》的演说，指出："整个反法西斯战争有很大的胜利，打倒希特勒明年就可以实现。我们唯一的任务是配合同盟国打倒日本侵略者。"但是，中国内部的状态仍然是不团结，国共谈判毫无结果，国民党仍然固执其一党专政及失败主义的政策。因此，全国人民的总任务是："全国人民一致起来，大声疾呼，要求国民党当局改变现行政策，以便迅速建立民主的联合政府。""中国人民不论在大后方，在沦陷区，在解放区，都要为此目标而奋斗。"中国解放区"现在已经成了抗日救国的重心"。一九四五年解放区的任务有十五项，主要是：巩固和扩大解放区，缩小沦陷区；整训和扩大正规军、游击队、自卫军和民兵，加强军队的内部团结，进一步改善军民关系；加强民族统一战线，认真执行"三三制"政策；深入开展减租运动；普遍开展大规模的

〔1〕贺、高、陈，指贺龙、高岗、陈云。

生产运动；注意文教工作；提高干部的工作能力和水平；用多方面的努力和各种办法促成民主的联合政府尽可能迅速地建立起来。毛泽东在讲话中特别强调党内党外都要大大地提倡民主作风，指出："我们工作作风中的一项极大的毛病，就是有些工作人员习惯于独断专行，而不善于启发人们的批评讨论，不善于运用民主作风。""各级领导人员，有责任听别人的话。实行两条原则：（一）知无不言，言无不尽；（二）言者无罪，闻者足戒。""我们许多人中仍然缺乏民主作风，我们一定要改正这个缺点。我们一切工作干部，不论职位高低，都是人民的勤务员，我们所做的一切，都是为人民服务，我们有些什么不好的东西舍不得丢掉呢？如果我们改正了这个缺点，那我们就能团结更广大的人民，我们的事业就能获得更大的与更快的发展。"

12月15日—17日 和朱德、周恩来、叶剑英同美国战略情报局伯德上校，就美军可能在山东沿海地区采取的军事行动，中共方面能够提供何种合作和支持的问题，进行探讨和磋商。在场的还有包瑞德。

12月16日 复信赫尔利。信中说："十一月间，罗斯福总统选举胜利时，我曾去电祝贺他。在他回给我的电报上说：'为着击败日本侵略者，愿意和中国一切抗日力量作强有力的合作'。请你转达给罗斯福总统，我对于他的这个方针，表示完全同意，并向他致谢！""请包瑞德上校带此信给你。我希望包上校能够早日回延工作。""其他要说的，均见于周恩来将军给你的信上"。

同日 周恩来致信赫尔利，指出：国共谈判无结果，是由于国民党当局拒绝五条协定草案。对五条协定草案同意暂不发表，但为了便于人民监督政府改变态度，当在适当时候发表。"在国民党一党政治下的任何人事变动，都不可能变更目前国民政府的制度和政策。"

12月18日 复电程子华[1]，指出："敌对蒋仍是一打一拉，目前又到了拉的时候，但将来还可能打。""蒋对我党不愿作任何原则上让步，我党应坚持联合政府，在此种立场上不关闭谈判之门，其他不应再谈，结果仍是拖。""希望你们努力向雁北、绥东、察哈尔、热河及冀东敌占区发展，扩大解放区。同时努力从事城市工作。"

12月19日 在吕正操十七日转来王树声、戴季英的电报上批示："高岗、陈云同志：王震来电，太岳大雪，多人受冻，脚部冻伤成残废者三十多人，要王、戴部备足鞋袜。今阅此电，又缺少放哨大衣。请急为处置为盼。"

12月20日 主持中共六届七中全会主席团会议，会议听取董必武关于大后方工作的报告。毛泽东最后讲话说：董老的报告很好。大后方工作有成绩，南方局、办事处、《新华日报》做了很好的工作。大后方有十万党员，绝大多数是可靠的，去年审干时估计有些错误。审干应采取严肃与谨慎的态度，两者缺一不可。现在沦陷区扩大了，沦陷区的工作很重要，应提到与解放区同等重要的地位。我们要扩大解放区，缩小沦陷区，援助大后方。要把政治、军事、经济、文化、党务五门搞好。

同日 关于怎样办地方报纸问题，对晋绥边区《抗战日报》作以下指示：本地消息，至少占两版多至三版。排新闻应以本地为主，国内次之，国际又次之。对于外地消息与国际消息应加以改造，对新华社的文章不能全登，有些应摘要。应根据当地人民的需要（联系群众、为群众服务）办报，否则便是脱离群众，失掉地方性的指导意义。

---

〔1〕 程子华，当时任中共晋察冀中央分局代理书记、八路军晋察冀军区代理司令员和代理政治委员。

12月22日　复赫尔利十二月二十一日关于希望周恩来再去重庆商谈的电报，指出："在目前，吾人认为国民政府尚无根据我们提议的五条方针来进行谈判的诚意，而周恩来将军又因有某种会议需要准备，一时难以抽身，故我们提议请你先派包瑞德上校来延一谈。"

同日　致信邓宝珊："去年时局转换，先生尽了大力，我们不会忘记。八年抗战，先生支撑北线，保护边区，为德之大，更不敢忘。去秋晤叙，又一年了，时局走得很快，整个国际国内形势都改变了。许多要说的话，均托绍庭〔1〕兄专诚面达。总之只有人民的联合力量，才能战胜外寇，复兴中国，舍此再无他路。如果要对八年抗战作一简单总结，这几句话，鄙意以为似较适当，未知先生以为然否？"

12月24日　对晋察冀边区一级英雄李勇因骄傲而落选一事，致电程子华，指出："李勇这类现象，陕甘宁边区也发生了，各地还会发生，其责任主要的不是在他们本人，而是在于领导他们的人。嗣后凡当选的英雄模范，须勤加教育，力戒骄傲，方能培养成为永久模范人物。如果只有赞扬，没有教育，骄傲落选，将是必然现象，此点请加注意。"

12月25日　中共中央发出经毛泽东修改审定的关于目前形势与任务的指示。关于形势方面，指示指出：国共谈判无结果，但未关闭谈判之门。蒋介石军队溃败不堪，重庆及国民党区域人心惶惶。如果日本再向西南及西北进攻，国民党崩溃甚至投降的危险是可能发生的。"最近八个月，中国政治形势起了一个大变化。国共力量对比，已由过去多年的国强共弱，达到现在的国共几乎平衡，并正在走向共强国弱的地位。我党现

---

〔1〕　绍庭，即刘绍庭，抗日战争时期曾任陕甘宁边区参议会参议员。

在已确实成了抗日救国的决定因素。”关于任务方面，指示指出：“一九四五年方针见之十二月十五日毛主席演说，各地应按照自己特点部署工作，特别注意发展生产、城市工作及扩大解放区三方面。”如果在数年之后，我们能达到一百万至一百五十万有纪律有训练的军队，而又有充足的粮食及日用品供养这个军队，而不感到勉强与竭蹶，中国的命运就可由我们掌握了。“一切决定于任务的提出与政策的恰当，精密地掌握政策的执行，十分必要。”

同日 复电邓小平：“关于十个问题〔1〕的答复，早已收到，内容极好。除抄给此间许多同志阅读外，并转发各地参考。我完全同意你们的路线，望坚持贯彻下去。并请告知太行区党委负责同志，我十分感谢他们给我以关于今年生产的非常有用的总结报告。”

同日 复电罗荣桓、黎玉：“（一）关于十个问题的答复，早已收到，内容很好，你们的路线是正确的。（二）每一地区从开始减租到全部彻底完成减租任务，大体要经过三年时间，还要抓得很紧，稍为放松，即难完成。生产工作、民兵工作、官兵关系、军民关系、文教工作，大体也是如此。要有这些时间，全体干部才能学会，全体群众才能发动。你们已有丰富经验，估计一九四五年山东全党工作会有极大进步。（三）人民生产工作，希望加强注意。（四）城市工作希望一年内有普遍发展。（五）减租后，贫农、中农粮税负担必须增加，地主、富农负担则须酌减，方见公平，方能维持军费，但赤贫者须免税。（六）减租后，地主收地必须抑制，其收回自种者可被允许，但仍须同时照顾农民

〔1〕 指毛泽东1944年7月28日致李先念，饶漱石，罗荣桓，黄敬，邓小平，程子华、林枫的电报中，要求各地答复的10个问题。

利益，必须保证农民有地可种。”

同日　复电郑位三、李先念、任质斌：“美军极注意国共磨擦，闻蒋令李宗仁发动对我进攻，他们即令欧高士等来你处进行考察，究竟谁进攻谁。望将国民党一切无理进攻情形随时告知欧高士，同时望通令各部重申人不犯我、我不犯人的自卫原则，不给国民党以借口。”

12月28日　周恩来致信赫尔利，说明中共不愿在国民党政府有无可能接受建立民主的联合政府的建议问题上继续进行抽象的探讨。特向国民党政府提出四点要求，以观其是否有决心实行民主和团结，即：（一）释放全国政治犯；（二）撤退包围陕甘宁边区和进攻华中新四军、华南抗日纵队的国民党军队；（三）取消限制人民自由的各种禁令；（四）停止一切特务活动。以上四点，请赫尔利转达国民党当局。

12月30日　复电王震、王首道，庆贺南下支队经过五十天行军，安全渡过黄河〔1〕。指出：遇安全处宜略作休息，然后前进。一入湘鄂交界，局面将较紧张，一切望依据环境决定。并请告皮定均、徐子荣，中央对他们的努力，甚为满意，并问候他们。

〔1〕八路军南下支队于1944年12月27日踏冰南渡黄河。

1945年　五十二岁

1月1日　出席中共中央举行的新年干部晚会，并作简短讲话。他说：我们的任务是团结一切力量打倒日本帝国主义。共产党员，中国各阶层人民，国际反法西斯的朋友，都要更好地团结起来。我们团结得越好，对敌人的打击也就越有力量。

同日　同前来祝贺新年的郭述申〔1〕等谈话。毛泽东说：同敌人斗争要有长远准备。过去只顾眼前，扩兵筹款，不久根据地也搞空了。河南的同志做得对，他们把扩大的军队留在地方，已扩大了一万多地方部队。去年各根据地生产搞得好，部队每人每日五钱盐、五钱油、一斤菜，比前几年好多了。不管敌人是早倒还是晚倒，我们都要作好准备，有备无患，才能立于不败之地。

1月5日　复电太岳区党委："二日电悉。不是两年胜利，而是两年准备胜利。我们至少还需两年时间进行各方面准备工作，对于争取胜利方有较大把握。"

1月7日　和刘少奇同高岗、林伯渠、李维汉、贾拓夫、刘景范〔2〕谈陕甘宁边区劳动英雄和模范工作者大会总结问题。在谈到区乡干部作风问题时，毛泽东和刘少奇一致指出：上级指示

---

〔1〕郭述申，1939年夏至1941年2月任中共中央中原局代理书记、新四军第5支队政治委员，1941年3月到达延安。1942年1月入中共中央党校一部学习和参加整风，1943年5月任该校第三部主任。

〔2〕刘景范，当时任陕甘宁边区参议会副秘书长、陕甘宁边区政府民政厅厅长。

行不通的，打个招呼，顶回来，才是真正对革命负责。党的根本宗旨是为人民服务，对人民负责。

1月10日 在陕甘宁边区劳动英雄和模范工作者大会上作题为《两三年内完全学会经济工作》的讲话，首先指出劳动英雄和模范工作者有三个作用，即带头作用、骨干作用、桥梁作用，勉励大家切记不可以骄傲。然后着重讲必须学会做经济工作，指出："我们必须在两三年内，使陕甘宁边区和敌后各解放区，做到粮食和工业品的全部或大部的自给，并有盈余。"他强调发展经济必须从现在所处的农村环境出发，他说："有一个问题必须再一次引起大家注意的，就是我们的思想要适合于目前我们所处的环境。"目前所处的环境是"建立在个体经济基础上的、被敌人分割的、因而又是游击战争的农村根据地"，不应"带着城市观点去处理农村"。只有"注意使我们的思想完全适合于我们所处的环境，然后才能使我们的工作样样见效，并迅速见效"。这个讲话编入《毛泽东选集》时，题为《必须学会做经济工作》。

1月11日 复信赫尔利，对他一月七日来信中提出的在延安召开有他参加的国共两党会议的提议，加以婉拒，指出"恐此项会议得不到何种结果"。请赫尔利向国民党政府转达中共下述提议："在重庆召开国是会议之预备会议，此种预备会议应有国民党、共产党、民主政团同盟〔1〕三方代表参加，并保证会议公开举行，各党派代表有平等地位及往返自由。"表示如果国民党政府同意这一提议，周恩来可到重庆磋商。

---

〔1〕 中国民主政团同盟于1944年9月改名"中国民主同盟"（简称"民盟"）。

同日 复信刘昆林[1]：“你长期不被信任，难怪你不满意。但真金不怕火烧，还是应该有耐心，等候同志们了解你，除此都不是出路。看你此次的信，你的问题似乎可以获得解决了，更希望你耐心等候。”

1月15日 王若飞致电毛泽东、周恩来、董必武，报告十四日约民盟的沈钧儒、黄炎培等座谈中共关于召开有国民党、共产党和民盟三方面参加的国是会议预备会议的提议，他们认为中共方面态度完全正确，完全符合全国人民的要求，并提出加速准备中共、民盟及国民党内民主派间的共同纲领草案等项建议。毛泽东批阅了电文，请周恩来起草共同纲领。二十一日，周恩来为中共中央起草复王若飞电，指出：与民盟座谈得很好，共同纲领此间正在起草。预备会议应讨论国是会议和联合政府之组织及其实际步骤，应通过共同纲领，应保证放人、撤兵、给人民自由、废除特务四条的实现。

1月17日、18日 主持中共六届七中全会主席团座谈会。在十七日会上说：今天的会是座谈会性质，目的是为起草七大的军事文件，又为着同志相互间打通思想。总的是从团结的愿望出发，经过了解情况，弄清问题，达到团结的目的。抗战期间的路线问题，无论中央的、地方的，八年中总路线都是正确的，只在短时期内王明来了一个插曲。有些闲话说路线不正确，应扫清。抗战的上升、下降、又上升三个时期，路线都是正确的。总路线是正确的，有很大成绩，并不排除用自我批评来检讨工作。

---

〔1〕 刘昆林，当时在中共中央党校学习。因1928年脱党等事而受到审查，曾多次写信给毛泽东。

1月22日 复赫尔利一月二十日来电[1]，告知决定派周恩来赴重庆代表中共同国民党政府谈判。二十四日，周恩来飞抵重庆。行前，毛泽东指示：一、争取联合政府，与民主人士合作；二、召开党派会议作为具体步骤，国民党、共产党、民盟参加；三、要求国民党先办到以下各项——释放张学良、杨虎城、叶挺、廖承志等，撤退包围陕甘宁边区的军队，实现一些自由，取消特务活动。

1月28日 复周恩来一月二十七日来电，指出："你拒绝了赫尔利的两个补充办法[2]是很对的。这是将中国军队尤其将我党军队隶属于外国，变为殖民地军队的恶毒政策，我们绝对不能同意。""如果谈到国民大会问题时，应表示：我们不赞成在国土未完全恢复前召集任何国民大会，因为旧的国大代表是贿选的过时的，重新选举则在大半个中国内不可能。即在联合政府成立后也是如此，何况没有联合政府。并望以此征小党派同意，共同抵制蒋的国大把戏。"

1月30日 和朱德、任弼时听取林伯渠、李维汉汇报陕甘宁边区政府检查工作中党外人士提出的意见，有些党外人士认为他们有职无权，非党员受歧视。听汇报后，毛泽东赞成用谈心的方法征求意见，并说：议论和批评对我们总是有帮助的。说党包

---

〔1〕 赫尔利1945年1月20日致电毛泽东，说他相信国民党政府准备作出重要让步，建议再派周恩来到重庆谈判。

〔2〕 周恩来1945年1月27日致电毛泽东，报告25、26两日同赫尔利、宋子文、王世杰、张治中会谈情况。电报说，赫尔利和宋子文、王世杰提出在政务委员会以外的两个补充办法：（一）由美国、国民党、共产党各派一人组织军队整编委员会；（二）由美国派一将官任敌后中共军队的总司令，国民党、共产党各派一人为副总司令。周恩来拒绝了这两个补充办法，指出这是不公允和无理的。

办，总是有原因的，我们要研究解决。凡是正确的意见，都要研究解决。

同日 英国《新闻时事报》发表斯坦因写的《毛泽东朱德会见记》一文[1]，该文介绍了毛泽东同斯坦因几次会见和长谈中的一些情况。在几次长谈中，毛泽东告诉斯坦因的第一件事就是：我还是一个小学生，群众的小学生，如果我们要争取到胜利与和平，群众的意见与经验一定要作为我们政策的基础。因为人民能教给我们许许多多事情。我们的任务就是听从他们，学习并了解他们的经验、愿望、批评，确定他们所需要的东西的总和，再作为政策交还给他们。毛泽东说他的领导靠人民的信任，靠当前在我们新民主主义的各级政府之下的八千六百万人民的信任。关于国共关系，毛泽东说：在一九三七年抗日战争爆发时，我们自动地退让，但我们却绝未放弃过在陕甘宁边区和在我们所解放的区域内自由组织地方政府的权利——那是在国家权力下的地方政府。我们也绝未放弃过在国民政府最高统帅下，领导我们自己所建立起来的军队的权利。最后，我们也绝未放弃过在真正的民主中，共产党要同国民党有平等政治地位的权利。我们正在争取真正的民主。

---

〔1〕 斯坦因在《毛泽东朱德会见记》中，记述了他几次访问中对毛泽东的印象。他说：在我同毛泽东谈话的30小时当中，通过所有我所访问过的几百个共产党人，也包括地主、商人等等，我开始了解毛泽东先生所享有的信任与爱戴了。“他几乎羞怯的谦逊与自然的热诚，反映着对于别人的人性尊严的深深敬重，以及对人的学习能力的深深信任，那正是他不断地让负责的工作者们所牢记的基本意识之一。”“一开头，他显得有点温和。但他却有一种人的坚定性，那种人相信着智慧的说服而不信强力，并且知道怎样鼓舞别人热衷于战争的胜利作为当前的目标，热衷于社会与文化的进步作为久远的目标”。

1月31日　《解放日报》发表毛泽东写的题为《游击区也能够生产，也必须生产》的社论。社论指出：一切解放区党政军工作人员，特别是游击区工作人员，应从思想上完全认识游击区能够和必须进行军民的大规模的生产运动。还指出："战争不但是军事的和政治的竞赛，还是经济的竞赛。我们要战胜日本侵略者，除其他一切外，还必须努力于经济工作，必须于两三年内完全学会这一门；而在今年——一九四五年，必须收到较前更大的成绩。"这篇社论编入《毛泽东选集》时，题为《游击区也能够进行生产》。

2月3日　主持中共六届七中全会主席团会议，会议讨论周恩来一月三十一日和二月二日关于同国民党谈判情况及党派会议问题的来电。毛泽东发言指出：去年九月提出建立联合政府的主张是正确的。这是一个原则的转变，以前是你的政府，我要人民，九月以后是改组政府，我可参加。联合政府仍然是蒋介石的政府，不过我们入了股，造成一种条件。为着大局，可能还要忍耐一点。如何避免缴枪，要采取慎重步骤。但要注意前途是流血斗争，绝不能剥笋，无法剥笋，要反对右的危险。党派会议是预备会议性质，是圆桌会议，不是少数服从多数。对我们提出的条件，国民党要先实行几条才能召开国是会议。蒋介石如提出召开国民大会，我们要抵制。

同日　致电周恩来，指出：罗斯福、丘吉尔、斯大林已在开会，数日后即可见结果。苏联"红军迫近柏林，各国人民及进步党派声势大振。苏联参与东方事件可能性增长。在此种情形下，美、蒋均急于和我们求得政治妥协"。"请明白告诉国民党及小党派：除非明令废止一党专政，明令承认一切抗日党派合法，明令取消特务机关及特务活动，准许人民有真正自由，释放政治犯，撤销封锁，承认解放区，并组织真正民主的联合政府，我们是碍难参加政府的”。

同日 再致电周恩来：除坚持废除党治外，请着重取缔特务、给人民真正的自由、释放政治犯、撤销对边区的包围四条。请直告赫尔利、宋子文、王世杰、张治中，“如这四条不先办到，不能证明废党治、行民主不是骗局，我们万难加入政府。因加入政府要负责任，没有先行四条，我们无从负责任，即使形式上废除党治，成立联合政府，亦将毫无用处，不过骗人空招牌而已”。

2月4日—11日 苏、美、英三国政府首脑斯大林、罗斯福、丘吉尔在苏联克里米亚半岛的雅尔塔举行会议。会议签署的《苏美英三国关于日本的协定》（即《雅尔塔协定》），规定苏联在德国投降及欧洲战争结束后两个月至三个月内，参加同盟国方面对日作战。苏联参战的条件包括：维持外蒙古现状；大连商港国际化，保证苏联在该港的优越权益；苏联租用旅顺港为海军基地；中、苏共同经营中长铁路；千岛群岛须交与苏联。

2月5日 复电周恩来：“狄巴斯〔1〕带来信件已悉，同意你的做法，但请注意（一）对王世杰提案〔2〕不完全拒绝，只说可回延商讨；（二）不要强调国是会议；（三）强调如无真民主，我们是万难加入政府的。请于三四天内探明各方真意后回延。”

2月7日 出席中共中央和八路军总部在延安中央大礼堂举行的追悼彭雪枫〔3〕大会。毛泽东题写的挽词是：“雪枫同志在与敌人斗争中牺牲了，全民族和全党都悲痛这个损失。为了补偿这个损失，应该学习雪枫同志的英勇精神，更加努力扩大解放区，

〔1〕狄巴斯，当时任美国驻中国大使馆武官。

〔2〕指王世杰提出的政治咨询会议草案。

〔3〕彭雪枫，1941年2月至1944年9月任新四军第4师师长，1942年11月至1944年9月兼任淮北军区司令员，1944年9月在对日军作战中牺牲。

扩大八路军、新四军，促成联合政府和联合统帅部，使日本侵略者在有效的联合打击下早日消灭，使独立民主的新中国早日实现。”

同日 复信孙毅[1]：“你给我的信早已收到了，今日问边章五[2]同志，知你还在杨家湾，迟至今天才复你，甚以为歉！多年劳苦，希望你好好休息一会。五军团有光荣历史，有惨痛经验，现在可以正确地总结一下。待你在延安休养与学习快要完毕时，我希望和你晤谈一次，那时请你通知我。”

2月11日 致电王震、王首道，将修改后的《湖南人民抗日救国军司令部布告》发给他们，并指示布告待到达株洲、醴陵地区张贴为宜。布告说明湖南人民抗日救国军入湘是为了开展民族战争，号召三湘人民起来保乡卫国。十二日，再致电王震、王首道：昨电发后，继思布告暂不宜发表。待你们到达目的地，根据地已选好，部队已摆开，情况已明了之后，再行发表为宜。要“稳重前进，不要太急”。你们似宜全部进到衡阳附近，选定一处作中心点，然后向各县扩展。

同日 为中共中央起草复王震、王首道、郑位三、李先念二月五日来电的电报，指出：豫中局面尚未广大打开，王树声、戴季英进到豫南尚需时日，五师在豫南部队应维持现状。为加强河南，已令太行再出一部（二千人）渡河南下。

---

〔1〕 孙毅，1931年12月参加宁都起义。后曾任中国工农红军第5军团第14军第41师参谋长、八路军晋察冀军区参谋长。当时在延安中共中央党校学习。

〔2〕 边章五，又名边章伍，1931年12月参加宁都起义。抗日战争时期曾任中共中央军委一局局长。

2月12日 复电周恩来："断然拒绝赫尔利[1]，完全正确。我们必须坚持八条，并先做四条，否则将长独裁之志气，灭民主之威风。民主同盟纲领[2]卖到二百元一份，可见民意所在。今日美新闻处广播美洲十家华侨报纸要求废止一党专政成立联合政府，可见我党主张已得海外拥护。外国多数舆论亦是拥护此项主张的。美政府扶蒋主张可能被迫放弃，我党必须攻掉此项主张。"

同日 致信秦邦宪："今天报载张平凯[3]《晋察冀机关部队大生产的第一年》，请全文分数日广播。此文写得生动，又带原则性。早几日《贯彻减租》社论，及路家口村新闻[4]，谅已广播了，也是很好的。我们报纸自己能写这样的社论，大进步了。(谁人写的?)""《民主同盟宣言》请予发表，广播。"

2月13日 周恩来在重庆同赫尔利会见蒋介石。蒋宣称：不接受组织联合政府的主张，组织联合政府无异于推翻政府，党派会议等于分赃会议。周恩来逐条予以批驳。国共谈判又陷入僵局。十六日，周恩来飞返延安。

---

〔1〕 周恩来1945年2月11日致电毛泽东，报告2月10日同赫尔利、宋子文、张治中、王世杰会谈情况。会谈中，周恩来强调在召开党派会议之前，国民党政府必须实现中共提出的释放政治犯等4项主张。赫尔利敷衍其事，提出发表由他和宋子文起草、有利于国民党的共同声明，当场遭到周恩来断然拒绝。后赫尔利又提出要周恩来起草共同声明，周恩来提出如要发表声明，必须说明中共方面的要求以及国共双方主张的不同之点，以明真相。

〔2〕 指1945年1月15日中国民主同盟对时局宣言。宣言提出立即结束一党专政，召集党派会议产生联合政府，保障人民各项自由权利，承认各党派合法地位，废除特务、劳动营一类法西斯组织等10项政治主张。

〔3〕 张平凯，当时任八路军晋察冀军区政治部生产民运部部长。

〔4〕 指《解放日报》1945年2月9日发表的《太行平顺路家口检查减租的经验》一文。

2月14日　农历正月初二，延安市西区群众、警备团、枣园机关的代表和劳动英雄、模范工作者二百余人，齐集在俱乐部，给毛泽东、朱德、林伯渠等拜年。毛泽东向大家表示感谢。他说：去年一年当中，靠大家努力，做出不少成绩。今年大家要更加团结，要多生产粮食，要多纺纱织布，要讲卫生。

2月15日　在中共中央党校讲演，主要讲时局问题、山头主义问题、审查干部问题。关于时局，他说：今天全世界的主要问题是几个大国是不是能够团结到底消灭法西斯，我可以说，他们之间磨擦是有的，但是团结占主要地位。中国的主要问题是国民党和共产党能不能够团结起来消灭日本帝国主义。我们要求团结，这次国共谈判我们提出八条，国民党一条都不办。我们要准备力量，要扩大力量，打败日本侵略者。关于山头主义，他说：这是一个事实上存在的问题，是中国社会的产物，中国革命特别情形（根据地被敌人分割）的产物。我们应当承认山头，承认的目的是要消灭山头，使山头溶化，全党变成一体。各个山头要检讨历史，这种检讨在指导上要正确，就是从团结出发，团结全党是第一；加以分析、批评，这是第二；然后再来一个团结。团结、批评、团结，这是我们的方法，这是辩证法。要坚持真理，修正错误。什么叫公道？坚持真理这就是公道，修正错误这也是公道。关于审查干部，他说：前年、去年我们进行了审查干部的工作，取得了很大的成绩，但也犯了许多错误。这些错误谁负责？我负责，因为发号施令的是我。我赔一个不是。审干应采取严肃、谨慎的态度，严肃态度是反对右倾，谨慎态度是反对“左”倾，这是两条战线的斗争。

2月17日　新华社发表毛泽东写的关于国共谈判无结果周恩来返回延安的新闻稿。新闻稿说：“一月二十四日由延安飞赴重庆的中共中央代表周恩来同志，在重庆留了三个星期，和国民党政府方面举行了多次商谈。由于国民党当局依然坚持一党专政，反对联合政府，反对人民与民主，并企图吞并八路军、新四军，以致仍如过去谈判一样，未能成立任何协议，恩来同志乃于十六日上午十二时飞返延安。”

2月18日 主持中共六届七中全会主席团扩大会议，会议听取周恩来关于同国民党谈判情况的报告。毛泽东发言指出：自去年九月以来，每次谈判都对我们有益，特别是这一次，因为每谈一次就孤立了一次顽固派。国民党军队现在情况与以前不同了，不但杂牌军而且中央军也开始变化了。谈判的方针我看是对的，赫尔利来时我们开了中央会议，现在还是那五条方针。国民党和赫尔利都是要我们廉价或无代价下水，我们抵制了这些东西，现在又要套我们的军队，我们也抵制了。我们提出八条和党派会议，这是有原则的妥协，“左”一点、右一点（不妥协或无原则的妥协）都是危险的。毛泽东还说，中共要求派代表参加制定联合国宪章的旧金山会议。

同日 周恩来致电赫尔利，指出：四月二十五日在旧金山召开的联合国会议，决不能单独由国民党政府派遣其代表去出席。出席旧金山会议的中国代表团，应包括国民党、共产党、民主同盟三方面代表，国民党代表只应占代表团全人数三分之一，其余三分之二的代表，应由共产党及民主同盟派遣。电报并要求赫尔利将上述意见转达美国总统罗斯福。二十日，赫尔利复电表示不同意。

2月22日 致信萧三〔1〕，指出：“你的《第一步》，写得很好。你的态度，大不同于初到延安那几年了，文章诚实，恳切，生动有力。”“我读这些文章，很得益处。”为着使延安文艺工作

〔1〕 萧三，当时任陕甘宁边区文化协会常委。

同志们多参加群众性的集会，须关照高岗、贾拓夫、谭政、李维汉、李富春、彭真〔1〕几位同志，遇有这类会议不要忘记组织文艺同志们去参加。

2月24日 中共中央关于新四军向南发展的战略方针致电华中局，指出："积极布置南进，同时又根据情况审慎考虑具体步骤，这种精神完全正确，中央和你们是一致的。"苏南粟裕部、浙东何克希〔2〕部、皖南部队，应就现地扩大及深入农村工作，整训及扩大部队，准备大举跃进。目前要争取半年左右时间，深入扩大苏南工作，这是我党我军在江南生根落脚的基础。

3月1日 为中共中央起草复河南区党委电，指出：华北各根据地因长期战争，连年旱灾，财政均感困难，你们必须确定与坚持自力更生的财政原则，不要希望外援。但中央仍决定由华北各根据地共帮助你们伪联币一千万元作资本，嗣后即须全部自给。本日，中共中央向北方局、晋察冀分局、平原分局、山东分局发出关于对河南进行财政援助的电报，强调指出："迅速发展河南建立根据地，打通华北与鄂、湘联系，这是准备反攻、夺取华北、巩固苏北的重要步骤之一，没有河南之发展与巩固，想要完成上述任务将发生严重困难。"

同日 蒋介石在重庆宪政实施协进会上发表演说，提出在一九四五年十一月十二日召开国民大会，坚持独裁统治，拒绝成立联合政府。还说国民党政府准备组织一个三人委员会管理整编共产党军队的一切事宜，并在他的节制下指派一名美国将官直接统率共产党军队。

---

〔1〕 李富春，当时任中共中央副秘书长、中央组织部副部长。彭真，当时任中共中央组织部部长、中央城市工作部部长。

〔2〕 何克希，当时任新四军苏浙军区第2纵队司令员。

3月2日 复信王梓木[1]："来信看到了。欢迎你回来。你过去做了许多有益于党与人民的工作，今后望你继续做下去。一时的错误你已改正了，了解了，也就过去了，不要时时记在心里。也许你经过这个挫折会要大进一步的，那末，错误也就转变为有益了。"

3月5日 在王若飞三月三日来电上批注一些意见。关于目前逼蒋让步条件，毛泽东批注："根本谈不到成熟。"关于王世杰的提议，毛泽东批注："王提议应拒绝。"关于来电所述周恩来再去重庆可以推进大后方民主运动的意见，毛泽东批注："看见了一方面利益，但马上出去，政治上不利。"关于下届国民参政会，毛泽东批注："不争议席，听其委派，但均可参加。"八日，周恩来根据毛泽东批注的意见，为中共中央起草复王若飞电。

3月6日 致电苏联作家协会主席吉洪诺夫，吊唁著名作家阿·尼·托尔斯泰去世。

3月7日 在王若飞三月六日关于有消息传出蒋介石可能指派中共方面参加旧金山会议代表的来电上批示："似须电若飞，向王世杰提出我方出席人选，免蒋随意委派。"本日，周恩来起草致王世杰信，声明两事：（一）蒋介石三月一日讲话宣布在十一月十二日召集国民大会，表明国民党政府一意孤行，国内团结问题的谈判再无转圜余地，因此对王所提的政治咨询会议草案，已无再答复的必要。（二）对于出席四月旧金山会议的中国代表团，中共中央认为必须包括中国共产党和中国民主同盟的代表，中共中央决定派中央委员周恩来、董必武、秦邦宪三人参加代表

〔1〕 王梓木，1925年加入中国共产党，后长期被派在国民党军队中工作。抗日战争爆发后在武汉、重庆等地做统战工作。1945年2月回延安，任八路军总部高级参谋。

团。要求王世杰将以上两事迅速转达国民党政府。这封信经毛泽东修改后，于三月九日发出。

3月8日 新华社发表毛泽东写的新华社记者对王世杰谈话的评论，揭露国民党中央宣传部部长王世杰七日答外国记者称“现在政府决将关于国民大会的召集问题，提付国民参政会审议”这一说法的荒谬性和欺骗性。评论指出：“自从国民参政会成立以来，根据它的组织法，根据历来的事实，任何决定问题的权力也没有，现在叫它‘审议’起国民大会的应否召集来，按照王博士〔1〕的法律，它说‘应’也没有用，它说‘否’也没有用。假如忽然有用起来，岂非犯法乱纪”。评论最后指出：中国人民必须振作精神，整顿国家，好打日本侵略者。“整顿之法，就是追问独夫蒋介石丧师失地祸国殃民的责任，坚持反对任何形式的猪仔国民大会，立即废止蒋介石独夫专政，成立民主的联合政府。”

3月9日 修改周恩来致赫尔利信。周恩来在信中将他本日致王世杰信内声明的两事通知赫尔利，并要他尽快转达美国总统罗斯福。

3月10日 复信王枚〔2〕：“来信及代耕粮款收到了，感谢你的好意及援助。我不缺少物资，我决定把你送给我的三千五百元转送给你，作为我对你致谢的礼物，希望你接受。”

3月13日 会见九日返抵延安的谢伟思。毛泽东在谈话中指出，美国对涉及中国的问题依然没有一个明确的看法，美国政策依旧是暧昧不明的。还指出：中国战后最急需的是发展经济。中国必须建立起轻工业以供应市场，提高人民的生活水平。像中国这样大而又落后的国家，在未来的长时间里，必然是农业占优

〔1〕 指王世杰。王世杰1920年在法国巴黎大学获法学博士学位。

〔2〕 王枚，当时在中共中央军委二局菜园生产队任文化教员。

势。农民问题是中国未来的基本问题。除非在解决农业问题的基础上，中国工业化不可能取得成功。中国必须实行土地改革和民主，中国共产党的政策将给中国带来民主和坚实的工业化的手段。最后指出：蒋介石拒绝成立任何真正的联合政府，他宣布在一九四五年十一月召开国民党一手炮制的国民大会，他现在走的道路是直接导向中国内战和国民党毁灭的道路。必须向中国的自由主义者和中国的朋友美国，讲清楚蒋介石决心立即在国民党独占的基础上建立立宪政府这一最新策略所具有的危险。和平过渡到宪政的唯一希望就是成立联合政府。

3月16日 主持中共六届七中全会主席团会议，会议讨论七大准备工作。会议决定向七中全会提出：毛泽东、朱德、刘少奇、周恩来、彭德怀、康生、高岗、陈毅、陈云、林伯渠、任弼时、董必武、彭真、张闻天、徐向前、贺龙十六人为七大主席团；毛泽东、朱德、刘少奇、周恩来、任弼时五人为主席团常委，处理中央日常事务。七大正式议程为：(1) 毛泽东作政治报告。(2) 朱德作军事问题报告。政治报告与军事报告合并讨论，重要发言有周恩来讲统战问题、彭德怀讲华北情况、陈毅讲华中情况、高岗讲陕甘宁情况等。(3) 党章问题报告及讨论，报告人刘少奇。(4) 历史问题报告及讨论，报告人任弼时。(5) 通过各种问题决议及通电。(6) 选举中央委员会。

3月25日 主持中共六届七中全会主席团会议。会议决定：关于历史问题决议改在七中全会上讨论通过，先召集四五十人的座谈会征求意见；为求得七大能集中注意力去讨论当前问题（即政治、军事、组织报告），原先拟定许多同志发言的办法取消，到会代表可根据这几项报告所提出的问题，正面地联系当地实际情况发表意见，希望在七大上不涉及历史问题，以免妨碍集中注意当前的全国问题。

3月27日 国民党政府公布中国出席旧金山会议代表团成员名单，中共方面代表只有董必武一人。本日，中共中央致电王若飞，指出：出席旧金山会议代表团名单既已公布，为委曲求全我们同意董老参加，但须告王世杰、邵力子，对只给中共一名代表表示不满。

3月28日 和朱德等出席中共中央书记处办公厅在杨家岭礼堂为林伯渠六十寿辰举行的祝寿会。本日，《解放日报》发表经毛泽东修改的中共中央为林伯渠六十寿辰的祝词，祝词说："你是我国革命老战士，自辛亥以来，在历史进程中，你总是站在革命的最前线。"你领导陕甘宁边区政府，"给新民主主义的各种制度立定了规模"。

3月29日 函告李富春：中共七大政治报告修改本今日印五十本，留一本给我，四十九本由秦邦宪交你。今日给参加七中全会的每人发一本，叫他们收到即看，附白纸一张，请他们再写意见，于三十一日开会时带交。给陈绍禹、冈野进、王稼祥各发一本。

3月30日 复电王震、王首道，指出：你们跳跃前进及留一营兵于鄂南设小后方之计划是很好的。你们究以衡阳、宝庆（今邵阳）为中心或以郴州、宜章为中心建立根据地，待你们南进后看情形再定。"十分注意纪律教育，做到秋毫无犯，团结一切好人"。入湘后可相机公开号召。

3月31日 主持中共中央六届七中全会全体会议，会议讨论为七大准备的政治报告草案和党章草案。毛泽东对政治报告草案作说明。他说：现在是有更大希望的时期，我们应在此时机提出适当的纲领，动员全国人民来实现。这个纲领就是动员全党全国人民，打败日本侵略者，建设新中国。我们的原则是放手发动群众。一般纲领与具体纲领的区别，过去没有指出。其实大革命、内战、抗战各个时期的一般纲领都没有变，以后还可用若干年。工农民主专政是新民主主义的本质。具体纲领在各个大小阶段是不同的。长期以来找不出一个适当的口号，现在有了联合政府这个口号，很好。联合政府是具体纲领，是统一战线政权的具体形式。这个口号一提出，重庆的同志如获至宝，人民群众也非常拥护。联合政府有三种可能性：第一种是坏的可能性，那就是要我们交出军队，国民党给我们官做。军队我们当然是不交的，政府还是独裁的，我们去不去做官呢？我们要准备这种可能性，不应完全拒绝去做官，这是委曲求全为了团结抗战，好处是可以进行宣传。第二种可能性是形式上废止一党专政，实际上是独裁加若干民主。第三种是以我们为中心，我们的军队发展到一百五十万人以上、人口一亿五千万以上时，政府设在我们的地方。在蒋介石发展到无联合的可能时，就应如此做。这是中国政治发展的趋势和规律，我们要建设的国家就是这样一个国家。但是现在还没有，所以我只写了不管多少迂回曲折，前途是光明的。如果同志们同意这些基本观点，政治报告修改后可以印发，我已修改了八次。毛泽东还讲到历史问题决议草案，他说：不算旧账这句话当然不是一个口号，总结经验也可以说是算账。不采用大会这个形式来算账，才能集中注意力于当前问题。草案中没有说白区工作损失百分之百、根据地损失百分之九十的问题，没有说非法问题，没有说品质，也没有说宗派。这些不说，我看至多是缺点；说得过分，说得不对，却会成为错误。遵义会议、六中全会都采用这个方针，因为那时许多干部不了解、不成熟，那时采取调和态度是正确的。党内过去的历史错误，主要是一个社会现象，由于党在政治上不成熟，犯错误的同志是因为不自觉。现在大家都觉悟了，主要思想都一致了。七中全会的同志要说服七大的代表们，把过去党的历史问题委托七中全会解决比较好，以便自己集中力量来解决抗战建国的任务。会议一致通过政治报告草案和党章草案。会议还决定："为着使七大集中力量讨论当前的政治、军事、组织问题，决定在取得各代表团的同意之后，准备将若干历史问题的议案提交七中全会的下次会议讨论和通过。"

3月、4月　对《关于若干历史问题的决议》草案作多次修改〔1〕。在第一次修改中，将《决议》草案的标题改为《关于若干历史问题的决议》，在文内加写了"团结全党同志如同一个和睦的家庭一样，如同一块坚固的钢铁一样，为着获得抗日战争的彻底胜利和中国人民的完全解放而奋斗"。三月二十四日，对《决议》草案从头至尾修改一遍后，给任弼时写了一个短信："请邀周、朱、洛、刘（如在此时）看一下，是否这样改，然后印若干份，编号发给四十多个同志，再集他们座谈一次，就可成定议，再交七中通过。"毛泽东这次修改的主要内容是：强调党的六大的基本方针是正确的；批评六届四中全会打击所谓"右派"的错误，对何孟雄、林育南、李求实等受打击的同志作了肯定的评价；指出遵义会议纠正军事上组织上的"左"倾错误、确立新的中央领导这一最有历史意义的转变，对于后来胜利地克服张国焘错误路线、正确地解决西安事变所具有的重要意义。四月七日和八日，毛泽东对《决议》草案，又作了三次修改，主要加写了开头的一大段话，即后来正式通过的决议的第一部分。四月八日以后，毛泽东对《决议》草案又作一次修改，指出：九一八事变以后中共中央确定的抗日方针和所进行的抗日工作都是正确的，"第三次'左'倾路线统治时间特别长久，所给党和革命的损失特别重大"。一九五〇年，由毛泽东提议，经中共中央政治局同

〔1〕　毛泽东对《关于若干历史问题的决议》草案的修改，档案中保存下来他的这6次修改稿。

意，决定将《关于若干历史问题的决议》作为《学习和时局》的附录编入《毛泽东选集》。

4月1日 主持中共六届七中主席团会议。会议决定：董必武带随员二人参加中国出席旧金山会议代表团。

同日 下午，在住处和周恩来、朱德、董必武同谢伟思〔1〕进行最后一次谈话。毛泽东说：中国共产党对美国的政策，是寻求友好的美国支持在中国实现民主和在对日作战中进行合作。对国民党的政策仍旧是：一方面批评并试图激励其进步；另一方面提出能够作为实现真正统一、民主和使全国一切力量致力于赢得战争的基础的妥协。这个妥协必须意味着国民党和蒋介石专政的结束，这个妥协必须包括承认共产党军队是国家军队的一部分，解放区政权是合法的地方政府。对于国民党，我们不打第一拳，不放第一枪。但是蒋介石现在计划召开的国民大会一定会带来内战。一旦受到攻击，我们将予以反击。一旦中国发生内战，希望美国对国共双方采取不插手政策。

4月4日 主持中共六届七中全会主席团会议，会议决定召集一次七大代表团联席会议，解释历史问题决议草案中若干问题，由毛泽东出席讲话。

4月5日 主持中共六届七中全会主席团会议，会议决定成立解放区青年和妇女联合会，并通过关于召集解放区青年、妇女代表会的通知。

同日 苏联宣布废除一九四一年签订的《苏日中立条约》。

4月9日 对重庆《新华日报》五日时评《我们的坚定而明确的态度——评赫尔利将军谈话》，写一批语："重庆此件很好。延安暂取不理态度。"美国驻中国大使赫尔利四月二日在华盛顿

〔1〕谢伟思于1945年4月4日离开延安，奉召回美国。

美国国务院的一个记者招待会上，公开宣布美国的军事援助只给国民党政府，攻击中国共产党和它领导的军队阻碍了中国的统一。《新华日报》的时评指出，赫尔利的谈话“有助长中国分裂与内战的危险，有拖延抗战胜利的危险”。

同日　复电郑位三、李先念、陈少敏，指出：你们将重点移到平汉路以西，向老河口方向发展是对的。“你们除食粮外，其他用费应由主要依靠税收转到主要依靠生产自给，放手由各区自己生产解决，只有这一办法才是最可靠办法。”“今年应该是你们展开大生产运动的一年，万勿错过春耕时机，望在财政会上切实讨论，口号是‘自己动手，克服困难’。”“关于群众工作不好，应通令一切党政军民一齐动手做群众工作，将一齐动手打敌人，一齐动手生产自给，和一齐动手做群众工作三者结合起来。总之，一切依靠最广大群众力量去解决问题。放手将解决问题的责任交给各分区，交给广大群众，你们上面领导同志只总其大纲，给予号召、指导、检查和调剂，实行集中领导、分散经营的原则。切不可将一切重担都由上面负起来，致使下面都望着你们要吃要穿要办法，你们虽忙甚急甚，也不能尽如意。”

4月12日　董必武偕秘书章汉夫、陈家康〔1〕乘机离渝赴美，出席旧金山会议。

4月13日　和朱德致电美国新任总统杜鲁门，对罗斯福总统于四月十二日逝世，向美国人民及总统遗族表示深切吊唁。同时向延安美军观察组致函吊唁，并派叶剑英、杨尚昆到观察组表示哀悼。

4月20日　主持中共六届七中全会最后一次全体会议。会议讨论和基本通过朱德准备向七大作的军事报告和中共中央《关

---

〔1〕　章汉夫，当时任《新华日报》总编辑。陈家康，当时任周恩来的秘书。

于若干历史问题的决议》。毛泽东在讨论历史问题决议时说：《决议》不但是领导机关内部的，而且是全党性质的，与全国人民有关系的，对全党和全国人民负责任的。哪些政策或哪些部分在群众斗争中证明是适合的，哪些是不对的，如果讲得合乎事实，在观念形态上再现了二十四年的历史，就对于今后的斗争有利益。党是政治团体，不是家庭或职业团体，都是五湖四海因为政见相同而结合起来的。政见不同就要有争论，争论时分清界限是必要的，但今后要少戴帽子为好。凡是过去政治上犯过错误的同志，现在都改正了，都要如《决议》所说的像一个和睦的家庭一样。《决议》把许多好事都挂在我的账上，我的错误缺点没有挂上，不是我没有而是没有挂，为了党的利益没有写上。这是大家要认识清楚的，首先是我。孔夫子七十而从心所欲不逾矩，我即使到七十岁，相信一定也会逾矩的。会议通过七中全会主席团提出的七大的议程（政治报告、军事报告、修改党章报告和选举中央委员会）、主席团及常务主席、秘书长、代表资格审查委员会、大会议事规则等。

4月21日 主持中国共产党第七次全国代表大会预备会议，作《“七大”工作方针》的报告，指出：这次大会的方针是“团结一致，争取胜利。简单讲，就是一个团结，一个胜利。胜利是指我们的目标，团结是指我们的阵线，我们的队伍。我们要有一个团结的队伍去打倒我们的敌人，争取胜利；而队伍中间最主要的、起领导作用的，是我们的党。没有我们的党，中国人民要胜利是不可能的”。我们党在二十四年的历程中，尝尽了艰难困苦，轰轰烈烈，英勇奋斗，不怕牺牲。党内有不同意见，主要是在三个问题上：第一，什么是敌人，什么是朋友；第二，如何组织队伍；第三，如何打法。我们这次写历史决议案是很谨慎的，决议案昨天七中全会基本通过了，交给七大以后新的中央采纳修改。

我们的大会要向前看，而不是向后看。我们现在还没有胜利，前面还有困难，我们必须谦虚谨慎，戒骄戒躁。全党要团结得如兄弟姊妹一样，为全国胜利而奋斗，不达胜利誓不休！毛泽东在报告中还说，陈独秀做了启蒙运动的工作，创造了党，有功劳，将来修党史的时候还是要讲到他。预备会议通过六届七中全会提出的七大的议程：一、政治报告（毛泽东）；二、军事报告（朱德）；三、修改党章报告（刘少奇）；四、选举中央委员会。还通过七中全会提出的七大的主席团及常务主席（毛泽东、朱德、刘少奇、周恩来、任弼时）、正副秘书长（任弼时、李富春）、代表资格审查委员会（彭真为主任）、议事规则等。

4月23日—6月11日 中国共产党第七次全国代表大会在延安举行。

4月23日 中国共产党第七次全国代表大会在延安杨家岭中央大礼堂开幕。毛泽东致开幕词，指出：我们的大会是处在反法西斯战争最后胜利的前夜。“这个大会是一个打败日本侵略者、建设新中国的大会，是一个团结全中国人民、团结全世界人民、争取最后胜利的大会。”在中国人民面前摆着两条道路、两种命运：“或者是一个独立、自由、民主、统一、富强的中国，就是说，光明的中国，中国人民得到解放的新中国；或者是另一个中国，半殖民地半封建的、分裂的、贫弱的中国，就是说，一个老中国。”我们的任务就是为着打败日本侵略者，建立一个独立的、自由的、民主的、统一的、富强的新中国而奋斗。这个开幕词编入《毛泽东选集》时，题为《两个中国之命运》。

同日 国民党政府公布国民参政会第四届参政员名单。中共参政员共八名，除上届参政员毛泽东、林伯渠、秦邦宪、陈绍禹、邓颖超、董必武、吴玉章外，增加了周恩来。

4月24日 向中国共产党第七次全国代表大会提交《论联

合政府》书面政治报告。报告分析了国际国内形势，总结了抗战中两条不同指导路线的斗争和人民战争的基本经验，阐述了中国共产党在民族民主革命阶段的一般纲领和具体纲领，指出中国人民应当争取打败侵略者、建设新中国的前途。报告指出：作为一般纲领，我们在政治上的主张，是在彻底打败日本侵略者之后，建立一个全国绝大多数人民为基础而在工人阶级领导之下的统一战线的民主联盟的国家制度，即新民主主义的国家制度。作为具体纲领，当前我们主张废止国民党一党专政，建立民主的联合政府。我们共产党人的最高纲领是将中国推进到社会主义和共产主义，这是确定的和毫无疑义的。但是，一切中国共产党人不为着现阶段的目标而奋斗，而空谈社会主义和共产主义，就不是一个自觉的忠诚的共产主义者。“只有经过民主主义，才能到达社会主义，这是马克思主义的天经地义。而在中国，为民主主义奋斗的时间还是长期的。”我们主张的新民主主义经济，必须是由国家经营、私人经营和合作社经营三部分组成。“有些人不了解共产党人为什么不但不怕资本主义，反而在一定的条件下提倡它的发展。我们的回答是这样简单：拿资本主义的某种发展去代替外国帝国主义和本国封建主义的压迫，不但是一个进步，而且是一个不可避免的过程。它不但有利于资产阶级，同时也有利于无产阶级，或者说更有利于无产阶级。”报告指出：“中国一切政党的政策及其实践在中国人民中所表现的作用的好坏、大小，归根到底，看它对于中国人民的生产力的发展是否有帮助及其帮助之大小，看它是束缚生产力的，还是解放生产力的。”“没有工业，便没有巩固的国防，便没有人民的福利，便没有国家的富强。”报告还指出：“以马克思列宁主义的理论思想武装起来的中国共产党，在中国人民中产生了新的工作作风，这主要的就是理论和实践相结合的作风，和人民群众紧密地联系在一起的作风以及自我批评的作风。”“应该使每个同志明了，共产党人的一切言论行动，必须以合乎最广大人民群众的最大利益，为最广大人民群众所拥护为最高标准。应该使每一个同志懂得，只要我们依靠人民，坚决地相信人民群众的创造力是无穷无尽的，因而信任人民，和人民打成一片，那就任何困难也能克服，任何敌人也不能压倒我们，而只会被我们所压倒。”报告号召全党团结起来，为实现党的任务而斗争，“一个新民主主义的中国不久就要诞生了，让我们迎接这个伟大的日子吧!”这个报告编入《毛泽东选集》。

同日 在中国共产党第七次全国代表大会上，就《论联合政府》书面政治报告中的一些问题以及其他问题作报告，讲路线问题、几个政策问题、关于党内的几个问题。在讲路线问题时说：七大的路线是，放手动员群众，壮大人民力量，在我们党领导下打倒日本帝国主义，解放全国人民，建立新民主主义的中国。我们党历来的路线用一句话讲，就是“无产阶级领导的人民大众的反帝反封建的革命”。人民大众的主要部分是农民，忘记了农民就没有中国民主革命。但是，从领导思想来说，我们要同农民划清界限，要把农民提高到无产阶级水平。没有这一条，就不是马克思主义者。中国的社会，两头小，但是两头强，中间大，但是政治上是软弱的，中间阶层是动摇的。我们曾经设想过国民党可能改造，直到今天，我们对国民党还是“洗脸政策”，要求它修改其错误政策。在讲政策问题时说：一般纲领与具体纲领的划分，从前也是有的，不过没有在一个地方把它们分开来写。我在《论联合政府》报告中比较充分地肯定了资本主义，这是有好处的。我是在这样的条件下肯定的，就是孙中山所说的“不能操纵国民之生计”，至于操纵国民生计的大地主、大银行家、大买办是不包括在内的。我们不要怕发展资本主义。对于这个问题，在我们党内有相当长的时间搞不清楚，这是一种民粹派的思想。关于共产主义，这个问题在我的报告里已经提到了，但是没有强调。如果强调就要列出共产主义的纲领，可是我们认为现在还是不列出的好。对于国民党，我们要尖锐地批评，但也很客观，并没有超过他们的实际，还要留有余地。我们给国民党留余地，就不会犯错误。我们要扩大解放区，一切可能进攻的地方，就要发动攻势，要以进攻为主防御为辅。关于转变，由游击战转变到正规战，由乡村转到城市，我们要有这个准备，事先要有清醒的头脑，以减少转变中的意见分歧。现在要用很大的力量转到城市，准备到城市做工作，准备夺取大城市，掌握铁路、工厂、银行。城市工作要提到与根据地工作同等重要的地位，要实际地去做。我们现在的根据地，是一个战略出发地。在讲党内的几个问题时说：一个新闻记者写了一篇文章登在《大公报》上，说共产党要消灭个性，只要党性。这种看法是不正确的。民族解放就是解放个性，政治上要这样做，经济上要这样做，文化上也要这样做。党员是有各种不同的，抹煞各种不同是不行的，抹煞差别性也就没有统一性。党性就是普遍性，个性就是差别性，没有一种普遍性不建立在差别性的基础上。没有整风和生产这两个环子，党就不能前进了。整风是前进的精神基础，生产是前进的物质基础。现在党内有几部分干部，如理论工作者，知识分子，在沦陷区、国民党统治区工作的干部，本地干部，平时感觉对他们不很公平，这要特别注意。还有一个问题，就是要讲真话，不偷、不装、不吹。懂得就是懂得，不懂得就是不懂得，懂得一寸，就讲懂得一寸，不讲多了。我提议读五本马列主义著作：《共产党宣言》、《社会主义从空想到科学的发展》、《社会民主党在民主革命中的两种策略》、《共产主义运动中的“左派”幼稚病》和《联共（布）党史简明教程》。我们现在是一个很大的党，二十四年有了很多经验的党。我们是一个准备胜利的党，我们要在全国胜利，我们有这个志向。全党要团结起来，为全国人民解放而奋斗！

4月27日　在枣园主持中共七大主席团和各代表团主任会议，听取各代表团讨论毛泽东作的政治报告和朱德作的军事报告的情况的汇报。

同日　《解放日报》发表毛泽东写的社论《全军生产自给，今年应是普遍推行的一年——兼论整风与生产的历史重要性》。社论指出："军队的生产自给，在我们的条件下，形式上是落后的、倒退的，实质上是进步的，具有重大历史意义的。""一九四二和一九四三两年先后开始的带普遍性的整风运动和生产运动，曾经分别地在精神生活方面和物质生活方面起了和正在起着决定性的作用。这两个环子，如果不在适当的时机抓住它们，我们就无法抓住整个的革命链条，而我们的斗争也就不能继续前进。"这篇社论编入《毛泽东选集》时，题为《论军队生产自给，兼论整风和生产两大运动的重要性》。

5月1日　在枣园主持中共七大主席团会议。会议决定：各代表团讨论的内容不加限制，历史检讨可以联系，但以讨论毛泽东的政治报告和朱德的军事报告为中心。

同日　为八路军第一二〇师第三五九旅第七一九团烈士碑题词："热爱人民，真诚地为人民服务，鞠躬尽瘁，死而后已"。

5月3日　和朱德致电斯大林，祝贺苏联红军于五月二日攻克柏林。

5月4日　致电王震、王首道：顽方既以六个师向你们进攻，你们可以采用机动作战。湘鄂赣边区根据地必须创立，以为南北枢纽。

5月5日—21日　国民党第六次全国代表大会在重庆举行。大会拒绝成立联合政府，决定十一月十二日召集国民大会，坚持国民党的独裁统治。

5月6日 和周恩来复电王若飞，告以国民党军薛岳、李品仙、顾祝同、胡宗南[1]、阎锡山等部向八路军、新四军进攻的情况。

5月8日 在枣园主持中共七大主席团和各代表团主任会议，会议听取各代表团讨论情况的汇报。在听汇报后说：结论缓一点作，多酝酿些好，小组中有许多好的意见。对中国的斯科比[2]估计得严重些好，蒋介石一定要反共。总之，这次苏联强大了，人民觉悟了，我们党也强大了。同志们强调困难是好的，但结论要多指出光明才好。

同日 德国无条件投降，欧洲反法西斯战争胜利结束。

5月11日 朱德、林伯渠、李鼎铭欢宴在延安的苏、美、英等国朋友，庆祝盟军在欧洲的反法西斯战争胜利结束。毛泽东出席祝贺。

5月14日、15日 刘少奇在中国共产党第七次全国代表大会作关于修改党章的报告。报告中说："党章的总纲上确定以毛泽东思想作为我党一切工作的指针，在党章的条文上又规定：努力地领会马克思列宁主义、毛泽东思想的基础，是每一个共产党员的义务。这是我们这次修改的党章一个最大的历史特点。""毛泽东思想，就是马克思列宁主义的理论与中国革命的实践之统一的思想，就是中国的共产主义，中国的马克思主义。"

5月16日 在枣园主持中共七大主席团常委会议。会议决

---

〔1〕 薛岳、李品仙，当时分别任国民党军第九、第十战区司令长官。胡宗南，当时任国民党军第一战区代理司令长官。

〔2〕 斯科比是第二次世界大战期间英国派驻希腊的英军司令。1944年10月德国侵略军在希腊败退，斯科比率领英军，带着在伦敦的希腊流亡政府头目，进入希腊。同年12月，斯科比指挥英军并协助希腊政府军进攻长期抵抗德军的希腊人民解放军，屠杀希腊共产党员和爱国人民。

定：陕甘宁晋绥联防军警备第一旅和第一二〇师第三五九旅第二梯队从延安南下，经湘鄂赣待机去湘粤桂边（小北江一带五岭山脉中）开辟新的根据地，并准备为东江纵队的退路。警一旅行军时用八路军第三游击支队的名义，支队司令员文年生，政治委员雷经天；第三五九旅第二梯队行军时用八路军第二游击支队的名义，司令员刘转连，支队代理政治委员张启龙。两部五月底集中，六月初出发。会议还批准由王首道、王震提出的中共湖南省委名单，并决定湖南省委由华中局代表郑位三领导，同时与中央发生关系，湘鄂边区党委由湖南省委领导。

5月17日 在枣园主持中共七大主席团和各代表团主任会议。会议讨论选举问题，决定由任弼时、刘少奇、周恩来、彭真、李富春组成一非正式的委员会，与各代表团主任商定一个中等人数的候选名单，并拟定选举条例。

5月19日 在枣园主持中共七大主席团和各代表团主任会议。会议通过选举中央委员会条例草案，准备在二十三日提交大会通过。会议决定大会发言方针，着重正面，多讲形势与任务，不可能在大会讨论及结论中解决一切问题，须向代表们说清楚。关于大会决议，会议决定政治报告准备用一句话的决议；军事报告作一简单的决议；关于党章报告，即通过党章，不另作决议。会议还决定举行中国革命死难烈士追悼大会。

5月23日 在杨家岭中央大礼堂主持中共七大主席团和各代表团主任会议，会议听取对选举问题讨论情况的汇报。各代表团讨论中，提出中央委员会要少而精，有人提出不要照顾山头、陈绍禹是否要列入中央委员会候选名单等意见。毛泽东在听汇报后指出：少而精的思想是好的，但这是理想。山头是要照顾的。中央委员会不可能每个人都有各方面的知识。如何对待犯错误的人，过去八七会议不要陈独秀出席，后来又不选他，过去还有人主张所有犯错误的人都不要，这些都是不对的。现在拟的名单，形式上看很庞杂，实际上大不同。现在世界形势变了，党有了三个时期的经验，整风以来二十五个中央委员中起了很大变化。少而精只是一方面的真理，少不见得就很精，多一点也不见得就不精。就是说要照顾到山头，要照顾到犯错误的同志，不要一次就精得不得了，太精了就会脱离群众。

5月24日 在中国共产党第七次全国代表大会上代表主席团作关于中央委员会选举方针的报告。报告指出：我们的大会开得很顺利，三个议事日程已经过去了，第四个议事日程就是选举中央委员会。关于选举方针，主席团交换过几次意见，认为选举的标准应当是，要能够保证实行大会路线的同志来组织中央委员会。按这个标准，犯过错误的同志应不应该选？犯过路线错误但是已经承认错误并决心改正错误的人可以选入中央委员会，必须有承认错误并且改正错误这一条原则。过去我们图简单、爱方便，不愿意与有不同意见的人合作共事，一掌推开，这种情绪在我们党内还是相当地存在着。六次大会不选陈独秀为中央委员，党并没有从此就毫无乱子，天下太平了。最近十年，我们采取了忍耐的态度，这样的方针帮助了我们，虽然也出了些纠纷，但是比较顺利。历史经验证明，要图痛快，就不痛快，准备了麻烦，麻烦就少。要不要照顾山头？我们有许多根据地，白区也有许多块，这就是中国革命的实际。没有这些，就没有中国革命。有山头不是坏事，坏的是山头主义、宗派主义。要消灭山头主义，就要认识山头，照顾山头，缩小山头，这是一个辩证法。没有全国产业的发展，交通的方便，要彻底消灭山头主义情绪是不可能的。是否每一个中央委员都应该是通晓各方面知识的人？事实上，任何一个人都不可能通晓各方面的知识。我们的新的中央应该包罗各种人才，尽可能地照顾各个方面、各个山头，知识也是一样，要尽可能地通晓的方面多一点。如果我们有各方面的人，每一个人都通晓一方面或者有比较多的专长，那我们的中央就会比较完全。我们要从集体求完全，不是从个人求完全。关于中央委员会的人数问题，报告指出：主席团考虑了很久，没有提出确定的人数，我提议七十人左右。新的中央委员会不要太小，也不要太大。七大要选举一个比较大的中央，必须比现在的中央委员会二十五个人要扩大，才能够适应目前党的情况、将来的发展以及国际国内的形势。

5月27日　在枣园主持中共七大主席团和各代表团主任会议。会议讨论中央委员会选举问题，决定中央委员会由正式中央委员四十五名、候补中央委员二十五名组成。毛泽东在会上说：关于战略指导问题，斗争形式与组织形式是由日本、我们、国民党三方力量决定的，而我们是处在中间。在这种情况下我们应采取何种形式？我们在抗战开始时搞的麻雀战是进攻的形式，是对的。一九四〇年后我们应退却。一九四〇年冬以后，敌后才转入相持，现在基本上还未脱离相持阶段。后来我们采取更分散的形式——武工队。后来，十大政策那一整套我们学会了，加上太平洋形势的变化，我们又前进了，比一九四〇年发展更大了。今后的问题，要得到技术条件，要准备二十到三十个旅，十五万到二十万人，脱离军区，将来开到东北去。关于干部问题，新老干部关系、外地本地干部关系发生问题，一般情况不要老干部、外来干部负责。两万老干部团结带领广大的新干部、本地干部、非党干部的问题，是关系中国革命胜败的问题。凡是历史上跌了跤的事，不要害怕正视，当作经验是很好的。历史地看问题是马克思主义。我们不搞工业，不学工业，我们就会灭亡的。这个问题在转变中要讲一下。

5月31日　在中国共产党第七次全国代表大会作关于政治

报告讨论的结论，讲三个问题：国际形势，国内形势，若干思想政策问题。关于国际形势，指出：把世界引向进步，这是历史的总趋向。英、美联合日本和德国俘虏组织反苏反共的第三次世界大战，这种可能性今天不存在。资本主义有它的历史，现在总的说来，资本主义是向下的，但农业国中的资本主义是向上的，是不平衡的。中国也要发展资本主义，蒋介石搞的是半法西斯半封建的资本主义，我们是发展新民主主义的资本主义。新民主主义的资本主义将来还有用，在中国与欧洲、南美的农业国家中还有用，它的性质是帮助社会主义的。它是革命的，有用的，有利于社会主义之发展的。关于国内形势，结论强调既要看到光明的一面，又要看到困难的一面，并列举了今后可能出现的十七种困难，例如外国大骂，国内大骂，内战爆发，党内意见分歧，党员散掉三分之一，天灾，赤地千里，等等。提醒全党高级干部要有充分准备对付非常不利的情况，方针就是全党团结起来，克服困难。关于思想政策问题，指出：如无预见，即无领导，为着领导，必须预见，预见前途和可能发生的偏向。比如这次大会要求注意城市工作，注意东北地区。如果对工人运动、大城市、经济、工业、正规化等问题不能解决，共产党一定会灭亡。东北四省极重要，有可能在我们的领导下。有了东北四省，我们即有了胜利的基础。能不能领导大资产阶级？或能，或不能，有时能，有时不能，看情况决定。党性与个性的关系，即普遍性与差别性、集体与个人的关系问题。我们党内大大发展了个性，因为有了自由。《共产党宣言》中讲得很清楚："每个人的自由发展是一切人的自由发展的条件。"不能设想把一百二十万党员变成一百二十万块木头，不能把党员变成一模一样，那会有什么党性！只要服从党，在此范围内尽量发展各人的长处，不要只喜欢那些纸糊泥做的人。当然，也不是说一定要有不同的意见，才算有个性。我们是现实主义者，理想的现实主义者，革命的现实主义者。阵地要一个一个夺取，力量要一点一点积累。二十四年的经验证明，枪是一支一支地增加，土地是一块一块地扩大，切切实实地一个一个夺取阵地，合起来就有天下。大会通过对于政治报告的决议案："大会完全同意毛泽东同志的政治报告（论联合政府），并认为必须将报告所提出的任务，在全党的实际工作中予以实现。"

6月2日　在枣园主持中共七大主席团和各代表团主任会议。会议首先听取叶剑英介绍关于美国在八路军、新四军敌后战场进行军事布置的计划，毛泽东说：美国现在定下的方针是联蒋抗日、拒苏反共，全面称霸东方，决不会退让。对美国的态度是，只要它是打日本，我们就愿意同它合作，要他们的最高统帅部派人来和我们谈判，订一个军事条约。美国只帮助蒋介石反共，这种政策是很危险的。会议接着听取各代表团对候选人意见的汇报，并进行讨论，毛泽东说：选举问题不是个人的问题，自己选不选自己有自由，只有在自己选自己对党不利时才不选，否则就应自己画自己的圈。所有同志把自己想讲的话彻底讲清楚好。历史证明，凡是原则性的问题，敷衍下去，总有一天还会出来。彻底弄清楚，才有利于团结。会议决定，六月五日开大会进行预选。

6月7日　在准备南下的第三五九旅第二梯队和警备第一旅营以上干部会上讲话。他说，这次有两个旅，还有很多干部，要到前方去，这是关乎中华解放的问题。他在回顾了中国共产党和中国革命由小到大的发展过程后说：我今天代表全党向你们赠送的礼物就是"由小到大，一定胜利"。你们这次出去，能不能胜利，决定于军民关系、军政关系、官兵关系的好坏和政策的正确与否。你们要同人民团结得像一家人，有了正确的政策就到处无敌。

6月9日 复电罗荣桓："来电[1]悉。病未好，甚系念。拟派林彪同志来鲁，尚未最后决定。稍迟当可酌定电告。你可于休养中在病情许可下指导大政方针。工作多交黎玉同志办。"

6月10日 出席中国共产党第七次全国代表大会。大会公布昨（九）日正式中央委员选举结果，共选出正式中央委员四十四人，毛泽东当选正式中央委员。接着，毛泽东在会上作关于选举候补中央委员问题的报告，他说：（一）今天选举候补中央委员，这个选举的意义也是很重大的。如果八大推迟，不能如期召开的话，那么候补中央委员的作用就更大。所以希望大家重视这个选举。（二）在昨天的选举中，王稼祥同志没有当选。我在这里要说几句话。王稼祥同志是犯过错误的，在四中全会前后犯过路线错误。但是，他是有功劳的。他现在病中，他的病也是在第四次反"围剿"中负伤而起的。我认为他是能够执行大会路线的，而且从过去看，在四中全会后第三次"左"倾路线正在高涨时，在遵义会议时，在六中全会时，也都可以证明这一点。昨天选举正式中央委员，他没有当选，所以主席团把他作为候补中央委员的第一名候选人，希望大家选他。（三）关于东北问题，我觉得这次要有东北人当选才好。东北是很重要的，从我们党的发展，从中国革命的最近将来的前途看，东北是特别重要的。只要我们有了东北，中国革命就有了巩固的基础。现在我们的基础是不巩固的，因为我们根据地在经济上还是手工业的，没有大工业，没有重工业，在地域上也没有连成一片。毛泽东报告后，大会进行选举候补中央委员的投票。

---

〔1〕 罗荣桓1945年5月27日致电毛泽东、朱德，说自己的病未全愈，准备来延安治疗，山东分局的工作请中央决定，或暂时指定一代理书记。

同日　致电邓小平："拟在最近举行一中全会，你在七大当选为中委，望接电即赶回总部，待美国飞机去太行时，就便乘机回延开会。"

同日　和全体中共中央委员和七大代表一起观看鲁艺演出的大型歌剧《白毛女》。

6月11日　出席中国共产党第七次全国代表大会。大会公布候补中央委员选举结果，选出候补中央委员三十三人，王稼祥当选候补中央委员。大会基本通过《关于军事问题的决议（草案）》和《中国共产党党章》，决定以七大名义召开中国革命死难烈士追悼大会。毛泽东致闭幕词，他说：我们开了一个很好的大会。我们做了三件事：第一，决定了党的路线；第二，通过了新的党章；第三，选举了党的领导机关中央委员会。"今后的任务就是领导全党实现党的路线。我们开了一个胜利的大会，一个团结的大会。""我们宣传大会的路线，就是要使全党和全国人民建立起一个信心，即革命一定要胜利。首先要使先锋队觉悟，下定决心，不怕牺牲，排除万难，去争取胜利。"毛泽东以"愚公移山"的寓言，鼓励全党坚持奋斗，挖掉压在中国人民头上的帝国主义和封建主义两座大山。"我们坚决相信，中国人民将要在中国共产党领导之下，在中国共产党第七次大会的路线的领导之下，得到完全的胜利，而国民党的反革命路线必然要失败。"毛泽东致闭幕词后，中国共产党第七次全国代表大会闭幕。这个闭幕词编入《毛泽东选集》时，题为《愚公移山》。

6月12日　在枣园主持中共七大主席团常委会议，会议讨论决定张启龙、文年生率部南下的任务、战略方针等。十八日，第三五九旅第二梯队、警备第一旅在张启龙、文年生率领下，由延安出发南下。

6月13日　在枣园主持中共七大主席团常委会议，会议讨论召开七届一中全会问题，决定六月十八日召开七届一中全会，议程为：推举中共中央主席、政治局委员、书记处书记、正副秘书长；是否出席第四届国民参政会；关于召开解放区人民代表会议问题；中共七大及六届七中全会委托七届一中全会处理的党章及《关于若干历史问题的决议》两文件；华北工作问题。会议决定，拟由七大主席团常委经七大主席团向七届一中全会提出政治局委员，书记处书记，中共中央主席及政治局、书记处主席，正副秘书长名单。

6月15日 在枣园主持中共七大主席团会议，各代表团主任列席。会议首先讨论是否参加定于七月七日召开的第四届国民参政会问题，毛泽东说：我们不出席参政会，跟着也就不参加国民大会。不参加好处很多，因为这一套都是独裁，而以民主为招牌。这次不参加是给美、蒋一个警告，给反蒋的民主派撑腰。我们拟发表谈话，举出三项理由，而以第三项为主，意思是说如果不开国民大会我们还可参加参政会。会议决定不参加此次国民参政会并发表谈话。会议接着讨论准备中共七届一中全会的议程，决定推举毛泽东等十三人组成中央政治局，推举毛泽东等五人组成中央书记处，推举毛泽东为中央委员会主席兼政治局、书记处主席。

同日 为新华社起草关于中共中央负责人声明不参加此届国民参政会的新闻稿。新闻稿指出：定于今年七月七日召集的所谓国民参政会，“中共方面将没有什么人去出席”。这是因为：（一）去年九月以来，中共与中国民主同盟及其他广大民主人士，一致要求国民党政府迅即取消一党专政，召开各党派及无党派代表人物的会议，成立民主的联合政府，实行民主改革。此项主张，实为中国大多数人民公意之反映，但已被国民党政府所拒绝。（二）此次所谓新的国民参政会的召集，“完全由国民党一手包办”，

“不但与民主原则相违背，亦与中共在抗日战争中的地位不符合”。（三）尤其重要的，是国民党的第六次全国代表大会，一意孤行地决定于今年十一月十二日召集那个由国民党一手包办的分裂人民的准备内战的所谓国民大会，而在行将开会的国民参政会上，就要强迫通过许多具体办法，以便实现国民党的反动决议。“中共方面为保卫民族的人民的民主的利益起见，决定不参加此次会议，以示抗议。”

同日 为中共中央军委起草致王震、王首道并告郑位三、李先念电，指出：“你们数月来在湘鄂边行动是有成绩的。惟王陵基〔1〕集中对我，我主力回旋地小，已处被动。今后方针，不外（一）仍在现地坚持；（二）向南发展。”目前整个形势仍于我有利，“日、美决战当在明年夏季以后，故你们尚有一年至一年半以上之时间可以利用，过此则将发生变化，国民党有发动内战可能，到那时你们的根据地须具相当规模以便应付内战，造成南方一翼，此任务具有重大意义。”

6月17日 中共七大代表及延安各界代表在中央党校大礼堂举行中国革命死难烈士追悼大会。毛泽东主祭，并献挽词“死难烈士万岁”。公祭后，毛泽东讲话，他说：今天我们在这里开一个大追悼会，追悼几十年来中国革命队伍在各条战线上所牺牲的人，我们今天的公祭可以一直上溯到一八四〇年平英团那些英雄们。帝国主义和封建主义两座大山压着我们，破坏我们的生产力。我们要冲破这种压力，获得独立和民主，解放中国的生产力。反动派用屠杀的办法，以为能削弱和消灭革命运动。相反地，他们杀得越厉害，革命队伍就越大，这是一条规律。我们党开了七大，决定了中国独立、自由、民主、统一、富强的路线、

〔1〕 王陵基，当时任国民党军第九战区副司令长官兼第30集团军总司令。

纲领和政策，这是几十年奋斗的结果，是无数先烈流血牺牲换来的。古语说“其始也简，将毕也巨”，我们今天已发展到一百二十多万党员。现在国内国际的形势很好，我们有信心完成先烈们交给我们的责任，我们一定能胜利。

6月18日 和周恩来复褚辅成、黄炎培、冷遹、王云五、傅斯年、左舜生、章伯钧七参政员六月二日来电〔1〕，欢迎他们来延安商谈国是。本日，毛泽东致电王若飞：复七参政员电请你抄送。“估计蒋得此消息后，不一定要他们来，如仍许其来，即使无具体内容，只来参观，亦应欢迎之，并争取你陪他们同来。”

6月19日 在杨家岭中央大礼堂主持中共七届一中全会第一次会议。会议选举毛泽东、朱德、刘少奇、周恩来、任弼时、陈云、康生、高岗、彭真、董必武、林伯渠、张闻天、彭德怀十三人为中央政治局委员；选举毛泽东、朱德、刘少奇、周恩来、任弼时为中央书记处书记；选举毛泽东为中央委员会主席兼中央政治局、中央书记处主席。会议讨论通过《关于召开中国解放区人民代表会议及其筹备事项的决议》。毛泽东在会上指出：参加蒋介石召开的国民大会是危险的，故我们拒绝参加。我们决定不参加，把一个问题摆在美、蒋面前，也使中间派有文章做。这次国民大会开不开得成，蒋介石下决心的时候是在十一月。不开的好处是大家不合法；开的好处是蒋介石骑虎难下，成为众矢之的。我们的解放区人民代表会议则是稳当的、有利无弊的。它可能向两个方向发展，一个是向联合政府发展，选举一个解放区联

---

〔1〕 褚辅成、黄炎培、冷遹、王云五、傅斯年、左舜生、章伯钧1945年6月2日致电毛泽东、周恩来，电报中说：“团结问题之政治解决，久为国人所渴望。自商谈停顿，参政会同人深为焦虑。月前经辅成等一度集商，一致希望继续商谈。”

合会；另一个也是向联合政府发展，但要经过一个曲折。成立解放区联合会，这是一个重大的步骤，前途就是成立一个新民主主义的政府。他还说：王明同志写信给我，表示完全同意和拥护一中全会的三个文件——全会议程、中央分工、解放区代表会议决议。

6月24日 为中共中央起草致湘鄂赣区党委、湖南人民抗日救国军军政委员会各同志电，指出："我军的战略方针是在日寇占领区域实行分散的游击战争，建立与扩大解放区，缩小沦陷区，建立与扩大军队、游击队与民兵，削弱敌军伪军与联敌攻我之顽军；对于国民党军队不应该超过自卫立场"。因此，你们现有主力及张启龙、文年生后续部队均应取道敌占区向南，直至湘粤边界和广东部队联接，并准备将兵力与干部分为几部分，分散建立许多游击根据地，逐渐成为巩固根据地。准备一切条件，使我军在日军崩溃国民党发动内战时，能够依据五岭山脉坚持并发展。

6月26日 为中共中央起草给各级党部的通知：一切七大文件，包括各种报告及党章，均须在报纸上发表，文件长的分段登载，或出特刊，使党员与党外人士均能阅读。

6月30日 和周恩来复电沈钧儒、陶行知、张申府："三先生拟来延赐教，无任欢迎，何日命驾，乞示行期。"

7月1日 和朱德、周恩来、林伯渠等到机场欢迎由王若飞陪同从重庆到达延安的六位国民参政员褚辅成、黄炎培、冷遹、傅斯年、左舜生、章伯钧（王云五因病未能同行）。

7月2日 下午，在杨家岭会见褚辅成等六参政员，听取他们述明来意和对国内问题的意见。陪同会见的有朱德、刘少奇、周恩来、任弼时等。褚辅成等六人说明他们对于国际国内局势的看法，认为国内团结有绝对的必要，并指出国共双方都有愿意恢复谈判的表示。毛泽东接着说：双方的门没有关，但门外有一块绊脚的大石挡住了，这块大石就是国民大会。晚上，出席中共中央在杨家岭中央大礼堂为欢迎褚辅成等举行的宴会，并陪同他们出席文艺晚会。

7月3日 下午，和周恩来同章伯钧、左舜生谈话。晚上，和朱德、周恩来、林伯渠到褚辅成等六参政员下榻的陕甘宁边区政府交际处，同他们继续会谈。本日会谈情况，黄炎培《延安归来》中有如下记载："今天谈话时间特别长，谈到的事项特别多。各抒所见，但不涉辩论，尽大家自由发表。结果约定由中共方面把意见写出来，明日公开阅看。"

7月4日 主持中共中央书记处会议，会议通过《中共代表与褚辅成、黄炎培等六参政员延安会谈记录》。

同日 在杨家岭会见褚辅成等六参政员，进行第三次会谈。毛泽东将中共方面整理的《中共代表与褚辅成、黄炎培等六参政员延安会谈记录》交褚辅成等。会谈记录包含两部分内容：一、褚辅成等与中共方面同意下列两点：停止国民大会进行；从速召开政治会议。二、中共方面之建议，其中说"在国民政府停止进行不能代表全国民意的国民大会之条件下，中国共产党同意由国民政府召开民主的政治会议"，并提议在政治会议召开前，应对这一会议的组织、性质、议程以及释放政治犯等作出确定。毛泽东对中共方面之建议作了说明。晚上，出席在王家坪第十八集团军总司令部举行的为褚辅成等六参政员饯行的宴会。

在近几天与黄炎培等的交谈中，有一次毛泽东问黄炎培的感想怎样？黄炎培说：我生六十多年，耳闻的不说，所亲眼看到的，真所谓"其兴也浡焉"，"其亡也忽焉"，一人，一家，一团体，一地方，乃至一国，不少不少单位都没有能跳出这周期率的支配力。一部历史，"政怠宦成"的也有，"人亡政息"的也有，

“求荣取辱”的也有，总之没有能跳出这周期率。中共诸君从过去到现在，我略略了解的了，就是希望找出一条新路，来跳出这周期率的支配。毛泽东说：我们已经找到新路，我们能跳出这周期率。这条新路，就是民主。只有让人民来监督政府，政府才不敢松懈。只有人人起来负责，才不会人亡政息。

7月5日 晨，致信傅斯年：“遵嘱写了数字，不像样子，聊作纪念。今日闻陈胜吴广之说〔1〕，未免过谦，故述唐人语以广之。敬颂旅安！”随信附去手书的唐代诗人章碣《焚书坑》一诗：“竹帛烟销帝业虚，关河空锁祖龙居。坑灰未烬山东乱〔2〕，刘项原来不读书。”

同日 和朱德、周恩来、林伯渠等到延安机场欢送褚辅成等六参政员回重庆。

同日 复电王震、王首道，指出：“你们决定南进是正确的，沿途除必要休整时间外不宜停留过久。沿途如有有利和可靠之人民武装应酌量派出些干部散布种子，助其扩大，主力不宜浪战过分损耗精干力量。”并告张启龙、文年生两部已到晋西北，不久渡汾河南下。

7月7日 褚辅成、黄炎培等六参政员见蒋介石，报告延安商谈结果，并将从延安带回的会谈记录交王世杰。

7月7日—20日 国民参政会四届一次会议在重庆举行。中共参政员拒绝出席此次会议，其他方面也有很多人未出席。第一天会议到会人数之少，为历届参政会所未有。

---

〔1〕 1945年7月初褚辅成等六参政员访问延安时，毛泽东在同傅斯年的一次谈话中，称赞他在五四运动中作出的贡献，傅斯年说：我们不过是陈胜、吴广，你们才是项羽、刘邦。

〔2〕 在唐代诗人章碣的《焚书坑》一诗中，第3句是“坑灰未冷山东乱”。

7月10日 新华社发表毛泽东写的评论《评蒋介石参政会演说》。评论指出：蒋介石在第四届国民参政会开幕时说什么政府对于国民大会召集有关的问题，拟不提出任何具体的方案，而要听取参政会的意见。这表明所谓今年十一月十二日召集国民大会一件公案，大概就此收场了。这件公案和帝国主义者赫尔利有关系，他是极力怂恿蒋介石干这一手的。蒋介石今年三月一日的演说，赫尔利四月二日的声明，在以中国人民为牺牲品的共同目标下，一唱一和，达到了热闹的顶点。从此以后，似乎就走上了泄气的命运。反对者到处皆是，不计其数。评论警告蒋介石及其一群："对于违反人民意志的任何欺骗，不管你们怎样说和怎样做，是断乎不许可的。"这篇评论编入《毛泽东选集》时，题为《赫尔利和蒋介石的双簧已经破产》。

7月12日 主持中共中央书记处会议。会议拟定准备提交政治局会议通过的中央各部委负责人名单：中共中央军事委员会主席毛泽东，副主席朱德、刘少奇、周恩来、彭德怀，总政治部主任刘少奇，总参谋长叶剑英（后改为总参谋长彭德怀、副总参谋长叶剑英）；中央组织部部长彭真（兼中央党校校长）；中央宣传部部长陆定一，副部长陈伯达；中央社会部（中央情报部在内）部长康生；解放区人民代表会议筹备会主任周恩来；中央政治研究室主任张闻天，副主任何凯丰；中央职工委员会主任邓发；中央妇女委员会主任蔡畅；中央青年委员会主任冯文彬。

同日 新华社发表毛泽东写的评论《赫尔利政策的危险性》。评论指出：赫尔利四月二日在华盛顿所发表的声明，宣称美国只同蒋介石合作，不同中共合作，这是代表美国政府中的一群人的意见，但这是错误的而且危险的意见。以赫尔利为代表的美国对华政策的危险性，就在于它助长了国民党政府的反动，增大了中国内战的危机。"假如赫尔利政策继续下去，美国政府便将陷在中国反动派的又臭又深的粪坑里拔不出脚来，把它自己放在已经觉醒和正在继续觉醒的几万万中国人民的敌对方面，在目前，妨碍抗日战争，在将来，妨碍世界和平。”这篇评论编入《毛泽东选集》时，题为《评赫尔利政策的危险》。

7月14日　对八路军前方总指挥部转来的一份关于开辟河西地区工作的请示电，写如下批语：“请刘、邓〔1〕商彭、滕〔2〕拟复。由冀鲁豫调得力人率大部西渡，负责开辟郑州、许昌、郾城与新黄河间广大地区，甚为必要。”

7月15日　主持中共中央书记处扩大会议。会议决定：林枫等十六人为晋绥分局委员，林枫为书记；组织吕梁区党委，以张宗逊等九人为吕梁区党委委员，张宗逊为书记；成立吕梁军区，以张宗逊为吕梁军区司令员兼政治委员，罗贵波兼政治部主任，解学恭为参谋长。

同日　为中共中央起草致河南区党委电，指出：“你们今后作战方针，是向西防御，向东向南进攻（即对顽中区取防御方针，对敌占区取进攻方针），以求利用时间北与太岳、太行，东与渡新黄河西进之冀鲁豫部队，南与五师部队完全打成一片，逐步地争取数百万群众，扩大民兵、游击队与主力军（在财力许可下），建立可靠的军事、政治、经济基础”。如不能完成上述任务，我党在河南就将处于失败地位。完成上述任务依靠你们现有力量，自力更生，不靠任何外援，这是必要的与有益的。

7月19日　主持中共中央书记处会议。会议决定鄂豫区拟成立中央局，领导新四军第五师及王树声、戴季英领导区域的工作，徐向前病愈后去任中央局书记，傅钟任该战略区政治部

---

〔1〕刘、邓，指刘伯承、邓小平。

〔2〕彭、滕，指彭德怀、滕代远。

主任。

同日 新华社发表经毛泽东修改的评论《新华社记者再评赫尔利政策》。毛泽东加写一段话："为了共同战胜日寇与建设世界和平，我们希望一切愿以平等待我的公正的美国舆论界、政府人员及军队人员积极起来纠正赫尔利式的错误政策，因为这个政策的结果只会拖延对日战争的胜利与破坏世界和平。"

7月21日 国民党军胡宗南部对陕甘宁边区淳化县爷台山八路军防地发动进攻。国民党军的进攻不断扩大，八路军于二十七日撤出爷台山地区。

7月22日 新华社发表毛泽东写的关于时局的评论《内战危险空前严重》。评论指出：第四届国民参政会已于二十日闭幕，整个会议所讨论的中心问题是国民大会问题，十九日通过一个决议案。这个决议包含了某些妥协性，但是并未变更国民党要召开国民大会的反动计划。国民大会这个法宝仍然拿在独裁者手里，他想什么时候使用都由他，而且即使没有国民大会仍然可以打内战，中国人民绝对不可稍有疏忽与大意。"只有三个条件可能改变中国的政治形势：第一个，解放区军民一致团结起来，坚决地扩大解放区，缩小沦陷区，坚决制止内战；第二个，国民党统治区的人民民主力量一致团结起来，坚决反对内战；第三个，英、美、苏三国在东方问题上团结一致，反对中国的内战。中国人民应该为争取三个条件，反对内战危险而奋斗。"

同日 致电中共中央南方局工作委员会委员徐冰、刘少文，指出："蒋一切布置都是准备反共的，内战危机空前严重，望将延安反内战新闻在大后方设法传播。这些新闻的措词将使中间派认为太尖锐，但日后将证明我们意见之正确性。""望用最大注意力布置云、贵、川三省农村据点，准备将来打游击，不使我党在国民党发动内战时处于完全挨打与束手无策的地位。"本日，再致电徐冰、刘少文，告知胡宗南由河南前线及西安等处调动四个军的兵力，开到陕甘宁边区边境三原、淳化一带，其一部已袭入我关中地区，内战危机突趋严重，让他们向邵力子提出质问，要求制止内战。

同日 致电王震、王首道，指出："蒋介石一切准备都是反共的，内战危险空前严重。""你们的唯一任务是争取目前一刻千金的时间，在粤北、湘南创立五岭根据地，并与广东我军连成一片，准备于内战时牵制南方一翼。"不要希望在浏阳、醴陵、衡阳、宝庆（今邵阳）一带建立根据地，蒋介石必于日军失败后出死力铲除这些根据地，那时将使我军处于不利地位。"谦虚谨慎，不骄不躁，是全党应取的态度。谦虚则不骄，谨慎则不躁，骄与躁是革命工作的大敌。希望你们以此自守，并教育一切干部。"凡事要设想一切可能的困难，只有对一切困难有了充分精神准备，才能想出克服困难的办法，走向光明的前途。

同日 致电张启龙、文年生：渡汾河战役虽有损失，但已胜利通过，此次经验对于以后行军作战将有帮助。已令王震、王首道率部南开，直达粤北。"你们目的地亦是湘南、粤北，在不使部队过于疲劳条件下应注意酌量缩短行军过程，争取在阳历年底到达五岭与二王会合"。

7月23日 主持中共中央书记处会议，会议讨论如何打退胡宗南部对陕甘宁边区淳化县爷台山的进攻。毛泽东说：胡宗南他们已经战役展开，问题是大打还是小打，小打就是打爷台山。要准备他们大打大闹。大打，要准备他们打到延安。他要求西北局和陕甘宁晋绥联防军司令部全力组织好这次战斗。会议决定：集结八个团的兵力，由张宗逊、王世泰指挥，打击进入关中的国民党顽军；将胡宗南部进攻边区事通知美军观察组和国民党联络参谋；由朱德致电胡宗南、蒋介石提出抗议。

7月25日 新华社发表毛泽东写的关于爷台山战事扩大的新闻稿。新闻稿说，爷台山战事扩大，蒋军正面攻击部队，除暂五十九师外，又增加了一个师，并配备有许多新式武器。“爷台山为一重要据点，蒋军志在必得，然后深入关中分区，据为向北进攻之有利阵地。但我军士气高涨，决不让任何反动派轻易窜入，屠杀边区人民。关中全区民众已迅速动员起来，协助守军作战，送茶水，抬伤兵，热烈异常，对于战胜这些反动派，具有充分的信心。”

7月26日 中、美、英三国发表波茨坦公告，促令日本无条件投降。

7月27日 致电徐冰、刘少文：二十一日至今七天侵入边区之胡宗南部，计有第三十六军之暂十五师、暂五十九师和第十六军之预备第三师，战线长达百余里。我们决将入侵之胡军打出去。

7月29日 中共中央主席毛泽东致电福斯特和美国共产党中央委员会：“欣悉美国共产主义政治协会特别会议决定抛弃白劳德〔1〕的修正主义的即投降主义的路线，重新确立马克思主义的领导，并已恢复了美国共产党。我们对于美国工人阶级和马克思主义运动的这个伟大的胜利，谨致热烈的祝贺。”这个电报编入《毛泽东选集》。

7月30日 就美国驻中国大使馆劝告中共不要批评赫尔利一事，致电徐冰、刘少文，指出：美国报纸经常批评外国元首，

---

〔1〕 白劳德，曾任美国共产党总书记。1944年5月，他主持解散了美国共产党，而另行组织非党的美国共产主义政治协会。1945年6月，在福斯特领导下，美国共产主义政治协会通过了批判白劳德路线的决议。同年7月，又举行美国共产主义政治协会特别代表大会，决定重建美国共产党。白劳德在1946年2月被开除出党。

为什么中国人不能批评赫尔利？赫尔利曾经批评中共，把中共和军阀并列，并且是当作整个党来批评的，为什么中共不能批评他？“我们的批评是将美国政府与美国人民分开，又将美国政府中决定对华政策的人物与其他人员分开，又将美国政府一部分错误政策与其他正确政策分开，只要美国政府的现行扶蒋反共政策有一天能改变，我们就将停止批评这个政策，否则是不可能停止的。以上意见，请向有关方面给予解释。”

同日 再致电徐冰、刘少文，告以胡宗南军此次进攻分为四路，共侵占八路军防地四十四个村。东面第一路侵入陕甘宁边区三十四里，中间第二路侵入边区二十四里，中间第三路侵入边区十二里，西面第四路侵入边区十里，东西两端顽军相距四十五里。指示他们将上述情况在报上公布，并向各方交涉。“如彼方全部撤退，我方保证不超出边区原有防地一步。如爷台山不撤，难免一战，我方已调集相当兵力待命。”

8月4日 复电王震、王首道：已达湘潭南部，行军顺利，甚为欣慰。今后南进究走何路，由你们根据情况决定，总以出敌不意，走“之”字路，如你们最近二十余天所取办法为有利。

同日 为中共中央起草致广东区党委电，告知王震、王首道部一个月内可到湘粤边，文年生、张启龙部四个月内可到湘粤边，广东区党委应立即加强北江及小北江各部的兵力及领导，并从东江纵队派出一有力支队，于半月至一个月内到达湘粤边宜章、乐昌地区，准备与王震、王首道会合，开创湘粤边根据地。

同日 为中共中央起草致郑位三、李先念、陈少敏电，指出：你们必须在日本失败前准备一切，对付必然要来的内战局面。“日寇失败内战爆发后，你们现有平原地区必难完全保持，现在就应考虑在桐柏山、大别山、鄂西、鄂南、鄂东、襄北扩展根据地问题。此项任务甚为困难，但必须精心设计，预为筹划。”

"一切自力更生，不靠任何外援，准备精神的与实力的条件对付将来内战危险，应是你们今后工作的出发点。"

8月6日 美军在日本广岛投下第一颗原子弹。九日，又在日本长崎投下第二颗原子弹。《解放日报》九日刊登美国在日本投下第一颗原子弹的消息〔1〕，毛泽东看到这条消息后，约胡乔木、余光生、陈克寒〔2〕谈话，指出不应夸大原子弹的作用。

8月8日 苏联对日宣战。

同日 八路军向侵占爷台山地区的国民党军队进行反击。九日，收复爷台山地区。

8月9日 在杨家岭中央大礼堂主持中共七届一中全会第二次会议。会议通过分别根据六届七中全会和七大的讨论意见修改后的《关于若干历史问题的决议》和《中国共产党党章》。会议着重讨论时局问题。毛泽东阐述了苏联参战后的形势和党的方针、任务。他说：苏联参战，使抗日战争进入最后阶段。我们准备发表一个声明。我们的任务有四项，即配合作战、制止内战、集中统一、国共谈判。现在同苏联红军配合作战，是痛快的。具体如何配合，还要等战争的展开。我们现在要做的是配备干部，发展攻势，准备几十个旅打仗，考虑一个计划。防御的问题在解放区一般地是不存在了，只有局部还有敌人的"扫荡"，因此我们应广泛发展进攻，这与制止内战有关。我们要对日本军队放手进攻，这不会犯冒险主义，要学习较大规模的作战。如果在战略上今天还不放手就会犯错误，当然战役上要谨慎。日本交防给蒋

---

〔1〕《解放日报》1945年8月9日刊登的这条消息的提要中说："战争技术上的革命，原子炸弹首袭敌国广岛。东京承认广岛所有生物被烧死。该城烟火弥漫，高达四万英尺。"

〔2〕余光生，当时任《解放日报》副总编辑。陈克寒，当时任新华社编辑科科长。

介石，这种接防一般地是难于制止的，中间是蒋，我们的文章就在左右两翼做。我们在第一个时期的主要方针是取之于日伪，扩大了地方，扩大了力量，然后才有可能在第二时期回过头来对付内战的威胁。在干部分配、财政、城市工作、装备分配等方面，都要考虑集中统一问题，大城市归中央管。在苏、美、中协定的基础上准备继续国共谈判，国共谈判要在国际的基础上（不是一切）来解决。苏联参战后，美国的政策可能有某些改变，但靠蒋介石是一定的，所以我们与美、蒋是一个长期的麻烦。内战的危险随着日本垮台而增加。

同日 和朱德致电斯大林：“我们代表中国人民，对苏联政府的对日宣战，表示热烈的欢迎。中国解放区的一万万人民及其军队，将以全力配合红军及其他同盟国军队消灭万恶的日本侵略者。”

同日 中共中央主席毛泽东对苏联对日宣战发表声明。声明说：中国人民热烈欢迎苏联对日宣战。“由于苏联这一行动，对日战争的时间将大大缩短。对日战争已处在最后阶段，最后地战胜日本侵略者及其一切走狗的时间已经到来了。在这种情况下，中国人民的一切抗日力量应举行全国规模的反攻，密切而有效力地配合苏联及其他同盟国作战。”“中国民族解放战争的新阶段已经到来了，全国人民应该加强团结，为夺取最后胜利而斗争。”这个声明编入《毛泽东选集》时，题为《对日寇的最后一战》。